COMPARATIVE

제4판

비교발전 행정론

세계 각국의 발전경험 비교와
한국의 발전전략!

이도형 | 김정렬

박영사

DEVELOPMENT
ADMINISTRATION

머리말

　　2005년 이 책의 초판이 출간된 이래 세 번의 개정작업이 이루어졌다. 2006년 개정판에서는 초판의 체제를 유지하며 핵심 개념이나 이론들을 보완하는 일에 주력하였다. 왜발전과 참발전의 비교, 개별국 사례분석과 비교를 위한 분석틀의 재구성, 종합비교의 강화 차원에서 이루어진 신공공관리적 행정개혁의 국제비교, FTA를 활용한 관리적 세계화, 에너지 정책의 전환, 중장기 국가발전구상인 비전 2030에 대한 비판적 성찰 등이 당시 이루어진 주요 개정사항이다.

　　2013년 제3판에서는 책의 간소화를 요구하는 독자들과 출판사의 요구에 부응하기 위해 개별국 사례분석을 통합하는 방식으로 전면적 변화를 추구하였다. 제1편에서는 제2장 2절 연구방법의 재구성, 신제도주의와 구성주의 접근의 보강, 거버넌스 이론의 축소 등이 이루어졌다. 제2편에서는 개별 국가의 정태적 분석에 치중하기보다 최근에 부각된 주요 국가군에 주목하였다. 우선 쇠퇴하고 있는 유럽의 대국 프랑스와 독일, 중남미의 쿠바와 베네수엘라, 싱가포르와 영국의 새로운 발전전략 등에 주목하였다. 또한 유럽 강소국으로 소개했던 스웨덴, 네덜란드, 아일랜드 등에 부가해 스위스를 추가해 보았다. 더불어 사회주의 체제전환국가와 제3세계 국가의 비중을 축소하는 대신에 브릭스(BRCIS)의 대표국가인 중국, 인도, 러시아의 발전전략을 새로 소개했다. 나아가 쇠퇴국가들에서도 교훈을 얻기 위해 아르헨티나, 필리핀의 발전실패 원인도 간략하게 도출해 보았다. 제3편에서는 세계화 흐름을 압축하여 소개한 뒤, 한국의 발전전략과 관련해 보편적 복지의 기초설계 방향, 생태도시, 문화도시, 안전사회 관련 내용을 추가했다.

　　2019년 제4판에서는 제3판의 틀을 유지하면서 발전전략이나 행정개혁과 관련된 기존 통계자료들을 새로운 통계치로 보완하려고 노력했다. 또한 국가별 현안사항이나 핵심이슈의 추이도 상황에 맞게 수정·보완하였다.

　　그동안 이루어진 개정과정에서 공저자들은 강의 교재로 활용하기에 부족하다고 생각한 부분들을 보완하기 위해 초판에서 각자 맡았던 부분 외의 내용에도 서로가 적극 관여해 질적으로 보완하는 기회를 가져 보았다. 그러나 넉넉하지 않은 시간 속에 개정 작업을 진행하다 보니, 새롭게 논해야 할 부분들에서 아직은 미진한 부분이 있음을 반성하지 않을 수 없다. 계속 공부하며 질과 격을 갖춘 보다 좋은 책이 될 수 있도록 한껏 노력하겠다. 독자 여러분의 관심과 질책을 기대해 본다. 더불어 개정과 편집을 도와준 박영사의 장규식 과장님과 전채린 과장님에게 감사의 인사를 드리고 싶다.

2019년 1월
저자 이도형, 김정렬

머리말

▪ I

행정학의 분과학문으로서 비교 및 발전행정연구는 이미 반세기의 역사를 갖고 있다. 1950~60년대에 미국의 선도와 후원 하에 급속히 성장한 비교 및 발전행정 연구는 1970년대 중반 이후 냉전구도의 약화에 따른 미국의 실제적 관심 저하와 제3세계 학자들이 근대화론으로 대표되는 서구식 발전전략의 허구성을 집중 공격하면서 한때 심각한 학문적 침체기를 맞게 된다. 하지만 1990년대 초반 우루과이 라운드 협상 타결을 계기로 세계화·지구화가 심화되고, 이러한 세계화의 흐름이 자국에 미치는 정치경제적 영향을 이해하거나 혹은 그 흐름을 자국의 실정에 알맞게 관리, 유도하기 위한 각국의 발전전략 논의가 새롭게 확산되면서 새삼 연구의 재도약기를 맞고 있다.

특히 현 자본 세계화는 비교 및 발전행정 연구의 새로운 가능성과 그 실천적 중요성을 제시한다. 이송호(2000)의 지적처럼, 세계화로 인해 국가 간 상호의존성이 증대되면서 한 나라의 행정 및 정책이 이해관계국과 국제질서에 미치는 영향이 과거보다 훨씬 커짐으로써 선후진국을 막론하고 관련 이해 국가들의 행정기구와 제도가 어떻게 돌아가고 정책들이 어떤 내용으로 어떻게 형성되어 집행되는지에 대한 관심이 날로 증가하고 있다. 한편으로 국가 간 경쟁이 격화됨에 따라 행정능력을 국가경쟁력의 한 요소로 보고 자국의 행정체제를 좀 더 유능하고 효율적으로 만들기 위한 대안을 찾는 과정에서 타국의 행정체제를 연구 분석하는 경향이 나타나고, 또한 공정한 경쟁을 이유로 교역 당사국들 간의 제도와 정책을 일치시키기 위해 비교 및 발전행정 연구가 다시 강화되고 있는 추세이다.

비교 및 발전행정 연구의 재도약 가능성을 엿볼 수 있는 또 하나의 중요한 계기는 새로운 이론의 등장에서도 찾을 수 있다. 연구의 초기 단계에서는 근대화론이나 체계이론을 원용하여 주고 후진국의 발전문제를 비교론적 시각에서 접근하였으나, 최근에는 국가론, 정치경제론, 신제도주의, 거버넌스 등을 활용해 후진국은 물론 신흥공업국 및 서구 선진국들의 발전문제에 대한 연구도 활발히 진행되고 있기 때문이다. 특히 거버넌스 이론은 공공부문과 민간부문이라는 기존의 이분법을 초월해 비교 및 발전행정연구의 새로운 가능성을 제시한 것으로 평가할 수 있다. 더욱이 계량적 접근 등 비교발전연구의 새로운 관점들이 속속 도입되고, 발전전략 및 행정개혁, 비교공공정책 등 하위 연구분야의 세련도도 높아지고 있다.

　지금까지 살펴본 바와 같이, 비교행정과 발전행정은 고도의 상호 친화성을 갖는 학문분야이지만 이러한 학문적 친화성을 각국의 발전문제 해결에 응용하기 위해 양자를 통합적으로 논의해 본 시도는 매우 미약한 실정이다. 고도의 불확실성과 복잡성을 요체로 하는 행정현상을 토대로 이론과 처방이라는 소기의 목적을 동시에 달성하기 위해서는 양자의 통합적 접근이 반드시 요구된다. 즉, 지나치게 이론적 순수성에만 집착하게 되면 현실적 처방성이 약화되기 때문이다. 이 점은 초창기 비교행정론의 퇴조원인과 관련하여 시사하는 바가 크다. 또한 현실성에 대한 과도한 집착은 이론에 기초한 포괄적이고 중립적인 연구시각을 약화시키게 된다. 우리는 이와 관련해 개별 국가의 특수성에 집착하면서 다양한 국가 군별 비교분석을 소홀히 한 초기 발전행정론의 과오에 주목할 필요가 있다.

　향후 세계화의 흐름에 적절히 대응하기 위한 발전경로 모색에 연구의 초점을 두고 이를 국가별 또는 국가 군별로 다차원 비교분석한다면, 그 비교분석의 결과는 상호 벤치마킹을 통한 각국의 발전전략 수립에 기여할 뿐만 아니라 보편적 행정이론의 형성에도 크게 부응할 수 있을 것이다. 특히 자본 세계화라는 새로운 환경 하에서 국가경쟁력 제고를 위한 정부의 적극적 역할이 다시금 요구되는 점도 양자간 통합논의의 필요성을 재차 부각시켜 준다.

　▪ ||

　현재 이런 맥락에서 비교발전행정의 통합적 논의를 일정한 틀에 의거해 체계적으로 시도해 본 국내외 저서는 아직 초보적인 수준을 탈피하지 못하고 있다. 그러나 몇몇 국내외 대학에서 「비교발전행정론」이라는 교과목으로 통합적 시각에서의 강의는 이루어지고 있다. 이들 대학의 관련 교과목 내용을 종합해 보면, 비교발전행정론은 국가발전경로 및 행정개혁 방법에 대한 국제 비교론적 시각을 통해 국가발전전략의 도출에 도움이 되는 이론적·실천적 기준을 탐색하는 것이다.

　이에 이 책에서는 국가발전사업의 수립·관리(administration of development)와 행정체제의 발전(development ot administration)이라는 Riggs의 발전행정 개념을 기초로 해, 신제도주의적 비교분석의 연구방법론적 함의와 국내외 대학들의 비교발전행정론 교과목 내용을 종합해 비교발전행정론의 개념을 "국가발전좌표의 설정과 추진 및 이를 위한 행정체제 개혁이라는 두 가지 핵심 테마에 대한 다차원적 비교와 처방 활동"으로 규정하고자 한다.

▪ Ⅲ

이 책은 크게 3편으로 구성되어 있다. 제1편은 비교발전행정의 통합적 논의의 필요성과 통합적 비교발전행정론의 연구대상 및 연구방법을 자세히 담고 있다. 그리고 제2편은 세계 주요 국가의 발전경로상의 차이점을 따져 보고 그들의 발전경험을 공유하기 위한 비교분석적 함의를 주고 다루고 있다. 그리고 제3편은 이러한 세계 각국의 발전경험을 교훈삼아 현 자본 세계화의 흐름을 우리의 실정에 맞게 관리·유도하기 위한 한국의 국가발전전략을 자세히 다루고 있다.

이 책의 제1편은 공저자들이 모두 참여해 썼다. 그리고 이 책의 제2편은 김정렬이, 제3편은 이도형이 책임 집필했다. 단 제2편 제11장의 싱가포르와 제12장의 스웨덴 연구는 이도형의 기존 논문들을 보완, 추가한 것이다. 또 이 책의 제3편은 이도형의 저서 「발전행정론」(충주대학교 출판부, 1999)의 목차를 완전 재구성한 뒤, 논의시각도 현 시점에 맞게 새롭게 보완하고 그 내용도 대폭 추가한 것이다. 그러나 저자들이 공동의 문제의식을 갖고 이 책의 전체적 논의체계를 구성했고, 서로 윤독하며 내용을 수차례 상호 정비했으므로, 이 책의 모든 부분은 저자 공동의 연구성과물이라고 볼 수 있으며, 따라서 책의 내용에 대해서도 책임을 공유한다.

▪ Ⅳ

이 책은 비교발전행정 관련 논의를 체계적으로 정리, 소개한 교과서이다. 따라서 이 책의 주요 수요층은 각 대학에 개설되어 있는 비교발전행정론 교과목의 수강 학부생들이다. 그러나 비교행정론 혹은 발전행정론 등의 단일 교과목에서도 이 책의 이용이 얼마든지 가능하다. 예를 들면 비교행정론이나 공공비교정책을 듣는 학생들은 이 책의 제1편 1, 2장과 제2편을 집중적으로 이용하면 되고, 그 연장선상에서 향후 한국의 발전좌표를 이해하기 위해 제3편의 17, 18장을 눈여겨보아도 좋을 것이다. 그리고 발전행정론이나 국가발전전략을 수강하는 학생들은 제1편(단, 제2장의 비교방법에 대한 구체적 논의는 생략해도 무방)과 제3편을 집중적으로 살펴보되, 제2편의 12, 15, 16장의 논의를 입체적으로 이용하면 될 것이다.

물론 이 책은 비교발전행정에 대한 심층적 논의와 개별국 발전경험 사례도 충실히 검토하고 있기 때문에 연구서적 성격도 갖고 있다. 따라서 관련 교과목의 대학원 수업에서도 한 학기용 텍스트로서 심층적으로 이용 가능하다. 또한 이 책은 제2편과 제3편에서 '세계화와 국가경쟁력'으로 대표되는 최근의 발전 이슈와 현안들도 폭넓게 다루고 있다는 점에서 관련 교양과목의 교재로도 활용할 수 있을 것이다.

그러나 이 책의 저자들은 각국의 정치·경제체제와 수출동향을 분석하고 국가발전전략 설계에 직간접적으로 관여하는 관계 공무원 분들과 국가발전정책을 감시하고 사회발전과 공공개혁을 위한 정책의제 형성에서 큰 역할을 요구받는 NGO 관계자 분들에게도 이 책이 많은 소용이 되길 진심으로 바란다.

▪ V

이 책의 저자들은 기존 교과서와는 달리 비교행정론과 발전행정론의 통합적 논의를 시도해 보았고, 또 인접 사회과학과의 활발한 만남 속에서 새로운 시각에 준거해 비교발전행정 문제를 심층적으로 다루어 보려 했다는 점에서 약간의 긍지를 가져 본다. 그러나 문제의식은 좋으나, 아직은 책의 콘텐츠와 논의시각에서 미진한 부분이 있음을 반성하지 않을 수 없다. 계속 공부하며 질과 격을 갖춘 보다 좋은 책이 될 수 있도록 한껏 노력하겠다.

이 책이 나오기까지 많은 분들의 도움이 있었다. 국내외 자료 정리를 도와준 고려대 박사과정의 함요상과 양승일, 의정부시청의 이종돈 사무관, 그리고 참고문헌을 정리해 준 충주대 대학원의 최종태 군 등 도움을 주신 모든 분께 감사드린다. 그리고 늘 어려운 출판사정에도 불구하고 방대한 분량의 이 책 발간을 흔쾌히 허락해 주신 박영사의 안종만 회장님과 이구만 부장님을 비롯한 관계자 분들께도 심심한 감사의 말씀을 드리며 글을 맺는다.

2005년 1월
이 책을 처음으로 같이 수항한 개운산 위에 다시 서서
이도형, 김정렬

제4판
차 례

제1편 비교발전행정 일반론

제1장 비교발전행정의 개념과 역사

I. 비교발전행정의 개념 ···3
   1. 비교행정의 개념 4
   2. 발전행정의 개념 4
   3. 소결론: 비교발전행정의 개념화 5
II. 비교발전행정 연구의 역사: 진화단계별 특성 ······································6
   1. 형성기의 비교 및 발전행정 연구(제2차 세계대전 이후~1971) 6
   2. 침체기의 비교 및 발전행정 연구(1971~1980년대 중반) 11
   3. 도약기의 비교발전행정 연구(1980년대 중반~현재) 15
III. 비교발전행정 연구의 새로운 방향 ···17
   1. 비교발전행정의 연구 내용상의 지향점 17
   2. 국가비교 연구방법의 설계 19

제2장 비교발전행정의 연구대상과 연구방법
: 국가발전의 지향점 모색과 비교방법

I. 연구대상: 국가발전의 진면목 찾기 ···21
   1. 발전의 유사 개념들 21
   2. 발전의 진면목 26

  3. 발전 패러다임의 변천 30
  4. 통계치로 본 한국의 발전 현주소 32
  5. 발전의 허상: 경제대국이나 생활빈국, 반주권국가인 일본 46
  6. 발전의 진면목: 노르웨이적 삶과 우리의 벤치마킹 포인트 52
Ⅱ. 연구방법: 비교연구 방법론의 기원과 전개 ·································· 55
  1. 비교연구 방법론의 의미와 필요성 55
  2. 비교발전행정 연구의 주요한 접근방법 57

제3장 발전이론과 발전실제의 분석

Ⅰ. 서구 발전이론으로서의 근대화론 ··· 73
  1. 근대화의 서구적 함의 73
  2. 서구 근대화론의 이론적 전제 73
  3. 근대화론의 다양한 내용들 74
Ⅱ. 근대화론에 의거한 개발도상국들의 발전실제 분석 ················ 77
  1. 서구 근대화에 대비해 본 개발도상국 근대화의 성격 77
  2. 개발연대 하 신생국들의 발전실제(Development Practice) 78
Ⅲ. 남미의 종속이론 ··· 80
  1. 서구 근대화론 및 기존 발전 이론에 대한 제3세계의 비판 80
  2. 종속이론의 대두 82
  3. 종속이론의 학문적 공과(功過) 83
  4. 신흥공업국 등 종속적 발전(왜발전)의 대두와 종속이론의 추락 84
  5. 신흥공업국의 하나인 한국의 발전과정 평가
    : 종속적 발전, 왜발전의 사례 85
  6. 종속이론을 넘어 발전의 다양성 탐구가 발전이론의 살 길
    : 비교역사적 접근 86
Ⅳ. 현대 발전이론들의 이론적 시사점과 발전전략적 함의 ·············· 87
  1. 또 다른 발전(Another Development) 이론 88
  2. 반발전, 대항발전 이론 92
  3. 탈발전, 재발전 담론 95
  4. Ulrich Beck의 재귀적 근대화와 초국민적 국가이론 97

제2편 세계 각국의 발전전략과 행정개혁에 관한 비교분석

제4장 비교분석의 방법론: 기본가정과 분석틀

I. 기본가정 ···103

II. 분석틀 ··104
  1. 독립변수: 구조(역사요인과 환경요인) 106
  2. 매개변수: 제도(공공관리와 거버넌스) 107
  3. 종속변수: 행위(행정개혁과 발전전략) 109

III. 주요 분석대상국가의 개관 ··111
  1. 주요 분석대상국가의 정치행정제도 비교 111
  2. 주요 분석대상국가의 경제사회지표 비교 111

IV. 과제작성과 참고자료 예시 ··112
  1. 수강생 팀별로 개별국가 분석보고서 작성과 발표 112
  2. 수강생 개인별로 주요 국제 기구나 정부부처 홈페이지 방문기 작성과 발표 113
  3. 수강생 개인별로 유관 교양서적이나 시청각자료 리뷰 보고서 작성과 발표 113

제5장 미국
: 공공관리의 역동성과 거버넌스의 다층성 및 발전전략의 성찰

I. 개관 ···115

II. 미국 행정의 역사제도적 기반 ···116

III. 미국의 정부조직구조: 공공관리의 역동성 ······················118
  1. 조직구조의 설계와 작동원리 118
  2. 공무원의 인적 구성과 관리 121
  3. 공무원의 정치적 중립과 공직윤리 및 대표성 121

IV. 미국의 발전전략: 거버넌스의 다층성 ·····························122
  1. 정부 간 관계: 신연방주의의 제도화 원인 122

2. 정부와 시민사회 간 관계: 이익집단 정치의 패턴 123

3. 정부와 기업 간 관계: 규제개혁과 산업정책 간의 조화 125

4. 정부와 언론·싱크탱크·초국가조직 간 관계: 발전정책의 주도자 127

V. 미국 발전전략의 성찰과 향후 발전과제 ·······························128

1. 미국의 역대 국가정책기조(政策基調) 128

2. 미국 발전의 현주소와 문제점: 국민생활의 질(國質)을 중심으로 129

3. 미국의 국격(國格): 일방주의 외교정책의 폐해 132

4. 미국의 발전과제와 희망적 관측 133

VI. 미국 행정개혁의 기원과 동향 ·······································135

1. 행정개혁의 기원과 전개 135

2. 행정개혁 동향과 평가: 정부 간 비교를 중심으로 136

제6장 영국
: 신우파와 신좌파의 발전전략과 행정개혁

I. 개관 ···139

II. 영국 행정의 기원과 특성 ··140

1. 영국 행정의 기원과 진화 140

2. 영국 행정의 본질적 특성 142

III. 영국 신우파와 신좌파의 발전전략 비교 ·····················146

1. 신우파의 발전전략: 규제개혁과 민영화 146

2. 신좌파의 발전전략: 산업정책과 자치분권 148

IV. 영국 신우파와 신좌파의 행정개혁 비교 ·····················150

1. 신우파의 행정개혁 150

2. 신좌파의 행정개혁 153

3. 소결론: 영국의 행정개혁이 주는 교훈 156

제7장 유럽 국가들의 시련과 영광
: 쇠퇴한 맹주와 부상한 강소국

I. 개관 ·· 158

II. 쇠퇴해가는 서유럽의 맹주: 독일과 프랑스 ··· 158

    1. 독일의 발전전략과 행정개혁 160

    2. 프랑스의 발전전략과 행정개혁 163

III. 북유럽 복지국가의 건실한 보루: 스웨덴 ··· 167

    1. 스웨덴의 역사제도적 기반 167

    2. 스웨덴의 발전전략과 행정개혁 168

    3. 스웨덴 모델의 최근 동향과 발전론적 함의 173

IV. 세계화의 도전과 강소국의 대응: 네덜란드, 아일랜드, 스위스 ·············· 174

    1. 네덜란드의 발전전략과 함의 175

    2. 아일랜드의 발전전략과 함의 180

    3. 스위스:
       틈새경영 전략과 직접민주주의 및 생태적 전환을 이루려는 다부진 나라 185

제8장 일본
: 관료중심 행정의 공과와 미래

I. 개관 ·· 190

II. 일본 행정의 역사제도적 기반 ··· 191

III. 현대 일본의 행정제도와 정책결정패턴 ·· 192

    1. 행정제도: 공무원제도와 중앙정부조직을 중심으로 192

    2. 정책결정 패턴 194

IV. 일본의 발전전략과 행정개혁 ·· 197

    1. 일본의 발전전략 197

    2. 일본의 행정개혁 199

제9장 싱가포르
: 관리국가의 행정제도적 특성과 발전전략

I. 개관 ··· 203

II. 싱가포르 관리국가의 기원과 특성 ······································· 204

   1. 역사제도적 기반 204

   2. 고도성장체제의 제도적 특성: 국가역할, 계급관계 및 정책의 성격 206

III. 싱가포르의 행정제도와 행정개혁 ······································· 213

   1. 정부조직 213

   2. 인사행정과 행정 전산화 214

   3. 행정개혁에 대한 종합적 접근 214

   4. 싱가포르의 부정부패 근절기구 215

IV. 세계화의 도전과 싱가포르의 발전전략 ······························ 216

   1. 세계화의 도전과 대응: 경제 구조조정의 지속적 추진 216

   2. 신자유주의의 영향에 따른 국가정책의 변화 예측 220

   3. 싱가포르의 국격완비 노력 226

제10장 동아시아 발전국가의 과거와 미래

I. 개관 ··· 227

II. 동아시아의 고도성장과 제도의 역할 ·································· 229

   1. 미시 제도주의: 선도조직의 계획합리성 229

   2. 거시 제도주의: 억압적·배제적 지배연합 230

   3. 중범위 제도주의: 협조적 정책네트워크 232

III. 동아시아 경제위기의 실상과 본질 ····································· 234

   1. 경제성과와 정부-기업관계의 유형 234

   2. 동아시아의 경제위기와 정부-기업관계 236

IV. 한국형 발전국가의 미래상 모색 ··· 240

제11장 사회주의를 경험한 대륙규모 국가의 발전전략
: 중국, 인도, 러시아

I. 개관 ·· 242

II. 사회주의 패권국가였던 러시아와 중국의 체제전환 비교 ·························· 243

    1. 러시아 243

    2. 중국 248

    3. 소결론 251

III. 대륙규모 국가군의 발전전략: 중국, 인도, 러시아 ································ 252

    1. 중국 252

    2. 인도 255

    3. 러시아 257

제12장 제3세계 국가의 실패와 도전
: 아르헨티나, 필리핀, 쿠바, 베네수엘라

I. 개관 ·· 260

II. 제3세계 국가들의 저발전 원인에 관한 분석시각 ································ 261

    1. 구조적 측면 261

    2. 행태적 측면 264

    3. 제도적 측면 267

    4. 소결론: 세 가지 시각의 비교와 종합 270

III. 제3세계 국가의 실패사례 분석: 아르헨티나와 필리핀 ························ 270

    1. 아르헨티나 270

    2. 필리핀 274

IV. 제3세계 국가의 발전가능성 탐색: 쿠바와 베네수엘라 ························ 277

제13장 비교분석의 종합과 교훈
: 신공공관리의 공과와 비교발전행정의 대응과제

I. 개관 ·· 281

II. 신공공관리적 행정개혁의 성과와 문제점 ····························· 282

    1. 신공공관리적 행정개혁의 성과 282

    2. 신공공관리적 행정개혁의 문제점 289

III. 세계화 및 행정학 위기에 대한 비교발전행정의 대응과제 ········· 291

    1. 시장 편향적 개혁논리에 대응하기 위한 공공성의 재인식 291

    2. 발전전략의 재정비 293

    3. 거버넌스의 체계화 295

    4. 주요국 발전전략의 교훈적 함의 종합 297

제3편 세계화 시대 한국의 국가 발전전략

제14장 세계화의 이해와 세계화 흐름 관리하기

I. 세계화의 개념과 그 명암 303

    1. 세계화의 밝은 면(明) 304

    2. 세계화의 어두운 면과 경제 세계화의 위협구조(暗) 306

    3. 세계화에 대한 종합적 이해 308

    4. 뉴 라운드의 영향력과 WTO의 위상 309

II. 자본 세계화의 방식: 터보, 카지노, 카우보이 자본주의 ····························· 312

    1. 자본 세계화의 태동배경 312

    2. 자본 세계화의 방식 312

    3. 자본 세계화의 결말과 신종속 314

III. IMF 관리체제 하의 구조조정과 그 정치, 경제, 사회적 비용 ··················· 316

    1. IMF의 본질과 1997년 외환위기의 배경 316

2. 이행조건의 내용   317

3. IMF식 구조조정의 정치, 경제, 사회적 비용   319

IV. 자본세계화에 대한 대안적 세계화 논의 ·······························323

1. 2차적 세계화의 발전론적 함의   324

2. 대안적 세계화의 여타 방안들   327

V. 관리적 세계화의 필요성과 국민국가의 존재이유 ·····················333

1. 관리적 세계화의 개념 및 필요성과 그 성공, 실패사례   333

2. 신자유주의의 대두에 따른 국민국가 침식(the Eclipse of the State)   337

3. 국민국가의 존재이유와 세련된 발전국가론의 대두   338

제15장 세계화의 시대적 정언명령 제대로 읽기

I. 관리적 세계화를 위한 국가 발전전략의 재구성 ·····················340

II. 세계화의 시대적 정언명령: 국부, 국질, 국격 ·····················341

1. 지속적 국부신장의 필요성   343

2. 국질의 제고   347

3. 국격의 완비   348

III. 협의의 국가경쟁력 논의의 한계와 국가잠재력 개발의 필요성 ·········350

1. 협의의 국가경쟁력 논의에 담겨진 근본적 한계   350

2. 진정한 의미의 국가경쟁력 강화를 위한 국가잠재력 개발의 필요성   351

3. 국가잠재력의 개발방향: 산업경쟁력, 사회문화력, 국가경영력   356

제16장 나라경제의 체질 개선하기
: 국부신장

I. 지속적 국부신장을 위한 시스템적 접근의 필요성 ·····················360

II. 산업구조 변동과 전략산업의 육성 ·································361

1. 방앗간 경제의 한계와 산업구조 변동의 필요성   361

2. 산업구조 변동의 이론적 근거   362

3. 경쟁력 있는 전략산업의 추출 및 전망 363

4. 부품, 소재 등 지원 연관산업 육성책과 십자형 산업구조로의 전환 365

5. 서비스산업의 잠재력 개발 367

6. 문화콘텐츠산업의 진흥 368

7. 산업입지전략 370

Ⅲ. 국가차원의 연구개발과 과학기술에의 투자 ·······························371

1. 경제발전에 있어 기술진보의 중요성 371

2. 우리나라 기술력 수준 372

3. 연구개발비의 투자 및 기술혁신 하부구조의 강화 방향 374

Ⅳ. 교육개혁: 지식자본의 형성 ··376

1. 지식기반 경제사회의 대두 376

2. 지식자본의 형성을 위한 교육개혁의 필요성 377

3. 교육개혁의 방향 378

Ⅴ. 고용창출, 유지를 위한 적극 노동시장정책의 제도화 ···················380

1. 신자유주의 구조조정의 한계 380

   : 인적 자본(Human Capital) 가치의 저락 380

2. 적극 노동시장정책의 제도화 필요성 380

3. 한국 노동시장정책의 현실과 일자리 창출의 기본방향 382

Ⅵ. 사회간접자본 확충: 국토의 세계적 중심성과 접근성 확보 ············384

1. 한반도의 세계적 중심성 384

2. 접근성으로서의 SOC 385

Ⅶ. 에너지 확충대책 ···387

1. 에너지 확충의 현주소 387

2. 향후 에너지 대책 388

제17장 살기 좋은 나라 만들기
: 국질 제고

Ⅰ. 생활일류국의 조건: 국질 개념의 발전론적 함의 ··························390

Ⅱ. 복지정책의 제도화 ···391

1. 복지정책의 이론적 기초   391

2. 생산주의적 사회정책의 유형   393

3. 한국의 생산적 복지제도   394

4. 여타 복지정책분야의 확충   395

5. 빈곤선의 재정비와 보편적 복지의 기초적 설계   398

III. 삶의 질 제고를 위한 문화생활의 향유 ···400

1. 국민생활의 질에서 문화서비스가 차지하는 비중   400

2. 문화서비스 강화방안   402

3. 생활문화 공간의 다각적 확보전략   404

IV. 환경보전과 생태적 전환 ···406

1. 지속 가능한 발전의 개념과 그 발전전략적 함의   406

2. 생명운동화하는 환경운동   409

3. 녹색국가, 녹색정부의 실현   411

4. 생태적 전환의 일환으로서 생태도시 만들기   412

V. 복합 안전사회의 안전권 ···414

1. 위험사회의 단면과 그 유발원인   414

2. 안전권 확립을 위한 발전이념의 재정립   416

3. 안전사회 구축을 위한 각 부문의 역할분담   417

제18장 세계가 함께 하고 싶은 나라 만들기
: 국격 완비

I. 21세기 발전이념으로서의 코피티션 ···419

II. 국제사회에서의 협력자적 역할을 통한 국격 완비 ·······················420

III. 세계시민으로서의 한국인의 행동좌표 ···425

제19장 나라 살림살이의 질 높이기
: 행정개혁

I. 정부경쟁력 제고를 위한 행정개혁의 필요성 ·················427
  1. 부패국가 428
  2. 규제국가 430
  3. 경쟁력 없이 군살이 많이 낀 정부 431

II. 종합적 개혁모델로서의 Re-ing ·····················432
  1. 개혁에의 종합적 접근의 필요성 432
  2. 종합적 행정개혁 모형으로서의 Re-ing모델 434

III. 거버넌스체제의 구축 ·······················442
  1. 거버넌스의 발전론적 함의: 발전주체의 재구성 논리 442
  2. 거버넌스식 발전주체 재구성의 한 예: 로컬 복지 거버넌스 전략 445

제20장 좋은 나라 만들기 시민운동본부
: 시민사회의 역할

I. 열정적 공중으로서의 시민 ·······················447
  1. 국가와 시민의 관계 447
  2. 열정적 공중으로서의 시민 447

II. 시민의식과 공동체주의의 재발견 ···············448
  1. 서구의 개인주의 이데올로기에 입각한 도구적 합리성의 한계 448
  2. 한국인 특유의 문제해결장치인 사적 연줄망의 한계 449
  3. 존재론적 공동주체성과 공동주의의 재발견 451

III. 시민운동과 사회발전 ·······················453
  1. 시민운동의 발전론적 의의 453
  2. 시민운동의 전제조건: 시민사회 성립과 사회선택성의 발현 454
  3. 시민운동단체의 바람직한 운영방향과 지원체계 454

IV. 지역사회개발: 정부로부터 시민 홀로서기 ·············457

1. 지역 홀로서기의 필요성 457

2. 지역사회개발의 참뜻 458

3. 지역사회개발의 현대적 유형: 도시복지공동체 형성전략과 조건 459

4. 한국 도시 복지공동체의 지향점들 462

V. 글로벌 시민사회 형성에의 참여 ···462

참고문헌 465

인명색인 507

사항색인 510

제1편
비교발전행정 일반론

제1장   비교발전행정의 개념과 역사

제2장   비교발정행정의 연구대상과 연구방법

제3장   발전이론과 발전실제의 분석

비교발전행정의 개념과 역사

행정학의 분과학문으로서 비교행정과 발전행정에 대한 논의는 벌써 반세기의 역사를 지닌다. 우리는 이러한 비교 및 발전행정 연구의 진화과정을 크게 형성기와 침체기 및 도약기로 대별할 수 있다.

1950년대 중반 태동 이래 미국의 선도와 후원 하에 급속히 성장한 비교 및 발전행정 연구는 1970년대 중반 이후 냉전구도의 약화에 따른 미국의 관심 저하와 제3세계 학자들이 중심이 되어 근대화론으로 대표되는 서구식 발전전략의 허구성을 집중 공격하기 시작하면서 침체기를 맞이하게 된다. 하지만 1980년대 중반 이후 우루과이라운드 협상 타결을 계기로 세계화의 심화가 가속화되고, 이러한 세계화의 흐름이 자국에 미치는 영향을 이해하거나 혹은 그것을 자국의 실정에 맞게 관리·유도하기 위한 각국의 새로운 발전전략에 대한 논의가 확산되면서, 양자간 통합적 논의의 필요성이 활발하게 요구되고, 이에 따라 비교발전행정 연구가 다시 도약기를 맞이하고 있다.

I. 비교발전행정의 개념

비교행정(Comparative Administration)과 발전행정(Development Administration)은 고도의 친화성에도 불구하고, 그간 양 개념의 통합에 대한 논의는 미약한 실정이었다. 이에 본서는 양 개념에 대한 그동안의 연구성과를 충실히 소개하는 한편, 양 개념의 통합방안을 적극적으로 모색하고자 한다.

1. 비교행정의 개념

비교행정이란 어떠한 학문분야인가? 비교행정의 개념화에 동참해 온 대부분의 학자들은 비교행정이 여러 국가의 행정현상을 비교분석함으로써 행정 일반이론을 정립하는 동시에 행정실제의 개선에 필요한 지식기반을 구축하는 것을 연구의 목적으로 한다는 점에 기초적인 공감대를 형성하고 있다.[1] 또한 이러한 개념 정의는 비교행정의 인접분야인 비교정치나 비교법에 대한 개념 정의를 통해서도 재확인되고 있다.

비교연구는 행정이론의 일반화와 행정과학을 지향하는 데 필수적인 선결과제이며, 행정문제의 해결이라는 현실적인 측면에서도 그 필요성이 절실하다. 서로 다른 행정분야나 지역의 행정현상을 이해하고 비교분석하는 것은 문제의 해결 및 개선을 위한 방안을 수립하는 데 결정적인 도움이 되기 때문이다.

2. 발전행정의 개념

비교행정 개념이 상대적으로 가치중립적인 데 반하여, 발전행정 개념은 가치함축적 의미를 가정한다. 이는 정부행정이 추구해야 할 발전의 지향점을 둘러싸고 집단이나 국가 간에 긴장과 갈등구조가 잠재되어 있기 때문이다. 이에 이 책에서는 발전 개념에 대한 포괄적 이해를 토대로 리그스(Riggs, 1966)의 견해를 원용해 발전행정의 개념을 정의하고자 한다.[2]

리그스는 처음엔 발전을 사회체제의 분화라는 소극적 입장에서 이해했지만, 이후 견해를 대폭 수정해 환경변화에의 대응능력 증진이라는 적극적 입장에서 발전행정의 개념을 정의하였다. 그에 따르면 발전행정은 국가발전사업의 책정·추진 및 관리(administration of development)와 이를 주도해 갈 행정의 발전(development of

---

1 비교행정의 연구방법과 관련하여 리그스(Riggs)는 '비교'라는 개념은 엄밀한 의미에서 경험적(empirical) 또는 일반법칙적(nomothetic) 연구에만 국한시켜 사용해야 한다고 주장하였다(김광웅·김신복·박동서, 1995: 4).

2 발전행정에 대한 주요 학자들의 개념정의를 들어보면 다음과 같다(김영종, 1989: 24~25; 최항순, 1994). ① Weidner: 발전행정은 국가의 정치·경제·사회적 목표달성을 위해 정부조직을 이끌어가는 과정으로서, 특히 발전목표의 달성요인을 강조한다. ② Montgomery: 발전행정의 실체는 계획된 변동(planned change)의 추구이다. ③ Gant: 발전행정은 사회·경제적 발전을 촉진·활성화시키기 위해 공공기관을 조직·관리하는 것이다. 즉, 국가발전계획을 조직·관리하는 것이다. ④ Panandiker: 발전행정은 계획된 사회변동의 관리이다. ⑤ Esman: 발전행정은 목표달성을 위해 여러 가지 과업들을 수행하는 행동계획의 수립 및 집행과정이다. ⑥ Landau: 발전행정은 사회변동을 설계·공작하는 지시·정향적 과정이다.

administration)을 의미한다. 이때 전자는 발전목표와 전략에, 후자는 수단인 행정체제의 능력향상에 논의의 초점을 둔다.[3]

3. 소결론: 비교발전행정의 개념화

고도의 불확실성과 복잡성을 요체로 하는 행정현상을 토대로 이론과 처방이라는 소기의 목적을 동시에 달성하기 위해서는 비교행정과 발전행정의 '통합적 논의와 양자 간의 교차적 접근'이 요구된다. 즉 지나치게 이론적 순수성에 집착하게 되면 현실적 처방성이 약화되기 때문이다. 이 점은 초창기 비교행정의 퇴조 원인과 관련하여 우리에게 시사하는 바가 크다. 한편 현실성에 대한 과도한 집착은 이론에 기초한 포괄적이고 중립적인 시각을 약화시킨다. 이와 관련하여 우리는 개별국의 특수성에 집착하면서 다양한 국가군별 비교분석을 소홀히 한 초기 발전행정의 과오에 주목할 필요가 있다.

따라서 국가발전과 정부의 주도적 역할이라는 현실적인 목표에 연구의 초점을 부여한 상태에서 국가별 또는 국가군별로 다차원적 비교분석을 수행한다면, 벤치마킹을 통한 행정현실 개선에 기여할 수 있을 뿐만 아니라 이론형성 기반의 확대에도 부응할 수 있을 것이다.

결국 비교행정과 발전행정 간의 균형과 통합을 추구하는 일은 비교발전행정의 새로운 방향성 정립과 직결되는 문제이다. 특히 세계화의 심화라는 새로운 환경 하에서 국가경쟁력 제고를 위한 행정의 적극적인 역할이 요구된다는 점도 양 이론의 통합 필요성을 부각시키고 있다.

현재는 이런 맥락에서 비교발전행정의 통합적 논의를 시도한 국내외 저서는 아직 초보적인 수준을 탈피하지 못하고 있다(Farzamand, 1996). 그러나 몇몇 대학에서 비교발전행정론이란 교과목으로 통합적 시각에서의 강의가 이루어지고 있다.[4] 그

---

3 Lee, Hahn-been(1991: 4~6)도 이와 유사한 맥락에서 발전사업정책(교육, 농지개혁, 인프라 건설, 산업 제 분야의 증진, 가족계획, 지역사회개발, 주택개발, 도시개발 등)의 형성·관리와 행정개혁(조직개편, 예산개혁, 인사개혁, 행정기술 개발, 행정절차 개선 등) 및 이를 주도할 기관형성의 관점에서 발전행정의 개념을 규정하고 있다.

4 국내 주요 대학의 관련 교과목 내용을 소개해 보면 다음과 같다. ① 아주대학교: 국가발전을 촉진시키는 행정 및 정책의 방향을 국가간 비교분석을 통해 도출하고, 국가발전에 대한 그 적용 가능성을 타진한다. 보다 구체적으로 말해 국가의 발전과 저발전의 원인을 선진국 및 후진국의 발전행정 경험과 비교해 밝혀 내고, 그것이 국가발전의 수단으로서 어느 정도 유용한가를 이론과 현실을 접목해 고찰한다. ② 이화여자대학교: '비교발전론'이란 과목에서는 발전에 있어 행정의 역할과 발전전략을 설명하고 발전에 직결되는 인간적·조직적·정치경제적 요소들을 비교국가론적 시각에서 검토한다. 그리고 '비교행정 및 발전정책'이란 과목에서는 선후

표 1-1 비교행정과 발전행정의 비교

구분	비교행정	발전행정
발생연대와 이념	1950년대: 일반성	1960년대: 효과성
방법론적 특성	기능주의(과학성)	실용주의(처방성)
이론적 규범성	균형이론	변동이론
변화와 행정의 역할	전이적·단계적 변화	계획적·의도적 변화
행정행태의 지향점	지식과 이론에 대한 강조	쇄신과 성취에 대한 강조

관련 교과목 내용들을 종합해 보면, 비교발전행정론은 국가발전경로 및 행정발전 방법에 대한 국제비교론적 시각을 통해 국가발전전략의 도출에 도움이 되는 이론적·실천적 기준을 탐색하는 것이다.

　이에 본서에서는 중범위적 비교행정과 리그스(Riggs)의 발전행정 개념을 기초로해, 그리고 상기한 각 대학의 비교발전행정 교과목 내용 등을 원용해, 비교발전행정 개념을 "국가발전의 좌표설정, 추진 및 이를 위한 행정체제의 개혁이라는 두 가지 핵심 테마에 대한 다차원적 비교와 처방 활동"으로 규정하고자 한다. 이러한 통합적 인식틀은 행정학의 분과 또는 패러다임으로서 비교발전행정론의 정체성과 정당성 제고에 기여하게 될 것이다.

II. 비교발전행정 연구의 역사: 진화단계별 특성

1. 형성기의 비교 및 발전행정 연구(제2차 세계대전 이후~1971)

(1) 비교 및 발전행정 연구의 대두 배경(제2차 세계대전 직후)

　비교 및 발전행정 연구가 등장하게 된 계기는 제2차 세계대전이 끝나면서부터이다. 제2차 세계대전은 일순간에 미국의 고립주의를 붕괴시키는 데 크게 기여했다.

진국과 제3세계 및 한국의 행정체제·문화·관료제·정치체제와의 관계 등을 비교행정의 관점에서 이해하고, 사회가 후기산업사회와 정보사회로 전환함에 따라 행정제도와 정책이 어떻게 개혁되고 변화해야 하는가를 연구한다. 전통적인 비교행정, 발전행정의 관점과 새로운 비교정책, 국가개혁 및 관련이론을 심층적·체계적으로 소개한다. ③ 연세대학교: 행정체계의 비교연구를 위한 방법론적 논의와 국가발전을 위한 행정의 쇄신 및 발전사업의 관리문제를 다룬다. ④ 순천향대학교: 세계 여러 국가의 행정조직, 행정체계를 비교 분석해 한국 공공행정체계의 발전방향을 예측한다. ⑤ 한국외국어대학교: 각국의 행정을 그 특수성과 보편성의 측면에서 비교 분석해 행정을 발전 지향적으로 연구하고 그 결과를 국가발전에 활용한다.

즉, 이 전쟁을 계기로 미국이 체제경쟁의 각축장(角逐場)에 뛰어들게 되었으며 미국인들로 하여금 타 국가들, 다시 말하면 동맹국, 무역 상대국은 물론 체제 경쟁국가들에 대해서까지도 연구와 이해의 필요성을 인식하도록 만들었다. 더불어 나치 정권의 폭거를 피해 미국으로 이주하여 정착한 유럽 이주민들 중에는 특히 유럽의 정치체제에 대해 고도의 전문적 지식을 갖춘 사람들이 사회과학 분야 중 비교행정 연구에 중요한 영향을 미치게 되었다.[5]

제2차 세계대전 이후 다수의 신생 독립국가들이 출현하고 냉전에 따른 체제경쟁이 가속화되자, 미국을 비롯한 서구 선진국들은 후진국의 행정현상에 대해서도 관심을 가지게 되었다. 특히 미국과 소련이 신생국들에 자국의 발전모델을 이식하려는 노력은 비교 및 발전행정 연구의 형성과 확산을 촉진하는 주요 계기로 작용하였다.

제2차 세계대전 이후 냉전체제에 들어가면서 소련이 신생국들에게 사회주의 이념을 수출한 반면, 미국은 이들 국가에 대한 물자원조에 주로 역점을 두었다. 그런데 미국의 물자원조는 유럽과 일본에서는 매우 효과가 커서 이들 국가의 경제발전과 민주정치의 확립에 크게 기여했지만, 제3세계의 많은 신생국들은 미국의 원조물자를 효율적으로 활용하지 못했고, 오히려 공산주의의 위협이 커서 이들 국가에서의 민주정치의 확립에도 크게 확신을 주지 못했다. 따라서 물자원조의 실효성을 거두기 위해서는 먼저 원조를 받아들이는 신생국 정부들의 행정이 발전되어야 한다는 인식 아래, 행정을 기술원조(技術援助)라는 범주에 포함시켜 근대 행정이론과 발전기법을 신생국에 소개하기 시작했다. 우리나라의 경우도 1955년부터 이것이 본격화되어, 조직·인사·재무 등 행정 능률성의 제고를 위한 선진국의 기능론적 관리행정원리들이 이식되었다.

그러나 전통과 문화가 크게 다른 나라들에서 이런 기법들이 쉽게 수용되지 못하자 미국 행정학의 과학성과 보편성에 크게 의문이 제기되었고, 따라서 행정학의 과학화·보편화를 위해 신생국에도 쉽게 적용될 수 있는 문화횡단적 이론 모색을 미국의 행정학자들이 시도하게 되었는데, 그것이 바로 비교행정론이다(최항순, 1994: 115~116).[6]

한편 발전행정론(Development Administration)은 이러한 비교행정 연구에 더해 제

---

5 프리드리히, 프란츠 노이만, 뢰벤스타인, 한나 아렌트, 허만 파이너 등과 같은 전후 1세대의 주도적인 비교학자들은 한결같이 나치와 제2차 세계대전의 영향을 받은 학자들이었다.

6 비교행정의 영역이 단순히 외국행정이나 정치체제를 비교하는 것에 그치는 것은 아니다. 1959년 피츠버그대학교(University of Pittsburgh)에서 발간된 「행정의 비교연구」(Comparative Studies in Administration)라는 책은 정부기관·병원·사기업·대학 등 여러 기관의 행정과정을 비교하고 있다. 이처럼 초창기 비교행정의 영역은 매우 광범위하고 포괄적이었다.

3세계의 국가발전전략과 발전기법을 좀 더 적극적으로 제공하기 위해 만들어진 선진국의 수출용 학문(輸出用 學問)이었다. 그 대두배경을 자세히 살펴보자.

냉전(cold war) 시대에 미국의 대학들이 미국의 안보국가와 긴밀히 연결되어 냉전체제의 구축에 봉사했음을 상징하는 용어로서 군-산-학 복합체(military-industrial-academic complex)라는 개념이 있다. 일례로 미국 MIT 대학교의 국제문제연구소는 당대의 사회과학 분야를 대표하는 학자들이 발전문제에 대한 학제간(inter-disciplinary) 연구를 수행했는데, 그 결과로 탄생된 것이 바로 근대화론이다. 서구 근대화론의 학문적 사명은 미개한 전통적 국가들이 어떻게 하면 보다 발전된 근대국가들을 따라잡을 수 있는지 그 발전방법을 규명하는 것으로서, 출발부터가 냉전체제 하에서의 미국의 제3세계 통치와 긴밀히 연결되어 있었다. 이는 사회과학의 국가화(nationalization of the social sciences) 현상을 잘 보여준다. 즉, 강대국 사이의 전쟁터에서 학문은 탐조등 역할을 해야 한다는 것이다.

MIT대의 국제문제연구소에서는 신생국의 근대화를 위한 발전정책 대강을 제시했는데, 이들은 발전을 보편적이고 단선적인 것으로 보고 있다(정일준, 2003: 127~135). 그렇다면 미국은 왜 세계통치정책으로 후진국의 발전 지원을 택했는가?

제2차 세계대전 직후인 당시의 세계는 냉전체제 하의 이데올로기 경쟁터였다. 식민지에서 독립한 제3세계의 초기 지도자들 중 상당수는 공산주의자였는데, 이는 반(反) 식민주의, 반 제국주의의 아이디어가 마르크스-레닌주의에 내포되어 있었기 때문이다. 반면 서구 근대화론을 국가발전의 기조로 내세운 신생국 정권들은 국가의 통치에 역부족이었다. 따라서 많은 나라들이 발전모델로 마르크스-레닌주의적 중앙계획경제에 매력을 느꼈고, 실제로 1970년대 중반까지 자유주의적 민주제 국가의 수는 크게 감소했다(田中明彦, 이웅현 역, 2000: 42~47). 이는 곧 많은 신생국들이 사회주의화할 우려를 나타냈다. 또 당시 미국은 자국의 자본을 투자할 해외장소도 물색해야 했다. 제2차 세계대전이 종결되자 불경기가 우려되었기 때문이다. 거기서 미국은 남반구의 미개발 국가들을 투자가 가능한 경제제도로 만들면 자국 경제에 큰 도움이 된다고 생각했다.

결국 제3세계의 발전을 돕기 위한 미국 학자들의 학문수출 동기는, 첫째는 정치적 동기로서 제3세계 국가들의 공산화 방지였고, 둘째는 경제적 동기로서 이들 국가의 천연자원 확보 및 시장잠재력의 흡수였다.

서구는 특히 원조 대상국들의 발전주체인 행정부의 역량 증대 필요성을 인식하고 국가발전에서 행정의 독립변수적 기능수행에 도움이 되는 지식과 기법을 발전행정이라는 학문으로 묶어 이들 국가에 수출했다. 즉, 발전하는 방법을 수출했던 것이다. 특히 행정인의 발전 지향성을 강조했고, 행정발전을 통한 관 주도적 경제성장 추진을 유도했다.

한편 서구는 제3세계의 정부조직뿐 아니라 군조직도 근대화의 추진주체로 주목했다.[7] 당시의 제3세계 군대는 탈식민지 상태에서 가장 근대적인 제도였다. 신생국의 군부지도자들은 군사혁명으로 말미암아 자국이 경제적·기술적으로 저개발 상태에 있다는 것을 예민하게 인식했다. 또 군은 본래적으로 타국과의 대결이라는 경쟁의식을 가진 기구로서 국제 수준을 잘 파악하고 자신을 사회변동의 역점으로 인식한다. 따라서 군이 시민을 훈련해 근대시민을 만들어내고 국가발전의 중심이 되어야 한다는 의식이 무척 강했던 것이다(Johnson, 1961: 1~20; 정일준, 2003: 137).

(2) 비교 및 발전행정 논의의 확산(1953~1971)

초창기 비교행정의 발전은 인접 학문인 비교정치론의 이론체계와 미국정치학회 산하 비교행정연구회(Comparative Administration Group: CAG)의 주도적 역할에 기인한 바가 크다. 먼저 비교정치론은 학문적 체계와 방법론을 먼저 정립했다는 점에서 나중에 대두된 비교행정론에 지대한 영향을 미쳤다.[8] 다음으로 1953년 설립된 비교행정연구회는 포드재단(Ford Foundation)으로부터 재정지원을 받아 연구세미나, 비교행정에 관한 실험적 교육사업, 비교행정전문가회의와 특별회의에서의 토론, 기타 예를 들면 현지조사 연구시설의 확장 등과 같은 광범위한 연구사업을 전개했다.

당시 비교 및 발전행정 연구의 초점들로는 ① 발전의 필요성(특히 경제적 필요성), ② 개도국들과 선진국들 간의 필요성에 대한 차이, ③ 발전을 관리할 수 있는 가능성, ④ 발전 노하우의 이전 가능성, ⑤ 저개발 국가들의 정치·사회·경제·문화적 조건들의 변화 가능성 및 개선 가능성, ⑥ 서구 국가들처럼 되고 싶은 목표를 가진 개도국들에 의해 채택된 모델로서 서구 선진 공업국들 등이었다.

또한 비교 및 발전행정 연구는 학문적 관심이라는 관점에서 볼 때 의도적으로

---

7 냉전체제 하의 미-소 경쟁은 한국·대만 등 전선(front line) 국가에 대한 막대한 원조와 국가주의적 경제발전 및 미국시장에 대한 특혜적 접근을 허용해 주었다. 그리고 미국 투자자의 접근을 보장해 주는 군사정권을 특히 지지하게 했다(탭 저, 이강국 역, 2001: 102~103).

8 비교정치의 공헌은 실질 내용상의 공헌과 방법론상의 공헌으로 구분할 수 있다. 먼저 비교정치론 분야는 시기적으로 비교행정보다 먼저 활발한 연구가 이루어졌으므로 우선 자료면에서 도움을 받을 수 있었고, 이것은 비교행정론을 발전시킨 하나의 요인이 되었다. 다음으로 일반체제모형(general system model)에 기초한 비교정치 분석틀은 비교행정 연구에 직접적으로 작용하였으며, 과학적이고 보편적인 방법론의 정립에 크게 기여하였다.

계획되었을 뿐만 아니라 높은 수준의 현실 지향성을 지니고 있다. 이것은 어느 특정한 정부정책들을 추진하는 것에 대한 정치적이고 개인적인 확신들과 해당 분야의 학자들 사이에서 관심을 증대시키는 데 기여하는 요인으로 작용하였다. 비교 및 발전행정의 연구들에서 관찰되는 또 하나의 뚜렷한 특성은 전 세계 모든 정부들의 주요 제도적 장치로서의 공공관료제에 대한 지속적 강조였다. 그런 의미에서 헤디(Ferrel Heady)가 주장한 비교의 준거틀로서 관료체제에 대한 강조는 비교 및 발전행정 연구분야에 기여한 바가 크다(Farazmand, 1996: 343~346).

비교행정의 내용적 발전을 살펴보면 'CAG(비교행정연구회)'의 역할을 다시 한번 언급하지 않을 수 없다. 리그스(Riggs)를 회장으로 한 비교행정연구회는 여러 가지 포괄적인 연구사업을 추진하였는데, 이는 4가지의 범주로 나누어 설명할 수 있다.

첫째, 전통수정형의 범주이다. 이것은 표준이 되는 행정문제 가운데 비교적 하위주제들을 비교론적 관점으로 다루는데, 그 주제로는 행정조직·인사관리·재무행정·중앙과 일선기관 간 관계·공기업행정·규제행정·행정책임과 통제 그리고 사업분야별 행정 등이 있다.

둘째, 발전지향적 범주들의 연구이다. 이 범주에 속하는 연구들은 공공정책의 목표에 있어서 정치·경제·사회적으로 극적인 변화가 수반되는 나라에서 이러한 목표들을 달성하기 위한 행정적인 필수조건이 무엇인지에 대해 주의를 기울이고 있다.

셋째, 일반체제모형의 범주이다. 이것의 주제로는 투입·산출의 균형이론을 이용한 정치, 행정체제분석 등이 있다.

넷째, 중범위이론 구성형의 범주이다. 이것은 나중에 관료제모형으로 확립되었

표 1-2 발전기(發展期) 비교행정의 분석틀

접근방법	내 용
1. 수정된 전통적 접근방법 (modified traditional)	종래의 지역 지향적 행정문헌과 가장 가까운 접근방법으로서, 연구의 중점이 행정체제로부터 여러 행정체제 상호 간의 비교분석으로 전환된다.
2. 발전지향적 접근방법 (development administration)	간트(J. Gant), 와이드너(W. Weidner), 에스만(M. Esman) 등 발전행정자들이 강조하는 접근방법으로서 기본적으로 저개발국가에 대한 행능 향상에 관심을 가져야 한다고 주장한다.
3. 일반체제 접근방법 (general system)	리그스(Riggs)가 강조하는 접근방법으로서, 비교분석의 목적을 위한 유형이나 모형 형성에 더 많은 관심을 가지며 대표적으로는 프리즘—살라(pris-matic sala) 모형을 들 수 있다.
4. 중범위이론 (middle-range theory)	연구대상의 범위를 좁혀 집중적으로 연구하는 것이 효과적이라는 관점에서 관료제 이론에 바탕을 둔 이론으로서, Heady는 비교행정연구를 위한 중범위 모형 중에서 가장 유명한 것은 관료제 모형이라고 지적하고 있다.

는데, 개별사례적인 접근을 통해 비교연구를 가능하게 하였다.

따라서 비교행정의 분석틀에 대한 발전도 이 시기에 이루어졌다고 할 수 있다. 주요 국가 간 행정을 비교하는 데 있어서 유용한 분석틀로는 '수정된 전통적 접근', '발전지향적 접근', '일반체제 접근', '중범위이론' 등을 제시할 수 있다(Heady, 1998). 각 접근법에 대한 내용을 정리하면 [표 1−2]와 같다.

2. 침체기의 비교 및 발전행정 연구(1971~1980년대 중반)

(1) 재정적 어려움

비교행정 연구는 언어장벽과 비용 등으로 다른 나라에 대한 자료수집이 쉽지 않아 선진국에서 조차 충분한 연구가 이루어지기 어려운 분야이다(이송호, 2000: 369). 이 점은 비교행정의 성립 초기에 비교행정연구회에 대한 포드재단(Ford Foundation)의 재정지원이 관련 연구의 활성화를 유도하는 촉매제 역할을 수행하였다는 사실을 통해 잘 나타나고 있다. 실제로 CAG의 활동 근저에는 포드재단에서 지원한 재정적 지원금이 있었다. 포드재단은 1962년 미국행정학회를 통해 1971년까지 총 50만 달러라는 당시로서는 상당한 보조금(grant)을 지원했다.[9]

그런데 1971년 포드재단이 비교행정연구회에 대한 재정지원을 중단한 사실은, 미국을 중심으로 전개된 비교행정 연구의 침체에 결정적인 역할을 하게 된 하나의 사건이었다. 비교행정연구회는 재정압박에 직면하여 연구활동을 대폭 축소하는 한편 「비교행정저널」(Journal of Comparative Administration)도 발간한 지 5년 만에 「행정과 사회」(Administration & Society)라는 학술지에 통합되었다. 나아가 1973년에는 비교행정연구회(CAG)가 미국행정학회의 국제비교행정 분과위원회로 통합되면서 사실상 해체를 선언하게 되었다(강성남, 1999).

(2) 이론적 취약성

비교행정 연구의 침체가 단순히 포드재단에서 중단한 지원금의 문제에 기인한

---

9 당시 포드재단의 관심의 초점은 개발도상국들의 행정문제였으며 비교행정연구회가 이러한 문제들을 특히 사회환경적 요인들과 관련시켜 연구해 주기를 기대했다(김광웅·김신복·박동서, 1995). 그러나 다른 한편으로는 다국적 기업의 시초인 포드로서도 현지 국가들에 대한 이해와 정보가 필요하였고 각 국가들의 진출초기에 필요한 연구라는 점에서 이해가 일치한 면이 있음을 지적하지 않을 수 없다. 그리고 포드재단이 지원금을 중단한 이유는 Riggs의 부인에도 불구하고 CAG가 경험적 연구를 지원하거나 유용한 아이디어를 활용하는 데 실패했다는 점에 그 원인이 있었다.

것은 아니었다. 비교행정 연구의 주요 문제점 중의 하나는 바로 이론적 취약성에 있었다. 다시 말하면, 비교행정론이 독자적인 학문분야로서 그 범위와 이론체계가 정립되지 못하였고, 충분한 경험적 연구도 이루어지지 못했다는 점이다. 즉, 비교행정의 범위에 들지 않는 분야가 없을 정도로 지나치게 비교행정 연구의 관심이 분산되어 있었고 주요 개념들도 통합되어 있지 못하다는 비판이다.

범위의 포괄성이나 다양성에 의해 연구자들의 관심을 증대시키는 데에는 성공했을지 모르지만, 비교행정 연구는 대부분이 단편적이고 다양한 사례 연구들로 이루어져 있기 때문에 일괄적이고 이론적인 결론이나 일반화의 가능성이 부족했던 것은 사실이다(Farazmand, 1996).

더욱이 비교행정 연구를 위한 이론적 모형의 근본적 차이에 대한 회의가 일어나기 시작하였다. 파슨스(Parsons)의 구조기능주의 모형, 리그스(Riggs)의 프리즘 모형, 헤디(Heady)의 관료제 모형 등이 사회현상을 설명하는 데 있어서 어떤 근본적 차이가 있는지 의문이 제기되었다. 결과적으로 비교행정연구는 정치행정 시스템의 다양한 변화로 인해서 자료가 다양하기 때문에 하나의 이론으로서 각양각색의 변화를 반영하는 데에는 실패했다는 것이다(Jun, 1976).

실제로 CAG의 활동을 살펴봐도 이론적 탐구나 아이디어를 제공하는 것이 아니라 세미나·회의 등의 활동이 주류를 이루었고, 수많은 학자들과 연구의 내용이 이론을 구성하려는 시도라기보다는 일반이론(general theory)을 구성하여 각 국가 간의 구조적 차이만을 부각시키고 그 차이를 만회하기 위한 변화를 시도하는 것이 주를 이루었다. 연구방법 측면에서 과학적·경험적 접근이 부족하였다. 후진국의 경우 이용할 만한 자료가 별로 없고 실증적인 연구를 하기에 제약이 있는 것도 사실이지만, 비교행정은 다른 인접 분야보다도 연구방법 측면에서 뒤떨어져 있었다. 비교행정 분야의 연구들은 대부분 수필식의 이론적·개념적인 것이거나, 경험적인 연구라고 할지라도 사례연구가 대부분이었다. 이렇듯 이론적 취약성을 갖는 연구가 지속될 가능성은 매우 낮기 때문에 꾸준히 연구가 진행되지 못하고 지원금의 중단과 함께 연구활동도 급속히 위축되었던 것이다.

(3) 비교 및 발전행정 연구에 대한 어용논란

비교행정과 발전행정에 대한 비판 중에 하나는 비교행정연구회(CAG)의 활동성격과 관련이 있다. 일종의 어용(御用)논란이 그것이다. 이러한 어용논란은 비교행정연구회의 활동에 의심을 갖게 하기에 충분한 것이었다고 할 수 있다.

양 학문이 어용이라는 의심을 받는 이유는 행정의 과학화 등 겉으로 표방한 것

과는 달리 비교행정이 갖는 가치지향적 연구성격 때문이다. 가치지향적이라는 말의
의미는 목적을 가진 도구로서의 역할을 의미한다. 즉, 비교행정의 태동 자체가 일정
부분 목적을 가지고 등장하였기 때문에 태생적으로 가치지향적 성격을 가지고 있었
다. 설령 순수하게 시작되었다고 할지라도 발전과정에서 상당히 많은 부분이 오염되
었기 때문에 연구의 순수성은 거의 상실한 상태로 발전하였던 것이다. 어쨌든 미국
에서의 비교행정 연구가 목적을 지향하는 도구적인 학문으로서 발전하면 할수록 비
교행정 연구의 생명은 단축될 수밖에 없는 운명이었다. 가치지향적 도구학문은 이론
화할 수 없기 때문이다. 이론이 없는 연구는 나침반 없는 배와 같아서 바다를 헤매
기만 할 뿐 일정한 방향으로의 항해를 할 수 없는 것이다.

CAG의 활동에 비판적인 대표적 학자로는 러브만(Loveman)을 들 수 있다. 러브
만(Loveman)은 CAG를 미국 외교정책과 AID(Agency for International Development)의
활동을 위한 도구라고 비판하였다.[10] 특히 그는 CAG가 권위주의와 제3세계의 군부
정권을 지원하는 데 실질적인 기여를 했다고 비판한다. Loveman은 CAG의 활동과
그 지도자들이 너무 지나치게 엘리트주의적이고 개발도상국들의 대중들에게는 전혀
관심이 없으며, 미국 정부의 기술지원 관료들과 연결되어 있다고 비판하면서, CAG
와 미국 정책결정자들의 주된 목적은 행정적 엘리트 또는 군사적 엘리트를 부각시
키는 프로그램을 구축하는 것이었다고 주장한다(Farazmand, 1996).[11]

이러한 목적지향적 연구활동으로 인해 일종의 어용논란을 거친 CAG는 그 연구
의 유용성에도 상당한 도전을 받았다. 즉, 일정한 목적을 지향한 연구는 수행했을지
몰라도 실제적인 행정문제를 해결하는 데 기여하지 못한 연구활동이었다는 비판까
지 제기되었다(Jones, 1976).

(4) 발전실제의 우울한 결과와 발전행정론의 퇴조

1970년대 중반 이후 급속한 경제성장을 통해 일부 신흥공업국들이 대두했지만,

---

10 그러나 Riggs는 1976년 미국행정학회 심포지움에서 Loveman이 비판을 위해 인용한 학자들은 CAG 그룹에
참여하지도 않은 사람들의 견해일 뿐만 아니라 CAG는 AID 프로그램에 거의 기여한 바가 없다고 반박하고
있다(Waldo, 1976).

11 Riggs가 주도한 CAG의 주요 업적들에 대한 비판은 주로 실패에 대한 것들이었다. CAG의 활동 중에서 실패
한 것에는 문화적으로 왜곡, 편향된 다수의 연구들이 포함되었다. 이러한 연구들은 개발도상국가들보다는 서
구의 지배적인 강대국들을 옹호했고, 이란에서 Shah, 나카라과에서는 Samoza, 필리핀에서는 마르코스의 억
압적 정권을 지지하고 강화함으로써 개발도상국가들의 대중 국민들에 대한 조건과 상태를 더욱 악화시켰다.
CAG가 더욱 비판을 받은 것은 여기서 개발된 훈련 프로그램들 때문이었다. 이 훈련 프로그램은 사실상 반
(反) 발전적 프로그램들이었다. 이러한 비판을 정리한 것이 PAR(1980, 40호) 특집호에 실려 있는데, 여기에
는 개입주의적 발전 프로그램의 실패에 대한 전문가들의 회고와 평가를 싣고 있다(Farazmand, 1996).

그 이외에는 제3세계 국가 내의 절대 빈곤층이 증가하고 세계적 규모의 빈부격차가
확산되어 세계의 발전풍토에 비관론이 크게 확산되었던 시기이다(Dwivedi & Nef, 1982).
즉, 서구 근대화론이 표방한 바와는 달리 당시 제3세계의 발전실제(development
practice)는 암울함 그 자체였다.

초창기 발전행정의 활성화를 주도한 실용주의적 관심체계는 관련 논의의 다변
화를 초래하였다. 하지만 이러한 양적 성장이 발전행정론의 질적 성장을 담보하는
것은 아니다. 일례로 1980년대 미국의 27개 종합대학에서 설강한 비교발전행정 강
좌 40개에 대한 Ryan 교수의 내용분석 결과는 발전행정의 퇴조와 관련하여 시사하
는 바가 크다. 그가 분석한 대부분의 강좌들은 높은 수준의 일관성과 응집력을 보여
주지 못했으며, 특히 발전행정은 대부분 비교행정의 한 부분으로 다루어진다는 사실
을 발견하였다. 또한 그는 Heady가 저술한 비교행정론 교과서가 가장 널리 교재로
사용되고 있음을 확인하였다. Heady 책의 초점은 주로 다양한 유형의 정치시스템에
서 존재하는 정부관료제 분석에 주어져 있었다. 나아가 그는 Heady의 책이 범위가
넓고, 정향은 구조적이며, Finer의 제도론적 비교와 Weber의 관료제적 관점을 종합
한 지적 전통에 기초한 것으로 평가하였다.

Ryan은 40개 강좌의 강의계획서 분석을 통해 몇몇 내용상의 공통점도 찾아냈
다. 그가 발견한 공통적 관심사는 주로 관료제나 전문가의 영향력, 정치 그리고 발
전모델에 대한 것들이다. 그러나 놀랍게도 기획과 예산문제는 상대적으로 소홀하게
취급되고 있는 것으로 나타났다(Siffin, 1991).

(5) 시장중심 패러다임으로의 변화(1980년대 초반)[12]

앞서 제시한 이론체계의 부조화 현상에 부가해 1980년대를 전후한 발전행정의
퇴조현상을 단적으로 표징하는 현상으로서 경제사회 발전의 주도자로서 정부의 역
할을 대치한 시장화 추세의 심화를 지적할 수 있다. 대처와 레이건의 집권을 계기
로 가속화된 신자유주의(신보수주의)와 신공공관리(New Public Management)는 기본
적으로 민간부문(시장과 시민사회)에 대한 공공부문(정부와 준정부조직)의 개입을 터
부시한다.[13]

---

12 비교 및 발전행정 연구의 쇠퇴는 두 번에 걸친 행정학 패러다임 변화를 통해 설명할 수 있다. 그 첫 번째 패
  러다임의 변화는 1970년대 신행정이론의 등장이다. 1950년대와 60년대에 전성기를 구가하던 비교 및 발전행
  정 연구가 1970년대에 들어오면서 급격한 퇴조를 보이기 시작한 시기는 빈부격차나 인종갈등과 같이 당시
  미국 내부의 복잡한 문제들을 해결하기 위해 신행정이론이 등장한 시기와 일치한다는 점에서 쇠퇴의 원인이
  되는 첫 번째 패러다임 변화를 찾아 볼 수 있다. 그리고 비교 및 발전행정 연구의 쇠퇴에 영향을 미친 두 번
  째 패러다임이 바로 시장중심 패러다임이다.
13 프랑스 혁명 이래 자유주의와 민주주의는 19세기 내내 적대적 관계를 유지하였다. 하지만 다원성을 중시하는

하이예크와 밀턴 프리드만 등에 의해 주도되고 있는 신자유주의는 사유재산제, 법적 제한이 없는 재산축적, 경제에 대한 정부 간섭이 없는 자유시장 경제체제, 자본주의 동력으로서 이윤추구를 기본원리로 삼고 있다. 또한 보수주의에 기반을 두고 있는 신자유주의는 자연발생적 시장질서의 원리를 자유주의적 사회원리로 파악함으로써 경제적 자유주의 전통을 회복할 것을 주장하고 있다. 한편 사회정의 실현의 방편으로 시행되는 시장에 대한 국가개입은 전체주의(집단주의)적 성향을 갖게 되어 개인의 자유를 침해하게 된다. 따라서 정부는 최소한의 권한만을 행사하도록 해야 하며 정의·평화·자유의 이상은 바로 이와 같은 시장질서의 원리가 확대됨으로써 가능하게 된다(황병덕, 1995: 263). 한편 민영화·탈규제·정부감축 등을 활용해 작은 정부를 지향하는 신공공관리는 신자유주의의 수단적 의미를 가정한다.

3. 도약기의 비교발전행정 연구[14](1980년대 중반~현재)

(1) 연구분야의 전문화

1970년대에 쇠퇴하기 시작한 비교 및 발전행정은 1980년대를 거치면서도 학문의 전망이 밝지 못하였다. 그러나 1980년대 중반을 거치면서 조금씩 새로운 도약의 전기를 마련하고 있었다. 즉, 비교연구의 새로운 관점이 도입되었고, 발전행정론이나 비교정책연구 등과 같은 하위 연구분야의 전문화가 이루어지기 시작하였다. 또한 계량적 방법을 활용한 연구도 강화되었다.

1980년대 중반 이후 시장화 추세와 궤를 같이 하는 세계화 추세의 심화는 역설적으로 비교 및 발전행정의 새로운 연구 가능성과 양자 간의 통합 논의의 필요성을 제시한 것으로 평가된다. 세계화가 심화될수록 비교 및 발전행정의 실천적 중요성을 선후진국 모두에게 인식시키는 계기로 작용하고 있기 때문이다. 국가 간 상호의존성이 증대하면서 한 나라의 행정 및 정책이 이해관계국과 국제질서에 미치는 영향이

자유주의와 평등 구현을 기본가치로 하는 민주주의는 제2차 세계대전 이후 자유민주주의라는 이념체계로 합치되었다. 자유민주주의는 국가가 절대적 자유의 체계가 야기하는 사회적 불평등의 결과를 완화하기 위하여 사회정의의 이름으로 자유의 이상을 평등의 이상과 재결합시키는 것이다. 자유와 평등의 조화, 절차적 민주주의와 실질적 민주주의의 균형, 정치적 민주주의와 경제적 민주주의의 결합, 자유주의와 민주주의의 합일 등으로 표현되는 자유민주주의는 다른 정치이념보다 상대적 우위를 점하고 있다(황병덕, 1995). 한편 자유민주주의의 양대 이념인 사회민주주의(케인지안 복지국가)와 신자유주의(신보수주의)는 20세기 후반부를 통해 건설적 긴장관계를 유지하면서도 상대방에 대한 적극적 벤치마킹(신우파와 신좌파)을 통해 양자간의 거리를 축소하고 있다.

14 지금까지는 비교 및 발전행정 연구라는 표현을 써 왔지만, 도약기부터는 양자의 통합적 논의가 시도되므로 비교발전행정이라는 묶음식 용어를 직접 사용하고자 한다.

과거보다 훨씬 커짐으로써 선후진국을 막론하고 관련 이해관계국의 행정기구와 제도가 어떻게 돌아가고 정책들이 어떤 내용으로 어떻게 형성되어 집행되는지에 대한 관심이 증가하고 있다.[15] 한편으로 국가 간에 경쟁이 격화됨에 따라 행정능력을 경쟁력의 한 요소로 보아 자국의 행정체제를 좀 더 유능하고 효율적으로 만들기 위한 대안을 찾는 과정에서 타국의 행정체제를 연구 분석하는 경향이 경주되고 있고, 또한 공정한 경쟁을 이유로 교역 당사국들의 제도와 정책을 일치시키기 위해 비교행정과 발전행정을 통합하는 연구가 강화되고 있는 추세이다(이송호, 2000: 365). 여기서 우리는 양자의 통합 필요성에 의거해 '비교발전행정론'(Comparative and Development Administration)이라는 새로운 학문분야를 비로소 포착해 낼 수 있다.

(2) 새로운 이론의 등장

비교발전행정 연구의 재도약 가능성을 엿볼 수 있는 중요한 계기는 새로운 이론의 등장이라고 할 수 있다. 비교발전행정은 1990년대 이후 새로운 도약기를 맞이한 것으로 평가된다. 태동 초기에 근대화이론이나 체계이론을 원용하여 주로 후진국들의 발전문제를 비교론적 시각에서 접근하였으나, 최근에는 국가론·정치경제론·신제도주의·거버넌스 등을 활용해 후진국은 물론 신흥공업국 및 서구 선진국들의 발전문제에 대한 연구가 활발히 진행되고 있기 때문이다. 특히 거버넌스는 공공부문과 민간부문이라는 이분법을 초월해 비교발전행정의 새로운 가능성을 제시한 것으로 평가해 볼 수 있다.

최근에는 셀렌(Kathleen Thelen), 피에르(Jon Pierre), 홀(Peter A. Hall), 스테인모(Sven Steinmo), 이머굿(Ellen M. Immergut) 등의 신제도주의 학자들을 중심으로 '비교역사학적 접근(comparative historical approach)'이나 콕스(Robert Henry Cox) 등이 주장하는 '사회구성주의(social constructionism)', 그리고 전종섭(Jong S. Jun) 등이 강조하는 '현상학(phenomenology)'적 접근이 새롭게 전개되면서 비교발전행정 연구의 재도약을 위한 활발한 논의가 이루어지고 있다.[16]

---

15 최근 세계화의 심화와 더불어 그 중요성이 부각되고 있는 국제행정의 필요성도 비교발전행정의 논의범주에 포함시킬 수 있다(김선혁, 2004).

16 비교행정의 새로운 접근법에 대해서는 제2장 '비교발전행정의 연구대상과 연구방법'에서 자세하게 설명하기로 한다.

Ⅲ. 비교발전행정 연구의 새로운 방향

1. 비교발전행정의 연구 내용상의 지향점

제2차 세계대전 이후 독립한 많은 신생국들은 20세기 후반의 반세기 동안 자국의 발전을 추진해 왔으나, 불행히도 빈곤·생태파괴·식량위기·실업·기아·불평등·정치적 억압·외채·종속 등 많은 발전실패(development failure)를 맛보았다(Haque, 1999: 151~153). 더욱이 초국적기업들이 주도하는 현 자본 세계화는 선진국과 후진국 간의 불평등한 경쟁 레짐을 더 이상 조정할 수 없고, 많은 나라의 경제발전, 사회발전을 더욱 파괴하고 있다(Ghosh, 2001b: 10~11).[17]

우리는 여기서 발전실제(development practice)의 위기와 더불어 발전사고(developmental thinking)의 막다른 골목마저 발견하며, 서구 보편주의와 유로 아메리카니즘의 포기는 물론 또 다른 세계관과 발전의 새로운 비전이 요구되는 절박한 분위기를 느끼게 된다(Watts, 1995: 44~46). 결국 서구에 의해 수출된 기존 발전이론은 근본적 재구성을 요하며(Haque, 1999: 6), 차제에 발전이론·발전모델·발전정책·발전이념에 대한 재검토가 요구되고 있다.

다행히도 1990년대에 들어와 새로운 발전 관념 하에 발전실제에 대한 여러 가지 이론적·실천적 대안들도 제시되고 있다. 즉, 규범적 발전문제를 다루기 위한 새로운 학문분야로서 발전윤리학(development ethics)이 등장하고(Goulet, 1997), 생태주의, 역근대주의(counter-modernism) 등 비판적 발전관점(Munck & O'Hearn, 1999)과, 인간의 적절한 선택기회 확대를 지향하는 인간발전, 진정한(authentic) 발전 등 새로운 발전 개념도 대두하고 있다. 특히 제3세계에서는 그간의 그릇된 발전(mal-development)을 청산하고 탈종속을 시도하려는 움직임이 강하다. 즉, 동아시아 금융위기 이후 신자유주의의 한계가 노정되면서, UN을 개혁하고 WTO을 민주화시키려 하며, 국제경제기구들이 보다 책임감 있고 투명해지도록 압력을 가하는 분위기도 나타난다(Ghosh, 2001b).

이러한 새로운 실천과 연구 분위기 속에서 우리가 추구해야 할 비교발전행정 연구의 내용상의 새로운 지향점은 무엇인가?

첫째, 국가발전을 위한 주체적 연구역량의 강화이다. 과거 미국을 중심으로 산출된 서구발전행정 이론들은 주로 후진국의 일반적 문제들에 초점을 부여하였다. 하

---

17 초국적기업은 선진국의 자본과 기술에 의해 후진국의 자원을 개발함으로써 후진국의 경제성장을 촉진시킬 수 있다는 긍정적 측면을 갖고도 있지만, 본국 국내 독점산업의 이윤율 증가와 그에 따른 부의 불평등 분배, 유치국의 기술적 종속화 및 토착산업의 사양화 등의 부정적 측면을 가지고 있다.

지만 서구중심이론은 근대화론에 의거해 관(官) 주도적 따라잡기 전략을 시도해 온 우리나라가 IMF 구제금융을 맞게 되면서 절감한 발전실패에 의거할 때, 더 이상 우리의 상황에 적합성을 지닌 것으로 보기 어렵다. 이제 서구이론 따라가기 연구풍토는 한국 행정현상에 대한 부분적 설명력밖에 보장하지 못한다. 따라서 세계화와 경제 자유화라는 새로운 행정환경에 부응하기 위해 주체적인 연구시각과 연구역량의 강화를 통해 실용적인 이론과 지식을 산출해야 한다.

둘째, 국가발전에 대한 접근이 "기술공학적 접근에서 역사철학적 접근"으로 전환되어야 한다. 최근 논의의 초점은 구체적인 문제해결이나 행정개혁에 부여되어 있다. 이는 미시적 방법론을 중시하는 행정학의 연구경향과 신공공관리의 세계화 추세에 기인한다. 하지만 이러한 경향이 지속될 경우 정책학이나 행정개혁론에 밀려 자칫 국가발전 연구의 역사적 정체성을 확보하기 어렵게 될지도 모른다(이송호, 2000: 373~374).

셋째, 공공성에 대한 재인식을 토대로 행정의 적극적인 역할이 요구되는 분야를 개척해야 한다. 최근 강화된 시장화(marketization) 추세를 방치할 경우 전통적인 행정학의 위기는 물론 행정국가의 등장과 더불어 고양된 적극적 정부의 영역을 상실하게 될지도 모른다. 따라서 국가의 퇴조를 예방하기 위해서는 행정이 주도하는 발전전략에 부합하는 거시적 주제들을 적극적으로 탐구해야 한다.

넷째, 연구의 범위를 세계윤리적 차원으로 확장할 필요도 있다. 과거의 발전행정이 단일국가의 경제성장 차원에 초점을 부여하였다면, 향후 발전론은 몇몇 강대국과 초국적기업의 자본횡포에 맞서고 그 폐해를 치유하기 위한 초국민적 국가의 건설, 윤리적 세계화, 세계 시민사회의 형성 등과 같은 거시적·세계윤리적 문제들도 함께 다루어야 할 것이다. 이 점에서 향후의 발전논의는 미래학과 국제행정의 폭넓은 시야를 적극적으로 벤치마킹할 필요도 있다.

다섯째, 비교행정과 발전행정을 분리해 연구할 것이 아니라 '비교발전행정'으로의 통합적 접근을 통한 다양한 발전경험 비교와 발전전략의 상호 벤치마킹이 요구된다. 세계화라는 새로운 환경 하에서는 어떤 나라도 국가경쟁력 제고라는 현안에서 자유롭지 못하므로, 국가발전을 위한 벤치마킹 포인트를 해외에서 효과적으로 찾아낼 필요가 있는데, 세계 각국의 발전경로에 대한 정밀한 비교분석에 의거한 발전경험의 공유(共有)는 그에 대한 좋은 답을 줄 수 있다. 최근 OECD 등을 중심으로 공공정책 및 신공공관리적 행정개혁의 국제비교가 본격화된 점은 이런 면에서 큰 시사점을 준다. 모든 정부는 정책을 통해 사회문제의 해결에 개입하고 이를 위해 대응적 혹은 예방적 차원의 행정개혁을 단행하므로, 신제도주의 접근을 통한 각국의 정책비교 및 행정개혁의 비교분석은 우리나라의 발전경로 및 발전전략 모색에 있어 매우 중요한 연구적 함의를 지닌다. 발전경로의 다양성은 비교를 통한 선택을 의미하고, 슬기로운 경로 선택은 효과적 발전에의 열쇠인 것이다(Buttel & McMichael, 1994).

여섯째, 한국적 발전이론의 구축과 고유의 발전경험 수출도 필요하다. 이제 서구 이론 따라가기 연구풍토는 한국 행정현상에 대한 부분적 설명력밖에 보장하지 못한다. 서구 발전이론의 트렌드적 수용에서 벗어나, 한국의 발전현상을 독특하게 설명하려는 고유의 연구시각과 이에 터한 고유의 발전이론 및 발전모형 개발이 시급하다. 특히 하나의 자주적 발전모델로서의 지역지식(local knowledge) 체계를 구축하는 차원에서(투 웨이-밍, 2004), 다음과 같은 한국적 발전논리와 발전경험을 이론화해 그것을 필요로 하는 나라들에 소개해 줄 필요도 있겠다. 예컨대 지난 산업화 및 정보화 시기에 전개된 고유의 국가발전경험 및 정보화 경험(이종범, 2005), 또 서구 관리이론을 능가하는 우리 민간분야의 인력양성과 내생적 관리방식(이달곤, 2005) 및 이를 응용한 중앙공무원교육원의 공무원 혁신교육과정을 우리와 유사한 발전경로를 밟고 있는 개발도상국들에게 발전좌표로서 안내해줄 수 있겠다(이도형, 2006).

2. 국가비교 연구방법의 설계

앞에서 제시된 포괄적인 발전문제의 인식을 반영하는 비교발전행정 연구의 새로운 방법론적 진로를 모색하면 다음과 같다.

첫째, 비교대상 국가의 선택은 선진국이든 후진국이든 우리나라와 이해관계가 큰 나라들을 선택하여야 한다는 점이다. 이는 비교연구의 현실적 난점과 효과적인 교육을 위한 불가피한 선택이기 때문이다. 이 점에서 특정한 문제영역을 중심으로 전개되는 다국간의 반복적 상호작용에 주목하는 국제 레짐 이론의 성과에도 주목할 필요가 있다.

둘째, 연구대상 및 이론의 포괄범위와 관련하여 중범위이론(middle range theory)을 지향해야 한다. 이러한 관점에서 관료제는 여전히 비교행정의 중심적인 연구대상이라고 하겠다. 그러나 국가 전체의 행정구조나 외형적인 관료제보다는 관료들의 배경·태도·행태 등에 연구의 초점이 주어져야 하며, 기관이나 제도 등 보다 중범위 차원의 문제들을 더 많이 다룰 수 있어야 한다(강성남, 1999). 나아가 비교 연구자의 분석수준도 거시적 편향성과 미시적 편향성을 동시에 극복하는 중범위화의 구현을 추구해야 한다.

셋째, 조급한 이론화보다는 경험적 연구(empirical research)에 주력해야 한다. 비교연구에 있어서 추상적·규범적 접근보다는 과학적·경험적 접근방법을 활용해야 한다는 입장은 현대의 비교행정이 지향하는 본질적인 요소 중의 하나이다(이송호, 2000).

넷째, 여러 문화를 비교·분석(cross-culture)함에 있어서 가치중립적인 입장을 견지할 수 있어야 한다. 비교행정 연구에 있어서 환경적 요인으로서 문화적 배경이 중시되는 것은 당연한 귀결이다. 그러나 연구자가 다른 문화를 비교·분석하는 과정에서 주관이나 선입관, 편견 등이 게재될 여지가 다분히 있기 때문이다.

다섯째, 비교역사적 연구 등 비교연구방법의 세련을 통한 한국 행정학의 한국화, 세계화도 지향해야 한다. 세계무대에서 한국적 이론의 보편화 가능성을 검증받기 위해선, 이를 타국의 문화권에서 창출된 유관이론과 비교 분석해 중범위 이론형성의 가능성을 모색해 보는 진지한 노력이 전제되어야 할 것이다(안병영, 2005). 특히 비교역사적 연구는 맥락적 모형화를 통해 한국 행정현상의 특징적 맥락을 구조적으로 설명함으로써, 이론의 보편성과 특수성의 조화 위에서 한국 행정학을 한국화, 세계화하는 데 주요수단이 될 것이다(정무권, 2005). 한국 고유의 특수이론 개발을 위해선 '시간 간 비교연구'도 필요하다. 장기적 변수의 변화 없이 단기적 대안만으론 행정변화 유도에 한계가 있다. 따라서 이종범(2005)의 주장처럼, 시간 간 비교연구는 고유의 특수이론 개발과 이론의 정교성 확보에 있어 매우 중요하다. 비교연구의 이러한 중흥을 위해선, 연구의 성격에 맞게 분석수준 및 비교대상(예: 맥락비교, 조직비교, 정책비교, 개혁비교)의 적절한 선정, 또 양적, 질적 연구방법 및 접근시각의 타당성 검토 등 비교방법의 적실성을 제고하기 위한 다양한 학문적 고민이 전제되어야 할 것이다(이도형, 2006).

비교발전행정의 연구대상과 연구방법
: 국가발전의 지향점 모색과 비교방법

비교발전행정론의 주된 연구대상은 각국의 발전문제이다. 우리는 발전이라는 개념 속에 내재된 다양한 의미들을 적극적으로 탐구하는 한편, 이를 현실적인 국가목표로 구체화시켜 나가야 한다. 이때 우리는 다양성을 가정하는 발전의 문제에 접근함에 있어 개별국의 특수성을 고려하는 가치함축적 접근이 불가피하게 요구된다는 점에 특히 유의해야 한다.

한편 우리가 지향하는 국가발전의 방향과 그 전략을 체계적으로 정립하기 위해서는 그동안 제시된 비교연구 방법론을 효과적으로 활용할 수 있어야 한다. 특히 한국의 발전을 위한 벤치마킹 차원에서 이루어지는 개별국 또는 국가군별 비교분석의 체계적인 수행을 위해서는 비교연구의 단위와 수준을 체계적으로 이해할 필요가 있다. 나아가 다양한 분석단위와 수준이 결부된 다양한 비교분석의 접근방법들을 선택할 수 있어야 할 것이다.

I. 연구대상: 국가발전의 진면목 찾기

1. 발전의 유사 개념들

지상에는 약 700여 개의 발전 개념이 존재한다고 한다. 발전은 사람마다 상이한 것을 의미하는 다의적(多意的) 측면을 지니고 있기 때문이다. 더욱이 그간의 무분별한 용어 사용으로 인해 발전은 많은 혼란을 야기하는 개념이기도 하다. 먼저 그 유사 개념부터 자세히 살펴보면서 발전의 진면목을 도출해 보자.

(1) 성장(Growth)

성장은 양적 증대를 뜻하는 용어이다. 예컨대 1인당 국민소득 증대, 국민총생산 (GNP)의 증액, 또는 공무원 수 및 정부예산액의 증가 등을 가리킨다. 그러나 양적 확대인 성장이 곧 발전일까? 한 나라의 GNP와 GDP[1]가 늘어나도 경제의 이중구조 심화나 디지털 디바이드(digital devide) 현상[2] 등은 자칫 사회의 양극화를 초래할 수 있다.

국가발전의 척도로 많이 인용되는 국내총생산(GDP)에는 인간에게 유해한 범죄, 공해지출 증가, 관료제 성장으로 인한 비용의 증가는 포함되지만, 가사노동, 노인 및 병자를 돌보는 사회적 노동 등 비공식적인 생산가치는 무시된다(박흥규, 2003: 187). 즉 GDP는 전통 경제학의 세계관을 통계적으로 추출한 것으로서, 특히 비용 부문을 포함하지 못하는 불완전한 대차대조표이다. 시장에서 일어난 모든 일을 인류의 이익 으로 간주하지만, 화폐를 통한 교환영역 밖에서 일어나는 모든 일은 인간복지에 대 한 중요성과 관계 없이 무시한다.

따라서 발전의 척도로 이것을 이용하는 것은 잘못이다. 가정과 지역사회를 붕 괴시키고, 자원을 고갈시키며 환경을 파괴시키는 경제행위가 경제성과로 둔갑되기 쉽기 때문이다. 예컨대 가정을 붕괴시키는 질병 치유도 병원의 이익으로 간주된다. 따라서 이혼소송을 막 끝낸 말기암 환자야말로 국가경제에 가장 큰 기여를 한 사람 이다(할스테드, 코브, 2001). 결국 GDP 개념은 시장에서 임자가 바뀌는 돈을 측정하는 엉성한 척도로서, 바람직한 것과 바람직하지 못한 것, 비용과 이익을 정확하게 구별 하지 못한다. 즉 금전 거래와 관련된 일부의 현실만 보여줄 뿐, 가족과 공동체의 기 능, 자연서식지, 특히 국가복지에 대한 평가기능을 전혀 담고 있지 못하다(호지/ISEC 저, 이민아 역, 2003: 189~194). 한마디로 말해 지금까지의 대표적 경제지표였던 GNP, GDP는 국민의 삶을 제대로 반영하지 못해 왔다.

경제적 파이의 규모가 아무리 커져도, '균형적 분배'와 국민 삶의 질을 전제로 하지 않는 성장은 무의미하다. 양적 성장과는 다른 별개의 분배정책이 병행될 때만 불균형적 성장의 역효과를 줄일 수 있다. 이런 점에서 GNP나 GDP의 대체 개념인

---

1 GNP는 GDP+(해외로부터의 요소소득−해외로의 요소소득)으로서, '자국민'의 총생산액수를 의미한다. 외국 에서 번 돈 중 자국에 송금한 부분도 이에 포함되는데, 이 때문에 추계가 어려워 1980년대 후반부터는 GDP 로 한 나라의 경제규모를 추계해 왔다. GDP는 경제 전체의 총산출액−원재료 기타 중간 투입물건의 가치액 으로서, '자국 내' 총생산액수를 가리킨다. 따라서 국내의 외국인 노동과 자본 규모도 이에 포함된다.

2 이는 지식, 정보 등 새로운 디지털적 생산요소의 구비 여부에 따른 노동자들 간의 심각한 소득격차 현상을 의미한다.

GPI(Genuine Progress Indicator)가 새로운 경제지표 개편론으로서 제기되는 의미를 진지하게 되새겨 보아야 할 것이다. 미국의 중도좌파 싱크탱크인 Redefining Progress는 GDP가 도외시한 주요 요소를 추가한 참된 발전지표(Genuine Progress Indicator: GPI)를 제시했다. 이 단체의 연구진들은 GDP에서는 가정생활, 환경보호 등 삶의 질 개념이 수치화될 수 없다는 이유로 배제되고 있다고 비판한다. 그러면서 범죄, 환경파괴, 레저감소, 가정 및 지역사회활동 위축 등 경제사회적 퇴보로 인한 비용을 설명해야 비로소 실질적인 국민 삶의 묘사가 가능해진다고 주장한다. 그들은 좀 더 정직한 발전의 대차대조표를 만들기 위해, 성장의 장부에 비용부문을 반영하려는 차원에서, 자원고갈, 오염, 장기적 환경피해, 가사노동, 시장 외적 거래, 여가시간 변화, 실업, 불완전고용, 소득분배, 내구성 소비재, 기반시설의 수명, 방어적 지출(통근비용, 자동차사고 의료비, 정수기 설치비), 지속적 투자 등등의 요인을 경제지표에 반영한다.

GPI에 의하면, 미국의 경우 1970년대 초까지 국가복지가 점진적으로 증가하다가 그 이후 계속 하락하는데, 이는 신자유주의자들의 경제모델이 전제한 성장이 모든 이에게 혜택이 된다는 가정과는 반대로 현 경제활동 비용이 이윤을 압도하기 시작했음을 암시한다. 유권자들의 정서가 하나의 기준이라면, GPI는 사람들이 실제로 경험하는 체감경제를 좀 더 정확히 계산해 보여준다. 즉 "GDP는 올라가도 피부로 느끼는 국민 삶의 질은 오히려 떨어진다"(If GDP Is Up, Why Is America Down?)는 사람들의 일반정서에 뿌리를 두고 있다.

최근엔 국민의 행복이나 삶의 질을 국가발전의 척도로 삼아야 한다는 목소리도 커져 왔다. 일례로 제3차 OECD 세계포럼의 핵심의제는 새로운 사회발전지표의 개발이었다. GDP 등의 단편적 경제수치를 대체, 보완할 수 있는 국가발전지표를 새로 만들자는 것이었다. 이 포럼에서 기조연설을 한 조셉 스티글리츠는 삶의 질과 발전의 지속가능성을 반영하는 새로운 경제지표를 도입해야 한다고 주장했다. 그는 GDP를 대체할 행복지수를 만들자고 역설한 프랑스의 사르코지 전 대통령의 의뢰를 받아 아마르티아 센과 함께 새 지표를 연구했는데, 이들이 제시한 삶의 질 항목에는 휴가일수, 평균 기대수명, 의료서비스 수준 등이 포함되고, 발전의 지속가능성 부문엔 환경보호 수준도 반영되었다. 그 외에 많이 인용, 언급되는 새로운 사회발전 지표들로는 다음의 것들이 있다.

한편 환경파괴를 조장하는 물질적 성장과정을 치유하면서 국민경제의 생태적 전환을 도모하는 대안경제학인 생태경제학에선, 한 나라가 생산하는 부가가치의 총합 Y를 F[L(노동), K(자본); E(에너지)↓, R(자원)↓; H1(개인지식)↑, H2↑(공공재 성격

표 2-1 새로운 사회발전지표와 그에 따른 한국의 순위

발전지표 이름	인간개발지수	영국 신경제재단 (NEF)의 행복지수	한국보건사회연구원의 OECD 회원국 대상 국민행복지수	영국 싱크탱크 레가툼의 번영지수
발전지표의 내용	문재해독률 등 교육수준, 1인당 실질 국민소득, 평균수명 등	기대수명, 삶의 만족도, 환경오염 정도 등	소득불평등 정도, 고용률, 기대수명, 빈곤율, 자살률 등	경제력, 교육, 치안, 정치안정, 개인의 자유, 사회간접자본 등
한국 순위	25위(2006년)	68위(2008년)	25위(2009년)	26위(2009년)

출처: 중앙일보(2009)에서 참조.

의 집단지식), Cu(문화)↑, Ca(돌봄노동)↑, Co(소통 혹은 공론장 투입)↑]의 함수관계로 본다.

생태경제학에선 저축을 강조하고, 기계적 소비 대신 생태적 소비를 강조한다. 즉 경차, 수동기어, 작은 냉장고 등 저소비를 강조하는 등 소비 합리성에 호소한다. 반면 유기 농산물, 공정무역, 지역농산물 사기 등 까다로운 요구사항도 많은데, 이런 것들을 한 나라의 경제를 생태적으로 개편, 전환시키는 핵심 메시지로 보기 때문이다(우석훈, 2011).

(2) 개발(Development)

발전과 개발은 영어로 표기하면, 둘 다 development이다. 그러나 개발은 발전을 이루게 한다는 타(他)동사적 의미를 좀 더 풍기는 어감상의 차이를 보인다. 즉, 개발은 중앙정부가 낙후된 국내지역을 경제적으로 증진(예: 지역개발, 국토개발)시키거나(박동서 외, 1986: 184), 혹은 선진국이나 국제기구들이 개발도상국의 발전을 경제적·기술적으로 지원, 원조해 주는 것을 의미한다. 그러나 소득증대와 지역개발을 목적으로 하는 정교하지 못한 성급한 개발은 자칫 난(亂)개발로 연결되기 쉽다. 무리한 개발이 곧 자연파괴를 낳기 때문이다. 그리고 개발은 누구를 발전시킨다는 타동사적 의미가 강해, 개발 대상의 입장에서 볼 때는 발전의 주체성을 상실한 채 개발 주체에게 질질 끌려 다니는 종속적 입장이 되기 쉽다. 이런 부정적 느낌 때문에 우리나라의 공사(公社)들 이름에서도 어느 시점부턴가 개발이란 단어가 빠지고 있다.[3]

---

3 예컨대 한국토지개발공사가 한국토지공사로, 한국주택개발공사가 한국주택공사로 이름이 바뀌었다. 나아가 양대 공사는 최근 한국토지주택공사로 통합하였다.

(3) 서구화(Westernization)

후진국이 상대적으로 먼저 발달한 서구 선진국의 발전경로를 답습함으로써 서구적 제도와 형태를 갖추어 나가는 것이다. 서구의 바람직한 경험을 모방·학습하는 것이 후발 발전의 핵심이라는 것이다. 그러나 서구에 대한 맹신(盲信)과 맹목적 모방은 자칫 발전을 '서구를 닮아가는 서구 중독화의 과정'으로 왜곡되게 할 수도 있다(임현진, 1998a: 53).[4] 특히 후진국의 맹신의 대상이었던 서구는 지금 과(過)발전으로 인한 각종 폐해[5]를 심하게 앓고 있으며, 최근에는 그 치유책으로서 동양의 정신가치와 생태균형의 지혜(예: 자연－인간 일치의 동양 생태철학, 비보<裨補>풍수 등[6])를 배우려고 한다. 따라서 어떤 점에서 보면 발전은 서구화가 아니라 오히려 서구의 과발전을 치유하기 위한 동양화(東洋化)의 측면도 일부 갖고 있다고 볼 수 있다.

(4) 기관형성(Institution Building)

기관형성 혹은 제도형성은 사회변화를 바람직한 방향으로 유도하는 동시에 그 변화를 유지·관리해 주는 공식적 조직과 제도의 설립을 의미한다. 우리나라의 예로는 관 주도적 경제성장을 위해 창설된 1960년대 초의 경제기획원(EPB)을 들 수 있다. 그러나 이러한 기관형성에서만 그치는 것이 아니라, 그것이 환경의 지지를 골고루 받으며 오래도록 지속되고 순기능적으로 작용할 수 있게 제도화(institutionalization)시키는 것이 발전에서는 더 필요하고 올바른 방향이다(박동서 외 1986: 186~187). 예컨대 후진국들이 서구의 제도를 흉내 내어 도입한 근대 관청(public office) 조직이 제대로 자리를 잡지 못하고 여전히 이들 나라의 주요 의사결정이 고급관료들의 사랑방(sala)에서 이루어진다면, 근대적 관청제도의 도입이라는 외양적 기관형성, 제도형성을 발전으로 보기는 어렵다.

---

4 일례로 일본인들은 자국보다 못한 나라의 국민을 무시하는 말로 외국인(外國人)이란 표현을 쓰고, 자국보다 발전한 나라의 국민을 외인(外人)이라고 부른다. 이러한 외인이라는 표현에는 일본인들이 서구인과 동질화(同質化)되고 싶은 마음에서 국경을 뜻하는 국(國)자를 빼고 쓴 의도가 숨겨져 있다(김영명, 1994: 179).

5 예컨대 과다한 에너지 소비가 낳는 생태계 파괴, 높은 소비수준을 지탱하기 위한 과도한 노동시간, 또 일의 노예화로 인한 비만 등 건강 악화, 지나친 경쟁에의 심리적 부담과, 사회 양극화로 인한 빈곤과 마약복용 등 사회 부적응, 일탈현상 등이 그 예이다.

6 명당 자리를 찾으려는 중국 풍수와 달리 한국의 자생(自生) 풍수는 어머니인 땅의 결함을 보완해 땅을 슬기롭게 사용해 온 전통이 있다. 예컨대 지기(地氣)가 허한 곳에 탑을 쌓거나 홍수의 잦은 침범이 우려되는 곳, 또 낭떠러지의 절벽 등에 절을 지어서, 흠이 많아 자칫 버려지기 쉬운 땅을 보완해 적절하게 활용하는 방법 등이 비보풍수의 좋은 예이다(최창조, 1999).

(5) 근대화(Modernization)

서구 역사에 있어 근대(the modern times)라는 특정 시기가 갖는 여러 특징과 요소들이 나타나는 현상이다. 즉, 근대화는 경제적 측면에서는 생산성 증가와 경제적 편익의 균등 배분, 사회적 측면에선 사회구조 분화, 도시화, 교육수준 향상, 그리고 정치적 측면에선 이익결집체로서의 정당, 이익집단 및 관료기구의 대두를 의미한다(Almond & Powell, 1966). 근대화는 이처럼 한 나라가 전통사회의 질곡으로부터 벗어나려는 과정에서 필히 요구되는 물적 성장의 토대와 근대적 제도를 외형적으로 갖추어 나가는 과정이다. 이런 점에서 근대화는 앞에서 언급한 성장, 서구화, 기관형성 등을 모두 합해 놓은 것과 유사한 개념이 되어, 여기서 살펴보고자 하는 발전이라는 포괄적 개념의 사전토대(事前土臺)로서의 의미를 일부 갖게 된다. 그러나 근대화 개념은 어디까지나 발전이라고 보기엔 조금씩 부족감을 보이는 상기한 개별 개념들의 합성물에 불과하다는 점에서 그 근본적 한계를 완전히 불식시키지 못한다. 발전은 이런 물적 토대와 외형적 제도들이 화학적인 융합을 통해 성숙해지는 질적으로 전혀 다른 상황을 가리키기 때문이다.

(6) 개혁 · 쇄신

어떤 목표를 달성하기 위해 비교적 큰 변화를 일으키는 의도적 노력으로서 쇄신(刷新), 개혁이란 용어가 있다(최항순, 1994: 13). 그러나 이는 발전목표를 도모하기 위한 '수단적' 발전에 한정되어 사용되는 경우가 많다. 즉, 개혁과 쇄신은 수단과 방법적 측면에서의 변화인 데 비해, 발전은 이외에도 목표, 가치와 행태의 변화까지 포괄한다(송재복, 2000: 31~32).

2. 발전의 진면목

지금까지 발전의 유사상표들을 감별(鑑別)해 보았는데, 그렇다면 발전은 구체적으로 어떤 개념이며 그것의 진면목(眞面目)은 무엇인가? 또 그것은 앞의 유사 개념들과는 어떻게 차별화되는가?

Webster's New World Dictionary(1979)에서는 발전을 "무엇인가가 더 충분히 더 좋게 그리고 점차 잘 이루어져 가는 과정"(a process which something is made fuller, better, worked out by degrees)이라고 다소 추상적인 개념정의를 내리고 있다. 이러한

개념정의는 발전이 되면 무엇인가가 더 좋아진다는 느낌을 우리에게 주긴 하는데, 그 무엇이 어떻게 얼마나 더 좋아진다는 것인지가 다소 불분명하다. 따라서 우리는 발전에 대한 좀 더 명확하며 현실적인 개념정의를 살펴볼 필요가 있다.

(1) 발전 = 질적인 구조변화 혹은 좋은 성장

먼저 발전 개념을 성장 개념과 대비시켜 이해해 볼 수 있다. Bernstein(1988)은 발전을 경제성장과 완벽한 동의어로 보지 않고 그 개념 속에 질적인 변화를 끌어들이는 등, 발전을 분석적 개념일 뿐 아니라 규범적 개념으로도 본다. Preston(1985)도 초기의 편협한 기술적·경제적 이해에서 벗어나 발전을 좀 더 질적으로 확대되고 심화된 개념으로 본다. Wallerstein(1994) 역시 보다 많은 것(more)으로 이해된 발전과 보다 평등한(more equal) 것으로 이해되는 발전 사이의 중심적 긴장에서 그 답을 찾아야 한다고 말한다. Jones(1990)는 한걸음 더 나아가 발전은 성장 이상의 개념이며, 또한 사회정의와 삶의 질적 향상을 지향하는 것이라고 본다(크로우 저, 박형신·이혜경 역, 1999: 185).

따라서 발전은 양적 성장 개념과 대비해 볼 때 규범적으로 더 좋은 질적인 구조 변화를 포괄하는 개념으로 볼 수 있다(이병천, 2003: 104). 염홍철(1998: 13)은 이런 점에서 발전은 성장이나 근대화보다는 질적인 규제를 더 많이 받는 개념으로서 '바람직한 근대화 또는 좋은 성장'이라고 말한다.

(2) 발전 = 사회 전체적 측면에서의 상향적 변화

발전을 경제적 측면만이 아닌 사회 전체적(societal)[7] 측면에서의 상향적 변화로 보는 시각도 많다. 1986년에 발표된 유엔 발전권 선언(UN declaration on the right to development)에서는, 모든 인간이 제반 권리와 기본적 자유가 충분히 실현되는 정치·경제·사회·문화적 상황에 참여해 그것을 향유할 자격을 부여받는 하나의 양도할 수 없는 권리이자, 그 수단·과정·상황의 집성체로서 발전 개념을 이해한다.

예컨대 경제발전은 인권이 보호, 증진되는 하나의 수단이며, 또 발전은 사람들을 자신의 정치·경제·사회·문화적 상황의 증진에 주체로서 관여시키는 과정이자 상황이라는 것이다(Langley, 1997: 133). 이런 점에서 임현진(1998: 166)은 발전을 정치·경제·사회·문화 등 제반 사회영역에 걸쳐서 일어나는 상향적 변화를 총칭하는 것으

---

7 social이 국가의 하위체계인 정치, 경제, 사회, 문화부문 중의 하나인 사회 부문을 가리키는 반면, societal은 상기한 4가지 하위체계를 모두 포괄한 사회 전체적 차원, 즉 국가를 의미한다.

로 본다. Uphoff(1972: 75; 송재복, 2000: 29에서 재인용)도 발전은 정치·경제·사회·문화 영역 간에 분명한 구분선이 없는 '솔기 없는 천'과 같다고 말한다.

(3) 발전 = 양 + 질 + 격의 삼위일체

결국 발전은 근대화·산업화보다는 상위의 포괄적 개념으로서, 경제성장에 정치·사회·문화부문의 진보를 합한 큰 개념이다. 그렇다면 발전의 문제는 양(量)과 질(質)과 격(格)의 상호조화 문제로 승화될 수 있다.

왜냐하면 한 나라의 경제발전은 물론 그 나라의 정치·사회·문화 부문에서도 골고루 상향적 변화가 이루어지기 위해서는, 국민이 정치에의 참여비용을 과감히 지불해야 하고, 정부도 근대적 사회구조와 제도를 마련하고 문화서비스 제공에도 노력을 경주해야 하는데, 이는 국민 삶의 질적 제고 및 격조 높은 국민행동의 창출과 연관되는 것이기 때문이다. 또 경제적 측면에서도 마찬가지로 양적 성장뿐 아니라 경제구조의 체질 개선, 즉 경제민주화 및 경제정의를 구현하는 것은 결국 국가경제의 질과 격의 제고 문제와 관련된다.

따라서 발전은 형평과 더불은 성장(growth with equity)이며, 양적으로 풍족한 생활수준(level of living) 확보와 더불어 국민 삶의 질(quality of life) 및 격조(格調) 있는 국민행동의 면모를 골고루 갖추는 삼위일체(三位一體)의 개념이라고 볼 수 있다.

발전이라는 개념을 우리가 먹는 식단(食單)에 비유한다면, 발전은 사람의 체격, 즉 덩치만 급속하게 키우기 위해 단백질, 지방 위주의 편식(경제성장)만 강조하는 것이 아니라 체질 개선 및 체력 강화를 위한 균형 잡힌 영양식단(정치발전＋경제민주화＋사회발전＋문화발전)을 제공하는 것에 비유할 수 있다. 또 발전을 사람에 비유해 보면, 일확천금을 하루아침에 번 벼락부자의 천민적인 과시형 소비행태보다는 자기 재산의 일부를 인류공동의 삶의 질 개선을 위해 사회에 환원하는 노블리스 오블리제의 격조 높은 행동으로도 볼 수 있겠다.

(4) 종합적 진보로서의 발전 = 철인 3종 경기>100M 달리기, 마라톤

결국 발전은 양과 질과 격의 종합적 진보개념이다. 발전을 육상 종목에 비교하면, 발전은 100m 스프린터나 마라톤선수처럼 어느 한 종목만 잘해서 되는 것이 아니라, 철인 3종 경기[8](triathlon)처럼 종합성적으로 평가받는 것이다(김영명, 1994: 277). 그런 점에서 앞서 지적한 발전의 유사 개념들은 발전의 완결구조가 아니라, 양과 질

---

8 이는 하루에 장거리수영, 자전거, 마라톤을 완주해야 하는 매우 힘든 경기이다.

과 격의 전체에서 어느 한, 두 부분이 빠져 있는 이빨 빠진 동그라미들이다.9 즉, 발전의 필요조건을 일부 갖추었을 뿐 충분조건은 아니다.

발전의 진면목을 좀 더 입체적으로 이해하기 위해 관련 지표들을 갖고 그 개념을 좀 더 설명해 보면, 발전은 GNP + GNS(Gross National Satisfaction)이며(김영종, 1989: 33), 물질적 생활수준(level of living) + 국민 삶의 질(quality of life) + 국격(national prestige)이다. 또 발전은 하나의 제도형성·기관형성에서 그치는 것이 아니라 더 나아가 그것이 제도화(institutionalization)되는 것이다. 또 공무원수 + 공무원의 인적 자질과 문제해결능력/행정기구 확대 + 행정구조의 합리적 분화·통합/예산액의 증액 + 예산편성기준 합리화 및 적정배분 등을 뜻한다(박동서 외, 1986: 185).

발전의 진면목을 행위자 중심으로 살펴보기 위해 국가발전의 주요 행위자인 관료들의 역할관 변화를 중심으로 발전의 지향점을 모색해 보면, 발전은 그간의 경제성장을 위한 개발관료, 규제관료에서 벗어나 국민 삶의 질 증진 및 국격 제고를 위한 복지관료, 문화관료, 생태관료(eco-crat)로의 역할관 변화를 담고 있는 것으로 볼 수 있다. 또 과거의 신속한 경제성장을 위해 부패가 사회운영의 윤활유로 용인되었던 관행에서 탈피해, 이제는 사회전체적 균형발전을 위해 부패를 반드시 척결하는 것이 진정한 발전이라고도 할 수 있다.

표 2-2 발전의 진면목

> ▶ 성장 + 질적 성숙·질적인 구조변화

> ▶ 경제성장 + 정치·사회·문화의 진보

> ▶ 제도형성·기관형성 + 제도화

> ▶ 정부규모 확대 + 행정능력·기술의 혁신

> ▶ 개발(규제)관료 ➜ 복지관료, 문화관료, 생태관료

---

9 발전을 그 유사 개념들과 비교해 보면, Apter의 견해처럼 근대화는 발전의 한 경우 혹은 특수사례(time)이며, 산업화는 발전의 한 국면(aspect)이다. 즉, 근대화는 서구의 특정 시대에 한정된 역사적 개념으로서 특정시기와 관련 없는 보편적 개념인 발전보다는 좁은 범위의 개념이고, 발전이 정치·사회·문화의 진보를 모두 중시한다는 점에서 발전은 경제적 측면을 강조하는 산업화보다는 포괄적인 개념이다. 또 서구화는 앞서 발전한 서구 선진국들이 후진국에 주는 영향으로서 근대화 과정의 일부(一部)에 지나지 않는다(최항순, 1994: 13).

3. 발전 패러다임의 변천

상기한 발전의 개념적 심화과정과 그 진면목 갖추기는 다음과 같은 발전 패러다임의 단계적 변천으로 설명할 때 보다 잘 이해될 수 있다. 즉, 발전의 초기 단계에선 양적 성장 패러다임에 집중했으나 그 한계가 드러나면서 질적 성숙 패러다임을 도모하게 되고, 또 이후에는 양자를 포괄, 병행하는 통합발전 패러다임이 나타나게 된다.

(1) 생산 중심의 발전(Production-Centered Development) 패러다임

1) 발전시기

20세기 산업주의 시대(industrial era)의 중반인 1960년대는 빈곤 없는 세계관 아래 국가발전의 물적 기초 확보에 진력했던 시기이다. 각국은 이를 위한 국내 자본형성 및 기술개발에 모든 인적·물적 자원과 정보를 투입했다.

2) 발전내용

국가발전의 물적 토대 확립 및 국민생활의 물적 결핍 제거를 목표로 한다. 또 생산·성장의 가치를 인간가치보다 상대적으로 중시한다.

3) 발전전략

선 성장-후 분배의 불균형 성장전략을 기조로 한다.

① 경제개발계획: 비교우위 무역론에 의거하며, 수출지향 노선을 취한다.

② 국토개발계획: 총량적 성장의 공간적 능률성 확보를 위해 경제개발의 보완적 수단으로 활용된다. 집적(集積)논리를 중시해 성장거점(growth pole) 개발방식을 채택하며, 선발 산업에 자원을 집중 투입한다.

4) 발전주체

중앙정부 주도 하의 경제성장 전략으로서 하향식(top-down) 개발방식을 택한다. 즉, 소수 엘리트들에 의한 발전계획을 추진하며, 일반 대중의 개발 진취력은 부정한다.

5) 발전의 문제점

① 계층간(저임금정책), 부문간(저곡가정책), 지역간 불균형발전을 초래한다. 적하효과[10](滴下效果; trickle down effect)의 한계가 드러나 빈부격차가 커

---

10 이는 경제가 먼저 발전해 파이의 규모가 커지면, 그 성장의 이익이 추후 사회 각 계층에 골고루 분배될 것이라고 가정하는 이론이다.

지고 분배위기가 심화된다.

② 국민은 참여주체가 아닌 동원의 대상으로 신민화(臣民化)된다. 이는 자
연히 정치발전의 후퇴를 가져온다. 결국 누구를 위한 성장인가(growth
for whom?)라는 문제를 남긴다.

(2) 인간 중심의 발전(People-Centered Development) 패러다임

1) 발전시기

양적, 물적 성장과정을 치유하기 위한 차원에서 인간다운 사회(humane society)를
건설하려 했던 1970년대의 발전 패러다임이다.

2) 발전내용

의식주는 만인의 기본권이라는 인식 하에 교육·보건·생활용수 등 기초 서비스
에 대한 접근도(accessibility)를 제고한다. 즉, 기초수요 욕구(basic need) 충족 등 빈부
격차 해소를 최대의 발전목표로 삼고, 국민생활의 질적 증진을 위한 기초 서비스 제
공 등 인간가치를 중시한다. 따라서 소외층, 낙후지역에 대한 관심을 증대시킨다.

3) 발전전략

① 기초 욕구법과 노동집약적 소규모 산업을 중시하고, 지역 자원에 의거
한 자주적 개발을 추구한다. 자치주의적 인식, 자주적 경제, 민주주의
생활화, 개발이익의 균등분배, 지역공동체 구축을 목표로 한다.

② 균형발전전략, 즉 인간요인 계발 및 복리증진, 정치참여의 제도화를 도
모한다.

4) 발전주체

상향적 개발(bottom-up)로서 지역 내부자원을 활용해 자치조직을 중심으로 자
기 지역의 특수성과 욕구를 반영한 자주적 지역계획을 수립한다. 주민들 자체의 개
발의지, 개발역량을 활용하자는 것이다(Korten[11] & Carner, 1984: 1~3).

(3) 통합발전 패러다임

1980년대의 잃어버린 10년 동안에 대두한 발전 패러다임으로서, 단선적이 아닌
다면(多面)적 관계를 고려해 발전에 대한 전체론적(holistic) 관점을 채택한다. 즉, 정

---

11 Korten은 '인간 중심적 발전포럼'의 창시자이다. 이 포럼은 자발적 시민행동을 통해 정의롭고 지탱 가능한 사
회를 창조하는 데 기여하기 위한 범세계적 동맹으로서, 돈 중심의 경제에서 인간 중심의생태계로 발전 방향
을 전환시키는 데 크게 기여했다.

치·경제·사회·문화 등 몇 개의 하위체제를 포괄하는 전체로서의 사회체계를 상정하고 그것들을 다 포괄하는 종합적 사회발전을 강조한다.

1) 발전내용

인적·물적 상호보완적 발전전략을 강구한다. 즉, 경제·사회적 목표가 상호 보완되도록 함께 추구해야 한다고 본다. 한마디로 말해 형평과 더불은 성장(growth with equity) 전략을 추구하자는 것이다.

2) 발전전략

경제-사회정책의 정책적 연계와 기능적 통합전략을 추구한다.

3) 발전주체

왜곡된 발전을 해결하기 위해 정부·지역사회·개인 등의 협력행동을 요구한다. 그리고 지속 가능한 발전처럼 경제목표와 사회목표를 통합시키는 접근이 필요하다. 이런 점에서 사회발전은 인간 삶의 질적 향상뿐 아니라 왜곡된 발전의 치유에도 필요하다고 본다(Midgley, 1995: 7). 이러한 통합발전 패러다임 시기에 들어와 비로소 발전 개념은 앞서 살펴본 그 진면목을 갖추게 된다.

4. 통계치로 본 한국의 발전 현주소

(1) 경제력 등 외연적 성장에서는 크게 성공한 나라

발전의 진면목을 보다 생생하게 느껴보기 위해 우리나라의 발전실제(development practice)를 예로 들어 살펴보자. 우리나라는 가장 빠른 경제성장 속도를 자랑하는 나라이다. 국가 주도적 산업화 과정에서의 압축적 성장을 통해 우리나라의 경제력은 OECD 국가들 중에서도 중상위권에 속할 만큼 눈부시게 커져 왔다. 이를 상술해 보자.

❶ 눈부신 경제성장에 힘입어 우리나라의 국내총생산(GDP)과 수출교역 규모는 1990년대 후반에 들어 G7[12] 국가들의 뒤를 바짝 뒤쫓는 순위인 9위와 10위를 각각 기록했다(통계청, 1998). 비록 1998년의 IMF 외환위기로 인해 한때 GDP가 세계 17위

---

12 G7은 세계경제를 좌우하는 선진 경제국들로서, 미국·일본·독일·영국·프랑스·캐나다·이탈리아가 이에 속한다. 한편 G8은 G7에다 러시아를 추가한 개념이고, G10은 G7에다 벨기에·네덜란드·스위스·스웨덴을 추가시킨 것이다. 물론 참가국은 11개국이나 독일·스웨덴은 중앙은행 총재만 참석해, G9와 G11의 중간이라고 해서 이렇게 부른다. 간혹 신문지상에 G22가 등장하기도 하는데, 이는 G7에다가 15개의 신흥국가(한국, 중국, 홍콩, 말레이시아, 인도, 태국, 싱가포르, 인도네시아, 호주, 멕시코, 아르헨티나, 브라질, 남아프리카 공화국, 러시아, 폴란드)를 합한 개념이다.

까지 밀려났지만(중앙일보, 1999. 3. 24자), 경제구조조정과 이후의 수출호조에 힘입어 우리의 GDP 및 수출교역규모는 다시 11~12위 수준으로 회복되었다. 우리나라의 경제성장률은 글로벌 금융위기 시기인 2009~2010년 동안에도 G20 국가 중 5번째로 높았다. 동기간 동안 G20 국가들의 평균 성장률은 −0.7%인데, 한국은 0.2%로서, 중국, 인도, 인도네시아, 호주에 이어 5위를 기록했다(연합뉴스, 2010. 3. 11자). 거시경제 지표를 갖고 최근 우리나라의 경제력 수준을 좀 더 자세히 살펴보자.

통계청이 발표한 [2017년 한국의 사회지표]에 따르면, 2016년 우리나라의 국내총생산(GDP)은 1637조 원으로 전년대비 4.7% 성장했다. 국민의 생활수준을 파악할 수 있는 1인당 국민 총소득(GNI)은 같은 해 2만 7,561달러로 전년 대비 1.4% 증가했다. 이를 바탕으로 우리나라는 2017년 GDP 14위를 차지했다. 2016년 1인당 GDP 순위(구매력 기준, IMF 2017년 4월 추정)에서는 한국이 32위를 차지했다. 2001 − 2015년 동안의 연평균 경제성장률은 4.05%였다.

2018년 스위스 국제경영개발원(IMD)이 발표한 우리나라의 국가경쟁력 순위는 조사대상 63개 국가 중에선 27위이고, 인구 2천만 이상 29개 국가 중 10위를 차지한 것으로 나타났다. 외화보유액은 4위이다.

❷ 우리나라의 수출 성장세를 자세히 살펴보면, 우리나라는 2011년의 경우 세계 9번째로 수출액 1조 달러를 달성했다. 한국의 수출액은 1971년 10억 달러를 기록한 이래, 1977년에 100억 달러, 1995년에 1,000억 달러, 2005년에 5천억 달러를 각각 달성해 왔는데, 해외경제 의존도가 높은 우리의 입장[13]에선 수출액 증가가 큰 의미를 갖는다. 특히 2000~2011년 동안 수출의 경제성장 기여율은 67.9%였고, 취업유발 인원도 4백만 명이나 되었다. 수출기업 수는 2008년의 10만 3천 개에서 2014년엔 12만 개로 늘었고, 수출품목 수는 1960년의 712개에서 2005년 8,486개로 12배, 수출대상국은 59개국에서 227개국 등으로 늘어나 지구상 거의 모든 국가와 교역을 하게 되었다. 2015년 한국의 교역규모(9,630억 달러)와 무역수지(900억 달러)는 각각 세계 6위, 4위에 해당된다. 결국 우리나라는 세계 수출 신기록 보유국이라고 할 수 있으며, 해신(海神) 장보고의 후예답게 세계의 거의 모든 나라와 교역을 하고 있다. 세계 교역의 변두리국가에서 중심국가로 변화하고 있는 것이다.

❸ 산업부문별로 우리나라의 경제를 살펴보자. 1960년대는 신발·섬유·가발 등 노동집약적 산업이, 1970년대는 중화학공업 등 자본집약적 산업이, 그리고 1980년대 이후로는 컴퓨터·반도체·컬러TV·자동차 같은 기술집약형 제조품이 많이 수출되고

---

13 무역의존도는 1980년의 31.7%에서 2010년엔 84.6%로 증가했다.

있다(송재복, 2000: 283). 특히 2000년대의 주요 수출품목은 선박, 반도체, 휴대폰, 평판 디스플레이, 자동차 등이다. 2000년대 중반부터 선박, IT제품, 자동차 등 5가지 소품목으로 수출이 집중되는 '구조 정착기'에 진입하고 있음을 알 수 있다. 선박, 평판 디스플레이는 크게 증가했고, 반도체, 휴대폰, 자동차도 꾸준한 성장세를 지속하고 있다. 특히 평판 디스플레이는 TV용 LCD 수출의 본격화 이후 주요 품목으로 급부상하고 있다(한국무역협회, 2010). 한국무역협회 국제무역연구원이 발간한 [2016 세계 속의 대한민국] 통계집에 따르면, 반도체 매출액은 2015년 기준으로 세계 2위, 휴대폰 출하량은 1위를 차지했다. [208개 경제무역사회지표로 본 대한민국] 자료집에 의하면, 그 외에 화공산업, TV, 가전제품. 디스플레이, 반도체 제조장비, 선박수주잔량 등이 세계1위이다. 자동차 산업은 4~5위이다. 하지만 최근 중국의 강세가 두드러진 가운데 독일, 미국, 일본이 수출시장 점유율에서 상위권에 포진해 있고, 우리나라의 세계 수출시장 점유율 1위 품목 수는 세계 14위 정도이다.

❹ 산업구조별 취업자 구성비의 변화를 보면, 1963년의 농어업 63%, 광공업 8.7%, 사회간접자본 및 기타 서비스업 28.3%에서, 1997년에는 이것들이 각각 11%, 21.4%, 67.6%(이 중 서비스업이 57.7%)로 크게 변화했다(통계청, 1998). 2005년엔 농업 7.9%, 광공업 18.6%, SOC 및 서비스업 73.5%로 다시 변해, 후진 농업국의 취업구조에서 30~40년 만에 선진국의 취업구조로 변화했음을 알 수 있다(www.newstown.co.kr, 2006. 8. 14자).

한국의 산업구조는 지난 45년간 1차산업 비중이 줄어든 반면 제조업과 서비스업 비중이 증가하는 양상을 보인다. 1970~2014년 기간 중 총 부가가치 대비 1차산업의 비중은 33.8%에서 2.3%로 축소된 반면, 제조업과 서비스업의 비중은 1970년에 58.7%에서 2014년 89.7%로 31.0% 증가했다. 이를 제조업과 서비스업의 고용비중으로 다시 살펴보면, 1991년에 516만 명이던 제조업 고용자 수가 2009년에는 384만 명으로 감소했다. 제조업에서 방출된 근로자들이 대거 음식숙박업, 소매업 등 저수익, 저임금의 서비스업으로 몰려들면서, 취업자 중 서비스업 고용비중이 1992년 50%에서 2011년 70%로 늘어났다(조윤제 엮음, 2016: 32).

❺ 실업률은 1991~1997년 동안 2.0~2.8%를 기록해 거의 완전고용을 이루었다. 그러나 IMF 외환위기로 인해 1998년 한때 비농가 인구의 실업률이 8.0%까지 치솟았으나, 2001년 4.1%, 2002년엔 3.3%로서 다시 안정세를 유지했다(통계청, 1999; 2003).

OECD에서 발표한 대한민국의 실업률은 2016년 2분기 기준으로 3.7%이다. 이에 덧붙여 OECD는 [2016년 고용전망]에서 "대한민국의 노동시장은 OECD 회원국들에 비해 상당히 회복된 수준이라고 하였다. 하지만 청년 실업률은 2000년대부터 꾸준히 증가해 2016년 2분기 기준으로 10.9%이다. 더욱이 30만 명 이상의 청년 공시족과 20대 남성의 병역의무를 고려하면, 청년 실업률은 실제로 매우 높은 편이다.

한국의 고용률은 64.2%로 13개 고용 선진국들의 평균인 73.9%에 비해 낮은 수준이다. 산업별로 한국의 11개국 대비 제조업 고용비중은 16.6%로 높은 편이지만, 서비스업의 고용비중은 69.3%로서 11개국 평균인 74.6%보다 낮은 편이다(현대경제연구원, 2013).

❻ 특히 우리나라의 정보화지수[14]는 매우 경쟁력이 있다. 학교 인터넷 접속률 3위, 인터넷 서비스 공급업체의 경쟁수준 6위, 정보통신기술 촉진 측면에서의 정부성과 7위 등 정보통신 분야에서는 매우 높은 점수를 받는다. PC 보급대수는 25위, 인구 1천 명당 초고속인터넷 가입자 수 및 인터넷 이용자 수도 각각 1, 3위로서 정보화 강국으로서의 면모를 보인다.

UN이 2년마다 평가하는 전자정부 평가지수에서, 우리나라는 2010년부터 2014년까지 세계 1위를 차지했다. 한국무역협회 국제무역연구원이 발간한 [2016 세계 속의 대한민국] 통계집에 따르면, 한국은 정보통신기술(ICT) 발전지수(2015년, 1위), 인터넷 속도(2015년, 1위), 전자정부지수(2016년, 3위) 등 정보통신 부문에서 높은 순위를 차지했다. 2018년도 평가에서도 우리나라는 덴마크와 호주에 이어 3위를 차지하고 있어 여전히 상위권에 랭크되어 있다.

국가경쟁력의 현 주소를 보여주는 여타 지수들은 다음의 표와 같다.

표 2-3 OECD 국가들과 비교한 한국의 국가경쟁력

우수 부문	취약 부문
노동생산성 증가율 1위	지니계수 20위
도시 쓰레기 재활용률 1위	사회복지 지출비중 33위
외환보유액 2위	출산율 30위
총 저축률 3위	신재생 에너지비율 30위
연구개발(R&D) 지출비율 4위	초등학교 교사 1인당 학생수 28위
경제성장률 2위	부패지수 22위
경제규모 10위	법치수준 25위

출처: 중앙일보(2012. 1. 5자)에서 참조.

---

14 이는 정보설비, 정보이용 및 정보화사회 대비 투자수준 등의 총합으로 구성된다.

(2) 국민 삶의 질 등 내포적 발전은 미흡한 나라

우리나라는 경제성장이라는 외연(外延)적 성장은 폭발적으로 이루었다.[15] 그런데 문제는 위의 표에서 보듯이 국민 삶의 질이라는 내포(內包)적 발전 수준이 경제력에 비해 너무 미흡한 수준이란 점이다. 내포적 발전의 미흡한 면면들을 통계자료를 가지고 성찰해 보자.

❶ 우리나라 근로자들의 근로시간은 세계에서 가장 긴 편에 속해 왔다. 그간 제조업 분야의 주당 평균 근로시간은 47.8시간이고, 전체 산업분야의 주당 평균 근로시간도 46.7시간으로서(통계청, 1998), 선진국 근로자보다 주당 평균 10시간 이상씩 초과 노동해 온 실정이다.

참여연대의 [노동시간 근로감독 분석보고서](2018)에 의하면, 우리나라는 OECD 기준 3위에 해당하는 장시간 노동을 한다. 한국의 1인당 연간 평균 노동시간은 2024시간으로, 지난해 기준 OECD 주요국 중 멕시코(2,257시간), 코스타리카(2,179시간)에 이어 3위이다. 또한 전체 취업자의 5분의 1가량이 주당 최대 노동시간인 52시간을 초과해 일하는 상황이다.

한국노동연구원의 [고용의 질 지표] 보고서(2007)에 따르면, 우리나라는 비교대상 국가 29국 가운데 거시경제 수준에서의 고용의 질이 최하위로 나타났다. 우리나라는 9가지 기준 가운데 고용안정, 근로조건, 고용평등, 그리고 일과 가정의 양립 등 4가지 기준이 최하위를 기록했고, 나머지 5가지 기준도 중간 순위인 소득 불평등과 하위인 '사회 보장을 제외하면 고용 기회, 능력 개발, 참여. 발언 면에서 모두 최하위 순위에 속한다. 이 보고서의 결과가 더욱 충격적인 것은 한국의 고용의 질이 사회주의에서 자본주의로의 체제 이행기에 있는 러시아, 헝가리, 우크라이나와 중국, 동유럽의 폴란드보다 뒤처지는 것으로 나타났다는 점이다. 노동시간은 이처럼 OECD 3위이지만, 노동생산성은 하위 그룹수준이다. 즉 시간당 GDP 창출액은 35국 중에서 31위로서, 일할수록 생산성은 떨어지는 것으로 나타난다.

---

15 그렇다고 해서 우리 경제에 아무 문제가 없다는 것은 아니다. 한국의 1인당 국내총생산이 3만 달러에 도달하는 데 향후 10년 이상 걸릴 것이라는 주장도 제기된다. 현대경제연구원(2012)의 「2만 달러 함정을 벗어나기 위한 10대 정책과제」 보고서에 의하면, 한국인의 국민소득은 2007년 이후 5년간 2만 3천 달러에서 벗어나지 못하고 있다. 이미 3만 달러를 달성한 23개국 중 1인당 국민소득이 2만 달러로부터 3만 달러로 도약할 때까지 평균 8년이 소요되었는데, 한국은 2배인 15년이 예측된다. 현대경제연구원이 지적한 한국경제의 5대 구조적 문제점(Down Five)은 잠재성장률의 3%대 하락, 내수−수출간 불균형 심화, 소득분배 악화와 중산층 감소, 생산가능인구의 감소, 한반도의 지정학적 리스크 등이다. 한편 3만 달러에 진입하기 위한 정책목표로는 미래 성장동력의 육성, 삶의 질 개선을 위한 투자확대 등 행복인프라의 확충, 남북경제협력의 내실화 등이 제안된다. 이에 대해선 이 책의 후반부인 한국의 발전전략 부문에서 상술하고자 한다.

❷ 물가는 1990~97년 동안 연평균 5.8%씩 상승했는데, APEC 선진국들의 연평균 물가상승률이 3% 이하인 점에서 볼 때 상당히 높은 수준이었다(통계청, 1998). 실제로 물가수준은 1990년대 말에 세계 7위 수준을 기록했는데, 이러한 경향은 최근까지 이어져 2003년 소비자 물가상승률은 OECD 국가 중 5번째로 높았다. 이를 구체적으로 살펴보면, 아파트 임대료는 8위, 사무실 임대료는 9위, 도시생계비는 22위 등 고(高) 물가 사회로서의 특징이 지속되고 있다(한국무역협회, 2002). 2011년 현재 소비자 물가상승률은 4.5%로서 OECO 국가 중 2위이며, 특히 생필품인 식품의 물가상승률은 1위를 기록했다.

2017년의 소비자 물가지수는 102.9로 전년 대비 1.9% 상승했다. 소비자 물가 증감률은 2015년까지 감소하다가 최근에 다시 증가하는 모습이다. 생활물가지수는 103.1로 전년대비 2.5% 상승했다. 생활물가지수 중 식품물가지수와 식품이외 물가지수는 전년대비 각각 3.3%, 2.0% 증가했다(파이낸셜 뉴스, 2018.03.22자). 2010년부터 7년간의 물가 상승율을 누계해보면, 12.4%이다.

입숏 코리아의 이슈 리포트 [소비자 물가상승 현황과 시사점](2018.9.12자)에 따르면, 한국 소비자물가지수는 2102년부터 안정세를 보이지만 하방 경직성이 강해 2009년 글로벌 위기 때도 2.8%나 증가해 세계적으로 높은 수준이다. 글로벌 금융서비스기업인 UBS의 발표에 의하면, 2018년 전 세계 도시생활비 중 서울은 77개 도시 중 16위를 차지했다.

❸ 소득불평등 정도도 심각하다. IMF 외환위기로 불평등은 더욱 심각해져 속칭 20대 80의 사회가 되어가고 있다. 국민 중 '이대로족'은 소수이고, 다수 국민은 실직과 민생고에 직면하는 등, 생활계층구조가 중산층이 빈약한 모래시계 형으로 양극화되고 있는 것이다. 기획재정부가 발간한 「2011년 국가경쟁력 보고서」에 의하면, 국제비교가 가능한 2008년을 기준으로 우리나라의 지니(Gini)계수, 즉 소득분배 불균형지수는 0.315이다. 이는 OECD의 평균인 0.314에 비슷하지만, OECD의 34개국 중 20위로 중하위권에 속한 수치이며, 최근 경제위기를 겪은 그리스(19위)보다도 낮은 순위이다. 외환위기 이후 중산층이 회복되지 않고 빈곤층이 늘어나는 것도 문제이다. 월소득 160~480만원 수준인 중산층 비율이 2000년의 71.7%에서 2010년 67.5%로 줄어들은 대신, 빈곤층 비율은 9.3%에서 12.5%로 증가했다. 특히 중위소득 50% 미만인 상대적 빈곤율은 도시의 경우 15.3%이고, 전국 1,691만 가구 중 중위소득 해당가구 소득의 절반 미만인 빈곤층 비중은 18.1%로서 305만 가구가 이에 속한다. 이로 인해 가계소비가 위축되고 경제활력이 상실되고 있다. 특히 비정규직 5백만 명,

영세 자영업자 3백만 명, 취업애로계층 2백만 명 등 1천만 서민의 가계살림이 곤란하다.

상위 1%와 상위 10%의 소득집중도가 1990년대 중반 이후 빠르게 상승해, 한국의 상위 10%의 소득집중도는 일본, 영국, 프랑스보다 높으며, 선진국 중 소득집중도가 가장 높은 국가로 인용되는 미국보다는 낮지만, 소득집중도가 심화되는 속도는 오히려 미국을 앞지르고 있다(조윤제 엮음, 2016: 23-24). 자산 불평등의 경우 소득 상위 10%의 자산 점유율이 총자산의 45%를 차지하고, 상위 1%의 경우는 13.3%를 점유하고 있다(전병유, 2016).

한국의 공정사회지표는 1995년 0.44에서 2009년 0.51로 상당히 개선되었지만, 국가별 순위는 28위로 여전히 최하위권을 유지하고 있다. 공정사회지표를 구성하는 두 개의 큰 영역인 제도 영역과 상태 영역을 분리해 살펴보면, 상태 영역에서는 개선추이를 감지할 수 있는 반면, 제도 영역에서는 뚜렷한 개선추이를 발견하기 어렵다. 또한 순위 상승을 보이는 일부의 경우에도 절대적 순위는 여전히 최하위권에 머무른 경우가 대부분이다. 이는 한국의 위상이 현재로서는 타 OECD 선진국에 비해 저조한 수준에 속하고 있음을 의미한다(장용석 외, 2017).

❹ 소비지출 내역을 보면, 우리나라는 취약한 사회보장제도로 인해 간접임금 효과가 거의 없어, 주택 마련,[16] 교육비 지출 등 규모가 큰 가계지출을 월급인 직접임금으로 충당하고 있다. 특히 사교육비 지출은 2009년 현재 39조 원으로 OECD 국가 중 1위이다. 따라서 그만큼 가계의 소비내용이 빈약하고, 임금수준에 삶의 질이 상응하지 못한다. KDI가 발표한「세대간 경제력 이동성의 현황과 전망」보고서에 의하면, 한국의 부모-자식 간 경제력 탄력성률은 2007년을 기준으로 할 경우 0.16이다. 이 지표는 부모의 부가 자식의 경제력에 미치는 영향을 보여주는데, 수치가 낮을수록 부의 대물림이 적은 것이다. 국제비교를 해 보면 브라질이 0.58, 영국이 0.45로 심하고 미국은 0.37, 독일은 0.23, 스웨덴은 0.23, 핀란드는 0.18 등이었다. 이런 점에서 보면, 한국의 가난 대물림은 적은 편이었는데, 이는 그간의 높은 교육열과 경제성장으로 양질의 일자리가 많이 창출되었기 때문으로 분석된다. 그러나 향후 양질의 일자리가 줄어들고 사교육 시장이 커지면서 계층이동 통로인 교육이 오히려 계층이동을 막는 요소로 작용할 가능성이 커지고 있어 문제이다(최현철, "개천서 용 날 희망 있다," 중앙일보, 2009. 12. 31자). 특히 부자 자녀와 빈자 자녀의 사교육비는 8배나 차이가 나는데,

---

16 우리나라의 주택보급률은 1997년 92%, 2002년 100.6%이지만, 지역별 편차가 커서 서울 등 대도시에서는 높은 집값으로 인해 아직도 내집 마련의 꿈이 요원하다.

표 2-4 OECD가 발표한 한국의 주요 통계지표(2004년 기준)

	사회복지		경제	
연간 근로시간	2,423시간으로 28국 중 1위	GDP 규모 (구매력 평가기준)	1조 53억 달러로 30국 중 9위	
비만율(2001년)	3.2%로 30국 중 30위	1인당 GNI (구매력 평가기준)	2만 935달러로 22국 중 19위	
출산율(2002년)	1.17명으로 30국 중 공동 29위	연구 개발 투자 비중 (2003년)	GDP 대비 2.63%로 25국 중 6위	
1인당 사교육비	GDP 대비 2.9%로 29국 중 1위	인터넷 활용가구 비중	86%로 21국 중 1위	

출처: OECD, [통계연보](2006); 중앙일보, 2006. 3. 29자에서 재인용.

서울대 입학생의 40%가 강남3구 출신으로 드러나면서, 이런 우려가 점차 현실로 강하게 드러나고 있다.

한국의 교육격차는 이처럼 경제력을 반영하는 사교육 시장진입을 통해 그 격차가 확대되었다. 구체적으로는 소득 10분위가 1분위에 비해 사교육비를 18배 더 지불한다. 또한 사교육에 참여하는 학생일수록 성적이 상위권에 속하는 특징도 나타난다. 이렇게 벌어진 격차는 대학교 진학여부와 그 내부의 격차로 이어진다. 이는 고용형태와 임금수준으로 이어지며, 이 격차는 OECD에서 최상위권이다. 위의 과정들이 모여서 세대간 계급 재생산으로 이어지고 있다(전병유, 2016).

소득은 줄어드는 반면 물가상승에 따른 생계비 부담과 사교육비 부담으로 인해, 한국의 가계부채는 2018년 기준으로 1493조 원에 달한다. 이는 2008년보다 2배 이상 증가한 수치로서 GDP 대비 가계부채는 지난해 기준 94.8%까지 상승했다(KBS 월드라디오. 2018.10.15자).

❺ 사회안전망도 부실하다. 2005년 기준 사회보장지출(공적 연금, 퇴직연금, 보건의료, 산재 및 고용보험에서의 정부지출) 규모는 GDP 대비 6.9%에 불과해 OECD 국가들 평균의 23%에 불과했고, OECD 국가 중 멕시코보다도 낮은 최하위 수준이다(남기업, 2010: 123). 따라서 일부 외국인들은 우리나라 정부의 사회복지 예산을 '스크루지 예산'이라고 혹평한다. 물론 이명박 정부는 역대 최고규모의 복지예산(92조 원으로 정부 총지출 대비 28.2%)을 근거로 하여 복지국가 진입을 장담해 왔지만, 보금자리 주택융자 예산을 빼면 순복지 예산은 73조 원으로 줄어든다. 게다가 국민연금, 의료보험 등 의무지출이 58조 8천억 원이나 되어, 결국 자연증가분을 뺀 실제 복지예산 증가율은 3%로서 경제성장률 예측치인 4%보다 낮다. 인구수는 2011년을 기준으로 할 때 4,977만 명이며, 2030년경 5천만 명으로 정점을 찍은 후 계속 줄어들어 2100

년엔 3,700만 명까지 줄어들 것으로 전망된다. 자연히 노인부양비율은 2009년의 14.7%에서 2050년엔 63%까지 올라가, 성장잠재력과 재정 건전성에 악영향을 크게 미칠 것으로 예측된다.

국민생활의 질적 열세는 최근의 OECD 조사발표에서도 여실히 확인되고 있다. OECD가 발표한 「2006년판 통계연보」에 따르면, 한국은 경제, 과학기술 분야의 지표는 양호하지만, 복지, 교육, 노동 등의 일부항목에선 회원국 평균에 크게 미달한 것으로 나타났다.

한국의 GDP 대비 공공사회복지지출은 10.4%로서 OECD 평균인 21.6%의 절반에도 미치지 못한다. 여기에 사회보험 가입비율 역시 정규직과 비정규직 간의 격차가 매우 크다. 구체적으로 살펴보면, 전 소득을 5분위로 나누었을 때 1분위의 가입비율은 5분위의 가입비율에 비해 현저히 낮은 수치를 보인다. 여기에 고용보험의 사각지대와 사회보험의 소득 대체율을 볼 때도 한국의 사회안전망 체계는 많은 문제를 드러낸다(전병유, 2016).

❻ 자동차 매연으로 인한 대도시의 대기오염은 매우 심각한 수준이다. 특히 서울은 이산화질소의 오염도가 매우 높은 등,[17] 연간 오염도가 0.037ppm로서 세계보건기구의 권고기준 0.02ppm을 훨씬 넘어서고 있다. 수질관리를 보면 전국 하천 194개 구간의 수질환경기준 달성률은 2001년 현재 29.4%에 머무르고 있다. 1일 사업장 폐기물은 1993년의 78,500톤에서 2001년엔 212,000톤으로 급증했다. 해양오염도 1990년대 이후 적조(赤潮)의 발생빈도가 증가하고 발생해역도 광역화되어 연안어업에 큰 피해를 주고 있다(구도완, 2003: 65). 2005년 세계경제포럼의 발표에 의하면, 우리나라는 환경용량을 가리키는 환경지속성 지수(Environmental Sustainability Index: ESI)에서 146개국 중 122위를 차지해 OECD 국가 중 최하위를 기록했다. 환경의 질은 137위, 환경부하 축소노력은 146위, 지구적 책무수행도 78위에 불과했다. 2006년의 환경성과지수(EPI)에선 133개국 중 42위를 기록했지만, 이 또한 세계 11~13위의 경제력에 비례해 환경개선 정책성과가 그리 신속하게 늘어나지 못했음을 잘 보여준다. 국제자연보전연맹과 국제개발연구센터의 자연생태계 복지지수(ecosystem wellbeing index) 평가에서도 180국 중 최하위권(161위)으로 나타났다(조명

---

17 우리나라는 OECD 회원국 30국 중 1인당 이산화탄소 배출량과 1인당 에너지 사용량이 가장 높은 증가 추세를 보이고 있다. 회원국의 환경상태 지표에 따르면, 우리의 1인당 이산화탄소 배출량은 1980~1998년까지 144% 늘어나 2위인 포르투갈보다 27%나 앞섰다. 1인당 에너지 사용량도 225% 늘어나 2위인 포르투갈보다 2배 이상 가파른 증가추세를 보여, 배출량을 줄여온 타국들로부터 온실가스의 의무적 감축을 요구받을 가능성이 매우 크다(동아닷컴, 2001. 5. 17자; 중앙일보, 2004. 10. 4자).

래, 2003: 142). 최근인 2018년 한국의 환경성과지수 종합점수는 62.3점으로 180개국 중 60위를 달성했다. 2006년의 42위에 비추어 보면, 전체적 환경상황은 더 악화된 것이다.

❼ 우리 국토의 실상을 보면, 2002년 현재 국토면적은 994만 6천ha로서 세계 109위인 데 비해, 인구수는 세계 26위이다. 따라서 우리나라는 인구밀도 13위의 대표적인 고밀도국가이다(한국무역협회, 2002). 특히 국토의 0.6%에 불과한 서울에 전인구의 1/4 가량이 몰려 있고 수도권에 인구의 절반이 거주한다. 인구집중이 경제·사회활동의 집중을 초래해 수도권에 경제기능의 76.1%, 정보기능의 83.6%, 국제화기능의 82.7%, 대학의 45%가 몰려 있는 등 서울 일극(一極) 집중현상이 나타나고 있다(이병화, 1996; 이도형, 2000a). 최근 세종시로의 행정복합도시 이전이 시작되었지만, 그것이 국토의 균형발전과 인구분산 효과보다는 정치적 의도로 인한 경제낭비적 요소가 커서, 행정수도 이전이 수도권의 인구밀집 정도를 크게 상쇄시키고 국토의 균형발전 효과를 가져올 것으로 예측되진 않는다. 실제로 여전히 재산소득(이자, 임대료, 배당금)의 70% 이상이 수도권에서 발생하며, 영업잉여 역시 60% 이상이 수도권에서 발생하고 있다. 피고용자의 보수와 총 본원소득도 50% 이상이 수도권에서 발생되고 있어, 수도권과 비수도권의 격차는 매우 크다고 볼 수 있다. 결국 지역생산과 분배의 공간적 불일치, 자본창출이 수도권에서 집중되는 점을 보았을 때, 비수도권에서 자본이 창출되어도 이것이 수도권, 혹은 광역시로 다시 집중된다는 사실을 알 수 있다(전병유, 2016).

상기한 자료들에서 파악할 수 있듯이, 우리 국민의 삶의 질은 그리 높지 못하다. 세계 9~13위의 무역대국인 것에 비하면, 우리의 삶의 질은 주요국가들 중 하위권에 해당된다.

국민소득, 평균수명, 교육수준, 유아사망률을 반영한 인간개발지수는 2006~2009년 동안 26위를 기록해 오다가 EU의 글로벌 금융위기로 15위로 상승했지만, 불평등지수를 적용하면 다시 32위로 하락한다. 인간개발지수는 노르웨이, 호주, 네덜란드, 미국, 뉴질랜드 순으로 높은데, 현재 4위인 미국도 불평등 지수를 적용하면 23위로 저락한다.

2013년 OECD가 삶의 질 수준을 '행복지수'로 환산한 결과에 의하면(호주한국일보, 2013.6.10자), 가장 행복한 국가는 3년 연속 1위를 차지한 호주였다. 한국은 하위권인 27위에 그친 것으로 나타났다. OECD는 36개국의 주거, 소득, 고용, 공동체, 교육, 환경, 시민참여, 일-생활의 균형, 건강, 삶의 만족도, 안전 등 11개 생활영역을 반영하는 지표를 토대로 행복지수(Better Life Index)를 산출해 발표했는데, 호주가 3년째 정상을 지키고 있고 스웨덴이 2위, 캐나다가 3위로 뒤를 이었다. 일본은 21위였고 멕시코와 터키가 각각 35위, 36위였다. 한국은 36개국 가운데 27위를 기록했다. 한국은 안전(9.1)과 시민참여(7.5), 교육(7.9) 영역에서 높은 수준을 보였지만, 주거(5.7)와 고용(5.3), 소득(2.1)에선 중하위권, 또 환경(5.3), 일과 생활의 균형(5.3), 건강(4.9), 삶의 만족도(4.2) 등에선 하위권에 머물렀다. 특히 공동체(1.6) 지수는 터키(36위), 멕시코(35위)와 함께 최하위권(34위)이고, 일과 생활의 균형 지수도 33위에 불과했다.

남상호의 '국민복지 수준의 국제비교: 경제협력개발기구(OECD) 국가를 대상으로'라는 논문에 따르면(연합뉴스, 2014.2.10자), OECD 34개 회원국 가운데 한국의 국민행복지수는 33위, 복지충족지수는 31위로 모두 최하위권을 기록했다. 재정지속(4위), 경제활력(15위) 등 다른 부문의 선전으로 종합순위(20위)는 중위권을 기록하긴 했다. 특히 한국의 보건의료는 미국(25위), 프랑스(17위), 일본(15위) 등에 비해 상위권에 들어갔다. 그러나 자살률이 높고 출산율과 주관적 행복도가 낮아 국민행복부문의 전체 순위는 낮았다. 2013년 기준으로 한국은 장시간 근로자 31위, 주관적 건강상태 34위, 살인율 29위를 기록했다. 삶의 만족(25위), 대기의 질과 수질 등 환경(26위)도 낮은 편이었다(연합뉴스, 2014.2.14자).

(3) 한국의 정치 민주화 및 경제 자유화에 대한 외국의 평가

사람에게 있어 체격이 커지는 것만큼 체력이 따라 주고 체질이 강해져야 하는 것처럼, 명실상부한 나라가 되기 위해서는 커진 국력(國力)에 상응하는 높은 삶의 질과 나라로서의 격조가 필요하다. 그러나 불행히도 우리는 '나라로서의 격조'라는 측면에서 아직 많은 것을 갖추지 못하고 있다.

❶ 1990년대 초에 실시된 해외 29개국 무역관을 대상으로 실시된 대한무역진흥공사의 대한(對韓) 이미지 조사를 보면, 우리는 화교와 다국적기업의 진출이 실패할 정도의 배타적인 나라, CNN의 데모장면 방송으로 비쳐진 과격한 국민, 부정부패가 만연한 부도덕한 정부라는 평가를 받고 있다.

다행히 이런 부정적 이미지는 최근 조금씩 치유되기 시작한다. 외교부가 시행한 '주요 국가 대상 한국이미지(2013)' 설문조사에 따르면, 한국의 국가이미지 지수는 약 3.03으로 보통 수준을 기록했다. 한국에 대해 최초로 떠오르는 이미지에 대한 주관식 질문에는 긍정적 답변의 비중이 상대적으로 높았는데, 창의·혁신, 개발, 번영

등 경제적 내용과 관련된 부분이 큰 비중을 차지했다. 이는 한국의 경제수준과 상품의 우수성에 대해 비교적 높게 인식하고 있음을 보여줬다(정책정보지 [공감], 2014.08.1자). 그러나 한국무역협회 국제무역연구원이 발간한 [2016 세계 속의 대한민국] 통계집에 따르면, 최근 국가브랜드 위상은 다시 하락세를 보인다. 국가이미지 지수는 16위로서 전년 대비 1단계 하락했으며, 국제경쟁력은 4단계 하락한 29위로 나타나 국제사회에서 우리나라의 위상이 소폭 떨어진 것으로 나타났다.

❷ 우리나라의 정치적 자유의 신장세는 비교적 두드러진 편이다. 미국 프리덤 하우스의 「2005년 세계의 자유 연례보고서」 발표에 의하면, 우리나라는 1994년부터 오랜 기간 동안 자유국가 2등급으로 분류되었다. 그러다가 2009년에 법적 환경 9점, 정치적 환경 12점, 경제환경 9점 등 총 30점으로 '자유국가' 등급에 겨우 턱걸이했다. 그러나 2011년에 부분적 언론자유국(partly free)으로 등급이 다시 하락했는데, 그 이유는 정부의 검열, 감시가 증가하고, 반정부 온라인 게시물을 정부가 동의 없이 삭제하고, 방송사의 경영에 개입했기 때문이다. 2014년의 언론자유지수는 32점으로 197국 중 64위에 해당된다.

❸ 미국 헤리티지 재단이 발표한 2002년의 경제자유도[18]는 2.70(최고 1, 최하 5)으로서 전세계 156국 중 52위를 차지했다. 이는 2001년의 38위(2.50)는 물론 1995년에 평가를 시작한 이래 최악의 수준인데, 그 평가내역을 자세히 보면, 정부의 재정부담은 0.5% 나아졌으나, 통화정책과 재산권은 1%, 정부간섭 항목도 0.5%씩 악화되었다(중앙일보, 2002.11.13자). 따라서 헤리티지 재단은 한국을 1995년 이후 경제자유도가 가장 많이 하락한 10개국 중의 하나로 평가했다. 그러나 미국 월스트리트 저널과 헤리티지재단이 157개국을 공동 조사해 발표한 '2007년 세계 경제자유지수'에 따르면, 2005년, 2006년 연속 45위에 머물던 한국은 2007년 현재 9단계나 상승해 36위에 랭크되어 있다. 그러나 홍콩 1위, 싱가포르 2위, 일본 18위, 대만 26위 등 아시아의 경쟁국에게 여전히 한참 뒤진 순위이다. 자유경제원의 [2015년 전세계 경제자유 보고서]에 의하면, 한국의 경제자유지수는 7.38점으로 157국 중 39위이다. 이는 전년도보다 7계단 하락한 것인데, 반(反)기업정서로 인한 기업성장과 개인사업의 제도, 환경 미비를 그 이유로 들 수 있다.

[표 2-5]에서 보는 바와 같이, 한 나라의 경제가 자유로울수록 경제성장과 국민소득이 증가하는 점을 고려할 때, 우리는 이 조사결과를 겸허히 받아들여 자유시장경제의 활성화에 노력해야 할 것이다.

---

18 이 지수는 통상정책 외국인투자·임금·가격·정부규제·금융정책·암달러 시장 등 10개 분야를 조사한 결과이다.

표 2-5   경제적 자유와 소득수준 및 성장률의 관계

1인당 국내총생산 (단위: 달러, 1998년)	경제자유도 순위 1순위: 상위 20% / 5순위: 하위 20%	연평균 1인당 국민소득 증가율(단위:%, 1990-99년)
19,846	1순위군: 홍콩, 싱가포르, 뉴질랜드, 미국	2.27
9,607	2순위군: 이탈리아, 프랑스, 한국 등	1.48
7,286	3순위군:이집트, 태국, 우루과이, 말레이시아	0.88
3,984	4순위군: 중국, 인도, 파키스탄, 스리랑카 등	1.06
2,210	5순위군: 러시아, 루마니아 등	-1.45

출처: 프레이저연구소, 「2001년 세계경제자유도 보고서」; 중앙일보(2004. 2. 14자)에서 재인용.

❹ 우리나라는 국제원조를 받던 나라 중에서 2009년에 세계 최초로 원조공여국이 되었다. 그러나 공적원조 개발지원금 비중은 GDP 대비 0.05%로서, OECD의 평균 0.3%에 크게 미흡하다. 즉 세계 11위의 경제대국이지만, 지구촌의 세금이라고 할 수 있는 공적개발원조(ODA) 제공엔 가장 인색한 나라에 속한다. 그런데도 국민소득 2만 달러 수준에서의 해외여행비는 일본의 7.4배나 되는 부끄러운 측면이 있다. 우리나라는 외국인 노동자에 대해서도 너무 배타적인 성향을 보인다.

[2015년 교육기본통계]에 따르면, 국내 유치원 및 초중고교의 다문화 학생은 전체의 1.4% 비율을 기록했다. 다문화출신 출생자 비중은 4.9%에 이르며 저학년으로 내려갈수록 다문화 학생수가 급증한다. 2015년 6월 말 기준으로 고용허가제를 통해 한국에 들어온 외국인 이주노동자 인력도 57만 명에 달한다. 이들은 인력난을 겪는 중·소 제조업, 농어업에 종사하지만, 법적 지위는 여전히 열악해 UN 등 국제사회로부터 고용허가제 개선 요구가 이어지고 있는 상황이다. 특히 2015년 기준으로 약 1만 3천 명이 5인 미만 농어업 사업장에 종사하지만 산업재해보험법 시행령에 따라 농어업 중 법인이 아닌 자의 사업으로서 상시근로자 수가 5명 미만인 사업은 산재보험 가입이 의무가 아니다(뉴스워치, 2015.12.15자).

그런데도 우리는 이들 외국인 노동자(外勞)를 외국인 노예(外奴)로 인식해 불법으로 폭행을 가하고 임금도 체불하는 등 악을 금하지 못하고 있다. 우리나라는 이미 12세기 말 고려시대 때 7만 명의 외국인이 귀화해 평화롭게 살았던 선진외교의 전통을 갖고 있다(박노자, 2006).

향후 우리 사회의 하부구조에 속하는 궂은 일을 도맡아 할지도 모를 외국인 노동자들에 대한 근본적 대책(예: 외국인 고용허가제, 외국인노동자 인권보호제도)이 있어야만, 해외무역의존도가 무려 70%나 되는 우리나라의 수출상품들이 외국에서 보이코트 당하지 않고 해외시장의 판로를 순조롭게 개척해 나갈 수 있을 것이다. 그리고

외국인 노동자에 대한 적절한 대우 조치는 세계화 시대를 함께 살아가는 격조 높은 국민행동이기도 하다.

❺ CPI 지수(Corruption Perception Index: 부패인지지수)는 특정 국가의 전반적 부패 정도를 측정한 것인데, 우리나라는 2011년 현재 10점 만점에 5.4점으로 지난해 39위에서 43위로 하락한 것으로 나타났다. 특히 OECD 가입 34개 국가 중에서는 27위로 하위권에 머물렀다(뉴스와이어, 2011. 12. 1자). 우리나라의 CPI 순위가 하락한 것은 연례화된 고위공직자와 기업인 등의 대형 부패사건이 우리나라에 대한 부패인식을 악화시켰기 때문으로 보인다. 참고로 국민소득 4만 달러 이상인 네덜란드와 핀란드는 9점대의 청렴도를 기록 중이다. 우리나라의 청렴도가 현 수준에서 7점으로 개선될 경우 우리의 경제성장률은 1.44% 상승할 것이다. 국가청렴도가 1점 상승할 경우, 1인당 교역은 31%, 외국인 투자관심도는 26%, 1인당 GNI 25%, 1인당 국민소득 4,713달러가 상승한다는 조사결과가 있다. [2016 세계 속의 대한민국] 통계집에 따르면, 우리나라의 정부 투명성 지수는 전년 대비 3단계 하락한 43위권에 머물렀다.

지금까지 우리는 나라다운 나라가 되기 위해선 경제력과 더불어 국민 삶의 질 등 내포적 발전과 함께 대외적으로 좋은 이미지와 높은 평가를 받는 등 나라로서의 격조를 갖출 필요성이 있음을 지적하였다. 여기서는 이러한 세 가지 발전기준에 입각해 우리에게 큰 시사점을 주는 두 나라의 상반된 발전경로를 가볍게 추적해 본다.

표 2-6 발전의 세 가지 기준

외연적 성장(국부)	경제규모 및 경제력의 확대
내포적 발전(국질)	국민 삶의 질 증진
나라로서의 격조(국격)	좋은 대외적 이미지와 높은 평가

5. 발전의 허상: 경제대국이나 생활빈국, 반주권국가인 일본

(1) 일본 발전전략의 성찰

여기선 국부, 국질, 국격 등 발전의 세 가지 기준에 의거해 일본의 발전경로를 평가해본 뒤, 일본 발전상의 문제점이 우리에게 주는 반면(反面) 교사적 교훈을 찾아보고자 한다.

1) 국부: 경제대국, 그러나 산업구조 고도화 등 개혁 타이밍의 상실

제2차 세계대전 이후 일본은 55년 체제라 불리는 자민당의 장기집권 하에서 정치적 안정을 구가하며, 대장성, 통산성 등 경제 관료들의 우수한 역량과 높은 정책자율성, 회사인간들의 희생과 집단순응성 등에 힘입어 고도 경제성장을 하는 등 발전국가(development state)의 전형으로 각광을 받았다. 그러나 총론(總論) 차원에서의 경제성장은 각론(各論) 상으로는 다음과 같은 많은 문제점을 노정했다.

먼저 오만한 관료망국론을 지적하지 않을 수 없다. 일본경제는 자본주의체제이면서도 실상은 관료의 정보와 정책에 목을 매는 관료통제경제였다. 이런 점에서 도쿄의 관가(官街)인 가스미가세키가 최대의 문제 진앙지였다. 관료통제경제가 정-경유착과 부패로 연결되어, 후진적인 정치행정 관행을 낳았기 때문이다. 일례로 국토교통성 관료와 자민당의 건설족(族), 교통족 의원, 도로공단이 계속 건설공사를 일으켜, 하청기업으로부터 정치자금을 받고 아마쿠다리로 불리는 낙하산 인사도 단행했다. 이런 먹이사슬의 결과가 막대한 재정적자와 국가신용등급의 하락을 초래했다(玉山太郎, 김인수 역, 1994; 이호철, 1996).

후진적 정치행정 관행 속에 부패가 구조화되면서, 일본은 발전정책의 탄력적 수정 등 개혁의 타이밍을 상실해 세계 2위의 경제대국에서 점차 밀려나게 되었다. 특히 산업구조의 고도화 실패가 뼈아프다. 비록 경박단소(輕薄短小) 등 나노기술, 환경기술은 출중했지만, IT, 생명공학 등 21세기의 첨단산업 부문이 취약해지면서 경기침체가 장기화되었다(이우광, 2010). 토건국가로서의 토건 의존증도 날로 더해갔다. 즉 경기 회복책으로 시행된 대규모 리조트 및 임도 건설, 지방 테마파크 조성 등 토건산업의 경기부양 효과에 중독되면서, 단기적 효과를 본 토건업체들은 돈으로, 건설공사에 고용된 지역주민은 표로써 지역의 정치가에 보답했고, 정치가는 동일한 사업을 계속 재추진하는 악순환을 빚었다. 그러나 단기적 공공사업의 약발이 떨어지면서 빚만 늘고 반면 사회보장지출은 게을리 해 국민생활은 더욱 곤란해졌다(매코맥,

전숙인 외 역, 1998). 토건업이 기간산업화되면 건설 수주가 축소될 때 고용축소와 내수위축 등 금단현상을 초래하기 쉽다. 국토균형발전의 슬로건 아래 남는 것은 공공시설, 관광시설뿐이고 국가발전의 소프트웨어는 없었다.

2) 국질: 생활빈국과 가난한 국민

일본은 경제대국이지만 생활빈국이란 평가를 곧잘 받는다. 살인적 집값과 물가로 인해 1억 중산층 신화가 붕괴되고 있다(김영명, 1994). 특히 경기침체로 인해, 회사인간이었던 중년세대의 사회적 안전판의 상실위기가 크다. "일이 곧 인간"이라는 회사인간들에겐, 구조조정과 회사도산은 곧 자살을 의미했다. 일례로 1999년에 구조조정을 발표한 도쿄 소재의 세가 엔터프라이세스라는 기업은 구조조정 대상자들을 파소나 룸이란 창문 없는 방에 하루종일 대기시켜 "결국 나가라"고 종용했다. NTT 기업은 신입사원 연수 시 감시 카메라를 설치해 강의시간에 조는 사원을 찾아내 반성문을 쓰게 하고 GPS를 휴대전화에 내장해 직원의 소재를 파악했다. 따라서 직장 스트레스로 인해 토요일, 일요일에 입원해 월요일 아침에 직장으로 출근하는 정신과 병원이 인기였고, 경제난과 생활고로 자살이 급증해 자살자 수가 연 3만 명에 이르기도 했다. 산재신청 건수, 정신질환자 급증 등 "죽고 싶다" 증후군은 파친코 중독으로 연결되기도 했다(김문환, 2006).

한국에서의 사회양극화 개념이 일본에선 격차(隔差)사회 개념이다. 고령화로 인해 소득이 감소하고 경영부진으로 프리터족 등 비정규직화가 촉진되면서,[19] 사회 양극화가 재생산되고, 불완전 고용과 저임금의 덫에 걸려 사회안전이 위협받기도 한다.

질 낮은 공교육도 문제이다. 일본은 UN 아동인권위로부터 수험지옥형 교육환경 개선을 2번이나 권고 받았고, UN 인권소위로부터도 사교육비와 높은 대학등록금에 대해 국제인권규약을 준수하라는 권고를 받기도 했다. 따라서 종래의 입시지옥 체제에서 벗어나고 창의성 교육을 증진하기 위해 수업시간과 교과목을 축소한 유토리 교육을 실시했지만, 이후 실시된 OECD의 학업능력평가에서 종래 1위이던 수학이 10위, 2위이던 과학이 6위로 전락하는 등 공교육의 질이 크게 떨어지면서, 유토리 교육은 물 건너갔다(사토시, 양영철 역, 2008). 일본의 도시 거리는 아름답고 청결하다. 그러나 아름답고 깨끗하긴 하지만 '만들어진 녹색'이란 도쿄에 대한 비판도 적

---

19 프리터(freeter)족은 대학을 졸업했지만 뚜렷한 직장 없이 아르바이트로 생계를 이어가는 사람, 그리고 니트(neet; not in employment, education or training)족은 교육과 기술 습득은 물론 아예 구직활동도 하지 않는 사람을 말한다. 「일본 국민백서」(2003)에 따르면 2003년 말 현재 프리터족은 450만 명으로 급증해 청년층의 약 20%에 해당하는 숫자이다. 니트족도 2005년 현재 87만 명이며, 2020년엔 120만 명으로 늘어날 것으로 추산된다.

지 않다. 청결하고 아름다우면 그만이라는 허위의식 아래, 제초제가 남용되고 조화
(造花)의 행렬이 끝을 모른다(김문환, 2006).

  3) 국격: 경제력에 걸맞은 국제공헌을 못하는 반(半)주권국가

   일본은 국제사회에서 경제동물이라 불려 왔다. 대외원조조건이 대상국에게 불
리한데다 그나마 일부 특정산업에만 중점적으로 빌려주는 전략적 원조의 성격이 강
하고, 무상증여보다는 기업차관이 주종을 이루었다. 또 외국의 희귀자원을 노리는
등 이름만 원조일뿐 기업의 돈벌이 수단으로 국제원조가 비쳐졌다. 일본은 몇 년 전
UN 안보리 상임이사국 자리를 노리고 회원국을 매수하는 전략외교를 펼치다가 '와
이로 외교국가'라는 비난도 들었다.

   일본은 미국 편향적 외교로 반(半) 주권국가란 비판도 받았다. 이것이 바로 일
본이 유엔분담금 액수는 세계 2위에 해당하지만 국제정치 영향력은 31위인 이유이
다. 국제정치무대에서 미국의 의사결정에 맹종하는 처사로 일관해 'Made in USA가
되고픈 일본인'이란 혹평을 듣기도 했다(전여옥, 1997). 만일 일본이 미국처럼 인근
아시아 국가들과의 교역거래에서 적자를 감수하고 이들 나라에서 생산된 물품을 좀
더 많이 구매해 주었더라면, 국제사회에서 아시아 국가들의 지지를 좀더 받을 수 있
었을 것이다. 또 일본 엔화도 아시아 지역에서 주요 결재통화가 되고, 이들 나라와
의 교역을 통해 일본 내의 식품과 생필품 가격도 훨씬 저렴했을 것이다. 그러나 일
본은 대미 흑자액과 인근 국가에서 번 달러를 미국의 부동산과 자본시장에 투자했
다. 그러나 환율변동과 부동산가격 및 주식시장 등락을 거치면서 미국으로 부가 다
시 환원되었다. 가난한 인근국가에겐 손해를 끼치면서도 미국에겐 항상 이득을 주는
등, 경제대국에 걸맞지 않게 소국(小國) 기질을 드러냈던 것이다(안영환, 2007: 53).

  (2) 잃어버린 10년과 일본 개조론의 등장

일본은 1990년대에 들어와 잃어버린 10년을 겪게 된다. 그 원인으로는 산업구조의 소
프트화 및 신기술 개발의 실패, 금융위기, 제도적 피로, 지속적 단기부양대책으로 인
한 재정적자 유발 등을 들 수 있다. 2007년 현재 스위스 국제경영개발원(IMD)의 조사
결과 일본의 국가경쟁력은 전년보다 8단계나 저하된 24위였다. 1인당 GDP도 18위로
떨어졌다. 최악의 주가폭락으로 외국인 증시가 이탈했고, 식량 자급률도 선진국 중 최
하위여서20 식량수입을 중단하면 붕괴할 나라마저 되고 말았다(사토시, 양영철 역,
2008).

---

20 호주는 237%, 미국은 128%, 프랑스는 122%의 식량자급률을 보인다.

그러자 '경제대국에서 보통국가로 전락하는가?'라는 의문 하에, 한때 우아한 쇠퇴론, 하산론이 등장했다. 즉 채권국이고 경제사회적 인프라를 갖춘 성숙국가이니 더 이상 성장이 필요 없어 이제 안전하게 내리막길을 가자는 것이다. 그러나 하산론은 성장을 포기하면 재정유지가 어려워 인프라가 붕괴되는 현실을 망각한 노년세대의 배부른 소리라는 젊은층의 비판이 거셌다. 청년들의 이런 위기의식은 초식남(草食男) 등 젊은이들의 미니멈 라이프로 이어졌다(이우광, 2010: 20~25). 이처럼 '재생이냐 쇠망이냐'가 최근 일본사회의 화두이다.

고이즈미 전 수상은 이에 대해 이른바 고이즈미 개혁을 내세워, 사법개혁, 도로공사 민영화, 연금개혁, 국립대의 특수법인화, 기초자치단체의 대대적 합병, 공직사회에의 실적주의 도입, 기업의 구조조정, 노동 유연성 확보, 스피드 경영 등등 일본 대수술을 단행했다. 그러나 그 후유증과 그늘도 만만치 않다.

(3) 최근 발전전략의 수정

1) 국부신장

일본은 잃어버린 10년을 치유하기 위해 1990년대 말 산업활력 재생특별조치법을 제정했다. 이는 사업의 '선택과 집중' 지원투자, 세제우대 조치, 분업 시스템화를 단행하는 것이었다. 즉 국내는 핵심부품 등 고부가 가치분야에 집중투자하고, 노동집약적 산업은 해외로 이전하자는 것이다. 특히 일본은 자국이 가진 기술 강점인 하이브리드 자동차 개발 등 환경기술에 박차를 가하고 있다. 나고야 만국박람회에선 자연의 예지를 메인 테마로 지정해, 매연여과기술 등 친환경국가로서의 자국의 이미지를 살려 차세대 경쟁에서 주도권을 장악하려는 의지를 드러내기도 했다. 그 외에 콘텐츠, 바이오, 로봇 등 미래 신산업군에서도 새 성장동력을 발굴하려 애쓰고 있다. 정부의 이런 지속적 연구개발 지원이 20세기 후반 세계시장을 석권해 온 432만 개 중소기업의 회생으로 연결되면, Made in Japan의 저력이 다시 분출될 수 있다(서울신문 특별취재팀, 2005). 그간 일본의 상품은 고객요구 이상의 고성능, 고품질, 고가격을 추구해, 연구개발만 있고 소비자 감동은 없다는 비판을 자주 받아왔다. 예컨대 일본의 휴대폰은 기술은 우수하지만 국제표준과 거리감이 커서, 2009년 3/4분기의 경우 삼성전자의 영업이익이 일본 대형 전자업체 9개사의 이익보다 2배나 되기도 했다. 최근 일본 기업들은 이런 점을 성찰하며, 변화된 시장의 니즈에 대응하기 위해 신흥국의 중산층시장을 중시하는 볼륨 존 전략을 강화하기 시작했다(이우광, 2010).

해외 의존도가 높은 일본은 50년 후에도 무역에 의존할 수밖에 없다는 인식 하에, 주요 무역 상대국과 함께 자유무역시장을 유지, 발전시키기 위해 환태평양경제동반자협정(TPP) 건설에도 열심이다. 일본시장을 매력시장화하고, 미국을 이용해 중국의 무역패권국가화를 막자는 것이다. 이에는 일본이 아시아―태평양 지역의 자유통상 룰 만들기를 주도하자는 속셈도 있다. 일본은 이를 위해 일본 재생을 주도할 글로벌 인재양성 및 두뇌, 지식, 네트워크의 자유화를 중시한다(중앙일보, 2011). 그 밖에 규제완화, 금융 선진화, 학력 위주의 공교육 강화, 지자체 중심의 직업교육과 사회적 일자리 창출도 주요 경제정책으로 비중을 둔다.

2) 국질 제고를 통한 생활대국 지향

회사형 인간이었던 단카이 세대는 제2차 세계대전 직후인 1945~47년 동안 출생한 첫 베이비붐 세대로서 최근 구조조정의 단골대상이었다. 그러나 이들은 구조조정 한파 이후 '회사가 전부가 아니다'라는 인식 하에 다양한 삶의 형태를 즐기기 시작했다. 이에 따라 일본 노총인 렌고(聯合)도 고용과 사회복지를 강조하며 춘투보다 춘토(春討)에 에너지를 쏟는다.

2002년에는 「사회보장 비전 보고서」가 발표되었다. 즉 성장기엔 아동복지를, 결혼, 출산기엔 의료, 육아지원 등 복지, 고용보험을, 퇴직 후엔 연금을 받는 등 생애주기형 안전망의 단초를 마련하자는 것이다(서울신문 특별취재팀, 2005). 후지와라 마사히코(2006)는 그의 책 「국가의 품격」에서 일본이 미국의 식민지가 아닌 독립국가가 되기 위해선, 식량 자급률을 높이고 천재를 배출하기 위한 문화적 토양을 갖추어야 한다고 역설한다.

3) 국격완비: 과거 성찰과 국제공동체에의 공헌 모색, 단 영토분쟁에서 다시 드러난 한계

종래 일본은 국민을 지키는 힘 있는 외교, 선두외교를 강조했다. 그러나 UN에서 돈으로 제3세계의 표를 구걸했던 와이로 외교로 인해 6자회담 및 유엔 등 국제외교무대에서 고립되기도 한다. 최근 일본은 아시아를 경시하던 외교로 인해 UN 안보리 상임이사국의 꿈을 접어야 했던 점을 반성하며, 경제 선진국이 아닌 문화 선진국을 모색한다. 또 아시아 공동체에 중점을 두며, 종래의 탈아(脫亞)에서 입아(入亞)로의 선린 외교를 펼치려 한다.

특히 희망적인 것은 일본의 젊은이들 사이에서 사회문제, 국제빈곤문제 해결을 지원하는 자선(charity) 상품 등 소셜 소비가 유행하는 점이다. 이들은 캄보디아 지뢰 철거현장을 견학하고, 배로 여행하며 국제평화 및 환경운동을 실행하는 단체인 피스

보트(peace boat)를 통해 개도국의 청년들과 교류하고 있다(이우광, 2010).

그러나 2012년에 한국 및 중국과의 영토분쟁과 종군 위안부 문제에 대한 일본 각료들의 망언에서 보듯이 선린(善隣)을 위한 일본의 상기한 노력은 종종 허구로 드러나기도 한다. 아직도 일본은 자국의 이해가 걸린 문제에서는 대국적 차원이 아닌 소국(小國)적 정책이기주의 자세로 나오는 한계를 드러낸다. 종래 일본의 발전이 고도로 배타적인 대외 경제관행의 덕이었음을 아직도 완벽하게 깨닫지 못하고 있는 것이다.

(4) 향후의 발전과제와 일본의 희망적 측면

일본사회의 정평 있는 평론가인 동경대학교 윤리학과 구로즈미(黑住眞) 교수는 다음과 같은 점들을 지적하며 일본사회의 미래를 걱정하고 있다. 즉 그는 일본 최초의 퀘이커 교도이며 이상주의자였던 니토베 이나조 계열보다는 탈아론(脫亞論)자이자 친미, 친유럽적인 후쿠자와 유키치 계열(게이오대 출신)이 아직도 현재 일본사회를 장악하고 있는 점, 또 과거의 자민당엔 사회의 중간집단을 의식하는 분배론자들이 많았지만, 지금은 사회 소수의 급성장이 다수를 먹여 살릴 수 있다는 신념이 과도할 정도로 팽배해 있는 점, 대학생들의 취업은 활황(活況)을 보이지만 중간층 상인들의 실제 경기체감지수가 낮은 점, 농촌 붕괴, 살인범죄율 증가 등 중산층의 윤리해체현상, 특히 경제성장을 빌미로 한 국제감각 상실(예: 평화헌법 폐지, 국수주의적 국가지상주의로의 회귀) 등을 우려한다. 특히 그는 대다수의 젊은이가 글로벌한 의식을 가져야 하는데 취직이 잘된다는 이유로 현재의 생활 데이터만 갖고 산다면 일본엔 희망이 없다고 말한다. 그는 공공(公共)정신에서 뒷글자인 공(共), 즉 더불어 살아야 한다는 정신이 일본에서 사라지고 있음을 걱정하고 있는 것이다.[21]

경제도 문제이다. 고이즈미 전 수상이 개혁의 칼을 휘둘렀지만, 이후 아베, 후쿠다, 아소 정권에서 개혁은 후퇴하다가 미국발 금융위기의 소용돌이에 다시 휘말리고 말았다. 이에는 과거의 성공모델을 고집하며 새로운 전략을 구상하고 신속한 결단을 못 내린 의사결정구조가 다시 문제로 지적된다. 특히 자국의 내수시장이 크다고 보고 국제경쟁에서 뒤쳐진 점, 첨단기술 분야의 선진국 내 최고급 시장만 겨냥해 신흥국 시장공략에 약점을 드러낸 점도, 수출시장 다변화를 통해 글로벌 위기국면에서 타격을 덜 입은 독일과 극명히 대조된다. 2011년 동일본 대지진의 치유과정에서 드러나듯이 피해복구 예산의 집행 지연 등 정책 스피드가 하락하고, 매년 총리가 바

---

21 이는 도올 김용옥과의 중앙일보 인터뷰(2007. 5. 17자)에서 발췌한 내용이다.

뀌는 등 정변(政變) 중독증 문제도 최근의 정치개혁 의지를 무색하게 한다.

비록 일본이 쇠망의 길을 가기 시작했지만, 일본의 첨단기술 등 제조업 기술력은 아직도 세계 최고이다. 또 근면, 성실, 친절한 시민의식과 하층민의 저력도 여전히 국가발전에서 중요한 요소임을 보여준 나라이기도 하다. 특히 시·구립미술관, 도서관 등 지역 내 생활문화시설이 많고 그곳에 향토작가의 작품을 소장하는 등 지역 생활문화도 잘 정착된 나라이다. 주민건강, 복지, 교육, 생활협동조합 형성 등 이용자 관리위주의 참여형 생활복지와, 이들 지역조직에서의 시민 자원봉사의 활성화, 환경국가로의 진일보 자세는, 우리나라가 발전하기 위해 필히 참고해야 할 이 나라의 장점이기도 하다.

일본은 하층민 위주의 튼실한 사회문화와 시민사회적 기초 위에서, 그간 유리한 국제경제 환경 덕분에 축적한 엄청난 부를 국내 생활문제 해결과 세계의 평화 및 선린을 위해 써야 할 단계를 맞고 있다(김영명, 1994). 즉 국내적으로는 생활빈국으로서의 오명을 씻고 국제사회에서의 공헌이라는 2가지 명제를 개혁의 핵심과제로 삼아야 할 시점에 와 있다.

6. 발전의 진면목: 노르웨이적 삶과 우리의 벤치마킹 포인트

우리에게는 다소 생소한 나라인 노르웨이를 여기서 새삼스럽게 벤치마킹 대상으로 강조하는 이유는 무엇인가? 이 나라는 경제, 군사적으론 강하지 않지만, 항상 세계 1, 2위를 다투는 국민 삶의 질과 국제사회에서의 협력자적 역할 등 격조 높은 나라로서의 모습을 슬기롭게 보여주고 있어, 우리가 배워야 할 부분이 적지 않기 때문이다. 이 나라 발전의 진면을 가볍게 스케치해 보자.

1) 국부: 천연조건의 슬기로운 활용과 산업부문 간 균형확보

노르웨이는 인구 480만 명의 세습적 입헌군주국가이다. 이 나라는 북해유전 개발 등 석유와 천연가스 산업이 발달했을 뿐 아니라, 쇄빙선 등 세계최고의 해운업 및 상선업 운영, 제지공업, 가구공업과 컴퓨터, IT, 디자인 등등 H/W 산업과 S/W 산업이 골고루 발달한 나라로서, 자국의 천연자원과 슬기로운 정책유산을 경제발전에 적절히 응용하는 전략을 택해 왔다.

노르웨이는 국토 전체가 명승지이다. 빙하의 침식으로 1천km 넘게 형성된 피오르트 해안에 연간 수백만 명의 관광객이 몰려든다. 세계적 어장인 로포텐 제도를 비롯해 웬만한 인근 연안에 그물을 치면 그대로 바다양식이 가능하다고 한다. 1970년대에 발견된 막대한 북해 해저유전에 힘입어 세계 5대 석유수출국이기도 하다. 남한의 4배 크기인 국토에 인구는 480만 명밖에 안 되어 치열한 생존경쟁도 필요 없다.

넉넉한 생활환경에서 형성된 느긋한 국민성이 안정된 국가경영으로 연결된다. 이 나라는 EU에 가입하지 않아 국제사회에서 고립되기 쉬운데도, 글로벌 세계금융위기 하에서 안정 속 성장을 견인했다. 즉 달러, 유로, 엔 등이 모두 흔들리는 와중에도 노르웨이 화폐인 크로네는 안정세를 보였다. 오일 달러를 대부분 해외 국부펀드에 투자하는 등 미래를 위해 저축했기 때문이다. 그래서 뉴욕 타임스는 이 나라에 '경제교과서'라는 긍정적 평가를 부여했다. 그러나 유럽에서 처음으로 금리를 인상해 출구전략에 재빠른 시동도 걸 줄 아는 나라이다(홍승일, "경제교과서 노르웨이를 배우자," 중앙일보, 2009. 12. 18자).

2) 국질: 사회민주주의에 기반을 둔 평등사회와 친환경 사회

노르웨이는 문맹률 제로의 선진사회답게, 포괄적인 사회보장제도와 의무적 보건관리제도를 갖고 있다. 이러한 국가의 제도적 배려 때문일까? 노르웨이 국민들의 사회의식 수준은 매우 높다. 일례로 이들은 바쁜 출근시간에 열차를 놓치는 한이 있더라도 기차역의 자동 매표기에 꼭 티켓을 찍는다. 우리는 이런 점에서 공익에 해를 끼치면 절대 안 된다는 이들의 시민사회적 윤리를 읽을 수 있다. 버스 운전기사의 월급이 대학교수나 공무원과 비슷하거나 더 많기도 한 점에서 노동의 가치를 인정하는 분위기도 감지된다. 이는 만인평등을 내세우는 사회민주주의의 튼튼한 심성적 바탕에서 비롯된 것이다. 또 이 나라는 자동차보다 자전거가 훨씬 많은 친환경사회이기도 하다(박노자, 2002).

노르웨이는 6만 달러의 1인당 국민소득을 자랑하고, 사회보장제도는 세계 최고수준이다. 유엔 인간개발지수, 양성평등지수, 행복지수 등 국민 삶의 질 척도에서도수위를 기록한다. 일례로 노르웨이는 인간개발지수(HDI) 조사에서 1995년 이래 계속 1위(2004년 0.956)를 고수해 왔고, 1975년 이래 계속해서 상위권 4위 안에 꾸준히 들 정도로 세계에서 가장 살기 좋은 나라로 손꼽힌다. 물론 이 나라는 살기 좋은 만큼 생활비도 많이 드는 나라이다. 그러나 월급 수준도 높아 구매력 등가(等價) 차원에서 1인당 국민소득(GDP)은 36,600달러나 된다. 따라서 2004년 머서 컨설팅 그룹이 실시한 삶의 질 조사[22]에서, 이 나라의 수도 오슬로는 생활비 측면에서 불과 15위에 머물고 있다.

---

22 이는 정치·사회환경·경제·건강·교육·공공서비스·교통·휴양·주거·소비재·자연환경 등 39개 요인을 평가하는데, 이 조사의 생활비 측면에서 동경이 1위를 차지했고, 런던·모스크바·오사카·홍콩 순으로 생활비가 많이 드는 곳으로 평가되었다(CNN 한글뉴스, 2004.7.18자; www.joins.com/cnn).

3) 국격: 국제적 개방성과 높은 국제 공헌도

노르웨이의 국가적 장점은 높은 국제공헌도에서 가장 잘 드러난다. 먼저 국제적 개방성과 글로벌 경쟁력의 주요지표인 국민의 영어실력은 유럽국가 중에서 최상인데, 이는 공립학교 교육에의 적극적 투자, 국비(國費)로 진행되는 해외 수학여행의 제도화, 직장인의 해외휴식을 가능하게 하는 4주 이상의 필수휴가제 등 사회민주주의 제도와 밀접히 연관되어 있다.

이 나라 국민들은 "오늘은 돈을 한 푼도 안 썼다"라며 직장 동료에게 자랑할 만큼 체질화된 구두쇠식 소비패턴을 갖고 있지만, 이런 자린고비들이 국제원조에는 가장 적극적이어서 연간 국내총생산의 1%[23]를 노르웨이 개발기구를 통해 최빈국의 기아구제와 개발을 위해 흔쾌히 기부한다(박노자, 2002). 따라서 기부금을 걷는 사람의 목소리가 더 당당하고, 국민이면 누구나 다 1년에 몇 번씩 동구권이나 아프리카에 기부한다.

국제사면기구의 본고장인 영국의 회원수가 0.25%에 불과한 데 비해, 노르웨이는 인구의 1%가 인권단체에 가입한 유일한 나라이기도 하다. 1년 동안 각종 시민단체에 약 7천만 달러의 기부금이 쇄도한다. 개발대상국의 개발원조 효과를 높이기 위해 현지에서의 생산이 가능하도록 기술이전과 교육시설 건설을 강조하는 따뜻한 배려도 잊지 않는다(박노자, 2003).

최근 이민증가와 사회의 이슬람화에 불만을 가진 노르웨이의 한 우익 극단주의자가 청소년을 대상으로 테러를 저질러 전세계에 공포감을 준 적이 있다. 그러나 충격적 참사 이후 희생자를 기리는 추모연설에서 "테러에 대한 우리의 대응은 더 많은 민주주의, 더 많은 개방성, 더 많은 인간애입니다. 단순한 대응은 절대 답이 아닙니다"라는 옌스 스톨텐베르크 노르웨이 총리의 감동적 연설은, 참사 이후 더 많은 노르웨이 국민의 정당가입을 유도했다(맹찬형, 2012: 37). 더 많은 민주주의로 테러에 맞서자는 총리의 호소에 국민들이 부응한 것이다.

물론 노르웨이는 우리나라와는 역사·문화·정치적 전통의 측면에서 매우 상이한 나라이다. 그렇지만 분배, 평등의 사회정신 등 배울 점도 많다. 특히 이 나라 국민의 사회의식 수준이나 정부의 분배정책, 환경정책 그리고 국제사회에서의 협력자적 역할은, 삶의 질과 나라로서의 격조라는 발전기준에서 성찰해야 할 점이 많은 우리나라에 시사하는 바가 매우 크다.

---

23 참고로 서방 선진국의 국제원조 대 국내총생산 비율은 평균 0.22~0.3%에 불과하다.

II. 연구방법: 비교연구 방법론의 기원과 전개

우리가 국가발전의 올바른 방향과 효과적 발전전략을 체계적으로 수립하기 위해서는 특히, 한국의 국가발전을 위한 벤치마킹 포인트를 외국의 사례에서 효과적으로 찾아내기 위해서는 세계 각국의 발전경로 비교와 분석에 의거한 세계적 발전경험의 공유가 필요하다. 우리는 이러한 개별국 또는 국가군별 비교분석의 체계적인 수행을 위해 비교연구 방법론의 의미, 또 비교연구의 분석단위와 분석수준 및 접근방법 등에 대해 다음과 같이 체계적으로 이해할 필요가 있다.

1. 비교연구 방법론의 의미와 필요성

(1) 비교연구 방법론의 의미

비교연구가 갖는 유용성에도 불구하고 비교연구가 정상과학으로 인식되지 못하고 학문적 위치가 공고하지 못한 것은 비교연구의 방법론이 취약하기 때문이다. 비교가 되는 두 개 혹은 그 이상의 대상들이 갖는 태생적인 비동등성 때문에 비교연구의 방법론은 항상 한계를 갖고 있다는 의미이다.

이 책의 제1장 비교발전행정 연구의 개념과 역사에서도 살펴보았듯이, 비교연구가 미국을 중심으로 1960년대를 풍미하였지만 급속히 쇠락의 길을 걸을 수밖에 없었던 이유 중 하나도 적실성 있는 비교연구 방법론이 없었기 때문이다. 만약 이러한 분석결과를 받아들인다면 다음과 같은 가정이 가능한가?

'적실성 있는 비교연구 방법론을 도출할 수 있다면 비교연구는 다시 회생할 수 있을 것인가?' 단정할 수는 없지만 적어도 부정적이지는 않다. 즉 완전히 틀렸다고 할 수는 없다고 생각된다. 비교연구 방법론은 비교연구의 회생이나 발전에 충분조건은 아니지만 필요조건이다. 그러므로 비교연구를 위해서는 반드시 비교연구 방법론에 대한 고찰을 하지 않을 수 없다.

비교연구의 1차적 목적은 연구대상의 비교를 통한 차이와 공통점을 발견해 내는 것이라고 할 수 있다. 그러나 우리가 수행하는 비교연구는 항상 동등하지 못하다. 개념적으로 같은 개념을 나타낸다고 할지라도 실제가 다를 수 있다. 예를 들어 네덜란드의 경우 '마리화나'는 불법이 아니지만, 우리나라에서는 범죄로 간주된다. 이처럼 같은 범죄의 개념이라고 할지라도 나라마다 혹은 시대마다 다른 내용을 가지고 있기 때문에 비동등성을 표출시키게 된다.

비교연구 방법론은 비교연구의 비동등성을 전제해야 한다. 항상 같은 개념과 현상을 측정하고 연구할 수 있다는 자신감을 버리고 동등하지 못한 대상을 연구한다는 전제가 요구된다. 요컨대 비교연구 방법론은 비교연구를 하기 위한 틀(frame)을 제공하는 이론적 기반이다. 그리고 그 방법론은 연구대상의 비동등성을 전제하면서 타당성 있는 비교연구가 이루어질 수 있도록 해야 한다.

(2) 비교연구 방법론의 필요성

현상은 어떤 시각으로 바라보느냐에 따라 많은 차이를 보인다. 예를 들어 우리가 세상을 창문을 통해서만 볼 수 있다고 가정했을 때 세상을 볼 수 있는 창문이 네모일 경우에는 우리는 네모난 세상만 본다. 혹은 세모일 경우에는 세상은 세모로만 보인다.

연구의 틀(frame)은 연구대상을 보는 창문과 같다. 우리가 어떤 틀(분석수준)을 구성하느냐에 따라 연구대상(분석단위)은 달라지기 때문이다. 특히 하나의 연구대상이 아니라 두 개 이상의 연구대상을 비교할 경우 틀의 중요성은 더욱더 커진다. 참고로 다양한 틀의 활용과 관련하여 현미경에 비유되는 미시적 시각(행위 방법론)은 개인(집단)에 주목하는 반면에 망원경에 비유되는 거시적 시각(구조 방법론)은 환경(맥락)에 주목한다. 나아가 중범위 지향적인 제도 방법론은 네트워크(상호작용)에 주목한다.

또한 비교연구의 틀을 제공하는 비교연구 방법론의 가장 중요한 유용성은 연구결과의 적실성이다. 비교연구가 이루어진 역사적 배경에서도 알 수 있듯이 합목적적 입장에서 비교연구의 틀을 제공할 경우 연구대상의 비동등성을 간과하게 된다. 예들 들어, 발전론적 입장이나 가치지향적(value-oriented) 연구에서는 한 국가의 정부관료제에 대하여 똑같은 것으로 간주하고 접근한다. 그런데 이러한 접근은 정부관료제의 내용은 살펴보지 않고 단순히 구조적인 측면에만 초점을 맞춘 것으로서 자연히 적실성이 떨어질 수밖에 없는 것이다.[24]

이 밖에도 이스턴(D. Easton)의 일반체제론적 투입-산출모델도 비교연구의 전통적 접근법이라고 할 수 있는데, 그러나 이러한 기능주의적 접근도 국가 간 문화나 환경적 영향을 무시하는 지나친 기능주의적 접근으로 비판받지 않을 수 없는 접근방법이다(Easton, 1953).

이처럼 기능주의적 접근이든, 구조·제도적 접근이든 적실성에 있어서 모두 한

---

24 구조적인 접근을 강조한 학자로는 Riggs가 대표적이다. 그는 비교연구에 있어서 기능주의적 접근이 과도하다는 것을 비판하면서 구조적·제도적 분석의 필요성을 역설하였다(김광웅·김신복·박동서, 1995).

계를 드러낸다. 특히 발전론적 입장이 아닌 가치중립적이고 학문적 입장에서 봤을 때 이러한 비교연구 접근방법은 그 적실성 면에서 부족한 점이 많았다.

따라서 새로운 환경적 변화에 대응하면서 적실성 또한 높은 비교연구를 위해서는 타당성 높은 비교연구 접근방법이 요구된다. 이렇게 될 경우 비교연구의 새로운 부흥기를 맞을 수도 있다는 기대를 할 수도 있다.

2. 비교발전행정 연구의 주요한 접근방법

접근방법(approach)은 연구대상에 대한 연구자의 시각(perspective)을 의미한다. 즉, 사물이나 현상에 대한 인식과 관련된 연구를 수행함에 있어, 문제의 제기와 자료처리·분석 및 검증과정에서 기본적으로 선택하는 관점(view point)이나 입장(position)을 의미하는 것이다.

행정학의 형성과 발전과정에서 대두한 접근방법은 매우 다양하다. 이처럼 다양한 접근방법들은 일반적으로 전통적 접근·행태적 접근·후기행태적 접근으로 유형화되고 있지만, 분석단위와 연구방법 간의 연계를 통해 보다 입체적이고 체계적인 분류가 가능하다. 하지만 여기에서는 비교발전행정의 학문적 특성을 고려해 크게 형성기의 접근방법과 도약기의 접근방법으로 구분해 각각의 세부 이론들을 소개하고자 한다.

(1) 형성기의 접근방법

1) Easton의 체제론적 접근방법(일반체제 모형)

이스턴(D. Easton)의 투입-산출모형은 비교행정에서도 가장 널리 사용되는 대표적 이론이다(김광웅·김신복·박동서, 1995: 34). 이스턴이 제기한 이 이론을 일반체제론이라고 부르는데, 이 이론에 따르면 한 국가의 정치체제를 환경과의 관계에서 투입과 산출의 관계로 본다.

[그림 2-1]에서 보듯이 체제는 투입과 산출, 전환상자 그리고 환경으로 이루어져 있는데, 국민의 지지나 요구가 투입에 해당되고, 산출은 일반적으로 정책으로 파악된다. 그리고 우리가 관심을 갖는 것은 전환상자이다. 즉, 투입된 자원을 가지고 정책이라는 산출을 만들어내는 상자가 비교의 관심대상이다. 일반적으로 이 부분에 행정의 역할이 개입된다고 보는 것이 이스턴의 이론이다. 그리고 행정기능이 확대되면서 전환이라는 상자부분에 대한 관심이 더욱 높아졌다.

그림 2-1　D. Easton의 일반체제이론의 개념

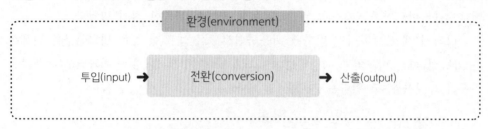

　　그렇다면 전환이라는 상자에 들어갈 수 있는 대상에는 무엇이 있겠는가? 이것이 바로 전통적인 비교행정에서 관심을 가졌던 대상들이다. 일반적으로는 앞의 분석단위에서 살펴본 내용들이 포함된다. 즉, 국가관료제나 조직, 개인 모두 이에 해당된다.

　　전통적으로는 국가관료제와 조직과 같은 구조적인 단위들을 비교연구의 대상으로 삼았다. 그리고 국회와 같은 대의기관도 여기에 포함되었으며, 신문과 같은 매스미디어도 전환의 역할을 담당했기 때문에 연구의 대상일 수 있었다. 심지어는 시민단체도 포함될 수 있다. 비교연구가 시작되던 초기의 연구들은 대부분 이러한 구조적이고 기능적인 부분을 대상으로 연구가 진행되었다.

　　이러한 접근방법의 대표적인 학자가 Talcott Parsons(1960)이고, 그가 제시한 접근방법을 구조기능주의(structural-functionalism) 접근방법이라고 부른다. Parsons는 어느 사회를 막론하고 생존하고 유지하기 위하여 필요한 4가지 기능을 제시하고 있는데, 유형유지(pattern maintenance), 목표달성(goal attainment), 적응(adaptation), 통합(integration)이 그것이다. 그리고 그는 이러한 기능적 요건을 충족시키기 위한 하위체제를 밝히고 있다. 첫째, 유형유지는 사회적인 가치체계를 보전하고 제도화하는 것으로서 종교단체나 가족과 같은 체제에 의하여 수행된다. 둘째, 목표달성은 목표상태를 추구하고 유지하는 것으로 정체(polity)라는 하위체제에 의해 수행된다. 셋째, 적응은 목표달성에 필요한 일반화된 시설을 말하는 것으로서 경제라는 하위체제에 의하여 수행된다. 넷째, 통합은 사회공동체(social community) 등의 하위체제에 의해 수행된다(박천오 외, 1996: 16).

　　그런데 여기서 Parsons가 제시하는 이러한 체제는 직접 확인할 수 없는 다소 관념적인 개념으로서, 실제로 우리가 확인할 수 있는 체제들은 이보다 하위수준에서 발견된다. 즉, 우리가 일반적으로 알고 있는 행정부·입법부·사법부·정당·종교단체·이익집단·시민단체 등이 여기서 말하는 '체제(system)'들을 구체화시킨 것이다. 그리고 일반체제이론의 논리에 따르면 이러한 체제들이 '전환'이라는 상자(box)에 해당된다.

　　Parsons가 주장한 구조기능주의는 다음과 같은 몇 가지 의미를 가지고 있다. 첫

표 2-7 Parsons의 구조기능주의

기본 기능	하위체제		비고
	내용	사례	
유형유지 (pattern maintenance)	사회적 가치체계 보전, 사회적 가치체계 제도화	종교단체, 가족	▸ 사회구조의 복잡성 강조 ▸ 환경에 대한 강조 ▸ 개인이나 집단의 기능 강조
목표달성 (goal attainment)	목표를 추구, 달성된 목표 유지	공화제, 민주제, 입헌제 등의 정체(polity)	
적응 (adaptation)	목표달성에 필요한 제도	경제	
통합 (integration)	하위체제 관계의 결속	사회공동체, 네트워크 등	

째, '전환'이라는 상자를 중심으로 사회체제 전체를 구성하고 있는 각 구조들이 복잡하게 얽혀 있다는 점을 강조한 것이다. 즉, 행정이나 정책적으로 의미 있는 산출 (output)을 만들기 위한 각 구조들이 복잡하게 얽혀 상호관계를 맺고 있다는 것을 강조한 점이 중요하다. 둘째, 체제를 둘러싸고 있는 환경에 대한 고려가 필요함을 강조하고 있다. 셋째, 각 구조를 구성하고 있는 개인이나 집단에 대한 기능에 관심을 갖는다는 점이 중요하다. 여기서 기능이라는 의미는 규정이나 외부에 의해 영향을 받는 것이 아니라, 이미 내부에 잠재되어 있는 '결정기제(decision mechanism)'에 의하여 움직인다는 것을 말한다. 예를 들면 경제학에서 모든 조건이 동일하다면 가격이 싼 것을 선택한다는 합리적(이기적) 인간이 '기능'이라는 의미를 잘 설명해 주는 예라고 할 수 있다.

2) Riggs의 생태론적 접근방법(프리즘 모형)

비교발전행정의 접근방법을 고찰함에 있어서 리그스(F. W. Riggs)의 프리즘 모형을 빼놓을 수 없다(Riggs, 1970; 1969). 그만큼 비교 접근방법에서 중요한 위치를 차지하고 있다. 그리고 이 모형은 앞서 제시한 일반체제이론과 상호배타적인 관점에 서있지 않기 때문에 두 모형이 서로 경쟁적이라고 할 수 없으며 새롭게 제시된 모형이라고 할 수 있다.

리그스(Riggs)의 프리즘 모형은 개도국의 관료제 및 행정현상을 파악하는 데 가장 정교한 이론으로 평가되고 있다. 특히 리그스는 1958년 체제론적 접근법에 의해 현대사회를 농업사회(agraria)와 산업사회(industria)로 나누고, 1961년 농업 및 산업사회 모형의 중간형인 전이사회(transitia)를 보충하여 1964년 사회양태 분석의 기본변수를 '사회의 구조적 분화'로 보는 프리즘적 모형을 제시하였다.

리그스는 사회를 구분하는 데 있어 그 사회에서 나타나는 분화의 정도에 따라

융합사회(fused society), 분화사회(refracted society), 프리즘적 사회(prismatic society)로
구분하였다. 융합사회는 정치적·문화적으로 분화가 전혀 일어나지 않으며 하나로 통
합되어 있는 사회를 의미하고, 분화사회란 융합사회와는 상대적인 개념으로 분화가
잘 이루어지며 사회적 통합도 원활하게 이루어지는 사회를 의미한다. 그리고 프리즘
적 사회는 분화는 잘 이루어지지만 사회적 통합이 미흡한 사회를 의미한다. 이러한
구분에서 알 수 있듯이 리그스는 주로 사회의 구조적 분화에 초점을 두고 있었다.[25]

프리즘 모형을 만든 리그스는 모든 국가에 대하여 분석한 것은 아니고, 아시아
-아프리카 같이 직접적으로 식민지 경험을 했던 국가와 다른 동남아시아의 두, 세
개 국가에 한정해서 실시한 것이었다(Subramaniam, 2001: 337). 이러한 연구결과를 토
대로 구성한 프리즘 모델의 핵심은 다음과 같다.

사회의 변동과 발전은 '사회의 구조적 분화'를 가져오게 되고 이러한 분화는 기
능적 분업화의 세분화와 기능수행의 전문성과 연관되고, 궁극적으로 다원적이며 다
차원적인 사회로 변모하게 된다. 그러나 이러한 사회의 다차원적 변모 과정 속에서
과거의 사회구조와 새로운 사회구조가 혼재하게 되고, 그 기능들도 각각 상이한 역
할을 수행하기 때문에 조정과 통합의 필요성이 제기된다. 이에 Riggs는 프리즘적 사
회의 가장 주도적이고 시급한 과제로서 사회적 통합을 들고 있다.

여기서 사회통합을 위한 두 가지 중요한 요인은 침투와 참여라고 할 수 있다.
먼저 침투는 법령의 제정, 절차 등을 의미한다. 다음으로 참여는 침투에 대한 국민
들의 반응을 의미한다. 따라서 침투는 사회통합의 정도와 정비례의 관계를 형성하
게 된다. 일례로 정통성이 결여된 정부의 경우 침투의 수준이 미약하기 때문에 이
를 보완하기 위해 공권력 행사에 의존하는 경우가 일반적이다. 나아가 공권력 행사
는 국민들의 반발이라는 악순환을 유발하는 과정에서 결국 사회적 파국을 초래하
게 된다.[26]

리그스는 프리즘적 모형을 설명하면서 사회를 융합사회, 프리즘적 사회, 산업사
회로 구분하여 설명하였는데, 이러한 분류에서 관료제의 속성 및 실태를 몇 가지로
요약하여 설명하고 있다. 이러한 설명을 위해서 도입된 개념이 '프리즘적 살라모형'
이다.

'살라(sala)'라는 말의 뜻은 '사랑방'이라는 말로 해석될 수 있다.[27] 우리나라의

---

25 그러나 이후 리그스는 자신의 이론을 보완하여 사회적 통합의 요소를 강조하게 된다.
26 리그스가 주장하는 프리즘적 사회에서 가장 시급하고 중요한 과제로 대두되는 것은 결국 정부와 국민 간의
   균형있는 조화라고 할 수 있다.
27 사랑방에 대한 사전적 의미는 다음과 같다. 바깥 주인이 주로 거처하는 방이 있는 집채. 외부의 손님들을 접
   대하는 남자들의 생활장소이다. 농촌 민가와 같은 작은 주택에서는 접객의 기능보다 밤이나 겨울철의 농경이

그림 2-2 Riggs의 '프리즘적 사회'

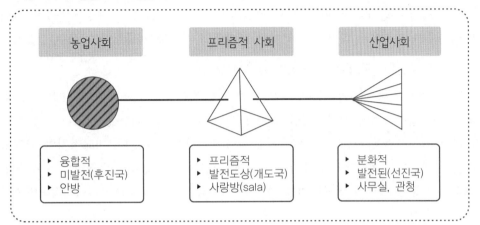

전통가옥의 구조를 고려해 볼 때, '사랑방'은 공적인 만남과 사적인 만남이 다소 혼합되어 이루어지는 곳이라고 할 수 있다. 즉, 사적인 만남이 주로 이루어지는 '안방'의 개념보다는 다소 공적인 개념이 들어가 있지만, '사무실(office)'이나 '관청(bureau)'보다는 사적인 개념이 강한 곳이 '사랑방'이다. 이와 같은 관계를 국가관료제의 차원으로 확대해 본다면 쉽게 이해할 수 있다.

    '프리즘적 살라모형'은 프리즘적 사회의 관료제적 특징을 일컫는 말로 개도국의 관료제는 다규범성·형식주의·이질성·중복성·다분파성·파당성·연고주의 등의 속성이 있다는 것이다. 먼저 다규범성은 기존 규범과 새로 도입된 규범이 혼재되어 있어서 관료들의 편의에 따라 다른 선택이 가능하다는 의미이고, 형식주의란 법령과 제도의 현실부적합성을 의미하며, 이질성은 기존 행정문화와 새로 도입된 행정문화와의 차이를 의미한다. 그리고 중복성이란 기능수행에 중복적인 요소가 나타나는 것을 의미한다. 특히 Riggs는 개도국이 후진국일수록 혈연적이고 타집단에 대해 배타적으로 된다고 인식했고, 잦은 정치상의 변동 및 혼란으로 관료들이 정치적 입지를 고려하여 무사안일과 행정편의주의 및 복지부동의 양태에 빠지게 된다고 설명한다. 이러한 프리즘적 모형은 개도국의 정치성향 및 관료제의 실태를 파악하는데 큰 공헌을 하였다.

    Riggs의 이러한 생태적 접근방법은 엄격한 의미에서 보면 경험적 조사연구를 위한 도구라기보다는 행정을 바라보는 하나의 방식 내지 개념에 불과하다는 지적도 있지만(Caldwell, 1965: 234), 후진국과 개발도상국가에 대한 비교론적 접근방법으로

─────────────

나 가내공업 등의 작업공간이나 남자들이 모여 한담을 즐기는 장소로서의 의미가 큰 공간이다. 부농이나 중·상류계급의 주택에서는 사랑채가 독립되어 있다(파스칼 백과사전).

는 유용한 이론이었음은 부인할 수 없다. 왜냐하면 리그스가 서구 선진국에 해당한다고 보았던 분화사회는 현실적으로 실현되기 어렵기 때문이다. 그래서 정도의 차이만 있을 뿐 현존하는 대다수의 국가는 프리즘적 사회에 해당한다고 할 수 있다.

3) Heady의 제도론적 접근방법(관료제 모형)

헤디(Ferrel Heady)의 접근방법은 리그스의 접근방법과는 성격이 다소 다르다. 리그스의 접근방법이 체제론적인 접근방법으로서 구조와 기능을 강조하고 있다면, 헤디의 접근방법은 관료제에 초점을 두고 있다. 헤디에 따르면, 비교정치와 비교행정을 구분하기 위해 연구의 대상을 관료제로 한정하는 것이 바람직하다는 것이다. 그렇기 때문에 헤디의 접근방법을 중범위 이론적(Middle-Range Theory) 접근방법이라고도 한다.

물론 헤디도 자신의 접근방법이 관료제에 초점을 맞추고 있지만 관료제를 둘러싸고 있는 정치적 환경, 경제적 환경 그리고 사회적 환경 등 다양한 환경에 대한 최소한의 고려가 필요하다는 점을 제시하고 있다. 이러한 문제인식에 주목하면서 여기에서는 에스만(Miltion J. Esman)이 제시한 과도사회의 정체(政體) 분류체계를 한 단계 발전시킨 헤디의 지배체제 유형(regime types)을 소개하고자 한다(Heady, 2001).[28]

❶ 전통적 엘리트 체제(Traditional Elite System)

이 체제는 전통적 통치방식을 취하고 있다. 전체적으로 이들 국가는 별로 근대화되지 못하였다. 그러나 변동을 받아들이거나 촉진하는 정도는 국가에 따라 차이가 있다. 이 분류에 해당되는 나라로는 사우디아라비아와 이란을 들 수 있다.

❷ 개인적 관료엘리트 체제(Personalist Bureaucratic Elite Systems)

이 체제는 군부 하의 강력한 정부가 독재정권을 지탱하고 있다. 여기서 군부는 질서안정의 보존자로서의 역할에 초점이 부여되어 있다. 이 분류에 해당되는 나라로는 파라과이(1954~1989)의 Alfredo Stroessner 정권과 우간다(1971~1979)를 들 수 있다.

❸ 전문학교 관료엘리트 체제(Collegial Bureaucratic Elite System)

이 체제는 군부관료가 일반관료보다 우위를 점하고 있지만, 일반관료들의 영향력이 커지면서 이들로 대체되는 추이를 보여주게 된다. 이 분류에 해당되는 나라에는 인도네시아·태국·가나 등을 들 수 있다.

---

28 에스만(Milton J. Esman)은 과도사회의 정체를 ① 보수적 과두제(conservative oligarchies), ② 경쟁적 이익 지향적 정당체계(competitive interest-oriented party systems), ③ 전제적 군부개혁자체계(authoriarian military reforms systems), ④ 지배적 대중정당체계(dominant mass party systems) ⑤ 공산 전체주의체제 (communist totalitarians systems) 등으로 분류하였다(강성남, 1999).

❹ 격변체제(Pendulum Systems)

이 체제는 급속한 산업화에 따른 사회 전반의 다양한 변화를 경험하고 있다. 여기에는 라틴아메리카의 브라질, 아프리카의 나이지리아, 중동의 터키 등이 해당된다.

❺ 다두제 경쟁체제(Polyarchal Competitive Systems)[29]

이 체제는 정치적 엘리트들의 존재가 약하며 정치권력은 분산되어 있다. 도시의 상인, 지주, 군의 지도층 및 기타 잘 조직된 이익집단들에 의해 정치권력이 공유된다. 또한 정치에 대한 행정의 자율성이 높은 편이다. 이 유형에 속하는 나라로는 필리핀·스리랑카·콜롬비아 등이 있다.

❻ 지배정당적 준경쟁체제(Dominant-Party Semicompetitive Systems)

이 체제는 한 정당이 상당한 기간 동안 실제 권력을 독점하지만, 다른 정당들도 합법적, 실제적으로 존재한다. 이때 유형분류의 조건은 "지배정당이 투표에 의한 경쟁에서 경쟁자의 성공적인 도전이 있을 때 물러날 수 있다"는 것이다. 이 유형에 속하는 나라로는 멕시코·인도·말레이시아 등을 들 수 있다.

❼ 지배정당적 동원체제(Dominant-Party Mobilization Systems)

이 체제는 지배정당이 유일한 합법적 정당이며 다른 정당의 공개적인 활동이 허용되는 경우라도 제도적 통제를 받고 있다. 또한 일반 대중들은 체제에 대한 '충성'이 강조된다. 이 유형에 속하는 국가로는 이집트와 탄자니아를 들 수 있다. 이때 이집트와 탄자니아는 지배정당적 동원체제의 상반된 사례를 제공해 준다. 이집트는 정당의 후원 및 정당체제의 지지를 위해 이용되는 군부가 개혁주의적인 정치체제로 나타났음에 반하여 탄자니아는 정당이 민간지도부 하에 독립을 성취하기 위해 나온 이후 지배정당으로 발전하였다는 점에서 상이하다.

❽ 공산주의적 전체주의 체제(Communist Totalitarian Systems)

이 체제는 마르크스-레닌주의 이데올로기를 지향하고 전체주의적 정치형식을 취하고 있다. 그리고 전체주의적 방법으로 제1당의 수중에 정치권력이 독점된다. 대중의 동원은 지속적으로 추구되고 허용된 활동에만 참여가 허용된다. 이러한 체제하의 행정은 당의 감독에 따라야 하며, 이러한 감독에는 소수 엘리트층이 책임을 지는 하나의 지배구조가 필요하다. 이 유형에 속하는 국가들로는 북한과 남미의 쿠바를 들 수 있다.

---

29 다두제 경쟁체제부터 공산주의적 전체주의 체제까지는 '정당'을 기본으로 하여 정치체제를 구분하였고 여기서 주로 고려한 것은 '관료제의 역할'이다.

(2) 도약기의 접근방법

1) 현상학적 접근방법

비교발전행정의 전통적 접근방법들에 대해서는 1970년대 이후 현상학적 접근을 채택한 신행정학자들을 중심으로 다양한 비판이 제기되었다. 이에 여기에서는 전종섭(Jong S. Jun, 1976)의 주장을 중심으로 탈코트 파슨스(Talcott Parsons)의 구조기능주의 모형, 프레드 리그스(Fred Riggs)의 프리즘 모형, 페럴 헤디(Ferrel Heady)의 관료제 모형에 대한 비판을 살펴보고자 한다.

전종섭은 「비교행정 연구범위의 확대(Broadening The Scope of Comparative Administration)」란 글에서, 1960년대를 풍미한 행태주의 혁명의 여파로 비교행정 연구의 경향이 규범적인 것에서 경험적인 것으로, 특수사례 중심에서 보편적인 것으로, 비생태적인 것에서 생태적인 것으로 전환된 사실에 주목하였다. 또한 행태주의 접근의 대안으로 제시된 후기행태주의가 대체재의 역할보다는 보완재의 역할에 그칠 것으로 전망하였다. 더불어 비교행정의 목적이 단순히 제한된 변수만의 비교가 아니라 다른 행정환경하의 행정현상을 깊이 고찰하기 위한 것이라면, 비교행정의 접근법은 규범적이면서도 경험적이고 개별적이면서도 보편적·생태적인 것이어야 한다고 주장하였다.

그리고 비교를 위한 이론적 모델들에 대해 언급하면서 비교행정의 가장 근본적인 문제는 특별한 비교를 수행하기 위한 이론적 모형이나 패러다임을 구성하는 것인데, 일반적으로는 파슨스(Parsons)의 구조기능주의 모형, 리그스(Riggs)의 프리즘 모형, 헤디(Heady)의 관료제 모형 등이 사회현상을 설명하는 데 있어서 근본적인 차이가 있는지 의문이라는 회의적 견해를 제시하였다.

구조기능주의 모형과 관료제 모형은 사회적 행동의 주관적 의미가 무엇인지 탐색하는 데 실패했고, 조직변화의 메커니즘을 제공하지 못했으며, 갈등유도적인 불균형의 효과를 고려하는데도 실패했다. 이 두 모형은 질서·역할·조직적 규범 등을 강조하면서 사회행동의 구조적 유형을 강조한다. 그러나 체제에서부터 체제로, 나라로부터 나라로 등 다양한 사회적 현상을 설명하는 데는 충분치 못한 모델형이다.

비교연구의 공통적 경향 중의 하나는 하나의 특별한 이론을 적용하고 비교연구에서 보편적인 범주나 변수를 선정하려는 것이다. 그러나 실제로 정치행정 체제의 다양한 변화로 인해서 자료나 정보가 다양하기 때문에 하나의 이론으로 각양각색의 변화를 반영하는 것은 불가능하다.

이러한 비판과 함께 그는 새로운 대안으로 두 가지 가능성을 제시하였다. 첫번째는 이론적 지식의 발전을 위한 '실제적 접근(practical approach)'이다. 이것은 하나의 최선이론은 없다는 것을 전제한다. 두 번째는 세계의 이해를 위한 '급진적 접근(radical approach)'이다. 나아가 그는 이를 구현하기 위한 철학적 기반으로서 그리고 다른 문화의 사회를 분석하는 새로운 측면으로서 현상학(phenomenology)의 가능성에 주목하였다.

현상학은 학문연구에서 객관주의의 한계를 극복하기 위해 인간의 주관성에 주목한다. 특히 현상학적 접근방법은 인간행태의 외면(behavior)만을 관찰함으로써 의식의 중요성을 간과해 온 기존 행태론의 오류를 탈피하기 위해 인간의 내면세계(action)를 파고 들어가는데, 그것도 한 개인의 사적 세계가 아니라, 나와 남이 상호작용하는 상호주관적(intersubjective) 세계에 초점을 부여한다(강성남, 1999).

물론 이러한 현상학의 논거를 기존의 이론이나 방법론을 전면적으로 대체하는 새로운 패러다임으로 평가하기는 어렵다. 그러나 현상학은 현실사회의 구성을 유발하는 구조·기능·역할·목적·행동의 의미를 분류하는 도구이며, 모든 이론에서의 기본적 의문에 적용할 수 있는 방법이다.[30] 즉, 현상학은 지금까지 우리를 구속해 왔다고 생각되는 전제와 문화적 편견으로부터 벗어나서 다른 것, 다른 주장을 보면서 새로 생각할 수 있게 된다. 따라서 향후 비교연구의 지평을 확대하는 일에 적지않게 기여할 수 있을 것으로 평가된다.

이를 부연하면, 현상학은 먼저 국가별 차이(제도와 정책)를 설명함에 있어 정치행정체제의 특성(유형) 차이에 지나치게 몰입해 온 전통적 접근(구조기능주의와 관료제 모형)의 오류를 탈피해 역사적 전통의 중요성을 환기시켰다. 다음으로 과학적 비교연구를 통해 관련 이론의 일반화에 주력해 온 행태주의 접근의 편협성을 시정하

---

30 전종섭(Jong S. Jun, 1976)은 비교연구 경향에 대한 비판과 대안 제시에 부가해 다섯 가지 정도의 연구주제도 함께 제공하고 있다. 이것은 과거에 의미가 있었던 문제들에 대한 새로운 관심을 환기시키는 내용들로 구성되어 있다. ① 관료화와 탈관료화(Bureaucratization and Debureaucratization): 우리는 탈관료화의 과정에 더 많은 관심을 집중해야 한다. 이 과정은 엄격한 계층제, 집중된 권한, 불필요한 규칙과 규제와 같은 전형적인 관료화의 성격을 감소시키는 과정이다. ② 발전행정의 재고(Development Administration Reconsidered): 발전적 목표를 이루기 위한 과정에서 많은 제3세계 국가들이 서구의 기법들(관리기법·예산제도·정보관리·평가 등)을 도입했다. 그러나 이러한 제도들이 각 국가의 독특한 행정환경에 대한 고려 없이 무분별하게 채택되었다. ③ 조직이론과 조직변화(Organization Theory and Organizational Change): 비교행정의 연구에서는 조직의 변화와 발전에 대한 방법과 전략들의 비교를 다루지 않는다. 그렇지만 이론·개념·가설 등이 조직이론에서 발전되면 변화지향의 비교행정에 새로운 영역을 제공해 줄 수 있다. ④ 자기경영과 조직민주의(Self-Management and Organizational Democracy): 각 국가들의 산업민주주의에 대한 실험을 비교하고 자기경영과 관련된 내용이 비교행정의 새로운 영역을 제공해 줄 수 있다. ⑤ 비교정책분석(Comparative Public Policy Analysis): 비교정책 분석은 하나의 정책적 성공이 환경이 다른 곳에 적용할 수 있는가의 문제이며 이러한 비교정책 분석을 통해서 정책적 함의를 많이 도출할 수 있으므로 새로운 영역을 제공할 수 있다.

기 위해 양과 질의 상호협력이 지니는 중요성을 제기하였다. 나아가 현상학의 이러한 문제제기는 신행정학을 확산시키는 촉매제 역할을 수행했을 뿐만 아니라, 최근 비교연구의 새로운 접근방법으로 부각되고 있는 신제도주의와 사회적 구성주의로 이어지는 가교 역할을 수행하였다는 점에서도 그 의미와 중요성을 축소하기 어렵다.

2) 신제도주의 접근방법

1980년대를 풍미한 국가론(네오막시스트 국가론과 네오베버리안 국가론)의 연장선상에서 1990년대를 개척한 신제도주의 접근의 활성화는 비교발전행정의 도약기를 선도한 것으로 평가할 수 있다. 이는 다시 말해 1970년대 침체기를 경험한 비교발전행정의 재기를 의미하는 것이라고 할 수 있다.

신제도주의 접근의 등장배경은 구제도주의와 행태론이 노정한 한계의 극복과 직결된 문제이다. 우선 구제도주의는 단순히 가시적인 제도(조직)의 정태적 기술에 그치고 있기 때문에, 행정현상에 대한 인과론적 설명을 못한다는 문제점을 지적할 수 있다. 또한 행태론은 구제도주의의 한계를 극복하기 위하여 개인이나 집단의 상호작용을 통해 행정현상을 설명하였지만 실증주의 원칙에 입각해 일반법칙성을 과도하게 강조하였기 때문에 국가간 제도의 차이와 상이한 정책효과의 발현에 대한 설명이 부족하였다.

이에 신제도주의는 제도에 대한 이해의 폭을 빙산의 상층부에 비유할 수 있는 가시적 제도(조직이나 법률)에 부가해 빙산의 대부분을 차지하는 하층부에 해당하는 비가시적인 제도(맥락이나 원리)까지 확대하였을 뿐만 아니라 제도와 제도, 제도와 개인, 제도와 정책 등의 인과관계를 설명하고자 주력하였다. 나아가 1990년대 초반을 전후해 다양한 형태로 확산된 광의의 신제도주의는 정치학 기반의 역사적 제도주의, 경제학 기반의 합리적 선택 제도주의, 문화인류학 기반의 사회학적 제도주의 등과 같은 세 분파를 포괄한다(하연섭, 2003).[31]

먼저 Hall(1987), Krasner(1988), Ikenberry(1988) 등이 선도한 역사적 제도주의는 제도의 개념을 장기간에 걸친 인간행동의 정형화된 규범이나 패턴, 정치나 경제체제의 구조에 내포된 공식·비공식적 절차나 관행 등으로 정의한다. 여기의 주요한 특징으로는 독립변수인 동시에 종속변수인 제도(t−1시점의 제도가 t시점의 제도를 형성하고, t시점의 제도가 t+1시점의 제도를 형성), 국가의 상대적 자율성 중시(국가는 계급간의 중립적 중재자가 아니라 독립적 행위자), 불균형적 권력관계(다원주의적 이익대표체계의

---

31 신제도주의의 분파에 대해서는 연구자마다 주장하고 강조하는 바가 조금씩 다르지만 여기에서는 하연섭 (2003)의 분류와 소개를 중심으로 이론을 정리하였다.

왜곡), 역사와 맥락에 대한 강조(국가 간 정책의 상이성을 중시), 제도의 지속성과 경로의존성(과거의 제도가 미래 역사발전의 경로를 제약), 역사발전의 우연성과 비효율성(제도변화의 예측에 애로가 존재) 등을 지적할 수 있다. 그리고 주요한 한계로는 일반이론의 부재(사례중심의 역사적·귀납적 연구에 치중하여 정형화된 이론의 발달 미흡), 제도가 얼마나 행위를 제약하는지에 관한 상호간의 구체적 인과관계 제시 불가능, 제도결정론에 대한 과신, 제도의 변화에 대한 설명력 부족32 등을 들 수 있다.

다음으로 Shepsle(1989), Weingast(2002) 등이 선도한 합리적 선택 제도주의는 제도의 개념을 개인의 합리적 계산, 약속, 규칙 등으로 정의한다. 여기의 주요한 특징으로는 집합적 행동의 딜레마(collective action dilemma)33를 극복하기 위한 의도적 설계로서의 제도, 미시적인 방법론적 개인주의에 입각, 개인의 선호는 외생적으로 주어진 것으로 간주, 합리적 선택의 결과로서의 균형 중시, 선택에 의해 형성된 제도의 영향으로 개인행동은 제한된 합리성 수준으로 한정 등을 지적할 수 있다. 그리고 주요한 한계로는 행위자의 선호가 어떻게 형성되는가에 대한 설명 부족, 제도의 동태적이고 비공식적인 측면(사회내의 불균형 권력관계나 문화의 영향 등) 경시, 이론의 실제 적용과 현실에 대한 설명력 미흡 등을 들 수 있다.

또한 DiMaggio & Powell(1983), Meyer & Rowan(1977), Lowndes(1996) 등이 선도한 사회학적 제도주의는 제도의 개념을 인간의 행위를 제약하는 비공식적 상징체계, 인지적 기초, 도덕적 틀, 사회문화 등으로 정의한다. 여기의 주요한 특징으로는 제도의 비공식적 측면 중시(문화, 상징, 의미, 신념, 인지 등 비공식 측면에 초점), 제도의 인지적 측면 중시(사회가 개인을 규정), 제도적 동형화(제도변화는 효율성보다는 정당성을 추구하는 과정), 구조동형화의 과정을 설명하기 위하여 해석학이나 귀납적 방법론을 사용 등을 지적할 수 있다. 그리고 주요한 한계로는 제도동형화를 강조하지만 조직 간 제도의 차이점을 설명하기 곤란, 제도적 압력에 대한 조직의 다양한 전략적 대응 무시, 사회적 정당성뿐 아니라 기술적 능률성을 위한 제도의 창설, 미시적 이론체계 결여로 권력관계나 갈등요인의 경시 등을 들 수 있다.

중범위 수준의 비교를 지향하는 신제도주의 접근이 갖는 유용성은 실제(real)적

---

32 제도의 변화에 대한 역사적 제도주의의 한계를 극복하기 위해 Thelen(2003)은 '층화(層化; layering)'의 개념을 도입하여 점진적 변화도 설명하려고 시도하고 있다. 층화는 제도의 변화에 대해 Krasner(1988)가 기존에 제기한 '단절된 균형(punctuated equilibrium)'처럼 어느 한 순간에 급격한 변화를 일으키는 것이 아니라 조그만 변화의 지속적인 층화(퇴적)를 통하여 이루어진다는 것이다.

33 공유재의 비극(the tragedy of the commons)을 해결하고자 하는 것이 합리적 선택 제도주의에서 보는 제도이다. Garrett Hardin(1968)이 말하는 공유재의 비극현상–자신의 소만 배불리 먹이려고 할 경우 모두가 이용해야 하는 공유지(목초)가 황폐화되어 버리고 만다는–이 제도를 통하여 적절한 통제가 이루어져야 한다는 것이다.

표 2-8　신제도주의의 세 분파 비교

	역사적 제도주의	합리적 선택 제도주의	사회학적 제도주의
제도의 개념	규범, 관행, 패턴…	계산, 약속, 규칙…	상징, 인지, 문화…
제도의 형성	역사와 구조의 산물	전략과 타협의 산물	모방과 동형화의 산물
제도의 변화	결절된 균형, 외부충격	비용–편익비교, 전략적 선택	동형화, 적절성의 논리

인 내용을 확인하고 비교할 수 있다는 점이다. 여기서 실제적인 내용이란 정책의 형성과 진행과정의 맥락을 살펴본다는 것을 의미하는 것으로 표면적으로 드러난 것만을 고찰하는 것이 아니라 그 이면에 연계되어 있는(embedded) 내용까지 살펴보고 서로 비교한다는 것을 의미한다.[34] 그래서 같은 정책이 도출되었다고 할지라도 그 경로가 서로 다르다고 한다면 결과가 달라질 수 있음을 예측하고 확인할 수 있다.[35] 이 밖에 국가 간 '차이(difference)'를 설명하기 위한 독립변수인 '역사적 맥락'이 높은 설명력을 가지고 있다는 점에도 주목할 필요가 있다. '다르기
때문에 다르다'는 동어반복(tautology)에 해당될 수도 있지만, 다른 경로를 통해서도 같은 정책적 결과를 도출할 수 있다[36]는 점에서 독립변수의 설명력은 높다고 할 수 있다.

　　하지만 비교발전행정에서 신제도주의 접근방법이 갖는 유용성에도 불구하고 한계가 있다는 것은 부인할 수 없다. 특히 신제도주의는 각기 많은 분파들이 있어서 각각 설명하는 방법과 내용이 다르기 때문에 신제도주의 접근방법이 하나의 통일된 이론으로서 자리매김하기가 어려운 것이 현실이다. 그래서 하연섭(2002)은 신제도주의의 각 분파들이 이론적으로 수렴하고 있는 추세를 긍정적으로 평가하고 있다. 요컨대 신제도주의 내의 여러 분파를 상호보완하고 통합시켜 접근하게 된다면 비교발전행정 연구에서 강력한 이론적 도구로서 자리매김할 수 있을 것으로 보인다. 더불어 정책의 비교뿐만 아니라 행정구조의 형성·변화에도 신제도주의 접근을 적용할 수 있을 것이다.

　　일례로 김대중 정부를 비롯해 우리나라 역대 정부들이 정권 초기에는 정부부처

34　기존의 거시적인 비교를 '비교행정'이라고 한다면 다소 미시적인 수준의 비교를 앞서 지적한 대로 '비교정책'이라고 부를 수 있을 것이다. 그러나 중요한 것은 용어가 아니라 분석의 수준이 구체적인 수준으로 조정된 것이 신제도주의가 갖는 역할일 것이다.

35　구제도주의나 행태주의 신조에 입각한 형성기 비교발전행정은 단순히 정부의 구조적인 차이가 무엇인지만을 부각시키고 있을 뿐이다. 국가 간 행정조직·정치조직·사회체제 등의 차이가 어떻게 다른지를 비교·설명하는 것을 벗어나지 못하였다.

36　독일과 스웨덴의 노동정책이 비슷한 점을 가지고 있지만 역사적 맥락의 경로를 들여다보면 전혀 다른 경로를 통해서 형성된 것이 대표적인 예라고 할 수 있다(Locke & Thelen, 1995).

통폐합에 적극적으로 나선 반면에 정권 말기에는 정부부처 부활과 신설에 열중하는 행정개혁의 그네타기(swing) 현상도 광의의 신제도주의를 구성하는 세 분파를 활용해 통합적 설명이 가능하다.[37]

먼저 역사적 제도주의 논거에 따르면 1990년대 후반 외환위기를 극복하기 위한 구제금융의 차입은 신공공관리적 행정개혁을 조건으로 이루어진 것이었으며, 영미 선진국에 만연한 신공공관리론은 조직개편의 제도적 제약조건으로 작용하여 조직통폐합과 인력 감축으로 나타났다. 또한 조직개편의 절차와 방법(제도)은 과거의 제도를 거의 그대로 원용함으로써 조직개편과 인력감축이라는 새로운 선택의 범위와 수준을 제약하였다. 즉, 하향식 인력감축은 조직내 불균형적 권력관계에 따라 하위직과 기능직 위주로 이루어졌으며, 조직개편은 고위공무원 위주의 조직적 반발에 직면하였다. 더불어 전쟁이나 공황과 같은 결정적 계기(critical juncture)가 없는 제도의 변화는 어렵기 때문에 초기 개편의 방향을 유지하지 못하였고, 정부의 일정한 규모와 기능에 대한 경로의존성으로 인하여 2001년 이후 조직의 부활 내지 신설과 인력 확충으로 환원되었다.

다음으로 합리적 선택 제도주의 논거에 따르면 정부조직개편심의위원회(1998년)와 기획예산위원회(1999년)는 공공부문의 비효율성을 극복하기 위하여 신공공관리에 입각하여 작고 효율적인 정부를 추진하였다. 특히 민간컨설팅회사의 경영진단을 기초로 이루어진 공공부문 축소조정은 정부의 효율성을 극대화하기 위한 조치였다. 그러나 민주와 인권을 중시하고 사회안전망의 정비 등의 새로운 행정수요에 부응하기 위한 정책선택에 따라 조직을 신설하고 인력을 증강하였다. 하지만 중앙정부 주도의 하향식 조직개편이라는 전통적 접근방법(조직개편의 제도적 제약)은 민간컨설팅회사의 경영진단을 전폭적으로 수용하는 근본적인 개편으로 이어지지 못하였으며, 결국 정부관료제의 전통적 선택에 따라 개편의 효과가 반감되었다.

마지막으로 사회학적 제도주의 논거에 따르면 1990년대 말 영미식의 신공공관리적 행정개혁에 대한 구조동형화에 따라 조직통폐합과 인력감축을 단행하였다. 그러나 우리나라와 영미국가는 규범, 문화, 상징체계, 의미, 신념, 인지구조 등이 근본적으로 다르기 때문에 신공공관리론적 행정개혁의 정당성에 대하여 관료조직내에 전면적인 합의가 형성되지 아니하였다. 보수적이며, 안정적인 행정제도와 문화 속에서 시도되었던 신공공관리적 조직개편과 인력감축은 결국 2001년 이후 조직의 부활내지 신설과 인력 확충으로 환원되었다.

---

37 이러한 문제상황에 대한 신제도주의 세 분파의 처방은 2009년 행정고등고시 2차 행정학 과목의 논술형 문제로 출제된 바 있다.

3) 구성주의 접근방법

최근 들어 비교발전행정의 도약기를 주도해 온 현상학과 신제도주의에 부가해 구성주의(constructivism) 접근의 가능성을 모색하려는 노력이 다양한 경로를 통해 이루어지고 있다. 인식론적 다원주의를 요체로 하는 구성주의가 1990년대 중반 이후 급속히 확산된 이면에는 비판이론, 포스트모더니즘, 사회이론 등 다양한 학파들이 자리하고 있다.

구성주의는 서구의 과학적 합리주의(실증주의; positivism)를 신봉하는 기존의 주류 이론들과 달리 연구(관찰)의 대상이 되는 사회가 단지 객관적으로 존재하는 것이 아니라 사회적으로 구성되는 것으로 파악한다. 이러한 구성주의 관점은 선험적 인식으로부터 지식이 비롯된다는 칸트의 인식론과 해석학(hermeneutics), 언어를 통해 의식을 규명할 수 있다는 비트겐슈타인과 하이데거의 철학을 기반으로 한다. 나아가 마르크시즘을 이데올로기의 영역으로 확대시킨 프랑크푸르트학파의 비판이론(반복적 성찰을 중시) 역시 구성주의 발전에 주요 기반이 되어 왔다.

탈실증주의는 '설명'을 통한 일반화보다는 현상 자체에 대한 관심이 컸다. 다시 말해 당장 눈앞에서 벌어지는 현상을 '이해'하는 일이 더 시급하다고 보았던 것이다. 이 점에서 구성주의의 기원은 멀리 미셸 푸코나 쟈크 데리다로 거슬러 올라가며, 현상학과 신제도주의를 비롯해 다양한 지적 계보에도 불구하고 사회가 상호 주관적으로 구성되는 집단적 산물(상황의존적인 일반화 추구)이라는 존재론을 공유하고 있다(하영선 외, 2007: 205). 그리고 구성주의는 사회학적 관점에서 주류 이론들이 간과한 지식과 권력의 관계, 변화과정, 사회적 소통, 언어, 규범, 정체성 등과 같은 새로운 변수들을 중시한다.

최근의 지식논쟁은 구성되는 지식(구성주의)과 축적되는 지식(실증주의) 사이의 차이점을 부각시키는 것이 특징이다. 이 점에서 구성주의는 상호작용을 통한 거대담론 형성에 유리한 반면에 실증주의는 관찰과 실험을 통한 구체적 영역의 소범위 또는 중범위이론에 주목한다.

하지만 구성주의 접근의 주요한 한계로는 실증주의에 비해 전제조건과 개념, 방법론, 체계적인 이론적 틀이 취약하다는 점을 지적할 수 있다(하영선 외, 2007: 204).

한편 구성주의 접근의 응용사례들은 국제관계론(기존의 양대 관점인 현실주의와 이상주의의 한계를 극복하는 대안으로 구성주의를 활용) 분야를 중심으로 이루어져 왔다. 이러한 국제정책비교의 활용사례들을 정치적 구성주의와 사회적 구성주의로 구분해 소개하면 다음과 같다.[38]

먼저 신제도주의 접근의 보완 논거로 정치적 구성주의를 채택한 분석사례로는 Locke & Thelen(1995)의 연구를 들 수 있다. 그들에 따르면 과거의 전통적인 대응비교 방법은 많은 가정을 통해서 비교연구를 진행하여 극명하게 드러나는 부분의 변화만을 설명할 수 있을 뿐이라고 한다. 반면에 역사적 제도주의와 정치적 구성주의로 대표되는 맥락적 접근은 전통적 비교와 다른 접근을 시도한다. 이때 역사적 제도주의 접근은 국제적 압력이 비슷함에도 불구하고 다른 제도적 구성(정책)이 나타나는가에 초점을 두는 접근이며, 반대로 정치적 구성주의는 어떻게 다양한 제도적 조정이 사회적·정치적 그리고 경제적 기초들을 스스로 해명하는지의 여부와 더불어 제도역할의 변화를 강조한다.

일례로 미국의 '업무조정(work reorganization)'은 일종의 관습이나 윤리적인 문제에 영향을 받으나, 독일의 경우에는 미국처럼 가치 있는 일이 아니며 윤리적인 문제도 아니다. 그래서 미국처럼 저항할 이유도 없다. 그리고 스웨덴은 미국이나 독일에 비하여 임금 유연성 문제에 관심을 많이 보이고 있어서 중앙집권적인 노동운동과 임금정책에 연계시키는 노동운동 전략을 채택하고 있다.

특히 '맥락비교'는 전통적 방법에서는 볼 수 없었던 내부적 시각과 이슈들의 다른 각도를 제공해 준다. 전통적 방법에서는 유사한 것으로 분석할지라도 차이점을 제시할 수 있고(예: 독일과 스웨덴의 사례), 반대로 다른 것으로 분석한 것일지라도 유사성이 있음을 제시할 수도 있다(예: 이탈리아와 스웨덴의 사례).

이처럼 국가마다 다른 경로를 거쳤음에도 불구하고 같은 내용을 보이는 분야가 있고, 반대로 같은 경로를 거쳤음에도 다른 내용을 보이는 분야가 있다. 이러한 이유는 바로 앞서 제시한 외부압력이 다르고, 시작점이 다르며 사회적 관습이 다르기 때문이라는 것이다. 그러므로 굳이 같은 것(사과 : 사과)만을 무리해서 비교할 경우 타당성 있는 결과를 도출할 수 없으며, 맥락적인 것(사과 : 오렌지)을 비교하는 것이 오히려 현실에 부합할 수 있음을 주장한다.

다음으로 사회적 구성주의에 주목한 Cox(2001)는 복지개혁 정책의 성패에 관한 3국간 비교정책연구를 수행하였다. 그는 비교대상국가인 덴마크·네덜란드·독일이

---

38 사회적 구성주의와 정치적 구성주의는 비슷한 용어를 사용하고 있지만 그 기원에 있어서는 사뭇 다르게 전개되었다. 정치적 구성주의는 롤스(John Rawls)의 정치철학에서 찾아볼 수 있다. 롤스는 정의가 이미 존재하고 있다고 보고 그것을 알아내어 사회운영에 적용하려는 직관주의를 비판하면서 정치적 구성주의를 주장하였다. 즉 정치적 구성주의는 실천이성과 원초적 입장이라는 장치를 통한 정치적 합의로 구체화된다. 사회적 구성주의는 인지심리학에서 찾아볼 수 있는데 비고츠키(Lev Vygotsky)류의 '사회적 구성주의'는 사람의 인지 발달과정에서 제도적 수준 및 대인간 수준 등의 사회적 맥락이 강조되는 이론이라고 할 수 있다. 그러나 정치적 구성주의가 정치적 합의를 강조하고 사회적 구성주의가 사회적 맥락에 의한 개인의 인식을 강조하는 것은 대비되는 점이라고 할 수 있다.

비슷한 문화·역사제도를 소유하고 있음에도 복지개혁 정책에서 상이한 결과가 초래 (네덜란드와 덴마크가 대폭적인 복지개혁에 성공한 반면, 독일은 그렇지 못했음)된 이유를 사회적 구성주의, 즉 각 국가의 사회적 행위자 또는 정책 행위자들이 복지개혁을 어떻게 인식하는가 또는 개념화하는가에 따라 차이를 설명하고 있다.

덴마크와 네덜란드는 실업급여 수령조건으로 의무적인 구직활동을 법적으로 규정하는 등 개인적인 책임성을 강화하고, 기회주의적인 실업을 막고 근로의욕을 고취하기 위해서 복지혜택의 규모를 줄였다. 정부는 복지개혁을 통해 사회안전망을 축소하는 대신 사람들에게 계속 일을 할 것을 강조하였고 그 결과 실업률을 대폭 줄였다. 반면에 독일은 상대적으로 질적인 변화의 폭이 적었다. 정부의 노동시장 개입은 노동조합이 반대하고, 사람들의 일하려는 유인을 증가시키기 위한 연금개혁과 조세개혁 또한 교착상태에 빠졌다.

이러한 결과를 설명하는 전통적인 설명방법으로는 권력이론(power resource), 지배연합이론(coalition), 신제도주의이론(new institutionalism) 등이 있다. 하지만 사회적 구성주의는 전통적 접근과는 달리 정책혁신가들이 복지개혁의 필요성과 중요성을 얼마나 잘 설득하는가에 따라 정책의 전개가 달라질 수 있음에 주목하였다. 정책혁신가들이 새로운 개념(아이디어)을 제시하고, 행위자들이 자신의 개념을 바꾸고 복지개혁의 정당성을 평가하는 새로운 기반을 마련할 때, 정책변화는 이루어질 수 있다. 따라서 정책혁신가들이 새로운 정책을 정당화하기 위해 제시하는 개념(아이디어)은 정책변화를 위한 일종의 독립변수이다.

정책혁신가들의 역할에 따라 사람들은 서로 다른 복지개혁에 대한 인식을 가지게 된다. 예컨대 독일처럼 복지개혁을 '국가경쟁력 강화를 위한 복지국가의 후퇴'로 이해함으로써 엄청난 반발을 일으킬 수도 있다. 반면, 네덜란드나 덴마크처럼 개인적 자율성을 강화하고 도덕적 해이를 막음으로써 복지국가의 전통을 회복하고 강화하는 수단으로 이해함으로써 복지개혁이 순조롭게 진행될 수도 있다.

이처럼 덴마크와 네덜란드의 복지개혁에서 보듯이 새로운 경로의 형성은 새로운 정책과 기존의 가치체계를 연결시키는 전략을 필요로 한다. 사회적 정체성과 조화될 수 없는 복지개혁은 정당성을 확보하기 어렵기 때문이다.

03
발전이론과 발전실제의 분석

I. 서구 발전이론으로서의 근대화론

1. 근대화의 서구적 함의

이 장에서는 근현대사 속에 나타난 세계 각국의 발전과정이 우리에게 주는 발전이론적, 발전실제적 함의를 검토해 본다. 오늘날 우리가 발전이라고 얘기하는 측면들이 서구에서 먼저 나타났기 때문에 서구의 발전과정을 중심으로 살펴보자.

유럽은 14~15세기 이래 르네상스·종교개혁·지리상의 발견으로 봉건사회의 질곡을 깼고, 18~19세기의 산업혁명·시민혁명에 힘입어 자본주의 경제체제와 민주주의 정치제도를 만드는 데 성공했다. 따라서 서양의 근대는 중세의 암흑기에 비해 상당히 개명(開明)된 시기로서, '근대적'이라는 표현에는 자연히 반봉건적·진보적이라는 의미가 담기게 된다. 우리는 서구가 17세기 이래 300여 년에 걸쳐 이룩한 이런 일련의 총체적 사회변화를 '근대화'라고 칭하는데, 따라서 근대성은 불가피하게 유럽 중심, 서구 중심적 편향을 갖게 된다(최항순, 1994: 176~179).

2. 서구 근대화론의 이론적 전제

서구 근대화론의 이론적 전제 서구 발전이론인 근대화론은 유럽적 진화론에서 도출되었지만, 이후 보편타당성을 갖는 하나의 일반이론으로 체계화되고자 시도되었다.[1] 즉, 사회변동은 일방향적(uni-directional)·진보적·점진적 성격을 지니며, 또

---

1 중세에 걸쳐 유럽이란 관념은 기독교 세계라는 관념을 통해 지역적 일체감을 획득하며 형성된다. 즉, 유럽인의 정체성은 이슬람 세력에의 대항과정에서 방어적으로 형성된 것이다. 이후 유럽은 아메리카라는 방대한 대륙과 인구를 정복해 이슬람·중국·인도 문명에 대해 결정적 비교우위를 누리며 새로운 중심으로 부상한다.

변동하는 사회는 원시적 단계로부터 진보적 단계를 향해 일말의 뒤돌아봄도 없이 전진하게 마련이고, 그러한 진화과정 속에서 서로 닮아간다고 본다. 근대화론자들은 이러한 이론적 전제 하에 다음과 같은 근대화론의 과정적 특성을 도출해 냈다.

① 근대화는 단계적 과정(a phased process)으로서, 모든 사회가 거쳐야 할 단계가 있다.

② 근대화는 동질화 과정(a homogenizing process)으로서, 여러 사회가 비슷한 방향으로 수렴한다.

③ 근대화는 유럽화·미국화(Americanization) 과정인데, 이들 국가는 신생국의 모델이다.

④ 근대화는 돌이킬 수 없는(an irreversible process) 과정으로서, 제3세계는 일단 서구와 접촉하면 근대화를 향한 역동성을 억누를 수 없다.

⑤ 근대화는 진보적 과정(a progress process)으로서, 일면 고통이 따르지만 종국엔 바람직스런 것이다.

⑥ 근대화는 긴 과정(a lengthy process)이다. 따라서 수 세기를 거쳐야 완성된다(김웅진 외 편역, 1997: 35~36; Huntington, 1976: 30~31).

3. 근대화론의 다양한 내용들

서구 근대화론의 다양한 측면을 각 부문을 대표하는 학자들의 견해를 중심으로 살펴보자.

(1) Almond의 국가발전단계론

1) 국가형성(State Building)

종래의 봉건제를 타파하고 민족통합을 이룩하면서, 이를 통치하는 중앙정부가 수립되어 국가권력이 광범위한 영토에까지 확대되는 것을 말한다.

특히 유럽은 르네상스와 종교개혁을 통해 문명세계라는 공격적 정체성을 형성한다. 특히 유럽과 신대륙의 비교는 계몽주의 사회철학이 성숙할 계기를 제공한다. 19세기에 대두한 사회과학은 모든 사회를 단일의 발전경로에 따라 단계별로 서열화하고, 그 결과 유럽을 모델로 한 진보의 보편기준이 탄생되었다. 이러한 단선적 진보 개념은 나라 간의 위계질서를 설정하고 유럽인에게 여타 지역에 대한 우월성을 주장하도록 허용하기 위한 것이었다. 특히 찰스 다윈의 진화론은 유럽인의 인종적 우월감에 새로운 토대를 제공하기도 했다(강정인, 2003: 204~211).

2) 국민형성(Nation Building)

영토 내의 모든 국민이 국가일원으로서의 심리적 일체감과 유대감을 지니는 것을 뜻하는데, 이는 국민국가(nation state)로서의 기능을 수행하기 위한 조건이다. 한편 국가형성과 국민형성은 서구사회의 법질서 유지와 사회안정 도모에 기여했다.

3) 경제발전(Economic Development)

영, 미 등 선진국은 민간부문에 의해 자발적으로 경제발전을 도모하지만, 후발 선진국 및 사회주의국가, 신생국들은 국가가 이에 깊이 개입한다.

4) 참여(Participation)

정치민주화의 단계이다.

5) 분배(Redistribution)

경제민주화, 복지국가화를 지향한다.

(2) Organski의 정치발전 단계론

1) 초기 통일의 정치
중앙집권적 정치체제에 의해 정치, 경제적 통일체제를 확립하는 것으로서, 근대 국가의 기틀을 다지는 시기이다.

2) 산업화의 정치
산업발전에 필수적인 자본축적과 공업화를 단행하는 단계이다.

3) 복지의 정치
공업사회의 궁핍으로부터 국민을 보호하고, 빈부격차 해소에 노력한다.

4) 풍요의 정치
공업이 고도로 발전해 자동화(automation) 혁명, 상품의 대량생산, 대량소비가 국제적으로 이루어지는 단계이다.

(3) Rostow의 경제성장 단계론2

1) 전통사회

과학과 기술이 발전하지 못해 제조업 발달이 어렵고 따라서 농업에 치중하는 시기로서 경직된 사회구조가 경제변동을 저해하고 생산성과 소득이 낮은 시기이다.

2) 도약의 준비단계

새로운 과학기술을 응용하기 시작하고, 자본투자를 위한 은행활동이 활발해지며, 상업거래를 원활히 하기 위한 수송, 통신산업 등이 발달하기 시작한다.

3) 도약(Take-off)단계

농업, 공업 분야에 현대적 기술이 도입되고, 많은 부수적인 산업을 유발시키는 등 새로운 산업이 창출되는 시기이다.

4) 성장단계

세계무역에서 그 나라 경제가 중요한 역할을 수행하는 시기로서 투자비율이 인구증가를 앞서는 단계이다(박동서 외, 1986).

(4) 사회발전론

일반적으로 society는 사회 일반의 전체적 특징을 포함하는 반면, 여기서의 social은 정치, 경제를 제외한 순수 사회적 요소를 말한다. 이에는 인구학적 특성, 문화적인 것, 지식과 기술, 교육, 계급, 사회조직의 특성과 사회제도 등이 포함된다(박동서 외, 1986: 127; 김완식, 1998: 46). 사회발전은 다음의 요소들로써 보다 잘 설명될 수 있다.

1) 사회구조 분화

기능 전문화에 의한 사회 이동성, 계층상승 기회 및 참여확대 등 의사결정권의 분권화·자율화를 도모한다. 돈, 권력, 명예 등 사회가치의 분화, 다원화가 추구된다.

2) 인간의 복리증진

생활수준 향상과 물질재화의 평등한 분배를 추구한다.

---

2 Rostow가 쓴 이 책 「경제성장단계론」의 부제는 '반공산당선언'이다. 여기서 우리는 미국 주도 하의 발전행정론 수출이 당시 냉전체제 하에서의 공산화 방지라는 군사, 외교적 동기에 입각해 있었음을 쉽게 이해할 수 있다.

3) 인간요인의 개발

인간의 발전지향적 태도, 가치관 등 심리적 차원을 중시하는 것으로서, 미래지향적 쇄신, 창의성, 성취동기 등을 강조해 사회변동에 대한 대응능력을 제고시키는 것이다. 특히 여기서는 심리적 결정론이 그 이론적 기반을 이룬다. 예컨대 McClleland(1961)의 성취욕구이론은 인간 성격의 종합으로서 성취욕구의 존재를 강조한다. Inkeles(1964)는 근대인을 구별하는 9가지 태도로서, ① 새로운 경험에 대한 준비성과 혁신에 대한 개방성, ② 의견을 받아들이고 유지하는 성향, ③ 민주적 정향, ④ 계획을 세우는 습관, ⑤ 인간 및 개인의 효율성에 대한 신념, ⑥ 세계가 계산적이라는 것에 대한 믿음, ⑦ 인간 존엄성에 대한 강조, ⑧ 과학기술에 대한 신념, ⑨ 배분적 정의에 대한 신념 등을 강조했다(송재복, 2000: 60~61).

한편 Parsons(1966)는 발전된 사회로 갈수록 인간의 행동정향이 정의성(情誼性; affectivity) ➡ 비정의성(affective neutrality), 산만성(diffuseness) ➡ 특정성(specificity), 귀속성(ascription) ➡ 업적성(achievement), 집단지향(collectivity orientation) ➡ 개인지향(self orientation), 배타성(particularism) ➡ 보편성(universalism)으로 전환된다고 보았다.

II. 근대화론에 의거한 개발도상국들의 발전실제 분석

1. 서구 근대화에 대비해 본 개발도상국 근대화의 성격

제3세계의 근대화는 17세기부터 19세기까지의 오랜 세월 동안 서구에서 발달되어 온 정치, 경제, 사회 체제를 제2차 세계대전 이후 신생 독립국들이 신속히 지향해 나가는 변화과정, 즉 개발도상국(이하 개도국으로 약칭)들이 선진국의 발전된 속성을 받아들이는 과정이다(최항순, 1994). 그런데 이 과정에서 서구의 근대화와 개도국의 근대화는 본질적으로 다음과 같은 차이점을 보이게 된다.

서구의 근대화는 이른바 내생적 근대화(modernization from within)로서, 오래 전부터 서서히 수백 년에 걸쳐 자체적으로 진행되어 온 것이다. 따라서 급격한 사회변혁과 문화적 충격이 없었다. 예컨대 서구의 경우 17~19세기 초는 절대주의 시대로서 이 기간 동안 국가형성, 국민형성이 완료되었다. 또 산업혁명을 통해 근대국가의 유지에 필요한 경제적 부도 증진되었다. 한편 19세기 중반 이후로는 권력배분을 요구하는 정치참여의 열풍이 불어 민주화 시대가 개막되었다. 그리고 20세기는 대중

정치의 활성화로 분배욕구가 폭발하여 복지국가가 만발하는 시기였다.

반면 개도국의 근대화는 한마디로 무(無)로부터의 근대화(modernization from without)로서, 근대화는 전통사회와의 급격한 단절 및 모든 생활영역에 엄청난 충격을 가한다. 따라서 수많은 발전과제를 동시에 풀어야 하는 중압감이 커진다. 즉, 경제성장 이전에 참여, 분배욕구가 폭발하는 등 비동시성(非同時性)의 동시화(同時化; synchronization)가 나타난다. 개도국은 대개 처음에는 대의제 민주주의를 채택하지만, 군사 쿠데타로 인해 권위주의 동원정권으로 전락했고, 정부 관료제를 중심으로 관 주도적 경제성장을 추구하지만, 정치, 사회발전과의 심각한 불균형을 낳는다(박동서 외, 1986: 163~165). 결국 서구의 근대화가 민중적 기반 아래 밑으로부터 이루어진 수평적 근대화였다면, 개도국은 엘리트 동맹이라는 국가의 총력체제 아래 발전의 동력이 위로부터 주어지는 수직적 근대화를 도모했다. 또 근대화 품목인 서구의 문물제도를 수용하는 점에서 외생적(外生的) 이식(移植)형 발전의 모습도 보였다(임현진, 1998a: 54).

상기한 논의를 우리가 집을 그리는 순서에 비유해 보면, 서구의 근대화가 먼저 땅을 잘 고른 뒤 주춧돌을 놓고 네 기둥을 정확히 세운 뒤 서까래를 치고 맨 나중에 지붕을 얹는 식으로 밑으로부터의 체계적 발전경로 및 오랜 시간에 걸친 정상적 발전경로였다면, 후진국들의 발전경로는 집을 그리는 순서가 완전히 뒤바뀌어버린, 즉 맨 위의 지붕부터 서둘러 그리는 성급한 불완전한 근대화로서 이미 사상누각의 가능성을 잉태하고 있었다고 볼 수 있다.

2. 개발연대 하 신생국들의 발전실제(Development Practice)

1949년 Truman의 미국 대통령 취임연설은 제2차 세계대전 이후 전개된 발전 개념의 새로운 의미를 단적으로 보여준 사건이었다.[3] 즉, 그의 연설은 발전이 인류의 현실적 목표라는 새로운 차원을 획득하게 했다. 자본주의－사회주의 간 체제경쟁이라는 당시의 냉전(cold war) 상황은 미국을 비롯한 서구사회의 헤게모니를 공고화하기 위한 새로운 프로그램을 요구했는데, 이를 위해 세계 지도상에 저발전 지역을 표기하고, 이들 국가에 대한 표면적 시혜와 내면적 종속을 통해 미국의 헤게모니

---

3 미국의 대통령 선거에서 승리한 Truman은 대통령 취임연설에서 "미국에는 새로운 정책이 있다"고 발표했는데, 이는 미국이 미개발 국가들에게 기술원조, 경제원조를 행하고 투자를 해 이 나라들을 발전시킨다는 것이다. 자국의 발전을 최초로 단행한 나라는 러시아의 레닌정권과 일본 메이지 정부이지만, 세계정책으로서 타국을 발전시키는 것은 미국이 최초였다(러미스 저, 김종철·이반 역, 2003: 61~65).

를 유지하려는 발전정책이 시작되었던 것이다.

여기서 세계 각지의 다양한 생활양식이 저발전이라는 이름으로 하향 동질화되었고, 따라서 신생국들은 서구가 이미 달성한 목표를 향해 외길을 달려 나가야 하는 상태에 놓인 것으로 자신을 인식하게 되었으며(임현진, 1998: 168~169), 여기서 개발연대(development decade)라고 불리는 신생국 발전의 시대가 문을 열게 되었다.

(1) 1960년대의 제1차 개발연대

유엔의 제1차 개발연대는 서구의 기술적 노하우와 발전행정기술의 흡수를 통해 제3세계가 제1세계에 필적할 만큼 물질적 진보를 이룰 것이라고 본 낙관주의 시대였다. 여기서 국가발전은 한 나라의 경제, 사회, 정치적 진보의 균형이 이루어진 상태를 의미하며, 이는 기관형성과 발전행정기술을 수행할 수 있는 토착 관료제의 근대화를 의미하는 행정발전을 통해 달성된다고 생각했다(Dwivedi & Nef, 1982). 비록 1962년의 UN 경제사회이사회에서 발전의 사회·경제적 측면의 통합(unified approach) 권고안이 제시되었지만, 그런 노력에도 불구하고 1960년대 동안엔 여전히 경제성장의 길만 추구되었다. 당시의 경제전문가들은 사회개발을 경제개발의 장애요인으로 낙인찍기도 했다.

(2) 1970년대의 제2차 개발연대

제2차 개발연대 동안 많은 나라가 여전히 서구 발전모델의 개발목표와 내용에 동의했지만, 한편으로는 선진국 모델의 추적에 대항하려는 남반구의 시민운동단체와 대안적 개발연구자들을 중심으로 심각한 이의가 제기되었다. 이들은 구미의 발전모델을 모방하는 외형적 발전은 남반구에 경제, 사회, 문화, 생태적 차질과 왜곡을 초래할 뿐이며, 경제성장이 대중의 빈곤을 감소시키지 못한다고 반성한다. 따라서 1974년에 UN 환경계획과 UN 무역개발회의가 공동 채택한 코코요크 선언에서는 인간개발(human development)을 발전의 새 목표로 규정했다. 인간의 기초수요(basic needs)를 파괴하는 어떤 경제성장도 발전의 이념에 역행한다고 본 것이다. 특히 각 나라의 다양성을 인정하고, 각자 발전의 길을 자립적으로 추구할 것을 주문했다. 발전은 국가에 의해서가 아니라 민중들이 생각하고 행동하는 '밑으로부터의 발전'으로 인식하며, 개발의 대상도 국가 단위보다는 지역 단위로 보았다. 1970년대에 이미 개발이 생태에 미치는 영향이 문제시되면서 '개발의 지속 가능성'이 제기되기도 했다(강문규, 1997). 따라서 2차 개발연대에서는 제3세계가 발전을 주도하며, 풀뿌리 발전, 기초수요 지향적 발전, 자립적 과정, 분배지향적 발전, 농업발전, 노동집약적 산업 등 인간중심적 발전이 강조되었고, 발전을 기술의 문제보다는 규범적, 정치적 문제로 보면서, 정치 – 행정의 통합도 추구되었다.

(3) 1980년대의 제3차 개발연대

급속한 경제성장을 통해 아시아 신흥공업국들이 대두했지만, 이외에는 제3세계 내의 절대 빈곤층이 증가하고 세계 규모의 빈부격차가 확산되어 세계의 발전풍토에 비관론이 크게 확산됐던 시기이다. 따라서 이 시기는 잃어버린 10년(lost decade)이라고도 불린 시기이다. 이 시기 동안 자립, 인간욕구의 충족과 더불어, 사회정의, 빈곤추방에 초점을 두는 다양한 발전모델이 추구되었다. 그리고 이 시기는 서구 발전이론에 대한 제3세계 내부의 지적(知的) 자립도 크게 요구된 시기이다(강문규, 1997; Dwivedi & Nef, 1982).

Ⅲ. 남미의 종속이론

서구가 제시한 개도국의 근대화 과정은 불행히도 국가간 경제적 불평등과 제3세계의 저(低)발전을 초래했다. 따라서 이에 대한 제3세계인들의 각성이 일어나면서 종속이론(dependency theory) 등이 대두한다.

1. 서구 근대화론 및 기존 발전 이론에 대한 제3세계의 비판

제2차 세계대전 이후 독립한 많은 신생국들이 경제개발을 단행했던 1960년대에는, 저발전(underdevelopment)이 경제, 사회적 후진성의 자연스러운 상태로 인식되었다. 따라서 전통주의가 이들 나라의 저발전 상황을 극복하기 위한 주요 타깃(target)으로 지적되었고(Midgley, 1995: 74), 이러한 인식은 신생국들에서 서구 근대화론 도입의 출발점으로 작용했다.

근대화론은 일종의 모방전략(imitative strategy)으로서, 개도국이 선진국의 역사적 체험을 그들의 발전과정에 그대로 복사할 것을 주문했다(Sundrum, 1983: 9). 그러나 모든 나라가 이러한 발전의 유일경로(uni – dimensional path)를 멀리까지 따라갈 가능성은 처음부터 희박했다. 서구 근대화론이 강조하는 적하효과(trickle – down effect)의 기본 가정은 거시경제목표를 달성하기 위한 국민적 희생이 경제적 진보를 가져오고, 궁극적으로는 성장편익이 극빈층을 포함한 모든 국민에게 분배될 것이라는 점이다. 그러나 이에 대한 실제 경험적 증거들은 한 나라의 경쟁력과 GNP가 자동으로 적하(滴下)되지 않으며, 또 비록 경제지표는 상승할 수 있지만 실제의 경제상황은 악화되거나 정태적으로 남아 있을 수 있음을 보여준다(Kliksberg, 2000: 241~242). 제3세계에 소개된 근대화론은 이외에도 다음과 같은 점들에서 이미 많은 비판의 소지를 내재하고 있었다.

첫째, 근대화론은 서구의 발전경험에만 바탕을 두고 있어 편견이 많고, 개발도상국 발전의 맥락성(contextuality)을 무시한 자민족 중심적 성향이 강하다는 것이다(Brohman, 1995: 121~130). 따라서 비서구 지역에 근대화론을 적용할 경우 다음과 같은 효용성이 의심될 수 있다는 비판이 제기된 바 있다. ① 서구에서 전개된 것과 똑같은 발전의 시점, 순서, 단계가 개도국에 그대로 반복될 수 없다. 개도국에선 급격한 도시화가 산업화에 선행되어 나타나고, 자본주의와 봉건주의가 혼재되어 나타난다. 따라서 서구의 발전경험과 주요지표를 이들 나라에 적용할 때는 재검토와 재개념화가 필요하다. ② 현재 개도국이 직면한 국제적 맥락은 초기 발전국들의 그것과는 사뭇 달라서, 종속관계, 국제분쟁, 동맹과 블록, 다국적기업의 활동 등 훨씬 복잡한 관계망이 존재한다. ③ 전통의 역할도 간과할 수 없다. Rudolph(1967)는 오히려 개도국에서 전통은 변화에 적응성을 보여 근대화의 여과기(filters), 심지어는 동인(動因; agent)으로 봉사한 경우도 있다고 주장한다.

둘째, 근대화론은 제3세계를 억압, 속박하려는 미국 냉전전략의 한 부분이라는 점이다. 다수의 초기 발전론자들은 소련을 봉쇄하고 공산주의로부터 개도국을 보호할 필요성을 느낀 미국의 일반적 태도를 공유하고 있었다(김웅진 외 편역, 1997: 47~49).

셋째, 사회해체의 징후, 과학기술의 역기능, 성장동력의 소진, 민주주의의 과잉 등 위험사회로 치닫고 있는 서구의 과(過)발전(overdevelopment)도 오늘에 이르러서는 하나의 비판 대상이 되고 있다. 즉, 서구처럼 근대화의 종착지가 과발전이라면, 그것도 큰 문제라는 것이다(임현진, 1998a: 48).

초기 종속이론가인 Frank는 이런 측면에서 근대화론은 경험적으로 타당하지 않고, 이론적으로 부적절하며, 정치적으로도 무익하다고 비판했다. 실제로도 제3세계의 일부국가들이 산업화된 국가들에 비해 성장속도가 늦고 선진국과 개도국 간의 소득격차가 커지면서, 또 개도국들의 저발전 상태가 지속되면서, 근대화론은 붕괴되고 그 대신 비 산업화된 국가들이 산업화된 세계에 종속되기 쉽다는 점과 지구적 세계경제의 중심지역과 주변지역 간의 불균등한 관계를 이해해야 한다고 하면서, 제3세계의 현실을 설명하기 위한 다양한 견해들이 속출했다(크로우 저, 박형신·이혜경 역, 1999: 174~175). 여기서는 그 대표적 견해인 종속이론을 조명해 본다.

2. 종속이론의 대두

구미의 정통파 발전이론가들은 '국가발전=근대화 모형'에 오랫동안 집착해 왔다. 제3세계도 서구의 가치, 제도, 자본과 기술을 수용, 축적하면 기존의 전통적 고립에서 벗어나 보다 경제적으로 풍요롭고 정치 참여적이며, 다원적·민주적인 사회체제로 옮겨가리라고 가정했다.

그러나 제3세계의 경우 자본주의 경제성장에도 불구하고 대외적 경제의존도가 높아짐에 따라 안으로는 빈부격차가 커졌고, 민주주의 대신 권위주의 정치체제가 심화되었다. 따라서 종속이론가들은 제3세계의 저발전은 선진국의 과거 상태, 즉 미(未)발전과는 본질적으로 다르며, 오히려 발전과 저발전의 구조적 연계 때문에 중심부가 발전할수록 주변부에선 저발전이 심화됨을 강조한다.

그들은 세계를 공업화된 중심부와 1차 상품을 생산하는 주변부(邊方)로 나누는데, 전자가 후자로부터 부등가교환(不等價交換; inequal exchange)에 의해 잉여가치를 수취하므로 전자와의 제로-섬(zero-sum) 게임 상황에서 후자는 종속될 수밖에 없다고 본다. 따라서 후발국이 중심부 국가의 발전궤적을 쫓는 근대화 도상에 오른다는 생각은 오류라는 것이다(박동서 외, 1986: 171~172).

종속이론에선 이처럼 개도국의 저개발과 후진성의 원인을 자본주의 발전과정에서 중심부와 주변부(metropolis-satellite) 간의 근본적 관계로부터 파생된 것으로 본다. 세계 자본주의 발전과정에서 중심부 국가는 주변부 국가의 저발전이라는 대가를 통해 발전한다는 것이다. 따라서 종속된 주변부 국가는 저개발의 상태를 지속할 수밖에 없고 경제발전을 이룩할 가능성은 거의 없다는 것이다.

결국 종속이론은 발전을 한 국가의 문제가 아니라 선진 자본국과 후진국 간의 구조적 맥락 속에서 전자의 발전이 후자의 저발전을 가져오는 동전의 양면과 같은 것으로 본다. 1차 상품과 2차 제조품 간의 불균등한 교환과 국가의 힘의 정도에 따라 잉여가치의 이전이 주변부에서 중심부로 이루어짐으로써 자본주의 국가로서의 위상이 결정된다는 것이다(송재복, 2000: 52). 한편 대외적 경제의존도가 높아가는 가운데 안에서의 빈부격차를 용인하는 해외자본과 국내 매판(買辦)자본 및 개도국의 권위주의 정권 간의 연합 세력화는 정치적 정당성을 상실한 권위주의 정권들의 물리적 공권력을 더욱 앞세우게 하고,4 따라서 정치사회체제의 안정도 크게 훼손시킨다(최항순, 1994).

3. 종속이론의 학문적 공과(功過)

종속이론은 남미의 저발전이 그들의 내부적 책임이 아니며 서구의 발전을 위한 희생의 결과였다고 주장한 점에서 서구 사회과학계에 큰 충격을 주었고, 기존의 근대화론이 안이한 이분법적, 기계론적 사고와 단선적 발전관, 막연한 낙관론에 머물고만 데 대해 근본적인 비판을 제기했다는 점에서 학문적 공적을 인정받았다.

그러나 종속이론은 저발전의 물질적 원인규명에만 관심을 집중해 발전과 저발전의 인식틀을 그대로 받아들이고 있다. 이런 인식론적 한계는 사회전체적(societal) 발전에 대한 상대적 경시와 다양한 토착적 발전의 길에 대한 검토 미비로 나타난다(임현진, 1998: 173).

종속이론은 주변부국가의 개체적 특수성을 무시하고 세계체제와의 단절을 전제로 한 자력갱생경제(自力更生經濟; autarky) 같은 시대착오적 발전모형이나 사회주의 혁명과 같이 실현 가능성이 희박한 대안만 제시했다는 비판도 적지 않다.

종속이론의 적용범위가 남미를 벗어나지 못하는 점도 큰 문제이다. 남미가 종속국이 된 조건은 풍부한 원료와 중심부 국가의 식민지로서 제조품 시장의 역할을 담당했기 때문이다. 따라서 원료착취로 인한 민족자본의 미형성, 국내 경제구조의 왜곡 등 이런 조건을 제3세계의 모든 지역에 적용하기는 무리인데, 종속이론은 지나치게 남미의 역사적 경험에만 의존하고 있다(염홍철, 1998: 222). 따라서 종속이론의 이론적 타당성은 실증적으로 검증되지 못했고, 남미의 역사적 경험에만 그쳐 제3세계의 전반적인 발전문제를 일반화하기 곤란하다는 비판이 따른다(박동서 외, 1986: 173). 특히 염홍철(1998: 223)은 한국은 역사적 전통이나 자연적 여건이 남미와는 크게 다르며, 분단의 현실에서 마르크스주의와의 관련성이 큰 종속 이론을 우리

---

4 제3세계 국가들의 당면목표는 경제발전과 사회질서 유지의 통합이다. 그러나 이것 자체가 모순을 야기한다. 즉 한편으로는 가속화된 사회경제의 변화를 통한 근대화를 추구하지만, 다른 한편으론 질적이고 심오한 변화를 지체시키는 사회통제를 동시에 추구해야 하기 때문이다. 또 근대화를 위해 베버식의 관료제 행정을 폈지만 이들의 통치능력, 관리능력은 역부족이었다. 또 그 과정에서 문화적 전통도 무시되었다. 발전행정의 중심적 문제는 더 이상 행정구조의 관리 가능성이 아니라, 제도화된 사회통제 형태로서의 관료제와 삶의 질로서의 발전 간의 비 양립성이다(Dwivedi & Nef, 1982: 60~65).

사회의 분석에 그대로 적용하는 것은 매우 부적합하다고 비판한다. 또 한국은 자본주의 발전국과의 관계 속에서 무역을 동인(動因)으로 하여 괄목할 경제성장을 이룩해 종속이론의 착취적 예언과 달리 예외적으로 성장한 국가라는 것이다.

4. 신흥공업국 등 종속적 발전(왜발전)[5]의 대두와 종속이론의 추락

종속이론은 1970년대 중반 이후의 신흥공업국들의 급속한 경제발전을 제대로 설명하지 못해 다시 한 번 크게 퇴조를 맞게 된다(김웅진 외 편역, 1997: 16~17). 1세대 종속이론가인 Frank는 세계 자본주의의 독점구조 때문에 제3세계가 이에서 단절되지 않는 한, 저발전은 지속된다고 보는 '저발전의 발전' 입장을 취해 왔다. 그러나 2세대 종속이론가인 Cardoso는 특정 조건 아래에서는 종속적 상황에서도 경제가 발전한다는 '종속적 발전론'을 전개했다.

신흥공업국들이 대두하면서 종속적 발전론이 이후의 주류이론적 입장이 되었는데, Evans는 Wallerstein의 반(半) 주변부 개념을 이용해 종속적 발전상황을 다음과 같이 설명한다. 즉, 그는 제한된 범위 내에서나마 제3세계의 산업화와 발전 가능성을 인정한다. 진정한 의미에서의 자립적이고 완전한 발전은 아니지만, 중심부와의 교역이 주변부에서 지배와 착취를 강화하는 동시에 주변부의 성장과 변동도 자극하고 촉진시킨다고 보는 것이다(윤상우, 1997).

Harris는 이러한 신흥공업국의 출현은 제3세계의 종말을 예고하는 것이라고 주장한다. 따라서 물질적 발전의 측면에서 그리 잘 살지 못하는 나라들은 제4세계로 분류되며, 이러한 남반부 국가들의 위계 서열화는 제3세계의 붕괴를 반영하는 것이다. 따라서 제3세계 국가들의 양극화가 나타난다. 즉, 한쪽엔 도약하여 선진국 지위에 접근한 신흥공업국들이 있고, 다른 한쪽엔 외채의 덫에 걸려 역 발전(development in reverse)을 경험한 나라들이 공존한다. 이런 점에서 Frank도 이후 경제발전과 저발전은 동전의 양면, 즉 상호관계에 있다고 보면서, 단선적 발전모델 대신 일부 국가엔 발전, 다른 국가엔 종속적 저발전이라는 양차적(bilinear) 모델을 제시한다(크로우

---

5 1970년대 중반부터 국가 주도 하의 유도된 사회변화(guided change) 방식을 통해 제3세계의 몇몇 나라들이 경제성장을 도모했다. 이들 신흥공업국(Newly Industrializing Countries: NICs)의 발전은 속전속결의 압축적 성장, 비균질(非均質)적 발전, 부분적 발전, 정상궤도 일탈적 발전이라는 공통의 특성을 보인다. 우리는 이러한 제3세계의 양적 성장과 질적 미성숙의 상태를 가리켜 '미완성의 근대화' 혹은 왜발전(distorted development)이라고 정의한다. 여기서 왜발전은 경제적 진보가 같은 수준의 사회적 발전에 의해 동반되지 못하는 현상이다. 경제적 진보가 없는 것이 아니라 경제발전 목표와 사회발전 목표가 조화를 이루지 못하는 것, 또 경제적 진보의 이익이 전체 국민에게 골고루 가지 못하는 것이 왜발전의 문제이다(Midgley, 1995).

저, 박형신·이혜경 역, 1999: 176~182).

종속이론의 기본입장은 제3세계가 중심부에 대한 종속적 관계로 인해 지속적·영구적 저발전을 경험한다는 것으로서, 그 유일한 대안은 세계 자본주의체제와의 단절 및 사회주의로의 이행이었다. 그러나 종속이론은 1980년대 이후 제3세계 전역에서의 산업화와 신흥공업국의 급속한 경제성공, 최근 세계경제의 글로벌화에 대한 무기력한 설명으로 인해 세계 곳곳, 특히 제3세계에서 그 지적(知的), 실천적 권위를 급속도로 상실해 가고 있고, 패러다임의 존립 자체를 위협하는 심각한 이론적, 경험적 도전에 직면해 있다. 따라서 1980년대 이후의 발전연구 문헌들은 이를 이론의 교착상태(impasse debate)라고 부르며, 그들의 책에 부제로 달고 있다(윤상우, 1997).

5. 신흥공업국의 하나인 한국의 발전과정 평가
: 종속적 발전, 왜발전의 사례

현대정부의 수립 이후 지난 반세기 동안 한국의 발전 경험은 과연 어떠했는지를 지금까지의 이론적 논의를 토대로 하여 평가해 보자.

해방을 자율적으로 성취하지 못했기에, 남북한은 미국과 소련이라는 초강대국 간 이데올로기 대립의 전초기지이자 그들의 발전모델이 경쟁적으로 적용되는 장소로 변질되었고, 당시의 이러한 현실은 우리의 근대를 다음과 같이 규정지었다.

해방공간에서 미군정은 반공 이념과 일제의 잔재인 억압적 국가장치에 기초해 남한에 반쪽국가를 건설했다. 따라서 우리의 국민국가 형성은 아직까지도 미완의 과제로 남는다.[6] 이후 분단이 고착화되면서 안보를 명분으로 한 과도한 군사기구와 비대한 정부관료제[7]가 형성된다. 그러나 반공의 보루로서 미국의 강력한 후원을 받을 수 있었던 한국의 구조적 위치는 Wallerstein의 표현대로 '초청에 의한 상승전략'을 통한 경제성장을 가능케 했다. 특히 외국자본의 유치와 발전주의 이념의 기치 아래 국가가 자본축적과 시장창출에 적극 개입하는 교도(敎導) 자본주의(guided capitalism)의 틀 안에서 대외지향적 발전전략이 채택되었고, 그 결과 한국경제는 주변부에서 반주변부(半周邊部)로 성장한다.[8] 종속적 발전모델의 대표적 사례가 된 것이다(임현

---

6 '근대'가 국민국가 혹은 통일민족국가의 성립을 과제로 한다면, 통일이 되어야 비로소 우리의 근대가 완료된다. 따라서 통일은 21세기의 과제이다(강만길, 1999).

7 이는 과대성장국가론(Alabi, 1972), 억압-발전주의 관료제(안병영, 1990)의 시각에서 잘 설명된다.

8 우리나라가 압축 성장을 할 수 있었던 데는 무엇보다도 당시의 냉전구도가 큰 영향을 미쳤다. 한국은 냉전의 양극구조 하에서 서방 선진국으로 구성된 자본주의 경제공간에 자리 잡은 몇 안 되는 빈곤 저개발국이었는

진, 1997).

　한국의 정부 관료제는 경제성장 과정에서 혁신능력은 없었지만 학습능력은 컸다. 그 학습능력에 힘입어 관료와 국민은 무엇을 어떻게 활용해야만 경제성장목표를 빨리 달성할 수 있는지를 습득해, 제5차 경제개발계획부터는 발전계획을 스스로 수립했는데, 이런 경제성과는 한국을 따라가는(catching up) 국가로서 성공하게 했다(송재복, 2000: 285~287). 또 우리는 1980년대 후반에 들어 선거를 통한 절차적 정당성과 절차적 민주주의를 확보했다. 그러나 한국의 정치적 지형은 여전히 지역 패권주의에 기반을 두었고, 경제발전과정의 상당기간 동안 중간계급과 노동계급의 분리 및 노동계급에 대한 배제정책에 입각한 동원전략에 크게 의존해 왔다.

　결국 한국의 근대화는 임현진(1997)의 지적처럼, 분단과 대립의 반쪽국가, 종속적 발전의 외향성, 절차적 민주주의의 형식화 등 근대화 프로젝트의 숱한 결함을 노정했다. 이는 곧 우리의 상황에 맞는 새로운 발전전략의 재구성 필요성을 강하게 제기한다.

6. 종속이론을 넘어 발전의 다양성 탐구가 발전이론의 살 길
: 비교역사적 접근

　결국 한국을 비롯한 제3세계 국가들의 현실에는 어느 정도 종속적인 측면과 탈종속적 측면이 혼재해 있다. 따라서 제3세계의 발전경로를 중심부 자본의 의도로부터 유추하거나 이상형적 자본주의 발전모델로부터 무리하게 연역할 것이 아니라, '나라들 특유의 특정한 발전경로'를 가능하게 하는 제3세계 내부의 고유한 조건과 국제적 수준에서의 제약조건 등을 찾아보아야 한다.

　비록 1980년대 초반에 들어와 발전 연구와 이론화가 위에서처럼 교착상태(impasse)에 빠져 현실세계의 실질적 문제에 제대로 언급하지 못함으로써 학문적 탐구와 발전정책 및 발전실제 간의 갭이 커져 실무자들이 발전연구의 적실성에 근본적으로 의문을 제기했지만, 그러나 한 가지 명백하고도 중요한 새로운 측면은 '발전의 다양성 탐구'가 시작되었다는 점이다.

　이전엔 근대화론, 종속이론 등 영향력 있는 이론들이 현실 발전세계의 복잡한 이질성을 다소 의도적으로 무시해 온 반면, 1980년대 이래 각광을 받아 온 새로운 발전연구 스타일은 지역, 국가, 권역별로 상이한 상황에서의 발전 패턴상의 차이점

데, 미국은 냉전수행의 전략적 필요성 때문에 우리에게는 시장개방을 강요하지 않았다. 이처럼 당시의 냉전 체제는 한국에 유리한 경제성장 환경을 조성해 주었던 것이다(김경원, 2004: 152~157).

그림 3-1 발전이론 및 발전실제의 변화

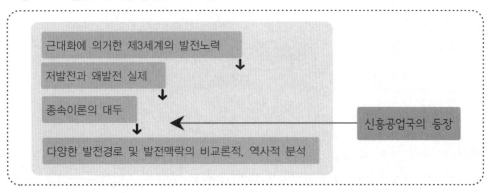

을 설명하는 것을 핵심적 과제로 하고 있다. 발전의 다양성은 선택을 의미하고 몇 가지 종류의 선택은 효과적 행동에의 열쇠이기 때문에 새로운 발전 연구경향은 발전정책과 발전실제의 긴급한 요구에 대해 보다 민감하다.

발전이론이 살 길은 발전의 이러한 다양성을 설명하는 데 초점을 맞추는 것이다. 발전이론은 그런 점에서 비교론적, 역사적이어야 한다. 발전이론의 재정향에 있어 사회변화에 대한 비교분석이나, 국가, 경제, 계급, 문화적 상징에 초점을 맞추는 고전적 연구전통으로 되돌아가는 것도 좋은 방법의 하나이다. 발전이론은 비교분석을 통해 제3세계의 다양성을 설명하는 데 초점을 둘 필요가 있다. 이는 기존이론의 약점들, 즉 환원주의, 지나친 제3세계주의, 국민국가나 세계체제를 물화시키는 연구경향의 치유에도 크게 유용할 것이다(Buttel & McMichael, 1994).

IV. 현대 발전이론들의 이론적 시사점과 발전전략적 함의

발전의 다양한 맥락들을 보여주는 현대 발전이론들을 세밀하게 검토해 보고 그 이론적 함의를 다각도로 비교, 이해해 보는 것은 매우 큰 의미를 지닌다. 최근의 발전연구(development studies)는 종래의 서구 중심적, 단선 경로적 근대화론의 한계를 비판하면서, 각국의 고유한 역사, 생태, 문화적 관점에서 여러 상이한 사회들의 특수성을 고려하며 세계적 맥락에서의 사회변화를 분석하는 문제지향적, 응용적, 다(多)학문적 연구분야로 전환하고 있기 때문이다(Hettne, 1990: 4).

최근 이런 맥락에서 다양한 대안적 발전 관점과 발전의 재개념화, 또 새로운 발전 패러다임과 발전연구에 대한 새로운 접근들이 이루어지고 있는데, 우리는 이러한

그림 3-2 현대 발전이론의 국가발전전략에 대한 내용적·방법론적 함의 도출방향

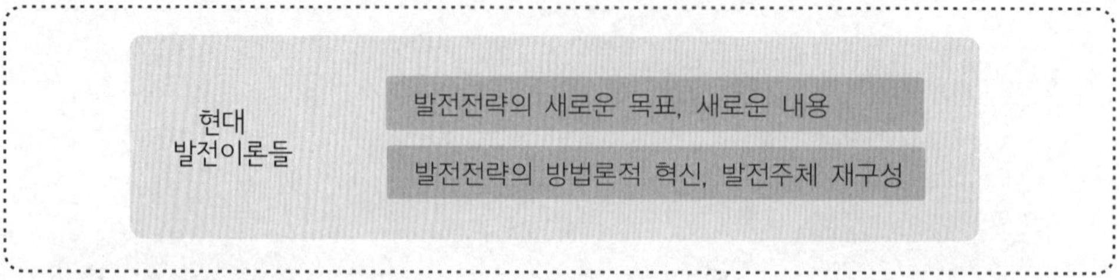

현대
발전이론들
발전전략의 새로운 목표, 새로운 내용
발전전략의 방법론적 혁신, 발전주체 재구성

현대 발전이론9의 분석을 통해 발전의 다각적 측면들을 찾아낼 수 있고, 또 발전전략의 새로운 내용과 목표 및 발전방법론상의 다양한 지향점도 찾아낼 수 있다. 그렇다면 발전논의의 재구성에 유용한 현대 발전이론들로는 무엇이 있는가?

1. 또 다른 발전(Another Development) 이론

'또 다른 발전'은 제3세계와 서구의 일각에서 대두되고 있는 발전이론의 새로운 규범적 경향으로서, 발전과정의 다양한 범세계적 체험을 반영한 발전이론의 새로운 출발을 지향한다.

또 다른 발전의 개념 속에는 ① 내생적(endogenous), ② 욕구 지향적(need-oriented), ③ 자력 갱생적(self-reliant), ④ 생태적(ecologically sound) 발전 등 다양한 목소리가 포함되어 있고, 논의의 초점도 발전의 형식보다는 발전의 내용에 맞추어져 있다(Hettne, 1990: 5~6).

또 다른 발전의 주요 특징 중의 하나는 서구가 최고이고 나머지 국가(the rest)들은 무조건 그 뒤를 따라야 한다는 기존의 근대화론적 가정을 버리고, 각국 고유의 토착적인 자율적 발전 관점을 도입하자는 것이다. 즉 서구 근대화론의 대안 교과서를 찾아보자는 의미가 있다. 이런 맥락에서 1980년대 말부터 밑으로부터의 시각(view from below)과 남반구로부터의 시각(view from the south)이 발전대안의 구체적 형태로 대두한다. 그 주요 논지들을 간략히 살펴보자.

(1) 자주적 발전

---

9 여기서는 최근의 발전 연구동향들을 통틀어 '현대 발전이론'으로 부른다. 따라서 여기서의 이론(theory)은 변수들 간의 체계적 논리구조를 밝혀내는 과학 혹은 형식으로서의 이론이 아니라, 특정 학문에 관련되는 주요 개념들(concepts)이나 지적인 제반 문제들, 즉 이념(ideology), 관점(perspective), 접근법(approach), 패러다임(paradigms)에 대해 포괄적으로 논의하는 '광의의 이론' 개념이다.

최근 자주적, 토착적 시각에서 후발국의 발전문제를 논의하자는 시각이 제3세계 내부에서 대두하고 있다. 자주적 발전론자들에 의하면, 발전은 사람들의 삶, 계획, 희망이 그것을 공유하지 않는 타국인들에 의해 일방적으로 형성되는 제국주의 과정의 일부이다. 즉, 발전은 선진국이 제3세계를 정치, 경제, 문화적으로 관리, 통제하고 심지어는 창조하는 과정의 일부이다.[10] 이런 특징상 발전은 바람직한 과정 혹은 인간적 숙명으로 묘사되는 서구식 담론에 의해 위장되기 쉽다. 따라서 발전신화는 서구사회의 핵심적인 신화[11](Tucker, 1999: 1~3)이며, 발전기제는 유럽 중심주의적 식민화를 위한 관념적 기제(ideal mechanism)로서 작용한다(Sadar, 1999: 46).

자주적 발전의 대표적 이론가인 Tucker(1999: 7~17)는 발전담론의 신화와 특히 도전을 허락하지 않는 그 이론적 가정들을 비판하며, 주류 발전이론에 대한 대안을 추구한다. 그는 지구적 상호의존성으로부터 출현하는 다양한 대안적 발전노선을 인정하는 다중심성(multiple perspective)을 논리적 기반으로 해 서구 중심적 관점을 세계의 다중심주의로 교체할 것을 주장한다. 국가 간의 상호비판과 교정 속에 변증법적으로 상호 연관되는 다중심성은 본질적으로 국가 간의 다양한 체험, 관점, 문화를 발전담론 속에 통합시킬 것을 허용한다. 따라서 지금까지 발전의 이론화(theorizing)를 지배했던 정치경제적 접근은 다양한 문화이론들에 의해 보완되어야 한다.

자주적 발전론자들은 나라마다 문화, 사회, 정치적 성격이 다르기 때문에 제3세계 국가들이 어떤 유일한(one single) 발전모델이 있다고 믿을 필요는 없다고 강조한다. 따라서 개별 국가는 문화 상대주의적 관점에서 자신의 고유역량에 의거해 고유의 발전전략을 창안해 낼 필요가 있다. 결국 발전은 지식의 문제, 즉 서구와는 다른 인지(knowing), 존재(being), 행위(doing)방식을 발견하는 문제이다(Sadar, 1999: 57~60). 특히 자체의 발전이론과 방법론을 만들어내 지적(知的)으로 자력갱생해야

---

10 제3세계는 발전경로에 있어 '서구 중심주의'에서 벗어날 필요가 있다. 서구 중심주의는 제2차 세계대전 전까지는 제국주의/식민주의, 인종주의, 기독교, 문명, 진보 개념과 얽히고 설키며 상호의존적으로 전개되었다. 제2차 세계대전 이후 유럽이 쇠퇴한 반면 새로운 패권국으로 부상한 미국은 근대화, 미국화의 명제를 통해 새로운 생명력을 고취한다. 특히 미국은 헤게모니를 통해 미국화(Americanization)의 기획을 전 세계에 제시한다. Taylor(1990: 49~50)에 따르면, 근대화, 지구화는 미국화를 보완하는 일련의 연관된 과정으로서, 이것 역시 서구 중심주의를 반영한 것이다(강정인, 2003: 203~213).

11 여기서 몇몇 서구 국가들의 산업자본주의로의 이행을 역사의 보편모델로 생각하고 그 모델과 가시적 차이를 보이는 제3세계의 역사에서 자본주의의 맹아를 인위적으로 찾으려 하거나 자국의 근대화가 뒤졌다고 자책해선 안 된다는 입장이 강하게 제기되고 있다. 박노자(2003: 10~16)의 지적처럼, 본토인보다 더 하얀 가면(서구 중심주의적 세계인식)을 쓰고 선진적인 그들 이상으로 선진적으로 흉내를 낸다면, 이는 진짜 하얀 얼굴이 되길 바라는 제3세계인들의 광적인 맹종이라는 것이다. 무력으로 중국과 동아시아 국가를 서구 중심적 자본주의체제에 강제 편입시킨 영국 등 서구의 야수를 진보된 나라로 보고, 반면 관세권도 뺏긴 채 서구의 상품을 사서 서구의 발전에 재정을 보태준 주변부국가를 발전이 뒤진 나라로 본다면, 이는 곧 힘이 곧 발전의 동력이자 정의라는 제국주의의 사회 진화론적 이념을 암묵적으로 긍정하는 짓이라는 것이다.

할 것이다(Dwivedi & Nef, 1982: 74~75). 따라서 자주적 발전은 '자민족 중심적 발전'(ethno-development)의 성격이 강하다(Hettne, 1990: 190). 서구 근대화 프로젝트를 해체하고 탈 신화화시키는 것이 제3세계의 발전과제이며, 여기서 고유의 토착적(indigenous) 발전시각이 발전연구에 요구되고 있다(Tucker, 1999: 21).

(2) 포스트 모더니즘적 발전

차이와 담론에 주의를 기울이며 계몽주의 사고의 보편적 진리를 공격하는 포스트 모더니즘은 서구 중심적 발전이론과 발전실제에 비판적인 사람들에게도 많은 논거를 제공한다. 그들은 근대화가 바람직하고 반드시 가능하다는 가정에 도전하고 있기 때문이다. 포스트 모더니스트들은 제3세계의 발전과 서구화, 근대화가 동의어라는 인식에 의문을 제기하며, 서구의 정치, 경제, 사회제도와 발전실제가 제3세계 발전문제의 해답이라는 신념에 강한 의문을 제기한다.

권력/지식체계의 구성에 있어 담론의 역할을 강조하는 포스트 모더니스트들은 기존의 발전담론이 식민지적 계층제(hierarchy)를 변화시키기보다는 이를 영속화시키기 위해 설계된 인종 중심적, 파괴적 식민지 담론 속에 배태(embedded)되어 있다고 주장한다. 서구의 발전담론은 제3세계 국민을 모든 부정적, 원시적 속성을 보이는 하나의 별종(the other)으로 규정하고 있기 때문이다. 기존의 발전담론은 근대화에 대한 믿음을 위한 공리와 북반구의 가치 및 제도의 우월성을 제공하는 대신 각 지역 고유의 기법, 지식, 생활스타일의 가치절하 및 예속을 정당화하는 것이다.[12]

포스트 모던적 비판은 이런 점에서 방금 앞에서 살펴 본 자주적 발전론과 마찬가지로 남반구 사람들의 지식과 욕구에 기반을 둔 새로운 발전 형태를 주장한다. 즉, 그들 자신의 문화, 역사, 세계관에 대한 고유의 권리를 확언하고, 마음에도 없는 근대화 채택은 거부하자는 것이다. 그 대신 전통과 근대성의 창조적 종합, 지역적 지식과 문화를 강조한다. 결론적으로 포스트 모던적 접근은 발전에 대한 하향식

---

12 우리는 서양의 절대적 권위에서 벗어나 동양의 상대적 진리를 응시하기 위해 오리엔탈리즘(orientalism)을 다시 한 번 경계하지 않을 수 없다. 오리엔탈리즘은 동양을 불완전하고 열등한 타자로 보며 그 기준으로 완벽한 서양을 전제한다. 동양이 나약한 여성과 아동이라면, 서양은 이들을 후원하는 강한 남성이자 어른이라는 것이다. 즉, 오리엔탈리즘은 동양-서양을 이분법적으로 전제해, 서양을 가치의 중심에 두고 서양의 것을 보편적인 것으로 간주하며, 동양에 대한 지배를 정당화하는 논리이다. 이를 위해 동양의 부정적 이미지는 영화, TV, 사진, 그림, 광고, 문학 등을 매개로 현재에도 반복해 재현된다(이옥순, 2003). 우리가 오리엔탈리즘을 극복하려면 옥시덴탈리즘(occidentalism)의 견지에서 유럽형 자본주의적 근대를 무조건 선(善)으로 보고, 서양을 흠모와 맹종의 대상으로 신화화하는 행태에서 벗어나야 한다. 서구 중심의 세계는 우리가 지나가게 될 하나의 단계일 뿐 인류역사의 종점, 목적도 아니다. 박노자(2003: 297~301)의 말처럼, 우리가 이상적 서양이라는 그림을 스스로 지울 때 진정한 세계평등의 길로 향할 수 있다.

(top-down)식 접근을 거부하며, 보다 지방화된 그리고 맥락화된 검토에 입각한 발전기획을 주장한다. 발전에 대한 이러한 접근은 지식-언어-권력 간의연계를 인정하고, 저항과 힘의 입지로서 지역적 지식의 이해를 추구하는 것이다(Parpart, 1995: 253~264).

이들은 세계화와 발전이 지옥으로 향하는 광범위하고 구부러진 고속도로인 반면, 작은 것(the small)과 지방(local)은 협소하지만 낙원에 이르는 곧은 경로라고 보면서, 자본주의적 세계화에 대한 유일한 대안은 근대화로부터의 철수, 지방, 남반부, 저항 안에 있으며, 이것이 글로벌리즘에의 마지막 피난처라고 주장한다(Waterman, 1996: 166~174). 그러기 위해선 보편주의적 근대화의 긍정적 관념을 거부하고, 지방적, 토착적인 것의 긍정적 측면을 재평가해야 한다는 것이다.

(3) 민중 중심적 발전과 기초욕구 충족적 접근

최근 '또 다름의 정치'(the politics of anotherness)로서 제3체제 정치(the third system politics)가 강조된다. 제1체제가 국가-정치권력, 제2체제가 기업-경제권력에 의거한다면, 제3체제는 자발적 결사체-민중의 권력(peoples power)에 의거한다. 따라서 제3체제 정치는 시민결사체를 통해 집합적으로 행동하는 사람들에 의해 대표되는 권력제도를 의미한다. 특히 정치경제권력의 침해로부터 민중의 자율적 방어가 그 기본목적이다(Hettne, 1990: 166).

Brohman(1996: 395)은 이런 점에서 참여와 권한부여를 통한 민중 중심적(popular) 발전을 강조한다. 특히 여성, 사회적 약자, 상향식 발전(bottom-up development), 민중기획을 발전과정에서 우선 순위화한다(Munck, 1999: 200~202). 이는 중앙집권식이 아닌 지방 주체적 뿌리 발전을 지향하며, 도시-농촌, 자본가-노동자가 함께 참여하는 발전을 강조하는 것이다.

민중중심적 발전은 사회가치의 배분원리에서 볼 때 평등지향적 발전(egalitarian development)으로서의 성격이 크다. 성장보다는 재분배에 우선순위를 두는 기초욕구(basic need) 충족적 접근이 그 예로서, 적하효과보다는 빈곤의 제거에 초점을 둔다(Hettne, 1990: 167).

(4) 자력 갱생적(Self-Reliant), 생태적 발전(Eco-Development)

경제성장론자들은 빈곤과 대도시 생활문제의 해결책으로서 더 많은 발전(more development)을 권유하지만, 이는 자연환경을 파괴하고 극심한 빈부격차를 낳을 뿐이다. 따라서 이는 발전이론이 아니라 자본주의 개발이론이다. 성장의 한계 분석이 맞는다면, 이제는 발전의 역(逆)이 필요하다. 즉, '발전＝화폐적 부＝경제성장'이라는 등식을 깨야 한다. 모든 나라가 부유국의 생활수준에 이르기란 불가능하다. 또 서구의 풍요로운 생산－소비방식을 도덕적으로 인정하기도 곤란하다. 따라서 보다 단순하고 자원 활용을 덜하는 방식을 추구해야 한다. 즉, 이는 현재의 물질적 풍요, 시장의 힘, 이윤추구 동기, 성장논리와 결별해야 하는 것이며, 그 대안은 보다 단순한 방식(the simpler way)으로 가는 것이다. 즉, 고도의 자생적 지역경제(high self－sufficient local economy), 고도로 협력적, 참여적인 지역체제(mostly cooperative and participatory local system)를 추구하는 것이다.

이는 서구식 근대화 경로와는 다른 발전경로(another path)에서만 가능한데, 그 한 예가 범지구적 생태마을운동(global echo－village movement)이다. 이는 소규모의 많은 지역공동체와 사회집단들이 보다 정의롭고 생태 친화적인 방식으로 살아가도록 그들의 생활방식, 기술 및 사회적 배열(social arrangement)을 새롭게 개척해 나가는 것이다(Trainer, 2000: 54~56). 이들의 주장은 자율적 발전(self－directed development), 즉 지역 시장에서 자기 자원을 갖고 자기 지역의 고유한 욕구들을 충족시켜 나가는 소규모의 지역경제(local economy) 및 지역공동체를 건설하자는 것이다. 이것은 반드시 경제적 자급자족을 의미하는 것이 아니라, 대규모의 외부 경제순환 시스템과의 연결과 차단을 보충성(subsidiarity)의 원칙에 따라 선택적으로 해 보자는 전략이다(Goulet, 2002: 21).

2. 반발전, 대항발전 이론

(1) 반(反)발전

최근엔 서구식 발전과 근대화론의 논리를 전면 부정하며, 제로성장과 전통적 삶을 고수하려는 논리까지 등장한다.

일례로 헬레나 노르베리－호지의 명저, 「Ancient Futures(오래된 미래)」의 부제는 "라다크(Ladakh)에서 배우자"이다. 저자에 의하면, 히말라야의 라다크엔 현대적 기술도 없고 국민총생산도 제로이다. 그러나 그곳은 문화적으로 풍요롭고 인간애와 공동체 의식이 살아 있다. 또 사회정의, 생태적 지속 가능성, 이완된 생활 스타일, 지역사회 후원시스템이 살아 있다(Trainer, 2000b: 111). 라다크에서는 사람들이 웃음과 노래를 곁들이며 자신의 속도로 열심히 일한다. 여기서 일과 놀이는 엄격히 구분되지 않는다. 개인의 이익이 전체 공동체의 이익과 상충하지 않는 사회, 즉 공생(共生)의 사회논리도 제도화되어 있다.

이곳에서의 삶에는 서구 근대화에 대한 맹종이 아닌 '반발전'의 논리마저 내면화되어 있는데, 이는 탈 중심화, 적정한 기술, 생물종의 다양성 보호, 지역 중심의 지속 가능한 발전(예: 유기농, 지역중심의 경제), 침술, 자연요법 등 서구가 갖지 못한 많은 긍정적 자질을 제3세계가 소유하고 있다는 적극적 인식에서 출발한다(Hodge, 1998; Trainer, 2000b).

(2) 대항발전

미국 출신으로 일본에서 오랫동안 교수생활을 한 러미스(C. Lummis)는 잠정적인 대항발전(counter－development)을 강조한다. 이는 종래의 경제성장을 부정하는 것으로서, 향후 발전해야 할 것은 경제가 아니며, 오히려 인간사회에서 경제적 요소를 줄여가는 과정이 발전이라는 것이다. 단, 대항발전 앞에 '잠정적'이라는 수식어를 붙인 이유는 발전이나 성장 용어가 모두 나쁜 역사를 갖고 있어 이런 용어를 쓰지 않는 것이 좋지만, 사회를 일거에 변화시킬 수 없어 점진적으로 교체하자는 것이다.

러미스에 의하면, 빈곤에는 다음의 4가지 종류가 있다. ① 먼저 전통적 빈곤으로서, 자급자족 사회는 가진 것이 많진 않지만 그것으로 만족한다. 따라서 이는 바깥에서 본 빈곤 개념이다. ② 절대빈곤으로서, 기아, 영양실조의 상태를 말한다. ③ 부자의 존재가 전제가 되어 있는 빈곤, 즉 부자－빈자라는 사회관계 속의 빈곤 개념으로서, 모욕을 당하면서도 반항을 못하는 무력감이 그 특징이다. ④ 기술발달에 따른 새로운 빈곤으로서, 자동차, 핸드폰 등 특정상품이 있으면 좋은 것에서 이젠 이것들이 없으면 곤란한 것으로 변해가며, 이를 소유하지 못하는 사람들을 빈자로 만든다. 이런 빈곤은 경제발전, 기술개발로 인해 재생산된다.

러미스에 의하면, 20세기의 경제발전은 ①의 빈곤을 ③, ④의 빈곤으로 바꾸는 과정이었다. 즉, 착취하기 어려운 형태를 착취하기 쉬운 형태로 전환시키는 것이 그간 경제발전의 정체였는데, 이는 인간을 노동자와 소비자로 만든다. 그리고 ②는 빈곤의 근대화 모습이다. 결국 경제발전은 빈부차이를 없애는 것이 아니라 빈곤을 이익이 나는 형태로 고쳐 만드는 빈곤의 합리화이다. 따라서 빈부차이는 경제발전으로 해소되는 것이 아니라 정의(正義)의 문제로서 정치적 해결을 요한다. 성장이 아니라 정의에 바탕을 둔 분배가 그 해결책이라는 것이다.

따라서 그는 제로성장[13]을 환영한다. 파이가 커지면 조각도 커진다는 말은 거짓이라는 것이다. 파이 전체를 키워도 큰 조각의 파이를 먹는 나라와 사람은 결국 작은 쪽의 것을 가로챈다. 이런 논거에 의거해 그는 대항발전을 주장하는데, 그 구체적 요소들로는 다음의 것들이 있다(러미스 저, 김종철·이반 역, 2003: 99~116).

① 줄이는 발전이어야 한다. 즉, 에너지와 시간 줄이기, 가격 붙은 것 줄이기가 필요하다.

② 경제 이외의 것을 발전시켜야 한다. 즉, 교환가치가 높은 것은 줄이고 사용가치가 높은 것은 늘려 나가야 한다.

③ 남이 아니라 북을 바꾸어야 한다. 일례로 환경문제는 지나친 생산을 해온 북반구 산업 국가들의 문제이다. 종래엔 북반구는 박식하고 남반구는 무식하므로 북반구의 젊은이도 남반구에 가면 가르칠 능력이 있는 자로 대접받아 왔다. 그러나 이젠 남반구의 빈자가 북반구에 가서 지나친 소비와 생산을 보고 그것의 폐해를 묻고 가르침을 주어야 한다.

④ 대항발전은 타동사도 자동사도 아닌, 함께를 이용한 공(共)동사로서 같이 하는 것이다.

⑤ 한편 발전은 보통 인간으로 되돌아오게 하는 것이다. 인간이 재료나 생산수단으로 취급당하는 것이 아니라 값이 매겨지지 않는 매매와는 무관한 즐거움을 찾는 자가 되는 것이 발전이다. 즉, 노래를 듣기보다는 노래를 부르는 것이 필요하고, 일 자체의 즐거움을 추구하고, 싫은 일을 줄이고 의미 있는 일을 하는 것이 좋은 것이다.

⑥ 빼기의 진보, 즉 물건을 줄여가며 최소의 것으로 사는 것이 발전이다. 즉, 소비보다는 인간이 가진 능력을 발전시키는 것, 즉 제 손으로 길러 먹고,[14] 제 손으로 만들고 연주해 스스로 문화를 창조하는 것이 발전이다.

⑦ 시간은 돈이라는 경제논리 대신, 돈은 시간이라는 대항발전 논리로서 풍요를 여가로 바꿀 수 있다. 풍요의 기준을 돈에서 시간, 여가로 바꾸는 것이다.

---

13 일찍이 영국의 사상가 존 슈트어트 밀도 발전하는 국가의 궁극적 도달점은 정지국가(stationary state) 또는 제로성장국가라고 말했다. 프랑스 사상가인 앙드레 고르즈도 우리가 18세기 산업화 이전의 연간 1,000시간 노동으로 돌아가야 최대한의 개인적 자율성 확보를 통한 보다 나은 삶을 살 수 있다고 강조한다(매코맥 저, 한경구 외 역, 1998: 371~373).

14 인간에게 정말 필요한 것(예컨대 감자, 당근, 콩, 두부)은 TV 광고에 안 나온다. 광고는 기본적으로 필요 없는 것을 사람들이 사도록 설득하는 것이다(러미스 저, 김종철·이반 역, 2003: 147).

3. 탈발전, 재발전 담론

한편 1990년대에 들어와서는 서구의 과(過)발전 혹은 과잉발전이 문제가 되면서, 북반구의 서구 국가들에게는 이미 개발된 것을 어떤 조건 하에서 해체, 제거하느냐 하는 문제가 탈발전의 현안으로 등장한다(강문규, 1997: 19). 이는 1990년대가 녹색사회를 향한 인간의 발걸음이 크게 놓이기 시작한 시기이기 때문이다.

탈발전과 관련해 일리히(Ivan Ilich)의 공생적(共生的) 사회 개념이 새롭게 의미를 갖는다. 그는 불행히도 우리가 살고 있는 이 시대는 인간이 만든 기술과 도구[15]가 과잉 발전[16]해 도구가 인간을 지배하게 되고, 또 기술과 도구가 인간 삶의 목표를 설정하며 주인행세를 하는 시대로 진입하고 있다고 걱정한다.

일리히는 이런 기술적 재앙에 대한 대안으로서 공생적(convivial) 사회라는 전망을 제안한다. 공생적 사회는 각 구성원이 공동의 도구에 대한 가장 폭넓고 자유로운 접근권을 보장받고, 그 자유가 오직 타 구성원의 동등한 자유를 이유로만 제한되는 그런 사회이다. 다시 말해 공생적 사회는 사회구성원 모두가 타인을 최소한으로만 통제하는 도구를 사용해 가장 자율적인 활동을 할 수 있는 사회이다. 그러나 도구가 어떤 시점 이상으로 성장하면, 통제, 의존, 착취, 무력감이 증가한다.

따라서 도구의 살인적 논리를 초기 단계에서부터 탐지해 모든 사람의 자유를 극대화하기 위해서는, 우선 한계비용 증가와 성장의 해악을 분석해 도구의 발전에 적절한 한계를 부여해야 하며, 공생적 생산을 최적화시켜 주는 다음과 같은 행정제도와 생산구조의 발견이 중요하다. 일례로 국가나 지방자치단체들은 비록 느리지만 편리한, 그러면서도 지역의 실정에 맞는 운송체계를 개발하고, 또 지역 건축자재의 발견과 건축방식의 고안, 지역 약초의 재배, 지역 먹거리의 개발 등 지역적, 공생적 도구를 개발할 필요가 있겠다(일리히 저, 이한 역, 2004).

1990년대엔 재발전(redevelopment)이라는 새로운 발전 비전(new vision)도 대두한다(Goulet, 1997). 자본 세계화가 막대한 구조조정과 경제 무장해제를 요구하는 오

---

15 여기서 도구는 빗자루 같은 단순한 것은 물론 발전소, 자동차 등의 생산기관에서부터 교육, 건강, 지식, 결정 같은 무형의 상품을 생산하는 기관까지 포함하는 등 합리적으로 고안된 모든 장치를 일컫는다(일리히 저, 이한 역, 2004: 44~45).

16 도구의 과잉발전과 산업발전에 의해 인간의 삶이 위협을 받게 되는 경로는 다음과 같다(일리히 저, 이한 역, 2004: 84). ① 잘못된 기술사용은 우리의 환경을 살아갈 수 없는 곳으로 만든다. ② 근원적 독점은 일할 능력을 마비시키는 지점까지 풍요에 대한 요구를 강제한다. ③ 과잉계획은 사람을 끊임없이 가르치고 사회화, 표준화시킨다. ④ 제도가 생산한 가치가 중앙 집중화되면 전체주의 상태로 사회가 양극화된다. ⑤ 공학에 의한 노후화는 규범에 관한 현재와 과거를 규범적으로 잇는 모든 연결고리를 끊어버린다.

늘의 시점에서 우리는 근대화론 위주의 발전실제의 위기와 더불어 발전사고 (developmental thinking)의 막다른 골목마저 발견하며, 서구 보편주의와 유로-아메리카니즘의 포기는 물론 발전의 새로운 비전이 요구되는 절박한 분위기를 느끼고 있다(Watts, 1995: 44~46). 결국 서구에 의해 수출된 기존 발전이론은 근본적 재구성을 요하며(Haque, 1999: 6), 그간의 그릇된 발전(mal-development)을 청산하기 위해서 차제에 발전이론, 발전모델, 발전정책, 발전이념에 대한 재검토가 요구되고 있다.

지금까지 살펴본 것처럼 새로운 발전이론들은 발전전략에 있어 자력갱생, 환경보전, 문화다원주의, 기초욕구 충족 등의 우선순위화를 강조한다. 혹은 반 발전론, 대항발전론, 탈발전론처럼 경제성장의 허구성과 도구적 합리성에 치우친 과잉발전을 집중 공격하기도 한다.

이들은 근대화론 같은 거대 발전이론이나 지배적 발전담론은 없다고 보면서, 다양한 발전목표를 갖고 대안적 발전의제들을 추구한다. 발전은 신축적이고 여러 가지 가능한 방향을 지닌 열린 목표(open-end)이며 과정이라는 것이다. 또 기존의 권위적 지식을 부정하며, 각국 자체의 고유한 발의와 신사회운동을 강조한다. 따라서 이 이론들, 특히 그 중에서도 자주적 발전이론은 제3세계의 '토착적 발전이론'으로서의 함의를 크게 갖는다. 또 '탈종속을 위한 나름대로의 발전전략 내용과 발전 방법론'을 한 목소리로 제시해 준다.

그러나 불행히도 현 자본 세계화에 직면한 제3세계의 냉혹한 경제현실은 이러한 이상적, 추상적인 단순 치료법 이상의 것을 요구한다(Munck, 1999: 202~203). 특히 자주적 발전, 포스트 모더니즘적 발전은 주로 제3세계 내 후발국 중심의 대안적 발전논리라는 지역적 한계를 보인다. 그리고 대항발전, 탈발전은 과잉 발전된 오늘의 서구사회에서 특히 대두되는 자기 성찰적 담론의 속성이 강하다. 상기한 이론들이 자연으로 돌아가기, 과소비를 줄이고 귀농(歸農)해 직접 농사짓기 등 다소 목가적이고 전원지향적인 낭만주의적 메시지를 전해 경제성장과정에서 지친 우리의 심신을 달래주는 것은 좋지만, 그것에 안주만 하기에는 우리가 처한 경제현실이 녹녹치 않다. 따라서 반발전, 대항발전, 탈발전 등의 전원생활을 임시 베이스캠프로 삼아 충분히 재충전한 뒤 다시 세계화 시장으로 힘차게 나가야 할 것이다.

제3세계의 빈국들뿐 아니라 지구상의 모든 국가들은 국민의 먹고사는 문제를 슬기롭게 해결하기 위해 경제성장의 실마리를 풀어야만 하는 것이 오늘의 현실이다. 따라서 우리는 차제에 현 인류 공동의 발전위기를 정면으로 극복할 수 있는 좀 더 보편타당한 발전이론을 찾아볼 필요도 있겠다.

4. Ulrich Beck의 재귀적 근대화와 초국민적 국가이론

(1) 위험사회와 재귀적 근대화

벡(Ulrich Beck)의 최근 논술들은 보다 보편적인 발전이론의 재구성을 시도하고 있다는 점에서 우리에게 주는 이론적 메시지가 크다. 그는 그간의 근대화를 1차 근대화(primary modernization) 혹은 단순근대(simple modernity)로 보고, 이에 대응하는 2차 근대(second modernity), 즉 재귀(再歸)적 근대화(reflexive modernization)의 필요성을 강조한다.

고전적인 1차 근대화론은 전통사회를 해체하고 이에 서구적인 발전원칙을 적용하는 것을 근대화과정의 본질로 간주했다. 따라서 근대화는 도시화, 기술진보, 경제성장을 추구한다. 그러나 이는 곧 불균등 발전과 위험사회(risk society)[17]의 생태위협을 야기하는 원인이 되며, 그런 한계로 인해 근대화 자체가 근대성의 본질적 구조 및 원칙과 충돌하게 된다.

그러나 근대화는 자의식(自意識)화된 혁신과정이다. 즉, 근대화는 스스로 노후화되고 또 혁신할 수 있는 과정인데, 이처럼 스스로 반성하고 노후화된 것을 혁신함으로써 결국 근대를 완성해 가는 것이 재귀적 근대화이다. 재귀적 근대화는 근대화가 자신이 생산한 위협과 위험을 통해 자신의 노후화된 토대를 정면으로 대면하고 이를 깎아내는 과정을 거침으로써 미래를 보다 더 근대답게 만들어 나가는 자동적 사회변형과정인 것이다(벡 저, 문순홍 역, 1998: 132).

따라서 1차 근대화가 전통의 합리화라면, 2차 근대화인 재귀적 근대화는 합리화의 합리화, 즉 산업사회가 전통이 되었을 때 그 자체의 또 하나의 합리화인 것이다(Beck, 1995: 133). 이런 혁신과정이 전제될 때 고전적 근대화인 기술진보, 경제성장, 도시화는 이후의 2차 근대화 과정에서 대안적 기술진보, 생태 친화적 경제성장, 생태 도시화를 가져올 수 있다. 이런 점에서 노후화의 전(前) 단계를 산업사회라는 사회제도와 사회구성체의 형태를 갖춘 단순근대라고 부른다면, 이것이 노후화되어 산업사회의 늙고 낡은 부분들이 많아진 사회가 위험사회이며, 위험사회가 극복되는 과정이 재귀적 근대화 과정이다.

---

17 그가 말하는 위험사회는 근대사회의 발전단계들 중 하나로서 산업사회의 부작용(위협, 재난)으로 인해 등장하는데, 위험사회는 산업사회가 내린 의사결정으로 인해 통제될 수 없는 위협들이 등장하고 사회적 규범체계가 자신이 약속한 안전보장을 지킬 수 없을 때 대두한다. 여기선 갈등이 재화의 분배뿐 아니라 재앙의 분배를 둘러싸고도 나타난다(벡 저, 문순홍 역, 1998: 21).

그렇다면 Beck의 재귀적 근대화가 주는 발전이론적 시사점과 발전전략의 내용은 무엇인가? 그의 이론은 많은 나라가 산업화 전 기간을 '창조적으로 자기 파괴할 가능성'을 제기함으로써 발전에 관한 기존의 관점을 새롭게 전환시켜 준다. 좀 더 구체적으로 말해, 개발도상국들은 자신의 산업사회적 구조에다가 서구의 근대를 그냥 복사할 것이 아니라 제1세계에서 개념화한 발전에 대해 정식으로 의문을 제기하고 이를 전 지구적 진단에 대한 물음으로 확대시켜야 한다는 것이다.

단순 근대의 노후화된 제도로는 성공할 수 없다. 산업사회의 중심에 있는 현상유지적 국가정책의 기본틀, 즉 국민국가 주권, 경제성장주의, 억압적 사회질서 유지 등의 허상을 벗어 던지라는 메시지가 이에 강하게 담겨져 있다(벡 저, 문순홍 역, 1998: 88). 그는 미래의 갈등은 더 이상 동-서 간, 자본주의-사회주의 간 갈등이 아니라, 이들 두 가지 근대성 간의 갈등이라고 본다(Beck, 1995: 145).

(2) 정치의 재발견과 하위정치

Beck은 이러한 근대성 간의 갈등과 관련해 정치의 새 개념을 제시한다. 그는 제도와 국가가 독점하는 기존의 '정치'에서부터 '정치적인 것', 즉 정치가가 하는 정치가 아니라, 사회공동체의 전체 구성원들이 동시에 공적인 느낌을 갖는 정치를 강조한다(벡 저, 문순홍 역, 1998: 23). 여기서 정치의 재발견(reinvention of politics)이 이루어지는데, 이는 규칙을 이행하는 정치뿐 아니라 규칙을 바꾸는 정치, 정치의 새로운 디자인을 의미한다. 여기서 정치의 적소(適所)는 공식영역에서 비공식영역으로 변하며, 또 통치 혹은 지배하는 것으로서의 정치가가 하는 정치가 아니라 시민 스스로 결정하는 공동체의식으로서의 정치적인 것 그 자체의 의미가 강조된다. 즉, 현실에 어긋난 규칙을 시민참여에 의해 폐기, 변경하는 정치과정적 측면이 부각된다.

재귀적 근대화는 이처럼 개인들이 '정치적 주체로 되돌아오는 것'(the individuals return)에서부터 출발한다. Beck(1998: 33~38)은 재귀적 근대화의 한 축으로서 개성화(individualization)를 강조하는데, 즉 자기 표현적 개인을 정치의 주체로 보는 것이다. 개성화된 개인들은 자신의 삶과 관련된 제 영역에서 자기 의사를 표출하며 자기 결정에 관여한다. 이것이 바로 하위정치(sub-politics)이다. 하위정치는 계급, 신분을 뛰어넘어 정치, 사회적 관심사의 자기 충족적 주체로서 시민 개개인을 의사결정 부문별로 재그룹화시키는 것이다. 그 핵심은 정치의 적소가 국가로부터 시민사회로 옮겨지는 것, 즉 정치적인 것의 부흥을 뜻한다. 따라서 하위정치에서는 밑으로부터의 사회의 자기조직화(the shaping of society from the bottom-up) 능력과 제 영역에서 시민이 스스로의 정치적 임무를 자율적으로 떠맡는 것이 강조된다.

(3) 초국민적 국가와 바람직한 세계화의 길

Beck의 논의는 이후 세계화 시대를 맞으며, 다음과 같이 발전해 간다. 그는 시장지배의 이념인 지구주의(globalism)를 경계하며 그것의 동태화에 다음과 같이 주목한다.

지구사회는 국민국가의 정통성을 해체하고, 특히 초국적기업들의 경쟁과 전횡을 허용한다(벡 저, 조만영 역, 2000: 128~129). 자본 세계화의 위험이 빚어내는 정치적 결과로서 초국적 기업들은 국민국가들을 경쟁시킬 수 있고, 그런 방법으로 가장 값싼 조세 서비스와 가장 유리한 하부구조 서비스를 얻어낼 수 있다. 반면 어떤 국민국가가 과다한 비용을 요구하거나 투자에 적대적일 경우, 초국적기업은 그 사회의 물질적 자원인 자본, 조세, 일자리를 고갈시키는 방식으로 그 국가를 경계한다. 그러나 약한 개별국가들은 무한경쟁에서 살아남기 위해 초국적기업들의 자본을 경쟁적으로 유인해야 하는 모순이 드러난다. 바로 여기에 자본 세계화 시대의 사회정의 문제에 새롭게 접근해야 할 이유가 있다. 이제 시장경제-국민국가-민주주의 삼자동맹은 와해되고, 제1의 근대위기가 범지구적으로 나타난다(벡 저, 조만영 역, 2000: 15~26).

이는 어떻게 극복될 수 있는가? Beck은 '초국민적 국가(transnational state)'가 그 해답이라고 본다. 자본 세계화 하에서 한 나라의 홀로서기 정책은 많은 오류를 빚는다. 따라서 초국민적 국가협력이 요구된다. 포지티브 섬 게임에 의거한 국가간 정책협력을 통할 때, 각국은 국민국가 주권 이상의 것을 얻어낼 수 있다. 여기서 초국민적 국가 개념이 대두하는데, 이는 자본 세계화에 대한 각국의 공동대응을 통해 자신의 정치적 형성능력을 키우게 되는 새로운 국가 개념이다. 즉, 이는 다차원성을 지닌 지구성(地球性)을 기정사실로 인정하며, 초국민적인 것의 국가간 조직화를 통해 범지구적 정치공간의 새로운 방향, 즉 지구정치를 설정해 보자는 것이다.

Beck은 초국민적 국가의 발견을 통한 바람직한 세계화의 길을 다음과 같이 제시한다. 첫째, 세계시민적 사회민주주의를 기반으로 해 국민국가 간의 정치협력이 초국민적 국가 차원에서 구축되어야 한다. 둘째, 이를 통해 초국적기업들을 적극 견제해야 한다. 즉, 소비의 정치화라는 기치 아래 민주주의 기준을 촉구하고 이에 못 미치는 제품을 생산한 초국적 기업들에 대해선 불매운동을 전개한다. 셋째, 새로운 사회정책은 노동의 자본참여를 목표로 해야 한다. 공동의사결정 원칙에 대해 노동자의 공동소유 원칙이 보완책으로 등장할 수 있다. 넷째, 배제에 반대하는 사회

표 3-1   현대 발전이론들의 이론적 시사점과 발전전략적 함의 종합

현대 발전이론들	이론적 시사점	발전전략의 새 목표, 내용	발전주체의 재구성
▶ 또 다른 발전	토착적 발전행정론/ 서구담론으로부터의 지적 자주성 확립	자민족중심적, 탈종속적 발전/ 자력갱생, 환경보전, 문화다원주의, 기초욕구의 우선순위화	민중 중심적 발전, 지방 주체적 발전
▶ 반발전	제로성장론, 전통적 삶의 고수	이완된 생활스타일, 지역사회 후원시스템의 지속성	공생을 위한 지역공동체
▶ 대항발전	경제적 요소를 줄이는 것을 발전으로 보는 시각	줄이는 발전, 비경제적 요소의 발전 중시, 같이하는 발전, 의미 있는 일에의 참여와 생활문화 창조	남반구 국민들, 보통 사람들의 공동참여
▶ 탈발전	서구 과잉발전의 폐해 인식론	기술, 도구적 재앙 극복을 위한 공생적 사회 건설, 지역적, 공생적 도구의 개발	사회 구성원의 적극 참여와 지방정부의 공생적 도구 개발
▶ 재발전	발전위기에 대한 새로운 발전관념	발전모델, 발전정책의 재검토	신사회운동가, 시민단체의 시민단체의 국제적 연대
▶ Beck의 재귀적 근대화	위험사회론과 2차적 근대화론	제1근대 위기의 성찰과 산업화과정의 창조적 자기파괴를 통한 위험사회 극복, 이를 통한 근대의 완성	–
▶ 초국민적 국가		자본세계화에의 대응논리로서 초국민적 국가 건설, 초국적기업 견제→소비의 정치화	세계시민적 사회민주주의 아래 초국민적 국가협력
▶ 하위정치	정치의 재발견/ 시민참여론	개개 시민의 정치·사회적 관심부문에로의 재그룹화	시민의 정치주체 복귀/ 밑으로부터의 사회의 자기 조직화

계약이 필요하다. 초국민적 사회안전장치, 즉 기본 생활안정장치의 도입과 자구책의 조직화를 위한 사회 네트워크 강화가 세계 경제정의를 위한 감시체제로서 필요하다 (벡 저, 조만영 역, 2000: 243~292).[18]

---

18 상기한 Beck의 논의들은 발전이론의 진전 및 발전전략의 새로운 내용적, 방법적 구성에 어떤 영향을 줄 수 있는가? 그의 재귀적 근대화는 이 책의 제17장에서 논의될 '환경보전: 지속 가능한 발전' 이론에, 또 그의 초 국민적 국가 개념은 이 책의 제14장에서 논의할 '2차적 세계화 전략'에 각각 연결된다. 또 그의 하위정치 개 념은 발전주체의 방법론적 재구성 측면에서 이 책의 제20장에서 논의될 '거버넌스적 접근'과 연맥된다. 이에 대해선 이 책의 관련 장들에서 상술할 것이다.

제2편

세계 각국의 발전전략과 행정개혁에 관한 비교분석

제 4 장   비교분석의 방법론

제 5 장   미국

제 6 장   영국

제 7 장   유럽 국가들의 시련과 영광

제 8 장   일본

제 9 장   싱가포르

제10장   동아시아 발전국가의 과거와 미래

제11장   사회주의를 경험한 대륙규모 국가의 발전전략

제12장   제3세계 국가의 실패와 도전

제13장   비교분석의 종합과 교훈

비교분석의 방법론: 기본가정과 분석틀

I. 기본가정

이 책은 제1편을 통해 제시된 비교발전행정의 연구방법에 관한 일반적 논의를 토대로 세계 각국에 대한 비교분석의 기본가정을 다음과 같이 설정하고자 한다.

첫째, 국가 간 행정의 고유한 차이를 인정한다는 점이다. 즉, 각국의 행정은 오랜 역사의 산물인 고유한 특성이 존재하기 때문에 단선적이고 직접적인 비교는 불가능하다는 점이다.

둘째, 비교분석의 개념을 국가 간 차이점과 유사점을 분석하는 연구 또는 국가를 독립변수로 하는 연구로 정의한다. 이때 각국의 역사적 특성에 따라 정부관료제의 독립변수적 역할에 대해서는 현저한 강도 차이가 존재한다는 점을 충분히 인식하고자 한다.

셋째, 비교행정과 발전행정을 상호보완적인 관계로 인식한다. 따라서 선·후진 간의 비교연구는 물론 선진국 간의 비교연구에도 발전 논리를 적용하고자 한다.

넷째, 개별국 또는 국가군별 비교분석이 한국에 주는 교훈을 탐색하는 일에 주목하고자 한다. 중립적인 비교분석을 초월해 한국의 발전방향 모색에 모든 연구결과를 수렴시키는 과정에서 발전행정의 의의를 구현할 수 있기 때문이다.

다섯째, 분석대상 국가의 범위를 선진국은 물론 개발도상국까지 대폭 확대하고자 한다. 특정한 국가나 국가군의 성공은 물론 실패가 주는 교훈도 중요하기 때문이다.

여섯째, 국가별 비교와 논점별 비교를 병행하는 방식으로 비교분석의 효과를 극대화시키고자 한다. 최근 들어 비교발전행정론의 연구경향이 개별국 또는 다국 간의 포괄적 비교를 초월해 분야별 정책성과의 차이를 규명하는 비교정책연구를 중시하는 방향으로 전환하고 있기 때문이다.

II. 분석틀

비교발전행정론의 전통적인 방법론으로 군림해 온 구조기능주의와 행태주의는 다양한 국가 간에 나타나는 행정현상의 유사성에 초점을 맞추고 그러한 유사성을 입증하기 위한 전제와 가설을 설정하고 수많은 행정사례들을 계량화하여 통계적으로 접근하였다. 하지만 이러한 접근방법은 근대화론의 실패사례를 통해 알 수 있듯이 모든 사례에 적용할 수 있는 일반이론의 형성에는 유리하지만 개별 국가 또는 국가군의 특수성에 대한 설명의 불완전성을 노정하였다.[1]

이에 본서는 세계 각국의 비교발전행정을 포괄적·입체적으로 조망한다는 연구목표를 달성하기 위한 분석시각과 명제로 신제도주의 접근방법을 상정하고자 한다. 신제도주의는 특정 국가의 관리나 정책이 이루어지는 수직적·수평적 제도와 제도적 맥락에 초점을 맞추고 있기 때문에 분석대상 국가의 사회·정치·경제적 제도에 따라 상이하게 나타나는 행정현상에 대한 설명력이 높다고 할 수 있다(염재호, 1994).

역사적 제도주의, 합리적 선택 제도주의, 사회학적 제도주의 등으로 구분되는 신제도주의 계열의 다양한 분파들은 연구목적에 따라 다양한 형태와 의미로 활용되지만 기본적으로 제도와 조직을 구분한다는 점에서 공통점을 지닌다. 일반적으로 조직(organization)은 공공서비스와 규제(정부), 법률(의회), 상품(회사), 예배(종교) 등과 같은 특정 목적을 달성하기 위한 사람들의 협동적 집단행위를 의미하는 반면에 제도(institutions)는 개인이나 조직의 행동을 제약하거나 인간의 상호작용을 형성하는 공식 및 비공식적 규범, 관행, 규칙, 약속, 모방, 문화 등을 의미한다(North, 1990).[2] 따라서 우리는 가시적인 조직에 주목하는 구제도주의와 비가시적인 제도를 중시하는 신제도주의로 구분을 시도할 수 있다.

한편 신제도주의 접근은 전통적 접근과의 차별성 확보라는 측면에서 분석수준과 분석단위 모두에서 중범위화를 구현한 것으로 평가해 볼 수 있다.[3] 여기서 분석

---

1 서구의 근대화론은 유럽적 진화론에서 도출된 것으로서 보편타당성을 갖는 일반이론을 의도하였다. 그 이론적 전제는 사회변동은 일방향적(unidirectional), 진보적, 점진적 성격을 지닌다는 것이다. 또 변동하는 사회는 원시적 단계로부터 진보적 단계로 불가역적으로 나아가기 마련이며, 그러한 진화과정 속에서 서로 닮는다고 본다.

2 규범과 관행은 역사적 제도주의, 규칙과 약속은 합리적 선택 제도주의, 모방과 문화는 사회학적 제도주의에서 선호하는 제도 개념이라는 점에서 차이점을 발견할 수 있다. 하지만 이들은 모두 제도라는 독립변수가 조직이나 정책과 같은 종속변수의 성패를 좌우한다는 경로의존성(path dependence) 또는 제도결정론을 중시한다는 점에서 공통점을 지니고 있다.

3 비교발전행정 연구의 새로운 접근방법으로서 광의의 신제도주의(세 가지 분파를 포괄)는 현상학이나 구성주의 시각과 밀접한 관련성을 지니고 있을 뿐만 아니라 양적 방법과 질적 방법 간의 절충에도 유리하다는 점에서 다양한 응용이 기대된다.

표 4-1 비교발전행정의 분석변수와 상호관계

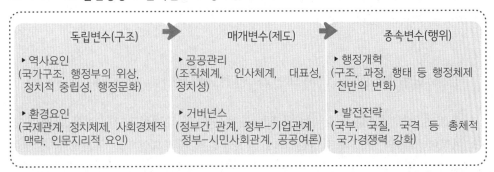

수준의 중범위화란 거시적인 구조와 미시적인 행위를 매개하는 제도에 초점을 부여하고 있음을 의미한다. 그리고 분석단위의 중범위화란 포괄적인 환경적 요소나 구체적인 행태적 요소보다는 관료제를 정점으로 한 행정체제(공공관리와 거버넌스)에 비교분석의 초점을 부여한다.

물론 비교발전행정의 전통적 접근은 조직으로서의 관료제에 비교의 초점을 부여해 왔다는 점에서 제도로서의 관료제에 주목하는 신제도주의 계열의 논의와 구분된다. 이때 제도로서의 관료제는 통상 행정체제(civil service system) 또는 행정제도(administrative regime)로 통칭된다. 또한 제도로서의 관료제는 전통적인 국가중심적 사고를 탈피해 공공관리의 합리성은 물론 거버넌스의 다층성에도 주목하고 있다.

비교발전행정 연구에서 거버넌스의 관점이란 1980년대 이후 본격화된 정부의 위기시대를 맞이하여 행위자로서 관료제의 합리적 선택과 효율적 관리 문제에 초점을 부여해 온 기존의 기술관료엘리트주의 관점을 초월해 정부가 시민사회와 시장을 국정운영의 새로운 파트너로 중시하게 되었음을 의미한다. 그리고 정부(행정부)는 국가의 구성요소이지만 입법부, 사법부, 지방정부, 공공기관, 세계정부(국제조직) 등과 구별되는 제도적 특성(재량권, 인사규칙, 조직문화 등)을 지니고 있다는 점에 주목할 필요가 있다. 나아가 정부는 국가를 구성하는 다른 구성요소는 물론 시민사회와 시장을 연결하는 핵심 고리로서 각각의 관계에서 쌍방향적 상호작용을 수행한다.

나아가 제도로서의 행정체제는 구조라는 틀 하에서 높은 수준의 지속성을 지닌다. 하지만 대내외 환경의 급속한 변화로 초래된 국가위기 상황에 직면하여 변화와 혁신을 모색하기도 한다. 여기서 표출되는 주된 변화의 양상은 각기 공공관리와 거버넌스를 반영하는 행정개혁과 발전전략으로 구분이 가능하다. 이때 새로운 변화노력은 방법론적으로 행위의 속성을 지니고 있으며 제도의 지속성이라는 제약조건 하에서도 새로운 제도형성의 계기로 작용하게 된다. 이 점에서 구조 – 제도 – 행위라는 삼각구도 하에서 제도는 종속변수와 독립변수의 역할을 동시에 수행하는 매개변수적 속성을 지니고 있다.

1. 독립변수: 구조(역사요인과 환경요인)

독립변수의 역할을 수행하는 구조는 높은 수준의 안정성과 지속성을 요체로 한다. 이러한 각국의 구조적 특성은 크게 역사요인과 환경요인으로 구분된다. 길게는 수백년에서 짧게는 수십년으로 거슬러 올라가는 구조(역사와 환경)의 진행경로는 그 자체로는 의미를 발견하기 어렵지만 행정체제라는 구체적 제도형성의 주요 계기로 작용하게 된다.[4] 이러한 구조 변수의 특성을 쟁점별로 설명하면 다음과 같다.

먼저 역사요인에는 국가구조, 행정부의 위상, 정치적 중립, 행정문화 등이 포함된다.[5] 첫째, 국가구조는 크게 두 가지 차원으로 구분된다. 우선 다양한 수준의 정부 간에 공유된 권위의 수직적 분산상태이다. 즉, 단일집권국가, 단일분권국가, 연방국가 등이 세부적인 유형으로 제시될 수 있다. 또한 중앙정부 차원의 수평적 조정상태이다. 즉, 고도로 조정적인 체계와 고도로 파편적인 체계를 양 극단의 유형으로 제시할 수 있다.

둘째, 행정부의 위상은 대통령제와 의원내각제로 구분되는 통치체제의 유형을 전제로 집권당의 의석점유율에 따라 세부적인 유형화가 가능하다. 즉, 집권당이 독자적으로 의석의 50% 이상을 점유한 단독정부, 2개 이상의 정당이 연합해 과반수를 확보하는 연립정부, 집권당이 과반수에 미달하는 소수정부, 집권연합이 50% 점유율을 충족한 상태에서 또 다른 정당의 참여를 허용하는 거국정부 등으로 유형화가 가능하다.

셋째, 정치적 중립성은 실적주의 도입의 폭과 범위를 대표하는 장관과 고위공무원단 간의 관계를 통해 일체형과 분리형으로 유형 분류가 가능하다. 우선 일체형은 고위공무원단의 정치적 색채가 강한 경우로서 장관과의 파트너십 확보가 상대적으로 용이하다. 또한 분리형은 고위공무원단의 정치적 색채가 약한 경우로서 장관과의 파트너십 확보가 상대적으로 어렵다.

---

4 광의의 신제도주의를 구성하는 세 가지 분파 중에서 상대적으로 거시적인 역사제도주의 인식논리에 따르면 일부 구조 변수들을 제도의 범주에 포함시켜 논의하기도 한다. 일례로 이 책에서 자주 등장하는 역사제도적 특성이란 용어는 구조와 제도가 부분적으로 상호 혼용될 수 있음을 시사한다.

5 행정체제의 진화과정에 작용한 주요한 변수로는 국민국가 형성, 공적 생활영역과 사적 생활영역의 분리, 법적 지위의 측면에서 행정의 독립된 주체성(separative civil service identity)의 창설, 정부업무의 확장, 행정의 전문직업주의의 증대 등을 지적할 수 있다.

넷째, 행정문화는 정부가 경제사회 변화의 선도적 역할을 담당하는 적극행정의 기풍과 정부보다는 경제사회가 주도권을 행사하는 소극행정의 기풍으로 구분이 가능하다. 전자의 경우 국가는 최고선이라는 국가주의 전통에 기초해 행정의 권위와 전문성이 강조된다. 반면에 후자의 경우 자유주의 전통 하에서 정부는 필요악으로 간주되며, 정부에 대한 정치적 통제를 중시한다.

다음으로 환경요인에는 국제관계, 정치체제, 사회경제적 맥락, 인문지리 요인 등이 포함된다. 첫째, 국제관계란 강대국의 이해관계를 반영하는 지정학적 위치나 세계화의 영향력을 대변하는 국제기구와의 역학관계 등을 포괄한다. 이러한 국제관계는 상대적으로 영향력이 약한 대다수 개발도상국가에 있어 자율적인 변화를 제약하는 구조 변수로 작용하게 된다.

둘째, 정치체제는 행정체제의 폭과 범위를 규정하는 직접적 상위체제라는 점에서 중요한 영향력을 행사한다. 비교정치 연구를 통해 유형화된 정치체제의 유형은 매우 다양하지만 여기에서는 독재, 단일정당, 다수정당, 군부 등과 같은 정치체제 유형에 주목하고자 한다.

셋째, 사회경제적 맥락이란 정치체제보다 포괄적인 상위 개념으로서 일국의 정치행정 전반을 규정하는 영향력을 발휘한다. 각국별로 다양한 형태로 분류되는 사회경제적 맥락은 크게 전통적, 다원주의, 혼합, 조합주의, 계획체제 등으로 유형화가 가능하다.

넷째, 인문지리적 요인은 기후, 온도, 표고 등과 같은 자연지리 요인과 더불어 일국의 잠재적인 발전역량을 규정하는 역할을 수행한다. 이러한 인문지리 요인의 범주에는 인구, 교육수준, 연령, 직업분포, 소득수준, 인종, 기반시설 등이 포함된다.

2. 매개변수: 제도(공공관리와 거버넌스)

매개변수의 역할을 수행하는 제도는 구조와 행위 간의 상호작용을 통해 제도화의 과정을 거치게 되지만 제도화 이후에는 행위를 규정하는 독립변수의 역할도 수행한다. 이러한 각국의 제도적 특성은 크게 공공관리와 거버넌스로 구분된다. 그리고 공공관리와 거버넌스를 포괄하여 행정체제로 지칭하기도 한다. 이러한 제도 변수의 특성을 쟁점별로 설명하면 다음과 같다.

먼저 상대적으로 합리적 선택 제도주의 인식논리에 친숙한 공공관리에는 조직체계, 인사체계, 대표성, 정치성 등이 포함된다. 첫째, 조직체계란 각국이 소유한 중앙정부 조직의 설계원리에 초점이 부여되어 있다. 크게 계선과 막료로 구분되는 중앙부처의 설계원리는 행정체제의 특성을 대표하는 핵심 제도로 자리해 왔다.

둘째, 인사체계란 정부에 근무하는 공무원들의 처우와 관련된 요인으로 내부노동시장으로 지칭되기도 한다. 정부의 작동에 관한 공공관리 변수는 인사체계 이외에 재무체계, 정보체계 등이 포함될 수 있지만 인사체계는 단순히 관리제도를 초월해 정부운영과 직결된 문제라는 중요성을 지니고 있다. 이러한 인사체계의 특징을 규정하는 세부 변수에는 직무정의와 공직분류, 업무배치와 능력발전, 직업안정과 권한, 보상체계와 임금규칙 등이 포함된다.

셋째, 대표성(representativeness)이란 정부관료제가 사회 전반의 구성과 요구를 제대로 반영하고 있는가의 여부에 주목한다. 일례로 네덜란드의 성공사례를 통해 알 수 있듯이 성, 인종, 지역, 연령 등과 같은 요인들을 충족할수록 정부의 대표성이 높은 것으로 간주된다. 그리고 대표성은 공무원이 조직의 구성원이자 동시에 사회의 구성원이라는 점을 강조한다는 점에서 인사체계에 비해 사회와의 관련성이 높은 편이다.

넷째, 정치성(politicisation)이란 행정과 정치와의 관계로 1960년대 이후 유럽 행정에서 많은 관심을 끌어왔는데, 특히 행정의 정치화 또는 정치의 관료화(bureaucratisation of politics)가 주요한 연구대상이다. 그리고 정치 – 행정 이원론은 지속적인 논란거리로 존재해 왔지만 정치 – 행정의 분리에 관한 문제는 여전히 미해결 과제로 남아 있다. 정치체제와 행정체제의 상호작용이 아무리 복잡하더라도 그러한 상호작용에 대한 검증은 정부의 효율성과 효과성의 관점은 물론 정부의 정당성과 대응성 측면에서도 중요한 문제이다(Bekke, Perry & Toonen, 1996).

다음으로 상대적으로 역사적 제도주의 인식논리에 친숙한 거버넌스에는 정부간 관계, 정부 – 기업 관계, 정부 – 시민사회 관계, 공공여론 등이 포함된다. 첫째, 정부간 관계란 중앙정부와 수직적 관계를 형성하는 상하위 정부와의 협력관계를 총칭하는 개념으로 상위의 세계정부와 하위의 지방정부가 포함된다. 나아가 각각의 연계관계를 확장한 개념으로 글로벌 거버넌스와 로컬 거버넌스를 상정할 수 있다.

둘째, 정부 – 기업 관계란 경제정책을 둘러싸고 정부와 협력관계를 추구하는 기업과의 역학관계를 의미한다. 이때 기업을 구성하는 경영자와 노동자는 정부와의 관계에서 노사정이라는 협력의 틀을 형성하게 된다. 따라서 협력적 노사정 관계를 구축할수록 지속적인 경제성장에 유리하다는 명제를 제시할 수 있다.

셋째, 정부 – 시민사회 관계란 사회의 요구를 대표하는 각종 시민단체나 비영리

단체와의 협력관계를 통하여 정부 정책의 집행력과 완결성을 제고할 수 있음을 의미한다. 특히 시민단체와 비영리단체는 정부의 위기를 보완하는 대안적 집행기제라는 점에서 그 의의와 중요성을 발견할 수 있다.

넷째, 공공여론(public opinion)이란 정부에 대한 국민들의 인식과 평판을 의미한다. 일반적으로 정부에 대한 국민들의 인식은 대체로 저조한 편이지만 국가별로 분명한 편차가 존재한다. 그리고 정부의 운영과정에서 제기되는 사회의 다양한 요구를 적절하게 반영하는 방식으로 운영성과의 품질관리가 제고될 수 있다. 이러한 공공여론을 선도하는 기관으로는 언론기관을 비롯해 시민단체, 싱크탱크, 전문가 단체 등을 지적할 수 있다.

3. 종속변수: 행위(행정개혁과 발전전략)

일반적으로 기존에 유지된 제도적 틀은 안정성과 지속성을 요체로 한다. 하지만 구조변화라는 격변기를 맞이하여 제도는 변화될 수 있다. 이때 행정개혁과 발전전략으로 대표되는 행위는 새로운 제도형성의 독립변수로 기능한다. 하지만 '단절된 균형'의 논리가 시사하듯이 제도는 변화 이후에 안정기에 접어들게 되면 다시 행위를 제약하는 독립변수의 역할로 회귀하게 된다.

한편 공공관리에 초점이 부여된 행정개혁과 거버넌스에 초점이 부여된 발전전략은 양자 간의 상호작용을 통해 국가 전반의 효율성과 효과성 증진이라는 성과를 창출하게 된다. 이때 행위로서의 행정개혁과 발전전략은 기존 제도의 영향권 하에서 진행된다는 점에 유의할 필요가 있다. 일례로 아무리 매력적인 변화대안이라도 기존 제도의 영향력을 무시한 상태에서 성공하기를 기대하기는 어렵다. 또한 일국의 행정개혁과 발전전략이 산출한 대응결과는 그 성패여부와 관계없이 인접 국가들의 유용한 학습자료로 활용되는 경우가 일반적이다.

먼저 행정개혁은 일국의 행정체제를 어떤 하나의 상태에서 그보다 나은 다른 하나의 상태로 변화시킴을 의미한다. 즉, 환경에의 대응력을 상실한 행정체제(구조+과정+행태)의 바람직한 변동을 뜻하는 것이다. 이때 행정개혁은 그 자체가 목적이 아니라 목적달성을 위한 수단적 개념이다. 행정개혁의 목적은 본질적 목적, 즉 예산절감이나 공공서비스의 질 향상, 정부운영의 효율성과 정책의 효과성 등과 더불어 정치적 통제강화, 관료들의 자율성 확보, 상징성과 정통성의 강화 등으로 대표되는 현실적인 목적들이 결부되어 있다.

그림 4-1   환경변화와 제도 그리고 대안선택 간의 인과관계

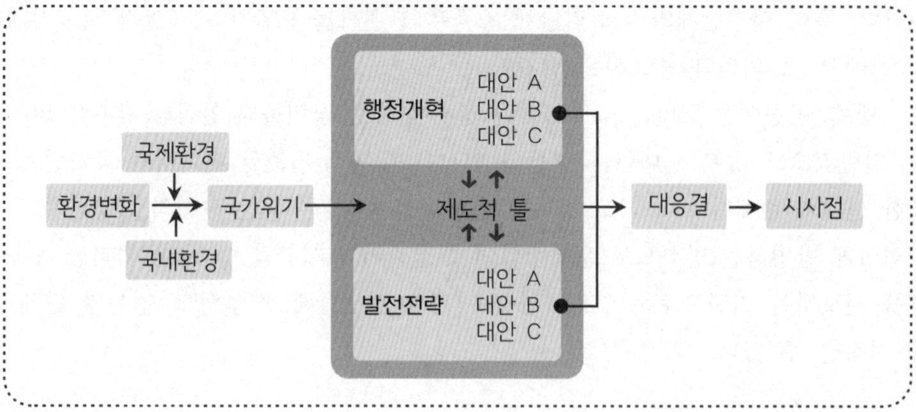

하지만 행정개혁은 다수의 실패요인에 싸여 있다는 점에서 시작은 있되 끝이 없는 지난(至難)한 과정의 연속이다. 이에 전종섭(1995: 19~31)은 행정개혁의 실패원인으로 개혁목표의 지나친 상징성, 다른 핵심적 문제해결전략을 포함하지 않은 조직개편과 같은 구조적 변화의 지나친 강조, 국민의 참여없는 지도자의 성급한 정책결정, 적절치 못한 서구모형 채택, 개혁프로그램 적용상의 실수로부터 교훈을 얻기 위한 노력이 없는 개혁영향평가의 실패, 의회·이익집단·공무원 등에 대한 정치적 합의의 부족, 지역여건 무시, 개혁의 인간적 측면 무시, 즉 공무원들에 대한 인센티브 제공없이 헌신만을 강요하는 점, 비윤리적 방법을 갖고 정부와 거래하는 시민들의 부정적 행태를 들고 있다.

다음으로 특정 국가의 발전전략은 그 결과물인 총체적 국가경쟁력(국부＋국질＋국격)의 수준과 직결되는 문제이다. 세계화의 심화로 대표되는 새로운 기회와 위협구조에 대응하여, 각국은 생존력과 경쟁력을 유지하기 위해 관리적 세계화의 필요성과 국민국가의 재인식을 요구받고 있다. 이때 21세기를 지향하는 새로운 국가상은 산업경쟁력 강화를 통한 국부 신장, 사회문화역량과 국가경영능력을 반영하는 국질제고, 국제적 협력강화를 통한 국격 완비에 부여되어야 한다.[6] 특히 국질 제고 및 국격 완비는 단순히 국민국가(중앙정부)가 주도하는 방식을 탈피해 시민사회(시장)의 역할을 중시하는 거버넌스의 토대 하에서 이루어져야 한다.

이 점에서 거버넌스의 논리를 반영하는 파트너십의 중요성은 단순히 당위의 문제를 초월한다. 신제도주의 접근에 따르면 정책행위자들 간의 반복적 상호작용을 통해 산출되는 제도적 틀은 특정한 정책의 성패를 좌우하는 핵심적 요인이기 때문이

---

6 여기서 거론되는 관리적 세계화, 국부, 국질, 국격 등의 개념은 이 책의 제3편에서 자세히 설명될 것이다. 각각의 개념에 대해서는 그 부분을 참고하기 바람.

다. 따라서 각국의 거버넌스 능력에 대한 본서의 비교분석은 시장과 시민사회의 영향력 증대추세에 주목하면서, 이러한 변화가 정부의 정책결정 방식에 어떠한 결과를 초래하였는가를 분석하는 일에 주력하고자 한다. 나아가 시장화 추세의 강화를 반영하는 공공부문과 민간부분 간의 경계선 변화를 파악하는 일에도 유의하고자 한다.

Ⅲ. 주요 분석대상국가의 개관

1. 주요 분석대상국가의 정치행정제도 비교

정치행정제도와 관련된 비교분석의 변수들을 주요 분석대상국가를 중심으로 소개하면 [표 4-2]와 같다. 이때 공공관리와 행정개혁, 거버넌스와 발전전략은 상호 간에 밀접한 관련성을 지니고 있다.

표 4-2 국가별 정치행정제도 비교

구분	구조적 특성	환경적 특성	공공관리	거버넌스	행정개혁	발전전략
미국	대통령제, 삼권분립	다원주의, 국제적 패권자	연방제, 직위분류제	이익집단, 주정부 주도	기업식 정부, 탈규제 추구	패권자본주의, 다국적 기업
영국	의원내각제, 상징적 군주제	약한 다원주의, 영연방	조직의 다원성, 계급제	공익단체, 이중국가	시장경쟁 중시. 민영화 중시	금융자본주의, 국제금융의 중심
독일	의원내각제, 관료주의	조합주의, 유럽연합 주도	안정적 관료제, 높은 정치성	노동조합, 시민단체 주도	조성적 국가, 제한적 개혁	산업자본주의, 제조업 기반
프랑스	이원집정제, 공화국	약한 조합주의, 독자노선 추구	조직의 신축성, 높은 대표성	전문가 단체, 집단간 협상	자생적 개혁, 점진적 개혁	산업자본주의, 첨단산업 추구
일본	의원내각제, 관료주의	약한 국가주의, 평화헌법	엘리트 관료제, 높은 정치성	산하단체, 경제이익집단	부처통폐합. 지방주도 개혁	혼합자본주의, 안정적 고용관계
대한민국	대통령제, 공화국	국가주의, 남북분단	안정적 관료제, 절충형	산하단체, 경제이익집단	종합적 개혁, 정부주도 개혁	혼합자본주의, 대기업 주도

출처: OECD(2017); 행정안전부(2017).

2. 주요 분석대상국가의 경제사회지표 비교

경제사회지표와 관련된 비교분석의 변수들을 주요 분석대상국가를 중심으로 소개하면 [표 4-3]과 같다. 이때 인구과 면적을 포함한 경제지표들은 국부의 증진과 밀접한 관련성을 지니고 있다.

표 4-3   국가별 경제사회지표 비교

구분	인구(천명)	총면적 (10km²)	GDP (억달러)	1인당 GDP (달러)	비교물가수준 (한국대비)	공공부문 비중(%)	수출 (백만불)	수입 (백만불)
미국	326,474	982,667	193,621	59,495	123	35.7	1,504,570	2,241,660
영국	65,511	24,361	25,650	38,847	149	48.7	459,685	625,719
독일	80,636	35,702	36,518	44,184	141	43.9	1,328,940	1,049,850
프랑스	64,938	64,380	25,748	39,673	152	54.6	505,589	572,162
일본	126,045	37,791	48,844	38,550	184	38.2	624,801	647,990
대한민국	50,704	9,972	15,297	29,730	100	24.8	526,744	436,499

출처: OECD(2017); 통계청(2017); 한국무역협회(2016).

IV. 과제작성과 참고자료 예시

1. 수강생 팀별로 개별국가 분석보고서 작성과 발표

개별국 행정에 대한 이해와 수직적, 수평적 비교를 위해 본서가 앞서 제시된 모든 비교변수를 일률적으로 적용하는 일은 현실적으로 어려울 뿐만 아니라 효과적인 분석전략도 아니다. 이에 본서도 주요 국가군별로 대표성이 높은 국가를 선택해 주요 변수 중심으로 집중적인 분석을 진행하였다. 따라서 본서가 언급하지 못한 국가나 여타 쟁점들에 대해서는 [표 4-4]를 통해 제시한 개별국 분석보고서 작성요령을 참고해 과제를 작성하고 발표기회를 마련하기를 권장한다.

표 4-4   개별국 분석보고서 작성 요령

Ⅰ. 개요: 일반 현황(면적, 인구, 경제지표 등), 역사문화적 기반(종교, 관습 등)…
Ⅱ. 정부의 구조와 작동원리: 국가구조, 통치양식, 국제관계, 정치경제 체제, 정치행정문화…
Ⅲ. 정부관료제 내부적인 관리역량: 조직체계, 인사체계, 대표성, 정치성…
Ⅳ. 정부관료제 외부와의 파트너십: 지방정부, 초국가조직, 기업, 시민단체, 국민 등과의 관계
Ⅴ. 집중사례분석: 개별국의 행정개혁이나 발전전략 이슈를 제도적 특성과 연계하여 분석
Ⅵ. 결론: 다양한 비교분석 결과가 한국에 주는 교훈

2. 수강생 개인별로 주요 국제 기구나 정부부처 홈페이지 방문기 작성과 발표

수강생들이 각자 관심있는 주요 국제기구나 정부부처 홈페이지를 5매 내외 분량으로 요약해 과제로 제출하거나 발표한다. 자신이 방문한 홈페이지의 주요 내용은 원문과 번역을 병행하여 소개하는 것도 유용하다. 홈페이지 방문자료를 앞서 제시한 개별국 분석보고서 중 집중사례분석의 용도로 재활용하는 것도 검토할 수 있다.

표 4-5 국제기구와 정부부처 및 공공서비스 홈페이지 예시

▸ http://www.un.org/ United Nations(UN) (국제연합)
▸ http://www.oecd.org/ OECD 경제협력개발기구
▸ http://www.worldbank.org/ World Bank(IBRD) (세계은행)
▸ http://www.imf.org/ International Monetary Fund(IMF) (국제통화기금)
▸ http://europa.eu/ European Union(EU) (유럽연합)
▸ http://www.usa.gov/ General Overview (미국 정부 포탈사이트)
▸ http://www.pm.gov.uk/ Prime Minister's Office (영국 총리실)
▸ http://www.service-public.fr/ Public Service (프랑스 정부 포탈사이트)
▸ http://www.kantei.go.jp/ Prime Minster of Japan and His Cabinet (일본 총리실)
▸ http://www.gov.sg/ Singapore Government (싱가포르 정부)
▸ http://www.pub.gov.sg/ 싱가포르의 공공시설청 (Public Utility Board)
▸ http://www.thameswater.co.uk/ 영국의 민영화된 물기업 (Thames Water)
▸ http://www.brookings.edu/ 미국의 진보계열 싱크탱크인 브루킹스연구소

3. 수강생 개인별로 유관 교양서적이나 시청각자료 리뷰 보고서 작성과 발표

비교발전행정에 대한 수강생들의 관심과 흥미를 자극하기 위해 시사동향과 직결된 가벼운 교양서적이나 시청각자료 리뷰 보고서를 5매 내외로 작성하도록 유도한다. 보고서 대상은 교수와 학생의 협의를 통해 결정하되 아래 제시한 예시자료를 활용하는 것도 유용하다.

표 4-6 교양서적이나 시청각자료 예시

▸ 이원복, 먼나라 이웃나라 개별국가 시리즈
▸ 루스 베니딕트, 국화와 칼
▸ 그레고리 헨더슨, 소용돌이의 한국정치
▸ 폴 케네디, 강대국의 흥망
▸ 칼 폴라니, 거대한 전환
▸ 중국 CCTV, 대국굴기(大國堀起) 시리즈 12부작
▸ 중국 CCTV, 기업의 힘 시리즈 10부작
▸ EBS 프라임, 자본주의(연속기회 5부작 2012년 10월 방송)
▸ KBS 일요스페셜, 네덜란드의 기적 2부작(2002년 1월 20일과 1월 27일)
▸ 주요 발전 현안에 대한 사이버 특강을 제공하는 테드 홈페이지(www.ted.com)

05
미국
: 공공관리의 역동성과 거버넌스의 다층성 및 발전전략의 성찰

I. 개관

　　130년의 역사를 지닌 현대 행정학은 미국의 행정현실을 토대로 형성·발전되어 왔다고 해도 과언이 아니다. 이러한 이유로 한국 행정학자들은 그동안 미국의 행정이론을 수입·소개하는 일에 주력해 왔다. 하지만 역설적으로 미국 행정학의 성립기반인 미국의 행정현상을 실체적으로 이해하려는 노력은 미흡했다는 인상과 평가를 불식시키기 어렵다.

　　미국의 행정현상을 이해하는 일은 미국의 행정이론을 제대로 이해하는 첩경이다. 또한 미국에서 수입한 행정이론을 한국의 행정현실에 적합한 방식으로 토착화시키는 작업에서 미국 행정현상의 특이성은 결정적 변수로 작용하게 된다(이종범, 2003). 이에 본 장에서는 한국의 행정현상과 미국의 행정 현상 간에 존재하는 주된 차이점인 역동성과 다층성을 중심으로 미국 행정에 대한 재인식을 추구하고자 한다.

　　18세기 말의 건국 이후 약 한 세기 동안 미국인들은 시민연합으로서의 국가이념을 지향했다. 이 시기에 행정은 작은 정부, 삼권 분립, 지방 분권화, 엽관제 등을 요체로 하는 이른바 '입법국가' 혹은 '정치국가'에 부합하는 것이었다. 그러나 19세기 말에 이르러 미국인들은 목적연합으로서의 국가이념을 지향하면서 '행정국가'의 등장을 경험하게 된다. 하지만 20세기 중반 이후 국가의 적극적인 사회개입과 양적 팽창, 연방정부의 상대적 강화 추세, 직업 관료제의 성장, 대통령의 정책결정권한 강화 등에도 불구하고, 비교론적 시각에서 보면, 여전히 미국은 작고 파편화된 행정체계를 유지해 왔다(정용덕, 2003).

　　미국의 행정은 위상정립을 둘러싼 계속된 논쟁에도 불구하고 2차대전 이후 계속된 관료주의의 구현을 통해 전문성과 정당성을 확보해 왔다. 그러나 국정의 주도

-115-

자로서 정부관료제는 일반 국민들과 충분한 공감대를 확보하지 못하고 있다. 비록 관료집단이 통치양식의 주요 기반임에는 분명하지만, 미국 내에서 환영받는 제도와는 거리가 멀다. 이에 선거전에 나서는 대통령 후보들은 예외 없이 정부 때리기식의 행정개혁안을 공약으로 제시해 왔다.

표 5-1   미국의 개관

> ▸ 미국의 지배세력: WASP(White Anglo-Saxon Protestant) ➔ 백인 앵글로색슨 개신 청교도계 (1607년 최초 이주민, 1620년 메이플라워호; 동부 연안의 버지니아와 뉴잉글랜드에 정착; 1776년 영국의 식민지에서 독립) ➔ 청교도의 칼뱅주의 일파로 금욕과 절제를 중시(1919 금주법 사례)
> ▸ 독립이후 수도의 설정은 남부 버지니아와 북부 메릴랜드의 접경지대인 포토맥 강변에 양주로부터 분양받은 땅에 워싱턴 DC(District of Columbia)를 건설
> ▸ 권력집중을 방지하기 위해 3권분립(입법-사법-행정)과 연방제(federal-state-local)를 채택 ➔ 군주제를 포기하고 대통령중심제를 채택한 워싱턴의 결단; 양원제
> ▸ 임기 6년의 상원(100명)과 임기 2년의 하원(435명)으로 구성된 의회는 법률제정, 법원설치, 예산승인, 조약비준, 공직자 임명동의와 탄핵 행사 등의 기능을 수행
> ▸ 연방법원과 주법원의 이중구조를 특징으로 하는 사법부는 연방대법원을 정점으로 행정행위에 대한 사법적 평가기능을 담당
> ▸ 행정부는 임기 4년의 대통령의 지도하에 15개 행정부처와 독립행정기관을 가동하고 있음
> ▸ 규제 없는 정글에서 트러스트가 확산되자 1890년 셔먼 독점금지법을 제정(유태인계 금융사인 J-P Morgan, 록펠러 산하 시티뱅크, 내셔널 뱅크 등에 의한 산업지배 심화) ➔ 대공황을 계기로 정부개입은 더욱 확산되었음
> ▸ 1929년 10월 24일 증권의 폭락으로 10년간 계속된 대공황 시작(원인은 전쟁특수의 소멸과 자유방임주의 폐해) ➔ 임금 절반, 수출입 3분의 1, 재고 확대, 은행 파산 ➔ 1932년 루즈벨트의 등장(뉴딜정책 = 구호, 회복, 개혁)
> ▸ 제2차 세계대전 이후 냉전체제를 거치면서 초강대국으로 성장 ➔ 메카시즘(극단적 반공주의)의 폐해, 1960년대 흑인민권운동의 확산 ➔ 케네디의 등장과 신행정학, 쿠바미사일위기(엘리슨 모형) ➔ 1973년 오일쇼크로 인한 재정위기 ➔ 레이건의 감세정책과 재정긴축 및 탈규제 ➔ 냉전의 소멸과 디지털 경제의 확산 ➔ 미국의 일방주의와 9.11테러

II. 미국 행정의 역사제도적 기반

자유와 평등을 중시하는 미국 민주주의의 제도화 원인은 삼권분립을 표방한 미국의 헌법이나 지리적 장점만으로는 충분히 설명되기 어렵다. 따라서 우리는 토크빌이 '도덕적이고 지적(知的)'이라고 묘사한 미국의 통치문화에 주목할 필요가 있다. 미국의 고유한 역사를 반영하는 통치문화는 행정의 구조와 원리를 결정함은 물론 내부의 행동 패턴까지도 규정한다.

미국의 통치문화는 미국 국민의 동의에 바탕을 두면서 권력이 국민으로부터 나오는 '공화국 체제'와 국민들의 '민주적 참여' 원리를 근간으로 한다. 또한 이러한 미국 민주주의의 주요 특징으로는 정부 권력에 대한 국민의 동의와 실질적인 지배, 다수결의 원칙을 준수하는 선거제도, 개인본위의 정치문화, 개인의 자유와 평등 등을 지적할 수 있다(함성득, 1999).

이처럼 정치적으로 강력한 미국의 민주주의 전통은 역설적으로 행정적으로는 정부에 대한 불신과 증오를 가속화시키는 주요 계기로 작용해 왔다. 미국의 여론은 정부서비스를 필요로 하면서도 연방정부와 관료들을 좀처럼 신뢰하지 않으려고 한다. 그러나 관료에 대한 부정적 이미지나 연방정부에 대한 공포는 최근에 나타난 것이 아니다. 이미 160년 전에 앤드류 잭슨(Andrew Jackson)은 연방정부가 자기의 정치적 의제나 보통사람들의 관심사에는 무관심한 이들로 꽉 채워져 있다고 비판한 바 있다.

이에 잭슨은 엽관제(Spoil System)를 앞세워 연방정부의 재창조를 시도하였다.[1] 하지만 엽관제는 오래 지나지 않아 부패의 한 형태라는 여론의 비판에 직면하였다. 엽관제의 정실주의적 속성은 정부서비스의 효율성과 능력을 강화시키는 것이 아니라, 의혹(scandal)과 사익추구(private profiteering) 및 부패를 양산하였다는 것이 주된 비판의 논지였다. 따라서 정부를 보다 효율적이고 덜 정치적으로 만들기 위해 실적제(merit system)로의 전환을 추구하게 되었다(Schultz & Maranto, 1998).

한편 미국 행정의 역사를 대표하는 또 다른 쟁점으로는 정부의 적정규모와 역할에 대한 논쟁을 지적할 수 있다. 이 점에서 미국 헌법의 제정을 둘러싸고 전개된 연방주의와 분권주의 간의 대립은 논쟁의 기원으로 평가된다. 연방주의자들은 강력한 중앙정부의 필요성을 역설한 반면, 분권주의자들은 강력한 중앙정부는 국민을 억압하는 힘으로 작용할 것이라고 반대하였다. 헌법인준 이후 이러한 논쟁은 양대 정당이 탄생하게 되는 배경논리가 되었다. 해밀턴이 주도한 연방주의자당은 오늘날 공화당의 전신이라고 할 수 있고, 제퍼슨의 민주공화당은 오늘날의 민주당의 전신으로 정부의 역할에 대해 후자의 논리를 대변해왔다.

나아가 중앙정부의 권력과 역할에 대한 논쟁은 현재도 입장을 바꾸어가며 계속되고 있다. 지금의 민주당은 강력한 중앙정부와 정부의 광범위한 사회복지정책과 규

---

1 19세기 전반 관직교체론 등을 앞세워 집권에 성공한 잭슨 대통령의 출현은 미국 민주주의의 발전과 직결된 문제이다. 당시 미국은 서부 개발, 이민 유입에 의한 인구 증대, 제조업 발달에 의한 산업 발전, 1812년 전쟁으로 표출된 국가주의 고양 등을 토대로 민주주의의 발전을 구가하였기 때문이다. 그러나 이러한 발전의 배후에는 인디언의 정복, 노예제 확대 등 부정적 유산이 잠재되어 있음을 간과할 수 없다.

제정책의 필요성을 주장하는 반면, 공화당은 중앙정부의 기능을 축소하여 주 정부에 환원하여야 한다고 역설한다. 이러한 입장 차이의 반전은 1930년대 민주당이 뉴딜 정책을 실시하면서 강력한 중앙정부의 필요성이 자연스럽게 대두된 것과 함께 두 정당에 대한 지지계층의 차이에서도 연유한다.

최근 신자유주의에 기초한 신공공관리가 미국 내 정부혁신의 주된 경향으로 부각되면서 정부의 규모와 역할이 축소될 것이라는 주장들이 설득력을 지니게 되었다. 그러나 규제완화를 요구하는 기업가들의 주장은 사회질서유지와 같은 새로운 규제강화 요구에 의해 상쇄될 수 있을 뿐만 아니라, 형평성 측면에서 소득재분배를 추구하는 민주주의 정치과정의 특성상 높은 세율에 따른 불만이 지속적으로 정부의 확대를 억제할 것으로 기대하기는 어렵다(Peters, 1995). 더불어 정부감축의 주요 계기를 마련했던 경제위기도 사실상 궁극적으로 시장에 대한 정부개입의 확대를 의미한다는 주장에도 유의해야 한다.

요컨대 미국 행정의 역사제도적 기반에는 연방주의자와 분권주의자의 대립, 그에 따른 정부역할에 대한 입장차이가 지속적으로 존재하고 있어서 통치사상이라는 관점에서는 전통적으로 진보주의와 보수주의의 갈등 내지 순환의 과정으로 이해할 수 있다.

III. 미국의 정부조직구조: 공공관리의 역동성

1. 조직구조의 설계와 작동원리

삼권분립의 원리에 기초해 대통령이 주도하는 미국 연방정부의 조직구조는 크게 대통령실(Executive Office of the President), 중앙행정부처(Cabinet Departments), 유사기관, 독립기관으로 대별된다. 먼저 대통령실은 대통령 직속하에 설치된 참모기구 및 보조기구를 총칭하는 것이다. 이 중 가장 중요한 것이 관리예산처(OMB)이다. 이 조직은 대통령에게 매년 예산에 관하여 주요 자문역할을 수행하고 있으며 사업집행에 대한 예산지원과 평가준비 업무를 관장하고 있다. 게다가 대통령은 국가안보회의, 경제자문위원회 등의 보좌를 받고 있다. 그리고 대통령의 정치적 활동과 정책결정 활동을 조직화하는 백악관 비서실이 있다(강성남, 1999).[2]

---

2 최근 들어 미국 정부는 행정부와 의회의 지배정당이 상이한 분절성(divided regime)이 지속되고 있다. 또한

다음으로 중앙행정부처는 가장 최근에 신설된 국토안보부를 포함해 15개 부처로 구성되어 있다.3 그러나 실질적으로 이러한 외형적인 수치보다 훨씬 많은 조직들로 구성되어 있다. 이때 부처 간에는 업무의 다양성이 크게 내재되어 있다. 중앙부처는 일단 규모면에서 현격한 차이를 보이고 있다.

한편 연방정부에는 최소 8개 이상의 유사조직이 있는데, 중앙행정부처 다음으로 큰 조직인 환경보호청(Environmental Protection Agency: EPA), 연방노사관계처(Federal Labor Relations Authority: FLRA) 등이 대표적 케이스이다. 또한 최소 10개 이상의 독립규제위원회가 존재한다. 이들 조직들은 중요한 정책결정의 탈정치화를 추구한 연방정부 개혁운동의 역사적 산물로 주간통상위원회(1887), 연방무역위원회(1914), 연방통신위원회(1934) 및 증권교환위원회(1934) 등이 포함된다.

이 밖에 행정부의 범주에는 포함되지 않으나, 관료들과 밀접한 관련이 있는 의회예산처(Congressional Budget Office: CBO), 일반회계처(General Accounting Office: GAO) 등과 같은 입법기관들이 있다. 나아가 공공과 민간의 성격이 혼재된 공사(government corporation) 등의 기관까지 고려하면 그 범주는 더욱 확장되게 된다. 그리고 연방준비제도(Federal Reserve Board)는 정부로부터 독립하여 미국의 금융정책을 결정하는 공적 기능을 수행하고 있다(Peters, 1995).

이처럼 미국 정부조직구조의 설계에 따른 그 작동원리상의 특징은 고도의 분절성과 파편성(division and fragmentation)을 요체로 한다. 미국 정부는 여타 국가들의 보편적 특성인 단일정부로 지칭하기 어려울 정도로 분화되어 있기 때문이다.

하지만 이러한 제약조건에도 불구하고 미국 연방정부는 국정운영 과정에서 실질적인 영향력을 행사하고 있다. 또한 정부 내 수많은 하위조직들이 분화된 형태로 존재하고 있음에도 불구하고 결집된 힘이 발휘되고 있다. 물론 이러한 힘의 근원은 주로 헌법주의와 법률주의에 기인한다. 이에 부가해 상대적으로 동질적인 통치문화도 힘의 결집에 기여하고 있다. 미국은 유럽과 달리 강력하고 자율적인 공무원제의 전통이 미약하지만, 연방정부 내에 다양한 업무를 전문성을 갖고 처리할 수 있는 유능한 공무원들이 있다. 연방정부의 공무원들은 대체로 비슷한 보수와 동일한 인사규

건국 이래 지속된 중앙정부 조직의 파편성도 좀처럼 시정되지 못하고 있다. 따라서 정부 내외의 상이한 이해관계를 조정하는 핵심 기제로서 백악관과 관계부처장관회의의 역할이 커지고 있다.

3 미국의 연방정부 조직은 건국 이래 상황적 필요에 따라 설립되어 왔다. 이 점은 건국 초기에는 기본적 정부서비스 공급(국무부, 재무부, 국방부, 법무부, 국세청), 19세기에는 경제성장과 안정(내무부, 경제자문위원회, 상무부), 19세기 말에는 특수집단의 이익대변(중소기업청, 노동부, 원호청, 농무부), 20세기 초에는 규제와 기업지원(연방항공청, 연방통신청, TVA), 1930년대에는 사회적 서비스(보건복지부, 교육부, 교통부), 1940~50년대에는 국제지원과 냉전전략(국방부의 분화와 중앙정보부), 최근에는 지방서비스와 참모기능(보조금 관리, 인사관리처, 관리예산처) 등을 위해 조직을 신설한 사실을 통해 잘 나타나고 있다(김번웅 외, 1992: 52).

정 하에서 국정운영의 중추적인 역할을 수행하고 있다.

그림 5-1 미국 중앙정부의 조직체계

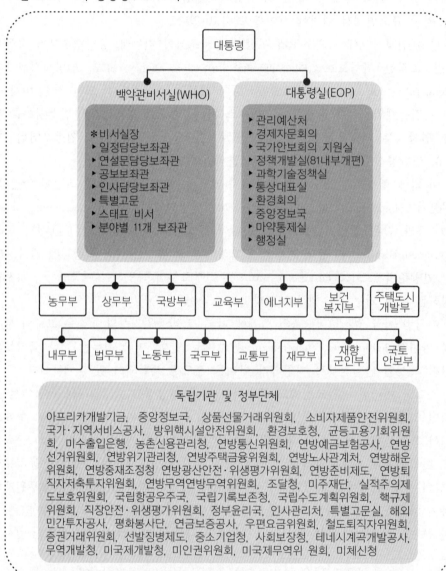

출처: The United States Government Manual(2016/2017).

2. 공무원의 인적 구성과 관리

연방정부는 다른 선진국에 비해 상대적으로 작은 규모이지만 미국 내에서 중요한 고용주로 자리하고 있다. 연방정부의 고용규모는 3백만 명에 육박하고 있으며, 이는 미국 내 총 고용인력의 4%를 점하는 비율이다(Peters, 1995). 그러나 이 수치는 실제보다 매우 적게 나타난 것이다. 연방정부는 사회복지 프로그램의 운용에 있어 주 정부나 지방정부에 의존하고 있기 때문이다.

미국은 1883년 펜들턴법(Pendleton Act) 제정을 계기로 엽관제에서 실적제로 전환하였지만, 아직도 많은 공무원들을 정치적으로 임명하는 관행이 남아 있다. 즉, 직업공무원제가 정착된 여타 선진국들과는 달리 고위직에 3,000명을 상회하는 직위를 정치적으로 임명하고 있다. 그리고 이러한 경향은 1978년 카터의 공무원개혁법(Civil Service Reform Act)이 관료제의 대응성을 제고하기 위해 고위관리직 공무원단(Senior Executive Service: SES)을 신설하면서 정치적 임명폭은 더욱 확대되었다.

미국의 실적주의는 독립된 2개의 조직에 의해 운용되고 있다. 이는 인사행정이 2개의 조직으로 분화된 형태로, 시험·채용·보직 등과 같은 관리업무를 관장하는 인사관리처(Office of Personnel Management: OPM)와 공무원들이 직면하는 인사상의 고충이나 분쟁을 관장하는 실적제보호위원회(Merit System Protection BoardM: MSPB)로 구성되어 있다. 나아가 공공부문의 노사관계를 조정하는 연방노사관계처(Federal Labor Relations Authority: FLRA)는 제3의 인사행정 기관으로 기능하고 있다(Rosenbloom, 2001).

연방 공무원들의 보수는 하위직의 경우 민간기업에 비해 나은 편이나, 직급이 높아질수록 책임감에 비해 급여수준이 체감하고 민간부문에 비해서도 낮아진다. 이러한 결과는 보수정책이 일관성을 상실한 채 정치적 이벤트성 단기처방에 의존하고 있다는 점과 공무원의 높은 보수에 대한 국민들의 부정적 시각이 복합적으로 작용한 것으로 분석된다.

3. 공무원의 정치적 중립과 공직윤리 및 대표성

엽관제의 폐해를 경험한 미국은 실적제의 도입 이래 공무원의 정치적 중립성을 확보하기 위한 노력을 병행해 왔다. 앞서 언급한 바와 같이 미국에서는 고위공무원들이 정치적으로 임명되는 경우가 많다는 점에서 특히 그러하다. 이에 미국에서는 1939년 해치법(Hatch Act)을 제정해 공무원의 정치적 행위를 금지하였다. 이후 의회는 두 차례에 걸쳐 공무원들이 선거유세에 보다 적극적으로 개입할 수 있도록 하는 법안개정을 시도하였으나 대통령에 의해 거부되었다(Peters, 1995).

하지만 공무원 노조 문제는 정치적 중립과 별개의 문제로 다루어지고 있다. 이 점은 연방공무원들의 노조 가입률이 74%에 달하고 있다는 사실을 통해 잘 나타나고 있다. 정부는 공무원의 노조가입을 직접적으로 제지하지는 않고 있으나, 단체협상과 관련한 노조의 활동에는 많은 제약을 가하고 있다.

공무원의 정치적 중립에 부가해 고용상의 또 다른 이슈로는 대표관료제의 구현과 직결된 공직임용의 '기회균등(equal opportunity)'이다. 즉, 공직의 대표성이란 공무원 고용정책에 있어 사회 내 인적구성의 여러 복합적 요소를 얼마나 잘 조화시키느냐의 문제이다. 특히 미국은 다인종 이민국가이기 때문에 약자의 보호를 염두에 두지 않을 수 없다. 공무원 채용에서 약자보호조치(affirmative action) 정책의 도입은 긍정적인 측면과 부정적인 측면이 있다. 긍정적인 측면은 여성이나 흑인, 원주민과 같은 소수집단의 노동인력을 골고루 고용함으로써 약자를 보호한다는 점을 들 수 있지만, 결과적으로 역차별이라는 부정적 파급효과를 회피하기 어렵다.

IV. 미국의 발전전략: 거버넌스의 다층성

1. 정부 간 관계: 신연방주의의 제도화 원인

국가성립 이래 지속된 미국의 전통적인 정부간 관계는 연방정부와 주정부 간의 독자성과 배타성을 주요 특징으로 한다. 1787~89년 헌법회의의 미해결과제인 중앙정부와 주정부 간의 권한 배정문제를 해결하기 위해 1791년 추가된 수정헌법 10조와 주정부와 지방정부 간의 관계를 규정하는 딜런의 규칙(Dillon's Rule)이 이를 반영하는 대표적 논거로 지적될 수 있기 때문이다.[4] 이러한 전통적 연방주의의 틀에 균열의 징후가 표출되기 시작한 시점은 남북전쟁기로 거슬러 올라간다. 하나의 국가를 유지해야 한다는 헌법상의 핵심 가치가 심각한 위기를 맞이하였기 때문이다. 한편 대공황의 치유책으로 1933년 시작된 뉴딜정책은 이러한 변화의 징후가 본격화되었

---

4 수정헌법 10조는 미국 연방정부에 양도한 권한 이외에 모든 권한은 시민과 주정부가 행사할 수 있다고 규정하고 있다는 점에서 이중주권(dual sovereignity)의 법적 토대로 기능해 왔다. 한편 딜런의 규칙은 주정부가 지방정부에 권력의 이양은 명백하고 엄격하게 해석되어야 한다고 규정함으로써 양자 간의 관계가 위임(delegation)과 이양(devolution)을 통해 발생하고 있음을 시사한다.

음을 시사한다.

하지만 1970년대를 전후해 심화된 연방정부의 재정적자는 뉴딜기를 통해 제도화된 정부간 관계의 틀을 다시 전환시키는 주요 원인으로 작용하게 된다. 1980년에 집권한 레이건은 재정난 시대의 생존전략으로 '연방정부의 보조금은 줄이고 지방정부의 권한을 늘리는' 신연방주의 정책기조를 채택하였기 때문이다(유재원, 1993). 또한 세계화의 심화를 반영하는 경쟁환경의 변화나 정보화의 가속화에 따른 포디즘적 축적양식의 붕괴도 이러한 변화의 기저에 작용한 요인으로 평가될 수 있다.

이러한 변화를 반영하는 구체적 실례로는 연방보조금의 감축 및 배분방식의 변화문제를 지적할 수 있다. 부연하면, 먼저 레이건의 집권 이후 연방보조금의 절대액이 현저하게 감축되었다는 점을 지적할 수 있다. 일례로 1981년 평균 도시예산의 28%에 달하던 연방과 주정부로부터의 지원액이 1989년에는 22%로 떨어졌다. 이는 복지국가의 위기로 촉발된 연방정부의 심각한 재정적자를 축소하려는 새로운 시도로 평가될 수 있다. 다음으로 지출항목이 구체적으로 규정된 조건부 보조금(conditional grant)들을 통폐합해 일반 보조금(general grant)의 비중을 증대시키고 있다는 사실은 지방의 자율성 강화와 밀접한 관련성을 지니는 조치로 평가될 수 있다.

결국 새로운 변화의 추세는 미국의 연방체제가 연방-주-지방의 3개 층으로 구성된 종래의 계층적 연방체제(layer cake federalism)에서 서로 대등한 협조적 연방체제(cooperative federalism)로 전환되었음을 의미한다. 이에 따라 주와 지방정부에 대한 연방정부의 통제도 명령 위주에서 설득 방식으로 변화하고 있다. 또한 주와 지방정부는 자구책으로 지사나 시장의 리더십에 기초한 혁신역량 강화에 주력하고 있다.[5]

2. 정부와 시민사회 간 관계: 이익집단 정치의 패턴

미국의 행정은 정치적 행위자들과의 복잡한 상호관계에 부가해 시민사회와도 밀접한 연계관계를 형성하고 있다. 관료는 법과 제도하에서 자율적·독자적으로 공무를 수행해야 하지만, 다른 한편으로는 일정한 법률적·공익적 책임을 위해 시민의 요구를 수용해야 하는 관계에 있다. 관료가 의회와 법원에 법률적 책임이 있는 것처럼, 일반 시민과 고객을 위해서도 이는 매우 당연한 것이다. 다시 말해 행정기관은 정책과정(입법활동)에서 이익단체의 요구와 아이디어를 공식·비공식 채널을 통해 수

---

5 Nathan(1994: 165~166)은 지방정부의 지도자가 추구해야 할 덕목으로 기회포착과 제도형성능력, 인재발굴, 지구력, 공정한 보상체계의 확립, 거시적 안목, 관료제와 의회와의 원만한 관계, 실현 가능성의 추구 등을 지적하였다.

용해야 하는 과제를 안고 있다.[6]

　미국의 정책과정을 둘러싼 정부와 시민사회 간 관계의 개념화는 크게 엘리트론(철의삼각)과 다원론(이슈네트워크)으로 대별된다. 먼저 엘리트주의 시각을 정책결정에 적용하려는 최초의 시도는 Hunter(1953)에 의해 이루어졌다. 그는 조지아주 애틀란타시의 지도자들이 권력을 획득하는 데 있어서 명성이 어떻게 작용하는가를 분석하였다. 그의 결론은 사업가, 은행가, 상공인으로 구성된 엘리트가 존재하고 이들이 대부분의 중요한 정책들을 주도한다는 것이다. 그러나 헌터의 연구는 권력관계를 규명함에 있어 명망가적 접근에 의존하였다는 한계를 지니고 있다.

　다음으로 Dahl(1961)은 명망가적 접근에 대한 비판을 위해 뉴헤븐시를 사례로 정책결정의 경험적 접근을 시도하였다. 다알은 뉴헤븐시의 주요 정책문제들을 선정하여 누가 그 문제에서 승리하는가를 검증코자 하였다. 이러한 연구방법의 채택을 통해 도출된 결론은 뉴헤븐시의 정책과정에서 지배적인 영향력을 행사하는 개인이나 집단을 찾아보기 어렵다는 것이었다. 나아가 Polsbly(1963)의 후속 연구는 전통적 다원주의 논거를 일반화시키는 주요 계기로 작용하였다.

　한편 이상의 논거를 반영하는 미국의 정부–시민사회 간 관계는 다양한 해석이 가능하다. 일례로 관료의 시민에 대한 관계는 법과 상관에 대해서만 책임을 진다는 주장과 정부의 활동은 일상적으로 시민과 직간접적 관계를 맺고 있기 때문에 이와 관련해서 책임이 논해져야 한다는 주장이 대립하고 있다.

　한편 이슈네트워크 방식의 확산은 행정기관에 대한 독점적 유착을 통해 이익을 산출하기 어렵게 되었음을 의미한다. 일례로 보편적 이익을 추구하는 소비자보호 단체는 활동영역이 넓어지고 막강한 영향력을 행사하는 반면에, 제한적 이익을 추구하는 기업이익연합체의 영향력은 퇴조하는 경향이 부각되고 있다.[7] 마찬가지로 의회도 과거와 달리 분권화가 촉진되면서 특정한 의원이나 소위원회가 행정기관을 완전히 통제할 수 없게 되었다는 점도 고려되어야 한다.

　물론 이익집단의 약화가 관료제의 강화를 의미하는 것은 아니다. 사실 관료제는 자신들에게 압력을 가하게 될 이익집단들을 선택하는 데 상당한 재량을 행사해 왔다. 또한 관료제와 이익집단은 공생관계를 형성하는 경우가 많기 때문에 이익집단의 이익이 관료제의 이익으로 돌아오게 된다. 나아가 관료제의 분화가 권력의 약화

6　이익집단의 활발한 로비활동은 미국의 다원주의적 정책결정을 대표하는 특징이다. 하지만 강력한 로비는 관료에 대한 정책포획을 통해 중립적 결정의 본질을 훼손할 개연성을 증대시키게 된다.

7　최근 들어 미국에서는 환경, 부패, 인권, 자원봉사 등의 분야를 중심으로 포괄적 이익을 추구하는 다양한 비정부조직들(NGOs)의 활동역량이 강화되고 있다.

를 초래한다고 보기도 어렵다. 관료제의 분화가 이익집단과의 비공식적 연계를 더욱 촉진시키는 계기로 작용할 수 있기 때문이다.

결국 지금까지 제시된 다양한 논의들을 종합하면, 최근 중요한 정책결정을 둘러싸고 전개되는 영향력 확보 게임은 과거에 비해 보다 개방화된 것이 사실이지만, 다른 한편으로는 불확실성이 보다 많이 내재된 상태에서 '나눠먹기식(somethingfor—everyone politics)' 정책결정이 이루어지고 있다는 비판을 받고 있다.

3. 정부와 기업 간 관계: 규제개혁과 산업정책 간의 조화

미국은 전통적으로 기업활동을 시장의 자율적 조절기능에 맡겨야 한다는 규제개혁의 전통을 정립해 왔다.[8] 따라서 정부가 미시적인 기업 활동에 개입하여 특정 산업이나 기업들을 지원하는 산업정책에 대해서는 터부시해 온 것이 관례이다. 그럼에도 불구하고 미국 정부도 여전히 산업 및 기업활동을 지원하기 위해 여러 가지 방법으로 임시적 조치들을 취해왔음이 여러 정책 사례들을 통해 확인된다.

미국의 경제운용방식은 크게 거시경제정책과 자유무역주의라는 두 가지 축으로 정리해 볼 수 있다(김시윤·김정렬·김성훈, 2000). 먼저 미국 내 경제정책의 기조를 이루고 있는 거시경제정책은 1929년 경제공황의 치유책으로 제시되었던 케인즈 경제학이 근간이 되어 형성되었고 1980년 레이건에 의해 공급중심의 경제정책으로 전환하기 전까지 이러한 원칙은 고수되었다. 다음으로 국제무역에 관한 미국의 입장을 보면 자유무역, 공정무역의 원칙이 근간을 이루고 있다. 미국이 이러한 원칙을 고수하게 된 데는 1945년 제2차 세계대전 종결 후 정치적 및 경제적 차원에서 헤게모니를 행사할 수 있는 위치에 있었기 때문이다.

그러나 미국은 1970년대 이후 저성장, 고실업, 만성적인 인플레, 경기침체, 외국의 보호주의 경향의 증가라는 상황에 직면하게 되면서 더 이상 이러한 원칙들을 고수하기 어렵다는 것을 알게 되었다. 일본과 한국 등의 시장잠식에 의해 피해를

---

8 정부의 시장에 대한 각국의 태도는 크게 자유주의(자유시장)와 개입주의(국가주의), 합의주의(조합주의)라는 세 가지 형태로 나누어진다. 자유주의를 표방하는 국가에서는 자본시장이 잘 발달되어 있어서 시장이 사실상 모든 자원배분 기능을 담당하며 정부는 시장기능이 정상적으로 작동되지 않을 때에만 한정적으로 시장활동에 개입하여 시장실패의 보정자로서 역할을 수행하게 된다. 반면에 개입주의는 시장이 잘 활성화되어 있지 않고 국가부문이 사회 여타 부문에 비해 비대해져 있고 상대적 자율성을 가지고 있으며 개인의 자율성이 극도로 제약된다는 한계점을 내포한다. 그리고 합의주의는 시장자율에 의한 문제해결이나 일방적인 국가개입에 의한 문제해결 어느 쪽도 선호되지 않는다. 국가를 포함한 사회의 정점조직들이 정책결정의 틀 내에 들어와 서로 타협하고 협상하면서 사회의 제 문제를 해결하기 위한 결정들을 수행하게 된다(김시윤·김정렬·김성훈, 2000).

표 5-2 정치경제학을 활용한 현대의 정부기업관계 유형

모형 비교기준	사회민주주의 (조합주의)	신중상주의 (국가주의)	신제도주의 (절충주의)	케인스주의 (수정자본주의)	신자유주의 (시장근본주의)
의미와 키워드	형평, 타협, 환경	전략, 기획, 권위	지속, 규칙, 협력	창출, 혁신, 행동	균형, 경쟁, 질서
학문분과 와 방법론	정치학과 사회학 편향성(구조)		학제성과 행정학(제도)	경제학과 경영학 편향성(행위)	
대표적 구현사례	중북부 유럽 전반 (독일, 스웨덴, 프랑스 등)	동아시아 전반 (일본, 한국, 대만 등)	서유럽과 동아시아 강소국 (아일랜드, 덴마크, 싱가포르 등)	2차대전 직후 영국 (1950~60년대 선진국으로 확산)	석유위기 이후 미국 (세계화에 따라 범지구적 확산)
정책결정 방식	노사정 타협	정부주도 기획	경로의존과 거버넌스	제한적 시장개입	시장의 자율조정
강화될 정책분야	복지, 환경정책	산업정책	융합, 실용정책	총수요관리정책	경쟁정책
정부개입 의 강도	매우 강함	다소 강함	보통	다소 약함	매우 약함
시장자율 의 크기	매우 작음	다소 작음	보통	다소 큼	매우 큼

본 국내 기업들이 증가하였고 이들에 의한 의회에의 압력이 증가함에 따라 더 이상 자유주의의 원칙만을 고수할 수 없게 된 것이다. 그럼에도 불구하고 미국 정부의 시장개입방식과 산업정책은 일본이나 프랑스에서 추진되는 산업정책과는 구별되는 독특한 특성들을 지니고 있다.

미국에서 정부의 시장개입방식은 계획적, 합리적, 장기적이라기보다 비계획적이고, 정치적이며 단기적인 특징을 내포한다고 볼 수 있다. 장기적인 계획과 비전하에 합리적으로 목표를 세우고 일관성 있게 정책을 추진할 수 있는 정책 메커니즘을 구비하고 있지 못하기 때문이다.

또한 미국의 산업정책은 적극적인 시장육성(market promotion)에 목적을 두고 추진된다기보다 정부가 지원할 경우 회복이 가능하다고 판단되는 사양산업의 보호(market protection)에 초점을 두고 이루어진다고 볼 수 있다. 일례로 도산 직전에 있던 크라이슬러 자동차회사나 록히드 회사에 의회의 지원요청으로 정부가 20달러의 보조금을 지급하여 회생시킨 사례는 미국 산업정책의 특성을 잘 보여주는 전형적인 예라 할 수 있다.

그렇다면 구체적으로 왜 미국에서는 적극적 의미의 산업정책이 받아들여 질 수 없는 것일까? 여기에 대한 답변은 크게 세 가지로 요약된다(김세원 외, 1996: 61~63).

첫째, 이익집단의 정치적 영향력 행사이다. 정부는 각기 다른 이해관계를 가진 이익집단을 모두 만족시킬 수 있는 최적의 정책결정을 하기 어렵기 때문에 분명한 승자선택이 수반하는 위험을 회피하게 된다. 둘째, 연방정부의 행정기술 능력의 부족이다. 미국 연방정부의 상층부에는 일본이나 프랑스와 달리 핵심 정책을 주도하고 조정하는 엘리트 관료가 자리잡고 있지 않기 때문이다. 셋째, 관료들을 불신하는 앵글로색슨계의 사회문화적 특징이다. 따라서 미국에서는 전통적으로 관료의 권한이나 행정부의 활동이 강화되는 것을 꺼리기 때문이다.

한편 미국에서는 유럽과는 달리 노동조합 활동이 부진한 편이다. 20세기를 전후해 미국에서 포드를 비롯해 백색 사회주의를 추구한 기업가들의 보수인상과 뉴딜시대에 피크를 이룬 정부의 복지제도 확충으로 사회주의가 인기 없는 이데올로기로 전락하고 말았기 때문이다. 이 점은 지난 반세기 동안 미국의 노조원 수가 노동자의 10%대에 머물고 있다는 사실을 통해 잘 나타나고 있다.

4. 정부와 언론·싱크탱크·초국가조직 간 관계: 발전정책의 주도자

정책과정의 직접적 이해 당사자인 정부와 시민사회에 부가해 미국을 움직이는 또 다른 변수는 무엇인가? 이러한 질문과 관련하여 우리는 우선 국방과 외교를 중심으로 절대적 권한을 행사하는 대통령의 힘에 주목하게 된다. 또한 건국의 아버지들이 확립한 3권분립의 원칙에 따라 의회도 국내 정책에 관한 한 대통령 못지않은 힘을 발휘한다. 연방대법원은 판결로써 미국적 가치의 기준을 정하면서 국가의 틀을 수호하고 있다. 하지만 여론형성자로서 언론과 정책자문자로서 싱크탱크 및 상위정부인 초국가조직에 주목할 필요가 있다.

먼저 제4부로 지칭되는 언론은 여론형성은 물론 입법, 사법, 행정부에 대한 감시 역할을 수행한다. 특히 여론형성자로서 언론은 정책이념의 방향타 역할을 수행해왔다. 물론 9.11테러를 계기로 심화된 우경화 추세 하에서 사회의 거울인 언론도 적지 않은 영향을 받고 있다.[9]

다음으로 제5부로 불리는 싱크탱크는 국가정책의 아이디어를 제공하는 보고(寶庫)이다. 미국에서 싱크탱크가 처음 등장한 것은 20세기 초였다. 정부의 각종 정책과 예산을 연구해 정책 수립에 도움을 주겠다는, 공익적이고 학문적인 목표에서였다.

---

9 보수와 진보를 가르는 주요한 좌표로는 동성연애, 정교분리, 낙태허용, 이민제한, 총기규제 등을 지적할 수 있다. 일반적으로 미국 내 보수주의는 기업가와 유태인들이 중심이 된 북부 백인사회가 주도하고 있는 반면에 진보주의는 헐리우드 영화계와 남부의 흑인사회 및 대학이 주도해 왔다.

이런 이념에 따라 브루킹스 연구소가 1916년 탄생했다.

설립 초기에 대부분의 싱크탱크들은 중립적 연구를 표방해 왔다. 하지만 1973년 보수주의 확산을 천명한 헤리티지 재단의 출범은 싱크탱크 역사의 분기점이 됐다. 이후 헤리티지 재단은 공화당 출신 대통령 당선자에게 집권 청사진을 보내는 등 정권교체기마다 대통령에게 보수주의 입김을 불어넣기 위해 총력을 기울이고 있다. 한편 이에 대한 반작용으로 중도·진보성향의 부르킹스 연구소는 민주당 정부의 충실한 후원자로 역할을 변경한 상태이다.

한편 세계 유일의 초강대국으로 부상한 미국은 다양한 형태의 초국가조직들과 밀접한 관련성을 맺어 왔다. 하지만 유럽연합의 참여국들처럼 자신의 주권을 초국가조직에 이양하는 방식보다는 자신이 참여한 초국가조직을 주도하는 일에 초점을 부여해 왔다. 이 점에서 글로벌 거버넌스의 가속화 추세가 미국 연방정부의 권한을 결정적으로 약화시킨 것으로 파악하기는 어렵다.

V. 미국 발전전략의 성찰과 향후 발전과제

1. 미국의 역대 국가정책기조(政策基調)

미국은 역대 정권별로 볼 때 공화당 정권 때는 대외적 팽창주의 정책성향을 보였다. 공급측면을 강조하는 경제정책(supply-side economy)이 강조되면서, 세금감면, 규제완화, 경제조장 등 기업 친화적 정책도 강조되었다. 국외로는 세계경찰을 표방하며, 그간엔 사회주의권의 팽창을 견제하려는 맥락에서 제3세계 독재정권들을 지원하기도 했다.

반면 민주당이 집권하면 정반대인 고립주의 정책을 견지했다. 정책시각을 미국의 국내문제 치유에 돌려, 사회복지정책 강화와 행정개혁 단행에 치중하고, 대외적으론 인권외교를 강조했다. 미국의 역대 국가발전전략을 정책부문별로 살펴보면 다음과 같다.

먼저 경제정책은 무역대표부를 내세워 해외시장 개방을 위한 통상외교를 강화하고, 항공우주산업 등 첨단산업을 정부가 지원해 왔다. 정부는 자동차 등 사양산업을 보호하기도 했고,[10] 규제완화정책을 펴며 기술혁신을 지원했다. 창의성 위주의

---

10 미국은 3억 인구 중 절반이 유색인종인데, 이들의 소득은 백인 평균의 절반 미만이다. 따라서 유색인종에게

공공 교육개혁 추진도 주목된다.

미국은 국제 비교론적 시각에서 보면 복지 후진국이지만, 주요 시기마다 나름대로 사회복지제도의 근간을 마련해 왔다. 예컨대 경제 대공황을 치유하기 위한 1935년의 사회보장법 제정, 인종분규 해결을 위한 1960년대 말의 위대한 사회(Great Society) 건설과 빈곤과의 전쟁(War on the Poverty) 실시, 빈곤아동 지원을 위한 Head Start 프로그램, 최근 오바마의 의료개혁이 그 예이다.

개인주의 자유전통이 강하고 공공기관에 대한 원초적 반감이 있는 등 제한정부 (limited government)적 전통에 의거해, 작은 정부를 지향하며 행정 효율성을 강조하는 행정개혁이 주로 이루어져 왔다. 한편으론 시민 민주주의의 전통에 의거해 시민참여, 거버넌스의 제도화도 전개되었다.

2. 미국 발전의 현주소와 문제점: 국민생활의 질(國質)을 중심으로

미국은 자타가 공인하는 세계최고의 경제대국이자 군사강국이다. 국제사회에서 막강한 정치외교력을 자랑하고 세계 최고의 지식기반경제를 이끌어간다. 그러나 국민 삶의 이면을 들여다보면, 예상외로 자본주의국가의 모순과 제도적 한계에 심각한 몸살을 앓고 있다. 우리에겐 덜 알려져 있지만 점차 미국인들의 생활실상으로 구축되고 있는 국질의 문제점을 상세히 파헤쳐 보자.

먼저, 상위 1%가 부의 47%를 독점하는 심각한 빈부격차 현상을 들 수 있다. 유럽에서 가장 불평등한 사회인 영국의 경우 상위 1%가 18%의 부를 독점하고 있는 것에 비하면, 미국의 빈부격차는 매우 큰 폭이다. 바로 이는 경제 양극화를 말해준다(김동춘, 2005). 대졸—고졸 간 평생임금 격차는 100만 달러나 되어, 이른바 아메리칸 드림이 붕괴되고 있다. 예컨대 2003년의 빈곤층 비율은 12.1%인데, 이는 연이은 아웃소싱과 대량 정리해고로 인해 중산층이 붕괴된 결과이다. 생산성 향상 투자도 사회적 편익이 협소한 사람들인 경영자, 헤지펀드 매니저, 운동선수 등에게 집중되는 등 노동가격 신호의 왜곡이 나타난다(조홍식, 2004). 탈 산업화에 희생된 전통 노동자층은 저임금 서비스직종으로 전락했다. 부자도 분화되어, 백만장자는 부자 축에 끼지도 못한다. 초부유층은 쇼핑, 자녀양육, 계산서 지불, 고용인 관리, 파티 개최까지 남의 손을 빌리지만, 홈 디포 매장의 근로자는 매장 곳곳을 뛰어다니는 대가로

허드렛일을 시키지만 사회불만으로 인한 이들의 동요를 없애려고 주거, 식품, 일반 소비재 가격을 저렴하게 유지한다. 그래서 무역적자를 초래하지만 사회안전을 위해 저임금국가에서 만들어진 싼 물건들을 수입한다. 단 섬유, 철강, 자동차 수입은 제한했는데, 이들 산업의 고용을 보호하기 위한 조치였다(안영환, 2007: 54).

시간당 8~10달러의 임금을 받는다. 학위가 불필요한 직종에 종사하는 대졸 취업자만 7백만 명이다. 대출업 등 빈곤사업마저 대두되어, 집을 사면 집을 담보로 대출받고, 자동차도 담보받는다. 반면 뉴욕의 대형동물병원엔 125만 달러나 하는 방사선 치료용 선형가속장치가 구비되어 있고, 애완견이 죽기 전 7천 달러의 화학요법이 제공되기도 한다. 양서류를 위한 수중재활 러닝머신도 있다. 그래서 동물의료보험을 자국의 빈곤아동에게도 개방하라는 믿기지 않는 구호마저 나온다(애런라이크, 전미영 역, 2011).

둘째, 빈곤의 세대화, 세대간 계층세습으로 인해, 미국내 계층간 이동은 더욱 어려워지고 있다. 예컨대 흑인이 빈곤에서 탈출하지 못할 확률은 63%나 되어, 백인의 32%와 극히 대조된다. CNN 방송의 경우 앵커는 인종이 다양하지만, 기자는 거의 백인이다. 미국의 모든 통계에서 인종은 주요변수이다. 백인소득 기준 1달러에 비해 흑인은 54센트에 불과하다(할스테드, 이종삼 역, 2007: 144). 흑인은 수백년 간 통혼(通婚)의 대상이 되어오지 못했다. 이처럼 미국은 심각한 인종 편집증에 걸린 나라로서, 인종은 사회적 구조물이다.

셋째, 빈부격차와 인종차별이 우범지대를 낳고 치안 악화를 초래했다. 현재 200만 명의 죄인이 감옥에 수감되어 있고, 보호관찰, 가석방 등 교정처분 대상자까지 합하면 죄수는 660만 명으로서 성인 32명 중 1명이 죄수인 셈이다. 그러다 보니 공공 형무소가 포화상태가 되어 민간 교도소까지 등장한다. 미국 교도소주식회사 CCA의 모회사가 KFC인데, 민간 교도소에서는 죄수들이 복도를 자유롭게 돌아다니게 하고 미용실과 정원 배치 등 사설감옥 경영을 택하고 있다. 이는 덜 암울한 환경이 죄수들을 길들이고 비용을 덜 들게 한다는 효율성 가설에서 시작된다(조홍식, 2004: 10~11; 레비, 김병욱 역, 2006).

넷째, 높은 생활비 부담을 들지 않을 수 없다. 미국인의 잘살기 위한 생활 전쟁은 치열하다. 주당 46시간의 근로시간은 미국인이 유럽인보다 연중 9주나 더 노동하고 있음을 말해준다. 미국인에겐 쇼핑몰이 뉴에이지 소비사원이다. 즉 쇼핑몰이 자본주의 승리를 구가하는 네오 아메리칸의 영광을 예찬하는 또 하나의 교회이자 생활오락의 장소가 되고 있는 것이다(할스테드, 2007: 28; 레비, 2006). 더 많은 물건을 갖자는 데서 생긴 불안, 부담감, 빚, 낭비 등 이른바 어플루엔자(affluenza)로 불리는 풍요 소비병의 사회적 병리 증세는, 만성 스트레스, 과도한 상업주의, 가정파괴, 지구오염, 범지구적 전염성 증후군을 낳는다. 즉 중산층 수준의 생활양식을 유지하기 위해 불가피한 맞벌이 형태의 가정이 70% 이상을 차지한다. 한 중산층 가족의 예를 들면, 소득은 10만 달러이지만 주택 융자금, 자동차 유지비, 공공요금, OECD 중 한국 다음으로 높은 사교육비 부담을 제외하면 남는 돈은 부족하다. 물론 현재의 가구별 소득이 1970년대의 단벌이 가정수익의 2배이지만, 자유재량으로 쓸 수 있는 돈은 그때가 더 많았다는 것이다(할스테드, 2007: 48). 세후 가계저축률은 −0.4%로서, 결국 낭비적 미국은 과소비로 빚더미에 앉게 될 것이란 비관적 예측이 점차 현실화된다.

다섯째, 사회 내의 하부구조를 받쳐줄 자국 인력은 부족하고 그나마 이를 메워줄 히스패닉의 급증으로 국가분열 위기마저 노정된다. 캘리포니아주에 들어서면 불법 입국한 히스패닉이 도로에 무단 횡단할까봐 Human Crossing 표지판이 눈에 띈다고 한다(애런라이크, 2011: 85). 리틀 인디아 등 다양한 이민집단의 정착혼란과 전염병 위기에 직면하자, 미국 아동의 건강을 위해 이민을 온 인도 아동에게 예방주사를 강요하기도 했다. 미국은 선진국 중 유일하게 사형제도를 유지하고 있고, OECD 중 해고가 가장 쉬운 나라로서, 컴퓨터 업계에선 자기 기업의 기밀과 정보 유출을 막기 위해 3시간의 여유를 주고 직원에게 해고를 통지한다(조홍식, 2004: 211). 인구의 15%가 의료보험 혜택을 받지 못하는 등 국민 개(皆)보험 의료제도의 후진국이기도 하다. 호주와 더불어 출산휴가가 무급으로 이루어지는 나라이며, 근로자의 1/4이 계약직이다. 이들 중 12~15%만 회사가 제공하는 의료보험을 향유한다(할스테드, 2007: 139). 그래서 미국 좌파 사이에선 worsim이라는 신조어가 유행이다. 상황이 악화되면 대중이 떨치고 일어나 권리를 요구할 가능성이 증대하는 것이 아니라, 상황이 나쁠수록 오히려 저항이 더 곤란해진다는 것이다. 임의해고 및 의료보험 상실 공포에 눌려 인간적 모욕을 참고 작업량 2배 부과를 고수할 수밖에 없는 것이다(애런라이크, 2011: 170).

여섯째, 대선 투표율 50%, 의원 선거율 30%에서 보듯이, 정치가 희망을 담지 못한다. 투표로 심판한다는 정치공동체 의식의 부재는 미국 민주주의의 퇴보를 징후한다. 미국에서 선거는 낙태, 미혼모 등 형이상학적 논쟁의 무대이자 웅변가의 쇼로 전락했고, 세금인하를 위해 주판을 튕기는 경리들의 전쟁으로 후퇴했다(조홍식, 2004: 67). 따라서 정치가 힘센 자, 가진 자의 전유물화한다. 이른바 금권정치의 망령이 강해져, 입후보자들은 선거구민과 이야기하기보다는 부자에게서 후원금을 거두는 데 시간을 더 많이 소요한다(할스테드, 2007: 144). 결국 미국은 야누스이다. 가장 부유한 국가이자 가장 불평등한 국가란 것이다.

3. 미국의 국격(國格): 일방주의 외교정책의 폐해

미국은 세계경찰을 표방하며 국제사회의 문제해결에 적극 개입해 왔다. 몇몇 국가에 대해선 전략적 원조를 아끼지 않았다. 그러나 최근 대국다운 의연함을 잃은 외교 및 군사개입이 빈번해지면서, 미국의 일방주의 외교가 비판의 도마 위에 자주 오른다.

미국은 제2차 세계대전의 특수를 누리며 세계 총생산의 절반을 차지하는 경제적 초강대국이 되었다. 전쟁호황에 놀란 미국인들은 전쟁으로 공황을 해결하고 파시즘 멸망의 명분마저 얻자 전쟁을 좋은 것(good war)으로 기억하기 시작했다. 그러면서 세계시장을 안정적으로 장악하기 위해 전세계에 정치, 군사적 영향력을 행사해 왔는데, 그 뿌리엔 Turner의 프론티어 이론 및 미국의 명백한 운명론이 있다(김동춘, 2005). Turner에 의하면, 미국인들은 북미 대륙을 횡단해 태평양에 닿은 다음부터 점점 전세계를 자신의 자유주의, 시장경제, 기독교의 땅으로 만들자는 생각에, 무력으로 민주주의를 수출한다는 우월적 생각을 갖게 되었다. 따라서 세계는 자유 관념의 전파를 위한 선교대상이자 시장경제를 작동하는 자유세계로 변할 수 있는 잠재적 영토라는 생각을 강하게 하게 되었다(박진빈, 2006: 103). 제국인 미국의 입장에서 볼 때 내정과 외치 구분의 의미가 없다는 그들의 자만에서 나온 명칭이 바로 미국 국무부이다. 이처럼 미국은 자기중심적으로 모든 국제문제를 풀려는 입장이 강하다.

미국인들은 곧 세계가 미국이라고 생각하는데, 이런 애국주의는 편견, 무지의 소산이다. 외국여행을 해본 미국인은 22%에 불과해서인지, 미국인들은 외국에 대해선 무심하고 자국엔 과도한 애정을 보인다. 그래서 작가인 존 어빙은 "미국인을 강제로 외국에서 1~2년 살게 해야 한다"라고 말한다. 그러나 미국인들은 모든 타국인을 잠재적 범죄자로 여겨서 안전한 최고수준의 해외여행만 고집하므로 그들이 원하는 해외여행은 거의 불가능해진다(조홍식, 2004: 207~211).

미국은 그간의 에너지 공급처였던 중동에서 수세에 놓이고 아프리카에서 중국의 도전을 받고 알래스카 개발이 환경단체의 저항에 부딪히면서 자원확보를 위해 이라크 석유자원 전쟁을 일으켰지만, 그 부메랑이 만만치 않다. 국제테러 위험 때문에 17만 명의 공무원으로 구성된 국토안보부를 발족했지만, 이에 따른 시민자유 박탈 및 감시사회화도 문제시되고 있다. 애국법은 국내의 잠재적 반전, 반미세력을 통제하기 위해 국민적 토론 없이 즉각적으로 만든 법으로서, 정부가 비밀리에 집 수색, 테러세력 옹호자의 조사와 기소, 개인의 책 구매 목록 및 도서관 대출목록도 확인할 수 있다. 이에 의거해 2002년에 새로 문을 연 공립학교 950개의 3/4이 교실에 카메라를 설치했다. 이런 단순한 애국심이 미 제국주의의 원동력이었다. 빌 게이츠 는 "9.11 이후 반이민정책이 세계의 우수인재를 미국이 가장 필요한 시기에 내쫓았 다"고 비판했다(김동춘, 2005).

4. 미국의 발전과제와 희망적 관측

첫째, 서브 프라임 모기지론과 리먼 브라더스의 파산으로 촉발된 미국발 글로 벌 금융위기를 근본적으로 해결하는 것이다. 그간 미국의 주요 경제동력은 빚이었 다. 미국은 신용카드 부채, 주택담보 대출, 자동차 대출, 학자금 대출, 유독성 서비프 라임 모기지 등등 부채의존형 사회(leverage society)였다. 이는 사람들이 자기 재력의 범위를 넘어 잘 살 수 있다는 발상에 익숙해진 생활방식을 장려한 결과로서, 이자에 대한 세금감면과 정부보증 형태로 제공되는 각종 보조금을 통해, 주택에 대한 과잉 투자를 조장하고 불량 채무자마저 괜찮은 투자대상으로 만들었다. 표심을 잡으려는 역대 정부는 정부가 부(富)를 널리 확산시키고자 노력한다는 증거를 노리고 위험한 대출문화를 조장했던 것이다. 그러나 이자율이 오르고 주택가격이 하락하자 담보대 출이 부실해졌다. 이런 잘못된 금융공학과 왜곡된 자원배분이 판을 치고, 공대 졸업 자나 생명공학 전공자도 월스트리트로 진출하거나 헤지펀드 매니저가 꿈이 되는 현 실에서(담비사 모요, 김종수 역, 2011: 169), 실패한 경영주, 사무직 근로자, 자영업자들 은 빈곤층으로 편입되고 말았고, 현재 신빈민(누보 푸어)이 사회의 다수를 이룬다. 따 라서 빈곤층을 위한 생존권 유지정책, 즉 식품 바우처, 빈민의료보험, 상업보험 등이 필요하다. 애런라이크(2011: 295)는 그래야 "추락한 사람들이 무덤으로 직행하지 않 게 된다"라고 말한다.

둘째, 미국은 세계 최대의 채무국가로서 채무위기에 봉착해 있다. 연간 1조 달 러가 넘는 재정적자와 16조 달러에 달하는 국가부채로 재정절벽(fiscal cliff)에 서 있 는 것이다. 비록 미국의 경기가 완만한 회복세를 보이고 실업률이 개선조짐을 보이 지만, 유럽의 재정위기와 중국 등 신흥국의 경기둔화로 인해 세계경제가 침체의 늪 에 빠져 있어 미국의 고용창출을 통한 국가경제 재건과 채무상환 여지가 많아 보이 지는 않는다("재선 성공한 오바마의 무거운 어깨," 중앙일보, 2012. 11. 8자). 타국들이 미 국에 돈을 빌려주고 싶은 것은 미국의 투자이익이 높아서가 아니라 미국이 자국의 상품을 수출할 시장을 제공해 주기 때문이다. 이처럼 값싼 외국상품들이 미국의 국 내 생산력을 잠식해 오고 있어, 미국이 채무증가를 줄이고 번영하기 위해선 국내 제조업 생산의 부활이 필수적이다. 제조업은 서비스업보다 3배의 고용효과를 보이므로, 저축과 투자를 높여 제조업을 부활시킴으로써 타국에서의 미국 상품과 서비스의 소비를 유도해 내야 한다.

셋째, 미국의 공화당은 막강한 자금력을 바탕으로 싱크탱크의 도움을 받아 선거 프레임을 장악해 왔다. 즉 세금감면 등 기업 최우선정책, 기독교 복음주의 전파를 위한 대담한 법안을 상정하며 정치의제를 주도했다. 반면 민주당은 이익집단 간 싸움으로 만신창이가 되었다. 메시지와 합의도출이 불가능한 두목들(예: 노동자,교사, 공공근로자조합, 환경주의자, 동성애협회, 퇴직자협회 등)의 당으로 전락한 것이다. 유권자를 백만장자가 되는 출발선에 서 있는 자로 묘사하는 공화당에 비해, 민주당은 유권자를 사회의 희생자로 묘사한다. 따라서 민주당은 실패자당, 공화당은 승리자당으로 인식된다. 민주당은 공화당에 정치의제 주도권을 상실하고 지적 자본 보충에 실패했다(할스테드, 2007: 363~368). 향후 민주당이 이념적, 정책적 균형을 재회복하려면, 진보정당에 걸맞은 정책프레임 설정능력을 갖추어야 한다.

넷째, 국제사회에서의 영향력 감소도 문제이다. 예컨대 중동의 키르키르스탄은 자국에 주둔한 미군에게 "기지 사용료를 안 올려주려면 나가라"고 엄포를 놓는다. 중국과도 인권문제를 트집잡기보다는 미국채권의 판매를 위해 이 나라에 화해 제스처를 쓰지 않을 수 없다. 코 밑의 적인 쿠바, 이란, 북한 등 적대세력과의 대화 가능성 확대도 중요하다. 따라서 일방주의 외교를 버리고 국익 우선의 경제외교로 선회해야 한다(에이미 추아, 2008).

상기한 문제들을 해결할 미국의 잠재력 개발 여지는 충분하다. 미국은 세계 GDP의 30%를 차지하는 등 세계 최대의 경제권으로서, 생산성, 창업 등 수익창출 경쟁력이 최고이다. 세계 최고수준의 대학들을 보유하고 있으며, 그간의 교육개혁 및 유학생 두뇌활용 성공에 따라 창의성과 기술진보 면에서 타국의 추종을 불허한다. 따라서 유럽연합 전체보다 많은 특허가 출원되고 있고, 더 많은 노벨상 수상자 배출이 가능하다.

미국의 연구개발비는 OECD 30개국의 총 연구개발비의 1/2로서 2위인 일본의 2배나 된다. 금융, 법률, 교육, 의료, 보험 등 지식집약 서비스산업도 강세이고, 영화, 드라마, TV쇼, 음악, 패스트푸드 체인점 수출 등 전 지구적 차원의 문화 지배세력임은 물론, 항공, 우주, 무기, 정보 등 첨단산업의 우위에 힘입어 전세계의 자유시장 경제를 선도할 것으로 예상된다(할스테드, 2007: 114; 모요, 2011: 265). 무역역조지만 미국 자본의 해외투자 비율도 높다.

미국은 높은 생산성을 자랑하는 세계적 곡물 메이커이기도 하다. 국토면적의

40%에서 경작이 가능하고, 서부지역의 미시시피강 유역은 풍부한 일조량과 강우량, 비옥한 토지 등 최고 경작지이다. 이곳엔 145개의 강이 흘러 수자원이 풍부해 자연자원의 축복을 누린다. 그래서 미국의 자본, 캐나다의 자원과 멕시코의 저임금이 결합해 3억 6천만 명의 지역경제권을 형성하면 세계경제를 좌지우지할 수 있다(할스테드, 2007). 결국 에이미 추아(2008)의 말처럼 "제국의 미래는 관용에 달렸다." 미국이 대국다운 대국을 지향할 때, 국제 정치, 경제사회에서의 영향력을 지속할 수 있고, 세계평화에도 일면 기여할 수 있다. 특히 국제정치, 경제 질서를 주도하는 리딩국가답게, 교토의정서 등 국제규범을 준수하면서 타국과의 호의적 관계를 도모해야 한다.

VI. 미국 행정개혁의 기원과 동향

1. 행정개혁의 기원과 전개

미국은 국가성립 이래 20세기 초까지 고객주의·정실주의 모형(clientelistic & patronage model)을 유지한 것으로 평가되고 있다. 그렇다면 삼권분립과 연방제의 채택을 통해 민주주의 원리의 구현을 의도한 미국에서 권위주의적 행정통제와 밀접한 친화력을 지니는 고객주의·정실주의 모형이 형성된 원인은 무엇인가? 여기에 대한 답변을 위해서는 서유럽으로부터 전래된 귀족주의와 정실주의 전통의 미국적 변용물인 엽관주의에 주목할 필요가 크다.

정실주의를 대치한 엽관주의가 민주성의 구현에 기여한 것은 사실이지만, 머신정치(machine politics)라는 새로운 문제를 산출하였기 때문이다.

하지만 20세기에 들어오면서 본격화된 도시정부의 개혁운동과 같은 지방차원의 자구노력에 부가하여 1933년 시작된 뉴딜정책을 통해 가시화된 중앙정부의 복지정책 강화시도는 미국의 고객주의, 즉 보스정치의 기풍을 결정적으로 약화시키는 주요 동인으로 작용하게 된다.

한편 미국은 뉴딜기를 전후해 비록 제한된 형태이긴 하지만 복지국가 모형의 제도화를 시도하게 된다. 서유럽과 맥락을 같이 하는 케인지안 경제관리규범의 채택이나 대표성과 반응성을 강화하는 방향으로 행정개혁을 선도한 신행정학은 이러한 제도화를 지탱한 이념적 토대로 평가될 수 있다. 하지만 전후 제한적으로 유지된 미국의 복지국가 모형은 거대정부의 출현이라는 부작용을 초래하게 된다. 이 점에서

1960년대 중반 이후 정부역할의 효과성 제고차원에서 등장한 새로운 시도들은 케인지안 복지국가의 반증사례로 지적될 수 있다. 일례로 새로운 예산기법으로 제시된 PPBS는 자원난의 시대가 도래하였음을 시사한다.

결국 1960년대 중반 이후 정부는 다시 비대하고, 오만하며, 통제할 수 없는 조직으로 묘사되기 시작하였다. 이에 따라 연방정부를 개혁하여 보다 효율적이고, 덜 정치적이며, 대중의 의사에 보다 부응하는 방향으로 개혁해야 한다는 주장들이 제기되었다. 이 점에서 1980년대의 행정개혁은 이전의 행정개혁들과 마찬가지로 합리적 접근보다는 정치적 접근의 산물로 평가해 볼 수 있다.

2. 행정개혁 동향과 평가: 정부 간 비교를 중심으로

미국의 전통적인 행정개혁은 정책, 예산, 인사 등에 대한 대통령의 관리능력을 향상시키기 위한 것이었으나, 대부분이 기대만큼의 성공을 거두지 못한 것으로 평가된다. 정부수립 이래 계속된 개혁에도 불구하고 미국의 행정은 아직까지 비능률, 낭비, 관료주의, 형식주의, 과다한 규제, 할거주의 등 전통적인 관료제의 병리현상을 청산하지 못하고 있다는 비판에 거의 그대로 노출되어 있기 때문이다.

이에 따라 클린턴과 고어가 주도한 1990년대 중반 이후의 행정개혁은 고객중심, 감축관리, 규제완화 등을 통한 탈관료제를 주된 개혁방향으로 삼고 있다. 신공공관리에 기초한 클린턴 정부의 행정개혁은 지식정보사회의 출현에 부응하는 새로운 정부상을 제시했을 뿐만 아니라 공공관리 측면에서 다양한 성과를 산출한 것으로 평가된다.[11]

먼저 행정개혁의 새로운 방향을 제시하였다는 점이다. 부연하면 첫째, 번문욕례의 배제(cutting red tape)이다. 이것은 지나치게 복잡한 행정절차를 단순화하고 비현실적이거나 중복적인 각종 규제를 대폭 완화하여, 공무원들이 결과에 대하여 책임을 지도록 유도하였다. 둘째, 고객만족 행정(putting customers first)의 구현이다. 고객위주의 행정을 구현하기 위해 다양한 요구수렴 장치를 마련했을 뿐만 아니라 서비스 전달부문에 경쟁원리를 도입하였다. 셋째, 권한의 부여(empowering employees to get result)이

---

11 Osborne & Gaebler(1992)가 제시한 "① 촉진적 정부: 노젓기보다는 방향잡기, ② 지역사회가 주도하는 정부: 서비스 제공보다는 권한부여, ③ 경쟁적 정부: 서비스 제공에 경쟁도입, ④ 사명지향적 정부: 규칙중심조직의 개혁, ⑤ 성과지향적 정부: 투입이 아닌 성과와 연계한 예산배분, ⑥ 고객지향적 정부: 관료제가 아닌 고객요구의 충족, ⑦ 기업가적 정부: 지출보다는 수익창출, ⑧ 미래에 대비하는 정부: 치료보다는 예방, ⑨ 분권적 정부: 위계조직에서 참여와 팀워크로, ⑩ 시장지향적 정부: 시장기구를 통한 변화촉진" 등은 클린턴 정부의 행정개혁안과 직결된 문제이다.

다. 공무원들이 창의적으로 업무를 수행하고 그 결과에 대하여 책임을 지도록 하기 위해 그들에게 결정권한을 포함하여 업무와 관련된 권한을 보다 많이 위임하였다. 넷째, 작지만 효율적인 정부(cutting back to basic)의 구현이다. 작지만 효율적인 정부를 구현하기 위해 정부는 우선 불필요하거나 중복되는 사업을 축소하고, 각종 행정기구와 일선기관들을 통합하거나 폐지하여 경비를 감축하였다(Gore, 1993).

다음으로 공공관리와 관련하여 의미있는 진전을 이룩하였다는 점을 들 수 있다. 부연하면 첫째, 정부성과 및 결과법(Government Performance and Results Act: GPRA)의 제정이다. GPRA는 1993년에 통과되었는데, 이전 정부의 주된 개혁수단이었던 계획예산제도(PPBS), 목표관리(MBO), 영기준예산(ZBB) 및 총체적 품질관리(TQM) 등을 결집한 입법조치라는 점에서 의미를 지닌다. 둘째, 정보기술의 적극적인 활용이다. 이는 다소 이상적이고 혁신적이라는 비판에도 불구하고 관료제의 병리를 치유하는 일에 크게 기여한 것으로 평가된다. 셋째, 과감한 권한이양을 통한 분권화의 구현이다. 주나 지방정부로의 권한이양은 정부 간 파트너십을 조장하는 계기로 작용하고 있을 뿐만 아니라 민간이나 비영리 부문 간의 협력강화를 통한 거버넌스의 확산에 기여한 것으로 평가된다(Kettl, 2000). 표 5-3 미국의 주요 행정개혁 위원회(1905~93)

하지만 거버넌스의 강화로 대표되는 행정개혁의 새로운 방향과 전략은 아직 다음과 같은 제약조건을 탈피하지 못한 것으로 평가된다. 우선 연방정부가 헌법이나

표 5-3 미국의 주요 행정개혁 위원회(1905~93)

▶ Keep 위원회(1905~09): 인사관리, 정부계약, 정보관리
▶ 절약과 능률에 관한 대통령위원회(1910~13): 국가 집행예산에 대한 문제
▶ 조직개편에 관한 공동위원회(1921~24): 부처 간 행정기능의 재분배 방법
▶ 행정관리에 관한 대통령위원회(1936~37): 학술적 관점에서 작성된 대통령실의 권고안
▶ 제1차 후버위원회(1947~49): 행정부의 조직과 기능에 관한 포괄적인 검토
▶ 제2차 후버위원회(1947~49): 조직구조보다는 정책 문제에 초점을 부여한 검토
▶ 행정조직개편에 관한 연구위원회들(1953~68): 조용하게 의미있는 변화를 유도
▶ Ash 위원회(1969~71): 기존의 부처들을 관할하는 4개의 거대부처 신설
▶ Carter의 조직개편 노력(1977~79): 상향적(Bottom-up)이고 과정지향적인 개혁
▶ Grace 위원회(1982-84): 재정지출 억제에 초점을 부여한 대규모 노력
▶ 국가성과평가단(1993): 성과 개선을 위한 "재창조(reinvent)"의 추구

출처: Ronald C. Moe, Reorganizing the Executive Branch in the Twentieth Century: Landmark Commissions, report 92~293 GOV (Congressional Research Service, March 1992).

법률에서 부여한 일을 수행하도록 구성되어 있지 않다는 것이다. 또한 아직까지 연방정부는 다수의 대리인들(예: 민간기업, 비영리조직, 지방정부 등)을 통해 운영되는 정부사업을 관리할 거버넌스 능력을 확보하지 못하고 있다. 이 점에서 우리는 관리개혁이 관리 그 자체에 관한 것일 뿐만 아니라 정치와 거버넌스에 관한 것이기도 하다는 점에 유의해야 한다.

영국
: 신우파와 신좌파의 발전전략과 행정개혁

I. 개관

근대적 발전을 대표하는 양대 지주인 자본주의와 민주주의의 발상지인 영국에서는 자본주의에 주목하는 우파와 민주주의에 주목하는 좌파 간의 경쟁과 대립이 국정운영의 성패를 좌우해 왔다. 이에 본서에서는 영국 행정의 기원과 특성에 관한 일반적 논의를 토대로 발전전략과 행정개혁에 내재된 좌우간의 입장 차이를 살펴보고자 한다.

한편 18~19세기를 풍미한 패권국가 영국은 지난 70년간 미국은 물론 유럽대륙의 라이벌 국가들에 비해 성장률의 저하 현상을 경험해 왔다. 물론 영국은 국부에 부가해 국질과 국격을 포괄하는 총체적 국가경쟁력에서 무시못할 잠재력을 지니고 있다. 특히 과거 대영제국의 영광과 위세가 영연방이란 다소 느슨한 이름으로 남아 국격을 담보하는 촉매제로 작용하고 있기 때문이다.

특히 영국의 행정은 1979년 대처의 집권 이래 계속된 혁신 노력의 결과 세계 최고 수준의 경쟁력을 확보한 것으로 평가되고 있다. 이 점은 영국의 행정개혁 모델이 미국이나 영연방 국가는 물론 지구촌 전반의 유력한 벤치마킹 대상으로 부상한 사실을 통해 잘 나타나고 있다. 물론 영국의 성공에 기인하는 신공공관리적 행정개혁의 세계화 추세는 우리나라도 예외가 아니다. IMF 구제금융을 전후해 영국식 행정제도의 토착화 노력이 지속적으로 추진되었기 때문이다.

표 6-1 영국의 개관

▸ 영국은 잉글랜드를 중심으로 1536년에 웨일즈를, 1707년에 스코틀랜드를, 1801년에 북아일랜드를 각각 흡수하여 형성
▸ 정치발전을 선도한 명예혁명(1689)과 경제발전을 선도한 산업혁명(1750)을 계기로 세계를 호령한 강대국으로 부상
▸ 스페인, 포루투갈, 네덜란드에 이어 해상무역과 식민지 경영의 주도 국가로 부상
▸ 20세기 중반 이후 패권국가의 지위를 상실
▸ 현대 영국은 한반도와 비슷한 243,610㎢의 면적과 약 6,100만 명의 인구를 포괄하고 있음
▸ 상징적인 국왕하에서 총리가 전권을 행사하는 의원내각제 방식을 채택하고 있는 영국은 보수당과 노동당 중심으로 정부를 구성해 왔음

II. 영국 행정의 기원과 특성[1]

1. 영국 행정의 기원과 진화

영국 행정의 기원은 중세의 왕조국가로 거슬러 올라간다. 당시 영국의 공무원은 대부분 성직자로 충원되었는데, 여기에는 다음과 같은 이유가 있다. 먼저 중세 영국은 문맹률이 높았기 때문에 유능한 공직자를 충원하기 어려웠다는 점이다. 다음으로 왕의 녹봉을 받는 성직자들은 최소한의 추가비용으로 종교직에 부가해 행정직을 수행할 수 있었다. 그리고 고대에 행정직을 수행한 환관들과 마찬가지로 성직자들은 자식을 낳을 수 없어서 사심없는 행정활동을 수행할 것으로 기대되었기 때문이다(Colin, 1999).

하지만 성직자의 행정활동에 대한 왕의 낙관적 기대는 종교를 우선시하는 성직자들의 낮은 행정몰입도와 종교적 타락으로 인해 위기를 맞이하게 된다.[2] 이 점에서 근대 관료제의 등장은 르네상스와 종교개혁 및 지리상의 발견과 밀접한 관련성을 지닌다.[3] 수많은 성직자들을 해체하기 위해서는 완전히 새로운 관료와 행정가 계층

---

1 이 책의 영국편 II절과 III절은 한인섭·김정렬 (2004)을 토대로 작성하였음.
2 물론 이러한 가정은 잘못된 것으로, 성직자들이 독신생활을 하지 않았으며, 교황을 비롯한 다른 성직자들의 불법적인 자손을 지칭하기 위해서 nephew라는 완곡어가 활용되었다.
3 종교개혁에 부가해 대헌장(1215)은 관료제와 왕실의 분리를 가속화시키는 주요 계기로 작용하였다는 점에서 근대적 관료제 형성의 원인(遠因)으로 지적해 볼 수 있다(이종수, 1994). 나아가 산업혁명은 근대적 관료제의 본격적인 발전과 직결된 문제이다.

이 필요하였기 때문이다.

한편 입헌군주제의 출현을 촉발한 스튜어트 왕조의 부패상은 현대 영국의 행정 개혁과 직결된 문제이다. 17세기 초 스튜어트 왕조 하의 영국은 전형적인 독점국가 (proprietary state)였다. 물론 국왕들은 준독립적인 토호세력의 견제와 정실주의 임용에 따른 통제력 약화로 인해 모든 결정권을 완전히 독점하지는 못했다. 한편 후원-수혜체계(patron-client system)에 기초한 당시 관료들의 충원경로는 크게 왕실의 총애와 부를 앞세운 개인적 줄서기로 대별된다.

다른 한편으로 관직의 판매는 신흥세력으로 성장한 부르주아지에게 사회적 이동의 중요한 통로를 제공하였다. 유럽에서 관직의 판매는 군주와 부르주아지 사이의 암묵적인 연합을 이끌어냈다. 하지만 새로운 계급의 등장은 기존 세력과의 마찰을 초래하게 된다. 17세기를 통해 관직의 판매와 관련된 일련의 관행은 야심에 찬 새로운 부르주아지 구성원들에게 신분상승의 여지를 제공함으로써 군주제의 공고화에 기여하였다. 이는 프랑스가 부르주아지들의 신분상승 경로를 차단함으로써 혁명이라는 비극적 결과를 초래했던 역사적 사실과 대비되는 사례이다.

나아가 당시의 상업적 부는 군주의 보호와 총애에 달려 있었다. 17세기 영국은 법적 체계의 미비로 상인들이 안정적 사업환경을 구축하기가 어려웠다. 이처럼 불확실한 사업환경에서 상인들은 발생 가능한 강탈이나 몰수를 피하기 위해 공직자들을 자신들의 후원세력으로 확보해야 했다. 하지만 공직자들에게 지불하는 뇌물은 단순히 사업을 보호하는 것만을 위해 쓰이지는 않았다. 중상주의 체제로의 전환이 가속화된 17세기에 수익성이 높은 대부분의 사업은 군주의 손에 있었기 때문이다. 따라서 자본가 계급은 족벌과 뇌물을 동원해 군주나 고위공직자에게 줄을 대는 지대추구자로서의 모습을 갖추게 되었다(Scott, 1972).

결국 명예혁명(1689)을 계기로 국왕이 전권을 행사는 독점적 지대국가는 종말을 고하게 되지만 이후 영국을 풍미한 자유주의 기풍과 야경국가관은 근대적 관료제의 형성과 발전을 제약하는 또 다른 요인으로 작용하게 된다. 이 점은 Oxford 사전이 관료제에 대한 기술에서 1848년에 Thomas Carlyle이 "관료제라고 불리는 대륙적 성가심"이라고 언급하면서 처음으로 사용한 것으로 밝히고 있다는 사실을 통해 잘 나타나고 있다.

따라서 영국의 관료제는 프랑스나 독일과 같은 대륙국가와 구별되는 독특한 양식으로 진화하게 된다. 특히 영국 행정에서 목격되는 높은 수준의 정치화는 정실주의와 엽관주의 폐해를 심화시키는 주요 계기로 작용한 것으로 평가해 볼 수 있다.

이 점은 실적주의 강화를 통해 관료제의 정상화와 공고화를 의도한 19세기 중반의 행정개혁, 즉 Gladstone보고서(1853)와 Northcote-Trevelyan보고서(1854)를 통해 잘 나타나고 있다.[4]

하지만 19세기 중반의 행정개혁은 실적주의 강화라는 공적에도 불구하고 행정의 전문성과 효율성 확보라는 명제에는 부응하지 못한 것으로 평가된다. 또한 경쟁시험은 실적에 의한 임용과 승진을 위한 것이지만, 경쟁시험이 일류대학의 교육적 기준과 중산층 공립학교의 커리큘럼에 고착되어 고위공무원이 갖추어야 할 자격조건으로 인식되면서 Trevelyan이 주장한 계급구조(grade structure) 속에서 하위공무원으로 출발한 공무원이 승진하는 데에는 보이지 않는 장벽이 존재하게 되었다.

물론 이러한 문제제기는 20세기 중반 영국의 행정개혁을 대표하는 Fulton보고서(1968)를 통해 해결의 실마리를 찾게 된다. Fulton보고서의 행정개혁안은 현대적이고 효율적인 행정뿐만 아니라, 평등주의적 채용과 승진기준을 제안하였기 때문이다. Fulton보고서는 정부 내부의 격렬한 반대와 경제위기의 심화와 같은 외부환경요인으로 인해 결과적으로 좌초하게 된다. 하지만 역설적으로 Fulton의 개혁실패는 대처 정부의 개혁안을 추동하는 원동력으로 작용한 것으로 평가해 볼 수 있다(Colin, 1999).

2. 영국 행정의 본질적 특성

(1) 행정구조

영국 통치체제와 정부조직 구조상의 기본적 특징은 어느 한 시점에서 만들어진 성문헌법에 의한 것이 아니라 오랜 역사적 관례와 사건들을 통하여 조금씩 진화해 왔다는 점이다. 일례로 초기의 내각제는 자문조직에 불과하였지만 국왕이 통치권을 포기한 명예혁명 이후 18세기 초부터 점차 오늘날과 같은 형태의 행정조직체로 발전하였다. 나아가 제1차 세계대전 이후에는 연대책임 하의 내각책임제에서 총리중심의 내각운영체제로 바뀌면서 양당제 구도에서 집권당 대표를 겸하는 영국 총리는 삼권분립을 중시하는 미국이나 한국의 대통령에 비해 더욱 강력한 권한을 행사하고 있다(황윤원 외, 2003: 57).

---

4 당시 보고서들이 주창한 행정개혁안의 주요 내용은 행정업무를 기계적인(열등한) 노동과 지적인(우월한) 노동으로 분리, 경쟁시험에 의한 채용과 독립위원회에 의한 시험관리, 실적에 의한 임용과 부서간 전보의 촉진, 특수지식보다 일반지식의 선호, 계층제 등급에 따른 임용, 실적에 의한 승진 등이다.

영국은 의원내각제 방식으로 국정을 운영하기 때문에 상원과 하원에 소속된 의원들이 장관으로 임명되며, 부처에는 장관이외에 부장관(minister of state), 정무차관(Parliamentary Under-Secretary of State) 등 정무적 기능을 수행하는 3가지 직위에 의원들이 임명되기도 한다. 이들은 각 부의 최고위 직업공무원(civil servant)을 의미하는 사무차관(Permanent Under-Secretary of State)과 구별된다. 그리고 실질적으로 총리가 내각을 책임지지만 왕조시대의 유산인 추밀원이 남아 해외 영토의 분쟁해결 등 제한적으로 내각의 자문기능을 수행한다.

영국의 정부조직에는 엄격한 의미에서 직업공무원은 아니면서도 공무원과 유사한 업무를 수행하는 공공부문의 종사자들(public servant)이 많이 있다.[5] 오늘날 진정한 의미에서 공무원이란 중앙정부의 부처(department or ministry), 중앙정부의 지역사무소(governmental offices for region), 비부처부서(non-ministerial department), 책임운영기관(executive agencies) 가운데 하나에서 근무하는 사람이다.

먼저 중앙정부 부처의 경우 전반적인 구조를 규정하는 규정이나 협약은 존재하지 않는다. 재무성(Treasury), 대법원(the Lord Chancellor's Department) 등은 중세부터 존재하였기 때문에 정부에서 매우 중요한 조직으로 인식되고 있다. 역대 왕들은 핵심 부처 이외에는 자기가 원하는 대로 자유롭게 정부조직을 신설, 폐지, 통합 및 분할해 왔다. 외무부(Foreign Office), 내무부(Home Office) 등과 같이 1800년 이전까지 거슬러 올라가는 조직을 제외한 나머지 부서들은 19세기 이후에 정부의 업무와 책임이 확대되면서 새로 만들어진 조직들이다(Colin, 1999).[6]

다음으로 중앙정부의 지역사무소는 1990년대 초반에 보수당 정부가 행정을 재구조화하면서 잉글랜드 지역에 북아일랜드와 스코틀랜드 및 웨일즈 지역과 동일한 서비

---

5 영국의 경우 경찰(police), 세금조사원(tax inspector), 관세청 직원(customer officers), 의회의 서기와 직원, 지방공무원 전체 등이 바로 이러한 유형에 해당된다.

6 영국의 장관급 정부부처는 법무관실(Attorney General's Office), 내각실(Cabinet Office), 비즈니스·에너지·산업전략부(Department for Business, Energy and Industrial Strategy), 디지털·문화·미디어·스포츠부(Department for Digital, Culture, Media and Sport), 교육부(Department for Education), 환경식품농림부(Department for Environment, Food and Rural Affairs), 유럽연합 탈퇴부(Department for Exiting the European Union), 국제개발부(Department for International Development), 국제무역부(Department for International Trade), 교통부(Department for Transport), 노동연금부(Department for Work and Pensions), 보건사회복지부(Department of Health and Social Care), 외무·영연방부(Foreign and Commonwealth Office), 재무부(Her Majesty's Treasury), 내무부(Home Office), 국방부(Ministry of Defence), 주택·지역사회·지방정부부(Ministry of Housing, Communities and Local Government), 법무부(Ministry of Justice), 북아일랜드부(Northern Ireland Office), 스코틀랜드 법무관실(Office of the Advocate General for Scotland), 스코틀랜드부(Scotland Office), 웨일즈부(Wales Office), 서민원의장실(Office of the Leader of the House of Commons), 귀족원의장실(Office of the Leader of the House of Lords), 영국 수출신용기구(UK Export Finance) 등이다.

스를 제공하기 위해 마련한 조직이다. 지역사무소의 장은 정부부처를 대신해서 해당 지역 내의 환경, 운수와 지역, 무역과 산업, 교육과 고용에 관한 업무를 총괄한다.

그리고 비부처부서는 일명 특수법인으로 지칭되는데, 부처로부터 예산지원을 받지만 부처의 계선조직이 아니라 독립된 조직으로서의 위상을 확보하고 있다. 이들 기구들은 장관과 부처의 정책결정을 보좌하거나 부처 방침에 따라 구획된 일정 분야의 사업을 독립적으로 수행하고 있다. 여기에는 주택공사, 관광공사 등과 같이 비영리 공익사업조직이 있는가 하면 무역, 복권, 수도, 전기, 통신 등과 같이 공적 책임이 따르는 민간업무나 민영화된 분야의 규제업무를 수행하는 기구도 있다(강성남, 1999).[7]

또한 법령에 규정된 구체적인 책임을 행사하는 부서들이 다수 존재한다. 일례로 재무성과 사회보장청을 대신해서 모든 형태의 세금을 징수하는 내국세단(Inland Revenue), 부가가치세, 관세 및 기타의 간접세를 담당하는 왕립관세및물품세단(HM Customs & Excise), 금고 및 재정업무를 총괄하는 지출사무소(the Office of Paymaster General), 지방자치단체의 자본지출에 대한 자금대부 업무를 담당하는 공공대부단(the Public Works Loan Board), 보험이나 복권 그리고 정부의 투자사업을 관리하는 국립채무실(the National Debt Office), 국유지나 국유재산 관리업무를 담당하는 왕실관재관(Crown Estate Commissioner) 등이 있다.

마지막으로 책임운영기관은 수백 개가 존재하는데, 어떤 기관은 역사가 오래된 것이지만 대부분은 정부조직 재구조화의 결과로 나타난 것이다. 책임운영기관은 1988년에 Next Steps 프로그램에 의해서 도입된 것이다. 여기에 근무하는 사람들은 공무원이지만, 채용과 급여 및 승진구조는 자율적으로 결정되며, 고위직들은 공개경쟁채용방식으로 민간에 개방되어 있다.

---

7 비장관급 정부조직에는 잉글랜드 웨일스 자선사업위원회(Charity Commission for England and Wales), 경쟁시장청(Competition and Markets Authority), 왕립검찰청(Crown Prosecution Service), 식품표준국(Food Standards Agency), 산림위원회(Forestry Commission), 정부보험계리부(Government Actuary's Department), 정부법무부(Government Legal Department), 토지등기청(Her Majesty's Land Registry), 세입관세청(Her Majesty's Revenue and Customs), 국가범죄국(National Crime Agency), 국가저축 투자청(National Savings and Investments), 교육표준·아동사무·기술국(Office for Standards in Education, Children's Services and Skills), 가스전력시장 관리국(Office of Gas and Electricity Markets), 자격시험관리국(Office of Qualifications and Examinations Regulation), 철도도로국(Office of Rail and Road), 토지측량국(Ordnance Survey), 중대비리수사국(Serious Fraud Office), 대법원(Supreme Court of the United Kingdom), 국가기록원(The National Archives), 통계청(UK Statistics Authority), 무역투자청(UK Trade & Investment), 수도관리청(Water Services Regulation Authority) 등이 있다.

(2) 공무원의 충원과 인력관리

영국의 공무원 제도는 강력한 계급제 전통의 토대 하에서 19세기 중반 실적제를 수용하는 방식으로 발전하였다. 하지만 실적제 개혁에도 불구하고 폐쇄적인 계급제의 전통은 개선되지 못하였다. 이에 Fulton보고서(1968)는 채용과 승진과 관련된 문제를 야기하는 다음의 네 가지 쟁점을 개선하고자 의도하였다(Colin, 1999).

첫째, 진입의 폐쇄성(closed entry)이다. 이를 타파하기 위해 Fulton보고서는 기존에 내부충원에 의존해 온 고위직을 외부에 개방해야 한다고 주장하였다.

둘째, 일반 행정가의 중시(cult of generalist)이다. 대부분의 고위공무원들이 인문학 전공자들로 충원된 것은 이러한 풍토 때문인데, 이로 인해서 과학자, 기술자, 법률가, 회계사 등 전문가들이 고위직에서 배제되는 결과를 초래하였다.

셋째, 일류대학 출신에 대한 편견(bias towards Oxbridge graduates)이다. 영국은 외견상 능력에 따른 임용을 추구하고 있지만 시험의 본질과 면접관의 배경 등을 고려할 때, Oxford와 Cambridge 출신이 다른 대학출신보다 유리한 게 사실이다. 실제로 1968년의 등급시험에서 Oxford와 Cambridge 출신이 전체의 59%를 차지하였다.

넷째, 이동성의 결여(lack of mobility)이다. 공무원은 서기, 집행 및 행정의 계층별로 충원되었기 때문에 이론적으로는 계층간 이동(전직)이 가능하였지만, 실제로 전직이 이루어진 적은 없었다. 계층간에는 이른바 '유리천장(glass ceiling)'이라는 것이 존재하여 실적이나 능력이 아무리 뛰어나더라도 자기가 채용된 계급에 머무는 것이 보통이었다.

또한 영국 정부는 1996년 이래 계급제 전통을 약화시키는 대신에 직위분류제적 요소를 강화하기 위한 노력을 전개하고 있다. 일례로 중앙부처 공무원의 경우 직급과 직렬 등을 폐지하고 오로지 직명(job title)만을 가지게 하는 방향으로 나아가고 있다(최영출, 2000).

하지만 영국의 강력한 계급제 전통은 앞서 지적한 문제점에도 불구하고 빈번한 정권교체에 따른 공직사회의 혼란을 방지하는 자율적이고 중립적인 공공관리의 기풍을 유지했다는 점에서 직업공무원제의 모범을 보여 주고 있다. 물론 뒤이어 제시될 고위공무원단제도의 도입이 시사하듯이 직업공무원제는 대응성과 대표성의 미약이라는 한계를 노정했지만 지속성, 불편부당성, 익명성 등과 같은 강점을 지니고 있다(Colin, 1999).

결국 영국의 행정과정에서 공무원들에 대한 전통적인 역할기대는 독립적인 권한을 행사하거나 행정을 위한 행동을 주도하는 것이 아니라, 정치인들에 대한 조언, 봉사 및 지지 등과 같은 중립적, 익명성, 영구적, 전문적인 역할을 수행하는 것으로 간주된다. 이와 같은 진보적 중립성 모형(model of liberal neutrality)의 취지는 역대 내 각들에 의해 충실히 준수되었다(Colin, 1999).

III. 영국 신우파와 신좌파의 발전전략 비교

1. 신우파의 발전전략: 규제개혁과 민영화

(1) 규제개혁

영국은 19세기에는 세계 제일의 경제력을 보유한 국가였으나 20세기에 들어와 소위 영국병으로 인해 지속적인 생산성 하락과 수출시장 축소를 경험하였다. 이에 1979년 집권한 보수당의 대처 정부는 규제개혁의 강화와 공공부문의 축소를 시작으로 대대적인 경제구조개혁에 착수하였다.

특히 금융산업에 대한 규제개혁이 성공하면서 영국 경제는 1993년부터 15년 동안이나 호황을 누렸다. 하지만 금융산업에 유리한 고금리·고환율 정책으로 인해 영국의 제조업 기반은 빠르게 무너졌다. 특히 제조업 비중은 1990년대 후반 GDP의 20.3%에서 2007년 12.4%로 줄었다. 반면 2007년 기준으로 영국 전체 GDP의 8.3%를 차지하는 금융산업이 최고의 신성장동력으로 부상하였다.

최근 영국이 글로벌 금융위기로 특히 타격을 받은 것은 이러한 산업구조의 변화에 기인한다. 더불어 부실화된 금융기관을 살리려고 정부가 구제금융을 투입하면서 재정적자가 급증했다. 2007년에 GDP의 2.7%이던 영국의 재정적자는 2008년에 5.3%, 2009년에 12.6%로 급속히 악화되었다.

보수당이 13년 만에 재집권한 2009년 선거는 1979년과 마찬가지로 재정적자와 세금인상 문제에 초점이 부여되었다. 노동당이 실업 해소를 위해 급격한 재정감축에 소극적인 데 반하여 보수당은 매우 적극적이다. 또한 보수당은 노동당이 제안한 국민보험료와 부가가치세 인상에도 반대하고 있다. 나아가 노동당은 영국의 핵심 산업인 금융산업의 부활을 위한 구체적 방안을 제시하지 못한 상태에서 규제 방안만 논의하고 있을 뿐이다. 더불어 보수당이 제안한 고통없는 재정긴축 방안도 과연 실효성이 있을지 의문시된다.

(2) 민영화

일반적으로 광의의 민영화(민간화)는 크게 공기업의 사유화(privatization)와 정부기능의 민간위탁(contracting-out)으로 대별된다. 전자는 주로 중앙정부에서 효율성이 떨어지는 공기업의 자산매각을 위해 활용된 반면에, 후자는 지방정부에서 중요도가 떨어지는 업무를 민간에 계약방식으로 덜어내기 위한 목적으로 사용되어 왔다. 또한 상대적으로 영국에서는 사유화에 초점을 부여한 반면에, 미국에서는 전통적으로 민간위탁이 중시되어 왔다.

대처의 집권 이후 영국에서는 공공부문의 비효율성 제거 차원에서 공기업의 민영화가 광범위하게 이루어졌다. 대처 정부는 집권 이후 11년 동안 정유, 통신, 석탄 등 주요 국영기업 40개 이상의 매각을 단행했다. 이러한 지속적인 민영화 정책의 추진으로 1979년 집권 당시 전체 GDP의 10%를 차지했던 국영기업의 비중은 1994년 4.5%로 낮아졌다(김호진, 2000).

이처럼 과감하고 지속적인 민영화 추진은 영국정부의 재정안정과 경제회복에 크게 기여한 것으로 평가되고 있다. 하지만 노동당은 이러한 평가의 이면에 잠재된 부작용에 주목하면서 새로운 방향을 모색하고 있다.

영국 민영화의 대표적인 부작용으로는 요금의 상승과 안전의 저하를 지적할 수 있다. 먼저 발전과 가스 부문에 대한 경쟁체제 도입사례는 공급자를 바꾸는 고객들이 거의 없는 상태에서 기업들의 수지악화와 요금상승을 초래하였다. 다음으로 최근 영국에서 빈발하고 있는 철도사고를 통해 알 수 있듯이 민영화에 따른 수익성 강화 논리는 불가피하게 장기적 투자를 수반하는 안전관리의 해이를 조장하고 있다

한편 노동당은 민간위탁이 완전한 사유화로 귀결되는 공기업의 민영화와는 달리 민간수탁자의 운영관리에 대한 감시·감독을 통해 책임성을 구현할 수 있다는 점에 착안해 호의적인 입장을 견지하고 있다. 이 점은 민영화 관련 개혁 작업이 강제경쟁입찰제(CCT) 중심에서 최고의 가치(Best Value)로 전환된 사실을 통해 재확인되고 있다.[8]

---

8 1999년 지방정부법을 통해 구체화된 최고의 가치(Best Value)는 지방정부가 제공하는 서비스의 비용과 질을 획기적으로 개선시킬 것으로 기대되고 있다. 일례로 임대주택 제공 서비스의 경우 이 제도의 도입으로 인해 민간위탁에 의한 임대사업자와 임차인 간의 합의에 의해 「임차인 참여 협정 표준안」을 제정토록 함으로써 주민 만족도 제고에 기여할 수 있다.

2. 신좌파의 발전전략: 산업정책과 자치분권

(1) 산업정책

영국에서 정부의 전략적 시장개입을 요체로 하는 산업정책의 활용은 전통적으로 노동당 정부가 선호해 왔지만 1990년대 이후에는 당파를 초월하는 공통의 과제로 부상하였고, 중앙정부는 물론 지방정부까지 '경쟁력(competitiveness)'이라는 용어에 주목하고 있다. 이때 경쟁력 향상의 궁극적인 목표는 오랜 경기침체의 극복과 시민의 삶의 질을 향상시키는 것이다(Wren, 2001: 847).

영국 정부는 1990년대에 경쟁력 강화를 위해 네 차례에 걸쳐 백서(White Paper)를 발표하였다. 주요 내용은 오랜 선진국에서 흔히 발생하는 경제침체를 극복하기 위한 대안들을 다루고 있으며, 특히 1994년과 1998년도의 백서는 주요한 정책변동의 내용을 담고 있다.

먼저 1994년 백서에서는 지속적인 경쟁력 향상을 위해 장기적 차원의 생산성을 강조하였을 뿐만 아니라, 가격 및 산출(성과)에 대한 통제도 강조하였다. 그리고 경쟁력에 영향을 미치는 10가지 요소들을 제시하였다. 이는 정부가 교육, 훈련, 연구 및 개발 등 다양한 서비스 제공자이자 규제권한을 갖고 있을 뿐만 아니라, 기업의 생산성을 평가하는 주체로서 거시적인 경제적 환경을 형성하는 데 중요한 영향을 미칠 수 있음을 의미한다.

다음으로 1998년 백서는 신성장동력으로 부상한 지식경제(knowledge economy)의 중요성을 강조하였다. 지식경제의 중요성을 강조한 이유는 다음의 네 가지로 정리할 수 있는데, ① 인터넷 등장에 따른 의사소통방식의 급격한 변화, ② R&D와 같이 장기적인 차원의 과학적 지식에 대한 투자의 증가, ③ 국제시장에서의 자본유동성 증가(외국자본의 투자뿐만 아니라 지식의 이동), ④ 소득상승에 따라 지식기반재화에 대한 수요의 증가를 들 수 있다. 한편 동 백서는 이러한 추세에 부응하는 정부와 기업의 역할을 다음과 같이 규정하고 있다. 기업은 다른 경쟁기업이 모방할 수 없을 정도의 핵심역량을 갖추어야 하며, 정부의 능력은 토지 혹은 값싼 노동력과 같이 물질적인 자원에 있는 것이 아니라 지식, 정보, 기술에 있어야 한다고 강조하였다.

이처럼 산업정책의 논리를 전제하는 1998년 백서는 생산성 향상을 위한 영국 정부의 정책 전반에 상당한 영향을 미쳤다. 이때 영국 산업정책의 주요한 수단들은 크게 과학기술(미래예측, 산학협동…), 중소기업(기업펀드, 벤처지원…), 지역정책(지역펀드, 혁신네트워크…) 등으로 유형화를 시도할 수 있다.

(2) 자치분권

영국의 전통적으로 중앙정부 – 지역정부 – 지방정부 구도하에서 제한적인 자치권을 허용해 왔다. 하지만 1990년대 중반 이후 스코틀랜드와 북아일랜드를 중심으로 자치권 강화를 요구하는 목소리가 커지자 블레어 정부는 1998년 지역의회 신설을 허용하였다.

영국의 기본 지방자치단체에는 광역 지방자치단체와 기초 자치단체, 그리고 단일 통합형 자치단체가 있다. 먼저 영국의 광역 지방자치단체에는 런던 광역시(Great London Authority)와 자치주(County)가 있다. 2007년 7월에 출범한 런던 광역시는 면적 1,584㎢, 인구 750만 명의 런던 시 전역을 관할한다. 자치주는 잉글랜드(England) 지방의 비도시 지역에 관할 인구 50~150만 규모로 설치되어 있으며 교육, 사회 서비스, 교통, 소방, 지역 전략 계획, 소비자 보호, 쓰레기 처리, 환경 보전, 도서관 등과 관련한 기능을 수행한다.

다음으로 기초 자치단체에는 자치구(Borough)와 디스트릭트(District)가 있다. 자치구는 런던 광역시 내의 런던 시 도시 법인(City of London)을 포함해 33개가 설치되어 있으며 교육, 주택, 사회 서비스, 지방 도로, 도서관과 박물관, 쓰레기 수거, 환경 보전 등에 관한 기능을 수행한다. 디스트릭트는 각 자치주 내에 인구 약 10만 명 규모로 4개에서 14개까지 설치되어 있으며 지역 계획, 주거, 지방 도로, 건축 규제, 환경 보전, 쓰레기 수거 등과 관련한 기능을 수행한다.

단일 통합형 자치단체로는 광역도시 디스트릭트(Metropolitan District)와 통합시(Unitary)가 있다. 광역도시 디스트릭트는 1986년 맨체스터, 버밍엄, 리버풀, 리즈, 뉴캐슬 등 대도시 자치주(Metropolitan County)가 해체되면서 광역 기능까지 흡수하여 통합적으로 수행하는 권역 내 기초 자치단체이다. 통합시는 광역과 기초 또는 기초와 기초 등 자치단체 간 통합을 통해 기존 광역 지방자치단체와 기초 자치단체의 기능을 통합적으로 수행하는 자치단체이다(외교부, 2011).

한편 영국은 우리나라와 마찬가지로 수도권 집중을 해소하기 위해 블레어 정부가 1998년에 잉글랜드를 9개의 권역으로 나누고, 지역경제개발 업무를 수행하는 각종 기구들을 통폐합했다. 그 결과가 지역개발청(Regional Development Agencies: RDA) 설치다. RDA는 지역 내 모든 관련기관·단체들과의 협력을 통해 지역경제개발, 사회 발전 등을 위한 제반 전략을 수립하고 그 집행과정을 점검하는 기능을 수행하는데 기존 자치단체인 자치주(County)나 통합시(Unitary Authority)가 담당하기에는 지나치게 크고 그렇다고 중앙정부가 개입하기에는 적절치 않은 지역문제의 해결에 위력을 발휘하기도 했다. 하지만 보수당 정부는 2010년 RDA를 폐지하는 대신에 기초단위 민관합동 지역발전기구인 지역민관협의체(Local Enterprise Partnership: LEP)를 신설하였다.9

영국은 2011년 지방주권법(Local Act 2011)을 통해 지자체와 지역사회가 성장과 고용을 촉진할 수 있도록 추가적 권한도 부여했다. 각 도시권과 지자체가 중앙정부와 협상(city deal)을 통해 주요 권한을 이양 받을 수 있는 근거를 마련한 것이다. 2016년 신설된 도시 및 지방분권법(Cities and Local Government Devolution Act 2016)과 지자체 연합기구(Combined Authoity) 및 기타 도시권 지자체와 분권협상(devolution deal) 체결 및 집행에 관한 근거법도 영국의 지방분권에 힘을 실어줬다(전북일보, 2018.07.16자).

IV. 영국 신우파와 신좌파의 행정개혁 비교

1. 신우파의 행정개혁

20세기의 개막과 더불어 본격화된 영국의 행정국가화 현상은 영국 행정의 비대화와 비효율을 가중시키는 주요 계기로 작용하게 된다. 이에 본 연구는 앞서 제시한 관료제의 본질적 특성들에 주목하면서 신우파의 문제 제기와 혁신노력을 대처가 주도한 관리혁명과 메이저가 추진한 공공서비스 혁신으로 구분해 제시하였다.

(1) 관리혁명

전후 사회민주주의를 지탱해 온 경제적 호황이 1960년대 말 이후 서서히 퇴조하면서 신우파(New Right)는 국가가 너무 많은 일을 하고 있다는 점을 부각시켰다. 특히 신우파 기조 하에서 1979년 5월 집권에 성공한 대처의 보수당 정부는 당시 영국의 공직사회가 국가적 위기를 해결할 수 있는 능력을 전혀 갖추고 있지 못하다는 판단 하에, 그 해결책을 시장부문의 활력을 회복시키는 데서 찾고자 하였다.

신자유주의에 기초한 대처의 관리혁명(managerial revolution)은 '국가의 경계를

---

9 LEP 주무부처는 지방정부를 대표해 지역경제발전을 위한 협상을 진행하고, 집행하는 역할을 맡고 있다. LEP 구성은 단일지자체는 물론 2~3개 지자체가 연합해 설치할 수도 있다.

원상복구(roll-back)', '행정규모의 감축', '공공지출의 감축', '관료구조의 효율화' 등과 같은 목표를 달성하는 일에 초점이 부여되었다. 한편 이러한 목표는 다음과 같은 세 가지 과정을 통해 이루어졌다. 첫째, 경제성, 효율성 및 효과성의 관점(Economy, Efficiency, Effectiveness: 3Es)에서 비용에 대한 가치(value for money)를 탐색하는데, 이것은 효율성 감사의 일종인 일련의 부처점검(departmental scrutiny) 프로그램을 통해서 이루어졌다.[10] 둘째, 1982년에 부처점검 프로그램이 재정관리제안(Financial Management Initiatives: FMI)으로 대체되었는데, 이것은 중앙정부 전체적으로 자원의 배분, 관리 및 통제를 개선하려는 것이다.[11] 셋째, Rayner의 후임자인 Robin Ibbs는 대처 총리의 집권3기에 맞추어 Next Steps 프로그램을 도입하였는데, 이것은 정책결정 기능과 서비스 전달자로서의 집행역할을 분리하기 위한 것이다(Colin, 1999).

한편 대처 정부가 추구한 개혁노력의 공과는 다음과 같이 정리해 볼 수 있다. 첫째, 1979~1995년 사이에 대처 정부의 행정개혁으로 인해서 공무원 숫자가 20%(732,000명에서 524,000명) 정도 감소하였다.

둘째, 공무원 급여와 연금지급이 전체 예산에서 차지하는 비중이 1980년을 기점으로 줄어들기 시작하였으며, 행정관리 비용도 소폭 감소하였다.

셋째, 영향력 있는 부서들(재무부, 내무부, 외무부, 내각사무처 등)은 인원감축이나 재정축소에서 비껴나 있었다.

넷째, 엽관주의 인사관행이 부활하였다. 고위공무원이 보수주의자일 필요는 없지만, 총리의 정책노선과 일치해야 했다.

다섯째, 고위공직자들에 대한 개방형 임용이 이루어지고 있는가를 봤을 때 93개의 기관장 중에서 63개의 직위가 공개경쟁으로 이루어졌고 63개 중 34개가 민간에서 충원되었다.

여섯째, 공무원들이 자기들이 동의하지 않은 정책을 수행하는 데 대해서 우려를 표명하자 공무원들은 의회나 국민이 아니라, 장관과 상급자에 대해서 책임을 지는 것이라는 지침을 제시하였다.

일곱째, Fulton보고서에 따라 설립된 행정청은 1981년에 해체되었으며, 행정에 대한 통제권은 재무성과 총리실이 공동으로 관장하였다.

결국 대처가 주도한 관리혁명은 가시적 성과에도 불구하고 Next Steps 프로그

---

10 점검프로그램의 기본적 사고는 실제로 행정을 운영하는 데 소요되는 돈이 정확하게 얼마인지를 밝히는 데 있다. 점검작업은 부처 기능의 특정 영역을 선정하여 면밀하게 검토하는 방식으로 이루어진다.

11 재정관리제안(FMI)은 관료제를 간소화하고, 민간기업의 효율적인 기법들을 행정분야에 적용하기 위해서 효율성 추진단이 1982년에 창설한 것이다. FMI 백서에 따르면, FMI의 목표는 모든 부처의 관리자들이 성과평가를 자율적으로 관리할 수 있도록 유도하는 것이었다.

램의 시행과 주민세 부과를 둘러싼 논쟁 때문에 대처가 사임한 사실을 통해 알 수 있듯이 객관적이고 중립적인 평가를 어렵게 한다.

1988년 2월에 발간된 Ibbs보고서에 따르면, 새로운 행정구조는 소수의 핵심 정부조직으로 구성되며, 전체 인력은 2만 명을 넘지 않아야 한다. 또한 행정의 95% 이상이 서비스를 공급하고 관리하는 인력이므로 2만 명을 제외한 나머지 인력은 장관이 운영에 개입하지 않는 책임운영기관으로 이관되어야 한다는 것이다.

이에 기존의 행정체제를 유지하려는 사람들은 Ibbs보고서를 행정의 민영화를 위한 준비단계로 간주하여 강력하게 저항하였고, 대처 정부의 급진주의자들은 보다 완전한 민영화를 지지하면서 정부부처에 대한 재무성의 통제권을 없애고 서비스 종류에 상관없이 강제경쟁입찰(compulsory competitive tendering: CCT)을 부과해야 한다고 주장하였다. 결국 대처 총리는 정부 내외의 논란을 잠재우기 위해 강력한 시행의지를 천명하였지만 본격적으로 실행된 것은 1992년에 메이저(John Major) 정부가 들어선 이후이다.

(2) 공공서비스 혁신

1990년 집권한 메이저 총리는 대처의 정부개혁 기조를 유지·계승하였지만 개혁의 초점을 종전의 재정개혁에서 공공서비스의 혁신으로 전환시켰다. 이는 대처의 집권기를 통해 강력하게 추진된 정부감축이 과연 누구를 위한 것인가?라는 사회적 문제제기에 대한 응답이라고 볼 수 있다. 따라서 메이저의 행정개혁은 행정서비스의 질 제고를 위한 관리혁신과 고객만족에 주력하였다(황윤원 외, 2003; 김순은, 1989).

한편 이를 반영하는 메이저의 정부개혁 사례로는 먼저 공공서비스 추진조직의 정비를 들 수 있다. 신정부를 구성하면서 메이저 총리는 교육과학청이 담당하던 과학업무와 Next Steps 프로그램, 그리고 시민헌장(citizen's charter), 사전선택(prior option), 시장성 검증(market-testing)과 같은 업무를 담당하기 위해 공공서비스 및 과학청(the Office of Public Service and Science: OPS)이라는 새로운 부처를 창설하였다. 그리고 Next Steps 업무와 책임은 OPS 내의 Next Steps and Management Development Group에 맡겨졌다.

다음으로 행정의 자율성을 중시하는 신행정(new civil service) 레짐의 정립이다. Next Steps 프로그램은 재정관리제안(FMI), 시장성 검증, 사전선택 등과 함께 중앙집권적이고 획일적이던 전통적 행정을 자율적 요소를 가진 연합형 관리체(federation of discrete component parts)로 변화시켰다.

또한 고위공무원단(SCS) 제도를 도입하였다. 1994년 발간된 「지속성과 변화(the continuity and change)」라는 백서는 고위공무원 계층의 완전한 재구성을 의도하였다. 동 백서가 적용된 1996년까지 중앙정부의 정무직(Whitehall mandarins)이라고 알려진 정책결정구조의 최고위층은 3개 계급 650명 정도의 고위공무원으로 구성된 개방형 직위였다.

앞서 제시된 메이저 정부의 행정개혁은 1994년 발간된 재무성 및 행정위원회(Treasury and Civil Service Committee: TCSC)의 자체평가 보고서를 통해 알 수 있듯이 적어도 Next Steps 프로그램과 시민헌장에 측면에서 소기의 성과를 이룩한 것으로 보인다. 하지만 메이저 정부 말기에 연이어 발생한 고위공무원들의 부패사건을 통해 알 수 있듯이 책임성과 사기 및 윤리의 저하 문제는 좀처럼 해소되지 못하고 있다.

마지막으로 공무원의 책임한계를 명시한 행정관리규칙(the civil service management code)의 마련이다. 이는 계층제적 구조에 있어서 공무원의 위치, 관리구조 내에서의 의무와 책임의 본질 등과 같은 용어와 조건들을 담고 있다.

2. 신좌파의 행정개혁

1997년 토니 블레어의 집권을 계기로 본격화된 신좌파의 행정개혁은 사회민주주의와 신자유주의를 절충한 제3의 길 노선으로 집약된다. 한편 제3의 길 노선을 구체화시키는 블레어 정부의 행정개혁은 크게 관리적 측면의 책임성(투명성) 강화와 정책적 측면의 파트너십의 구현(다층 거버넌스)으로 대별해 볼 수 있다.

(1) 정부의 책임성과 투명성 강화

신좌파로 통칭되는 노동당 현대화론자들의 지원에 힘입어 당수로 선출된 블레어는 새로운 집권전략으로 좌와 우를 초월하는 제3의 길(the third way)을 표방하게 된다. 특히 블레어는 대처리즘을 극복하기 위해 공동체주의(communitarianism)와 사회정의(social justice)를 대안적 정책이념으로 제시하였다. 결국 제3의 길로 통칭되는 신노동당 이념에서 공동체와 사회정의의 결합은 대처리즘을 초월하는 새로운 정치의 기초를 제공해 준다(Driver & Martell, 1998).

이러한 신좌파의 정책이념은 행정개혁과도 밀접한 관련성을 지니고 있다. 즉, 신좌파의 행정개혁은 신우파가 노정한 문제점들의 치유와 직결된 문제이다. 부연하면 첫째, 책임성에 대한 혼란이다. 둘째, 범국가적으로 통합된 행정의 상실이다. 셋째, 민영화의 위협(looming privatization)이다. 넷째, 공공서비스 윤리의 상실이다. (Colin, 1999).

그러나 블레어 정부의 개혁이 당초의 기대에 충분히 부응한 것으로 평가하기는 어렵다. 이러한 결과가 초래된 주요 원인으로는 신우파의 행정개혁을 되돌리기에 너무 많이 변했기 때문이기도 하지만, 신노동당(New Labour)이 그동안의 행정개혁에 동감하는 측면도 있었기 때문이다. 즉, 책임성 확보 등을 둘러싼 논란에도 불구하고 책임운영기관들이 대체로 성공적으로 운영되고 있다. 또한 블레어 정부가 강제경쟁입찰제의 문제점을 치유하기 위해 도입한 최고의 가치(Best Value)로 당초의 기대를 충분히 구현한 것으로 평가하기는 어렵다.

다만 신우파를 발전적으로 계승한 신노동당의 행정개혁은 1999년에 발간된 「정부현대화(Modernizing Government)」라는 백서를 통해 그 의미와 특성을 가늠할 수 있다. 이 백서에서 블레어 총리는 정보기술의 혁명적 발전, 공공부문과 민간부문 간 경계선의 퇴색, 효율적이고 대응성 높은 정부에 대한 국민들의 요구증대 등의 상황을 영국 정부가 현재 당면한 도전으로 규정하고, 정부현대화를 위한 정책결정방식의 개선, 행정서비스의 대응성과 질 제고, 정보시대에 걸맞은 정부 구현 등을 주요 개혁과제로 제시하였다.

한편 이를 반영하는 구체적 개혁사례로는 먼저 행정처리 절차의 투명성 강화조치를 들 수 있다. 전통적으로 행정은 폐쇄적인 것으로 악명이 높았는데, 이것은 비밀주의와 정보를 외부에 유출하는 것을 금기시하는 전통에서 비롯되었다.

다음으로 행정의 공적 책임성 강화를 위해 시민헌장을 보완한 「서비스 제일주의(Service First)」를 도입하였다. 정부 부처에 대한 의회의 외부통제 장치는 옴부즈만과 부처별 선정위원회 제도인데, 이들 제도가 지닌 공통점은 법원이나 공개심문 등과 달리 국민에 대해서 직접적으로 책임을 지지 않는다는 것이다.

마지막으로 민영화의 부작용을 치유하기 위해 재규제(reregulation)를 중시하고 있다. 블레어는 기존에 현업부처 내에 산재해 있던 규제기능을 유형별로 통합해 규제집행의 실효성을 제고시켰다(Better Regulation Unit, 1998). 일례로 소비자 보호를 위해 독점 및 합병위원회와 공정거래위원회를 통합해 단일의 경쟁 및 소비자기준처를 출범시킨 일이 여기에 해당된다. 또한 농축산물에 대한 안전성 강화를 위한 식품규제 부서의 신설이나 대중교통의 편의제고를 위한 버스규제의 강화 등과 같은 조치가 이루어졌다. 나아가 공공부문에 대한 자율규제 방식을 확산시킨 일도 블레어 정부의 주요한 성과로 평가될 수 있다. 일례로 블레어 정부는 각급 학교에 관리상의 자율성을 최대한 부여하면서도 저조한 성과를 나타낸 학교들에 대한 무관용(zero tolerance) 정책을 병행하였다.

(2) 파트너십의 구현: 분권화, 지역화, 시민참여 및 노사협력

신좌파의 정부혁신은 신우파의 관리혁명과 공공서비스 혁신을 계승하는 과정에서 신노동당의 정책이념에 부응하는 차별성을 확보하지 못한 것으로 평가된다. 하지만 최근 들어 신노동당은 약화된 정부 능력의 보완차원에서 국제조직(moving up), 지역공동체(moving down), 시민사회(moving out) 등의 지원과 협력을 유도하는 일에 주력하고 있다(Pierre & Peters, 2000: 75~93; Rhodes, 1996). 따라서 파트너십의 구현에 초점이 부여된 새로운 정책정향은 신노동당이 표방한 공동체주의와 사회정의와도 밀접한 관련성을 지니는 것으로 평가해 볼 수 있다.

먼저 신우파의 집권기를 통해 노정된 중앙집권적 정책사고는 블레어의 집권 이후 급속히 변화되고 있다. 부연하면, 블레어 정부의 분권화 정책은 스코틀랜드와 웨일즈 및 북아일랜드에 자치권을 부여하는 주민투표의 실시로 본격화되었다. 또한 대처 정부가 폐지한 런던광역정부와 시장직선제의 부활조치도 분권화 추세의 상징적 조치로 지적될 수 있다. 나아가 영국의 분권화 추세는 중앙정부에서 지방정부로의 권력이동이라는 고전적 도식을 초월해 이루어지고 있다(OECD, 1997). 이른바 로컬거버넌스(local governance) 추세 하에서 지역공동체가 지방정부를 대치하고 있기 때문이다.

다음으로 블레어 정부의 대 유럽연합 정책은 보수당에 비해 상당히 호의적인 것으로 평가되고 있다. 이 점은 블레어가 유럽연합에 주도적으로 참여하는 과정에서 일정한 지도력을 발휘한 점이나 유럽연합이 제정한 인권선언의 수용 등을 통해 잘 나타난다.

또한 블레어 정부는 시민사회와의 관계재정립을 위해 다양한 형태의 협력방안을 강구하고 있다. 영국의 정부-시민사회 관계는 복지정책의 변동과 밀접한 관련성을 지니고 있다. 전후 지속된 정부주도의 복지서비스 공급이 공공부문의 비대화와 시민사회의 의존성을 심화시키는 부작용을 산출하게 되자 대처의 보수당 정부는 Keynes-Beveridge의 결합으로 표현되는 전후 복지정책레짐과의 단절을 추구하였다. 즉, 대처의 복지정책 기조는 자조(self-help)와 개인책임, 보편주의 원칙에서 후퇴한 선별주의(selectivism) 원칙 및 전국민의 최저생활유지라는 원칙에서 후퇴한 열등처우의 원칙을 들 수 있다(Driver & Martell, 1998).

하지만 보수당 정부의 복지개혁은 효율성의 증진에도 불구하고 민주성 측면에서 소득불평등을 심화시켰다는 비판을 회피하기 어렵다. 이에 블레어 정부는 효율성 제고 측면의 개혁방안들을 계승하면서도 계층 간 분리현상(two-nation hegemony project)의 치유에 주력하는 전략으로 방향을 선회하게 된다.

나아가 블레어 정부는 친노동을 당연시한 노동당 집권 하의 정부-기업 관계를 개혁하는 일에도 주력하고 있다. 실용주의를 표방한 노동당의 현대화를 계승한 블레어는 국유화와 기획을 규정한 노동당의 당헌 제4조를 폐기하면서 자본과 노동 간의 균형성을 확보하기 위한 노력을 추구하고 있다(Driver & Martell, 1998).

3. 소결론: 영국의 행정개혁이 주는 교훈

영국식 행정개혁 모델의 우수성과 당위성에도 불구하고 행정개혁은 불가피하게 저항을 수반하기 마련이다. 특히, 관료들은 자기들의 영역과 전통적 권한을 잃지 않으려고 하기 때문에 관료들이 수용할 수 있는 대안적 해결책을 만들어내지 못하면 강력한 저항에 직면할 수도 있고, 관료권이 강한 정치체제에서는 그러한 저항으로 인해서 정부가 흔들릴 수도 있다(Bowornwathana, 1994). 따라서 영국식 개혁모델의 한국적 수용을 위해서는 다음과 같은 점에 유의해야 한다.

첫째는 각국의 관료들이 세계화와 신축적 조직은 과도하게 강조하면서, 작은 정부와 책임성 및 공정성은 무시하는 경향이 있다는 것이다. 세계화의 비전과 신축적인 조직을 운영하는 것은 외관상 그럴듯하고 근대적으로 보일 수 있지만, 작은 정부와 책임성 및 공정성을 무시하는 것은 적어도 자기가 은퇴할 때까지는 기존의 관료권을 보유할 수 있다는 것을 의미하는 것이다.

둘째는 국가는 기업이 아니기 때문에 리엔지니어링, TQM(Total Quality Management), 전략적 관리 등과 같은 민간부문의 기술이나 기법들의 우월성이나 공공부문에 이전 가능성을 맹목적으로 믿는 것은 위험하다는 것이다. Peters & Savoie(1994)는 민간기업의 관리기법에 크게 의존했던 1980년대의 영미계열의 개혁이 책임성과 공무원의 사기문제를 간과하는 문제점이 있음을 지적한 바 있다. 또한 Moe(1994)는 정부기관의 임무는 해당 기관의 관리층이 아니라, 국민의 대표자에 의해서 결정되는 것이라는 점을 인식할 필요가 있다고 강조하였다.

결국 21세기를 지향하는 정부의 미래상과 직결된 영국의 행정개혁은 앞으로도 계속 각국의 벤치마킹 대상으로 자리할 것으로 보여진다. 하지만 행정개혁은 자국의 독특한 역사적 경험을 토대로 이루어진다는 점에서 영국에 대한 벤치마킹은 과거와 현재는 물론 미래에 대한 다차원적 분석을 전제로 이루어져야 한다. 또한 영국과 여타 국가의 행정개혁에 대한 비교분석은 신공공관리의 일반화와 직결된 문제이다. 따라서 향후 영미국가 간의 비교, 영미국가군과 여타 국가군들과의 비교연구가 지니는 중요성을 제기해 볼 수 있다.

유럽 국가들의 시련과 영광
: 쇠퇴한 맹주와 부상한 강소국

I. 개관

　유럽 국가의 범주에는 쇠퇴해가는 서유럽의 맹주 독일과 프랑스를 비롯해 중북부 유럽을 대표하는 강소국으로 각인된 스웨덴, 네덜란드, 아일랜드, 스위스 등은 물론 최근 심각한 경제위기에 직면한 남유럽의 이탈리아, 스페인, 그리스 등 매우 다양한 국가 또는 국가군들이 포함된다.

　이에 본서에서는 유럽연합을 대표하는 주요 국가들이 경험해 온 영광과 시련을 발전전략과 행정개혁을 중심으로 살펴보고자 한다. 더불어 총체적 국가경쟁력에 초점을 부여한 중범위 사례비교의 관점에서 유사 그룹 간의 비교분석을 수행하는 방식으로 한국에 주는 함의를 도출하고자 한다.

　특히 유럽에 대한 이해와 관련하여 정의, 연대, 형평을 요체로 하는 사회민주주의 전통의 강도가 유럽내 지역국가군 간의 차이를 유발한 점에 주목하고자 한다. 최근의 경제위기와 관련하여 조합주의(합의주의) 전통이 강한 북유럽은 상대적으로 양호하지만 합의주의 전통이 미약한 남유럽의 경우 경제위기 관리에 약점을 노출하고 있기 때문이다.

II. 쇠퇴해가는 서유럽의 맹주: 독일과 프랑스

　역사적으로 독일과 프랑스는 상대적으로 강력한 국가주의 전통 하에서 탁월한 지도자의 강력한 개혁의지를 토대로 국가경쟁력을 강화해 왔다. 나폴레옹과 비스마르크가 주도한 국가주도 개혁의 성공사례가 이를 반영하는 대표적 사례이다. 반면에

19세기 중반 각기 계급갈등과 지역갈등으로 인해 국정운영이 표류하던 시절에는 영국과 미국에 세계질서의 주도권을 넘겨준 바 있다.

또한 국경을 마주한 프랑스와 독일은 유럽의 패권을 둘러싸고 오랫동안 반목과 전쟁을 거듭해 왔다. 하지만 양차에 걸친 세계대전을 계기로 양국은 세계를 호령하는 패권국가의 지위를 상실하게 되었고 양국 간 경쟁의 승자가 지역의 맹주 이상의 의미를 지니기 어렵게 된 새로운 상황 하에서 유럽연합에 영합하는 역사의 아이러니를 연출하고 있다.

강력한 패권국가의 전통을 지니고 있는 독일과 프랑스는 제2차 세계대전 이후 특정한 지도자나 국가의 권위를 앞세우는 국가주의 정책결정방식을 탈피해 노사정이 상호 협력해 국정을 운영하는 조합주의 정책결정패턴을 정립해 왔다. 물론 양국의 조합주의 강도는 사민민주주의 전통에 보다 투철한 북유럽에 비해 약한 편이지만 이탈리아로 대표되는 남유럽에 비해 강한 편이다. 더불어 중유럽을 대표하는 양국의 조합주의 전통은 인접한 서유럽 강소국들에게 많은 영향력을 발휘하였다.

독일과 프랑스는 유럽연합의 출범 이래 영국의 딴지걸기에도 불구하고 안정적으로 연합체를 유지하는 양대 지주의 역할을 충실히 수행해 왔다. 하지만 이러한 양국의 선도적 노력도 최근 심화된 경제위기 국면에서 점차 유효성을 상실하고 있다. 일례로 긴축을 앞세워 유럽연합의 재정위기를 극복하겠다던 양국의 핵심적 정책구상이 무너진 일이 대표적 사례이다.

유럽연합을 주도해 온 독일과 프랑스의 리더십이 약화되고 있다는 사실은 양국의 국가경쟁력 약화와도 밀접한 관련성을 지니고 있다. 먼저 독일은 유럽연합의 출범을 전후해 오랫동안 지속된 '정체된 국가(Static State)'의 이미지를 탈피하는 일에 성공한 것으로 평가되고 있다. 하지만 골디락스(goldilocks)로 지칭되는 독일 경제의 부활도 회원국 간의 내부거래를 촉진한 유럽연합이라는 새로운 보호장벽에 기인하는 바가 크다는 점에서 그 성과의 지속성을 담보하기 어렵다.

다음으로 프랑스는 PIIGS를 넘어 남유럽 경제위기의 종착지가 될 것이라는 비관적 전망속에 총체적 무기력증을 좀처럼 탈피하지 못하고 있다. 경제적 활력이 약화되고 창조적 에너지가 시들었을 뿐만 아니라 한때 세계인을 매료시켰던 예술적 감수성과 상상력도 지금은 잘 보이지 않고 있다(중앙일보, 2012. 05. 10자). 이 점에서 젊은 리더십을 표방하며 혁신을 선도하는 마크롱 정부의 비전과 정책에 대한 기대가 커지고 있다.

1. 독일의 발전전략과 행정개혁

중부유럽에 위치한 독일은 16개의 주로 이루어진 연방제 국가이며 인종은 게르만(German)족이 다수이다. 독일은 인구가 지역별로 고르게 분포되어 있다는 점에서 국가 균형발전에 유리한 조건을 구비하고 있다. 이 점은 미국과 마찬가지로 연방과 주 정부 간의 상호보완적 역할분담이 촉진되어 왔다는 사실을 통해 설명될 수 있다.[1] 하지만 독일은 제2차 세계대전의 패전 이후 1990년 10월 3일 재통일이 이루어지기까지 독일연방공화국(서독)과 독일민주공화국(동독)으로 분단되어 있었다.

현재 통일 독일은 8천만 명이 넘는 인구를 소유한 강대국으로서 유럽연합과 세계질서를 주도하는 위치에 있다. 하지만 통일을 전후한 독일의 경제적 시련은 과거 독일식 모델의 대명사로 자리해 온 안정된 국가(stable state)로서의 이미지를 훼손시키고 있다.

그러나 독일의 저력은 1998년에 집권한 사민당 슈레더 총리가 '정상국가의 건설'이라는 모토 하에 통일유산의 처리와 세계화의 도전에 초점이 부여된 광범위한 제도개혁을 추진하면서 살아나고 있다. 또한 유럽통합을 전후해 기민당 메르켈 총리가 보여준 리더십은 독일의 부활에 대한 확신을 더해주고 있다.

(1) 독일의 발전전략

독일식 발전모델은 정부가 주도하는 후발산업화의 선구적 사례로 평가되어 왔다. 19세기 후반에 본격적으로 시작된 독일 산업화는 20세기 초반에 후발성(後發性)의 이점과 정부의 개입을 활용해 영국이나 프랑스에 대한 따라잡기에 성공할 수 있었다. 나아가 이러한 독일의 전통은 제2차 세계대전 이후 신속한 경제부흥에도 크게 기여하였다.

전후 독일은 높은 수준의 임금과 낮은 소득 불평등 속에서 강력한 국제경쟁력을 갖춘 경제체제를 형성하였다. 이러한 경제적 성과는 다양한 세력들 간에 이루어진 타협이 사회적으로 제도화된 결과이다.

하지만 사회적 시장경제로 지칭되는 독일의 제도적 특성은 1989년 독일 통일을 전후하여 시련을 맞이하기도 하였다. 당시 독일 정치경제의 퇴조원인으로는 자본과

---

1 독일은 주정부 간에 독특한 상호기능 배분을 수행하는 구조를 채택하고 있다. 일례로 학문과 문화적 기능은 뮌헨(Muenchen)이 담당하고, 공업도시의 역할은 라이프찌히·슈트르가르트(Stuttgart)가 담당한다. 또한 국제교류의 중심지는 베를린과 프랑크푸르트(Frankfurt)가 수행하며, 항구도시는 함부르크(Hamburg)와 브레멘(Bremen)이 수행하는 등 지역적 특성과 기능의 분산을 통한 국토의 균형과 조화를 추구하려 노력하고 있다.

노동시장 조직의 경직성, 선거경쟁과 당파적 정책결정, 다층적 통치방식과 정책결정 구조, 과도한 복지와 비효율적인 교육제도, 동서독 통일에 따른 재정압력 등을 지적할 수 있다. 이 밖에도 국제경쟁의 격화, 유연성을 요하는 지식기반경제의 등장, 유럽통합과 금융의 세계화 등을 들 수 있다(Kitschelt & Streeck, 2003).

그러나 독일의 저력은 유럽연합의 출범을 계기로 되살아나고 있다. 2010년의 경우 중국에 근접하는 높은 성장률과 안정적인 실업률을 이룩하였다. 이른바 독일경제는 성장회복, 고용개선, 물가와 재정안정 등 골디락스(goldilocks)현상을 보이며 장기침체에서 벗어나고 있다.

이러한 독일 경제의 부활에는 다양한 요인들이 작용하였지만 중소기업이 선도하는 제조업 위주 성장전략이 크게 작용한 것으로 분석되고 있다.[2] 이는 대기업 위주 성장전략을 채택해 온 한국이나 금융산업 중심의 성장전략을 채택해 온 영미에 시사하는 바가 크다. 특히 독일은 전후 강력한 경쟁법을 도입해 특정 산업이 한두 기업에 의해 장악되는 것을 철저히 억제해 왔다. 그 결과 중소 부품업체가 여러 대기업에 납품하는 수평적인 관계가 형성됐고, 전문성을 가진 다양한 '히든 챔피언'들이 나타났다.

독일의 중소기업들이 기계, 전기, 자동차, 화학 등에서 보유한 막강한 기술혁신 역량은 기업가의 전문분야 집중, 우수한 기술인력의 원활한 유입, 전국에 산재해 있는 유수한 대학·연구소에 대한 손쉬운 접근, 그리고 정부의 실효성 있는 정책적 지원 등에 힘입은 바 크다. 특히 독일의 연방정부와 주정부는 시장기능을 저해하지 않는 방식으로 중소기업의 발전단계와 기술개발 특성에 부응하는 정책지원을 확대·강화하고 있다(홍지승, 2002).

한편 독일 중소기업정책의 추진방향은 2006년 7월 19일 연방경제기술부가 작성한 중소기업을 위한 연방정부의 계획(Die Mittelstandsinitiative der Bundesregierung, 2006. 7. 10)을 통해 잘 나타나고 있다. 본 계획은 중소기업의 성장과 고용의 중요성을 강조하고 있으며, 연방정부에 의해 추진 또는 계획 중인 중소기업 관련 시책을 포함하고 있다. 특히 본 계획은 중소기업의 성장 촉진, 행정규제의 감축, 혁신역량의 강화, 기업교육의 개선, 차세대 숙련 기술자의 확보, 자금조달 기회의 개선을 목표로 하며, 보충적으로 대외무역활동 지원, 벤처캐피탈 활성화 및 창업 촉진을 위한 정책을 포함하고 있다(김승일, 2010: 126~131).

---

2 독일 경제의 부활에는 라인자본주의를 계승한 중소기업정책에 부가해 세계경제의 회복, 구조개혁의 성공, 제조업 경쟁력강화를 통한 수출확대, 인수 및 합병(M&A)을 통한 산업구조조정, 신성장동력 육성 등이 기여한 것으로 평가되고 있다(안순권·김필헌, 2007).

독일 중소기업정책의 추진체계는 중앙정부는 물론 유럽연합과 주정부가 참여하는 다층거버넌스의 형식을 취하고 있다. 유럽연합(EU)의 중소기업정책은 유럽연합 내의 지역개발과 기술개발의 차원에서 추진되고 있다.3 그리고 연방정부는 관련 금융기관(DtA, KfW)의 협조 아래 장기적인 금융지원과 정보지원을 하고 있다. 나아가 주정부는 단기적이고 구체적인 방안들을 제시함으로서 연방정부의 정책을 보완하고 있다.

(2) 독일의 행정개혁

18세기 이래 관료제 행정의 선도국가로 자리해 온 현대 독일의 행정개혁은 전후 다양한 형태로 전개되어 왔다. 따라서 여기에서는 크게 성장기(1945~1979)와 감축기(1980~1997) 및 조정기(1998~현재)로 구분되는 현대 독일의 행정개혁을 단계별로 간략하게 소개하고자 한다(김정렬·김성수, 2006).

전후 독일의 행정개혁은 제2차 세계대전으로 붕괴된 연방차원의 행정을 재건하는 일에 초점이 부여되었다. 특히 독일경제의 고속성장과 더불어 사회민주주의 정책이념이 득세하자 1969년 집권에 성공한 사민당은 빌리 브란트 총리의 주도 하에 행정을 비롯한 정치, 경제, 사회, 문화 전반의 급속한 변화를 추구하였다. 관료제 행정의 체계화를 위해 당시 이루어진 행정개혁의 주요한 내용은 재정개혁, 행정구역의 개편, 정부조직의 개혁, 공무원 인사개혁 등이다.

1970년대를 풍미한 사회민주주의 정책기조는 독일내 공공부문의 급속한 팽창을 초래하였다. 참고로 1965~1975년간 독일 공공분야의 고용비중은 6.85%에서 12.98%로 증가하였다. 이러한 정부의 팽창은 재정적 비효율성의 심화는 물론 행정의 대응성 저하라는 문제점을 초래하였다. 이에 1983년 정권교체에 성공한 기민당은 독일 행정의 약 80% 이상을 점하고 있는 규제법률의 개혁을 적극 추진하였다. 하지만 당시의 노력은 기대 이상의 성과를 구현하지 못한 것으로 평가되고 있다.

1990년대 중반 이후 확산된 신공공관리의 세계화 추세는 독일도 예외가 아니다. 하지만 독일 행정에 내재된 관료제 행정의 강력한 유산은 뉴거버넌스와 조성적 국가(enabling state)라는 행정개혁 기조를 확산시키는 계기로 작용하고 있다. 1998년 집권에 성공한 사민당 슈레더 총리는 신중도 노선에 입각한 행정현대화 프로그램인

---

3 유럽연합은 성장촉진과 고용증대 그리고 연합내 국가들의 경제력 격차를 줄이기 위한 목적으로 중소기업을 우선적으로 지원한다. 이는 중소기업의 지원이 기술개발을 강화하여 성장을 촉진시키고 고용증대의 효과를 배가시키기 때문이다. 여기서 자금융자와 보증, 산업구조개선기금, 개발연구, 협력체제 지원 등이 중소기업을 지원하는 주요한 방법이다(김인숙·김종천·최선, 1999: 45).

'현대국가-현대행정(Modern State-Modern Administration)'을 발표하였다. 여기의 주요 내용은 적극적이고 포괄적인 국가개입의 축소 및 탈관료제화, 행정의 효율성 및 효과성 강조, 긴축재정 및 예산삭감의 실시, 탈규제 및 공공부문 외부의 활동중시, 전자정부, 참여와 조정기능의 확대 등이다. 슈뢰더 정부가 추진한 행정현대화는 독일의 역대 정부들이 추진한 행정개혁에 비해 성공적이었던 것으로 평가되고 있다. 이처럼 긍정적 결과를 이룩한 주요 동인으로는 낮은 비용-높은 효과, 책임분배와 작은 국가, 보다 많은 서비스 제공과 탈관료제 등을 들 수 있다.

독일과 한국은 역사문화적 전통, 경제발전단계, 정치체제 등 여러 가지 차이점에도 불구하고 비교적 안정적으로 관료제 행정을 유지해 왔다는 공통점을 지니고 있다. 특히 양국은 1990년대 이후 신공공관리의 적극적인 수용을 통해 조직으로서의 관료제를 변화시키는 일에는 성공한 것으로 평가되고 있지만 제도로서의 관료제를 변화시키는 단계로는 나아가지 못하고 있다. 이는 다시 말해 영미국가의 혁신기법을 벤치마킹하는 방식으로 관료제의 구조와 운영을 변화시켰지만 관료들의 의식과 행태 및 특권을 변화시키는 일에는 실패하였음을 의미한다.

이 점에서 슈레더와 노무현을 대신해 행정개혁을 추진했던 메르켈과 이명박 정부의 기업친화적 규제개혁에 주목하자는 시각도 있다. 하지만 독일의 기업친화적 규제개혁은 중소기업의 행정부담 경감에 초점이 부여되어 있다는 점에서 대기업의 편의를 중시하는 한국의 현실과는 차이가 있다는 점에 주목할 필요가 있다.

2. 프랑스의 발전전략과 행정개혁

프랑스 행정은 1789년 대혁명 이래 확고한 전통과 화려한 역사를 갖고 있다. 현재의 행정구조는 나폴레옹 시대부터 시작된 것으로 대혁명에서 파생한 부르주아 사회의 초석이 되기도 했다. 19세기 중반 프랑스 행정은 "모든 유럽이 부러워하는 행정"으로 표현되었다. 라마르탱(Lamartine)의 이러한 표현은 당시의 발전성과에 비추어 다소 과도한 감이 있기는 했지만, '나폴레옹식 모델'이 유럽을 포함한 다른 여러 나라에 영향을 미쳤으며, 오랜 세월 동안 이상적 행정의 청사진으로 제시된 것이 사실이다. 20세기 초 막스 베버(Max Weber)도 가장 훌륭한 행정제도로 프랑스 행정을 예시하기도 했다(Rouban, 1995).

서구의 다른 나라들과 마찬가지로 프랑스의 경우도 국민국가의 건설에서부터 자유국가의 발전, 그리고 현재의 복지국가로 발전해 오기까지 행정의 역할이 매우 컸다. 프랑스에서 행정은 국가권력의 수행자로서 항상 고도의 합법성을 부여받았다. 이처럼 행정이 특권적 위치를 차지하게 된 것은 바로 프랑스 공무원들이 개별적이고 상충적인 이해집단들에 대하여 공정하고 합법적인 국가의 개입이라는 역사적 전통 위에 서 있었기 때문이다.

결국 강력한 중앙집권의 전통에 기초한 프랑스의 관료국가는 국가발전의 주도자 역할을 수행해 왔다. 프랑스의 관료제가 경제사회 전반을 주도하게 된 이면에는 관료제의 자율성과 전문성이 자리하고 있다. 특히 엘리트 관료들은 세계 최고 수준의 정책수립, 사회개혁, 경제발전을 주도해 왔다. 또한 관료제는 복지정책의 강화를 통해 상향식 사회이동의 조력자 역할을 수행해 왔다. 즉, 행정은 가난하지만 열심히 일하는 사람들을 위해 사회적 가치를 창출하는 투자자로 인식되었던 것이다(Rouban, 1995).

(1) 프랑스의 발전전략

전후 조합주의에 기반한 프랑스의 국가주도 발전전략이 현실에서 효과를 발휘한 대표적 사례로는 산업정책을 지적할 수 있다. 일례로 자동차와 같이 전통적인 제조업 분야에 대한 프랑스의 적극적인 시장개입은 적어도 1990년대까지 시장자율을 추구한 영국에 비해 효과적이었던 것으로 분석되고 있다.

프랑스의 전략적 산업정책이 성공한 또 다른 사례로는 물 산업을 들 수 있다. 프랑스는 물 산업을 육성하기 위해 19세기 중반부터 자국의 물 기업들이 정부나 지방자치단체를 대신하여 민간위탁 방식으로 상하수도 서비스를 제공하도록 허용하였다. 이러한 경험을 토대로 프랑스를 대표하는 물 기업 베올리아는 세계 66개국에 진출해 매출액 세계 1위를 기록하였다. 특히 베올리아의 경영진은 기본적으로 물 관리의 모든 부문을 경험해야 할 뿐만 아니라 해외의 자회사 근무경험이 있어야 고위직으로 승진할 수 있다.

이러한 프랑스 사례는 전문 물 기업의 육성이 해외시장 진출 확대의 필수적 요건임을 시사한다. 이처럼 수도산업이 거대산업으로 성장하고 정부나 지자체를 대신하여 전문 물 기업들이 출현하는 이유는 수도가 공공성이 높은 산업임에도 불구하고 수익자와 소비자 간에 명확한 관계 설정이 가능한 요금재적 특성을 갖고 있어 전문 경영방식의 도입이 가능하기 때문이며, 이는 궁극적으로 품질을 중시하는 소비자들의 욕구를 충족시키기 위한 전략이라고 할 수 있다.

반면에 우리나라의 수도산업은 수평적으로 전국 161개 행정구역별로 분할되어 있고, 수직적으로는 광역상수도(도매), 지방상수도(소매), 하수도로 분할되어 개별 운영됨에 따라 특·광역시 등 일부 지자체를 제외하고는 투자여력이 취약하여 노후시설에 대한 적기 투자가 이루어지지 않고 있고, 잦은 인사이동으로 전문성 확보와 기술력 축적이 어려우며 사업기능과 관리·감독기능의 동시 수행 등 구조적인 모순으로 인해 수도산업의 발전을 기대하기가 어려운 실정이다.

이에 우리 정부도 광역상수도 주관부처인 환경부를 중심으로 물 산업의 육성에 적극 나서고 있다. 참고로 블루골드로 지칭되는 세계 물 시장은 지속적으로 성장하여 석유가 주도한 블랙골드의 시대를 추월할 것으로 예측되고 있다. 실제로 세계 물 시장은 물이 부족한 중동과 아시아를 중심으로 신규투자가 확대될 것으로 예상된다.

한편 프랑스는 산업정책에 부가해 사회복지도 국가주도 방식을 중시해 왔다. 대부분의 유럽국가에서 복지국가의 위기를 해소하기 위해 신자유주의를 표방하였지만 프랑스의 복지정책은 공공의 책임성을 중시해 왔다(Chevallier, 1996).

이러한 이유로 프랑스의 사회정책은 최근 위기의 징후를 표출하였다. 국내총생산(GDP) 대비 공공지출 비율이 56%로 OECD 회원국 중 가장 높을 뿐만 아니라 누적 재정적자가 GDP의 90%에 달할 정도이다(중앙일보, 2012. 05. 10자). 국가 전반의 발전역량이 급격히 퇴조하면서 한때 세계인을 매료시켰던 예술적·문화적 감수성과 상상력도 잘 보이지 않고 있다. 이 점에서 해결사로 마크롱을 선택한 프랑스의 미래에 대한 내외부의 관심이 커지고 있다.

(2) 프랑스의 행정개혁

강력한 중앙집권의 전통에 기초한 프랑스의 관료국가는 국가발전의 주도자 역할을 수행해 왔다. 프랑스의 관료제가 경제사회 전반을 주도하게 된 이면에는 관료제의 자율성과 전문성이 자리하고 있다. 특히 엘리트 관료들은 세계 최고 수준의 정책기획, 사회개혁, 경제발전을 주도해 왔다.

이를 반영하는 프랑스 행정의 제도적 특성을 소개하면 다음과 같다. 첫째, ENA 등의 특수대학원을 활용한 프랑스의 기술관료적 고위공무원단은 광범한 정책수행 능력을 갖춘 행정가이며, 행정의 위기관리능력에도 뛰어난 소질을 보이고 있다. 둘째, 기초지방자치단체인 꼼뮨 간의 협력체계를 구축하여 광역행정의 기틀을 마련했을 뿐만 아니라 광역도(Regions)를 창설하기도 했다. 셋째, 일몰방식 행정개혁은 불필요한 법규범의 생산을 억제하고 이에 따라 시민의 편의성과 형평성을 중시하는 방향으로 운영하고 있다.

표 7-1 정치-행정 관계의 패턴 비교

		공직구조(정치가의 행정직 겸직여부)	
		통합	분리
조직구조	집권적(통합적)	A(일본)	B(독일, 영국)
	분권적(파편적)	C(프랑스)	D(미국, 스웨덴)

출처: Pierre(1995)

　또한 프랑스 행정은 정치와의 관계에서 여타 선진국들과 구별되는 특성을 지니고 있다. 일반적으로 공무원과 정치인 간의 관계에 영향을 미치는 요인은 크게 두 가지로 구분된다. 먼저 공무원 조직의 구조와 통합성으로, 최근에는 대부분의 국가에서 계선 중심의 수직적 통합조직을 분권적이고 수평적인 조직으로 변화시키려는 경향이 부각되고 있다. 다음으로 정치가와 행정가의 경력이 상호연결(또는 분리)되는 정도이다. 일례로 고위공무원과 직업정치인 간의 상호교류가 빈번한 국가에서는 정치와 행정이 안정적인 관계망을 구축하지만 공무원의 중립성과 전문성 약화가 단점으로 나타나게 된다.

　더불어 프랑스 행정조직에서 발견되는 역동성은 관료제가 소유하는 높은 수준의 자율성과 직결된 문제이다. 행정이 주도권을 가지고 관료제의 변화를 주도하기 위해서는 어느 정도의 자율성이 요구되기 때문이다. 즉, 행정에 대한 정치적 통제만으로는 대응성과 창의성이 증진되기를 기대하기는 어렵다. 따라서 행정의 자율성과 정치적 통제 간의 균형을 확보하는 일이 중요하다.

　그러나 프랑스가 구축해 온 중앙집권적 관료국가 체제는 그간의 명성에도 불구하고 최근 시련에 직면하고 있다. 중앙집권체제는 시민에게 동떨어져 있을 뿐만 아니라 지나치게 관료적이고 복잡한 체제라는 것이다. 프랑스는 공공지출의 40%를 국가공무원의 인건비에 투입하고 있다. 또한 중앙과 지방공무원의 고용규모도 계속 증가하는 추세에 있다.

　이에 프랑스는 1986년 이후 추진한 행정현대화 정책(administrative modernization policy)[4]의 기조 하에서 효율성, 책임성, 결정의 신속성, 경쟁적 대응성 등을 요구받고 있다. 이러한 경향은 프랑스 행정이 신공공관리의 세계화나 유럽연합의 공고화와 같은 새로운 환경변화에 직면하여 보편적 국제표준에 부합하는 방향으로 변화하고 있음을 시사한다. 하지만 전통적 프랑스 공직사회를 주도해 온 엘리트 관료 중심의

---

4 프랑스의 행정현대화 정책은 신공공관리의 전면적인 수용보다는 국민들에게 최상의 서비스를 제공하기 위하여 공무원의 사기를 높이는 방안에 초점을 부여하고 있다. 그 주요한 내용으로는 정부주도의 행정개혁, 분권화된 행정개혁, 전통적인 관리방식의 유지 등을 지적할 수 있다.

지배구조는 좀처럼 변화의 징후를 표출하지 못하고 있다(Pierre, 1995).

III. 북유럽 복지국가의 건실한 보루: 스웨덴

1. 스웨덴의 역사제도적 기반

스웨덴은 1523년에 국민국가로서의 기틀을 마련했다. Gustaf Eriksson Vasa 왕은 강력한 중앙권력 위에서 정부행정을 재조직했고, 그의 후손들은 팽창정책을 지속시키며 발틱 지역의 강자로 부상했다. 스웨덴은 특히 17세기 전반기인 Gustaf II Adolf 시대에서 행정체제의 안정적 발전을 도모한 뒤, 17세기 후반에는 중앙정부와 국가기구의 제 부문을 체계적으로 갖추게 된다(Holmgren, 1988: 147). 스웨덴은 1890년대부터 산업사회로 진입하면서 정당체제의 안정을 이루게 되는데, 특히 이 기간 동안 사회민주주의(이하 사민주의로 약칭) 정치세력이 의회에 진출하게 되는 시점이기도 하다. 또한 1919~1921년에 걸친 참정권 개혁을 통해 보통선거제도를 확립하고, 1932년부터는 사민당의 장기집권이 이루어지면서 민주－복지국가로서의 발전을 지속할 수 있는 정치적 배경을 공고화하게 된다(The Swedish Institute, 1986: 79~80).

정치, 경제, 사회부문의 연계성 위에서 스웨덴 발전사를 좀 더 구체적으로 살펴보면, 19세기에 이르러 스웨덴의 농업사회는 인구의 급격한 증가와 더불어 매우 색다른 정치, 경제, 사회제도로 대체된다. 사회부문에 있어서는 1830년대에 신문이 발행되면서 언론의 토대가 마련되었고, 1842년에는 의무교육제도가 도입되어 사회권으로서 교육받을 권리의 기초를 마련했다. 또한 산업화의 시작에 힘입어 새로운 사회계급인 노동자계급이 등장하고, 급격한 도시화를 이루게 되었다. 이러한 변화는 경제부문의 발전과 밀접한 관계를 갖는 것이어서, 대체로 19세기 말과 20세기 초에 들어와 경제성장에 박차를 가해, 1920년대에 이르러 산업화체제로 전환한다.

1901~1935년은 이 나라의 정치발전에 있어 가장 중요한 시기로서 정치생활의 질적 변화와 행정조직화 등 정부역량의 증대를 위한 정치, 행정개혁이 요구되면서 대중동원화의 기틀과 민주주의 정치제도의 하부구조가 마련되었다. 이는 산업화가 새로운 욕구폭발과 사회적 불균형을 초래하면서 대중참여의 극대화를 위해 정치제도에 근본적인 변화가 일어났기 때문이다. 이런 맥락에서 보통선거권이 확립되어 귀족계급에 기반을 둔 구체제가 무너지고 의회민주주의가 제도화되었다. 대중요구 기

제인 노조와 정당도 급성장하기 시작하면서 공공정책에 강한 영향력을 행사하며 정부의 책임성과 행정역량을 강화하는 주요 세력으로 대두했다(Peters & Hennessey, 1975: 127~134). 특히 19세기 말부터 단초를 보이며 20세기에 만개한 노동운동, 금주운동, 종교운동 등 다발적인 대중운동은 현대 스웨덴 정치에서 가장 결정적인 개념으로서, 정치적으로 열세인 사회집단들의 조직화 및 사회 동원화를 급속히 진전시켰다(Therborn, 1989: 197~207). 이러한 대중운동의 정치는 국가로부터 사회의 상대적 자율성을 확립하며, 국가의 구조와 정책에 대중적 개념을 제도화시키는 계기로 작용했다.

스웨덴의 이러한 근현대사는 먼저 이 나라 정치에 있어 오랜 세월동안의 갈등 무마를 통해 헌정체제의 안정과 질서 있는 정치사회의 확립을 가능케 했다. 따라서 제도적으로는 비록 입헌군주제의 형식을 유지하고 있지만, 민중운동 및 대중민주주의의 발전과 국민적 기본권 및 시민적 자유의 체계적 확립을 통해 정치적, 시민적 자유의 향유 면에서는 가장 자유로운 국가의 하나로 평가된다(Hitchner & Lovine, 1981: 76; 93). 또한 사회계급의 구조적 측면에서 3극체제의 존속과 특히 경제적 측면에서 부존자원의 결여로 인해 해외경제의 영향을 크게 받을 수밖에 없는 이 나라의 경제현실은 정치 스타일에 있어 전략적으로 강한 협상(bargaining)의 문화를 형성하는 계기가 되었다(Hitchner & Lovine, 1981: 38). 이는 국내정치에서 갈등과 계급대립을 사치스러운 것으로 여기게 하고, 사회세력의 조직적 참여를 통해 사회경제적 이해갈등을 협상 테이블 위에서 조절케 함으로써, 장기간의 산업평화를 가능케 했다. 스웨덴은 이러한 역사적 배경 위에서 정치영역뿐만 아니라 사회, 경제영역에서도 민주주의 원리가 작동되는 사민주의 체제를 공고히 할 수 있었다.

2. 스웨덴의 발전전략과 행정개혁

(1) 스웨덴 모델의 사민주의적 가치

스웨덴의 근현대사 속에 반영된 정치, 경제, 사회적 특징들은 거시적인 행정환경의 요인으로 작용하며, 이 나라 행정의 본질과 목표를 다음과 같은 사민주의 가치 속에 규정짓고 있다.

사민주의의 기본가치는 자유, 정의 및 연대성이다. 자유(freedom)는 만인이 모욕적 종속으로부터 벗어나 전적으로 자유로운 존재라는 뜻에서 인격전개의 기회를 뜻한다. 자유는 모든 인간이 자신의 권리를 정치, 경제, 사회적 현실에서 실질적으로 사용할 수 있는 가능성을 의미하기도 한다. 한편 정의(justice)는 모든 인간을 똑같게 만드는 것이 아니라 모든 인간의 평등한 자유를 가능하게 하는 것이다. 그렇게 함으로써 정의는 모든 개인에게 사회에서의 평등한 권리와 생활기회를 열어준다. 연대성 (solidarity)은 상호책임과 인간적 협력을 통해 절제 없는 자본주의사회에서 노정되기 쉬운, 다른 사람을 힘으로 밀어붙이는 식의 문제해결방법의 해소를 겨냥하는 기본가 치이다(안병영, 1990: 202~203).

사민주의의 기본가치는 스웨덴의 정치적 민주주의 ➡ 사회적 민주주의 ➡ 경제적 민주주의의 순으로 자리잡아 나갔다(신광영, 1991: 209~218). 스웨덴 모델에 있어 정치 체제의 특징은 동질적 정치문화와 합의를 중시하는 엘리트 행태에 기초한 합의 (consensual) 민주주의이자, 이익집단들이 중앙집권적 협의에 의해 정책결정을 추구하 는 사회조합주의적 민주주의이다. 이는 사회갈등의 최소화와 합의의 최대화를 선사한 다. 스웨덴은 이러한 절차적 민주성을 기저로 한 정치적 민주화를 선결한 뒤, 연대성 과 정의가치를 기본이념으로 해 전 국민을 사회적 시민권(social citizenship)으로 포용 하는 보편주의적 복지국가 건설을 사회적 민주화 차원에서 추구했다. 따라서 정부는 국민의 후원자 역할을 제도적으로 부여받으며, 기본적 생활보장과 보편주의적 복지를 제공할 의무를 부여받게 된다. 한편, 경제적 민주화는 부의 재분배와 직장 민주화를, 또 자본소유에 대한 노동자의 공적 통제를 스웨덴의 생산영역에 제도화시켰다.

스웨덴의 정치, 사회, 경제적 민주주의의 제도화 속에 발현된 자유, 정의, 연대 성 가치는 거시적 제도의 측면에서만 강조되는 것이 아니라 국민 개개인의 정서 속 에도 내면화되어 있다. 이는 "나는 세계의 시민으로서, 어려운 위치에 있는 사람들 과 나의 개인적 복리를 공유하며, 타인과 함께 정당한 사회의 창출에 노력한다. 또 나는 타인에게 유해한 결과를 낳는 행동을 자제하는 등 사회의 책임 있는 구성원이 되고자 노력한다"(Zetterberg, 1982: 39~40)는 Shakertown Pledge라는 한 서약문에서 잘 드러난다.

스웨덴은 사민주의적 가치를 중심으로 합의민주주의, 사회조합주의 등 절차적 민주성을 체제 안에 구축한 뒤, 정부의 형평지향적 분배방식에 의거한 복지민주주의 와 생산영역의 민주화를 뜻하는 경제민주주의로 발전해 나갔다. 특히 이 나라의 자 유, 정의, 연대성 가치는 사회주의와 민주주의가 서로 분리될 수 없는 관계에 있음 을, 즉 형평지향적 체제산출이라는 실질적 민주화를 위해서는 체제 내 절차상의 민 주주의가 전제되어야 함을 잘 보여주고 있다. 이들 사민주의 가치는 체제내의 실질 적인 결정, 집행 메커니즘으로서의 행정을 이끌어가는 본질적 행정가치와 절차적 행정가치로 구체화되면서 행정체제의 민주적 제도화에 작용하고 있다.

(2) 민주적 조합주의식 정책결정절차

사민주의 체제의 정책결정방식은 국가정책의 영향을 받는 어떤 사회집단도 정책결정과정에서 배제시키지 않는 데 그 특징이 있으며, 이는 스웨덴의 정책결정절차에서 가장 잘 구현되고 있다. 즉 총리를 위시한 고급관료들과 각종 사회경제적 이익집단의 대표자들 사이의 집단협의체제가 이 나라의 보편적 정책결정절차로 자리잡고 있는 것이다.

민주적 조합주의(democratic corporatism) 또는 신조합주의라고 불리는 이러한 정책결정절차의 특징은, ① 강력하게 조직화되고 집권화된 이익집단들과 이들의 의견을 고려할 의무가 있는 정부 간에 합의적 협상구조가 갖추어져 있고, ② 노－사－정 3자주의(tripartism)에 의거한 정점협상(peak bargain)은 공사(公私) 간의 낡은 경계를 허물고 민간협상과 집합적 정부결정을 분리하기 어렵게 하고 있으며, ③ 그 협상범위도 광범해서 국가적 이슈를 총망라하고 있으며, 따라서 효과적인 사회계약을 가능하게 한다는 점이다. 특히 정부는 사회내의 집단이익이 골고루 대표되는 광범위한 협의 제도를 구축함으로써 모든 사회집단이 자신의 정책선호를 정책과정에서 옹호할 기회를 제도적으로 부여하고 있다. 따라서 스웨덴은 서구의 어느 산업사회보다 국가와 사회 간에 권력균형이 잘 이루어지고 있는 것으로 평가할 수 있다(Andrain, 1985: 175~177).

스웨덴은 1938년의 샬쯔죠바덴 협정을 계기로 강력한 조합주의체제(strong corporatist system)를 갖추어 왔다. 특히 이러한 민주적 조합주의식의 정책결정절차는 주요 정책분야에서의 상이한 정치적 선호를 상쇄시켜 준다. 이는 부존자원의 결여에 따라 해외경제에의 의존도가 높은 경제현실을 고려할 때 편협한 집단이익을 사회적 동반자 의식(social partnership)으로 승화시킴으로써 타협과 합의를 통해 사회적 일반 이익을 구현하고자 하는 정치사회의 전략적 노력을 반영한 것이다(Katzenstein, 1985: 32~35).

(3) 새로운 3자 협의제도의 모색

사회적 파트너십 전통은 1990년대 이후에도 지속되었다. 물론 최근 스웨덴 모델이 신자유주의의 영향으로 인해 단체교섭이나 고용 등 일부 측면에서 다소 심하게 손상을 입었지만, 기존 민주적 코포라티즘의 틀이 완전 폐기된 것은 아니고, 사용자단체들조차도 특정맥락에선 산업별 및 지역 수준에서 3자교섭을 여전히 중시하고 있음을 발견할 수 있다(주은선, 2006: 256). 즉 자본가계급의 정책협의제 탈퇴 이후에도, 스웨덴의 노사정은 비록 완벽한 의미의 중앙교섭체제(central collective bargaining)는 아니지만, 새로운 3자협의제도를 계속 모색해 왔다. 예컨대 1991년 SAF(경총), LO(노총) 등의 대표로 구성된 렌베르크(Rehnberg) 위원회는 중앙임금협상에 대한 LO의 선호와, 분권화된 임금협상에 대한 SAF의 요구를 국가개입으로 조화시켜, 노동생산성과 자본생산성을 동시에 높이고 인플레도 잡을 수 있었다.

노사정은 임금결정과정을 더 명확히 할 필요성에서 1997년에 산별 8개 노조와 12개 사용자단체를 중심으로 노사협력과 임금협상과정에 관한 새 협약(Agreement on Industrial Development and Wage Formation)을 만들었다(김인춘, 2002: 181~182). 1998년엔 정권안정을 위한 사민당과 노조의 노력으로 성장을 위한 협약(Pact for Growth)이란 타이틀 아래 정책협의제의 복원 움직임이 있었다. 비록 SAF가 불응해 협약타결 직전에 이 협상은 와해되었지만, 1999년 초 법무부장관의 중재로 협상이 재개되어, 1999년 5월 화이트컬러 노동자 연금제도 협상이 전개되었다(노사정위원회 대외협력실, 2003). 1999년엔 새 노사중재제도 안이 의회에 제출되었다. 이에 대해 사용자측은 반대했으나, 유럽공동체의 요구사항에 부응하기 위해 정부가 엄격한 규칙을 도입해, 동 안은 2000년 의회를 통과했고, 강력한 중재기구인 중앙중재위원회(Meditation Authority)가 설립되었다.

이처럼 종래와 같은 국가차원의 코포라티즘적 조정기구는 없어도 새로운 3자협의제도는 부활에 성공했다. 스웨덴은 척박한 자연환경 하에서 생존을 위해 국민의 몸에 밴 협동정신을 중심으로, 합리적으로 의견을 수용하고 공동의 이익을 추구하는 연대의식이 그 밑바탕에 깔려 있기 때문에, 사용자대표들이 코포라티즘적 정책협의제를 탈퇴한 이후에도 비록 종래와 같은 완전한 의미의 중앙교섭체제는 아니지만 노사정 간 합의지향적 의사결정구조의 새 형식을 계속 찾아 왔다.

(4) 스웨덴의 사민주의 정책기조와 복지국가

스웨덴은 국민 본인이 기본적으로 영향을 미칠 수 없는 가정의 형편이나 성별 때문에 기회가 불평등해지는 것을 허용하지 않는다. 누구나 자립해 살아가는 것이 기본인 경쟁사회이지만, 능력개발의 기회평등은 강조한다. 즉 형편이 어려운 국민 모두가 타인에 의존해 일단 자립한 뒤 다시 상호연대하며 하나의 사회를 이루게 한다. 따라서 보육, 교육, 의료를 무상제공한다. 성별에 무관하게 자기가 원하는 직장에서 일할 수 있게 하고 가정생활을 병행하게 한다. 실업, 질병도 개인의 책임이 아니므로 사회보험 형태로 소득을 보장해준다. 이처럼 기회평등을 보장하고 인생의 재도전이 가능하게 사회안전망을 정비하므로 고부담은 당연시 한다.

대부분의 국민이 평균 31%의 지방소득세를 정률제로 납부하는데, 국민은 세금을 생애주기에 맞추어 지방자치단체가 제공하는 다양한 사회서비스의 공평한 대가로 생각한다. 보육, 교육, 의료, 복지 등 사회서비스는 인생의 각 시기마다 필요하며, 소득 여하와 무관하게 모든 국민의 요구는 대부분 일정하다고 생각한다. 결국 국민은 비싼 사회보험 비용을 부담하지만 그에 상응하는 수익을 얻는다고 생각한다. 자립의 적극적 자유를 중시하지만, 자기 노력만으로 안 되는 인생시기엔 사회적 연대도 필요하다는 것이다. 그래서 국가는 국민에게 집 그 자체인 인민의 집(people's home)이며 커다란 의지처이다. 정부와 국민 간에 절대적 신뢰관계가 형성되어 있는 것이다(켄지, 요시히로, 박선영 역, 2011).

그래서 비록 사민당의 장기 집권 이후 20세기 후반부터 보수연합−사민당 간의 정권교체가 빈번하지만, 집권당인 보수당도 스웨덴의 경쟁력은 복지와 평등에서 나온다며 보편적 복지제도를 유지하고 있다. 부자들 역시 보편적 복지를 찬성하며 복지를 통해 사회가 안정되고 고급노동력이 제공되어 노동시장이 안정된다고 인식한다.

(5) 지방 및 민간과의 협력 등 분권형 거버넌스의 발전

스웨덴에선 정책협의제 등 중앙의 거시적 거버넌스는 다소 퇴색했지만, 지방정부 및 민간영역과의 협력 등 분권형 거버넌스는 보다 활성화되고 있다. 1960년대 이후 학교, 노인, 아동보호, 보건의료서비스가 지방정부로 이관되기 시작했는데, 1985년엔 복지수요에의 대응성, 규제완화, 탈 관료제화를 위해 지방정부로의 분권화를 강조하는 개혁조치가 강하게 추진되었다. 예컨대 1992년 지방정부가 노인, 장애인의 장기 의료서비스 공급책임을 이관받고, 주정부가 공공교통을 담당하게 되었다. 1993년엔 교부금제도의 개선으로 지방의 자율권을 강화해 예산의 자율적 배분과 독자적 사용을 가능케 했다(남궁근·김상묵, 2006: 157~158). 서비스공급의 시장화도 일부 이루어졌다. 즉 1980년대부터 지방재정이 악화되자, 재무성을 중심으로 서비스계약과 소비자에게 선택지를 부여하는 준 시장기제가 도입되기 시작했다. 1992년엔 보다 적극적으로 영리부문을 탁아 및 노인서비스 제공자에 포함시켜 이들과 계약을 맺어 공공서비스를 공급하게 했다(김승현, 2006: 250~257). 결국 1980년대 복지정책 개혁의 화두가 분권화라면, 1990년대 초기엔 우익정당의 주도로 소비자 선택의 자유라는 시장화가 추진되었다고 볼 수 있다(신정완, 2000). 이에 따라 많은 공공서비스가 분권화되었고, 일부는 시장화되었다(이도형, 2009).

3. 스웨덴 모델의 최근 동향과 발전론적 함의

1980년대의 자본 세계화 추세에 따라, 스웨덴 대기업들의 입김이 강하게 미쳐온 SAF는 종래의 중앙교섭체제에서 탈퇴해 정부를 상대로 직접 로비하고 여론을 형성하는 등 이익집단적 변모를 꾀하기도 했다. 장기 집권당인 사민당도 선거전략상 포괄정당으로의 변신을 꾀하며 신자유주의적 정책처방을 일부 도입하다가 총선에서 패배하기도 했다.

스웨덴의 지식인들은 이런 구조적 변화와 자본 움직임을 고려할 때, 향후 정책 방향은 황금시대의 주류를 이룬 완전고용, 소득평등을 위한 지나친 누진세 등 공격적 연대성보다는, 복지제도를 유지하되 연대성의 획일적 강조보다는 개인의 이익동기도 허용하는 방어적 연대성(defensive solidarity)을 실현하는 쪽으로 나가야 한다고 주장한다(Geer et al., 1987). 물론 스웨덴은 세계에서 가장 높은 조세부담과 가장 비싼 복지제도로 인해, 현재 글로벌 경제의 많은 난관에 직면해 있다.

그러나 스웨덴은 이런 정치적 도전과 글로벌경제를 다루기 위해 비교적 준비가 잘 되어 있는 사회라는 평가가 많다. 실제로 이 나라는 기업경쟁력 제고를 위해 많은 수출주도회사들로 하여금 생산기지의 해외이전만큼 국내 지식집약산업 쪽으로도 적극 투자하게 했다. 이에 힘입어 사민당 정부 하에서 지난 6년간 3.5~6%의 성장을 달성했고, 2006년의 성장은 유럽연합 평균을 상회했다. 민간생산성은 OECD 중 4위이고, 재정수지흑자, 물가안정도 성공적이다(강명세, 2006). 물론 이에는 1990년대 중후반의 강력한 긴축정책 효과, 다국적기업의 높은 경쟁력, 또 금융위기의 충격이 개혁속도를 높이고 개혁에 대한 사회적 합의수준을 제고시켰기 때문이다. 여전히 관대한 복지국가의 완충역할[5]도 컸다(신정완, 2000). 이런 점에서 볼 때, 2006년 총선에서의 사민당 패배를 놓고 스웨덴 모델의 완전한 실패 및 사회적 합의구조의 붕괴로 평가하는 것은 역사적 성격을 잘못 이해한 것이란 분석이 나왔다(한겨레신문, 2006. 9. 20자; 강명세, 2006). 준비된 보수우파연합의 조직적 정책공조에 느슨하게 방어한 것이

---

5 조영철(2007: 246)은 스웨덴의 적극 노동시장정책이 활발하며 소득분배도 가장 평등하고 복지지출 비중도 세계 최고수준을 유지한다고 평가한다. 특히 스웨덴모델의 일부 수정이 복지효율을 높이는 개혁으로 작용해 높은 경제성장률에 기여하는 등, 사민주의 복지국가의 지속 가능성을 보여준다고 평가한다.

사민당의 실수였지만, 사민당의 패배는 청년층 실업과 페르손 수상의 오랜 장기집권에 대한 싫증 때문이란 것이다. 페르손 수상의 정치스타일에 식상한 점도 컸다. 평등정치를 지향하는 진보당 당수가 대저택에 군림하는 장면이 TV에 방영됐던 것이다.

스웨덴은 척박한 자연환경 하에서 생존을 위해 국민의 몸에 밴 협동정신을 중심으로, 합리적으로 의견을 수용하고 공동의 이익을 추구하는 연대의식이 그 밑바탕에 깔려 있기 때문에, 사용자대표들이 코포라티즘적 정책협의제를 탈퇴한 후에도 비록 종래와 같은 중앙교섭체제는 아니지만 노사정 간 합의지향적 의사결정구조의 새로운 형식을 계속 찾아 왔다. 물론 스웨덴에서 중앙교섭체제의 와해는 분명 가시적이고도 중요한 변화이다. 그러나 전국수준의 중앙교섭이 해체되었다고 해도, 이 나라는 많은 유럽국가에 비해 여전히 강한 코포라티즘적 성격을 갖고 있다. 또 공공서비스의 시장화가 진행되었어도 스웨덴의 공공부문은 여전히 커, 비율에 있어서도 전통적 자본주의권의 최고 수준을 보인다.

결국 스웨덴모델이 신자유주의의 영향으로 단체교섭이나 고용 등 일부 측면에서 다소 손상을 입었어도, 여전히 스웨덴모델의 주요 특징을 유의미하게 지켜왔다고 볼 수 있다. 즉 "희석되긴 했지만 살아 있다"는 Vartiainen(2004)의 노르딕 모델에 대한 평가가 스웨덴에 대해서도 강한 설득력을 갖는다(박노영, 2005: 96). 스웨덴 교섭체제는 분권화 과정을 통해 그 형태에선 급격한 변화를 겪었지만 실질적 내용은 상당한 연속성을 유지해, 국제기준에서 볼 때 여전히 집중화된 교섭구조를 보이고 있는 것이다(이주희, 2006: 154). 상기한 스웨덴 사회변화의 이해와 전문가의 전망을 종합하면, 이 나라는 노–자간 계급타협과 경제위기 시마다 사회구성원 간 합의의 제도적 장치를 부단히 모색해 온 점에서, 향후에도 합의주의적 정치문화 전통을 살려 보다 유연화된 코포라티즘 틀을 적절히 복원해, 공동의사결정과 사회갈등관리를 위한 3자협의제도를 계속 운용할 것으로 보인다(이도형, 2009).

IV. 세계화의 도전과 강소국의 대응: 네덜란드, 아일랜드, 스위스

세계화의 심화라는 새로운 경쟁환경에 효과적으로 대응하기 위해 각국은 새로운 발전전략과 행정개혁 모델을 구축하고 있다. 특히 세계질서 형성자인 몇몇 강대국들과는 달리 세계질서 순응자로서의 역할에 치중해야 하는 대다수 약소국가들의 고민과 노력은 매우 치열한 형태로 전개되고 있다.

서유럽 강소국을 대표하는 발전전략은 산업 민주화라는 신조합주의적 가치와 노동유연화라는 신자유주의적 가치를 조화시켜 경제위기의 극복과 고도성장을 지속한 네덜란드, 아일랜드, 스위스 등의 성공사례를 지칭한다.

1. 네덜란드의 발전전략과 함의

(1) 네덜란드의 역사제도적 기반

네덜란드는 유럽의 북서쪽에 위치해 있다. 네덜란드의 발전은 인접한 강대국인 영국, 프랑스, 독일의 영향을 많이 받았다. 그럼에도 네덜란드는 분권화된 단일국가의 독특한 정체성을 가지고 있다. 비록 네덜란드는 국가구성의 원리상 중앙집권적 단일국가의 형태를 띠고 있지만, 하위정부들이나 사회적 집단들은 공적 업무에 참여할 수 있는 광범위한 자율성을 가져 왔다. 이처럼 심각한 정치적, 종교적, 사회적 균열이 분권화된 통치시스템의 제도화 원인으로 작용해 온 것이다.

높은 수준의 포용력으로 설명되는 네덜란드 사회의 특징은 사실상 이질적인 사회집단들 사이의 평화적 공존을 보장하는 제도적 장치들을 통해 이해할 수 있다. 평화적 공존을 분권화된 단일국가의 소중한 가치로 실천하고 있는 네덜란드는 정치조직의 통치에 관한 제반 규칙들에 대하여 기본적인 합의를 수반하고 있다(Visser & Hemerijck, 1997). 이러한 중추적인 규칙들의 제도적 특성이 네덜란드 정치와 정부의 '제도적 보수주의'의 성격을 설명하는 것으로 이해되고 있다. 혁명보다는 점진적 개혁이 바로 네덜란드 국가와 사회의 발전을 이해하는 열쇠인 것이다. 따라서 네덜란드의 발전전략과 행정개혁을 분석하기 위해서는 광범위한 사회적, 정치·행정적 상황들의 상호의존성을 이해하여야 한다(Kickert, 1997).

현대 네덜란드 국가의 초석은 한때 이 나라를 지배한 프랑스 나폴레옹 군대가 1813년 연합군에 패배하면서 성립되었다. 프랑스는 점령기간 동안 상당히 집권적인 국가형태를 남겼으나, 그러한 기구들은 새 왕인 윌리엄 1세에 의해 폐지되었다. 처음에는 왕의 독단적인 통치에 대한 저항이 미미했다. 프랑스에 합병되었던 암울한 기억으로 인해 엘리트계층과 일반 민중계층 모두가 상대적으로 덜 예속적인 지위에 만족하였던 것이다. 윌리엄의 독재정치는 그 당시만 해도 그의 '선의(good intention)'에 따른 통치로 인식되는 분위기였다. 이러한 긍정적 정서는 우선적으로 프로테스탄트(신교) 문화가 지배적인 북부 지방에 친화적인 것이었다. 프로테스탄트를 신봉한 왕은 네덜란드 언어를 사용하는 북부지방에서는 지지를 받았지만 오늘날 벨기에에 해당하는 남부의 가톨릭(구교) 영향권은 반발하였다. 이러한 독재정치는 특히 프랑스 언어를 사용하면서 개방적 마인드를 가진 벨기에의 엘리트 계층에게는 매우 못마땅한 일이었다(van der Meer & Dijkstra, 2000).

이와 같은 국내정세는 마침내 1839년에 현재의 네덜란드와 벨기에로 분리되는 결과를 가져왔다. 벨기에의 독립 이후, 헌법은 분단이라는 새로운 상황을 수용해야 했다. 엘리트 계층이 분열되면서 헌법 개정은 단순히 기술적인 측면에 국한되지 않고 보다 실질적 측면에 주목하였다. 이후 네덜란드에서도 자유주의가 점진적으로 확산된 것이다. 이와 같은 시대변화를 포착한 윌리엄 2세는 하루아침에 보수주의로부터 자유주의로 전향하기도 했다.

이후 자유주의 성향의 지도자 틸벡(Thorbecke)의 지도 하에 새로운 국가모델의 기초가 마련되었으며, 그것의 특징적 요소들은 현대 네덜란드에 있어서도 여전히 중요한 요소로 남아 있다. 새로운 헌법은 의원내각제 하에서 장관책임제, 지방분권 등의 기초를 세웠다. 중앙집권주의는 지방정부에 좀 더 많은 자율성을 허용하는 것으로 수정되었고, 그것이 현재 분권화된 단일국가(the decentralised unitary state)라고 불리는 결과로 나타났다.

네덜란드는 표고가 50m가 넘으면 산으로 불릴 만큼 평지가 많고 바다보다 낮은 땅이 전 국토면적의 1/4이나 차지해, 일찍부터 제방의 건설이 필요했다. 그래서 그들은 "세계는 신이 창조했지만, 네덜란드는 화란인이 만들었다"라고 얘기할 만큼 자연재해를 극복한 역사를 갖고 있다(박홍규, 2008: 18~19). 열악한 환경을 개척하기 위해 개척정신, 단결력, 협동심 등 강한 국민성을 키웠고, 땅, 바다를 정복하기 위한 강인한 몸과 마음을 기르기 위해 그들은 어려서부터 수영, 요트, 축구 등 스포츠에 몰입했다(박영신, 2002). 또 제방이 무너지면 나라가 위험해진다는 위기의식에 자극받아 공존과 협력을 중시하는 민주주의도 발전시켰다. 그 덕분에 최초로 공화국을 형성했고, 국민들은 종교의 자유를 향유했다. 나아가 네덜란드 민주주의는 미국 독립혁명의 모델이 되기도 했다(박홍규, 2008: 49~51).

네덜란드인들은 밤이 되어도 커튼을 치지 않는다고 한다. 주부들은 매일 유리창을 닦는다. 이는 칼뱅 교리의 청교도적 투명성과 개방적 국민성에서 나온 것이다. 일례로 동성애자나 외국인 국회의원도 당당히 국민을 이끌고 있고, 네덜란드인이 아니어도 대통령이 될 수 있다고 할 정도로 이 나라는 개방적인 사고를 자랑한다.

(2) 네덜란드의 발전전략

전후 안정적 경제성장을 토대로 복지국가의 대열에 동참한 네덜란드는 고도성장세가 반전되기 시작한 1970년대에 접어들면서 심각한 수준의 복지병에 시달려야 했다. 경기침체와 실업난을 해소하기 위해 정부가 임금인상을 억제하자 노동자들이 거세게 반발하였고, 그것은 임금인상을 부채질했다. 임금인상은 물가인상을 유발했으며, 이는 다시 임금인상으로 이어지는 악순환이 지속됐다. 일례로 1970년 8월 로테르담 부두 노동자의 파업과 1972년 금속 노조의 파업은 네덜란드 경제에 심각한 타격을 주었다(김호진, 2000).

1970년대를 통해 노사가 소모적인 대결을 지속하는 가운데 임금인상은 생산성 증가를 추월했고 필연적으로 고임금, 고물가, 고실업, 높은 세금과 복지비용, 정부 재정적자, 저성장의 전형적인 스태그플레이션 신드롬이 나타났다. 1, 2차 오일쇼크(1974, 78년)를 거치면서 만성적인 재정적자와 경기침체 그리고 대량실업도 가중되었다. 1970년까지 2% 이하로 밑돌던 실업률이 1970년대 말에는 7%, 1984년에는 급기야 14%를 넘어섰다. 1980~1983년도 경제지표를 보면 GDP성장은 -0.3%, 고용증가는 -1.3%였으나 실질임금은 -1.5% 증가했고, 평균실업률은 두 자리 숫자인 10.1%에 달했다.

네덜란드의 노사 양측 대표들은 경제위기로 초래된 악순환의 고리를 단절하기 위해 노사가 양보하고 협력하는 사회협약의 중요성을 재인식하게 된다. 1982년에 노동재단 주도로 노사가 체결한 바쎄나르 협약이 바로 그것이다. 이 협약의 주요 내용은 임금안정과 근로시간 단축을 통해 경제를 회생시키고 고용을 창출한다는 것으로서 노사가 합의하고 정부가 유도하는 방식으로 체결되었다. 이후 네덜란드의 경제와 기업의 경쟁력이 강화되고 수익성이 개선되어 점차 실업이 감소하는 효과를 나타내기 시작했다.

1982년 바쎄나르 협약이 체결된 이후 1984년, 1986년, 1990년, 1993년에도 협의는 계속되었는데, 이때의 협의는 바쎄나르 협약을 재확인하는 것이었다. 1993년에도 1982년과 같이 임금안정과 근로시간을 단축하는 또 한번의 빅딜이 이루어졌다. 근로자 임금은 거의 동결 상태를 유지하였고 반대급부로 36시간으로의 근로시간 단축 협약이 체결되었다. 이후 네덜란드는 경제와 사회가 안정화된 '더치 미러클'을 이룩하였다.

그렇다면 네덜란드의 기적을 창출한 주요 정책수단은 무엇인가? 먼저 실업극복의 일환으로 주 38시간제 일자리 나누기(work sharing)를 실시하고, 공공부문에서도 임금인하를 단행하였으며, 공공·민간 부문 간의 임금연동제를 폐지하여 고질적인 고비용·고임금의 체질을 개선할 수 있었다. 또한 정부는 공무원이 누려왔던 고용보장제도나 연금특혜를 폐지하는 대신 교섭권과 파업권을 인정하는 조치를 취했다.

더불어 협약체결을 기점으로 진행된 네덜란드의 구조개혁은 효율성과 형평성, 성장과 복지, 구조조정과 사회통합이라는 상충적인 정책목표 간의 균형을 잘 유지하면서 진행된 성공사례로 평가받고 있다. 노동단체와 대립하고 이들의 참여를 배제하는 영미의 신자유주의적 방식과는 달리, 네덜란드에서는 노사단체를 구조조정과정에 적극적으로 참여시키는 조합주의적 방식을 택했다.

네덜란드에서는 구조조정 이후 소득·임금의 불평등 심화문제가 두드러지게 나타나지 않았고, 복지제도의 골격도 크게 훼손되지 않았으며, 노조의 질적·양적 위축 현상 또한 나타나지 않았다. 경제회복과 실업률 감소, 세계화와 정보화 시대에 부응하는 구조개혁의 추진과 사회통합의 유지 등에서도 모범적이었다.

한편 사회협약에 부가해 네덜란드의 또 다른 성공원인으로는 아일랜드, 영국과 더불어 외국인 투자유치에 성공하였다는 점을 들 수 있다.[6] 특히 물류산업에 대한 외국투자는 단연 세계제일이다. 미국 기업의 유럽물류센터 611개 가운데 57%, 아시아 기업 344개 가운데 56%가 네덜란드에 진출하고 있다(이종찬, 2002). 나아가 네덜란드는 외국의 투자를 유치할 뿐 아니라 유럽 여러 나라와 컨소시엄을 이루어 외국에 투자하는 일에도 열심이다. 유럽에서 밖으로 나가는 투자 가운데 25%는 네덜란드가 주역을 맡고 있을 뿐만 아니라 유럽에 진출한 다국적 기업의 본부 약 60%가 네덜란드에 위치하고 있다.

그렇다면 네덜란드가 외국인 직접투자 유치에 성공한 원인은 무엇인가? 첫째, 시장개방정책을 후원하고 있는 정치적 안정과 거시경제의 건전성 때문이다. 둘째, 외국인 직접투자 전담기관인 외국인 투자청(National Foreign Investment Agency: NFIA)의 주도적 역할이다. 셋째, 투명한 조세제도와 능률적인 통관절차를 소유하고 있다는 점이다. 넷째, 안정된 노동시장과 국민들의 국제적인 마인드이다. 더불어 수준 높은 교육과 유연하고 생산적인 노동력을 확보하고 있다. 다섯째, 토지가격이 다른 나라에 비해 싸고 위치 선택이 자유롭다. 여섯째, 물적 및 사회적 인프라의 수준이 높고 정보통신 인프라가 발전되어 있다. 일곱째, 선진적인 금융산업과 물류분야의 높은 경쟁력이다(이종찬, 2002).

---

6 세계화가 키워드가 되면서 유럽은 현재 외국인 직접투자 경쟁을 벌이고 있다. 다국적 기업이 투자를 한다는 것은 일자리를 확보해 줄 뿐 아니라 기술과 경영기법 등 현대적인 경쟁력에 절대적으로 기여하는 것이다.

네덜란드 경제의 또 하나의 강점은 경쟁력 있는 산업만 특화하여 집중적으로 발전시키고, 여타 분야는 외국 기업에게 과감히 개방하고 있다는 점이다. 예컨대 물류산업은 국가가 특화시키고 있지만, 다른 분야의 기업은 외국인이라 하여 차별을 두지 않는다. 네덜란드의 비즈니스맨들은 세계에서 가장 값싸고 질 좋은 물건을 사서 가장 필요로 하는 나라에 파는 자질을 어릴 때부터 익히고 있고, 현장학습을 통해 배우고 있다.

(3) 네덜란드 발전전략의 발전론적 함의

1) 국부신장

일찍부터 네덜란드는 유럽의 곳곳과 연결된 라인 강이 바다와 만나는 지리적 이점 등 천혜의 교통조건을 이용해 운송업과 대외 무역업에 전념해 왔다. 또 축적한 부를 포르투갈과 스페인처럼 신대륙발견을 위한 긴 항해에 낭비하지 않고 금융업, 대외투자에 사용해, 현대 금융업의 근간인 보험, 은행, 주식시장도 만들었다(탕진 외, 2007: 137).

네덜란드는 자연조건을 극복하고자 한 대규모 간척사업인 폴더(Polder) 모델 덕분에, 경제성장과 고용창출 등 괄목할 만한 성과를 내면서 경제위기를 극복하고 우등국가로 거듭난 대표적인 케이스다. 네덜란드는 1980년대 후반부터 기업 진입, 퇴출 장벽을 제거해 기업가 정신을 고취시키는 데 정책의 초점을 맞췄다. 파산위험을 고려한 엄격한 창업법이 오히려 창업을 억제한다는 판단에 따라 창업법 자체를 폐지하기도 했다. 이에 힘입어 이 나라는 1990년대에 연평균 2.6%씩 성장해 유럽연합(EU)의 평균치(1.8%)를 훨씬 웃도는 성장률을 보였다. 그러니 자연히 실업률은 낮아져 2002년 7월 현재 실업률은 완전고용 수준인 3.25%로 낮다. 이는 노동시장의 유연성이 높아지고 신규고용에의 인센티브 부여 등 고용정책이 효과를 발휘한 결과다. 경제회생을 위한 정부의 과감한 결단력 및 정책 일관성, 단기이익보다는 장기이익을 추구한 노사 간 신뢰가 네덜란드를 유럽의 '작은 거인'으로 만든 것이다(권영성, "네덜란드 폴더모델," 한국경제, 2003. 1. 15자).

2) 국질 제고

이 나라는 자전거의 나라로 불릴 만큼 등 친환경적 대중교통정책을 자랑한다. 네덜란드에선 자동차 구입 시 분해세를 부과한다. 차를 다 사용한 뒤 분해공장에 보내면 면밀히 검토해 사용가능 부품을 회수, 재활용하기 때문이다.

네덜란드 국민들의 삶의 질은 높다. 여가시간 중시, 낮은 범죄율, 높은 직업안정성, 소득 형평성, 건강 등 전체적으로 만족스런 생활을 보장해 주는 국가제도 덕분에 성장－지속가능의 조화를 이룬다(그라프 외, 박웅희 역, 2004). 그래서 교통, 교육, 보건위생 문제가 터지면 시민들 모두 수치심에 공분(公憤)한다. 독서열도 높아 일간지의 주1회 서평란만 5쪽을 차지한다(박홍규, 2008: 107).

3) 국격 완비

네덜란드의 여왕 탄신일은 더치 상인을 양성하는 국경일이기도 하다. 아이들도 물건 거래에 참여하고 어른들은 이를 흠잡으며 흥정도 한다. 시장이 파하면 브라스 밴드를 동원해 아이들을 격려하면서 장사의 소중함과 상도(商道)를 학습시키며 국제 상인을 만든다. 대도시 내의 모든 아파트가 무역회사로서, 3~4개 외국어를 하는 부인이 비서 역할로 도와주면, 남편은 전세계를 상대로 무역을 한다. 대학생들도 방학 때만 되면 독일, 프랑스, 영국, 미국 등에서 아르바이트를 하며 어학훈련을 해, 최소 3~4개의 외국어가 가능하다. 외국과의 교역 없인 살 수 없다는 것을 깨닫고 국민 모두 누가 시키지 않아도 외국어를 열심히 배운 덕분이다.

총인구 중 20%가 외국인이지만, 유럽에서 외국인에의 배타성이 가장 약한 나라이기도 하다(안영환, 2007). 그러나 이 나라 사람들이 돈만 밝히는 것은 아니다. 기독교의 십일조 정신에 따라 정부예산의 일정한 몫을 아프리카, 동구, 남미에 원조하며 국제사회의 협력자적 역할도 게을리하지 않는다. 개도국과 장기 파트너십을 체결한 도시가 160개나 되며, 개도국의 개발프로젝트에 참가한 도시도 100개가 넘는다. 국민의 1/2 이상이 국제기부나 모금에 참여한다(박영신, 2002). 물론 이에는 외국에 공을 들여 많이 투자하다 보면, 나중에 이들이 네덜란드의 물건을 사줌으로써 더 큰 이익을 얻는다는 상인정신이 내재해 있기도 하다.

2. 아일랜드의 발전전략과 함의

(1) 아일랜드의 역사제도적 기반

영국에 인접한 아일랜드의 지정학적 취약성은 이 나라가 1921년까지 영국 식민지로 남아 있었다는 사실을 통해 잘 나타나고 있다. 아일랜드의 경제발전은 18세기 이후 본격화되었다. 영국의 식민지 시절 아일랜드 의회는 토착민인 가톨릭 교도를 배제하는 방식으로 발전을 추구하였으며, 독립 이후 북아일랜드의 영국잔류라는 결과로 나타났다. 또한 1850년대에 지속된 '대기근'의 여파로 200여만 명 이상이 북미 지역으로 이민을 떠났으며, 이러한 경향은 독립 후인 20세기에도 계속되어 추가로

100만 명이 이민행렬에 동참하였다(홍성걸, 2003).[7]

영국의 식민통치를 종식시키기 위한 노력은 19세기 아일랜드 정치의 핵심 이슈였다. 1840년대와 1870년대 사이에 다니엘 오코널(Daniel O'Connell)과 아이삭 벗(Isaac Butt)의 주도로 아일랜드 자치(Home Rule)를 이룩하고자 노력하였지만 성공하지 못했다. 하지만 계속된 자치운동의 결과 영국의 자유당은 1886년에 이르러 아일랜드에 제한적 자치정부를 허용하는 방안을 제안하였다(조현대, 2003). 그러나 북아일랜드 연합론자(unionists)들의 자치권 반대와 제1차 세계대전의 발발로 자유당 주도의 자치일정은 연기되었다.

1916년에 더블린에서 공화국이 선포되자 연이어 민중봉기가 시작되었다. 민중봉기를 주도한 신페인당(Sinn Fein: "Ourselves")이 1918년 국민선거와 이에 뒤이은 독립전쟁에서 승리하면서 북아일랜드 6개 주를 제외한 나머지 26개 주들은 1921년 아일랜드 독립정부를 수립하였다. 하지만 오랜 역사의 산물인 아일랜드의 지역적 분열구조는 이후 강력한 중앙집권체제의 출현을 저해하는 주된 요인으로 작용하였으며, 결과적으로 아일랜드의 정치는 유럽의 다른 국가들과 마찬가지로 불안한 형태의 연정(聯政)이 반복되는 결과로 나타났다(Adshead & Quinn, 1998).

한편 아일랜드 경제는 1993년 이후 대도약 이전까지 다양한 단계의 진화과정을 경험해 왔다. 먼저 독립 이후 1955년까지 계속된 보호주의 시대에는 노동력의 절반이 농업에 종사하고 농산물이 전체 수출의 90% 정도를 차지하는 전형적 농업국가였다. 보호무역정책의 영향으로 1921년 독립 당시 1.6%에 불과하던 제조업 고용증가율은 1932~60년에는 연평균 3.1%를 기록하였다(조현대, 2003). 그러나 1950년대 후반에 이르러 보호주의에 기초한 수입대체 산업화가 한계를 드러내면서, 1950~60년대의 10년간 아일랜드의 경제성장률은 영국은 물론 서유럽 평균의 절반에 불과하여 경제사정은 더욱 어려워졌다.[8]

1955년 이후 1973년까지는 보호주의에서 개방주의로의 전환이 추구된 시기이다. 앞서 제시된 국내적 요인에 부가해 유럽경제연합(EEC) 가입과 마샬플랜 수혜로 대표되는 전후 영미 주도의 자유무역레짐은 아일랜드 경제의 개방화를 촉진시키는 주요 계기로 작용하였다. 특히 1959년 총선에서 승리한 공화당의 Sean Lemass 정부는 수출중심 제조업의 육성을 위한 세제혜택 및 자금지원, 외국인 직접투자 유치 그

---

7 미국으로의 이민이 줄을 잇는 등 근 200년간 이민이 아일랜드인의 생활방식 중 하나였다. 미국으로의 항해 중 이민자의 1/5이 죽어, 이들이 탄 배를 목관선(coffin ship)이라 부르기도 했다.

8 농업국가로부터의 급박한 산업화로 인해 수도인 더블린에 대규모 슬럼가가 형성되는 등, 아일랜드는 한때 혁명의 가능성이 가장 높은 곳으로 평가되기도 했다(오세훈 외, 2005).

리고 자유무역을 위한 규제완화 등을 핵심 전략으로 채택하였으며, 이를 지원하기 위해 산업개발청(Industrial Development Agency: IDA)을 설립하였다(홍성걸, 2003). 결과적으로 이러한 조치로 인해 1960년대 아일랜드는 1950년대에 비해 안정적인 경제성장을 이룩할 수 있었다.

대외개방은 경제적 이익을 아일랜드에 제공한 반면에 세계경제의 직접적 영향을 피하기 어렵다는 시련도 제공했다. 1973년과 1979년에 연이어 발생한 오일쇼크의 파고에 아일랜드도 예외가 아니었다. 1970년대 이후 세계적인 불황 속에서 개방 정책의 문제점이 부각되자, 아일랜드는 1993년까지 경제위기 극복을 위한 구조조정에 본격적으로 착수하기도 했다.

(2) 아일랜드의 발전전략

아일랜드는 1980년대 중반까지만 해도 높은 임금상승과 고율과세 등 잘못된 경제정책과 여야 간의 정쟁으로 경제성장률이 연평균 마이너스 1.1%를 기록하는 저성장의 굴레에서 벗어나지 못했다. 그러나 1980년대에 들어와 집권 여당의 총리와 야당의 당수가 앞장서 협력체제를 구축하고, 재계와 노동계를 망라한 사회통합 작업에 성공함으로써 사정은 돌변했다. 이후 네 차례의 정권교체에도 불구하고 합의된 기본 방향을 유지함으로써 고도성장을 이룩하여 유럽의 호랑이로 등장했다. 국가경쟁력이 세계 7위로 부상했고 1996년까지 10년 동안 경제성장률이 연평균 6.2%에 달하여 경제 규모가 두 배로 늘어났고, 실업률은 3분의 1로 줄었다.

아일랜드의 사회협약은 1987년 국가부흥을 위한 프로그램을 시작으로 3년마다 개정하고 있다. 노조, 사용자, 정부, 농민단체, 시민단체 모두가 머리를 맞대고 합의에 도달할 때까지 회의를 거듭한다. 3년마다 개정되는 프로그램의 제목 중 특히 눈에 띄는 단어가 경쟁력과 협력이다. 1987년 처음 시작된 사회연대협약의 골자는 임금을 3년 동안 인플레이션 수준 이하로 억제한다는 것인데, 이는 강성노조로 이름난 아일랜드 노조가 먼저 제안한 것이었다.

사회협약은 경제발전뿐만 아니라 사회발전에도 긍정적으로 기여하였다. 이 협상은 아일랜드 사회에 확실성을 부여하였으며, 정권이 바뀌어도 변동 없이 중장기적인 정책을 실시한다는 것에 대한 동의가 있었다. 이처럼 지속적인 경제정책은 기업뿐만 아니라 노동조합 운동의 발전에도 매우 중요한 역할을 했다.

사회협약을 통해 아일랜드가 안정을 보이자 서서히 외국인 투자가 증가했다. 아일랜드는 1990년대 이후 외국인 직접투자가 집중적으로 이루어졌다. 외국기업들에 의해 일자리가 창출되고 다시 국내 일자리가 만들어지는 선순환이 일어났다. 외국인 투자는 국내산업이 허약한 아일랜드 경제를 부흥시킨 주역이었다. 아일랜드는 전통적인 농업국가로 산업화를 제대로 거치지 못한 나라였음에도 불구하고 현재는 정보통신강국으로 재탄생했다. 외국의 첨단기업들이 아일랜드에 공장을 세우고 직접 투자를 늘린 이유는 바로 아일랜드 정부의 치밀한 유치전략 때문이다. 그 중심에는 산업개발청(IDA)이라는 투자유치기관이 있었다(이종찬, 2002).

IDA는 아일랜드의 외국기업투자 유치를 위해 설립된 기관으로서 국내뿐만 아니라 세계 각지에 24개 지사를 두고 있다. 정부산하기관이지만 기업유치에 대해서는 전권을 행사한다. 아일랜드로 진출을 결정한 외국기업들에게는 공장부지, 입지선정 및 경영서비스를 제공하고, 사업 중인 기업에게도 컨설팅을 해 주는 등 사후관리까지 맡고 있다. 이같이 적극적으로 해외기업유치에 나선 이유는 외국기업의 투자가 국내 일자리 창출로 이어진다는 전략적 판단 때문이다. 현재 IDA에는 300여 명의 전문인력이 있으며 개별 기업을 상대로 최초의 현장방문에서부터 입주시 각종 편의 제공까지 전과정을 전담 관리한다.

아일랜드는 사회협약에 의한 상호신뢰를 통해 경제위기를 벗어났다. 모든 정책을 일자리 창출에 초점을 맞춘 아일랜드의 노력은 실업률 감소에다가 초고속 경제성장이라는 성과를 동시에 거두었다. 1987년 국가부도 직전에까지 몰렸던 아일랜드는 이후 15년 만에 국민소득 3만 달러인 완전한 선진국으로 부상했다. 기업유치 전략은 이제 정보통신, 생명공학, 국제서비스 등에 초점이 맞추어져 있다. 아일랜드는 첨단산업으로 무장한 국가로 변해가고 있다. 이 나라는 미래에도 최첨단, 고부가, 고성장산업을 선정해 국가경쟁력을 지속시켜 나가려 하고 있다. 아일랜드는 기술주도적인 경제를 이끄는 비즈니스 디지털 허브로 발전하고 있으며, 이는 다른 첨단기술의 발전과 투자를 촉진할 것이다.

(3) 아일랜드 발전전략의 발전론적 함의

1) 국부 신장

아일랜드는 수차례의 사회협약에 따른 경제개혁과 해외자본의 유치로 OECD 국가 중 규제완화 2위, 노동시장 유연성 5위, 경제자유도 9위를 기록하는 등 시장경제의 활성화를 맛보았다. 1인당 국민소득은 2007년에 6만 달러로 올라 세계 6위에 해당되었고, 이에 힘입어 미국 대기업 소유주의 30%를 아일랜드 출신이 차지하기도 했다. 그래서 매년 St. Patrick's Day(3월 17일)엔 뉴욕, 시카고 등 대도시에서 아일랜드인 퍼레이드를 벌이기도 한다.

아일랜드의 경제성공 원인으로는 먼저 미래지향적 안목을 갖고 치밀한 국가발전전략을 세운 정부를 먼저 들 수 있다. 규제혁파, 낮은 법인세, 시장개방, 과감한 외자유치 지원, IT 등의 첨단업종 인력양성 등등 지식국가로의 정책전환에 힘입어, 이 나라는 1995년부터 5년간 9%의 성장률(참고로 EU 평균 2.5%)을 기록했고, IT 강국으로서 제조업 생산량도 12%나 증대했다. 이에 힘입어 이 나라는 2004년 Foreign Policy 조사결과 '3년 연속 글로벌화가 가장 진화한 국가'로 선정되기도 했다. 저비용 생산구조로 해외투자 유치 등 가장 투자하기 좋은 나라를 만들기 위한 정부의 발전전략도 빛났다(박동운, "고성장, 일자리 아일랜드서 배워라," 중앙일보, 2008. 1. 1자). 예컨대 이 나라의 산업개발청은 전세계에 24개 지사를 설치하며 공장부지 및 입지의 선정, 서비스 제공, 세제감면을 돕는 등 교역국가(trading state)로부터 투자유치국가(investment state)로의 변신을 꾀했다. 특히 노사정 3자간 신뢰가 생기자 산업평화가 이루어졌고, 이에 따라 외국인 투자도 급증했다. 둘째, 술과 노래를 좋아하면서도 부지런하고 근성 있는 국민 기질도 국가발전에 한몫했다(오세훈 외, 2005). 더블린 음악축제가 국제적으로 유명하고, 거리 곳곳에 퍼브 선술집이 있다. 악착같은 국민의 근면성과 근성 등 저렴하지만 우수한 인적 자원을 바탕으로 급속한 경제성장을 할 수 있었다.

2) 국질과 국격

이 나라는 고용의 창출이 곧 최고의 복지정책이란 모토 하에, 기업의 서열을 투자금액보다 고용자 수를 토대로 매길만큼 일자리 창출에 노력했다. 유럽식의 포괄적 실업지원 프로그램, 임대료 및 담보대출이자 지원, 무료 건강보험, 무료통학, 의류보조 등의 기초 복지제도도 마련되어 있다(오세훈 외, 2005: 76). 예술인들에겐 세금을 부과하지 않아 유명 예술인을 대거 배출하기도 했다. 아일랜드인들은 인근의 북구 국가들처럼 제3세계의 기근(특히 이디오피아)에 적극 원조를 하고, UN의 평화유지활동에도 기여해 왔다. 1인당 자선단체 기부율도 높은 등 국제사회의 협력자로서 격조 높은 국가행동을 보이기 시작한다.

3) 최근의 경제위기와 극복이 주는 교훈

아일랜드도 최근 유럽의 재정위기에서 자유롭진 못했다. 2002년부터 시작된 부동산시장 과열로 인한 자산버블이 심했는데, 아일랜드인들은 지식강국이라는 이름에 걸맞지 않게 생산부문에의 건전한 투자보다 부동산 시장에 투기했다. 금융기관들도 너나할 것 없이 EU 은행으로부터 거금을 빌려 부동산 대출에 전념했고, 정부의 개방정책이 단기이익을 좇는 해외투기자금에 잠식되면서 이 나라의 부동산 시장과 자산시장은 거품에 휩싸였다. 이는 물가와 임금 상승으로 연결됐고, 결국 미국발 글로벌 금융위기의 직격탄을 맞게 된다. 내수시장이 좁고 대외의존도가 높은데다가 미국의 투자에 의존하는 바람에 그 충격은 더 컸다. 단 이 나라는 식민지 독립 및 대기근을 극복해냈던 근면한 국민성과 강한 의지에 힘입어, 구제금융을 극복해 겨우 한숨을 돌렸다("아일랜드의 구제금융위기가 우리경제에 주는 교훈," http://ecoplay.tistory.com/231).

　　마이클 하젠스찹 플랭크린 템플턴 글로벌 펀드그룹 수석 부사장의 분석에 의하면, 아일랜드는 2010년 유로존 주변국 중 최초로 GDP 대비 경상수지가 흑자로 전환하고 있다. 즉 '아일랜드의 귀환'이 이루어지고 있는 것이다. 아일랜드 경제가 다시 살아난 이유는 먼저 숙련된 노동력의 활용 때문이다. 2008년 이후 제조부문의 단위당 노동비용을 20% 떨어뜨려 노동생산성을 높인 결과 경쟁력을 확보했다. 친기업적 규제와 세금 환경도 중요한 역할을 했는데, 정부는 법인세를 12.5%로 높이라는 EU 국가들의 압력에 버텨 외국인 직접투자에 유리한 투자환경을 조성했다. 국민 간에 사회정치적 공감대가 폭넓게 형성되어 있어 구제금융에 따른 긴축재정 위기를 잘 극복했고, 이런 공감대가 있어 정권 교체가 돼도 개혁노력에 변함이 없었다(중앙일보, 2012. 2. 14자). 결국 아일랜드와 같은 개방정책은 해외투자를 유치하기 위해서는 매우 좋은 방법이지만, 밀려오는 투기성 외화자금에 대한 선제적 대응이 없다면 반드시 썰물처럼 빠져나가는 자금을 막기는 어렵고, 또 그래서 더욱 수출제조업의 육성이 필요하다는 교훈을 우리에게 주고 있다.

3. 스위스:
틈새경영 전략과 직접민주주의 및 생태적 전환을 이루려는 다부진 나라

(1) 스위스의 역사제도적 기반

　　스위스는 열악한 자연환경을 딛고 일어서 직접민주주의와 생태적 전환 및 제3부문을 가꾼 다부진 나라이다. 그러나 이 나라엔 애당초 자원과 에너지가 없었고 국토의 70%가 산이었다. 그래서 "이 나라에 있는 것은 사람밖에 없다"는 얘기가 교과서의 첫머리를 장식했다고 한다. 겨울이 6개월이나 되는 관계로 자연히 농업발전이 미약해, 한때 유럽에서 '가난 = 스위스'라는 등식이 성립되기도 했다. 그래서 남자들이 용병으로 나섰는데, 가난한 식구에게 봉급을 보내야 했던 스위스 용병들은 프랑스혁명 당시 왕 루이 16세 옆에서 끝까지 자리를 지킨 용맹성을 과시하기도 했다. 전쟁포로대우협정인 제네바협정은 스위스의 이런 특수상황에서 발원한 것이다(우석훈, 2008: 209).

(2) 스위스 발전전략의 시사점

1) 국부 신장

1950년대까지 스위스는 독일과 프랑스의 위성경제로 취급되었듯이, 이 나라가 잘 살게 된 것은 최근 20년 남짓에 불과하다. 스위스는 독일, 프랑스, 이탈리아 등 강대국의 틈에 끼어 있어 고슴도치 같은 생존전략으로 살아남았다. 금융업, 관광업이 국부의 축을 담당하고 있는 것으로 알려져 있지만, 실제로는 중소기업 클러스터로 구성된 산업체계가 국부의 중추적 기반이 되고 있다. 시계 1위, 인쇄기계 2위, 직기 4위, 식품가공 및 포장기계 4위, 공작기계 5위, 정밀계측기기 5위, 정밀공구 6위, 터빈 7위, 주물기계 8위 및 유압, 공기압축기 9위 등 정밀기계의 적지 않은 분야에서 틈새 세계경영전략을 확고히 구축하고 있다.

이에는 이 나라가 남다른 소수정예의 숙련 노동력을 효율적으로 활용해 최소의 수입 원자재를 투입해 최대의 부가가치를 창출하는 생산, 판매 시스템을 일찍부터 개발해 온 것이 주효했다. 독일, 프랑스 등 강대국과의 무모한 경쟁을 피하기 위해 일찍부터 차별화된 품목을 개발해 전문영역을 확보해 온 것이다. 예컨대 스위스 제품의 80% 이상이 경쟁국과 차별화된 틈새품목이다. 이 나라는 지속적 상품개발과 혁신, 생산공정의 효율화, 고객과의 밀착관계 유지를 통해 세계시장에 품질 스위스(Swiss quality)의 이미지를 구축했다. 예컨대 시계의 품질과 명성을 유지하고자 완제품 조립공정 및 테스트 공정을 반드시 국내에서 거치도록 하고 부품의 최소 50% 이상을 스위스산으로 쓴다. 그래서 중립국 스위스는 유럽의 테스트 마켓이다. 세계최고의 생활수준을 자랑해 품질과 가격경쟁이 치열하다. 그래서 여기서 성공한 상품만 전유럽시장으로 확대된다.

스위스의 정밀기계공업이 세계적으로 막강하고 무역, 유통업에서 두각을 나타낸 것은 모두 대학의 인재 배출력 때문이다. 19세기 초엽부터 주 정부들의 주도로 대학교육투자에 진력했고, 연방정부는 국가균형발전 차원에서 연방공과대학을 설립했다. 그런데 모든 대학이 모두 일류대이기에 대학 간 서열은 없다. 스위스인들은 과외 같은 것은 게임규칙을 위반하는 불공정 행위로 보기에 대입입시를 위한 과외는 없다(안영환, 2007: 182~197). 그러나 대학 진학률이 높지 않아도 경쟁력이 높은 것이 스위스 패러독스이다. 이 나라는 20~27%의 대학 진학률을 보여, 한국의 82%, 미국의 70%, 일본의 53%와 극히 대조된다. 스위스 패러독스는 대학의 진입문을 높이는 대신, 비대학 출신자가 진출할 수 있는 경제영역을 확대해 대졸자와의 임금 격차를 축소시켰기 때문에 가능했다(맹찬형, 2012: 81).

이 나라는 지형상 농업이 순탄하지 않지만, 그렇다고 알프스 관광으로 먹고 살지도 않는다. 관광수입은 유럽의 평균 관광소득보다 더 높지 않다. 익히 알듯이 스위스 은행의 비밀계좌는 대외적 이미지 때문에 정책으로 폐지된 지 오래이다. 스위스는 최근 관광산업이 국민경제에 큰 도움이 안 된다고 판단해, 알프스 지역의 생태복원을 인접국과 국가 간 협의방식으로 추진해, 건설산업을 복원기술 쪽으로 전환하기도 했다. 특히 농업을 살리고 농업-식품안전의 결합을 통해 국민경제의 생태적 전환을 도모한다. 즉 식품 중심의 농업 재발견을 통해, 저렴한 가격으로 안전한 식품과 재료 구입을 도모했다. 특히 농업은 먹거리 안전, 국토 보전, 경관유지의 핵심으로 여겨, 70%나 정부 보조를 받는다(우석훈, 2008: 208~209). 예컨대 스위스에선 일정시간 동안 소나 말을 방목하면 보조금을 준다. 생태친화적 축사를 지어도 보조금을 준다. 가파른 경사지에 축대를 세워 포도밭을 일구면 단지(terraced) 보조금을 주고, 경관을 아름답게 하는 유채꽃을 심어도 돈을 준다. 휴경(休耕) 보조금도 주는데, 농업은 농산물 생산 외에도 다른 가치를 창출한다고 보는 것이다. 예컨대 농업은 목가(牧歌)적 장면을 연출해 관광에도 일조한다는 것이다. 그래서 세입자들에게 돈을 줘 창가에 꽃을 장식하게 하기도 한다. 매년 9월 마지막 주 토요일엔 목동이 소를 끌고 알프스를 내려오는 하산행렬 전통을 관광상품화하기도 한다(맹찬형, 2012: 134~137).

2) 국질 제고

이 나라는 우리와는 극단적으로 다른 정치, 경제구조와 경제성과를 보인다. 그 힘은 직접민주주의 자치(canton, 국민발의)에 기반한 분산형 구조에서 나온다. 특히 직접민주주의를 신봉하는 민주국가답게, 투표를 통해 국민 삶의 질과 사회경제적 약자를 배려하려는 정치역사가 뚜렷하다.

예컨대 몇 년 전 제네바 시민들이 대형마켓 영업시간 1시간 연장에 반대투표를 했는데, 이런 결과엔 시민들이 노동자의 휴식권도 중요하다고 본 것이 작용했다. 동네 가게는 화-일요일 동안 개점하고 월요일엔 휴업하는 대신, 할인점은 월-토요일 간 개점하고 일요일엔 휴점을 하는 등 대형 할인점과 동네가게의 개장시간 차이와 지리적 배치도 소상인 배려의 차원에서 이루어진다. 70km를 넘는 레만 호수에

다리를 건설하자는 투표도 부결되었는데, 물론 다리를 놓으면 차량 소통은 원활해지지만 다리건설로 인한 대기오염이 삶의 질을 저하시킬 것을 주민들이 우려했기 때문이다. 민간기업의 건축에도 주민의사를 반영한다. 세계적 인터넷기업이 들어오면 대형서버로 인해 전력수요가 급증하고 주민이 불편해질 것을 우려해, 그 기업의 진입을 막기도 했다. 청년들이 놀이공간을 놓고 데모를 하자 취리히 경찰은 페이스 북을 통해 완벽한 밤 문화를 제안하는 등 신선한 대응을 했다. 즉 청년들을 화나게 한 요소가 무엇이냐는 의견을 접수하고, 이를 적극 청취해 적절한 장소제공을 약속하기도 했다(맹찬형, 2012: 200).

스위스는 노동에 대한 새로운 가치관을 정립해, 정규직 체제 하에서도 1주일에 이틀만 일하는 사람도 적지 않다. 지식경제의 탈(脫) 포드주의 시대엔 다른 생각과 다른 발상을 하는 것이 경쟁과 혁신의 중심축이 될 수 있다는 것이다. 이런 노동의 유연성은 고용과 해고의 유연성이 아닌 노동과정(근로시간)의 유연성으로서, 자기계발 시간이 많아야 지식과 문화적 혁신이 가능하다는 전제 하에서 이루어진다. 그래서 대학 진학률은 우리나라의 1/4이지만 생산성 격차는 대단하다. 고등학교만 나와도 지식경제체제에 투입되어 자기혁신을 도모할 수 있기 때문이다. 스위스는 이처럼 경성에너지 및 자원투입은 줄이고 소프트 파워인 지식, 문화 투입은 늘리는 국민경제로 전환하고 있다(우석훈, 2008: 216~217). 지식－문화형 국민경제로의 전환 등 방향전환의 규모가 클수록 장기적 안정성도 높다.

3) 국격 완비

EU는 무척 농업을 보호하지만, 스위스는 그 수준이 부족하다며 EU 가입을 안했다. 이처럼 스위스는 냉철히 따져 국익에 어긋나면 경제통합을 하지 않았다. 알프스 요새를 지키는 것은 군인이 아닌 농민이라는 정체성을 지키기 위해 EU에 가입하지 않았던 것이다. 국가의 뿌리는 산촌 농민인데 이들이 사라져 정체성이 흔들릴까봐 섣불리 개방하지 않고 불이익을 감수한다. 비록 이 나라는 EU엔 가입하진 않았지만 다른 종류의 무역협정 체결에 따라 인접 유럽국들과는 관계가 많이 맺어져 있다. 지금도 이 나라에서의 외국인 부동산 투자는 쉽지 않다. 영국은 부동산을 개방해 런던 시의 고가주택 절반이 외국인 소유이지만, 제네바에선 10년을 일해도 집 사기가 곤란하다. 기업지배구조도 대단해 대기업 없이 겉으로는 독립된 회사로 보이지만, 실은 거미줄처럼 복잡한 순환출자 관계로 엮여 있어, 독일, 프랑스 등 인근 강대국이 쉽게 인수하지 못하도록 방법을 강구하고 있다(장하준·정승일·이종태, 2012: 293~296). 스위스는 각 가정에서 침대 시트를 며칠 만에 새로 바꾸는지를 경찰이 파악할 정도로 사생활이 침해되어 경찰국가가 아니냐는 불평이 나올 정도로 사회가 투명하다. 실제로 1980년대 초엔 1달에 한번 시트를 교체하지 않아 국적 취득이 거부된 외국인도 있었다고 한다(안영환, 2007: 134). 그러나 경쟁의 틀이 공정하고 투명한 나라일수록 사회는 부유해진다. 부의 확대 재생산 원천인 지식과 기술 축적도 높아진다. 경쟁의 틀을 공정하게 유지하려면 투명해야 하는데, 나라가 작을수록 사회 투명도가 더 높다.

　스위스는 제3부문(the third sector)이 국가－기업관계의 완충(buffering) 역할을 하며 두 부문을 적절히 견제하고 있다. 생활협동조합, 사회적 기업(social enterprise), 공익재단 등 이른바 제3부문이 권력 논리에 사로잡힌 정부나 돈의 논리를 강조하는 시장이 아닌 시민사회 속에 자리잡고 있는데, 보살핌, 신뢰, 호혜, 나눔, 자발성 등 자체의 작동원리에 힘입어, 대안적 사회운영조직으로서 대안적 경제구조, 사회연대 훈련의 장, 고용창출 등 여러 측면에서 그 영향력을 늘려가고 있다. 선진국들은 국민소득 2만 달러에서 4만 달러로 넘어가는 시점에서, 자체 내에 고유하게 존재하던 제3부문을 강화했다. 실제로 스위스(예: 소상인연합)는 인접한 덴마크, 스웨덴과 마찬가지로 기업 : 공공부문 : 제3부문이 1 : 1 : 1로 3등분되어 있다(우석훈, 2008). 부자들의 기부로 만든 공익재단도 시장이나 국가가 해결하기 곤란한 문제들을 풀며 새로운 사회자본(social capital)으로 자리잡아 나가고 있다.

일본
: 관료중심 행정의 공과와 미래

I. 개관

　　제2차 세계대전의 패전국인 일본은 전후 정부주도의 고도성장을 통해 경제대국으로 부상하였다. 일본은 국토면적이 약 38만 ㎢로서 그리 넓지 않다. 태평양 서부지역에 있는 좁은 열도에 약 1억 3천만 명에 육박하는 인구가 모여 살고 있으며, 수도권은 고도로 밀집되어 있다.

　　전후 일본의 고도성장을 주도한 행정은 1980년대 중반까지만 해도 영광의 중심에 자리하고 있었다. 하지만 1990년대 중반 일본 경제가 시련에 직면하면서 일본정부의 공과와 미래에 대한 다양한 논의들이 활발하게 이루어지고 있다.

　　물론 현재 일본이 직면한 재정적자·금융부실만 보고 일본을 위기로 진단하는 것은 너무 성급한 결론이라는 지적도 있다. '무라샤카이(村社會)'로 불리는 특유의 집단의식, 20년을 까먹고도 남은 국부(國富)가 받쳐주는 체력, 막강한 제조업의 경쟁력 등은 일본에 대한 성급한 진단을 어렵게 하는 요소들이다. 또한 일본은 서구 주도의 세계화 열풍 하에서 여전히 일본식을 고집하고 있다. 특히 관료사회의 국정운영 방식은 전세계적인 행정개혁의 대명사로 등장한 신공공관리와는 거리가 멀어 보인다.

　　이에 여기에서는 일본식 발전모델의 핵심요소인 행정의 특이성과 변화가능성을 중심으로 논의를 전개하고자 한다. 1947년 신헌법 제정에 따라 제국주의 시절의 관료제는 민주적 제도로 대체되었고 관료들은 천황의 종에서 국민의 공복으로 변화하였다. 그러나 이러한 법적 개혁에도 불구하고 과거의 유산이 공직사회 전반에 잔존하고 있다. 따라서 보다 민주적이고 책임 있는 관료제를 구현해야 할 필요성은 서구에 비해 일본에서 더욱 절실하다고 할 수 있다.

　　나아가 비교발전행정의 견지에서 일본행정의 제도적 특성에 대한 분석은 우리의 국정운영에 커다란 시사점을 제공해 줄 수 있다. 관료제가 우리나라에 비해 다원화된 정치구조 하에서 움직이면서도 비슷한 전통적 문화를 바탕으로 하고 있다는 점은 흥미롭다(박천오 외, 1996). 또한 양국 간의 제도적 유사성은 일본의 오랜 지방자치 경험 등에 대한 벤치마킹이 서구에 비해 상대적으로 용이하다는 점에도 주목할 필요가 있다.

II. 일본 행정의 역사제도적 기반

현대 일본의 기원은 17세기 초에 형성된 봉건주의로 거슬러 올라간다. 이후 250년을 넘게 계속된 도쿠가와 체제(1600~1868) 하에서 행정은 재정, 건설, 조세징수 등 여러 분야로 확대되었으며, 관료의 인사에서 능력본위의 실적주의가 자리잡게 되었다. 하지만 에도막부(江戸幕府) 당시에도 중앙정부의 직접적 통제영역은 작았으며, 대부분의 지역은 봉건영주들이 분권적 방식으로 통치하였다. 결국 이러한 측면을 고려할 때 일본에서 근대적 관료제가 구축된 것은 메이지 유신과 직결된 문제이다(강성남, 1999).

1889년 제정된 메이지 헌법은 비스마르크가 행정권을 주도한 프러시아의 제한된 군주제를 모방하였다. 따라서 발전격차를 해소하는 '따라잡기식 근대화'라는 명분하에 관료제의 팽창과 정책주도를 허용하였다. 당시 일본의 행정문화는 공무원을 둘러싼 사회 전체의 하부 문화가 아닌 사회 전체를 선도하는 문화였다. 왜냐하면 천황에 대한 충성과 명예에 기초한 정실주의 인사행정이 이루어졌을 뿐만 아니라 전통적인 관존민비 사상으로 관료들이 국민 위에 군림하였기 때문이다. 한편 당시 행정의 작동원리는 행정법이었으며 관리를 중시하는 현대 행정학에 대한 배려는 제한적이었다.

제2차 세계대전이 일본의 패전으로 종결되자 미군정은 1947년 신헌법 제정을 통해 전쟁수행 과정에서 급속히 팽창한 관료제의 과도한 힘을 의회로 전환시키는 개혁을 추진하였다. 하지만 이러한 노력에도 불구하고 정부관료제는 별다른 영향을 받지 않았다. 미국의 점령정책이 간접통치 방식을 취했기 때문에 집행과정에서 관료들의 협력이 필요했기 때문이다. 1952년 4월 발효된 샌프란시스코 강화조약을 통해 확인된 미국의 유화적 태도는 여타 패전국과의 비교를 통해 확연히 구별되며, 이러한 미국의 선택은 공산권 방어기지로서 일본의 지정학적 가치에 기인하는 바가 크다.

한편 일본정치의 기반으로 부상한 '55년 체제'도 관료제의 안정적 성장에 촉매제 역할을 담당하였다. '55년 체제'란 1955년 이후 일본의 정계가 보수세력의 자민당 결집과 혁신 세력의 결집인 사회당 간의 대결구도로 재편되었음을 의미한다. 이는 외견상 양대 정당체제였지만 실제는 보수세력의 총결집체인 자민당이 압도적 우위를 점하는 일당우위 정당체제였으며, 자민당의 집권은 1955년부터 1993년까지 38년간 이어졌다. 이 기간 동안 자민당은 냉전과 혁신 세력에 대한 위기의식을 활용해 안정적으로 정권을 획득·유지할 수 있었고, 이 과정에서 자민당과 관료제 간의 긴밀한 연계관계가 형성되었다.

이후 일본관료제는 그 규모가 작다는 것을 제외하고는 서구의 관료제와 구조적인 측면에서 유사한 방식으로 제도화되었다. 예를 들면, 정책과정에서 여당을 비롯한 정당과는 밀접한 관계를 유지하나 재임중에는 선거나 정당활동에 직접적으로 개입하는 경우가 거의 없을 정도로 중립성을 유지하고 있다. 게다가 미국의 경우와 달리 정치인은 바뀌어도 고위관료는 계속 자리를 유지하는 높은 수준의 안정성과 중립성을 지니고 있다(강성남, 1999).

하지만 일본은 전시 총력전 개념으로 만들어진 관료통제에 의한 국가체제를 좀처럼 탈피하지 못하고 있다. 이는 생산자 우선 원칙이나 경쟁을 부정하는데, 호송선단 방식, 종신고용, 연공서열, 하청제도, 주식·채권 등을 통한 투명한 자금조달 대신 은행차입을 통한 물밑 자금 융통 선호현상, 금융통제를 중심에 둔 관료통제 하의 경제 등을 의미한다. 물론 이 체제가 제2차 세계대전 후 경제의 고도성장을 선도해 일본이 미국에 이어 세계 제2의 경제대국으로 도약하는 데 밑거름이 된 것은 부인할 수 없는 사실이다. 과거 선도조직의 기능을 수행한 대장성(大藏省)과 통산성(通産省), 그리고 이들 조직을 이끈 우수한 경제관료의 역할 또한 높이 평가하지 않을 수 없다. 하지만 일정한 목표를 향해 내닫는 데는 분명히 효율적이었던 전시동원체제는 변화에 적절히 대응하는 탄력성은 갖고 있지 못하다.

Ⅲ. 현대 일본의 행정제도와 정책결정패턴

1. 행정제도: 공무원제도와 중앙정부조직을 중심으로

전후 제정된 신헌법은 공무원을 천황의 종에서 국민의 공복으로 전환시켰을 뿐만 아니라, 행정의 발전을 저해하는 정치적 장애물들을 제거하였다. 또한 학계에서는 행정학의 정체성을 표방하면서 일본행정학회가 설립되었다. 나아가 대학의 행정학 강좌도 학부(65개), 대학원(17개) 등으로 대폭 확대되었다. 이러한 결과는 1959년 공무원 시험에서 행정학 관련 과목이 선택과목으로 지정된 일과 무관하지 않다(Sakamoto, 1991).

그러나 행정의 수단성과 독립성을 중시하는 현대 행정학 연구와 교육의 도입에도 불구하고 일본의 군국주의적 관료문화는 좀처럼 완화되지 못하고 있다. 이는 다시 말해 대학교육이 민주적인 행정인의 교육에 별다른 영향력을 행사하지 못했음을 시사한다. 아직도 대부분 대학의 행정학 커리큘럼이 법학 위주인 제국주의 시절의 잔재를 청산하지 못하고 있을 뿐만 아니라 대다수의 유능한 학생들이 공무원 시험 준비를 위해 법과목에 치중하였기 때문이다. 이에 일본 정부는 법학 위주인 공무원 시험과목의 개편을 지속적으로 추진하고 있다.

일본의 공무원 총수는 361만명 수준으로 공기업화와 민영화 추세에 따라 점진적으로 감소해 왔다. 국가공무원과 지방공무원 비율은 20대 80 수준을 유지하고 있다. 공무원 채용분야는 1종(본청의 간부후보생), 2종(특정분야 전문직원), 3종시험(보조나 서무업무) 등으로 매우 다양하다. 공무원에 대한 임명권은 법률에 별도의 규정이 있는 경우를 제외하고는 각 기관장이 행사하며, 임명권자는 본래의 임명권 이외에 휴직, 복직, 퇴직과 면직에 관한 권한 및 징계처분권도 갖는다(Sakamoto, 1991).

이러한 채용과 승진 상의 주요한 문제점은 다음과 같다. 첫째, 공무원시험의 법학 편중이다. 사무직 직원의 50% 이상이 법학 전공자로 충원되고 있는데, 이러한 경향은 경제분야의 전문성 확보에 제약요인으로 작용하고 있다. 둘째, 동경대학 출신자의 편중현상이다. 70% 이상의 법률직이 동경대학 법학부 출신자이고 또한 기관장, 국장, 부장의 과반수 이상이 동경대 출신이기 때문이다. 셋째, 1종 시험 출신자의 선호현상이다. 고위직으로의 승진은 1종 시험에 의해 선발된 사람들이 독점하고 있다. 따라서 이에 대한 보완대책으로 인사원은 특별행정훈련(SPT) 과정을 신설하여 2, 3종으로 임명된 공무원들을 부과장(7, 8급)으로 승진시키고 있으나 좀 더 적극적인 인사정책이 필요하다. 넷째, 고위직의 일반행정직 선호현상이다. 자연과학과 관련된 보건, 복지, 농림, 수산, 체신, 통신, 수송 등에 있어 상위직을 일반행정직이 차지하고 있기 때문이다. 다섯째, 여성의 대표성이 미약하다는 점이다. 물론 1, 2종 시험의 여성 합격자가 증가하는 추세이고, 남성위주의 직위에 여성의 진출이 활발해지고 있지만 좀 더 적극적인 조치가 요구된다. 여섯째, 부처 간 인사교류의 단절현상이다. 부처 간 단절로 파벌주의와 부처이기주의가 성행하고 있다.

한편 성청(省廳)으로 대표되는 일본의 중앙정부 조직의 특징은 다음과 같다. 첫째, 조직·정원에 대한 관리통제가 엄격하다는 점이다. 이러한 철격자(鐵格子) 효과는 행정기관의 팽창억제에 기여하고 있는 반면에 환경변화에 부응하는 탄력적인 조직 변동을 어렵게 한다. 둘째, 계선조직(국·부·과·계)에 대한 통제가 엄격한 반면에 막료조직(심의관이나 총리부 외청)에 지나칠 정도의 자율성을 부여하고 있다. 셋째, 각 성청 수준의 관방계통조직(재무·인사·문서 등의 총무기능을 담당)이 고도로 정비되고 체계적이라는 점이다(니시오 마사루 저, 강재호 역, 2002: 107).

하지만 이러한 성청제의 고전적 특징들은 최근 들어 급격한 변화를 경험하고 있다. 부연하면, 먼저 지난 1960년 자치성을 창설한 이래 40여 년 간 변하지 않던 부성의 편재가 종전의 1부 22성청제에서 1부 12성청제로 변화되었다. 주요 개편내용을 살펴보면, 각 성청의 업무를 조정하는 내각부는 총리직속으로 과거의 총리부와 경제기획청, 오키나와 개발청이 합쳐진 초대형 부서이고, 총무청은 자치성, 우정성이 통합되어 인사 및 조직관리, 물가관리와 소비자 보호업무, 우정사업 등의 핵심 업무를 맡게 되었다. 그 밖에 문부성과 과학기술청이 통합된 문부과학성, 운수성과 건설성, 홋카이도개발청, 국토청이 통합된 국토운수성 등이 만들어지게 되었다.

또한 중앙성청의 관방·국의 총수를 128개에서 96개로, 과실의 총수를 1,200개에서 1,000개 정도로 축소하였다. 그리고 신 성청체제로의 이행에 맞추어 부성 간의 조정시스템을 국가행정조직법에 명문화함과 동시에 각 부성 간의 정책조정에 대해 내각관방 및 내각부가 한층 더 높은 입장에서 종합조정 기능을 충실히 수행하도록 하였다. 더불어 종전에 각 성청에 설치되어 있던 핵심 심의회 176개를 29개로 통합하였다.

2. 정책결정 패턴

일본의 독특한 정책결정패턴에 관한 논의는 주로 산업정책론을 중심으로 발전되어 왔다. 특히 최근에는 일본의 정치경제가 급속히 변화하면서 이를 설명할 다양한 이론이 대두하고 있는 상황이다. 하지만 일본 연구자들 사이에서 일본의 정책결정패턴에 관한 통일된 분류체계가 존재한다고 보기는 어렵다. 이에 여기에서는 일본의 정책결정과정에 대한 일반론을 토대로 정책결정패턴을 분류한 몇몇 연구성과를 소개하는 방식으로 논의를 전개하고자 한다.

그림 8-1 일본의 중앙정부조직

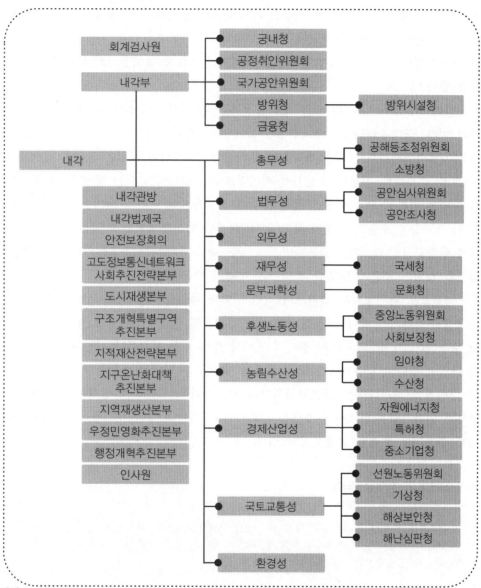

출처: 行政管理研究所. (2007). 「2007年判 行政機構圖」. 日本 財團法人 行政管理研究所.

일본의 정책결정과정에서 표출되는 주요한 특징으로는 심의회(審議會)와 족의원 (族議員)을 지적할 수 있다. 먼저 심의회란 정부정책에 대한 공식적·비공식적 자문 기관들을 통칭하는 의미로 위원회, 조사회, 심사회, 회의, 간담회, 연구회 등을 포괄한다. 합의창출의 기제로서 심의회는 원만한 정책집행을 담보하는 핵심적 기제로 평가되고 있다(정상호, 2003: 290). 다음으로 족의원은 중의원의 각 상임분과위원회에서 오랜 정치활동을 수행하면서 전문분야의 이익단체(예컨대 도로족·후생족·우정족…)들과 공생관계를 형성하는 자민당 중심의 국회의원들로서 정책결정의 중심축을 담당하고 있다.[1]

　　한편 Okimoto(1988)는 일본 정책결정 패턴의 유형을 일본주식회사 이론, 다원주의 이론, 국가주의 이론으로 구분한다. 먼저 일본주식회사 이론은 철의삼각으로 대표되는 파워엘리트 모델의 변형으로 보여진다. 이 가설의 핵심은 일본의 정책결정을 재벌, 경제관료, 자민당의 삼자가 폐쇄적으로 독점하고 있다는 것이다. 이 엘리트들은 일본 엘리트 교육의 좁은 문을 통과한 사람들로서 국가의 이익을 위하여 사회의 각 요소들을 조율하는 힘을 갖고 있다. 하지만 일본주식회사 모델은 일본을 지나치게 단순화시킨 것이다. 이 모델만으로 일본 내에 존재하는 부조화와 이해의 충돌, 정부와 재계의 부분적 변화를 설명하기 어렵기 때문이다.

　　다음으로 다원주의는 엘리트에 의한 권력의 독점을 부정하고, 권력을 정적이고 절대적 구조에서가 아니라, 특정 정책에서 실제적인 권력의 사용으로 이해해야 한다고 주장한다. 다원주의자들은 정치적 권력의 행사는 각 사안마다 다른 것이고, 어떠한 단일한 집단이나 엘리트가 모든 정책을 지배할 수 없다고 주장한다. 하지만 이러한 다원주의 패러다임은 일본주식회사의 단순논리를 보완하는 일에는 유용하지만 정부가 민간기업을 설득하여 경쟁을 완화시키고, 자발적 수출규제 등을 유도하는 탁월한 행정지도 능력을 설명하기 어렵다.

표 8-1 일본의 정책결정과정

① 심의회의 검토 → ② 각 성청 담당 국의 원안작성 → ③ 성청 내부 검토 → ④ 타성청과의 조정 → ⑤ 자민당(특히 족의원과의 조정) → ⑥ 야당의원과의 조정 → ⑦ 각의 결정 → ⑧ 국회에의 법안제출 → ⑨ 중의원과 참의원에서의 통과

출처: 임승빈(2003: 7)

　　마지막으로 관료중심의 국가주의는 정책과정에서 국가를 하나의 독립된 행위자로 간주한다는 점이 특징적이다. 이때 삼자연합의 주도자로서 높은 수준의 자율성을

---

1 정부는 정책을 독자적으로 결정했을 때 생기는 부담을 줄이기 위해 민간 자문기구를 구성한다. 그러나 이는 장식품에 지나지 않고 실제 결정은 정부 및 담당 관료가 한다.

향유하는 국가의 능력은 정책의 성패를 좌우하는 핵심적인 동인으로 간주된다. 특히 국가주의는 앞서 제시된 이론들의 문제점을 상당부분 흡수할 수 있다는 점에서 가장 포괄적인 시야를 지닌 이론으로 평가된다(이면우, 2002). 일례로 일본사례를 토대로 발전국가론을 창시한 Johnson(1982)의 모델에는 국가의 자율성을 축으로 엘리트주의와 다원주의는 물론 조합주의 요소가 내재되어 있다.

결국 지금까지의 논의를 종합하면 일본의 정책결정 패턴에 관한 대부분의 논의들은 기본적으로 파워엘리트 모델에 기초한 일본주식회사 모델을 초기 이론으로 정리하고 있다. 그리고 이를 비판하면서 다원주의 모델이 등장하고, 다시 이를 수정하면서 오키모토를 중심으로 신제도주의 인식논리를 반영하는 네트워크 모델이 등장했다. 반면에 다른 한편에서는 이러한 국가주의적 분석모델을 비판하면서 민간부문의 역동성을 강조하는 모델이 등장했다.

IV. 일본의 발전전략과 행정개혁

1. 일본의 발전전략

(1) 일본경제의 장기침체 원인

1990년대 일본 경제가 경험했던 장기침체 원인으로는 먼저 금융위기를 지적할 수 있다. 금융위기는 1980년대 말에서 1990년대 초에 걸친 버블발생과 붕괴에서 찾을 수 있지만, 보다 근본적으로 대장성의 '호송선단' 행정에서 비롯된 '일본형 금융시스템'의 문제점에서 기인한다. 전후 일본은 사회적 자본의 효율적 동원을 통한 경제발전의 기치 아래 대장성에 의한 금융기관의 보호, 규제를 통한 금융시스템의 안정성 확보에 금융행정의 최우선 목표를 두었다. 정부보호 하의 일본 금융기관들은 금융자유화(플라자 합의) 이후에도 새로운 금융기법의 개발과 체질개선을 소홀히 하였다(김용복, 2004).

다음으로 재정정책의 실패이다. 버블 경제기(1985~90년) 일본정부의 재정수지는 GDP 대비 5%의 적자에서 1990년대에 0%선으로 감소했으나, 버블붕괴효과 상쇄를 위한 60조 엔의 경기부양책(1992~96년)을 채택하면서 2.8~3.2%의 경제성장(1995~96년)을 이룩한 반면, 1996년 현재 GDP의 3%에 달하는 재정수지 적자를 기록하였다. 이에 경기가 완전히 회복국면에 진입한 것으로 판단한 하시모토 정부는 균형재정을 통한 경기조절능력 제고와 함께 고령화사회 도래에 대한 대비책으로 긴축재정을 추진하였다. 하지만 경제가 자율적 회복국면에 진입하기 전에 시행된 이러한 조치는 극도의 소비심리 위축으로 이어지며 경기침체를 장기화시켰다.

마지막으로 산업구조의 소프트화 실패와 노동의 고용 경직성을 들 수 있다. 완제품 수출위주의 제조업이 근간을 이루는 일본산업은 1990년대 초반까지는 엔고에 대해 생산성 향상, 고도기술 개발, 생산거점의 해외이전 등으로 대응하며 환율 측면에서의 애로를 극복하여 왔다. 일본은 1970년대에 엔고와 오일파동으로 위기를 맞자 중화학공업 위주의 산업구조를 에너지 절약형 산업구조로 전환하고 하이테크화를 추진하였으며, 금융자유화 이후에는 정부의 저금리정책을 바탕으로 해외로 생산거점을 이전함으로써 경쟁력을 확보해 왔다. 하지만 1990년대 들어 전세계적으로 정보통신산업의 열기가 고조되면서 미일의 경기는 역전되었다.

(2) 일본경제의 부활전략

일본 경제는 최근 들어 국가 전반에 걸친 개조작업의 효과가 나타나기 시작하면서 부분적인 회복조짐을 보이고 있다. 그러나 아직 민간수요가 정체기조를 탈피하지 못하고 있을 뿐만 아니라 경기의 안정적인 회복도 여전히 불투명하다. 그 이면에는 거품경제 붕괴 후의 본격적인 조정이 아직도 불충분하다는 점, 다른 선진국들에 비해 출산율 저하현상이 급속도로 진행되고 있다는 사실, 그리고 노령화의 진행으로 전후 일본경제의 비약적 성장의 원동력이 된 일본적 시스템에 균열이 생겨 이것이 경제성장에 족쇄로 작용하고 있다.

따라서 이에 부응하는 일본 경제의 부활전략은 다음과 같다.

첫째, 일본 경제가 자율회복할 수 있는 길을 명확히 밝히고 국민과 시장의 재정파탄에 대한 우려를 불식시킨다.

둘째, 규제와 보호 및 호송선단과 결별하여 창의성과 활력에 넘친 건전한 경쟁사회를 구축한다.

셋째, 거품경제의 본격적인 청산과 함께 간접금융에 과도하게 의존한 일본형 금융시스템을 21세기에 상응하는 새로운 시스템으로 바꾸는 것이다.

넷째, 활력과 국제경쟁력이 있는 산업을 육성하는 구조를 시급히 정비해야 한다. 이를 위해 과잉설비의 처리를 촉진하고 성장분야의 투자를 촉진하는 것이 중요하다.

다섯째, 21세기 일본의 부활과 풍요로운 국민생활의 실현에 필요한 사회자본을 전략적으로 또 중점적으로 정비한다.

결국 지금까지 제시된 정책기조의 전환노력은 전후 계속된 일본형 발전모델의 위기를 반영한다. 일본은 세계화의 도전에 직면하여 구체제의 비효율을 극복하는 한편 새로운 발전의 비전을 제시해야 한다는 과제를 부과받고 있다. 따라서 일본경제의 부활을 유도하는 산업정책의 새로운 방향은 시장자율과 전략기획을 병행하는 형태, 즉 적극적 산업정책보다는 소극적 산업정책을 지향하게 될 것으로 전망된다.

또한 산업정책의 대상은 고령, 환경, 감성의 3분야에 집중될 것으로 예측된다. 부연하면, 첫째, 고령자의 비율이 갈수록 높아지는 가운데 고령자의 사회참여 의욕이 두드러지게 높은 일본의 사회환경 하에서는 고령자의 생활 전반을 지탱하는 산업이 육성될 개연성이 커질 것이다. 둘째, 오일쇼크에의 대응차원에서 이루어진 에너지 절약형 산업구조로의 전환노력이 1980년대 일본 제조업의 경쟁력 원천으로 작용하였던 것처럼, 환경문제에 대한 대응은 장기적인 산업경쟁력 강화와 연관된다. 셋째, 지식정보기술의 혁신이 콘텐츠 등의 재화, 서비스 생산, 유통, 소비로 다양한 변혁을 가져오고 있고 인프라의 조정과 함께 새로운 산업영역을 개척할 것이 기대된다.

2. 일본의 행정개혁

(1) 행정개혁의 추진계기와 주요 내용

일본에서 행정개혁이 본격적으로 추진되기 시작한 것은 자민당 정권붕괴(1993. 8) 현상이 발생한 후에 집권한 하시모토(橋本) 내각 때부터이다. 일명 '하시모토 비전'으로 지칭되는 행정개혁의 청사진은 바로 '21세기 일본의 생존전략'이다.2 이러한 행정개혁안이 등장하게 된 배경은 경제대국을 이룩하는 데 커다란 공헌을 담당한 관료제가 이제는 국가발전의 장애물로 변해버렸다는 인식을 반영한다.

특히 일본에서는 관료망국론으로 대표되는 관료제의 병리현상이 행정개혁의 직접적 동인으로 작용하고 있다. 부연하면 첫째, 목적의 전이 현상이다. 번문욕례(繁文

---

2 일본의 행정개혁은 제1차 임시행정조사회(1962~1964)가 별다른 성과없이 무산된 이후 1980년대 중반 나카소네 내각(1982. 11. 27~1987. 11. 5) 때인 1987년 제2차 임시행정개혁추진심의회(1987~1988)를 통해 규제행정 철폐, 경제구조 재조정, 공공부문의 민영화 등이 이루어졌다. 또한 1990년의 제3차 임시행정개혁추진심의회 (1990~1993)에서 추진한 행정개혁의 배경은 엔고와 버블붕괴에 따라 생활자중시 행정과 세계화에 대한 대응이 주된 것이었다. 한편 1990년대 중반 이후 행정개혁의 직접적인 계기는 정치부패 척결과 재정적자 축소에 기인하는 바가 크다(임승빈, 2003: 13).

縟禮), 레드테이프(red-tape)란 말이 생겨난 데서도 알 수 있듯이, 행정규칙 그 자체에 집착해 민간에 대한 서비스 기관임을 잊고 각종 신청·보고·신고 등을 과다하게 요구하는 현상이 발생한다. 둘째, '법대로, 규칙대로' 모든 것을 기계적으로 처리하려는 경향이다. 사안이 같으면 누구나 똑같이 대한다는 비인격적 사무처리는 불친절, 거만, 무관심 등으로 이어진다. 셋째, 각 부처·부서 간 이기주의이다. 사무가 중복되는 것을 피하고 재정 부담도 줄이기 위한 것이라고는 하나, 부국간 이기주의, 이른바 나와바리(張り) 다툼으로 연결되는 경우가 적지 않다. 넷째, 명확한 계층구조를 통해 명령을 집행하다 보니 권위주의가 팽배하고 신분을 보장해 주는 임용제도로 인해 특권의식을 갖게 되는 점이다(월간조선, 2003년 9월호).

이처럼 관료제에 대한 위기의식을 반영하는 행정개혁의 주요한 골자는 다음과 같다(이자성, 2004).

첫째, 구조개편이다. 간소하고 효율적인 행정을 실현하기 위해 중앙성청개혁, 행정조직 등의 합리화를 비롯해 특수법인의 정리, 행정감찰, 인사관리, 보조금 등의 정리·합리화이다.

둘째, 민간부문의 활성화이다. 국민의 주체성을 존중하는 행정을 실현하기 위해 규제완화, 지방분권, 공공부문과 민간부문의 활동영역의 검토 등이 제시되었다.

셋째, 행정의 민주성 강조이다. 국민에게 개방되고, 신뢰받는 행정을 실현하기 위해 행정정보공개의 추진, 행정 및 공무원에 대한 신뢰회복 등이 제시되었다.

넷째, 행정서비스의 향상이다. 국민에 대한 질 높은 행정서비스를 제공하기 위해, 민원 등에 대한 국민부담의 경감, 행정정보화 등이 제시되어, 행정의 디지털화가 강조되었다.

이 중에서도 특히 행정개혁의 초점은 중앙성청의 개혁, 즉 관료주도형 정치라고 일컬어지는 일본 특유의 상황을 정치주도형으로 반전시키고자 하는 강한 의도가 포함되어 있다. 따라서 결국 개혁의 주된 목적은 정치주도의 확립, 특히 총리 권한의 강화를 목적으로 하는 행정개혁이라고 할 수 있다. 이를 반영하는 구체적인 사례로는 총리의 발의권을 명시, 총리를 보좌하는 내각관방과 내각부의 조직을 강화, 총리실 근무인력의 정예화, 책임소재의 명확화를 위한 심의회의 대폭 축소 등을 들 수 있다(홍진이, 2002).

한편 일본 행정개혁과 관련하여 또 하나 주목할 점은 규제완화와 더불어 지방분권에 지대한 관심과 기대가 존재한다는 점이다. 물론 작은 정부를 지향하는 행정개혁의 방향성에 비추어 지방분권은 당연한 흐름이라 할 수 있다.

지방분권을 추진하는 과정에서 일본이 가장 큰 성과로 평가하고 있는 일은 다름 아닌 기관위임사무제도의 폐지와 그에 따른 법정수탁(法定受託)업무, 자치(自治)업무 등의 법제상의 구분이 이루어진 것이다. 이는 일본의 행정이 제도에 의해 움직여지고 있으며, 제도에 의해 관료에게 권한이 주어지고, 관료는 그 권한에 의해 힘을 행사한다는 사실에 기인한다.

또한 일본에서 행정의 경영화는 아직 희소한 편이다. 일본에서는 대장성과 통산성이 소니, 토요타, 미쓰비시 등 세계 굴지의 기업을 지도하는 일은 있어도, 그들 기업으로부터 행정이 경영기법을 배운다든가 경영기법을 도입하는 일은 아직 생각해 볼 수도 없는 일인 듯하다(홍진이, 2002).

(2) 행정개혁의 추진성과 평가

21세기의 개막과 더불어 일본은 메이지 유신과 전후 맥아더 사령부에 의한 행정개혁 이후 최대 규모의 정부조직 개편을 단행했다. 22개 성청을 12개 성청으로 줄이고, 내각부를 신설해 총리의 권한을 강화하고, 약 1천 개나 되는 공기업(특수법인·공익법인)들에 대해서도 일대 수술을 시작했다. 공무원 수도 향후 10년 동안 25%를 줄이기로 했다. 그러나 속을 들여다보면 일본의 행정개혁 역시 시늉에 그쳤다.[3]

겉으로 숫자만 줄이기 위해 한데 합쳐 놓았을 뿐이지, 기존의 기능·인원은 마찬가지라는 이야기다. 각 부처의 과장급 자리 171개가 없어졌다고는 하지만, 대신 참사관·감리관·계획관 등 새 자리가 87개나 생겼다. 내각제 아래서 파벌·조직·자금으로 단단히 굳어진 정치구조, 가장 강력한 권한을 갖고 민간위에 군림하며 자원을 배분해 온 관료집단, 그 같은 체제 속에서 방만한 공기업 경영을 통해 늘어날 대로 늘어난 재정적자 등 이 3가지가 서로 깍지 낀 손처럼 한번 단단히 얽히면 얼마나 풀기 어려운지를 일본의 상황은 잘 말해 주고 있다(월간조선, 2003년 9월호).

한편 일본의 '선진' 인프라는 역설적으로 일본의 '후진' 정치·행정을 말해 주는 상징인 경우가 많다. 예컨대 국토교통성 관료와 자민당 의원, 공기업인 도로공단이 계속 공사를 일으켜 지역주민으로부터는 표를 얻고 하청기업으로부터는 정치자금을 받는다. 도로공단은 국토교통성 관료들의 낙하산 인사를 받아준다. 그런 의원들을 족(族)의원, 그런 낙하산 인사를 아마쿠다리(天下り)라고 부르며, 그와 같은 먹이사슬의 결과가 막대한 재정적자와 국가신용등급의 하락이다(진창수, 1996).[4]

---

3 1998년 6월 9일 국회에서 최종 통과된 「중앙성청기본법안」의 주요 내용은 내각기능의 강화, 1부 12성체제 등 행정조직의 재편성, 행정조직의 감량 및 효율화 추구 등이다. 하지만 인력감축 규모를 2000년부터 10년 간 10%, 독립법인의 대상 축소, 국립대 개혁의 지연 등에서 한계를 나타내었다.

하지만 지방자치단체에서 불어오기 시작한 개혁의 열풍은 일본 행정개혁의 미래에 대한 청량제 역할을 수행한 것으로 평가해 볼 수 있다. 국내 언론의 기획보도를 통해 소개된 바 있는 개혁지사 3인의 도전은 우리의 중앙정부는 물론 지방자치단체에 시사하는 바가 크다. 먼저 나가노 현 다나카 야스오 지사는 투명한 집무실, 정경유착의 근절, 직접민주주의, 의식개혁 등을 중심으로 전방위적인 개혁을 추진하였다. 다음으로 고치 현 하시모토 다이지로 지사는 지사실에 설치된 감시카메라를 24시간 인터넷을 통해 생중계하는 한편 간부 직원들의 판공비를 홈페이지에 공개할 정도로 투명행정의 구현에 주력하였다. 또한 돗토리 현 가타야마 요시히로 지사는 "의회와의 사전협의는 없다"와 "의원이 청탁하면 공개한다"는 원칙 하에 지방의회개혁을 선도하였다.[5]

---

4 구미의 사회가 주로 개인특화적 사회조직이 지배적인 데 비해, 일본은 조직특화적 사회조직이 지배적이라고 볼 수 있다. 관료조직의 차원에서 영미사회의 관료제는 개인의 전문성을 바탕으로 한 전문가 중심의 관료제가 발달한 반면, 일본은 조직중심의 관료제가 발달하였다(김상준, 2003: 274).

5 여기에 대해서는 KBS 일요스페셜 특파원 보고, 일본을 바꾼다: 개혁지사 3인의 도전(방송일시: 2003년 8월 31일 일요일 저녁 8시)을 참고하기 바람.

싱가포르
: 관리국가의 행정제도적 특성과 발전전략

I. 개관

싱가포르는 여러 가지 측면에서 흥미 있는 연구대상 국가이다. 이 나라는 짧은 국가발전의 역사와 척박한 부존자원에도 불구하고, 강한 정치 리더십, 천혜의 지리경제학적 여건, 정부 관료제의 정책역량에 힘입어 눈부신 고도성장과 경제발전을 거듭해 왔다.

경제적 성공에 비해서는 덜 알려져 있지만, 싱가포르는 중앙적립기금(Central Provident Fund)이라는 사회보장계획과 공공주택사업 등 나름대로의 사회정책도 성공리에 운영해 왔다. 중앙적립기금은 정부가 관리하는 국민강제저축제도로서 국민이 저축을 통해 스스로 노후소득을 보장하는 연금제도로 출발했는데, 이후 정부가 적립기금의 일부를 국민들의 주택구입비, 의료비, 교육비 지출에 활용하도록 하면서, 이 제도는 싱가포르 국민에게 있어 하나의 사회보험 패키지이자 복지재정 원천으로서 작용해 왔다.

싱가포르는 이처럼 정부가 경제, 사회 영역에 깊게 관여하는 국가개입주의적 성격을 강하게 지녀 왔다. 1997년 인접 국가들이 외환위기에 빠졌을 때도 싱가포르 정부의 미래 예측적 정책역량은 사전에 경제 구조조정을 단행하게 했고, 그 결과 싱가포르는 외환위기에서 쉽게 벗어날 수 있었다. 특히 중앙적립기금에 의거한 높은 국내 저축률은 이 나라가 동아시아 금융위기에서 쉽게 벗어나는 완충지대로 작용했다.

싱가포르는 현 경제세계화 시대에 대응해 자국의 경제구조를 현대화하기 위한 전략적 세계화 방안을 강구하고 있다. 경제활성화계획(Economic Revival Plan), 지역화(Regionalization), 물 산업화 구상 등 최근 발표된 일련의 장기비전과 국가정책들이 바로 그것이다.

한편 국가개입주의 성향이 강한 싱가포르도 현재의 범세계적 신자유주의 개혁 추세 속에서 자유로울 수만은 없어서, 국가 발전이념과 발전전략에 있어 신자유주의 이념에 따른 정책수정이 불가피하게 가해지고 있다. 이는 공공부문에 대한 정부지출 축소와 탈규제, 교육, 의료 등 일부 사회복지의 민영화로 나타나고 있다. 그러나 싱 가포르에서는 산업화 과정에서부터 인적 자본이론에 의거한 경제−사회정책의 연계 가 강하게 이루어져 왔기 때문에, 신자유주의적 구조조정 속에서도 일부 복지제도의 민영화는 불가피하지만 양 정책의 연계를 위해 사회정책의 근간은 계속 유지되리란 견해가 있다.

II. 싱가포르 관리국가의 기원과 특성

1. 역사제도적 기반

(1) 국가형성과 정치구조

싱가포르 공화국(The Republic of Singapore)은 1965년에 말레이시아로부터 독립 한 인구 518만 명의 초미니 도시국가이다. 이 나라는 2017년 1인당 국민소득이 6만 1,230달러나 되는 부국이다. 싱가포르는 영국 동인도회사가 네덜란드 동인도회사에 대항하기 위한 기지로서 1819년 조호르의 술탄으로부터 사들인 뒤, 영국의 식민지 로서 자유·중계 무역항으로 발전해 왔으며, 말레이 반도를 비롯한 인근 여러 나라 와 유럽 간 무역의 중심이 되어 왔다. 제2차 세계대전 중에는 한때 일본군에 점령당 해 쇼난섬(昭南島)이라고 불리기도 하였으나, 종전 후에는 다시 영국 식민지가 되었 다. 그 후 중국인 중심의 반(反)식민지 운동이 활발해지고 1959년 6월 새 헌법의 공 포와 함께 자치권이 부여되면서 영국의 자치령이 되었다. 1963년에는 말레이연방· 사바·사라와크와 함께 말레이시아를 결성하였으나, 중앙정부와 대립해오다가 1965 년 8월에 분리, 독립하였다(원철희, 1996).

싱가포르는 총리를 행정 수반으로 하는 의원내각제 공화국이다. 싱가포르의 반 식민지 투쟁이 확대되자, 영국은 1959년 싱가포르를 자치령으로 만들었는데, 그 해 6 월에 공포된 새 헌법에 따라 실시된 입법회의 선거에서 중국계 유권자, 특히 청년· 노동자층을 기반으로 하는 인민행동당이 승리를 거두었다. 인민행동당의 리콴유(李

光燿)가 총리가 되면서부터는 사회주의 정책을 탈피하고 영국기지의 존속, 평화적 방법에 의한 사회변혁 달성, 노사협조 등과 같은 온건한 정책을 채택하였으며, 경제정책으로는 공업화의 촉진에 중점을 두었다. 또 인근 국가들과는 ASEAN의 일원으로서 협력관계 강화에 노력하고 있다.

(2) 사회적 가치와 통치이념

1) 경제적 생존을 위한 실용주의(pragmatism)

1965년 이후 새롭게 전개된 싱가포르 공화국 시대를 지배할 대표적 이념은 경제제일주의, 생존 등과 밀접하게 결합된 실용주의였다. 독립 당시 싱가포르는 산업이 발달하지 못했고 대영제국의 상업 중심지로서 대단히 높은 실업률을 보였다. 이런 상황에서 경제적 생존으로 집약되는 물질적 문제가 당시 싱가포르 정부가 해결해야 할 제반 문제 중 가장 우선적인 문제로 대두되었다. 급속한 산업화를 통한 즉각적인 경제발전이 절대적으로 필요한 것이었다(원철희, 1999). 따라서 실용주의는 이 나라 국민의 물질적 생활의 문제와 직결되는 매우 기능적인 사회가치로 인식되게 된다.

2) 유교적 발전정치 이념: 발전적 개입주의

싱가포르의 경제발전과정에서 한 가지 눈여겨 볼 점은 오랜 집권당인 인민행동당의 리더들과 정부 관료들이 경제개발과 더불어, 한편으로는 정치적 정당성의 확보와 대중적 기반조성을 위해 대규모의 공공주택 프로그램에 박차를 가하고, 교육, 보건, 의료 등 복지서비스를 저렴하게 제공해 왔다는 점이다(Soon, 1991: 154). 싱가포르는 이 과정에서 독특한 정치이념을 선보였는데, 그것이 바로 발전적 개입주의(developmental interventionism)이다(Deyo, 1992: 300; Er, 1999). 이는 흔히 아시아적 가치로 표명되는 유교 정치문화에 그 뿌리를 둔다.

유교 정치문화에서의 수직적 인간관계는 정서(情緖)적으로 이 나라의 정부와 국민 간에 '권위와 복속의 관계'가 자리잡게 만들었다. 이에 힘입어 싱가포르 정부는 오랫동안 국민의 경제, 사회생활에 영향을 주는 많은 영역들(예: 가족계획, 강제저축, 공공주택, 토지이용)에서 통제와 규제를 강화해 왔다. 그 결과 싱가포르 국민들은 개인적으로 국가의 개입에 대해 종속적인 위치에 있다(Fong, 1988: 232). 그러나 여기서 양자 간에 일종의 호혜적 의무관계가 형성되는데, 즉 통치자들이 국민에게 평화와 물질적 풍요를 주는 대신, 국민은 국가를 존경하고 인민행동당의 일당 독재에 복종하는 것이다. 양자 간의 이런 호혜성(reciprocity)과 상호성(Lingle & Wickman, 1999: 68)

은 싱가포르의 신속한 경제성장에 요구되는 사회기강의 확립과 정부에의 협력문화를 조성했다.

이 도시국가의 발전을 이해하기 위해선, 이처럼 오랜 집권당인 인민행동당의 정치이념에 대한 이해가 필수적이다. 인민행동당 정부는 발전적 개입주의의 기치 아래 동아시아 국가 중에선 상대적으로 일찍이 연금제도와 대규모의 공공주택 프로그램, 국가 보건의료제도를 시행하는 등 복지사회주의로의 발걸음을 옮기며 노동자를 산업화과정에 참여하도록 독려해 왔다. Soon(1991: 159)은 이런 점에서 비록 싱가포르가 자유주의 복지정책을 공식적으로 채택하진 않았지만, 국민복지를 실제로 증진시키며 동아시아 복지국가로 불릴만한 사회정책을 갖고 있었다고 평가한다.

3) 부패 등 사회적 오염 척결에 대한 합의

싱가포르 사회 구성원들은 사회적 오염의 척결에 대해 전체적으로 일정한 합의를 이룬다. 여기서 사회적 오염이란 사회질서에 반하는 바람직하지 못한 침범을 의미한다. 현재 싱가포르에서는 독특한 체제답게 지하철 내에서 먹는 것이 금지되어 있고, 껌을 씹는 것은 어느 장소에서나 일체 허용되지 않으며, 또한 공해를 배출할 수밖에 없는 자가용 승용차를 소유하는 것에 대해서도 대단히 무거운 비용을 부담하도록 하는 등 정부가 국민의 일상생활에 대해 미세한 것까지도 통제하고 있다. 사회적 오염에 대한 합의가 이루어진 다른 핵심적 요인은 무엇보다도 깨끗한 정부의 엄격한 벌금부과 정책이라고 말할 수 있다. 싱가포르를 방문한 외국인이면 놓칠 수 없는 요소가 바로 싱가포르는 그야말로 매사에 '벌금의 나라'라는 인상이다. 이는 싱가포르가 사회규범에 따르는 것, 즉 집단 동조성을 강조하는 보수적 사회란 측면을 잘 보여준다(원철희, 1996).

2. 고도성장체제의 제도적 특성: 국가역할, 계급관계 및 정책의 성격

작은 도시국가인 싱가포르가 오늘의 선진국가로 발전하게 된 그 정치사회적 배경과 국가정책의 특징은 무엇이었는지 살펴보자.

(1) 경제발전과정에서의 국가 역할: 관리국가 혹은 기업가 국가

1960년대 초만 해도 싱가포르는 1인당 국민소득이 2,000달러 미만인 제3세계 국가의 하나에 불과했다. 그러나 이후 싱가포르는 30년 이상 제조업 발전소

(manufacturing powerhouse)라 불릴 만큼 경제성장에 박차를 가해, 선진국 수준의 국민소득을 달성하였다(Lingle & Wickman, 1999: 55). 따라서 OECD는 현재 싱가포르를 '완전히 발전된 경제'(fully developed economy)로 분류한다.

그렇다면 싱가포르는 어떻게 해서 이렇게 짧은 기간 내에 경제발전을 이룩할 수 있었는가? 이에는 무엇보다 국가의 개입주의적 역할(the most interventionist player)이 컸다(Tang, 2000: 38). 싱가포르 정부는 경제발전의 매 단계마다 국가가 직면한 현안을 정확히 집어내고 그것에 적절한 정책대응을 하며, 경제성장을 관장하는 관리국가(managerial state)로서의 성격을 보여 왔다(Er, 1999).[1] 특히 수출주도적 산업화 기간 동안 싱가포르 정부는 직간접적 정책수단을 통해 민간경제에 적극 개입해 주도적 역할을 수행하는 행정시스템을 개발했다. 즉, 싱가포르 정부는 세금 감면과 보조금 지불, 인프라 구축 및 노동통제 등을 통해 해외투자 유인을 촉진시키며 사기업 경제의 육성에 관여했다(Perry, Kong & Yeoh, 1997: 120). 한편으로는 석유개발, 석유정련, 석유화학, 국방, 조선, 항공여행 분야에서 국유 기업들이 설립되어 국가경제를 주도했고(Hobday, 1995: 139), 70개의 법정 청(statutory boards)과 500여 개의 정부 연관기업(government-linked companies)들이 인프라 건설 및 산업화에 참여했다(Lingle & Wickman, 1999: 68). Sisodia(1992)는 싱가포르 정부의 이런 적극적 경제관여를 기업가 국가 혹은 기업국가(entrepreneurial state or corporate state)란 말로도 표현한다. 싱가포르의 경우 국내저축 및 투자증진 과정에서까지 정부의 조정이 가해진 점에서, 국가 사회주의 경제에 유사한 '국가 주도적·자본주의'의 성격도 나타난다(대외경제정책연구원, 1997: 181). 정부의 이러한 기업국가적, 관리국가적 성격과 정책역량에 힘입어 싱가포르는 지난 30~40년 동안 신속한 경제성장을 이루게 된다.

(2) 노-사-정 관계: 발전적 협력주의

강력한 정치리더십이 발전적 개입주의의 기치 아래 경제발전과 함께 사회정책을 병행 추진하면서, 싱가포르 노동운동은 산업화 기간 동안 정부의 그늘 아래 들어온다.

경제발전 과정에서의 싱가포르의 노-사-정 관계는 '발전적 협력주의'라는 개념으로 설명할 수 있다(Sung, 1999). 기본적으로 협력주의는 정부-자본가-노조 3자가 상호 대표되는 산업체제의 근본원리를 의미하는데, 재미있는 것은 동아시아의 맥

---

1 싱가포르의 경제발전과정을 단계별로 분석해 보면, 이는 크게 1960~64년의 수입대체 산업화 단계, 1965~1979년의 수출지향적 산업화 단계, 1979~80년에 걸친 산업 리스트럭처링 단계, 1980~86년의 경기후퇴에의 대응 단계, 1986~98년에 걸친 세계적 수준의 제조업 발달과 지역화 단계로 나뉜다(Asian Times, 2001.1.26자).

락에서는 이들 간에 독특한 형태의 협력주의가 존재한다는 점이다. 즉, 유럽과 달리 아시아에선 노동부문이 정책과정에서 완전 배제되거나 싱가포르의 경우처럼 정부에 종속된 노동운동세력이 노동자를 대표해 참여한다. 따라서 주요 정책수립과정은 정부와 자본가 간의 지속적 협상과정이 되는데, 싱가포르인들은 이를 '발전적 협력주의'로 명명했다.

발전적 협력주의 모형에서 노동부문은 자본의 동등한 파트너가 아니다. 그 대신 정부가 자본과의 의사결정과정에서 노동이익을 대표해 준다. 결국 발전적 협력주의는 싱가포르식 국가 통제주의방식의 특수한 형태로서, 발전목표를 제시할 권리와 역량을 지닌 정부가 경제사회 부문의 개혁이라는 보다 광범위한 과정에서 사회의 모든 하부체제와 참여자들을 이끌어 가는 형태이다. 싱가포르 정부가 발전적 협력주의를 강조한 배경에는, 부존자원이 부족한 이 나라의 경우 해외투자 유치를 위해서는 다른 개발도상국과 치열하게 경쟁해야 하는데, 이를 위해선 항상 정부-기업 관계가 협상과 협력의 토대 위에서 신속히 이루어져야 했기 때문이다(Sung, 1999: 79~87).

싱가포르 정부는 이러한 발전적 협력주의 하에서 국가경쟁력을 제고하기 위한 임금정책을 결정하고, 외국기업에 유리한 투자환경을 마련해 주는 고용법 및 노사관계법을 제정할 수 있었다. 예컨대 인민행동당은 노동정책을 보다 광범위한 경제전략의 핵심요소로 삼아, 1960년대에 노사관계를 규제하기 위한 주요 노동관련 법규들을 입법화했다. 즉, 인민행동당은 자신을 지지하는 전국 노동조합의회(national trade union congress)의 결성을 허용하고, 파업에 들어가기 전에 노사간 분쟁을 해결하기 위해 만든 산업중재위원회(industrial arbitration board)의 활동을 강화했다(Er, 1999: 266).

인민행동당 정부와 노조 간의 이러한 공생 관계는 노동운동세력이 경제발전과 산업화 과정에서 국가목표를 지지하고 협력적이었음을 입증해 준다(Yue, 1989: 263~269). 해외자본의 유치를 위해서는 산업평화의 필요조건인 노동통제가 불가피한데, 한편으로는 노동자들의 기본욕구 충족이 집권당의 정치적 이해와 일치했던 것이다(Tang, 2000: 42). 사회부문의 이러한 비정치화는 노조의 해체와 언론의 검열, 싱가포르 대학생조합의 길들이기까지로 확대된다.

노-사-정 간의 발전적 협력주의는 싱가포르 정부가 채택한 임금정책에서 가장 잘 드러난다. 싱가포르를 포함한 동아시아 제조업의 수출경쟁력은 저렴하고 생산적인 노동부문에 의존해 왔다. 따라서 싱가포르는 직접적인 임금통제와 노동억압정책을 통해 임금상승을 제한했는데, 일례로 1974년 초 국가임금위원회[2]는 임금협상에 적용되는 연례 임금 가이드라인을 제시하기도 했다(Deyo, 1992: 294). 그러나 다른 한편으로 싱가포르 정부는 노동자들의 임금 상승폭을 확대시키기 위해 기술개발기금을 조성해 근로자의 노동생산성 증대에 힘썼고, 중앙적립기금의 운영방식을 노동자의 생산성 향상을 유도하는 인센티브 방식으로 전환해 노동자들이 자발적으로 생산성 향상을 도모하게 하는 제도를 마련하기도 했다.

(3) 국가의 경제발전정책과 국가경쟁력

싱가포르인들은 생존적 차원에서 국가경쟁력 강화를 위해 혼신의 노력을 기울여 왔다. 과거에는 주로 외국기업의 투자유치, 해운, 항공산업 육성, 관광진흥 등 수평적 국제화에 치중하였으나, 1990년대부터는 고부가가치를 창출하는 국제화로 방향을 바꾸어 전략적 투자를 하며 경쟁력을 강화해 나가고 있다(정광균, 1999).

Er(1999: 264)는 싱가포르 경제정책의 일반적 특징으로서 경제발전과정에서의 자유무역, 저축률 제고, 완전고용 등의 정책기조 아래, 산업 목표치의 공격적 부과(aggressive industrial targeting), 다국적기업과 해외자본의 적극적 유치, 산업공원(industrial park) 건립 등을 들고 있는데, 이 나라 경제발전의 특징을 좀 더 세분해 살펴보면 다음과 같다.

1) 대외개방형 경제

싱가포르는 좁은 국토에 부존자원이 거의 없는 실정이지만, 지리경제학적 위치를 최대한 활용해 적극적인 개방경제를 추구하며, WTO, APEC 등 다자간 무역체제와 양자간 자유무역협정 체결을 적극 추진해 왔다. 그 결과 무역이 국내총생산의 3배이고, 사회적 오염을 유발하는 4개 품목(예: 자동차, 주류, 유류, 담배) 이외에는 관세가 전혀 없는 자유무역국가이다. 한편 외국인 투자유치를 위해 지속적인 투자환경 개선 및 인센티브를 제공한다. 또한 자본, 기술, 고급인력의 유입과 세계적 판매망 확보를 적극 도모해 외국인 투자가 국내 총 투자의 70% 이상을 차지한다.

2) 동남아의 영업, 무역, 교통, 금융 중심지

190개의 외국계 회사가 싱가포르를 동남아 영업의 중심지로 이용하고 있고, 싱가포르 수출의 40% 이상이 재수출이다. 싱가포르 항구는 연 1,600만 TEU 이상을 처리하는 세계 제1위의 무역항이다. 싱가포르는 지역항공 중심지로서 60개 이상의 항

---

2 1972년에 창설된 이것은 임금조정 등 노-사-정 간의 공동합의 및 공동결정의 장(場)으로 작용했다.

공사가 주 3,100회 이상의 정기운항을 통해 50여 개 국가의 150개 도시를 연결해 준다. 런던, 뉴욕, 홍콩, 동경과 더불어 세계 5위권 내에 드는 외환시장도 자랑한다. 역외 금융시장(아시아 달러시장), 자본시장, 선물시장 등을 통해 지역 금융중심지의 역할도 톡톡히 하고 있다. 통신인프라 구축 및 고급인력 육성 등을 통해 인터넷 비즈니스 및 전자상거래 중심지로의 발전도 도모한다.

3) 서비스업과 제조업이 경제발전의 주축

서비스업이 국내총생산의 50%, 제조업이 25%를 차지하며, 나머지는 건설업(6%) 등이고, 농림어업이나 광업은 거의 전무하다. 제조업은 다국적기업의 유치, 다국적기업과 국내기업 간의 연계, 다국적기업의 판매망 이용 등을 통해 발전하고 있다. 제조업 중에는 전자(50%)와 석유화학(19%)이 중심이다. 지속적인 인프라 확충, 경제자유화 조치, 인센티브 제공 등 영업환경을 개선해, 국제회의, 전시회 및 박람회 산업의 육성 및 관광객 유치에도 신경을 쓰고 있다(원철희, 1996).

(4) 싱가포르식 복지모델

1) 중앙적립기금: 정부가 관리하는 국민 강제저축제도

싱가포르는 경제발전과정에서 나름대로의 복지제도를 구축해 왔다. 대부분의 나라들이 현금지불주의(pay-as-you-go) 원칙에 의거해 사회보장재정을 충당하는 데 비해, 싱가포르는 국민들이 자신의 노후보장, 의료보호 및 전 생애욕구(lifetime needs)의 충족을 위해 젊어서부터 저축하도록 강제한다(Butler, Asher & Borden, 1996). 그 결과 싱가포르의 사회복지는 사회보험방식으로 존재하지 않고, 다른 나라에선 찾아보기 어려운 적립기금방식(fund-like program)을 채택한다.

적립기금방식은 평상시에 임금의 일부를 개인구좌로 적립해 놓았다가 일정 연령에 달하면 원금과 이자를 합쳐 인출하는 형태이다. 이런 점에서 적립기금은 개인적금과 비슷하지만, 사회보장형태로서의 싱가포르 적립기금이 개인적금과 분명히 다른 점은, 고용인뿐 아니라 고용주도 돈을 불입한다는 점, 돈의 불입이 의무화된 강제저축이란 점, 그리고 개인구좌를 일정 연령에 달하기 전에는 중앙적립기금청(Central Provident Fund Board)이라는 국가기구가 관리하며 본인들의 인출을 제약하고 있다는 점이다.

싱가포르의 중앙적립기금 제도는 1955년부터 단일기금의 형태로 실시되었는데, 적립금 분담률은 근로자가 20%, 고용주가 20%씩 분담해 근로자 임금총액의 40%이다. 이 돈은 중앙적립기금의 보통(ordinary)계정에 30%, 의료(medisave)계정에 6~8%,

표 9-1 중앙적립기금의 활용을 위해 도입된 사업들

적용목적	도입 연도	사업계획
주택소유	1968	▸ 승인된 주택사업
	1981	▸ 승인된 주택거주자 소유권
투 자	1978	▸ 싱가포르버스회사 지분공유
	1986	▸ 승인된 투자사업
	1993	▸ 기초투자 사업
	1993	▸ 확대투자 사업
보 험	1982	▸ 가정보장보험
	1989	▸ 부양가족 보장보험
	1990	▸ 메디쉴드 사업
	1990	▸ 메디쉴드 II 사업
교 육	1989	▸ 직업전문학교(tertiary) 교육의 재정 후원
	1992	▸ Edusave

출처: Perry, Kong & Yeoh(1997: 139)에서 인용.

특별(special)계정에 4%씩 투여된다.[3]

현재 중앙적립기금은 이외에도 [표 9-1]과 같이 주식투자, 생명 및 후유장해 (disability)보험 구입, 대학교육비 지출 등 광범위한 급부범위를 자랑한다. 따라서 이 제도는 단일연금에서 출발해 일단의 '사회보험 패키지'로 진화해 온 특징을 보인다.

개인책임 위주의 기금적립방식이자 정부가 관리하는 사회보장계획(government-managed social security scheme)의 일환으로 도입된 이 제도는, 적립기금 원칙에 따라 운영되므로, 싱가포르는 타국과 달리 견고하고도 지속적인 사회보장 재정기반을 가질 수 있었다. 또 기금 계정이 각 개인에게 속해 있어 현금으로 운영하는 타국의 사회보장제도 하에선 이용할 수 없는 많은 선택권을 계정 보유자들에게 부여해 준다. GDP의 47%에 육박하는 높은 저축률에서 보듯이 기금적립도 잘 되어, 세금부과를 통해 세대 간 급부가 이전되는 현금지불주의 제도 하에서 쉽게 나타나는 왜곡과 복지손실을 발생시키지도 않았다. 따라서 이 제도는 현금 지불주의식 연금 및 사회보험제도를 가진 나라들이 직면했던 많은 문제들로부터 싱가포르를 구출해 주며 (Butler, Asher & Borden, 1996),[4] 싱가포르 복지체제의 중핵(centrepiece)으로 자리잡아 왔다(Tang, 2000: 43).

---

3 보통계정은 주택구입, 승인된 투자, 보험구입 및 고등교육비 지불에 사용되고, 의료계정은 의료비 지출을 충당하며, 특수계정은 노후 및 불의의 사고에 대비한 지출계정이다. 단, 특수계정은 1999년 이래 4%에서 0%로 축소되었다(Tang, 2000: 43).

4 미국과 유럽은 현금지불주의식 연금제도에 의존한다. 즉, 노인에 대한 현재의 수혜가 젊은이들의 오늘의 세금으로 지불된다. 반면 싱가포르는 명확한 기여, 개인구좌, 사적 투자에 기반한 강제저축제도를 택해 현금지불주의의 한계를 극복한다.

2) 보건, 의료보장제도

싱가포르 정부가 제공하는 의료서비스는 매우 포괄적이며, 공중보건 의료시설은 정부의 강한 통제 아래 잘 정비되어 있다. 현재 싱가포르 보건부의 의료서비스는 기초의료제공서비스(예: 가족보건서비스, 학교보건서비스), 병원서비스, 보조서비스, 치과서비스로 구성되어 있다. 한편 주요 의료보장 제도로는 다음의 세 가지가 있다(Butler, Asher & Borden, 1996).

첫째, 메디세이브(Medisave)이다. 이는 일종의 '국민의료연금'에 해당하는 것으로서, 1984년부터 도입되었다. 근로중이거나 은퇴 이후의 병원진료를 위해 강제저축계획에 따라 근로자 봉급에서 자동으로 공제된다. 즉, 근로자 임금총액의 40%에 해당하는 CPF 분담금 중 32%(즉, 임금총액의 6~8%)를 의료비 충당을 위한 개인구좌에 불입해 놓았다가, 가입자 개인 또는 가족의 질병으로 인해 의료비 지출상황이 발생할 때 동 계정에서 꺼내어 쓰는 일종의 강제저축제도이다. 메디세이브 계정은 일반병원, 공립병원 및 종합병원의 의료서비스 지출에 사용 가능하다.

둘째, 메디쉴드(Medishield)이다. 메디세이브에 가입한 사람들의 주요 질병(catastrophic illness)이나 장기치료로 인해 발생하는 의료비의 지불을 돕는 질병보험계획이다. 1990년에 도입된 이 제도는 메디세이브의 보조제도로서 가입이 자발적이고, 보험료는 매년 메디세이브 기금에서 지불될 수 있다. 가입자의 연령에 따라 차등적으로 보험료를 납부한 후 의료비 지출상황이 발생할 때 의료비를 청구하는 제도이다. 우리 나라의 '의료보험제도'와 유사하며, 정부가 정한 의료수가에 따른 진료비 중 기초비용을 제외한 잔액의 80%를 이 계정에서 보전해 주며 나머지를 가입자가 부담하는 제도이다.

셋째, 메디펀드(Medifund)이다. 이는 빈곤층의 의료비 지불을 돕는 기부기금(endowment fund)으로서(대외경제정책연구원, 1997: 77~86; Ministry of Information & The Arts, 1996: 256~257), 영세민을 위한 '의료보호' 제도와 유사하다. 1993년에 도입되었다.

3) 교육정책

부존자원이 없는 싱가포르에서는 가장 중요한 변수인 인적 자본(human capital)을 개발하는 실용주의 교육을 강조한다. 미래의 국가생존과 연관시켜 지식, 기술, 능력을 갖춘 인적 자원의 개발이 중요하다는 것이다. 이는 과거 이 나라 발전의 원동력이 바로 효율적인 인적자원의 개발이었다는 점에 기인한다. 따라서 국가가 교육과 연구개발에 직접 개입한다(홍득표, 1997: 610~622).

4) 공공주택사업

이민사회인 싱가포르의 경우 주택소유(home‒ownership)는 정치사회적 안정과 직결되므로, 1959년 독립 이래 싱가포르를 마이 홈 사회(home‒owning society)로 만드는 것이 인민행동당 정부의 지배철학이었다(Tang, 2000: 47). 따라서 주택정책은 국가정책 우선순위에서 늘 상위를 차지했다. 1960년에 설립된 주택개발청(The Housing & Development Board)이 토지수용, 도시계획, 건축설계 및 건설 주관 등 그 주요 역할을 수행했다. 이에 힘입어 도시의 슬럼가는 정부가 건축한 아파트 단지(tower blocks of apartment)로 바뀌었다(Lingle & Wickman, 1999: 56). 1999년에 주택개발청은 저소득층 가정의 내 집 마련을 돕는 사업(the rent & purchase scheme)까지 발표했다.

특히 정부의 의욕적 정책추진은 국민들에게 실질적으로 소득보조의 효과를 보이며, 가장 중요한 소득 재분배 역할을 수행해 왔다(대외경제정책연구원, 1997: 190~191). 현재 국민의 85%가 공공주택에서 살고 있고, 그 중 90% 이상이 공공주택 소유자이다. 이는 세계에서 제일 높은 주택보유율로서 노동자계급을 부르조아화시키는 등 이 나라의 사회안정에 미치는 정치적 함의는 매우 크다(Chua, 1995: 124~129; Tang, 2000: 50).

Ⅲ. 싱가포르의 행정제도와 행정개혁

관리국가, 기업가적 국가로서의 특성에 의거해, 싱가포르 정부는 통제(governing)보다는 기업형(enterprising) 정부 기능을 중시해 왔다. 정부는 경제를 효율적으로 운용하기 위한 조정자 역할뿐만 아니라, 주택, 항만, 공항, 통신, 지하철은 물론 첨단산업을 포함한 모든 고부가가치산업 부문을 국영기업화해 수익성과 공공성 면에서 균형을 이루도록 관리해 왔다. 따라서 싱가포르 정부는 명실상부한 '주식회사 싱가포르'의 종합기획실이라고 할 수 있다. 주식회사 싱가포르는 90개의 공사와 600여 개의 국영기업을 운영하고 있으며, 이들은 철저한 실적주의와 독립채산제에 따라 많은 수익을 올리고 있다(정광균, 1999).

1. 정부조직

행정부에서 대통령은 다수당 소속 국회의원 중에서 임명되는데, 정치 및 행정

각 분야에 대해 최고의 권한을 행사한다. 내각은 총리실과 14부로 구성되어 있고, 장관은 대통령이 총리의 권고에 따라 임명한다. 총리실(Prime Minister's Office)의 기능은 각 부처 활동과 정부일반에 대한 정책조정과 주요정책의 방향 제시이며, 공무원 채용과 임용·보수·교육훈련 등 공무원 관련업무, 선거관련 업무 등을 수행한다.

정부 부처에는 재무부, 국방부, 외무부, 법무부, 내무부, 교통부, 통상산업부, 인력부(Ministry of Manpower), 국가개발부(Ministry of National Development), 보건부, 지역사회개발—스포츠부(Ministry of Community Development and Sports), 교육부, 환경부, 정보통신예술부(Ministry of Information, Communications and the Arts), 부패행위조사국(CPIB: The Corrupt Practices Investigation Bureau) 등이 있다(원철희, 1996).

2. 인사행정과 행정 전산화

싱가포르 공무원은 전체 인구의 2.7% 정도인데, 공무원 급여의 GDP 대비율은 약 5% 미만이다. 공무원 수가 적고 GDP 대비 급여부담도 적으나, 우리나라보다는 공무원에 대한 보수가 훨씬 높은 수준이다. 싱가포르는 정직하고 깨끗한 정부를 유지하기 위해, 또 유능한 정부를 만들기 위해서는 공무원들에게 봉급을 더 주어야 한다는 논리를 갖고 있기 때문이다.

싱가포르 정부의 인력은 소수이지만 정부의 기능이 다원화, 다기화 됨에 따라 정부부처 간에는 원활한 인사교류가 이루어진다. 또한 정치인, 관료와 기업 사이의 상호 신뢰가 정부기능을 발휘하는 데 긍정적 요인으로 작용한다는 판단 하에 정치, 행정, 기업 인력들의 종합적 활용으로 국가경영의 효율성을 극대화하려고 한다.

싱가포르 정부는 공무원 6만 명의 작은 정부이기 때문에 국가경쟁력을 유지하기 위해서는 정부가 반드시 효율적이어야 한다고 확신한다. 따라서 정부의 각 기관은 일찍부터 행정의 정보화, 전산화를 추구해 컴퓨터 전산망을 통한 정보를 공유하고 긴밀한 업무 협조를 수행한다. 일례로 세금 납부자로부터 재정지출관에 이르는 국가의 세입, 세출 회계업무 전반이 전산망을 통해 효율적으로 처리되고 있다(정광균, 1999).

3. 행정개혁에 대한 종합적 접근

싱가포르 공무원집단(The Singapore Civil Service)은 행정서비스의 질적 제고 및 유지를 위해 그 근본적 장애요인인 공직부패, 무능인력 및 비능률을 제거하는 차원에서 장기간에 걸친 종합적 개혁을 단행해 왔다(Quah, 1995: 335~343). 즉, 싱가포르는 1959년부터 근 30년에 걸쳐 광범하고 엄격한 반부패조치 채택, 실적 위주의 공무원 채용과 경쟁적 임금체계 및 발탁승진제도 등을 통한 최상의 인재 충원(selective recruitment of the best and brightest), 대기비용 및 인력비용의 감소와 행정능률성 제고, 정부운영의 간소화를 위한 컴퓨터 전산화(computerization) 및 사무 자동화(automation) 조치를 추진해 왔다.

행정서비스 증진팀(service improvement unit)을 설치해 불필요한 규제 및 규정철폐, 인력교육의 극대화, 행정업무 축소와 생산성 제고를 위한 정보기술, 자동화 강조, 성과평가지표 강화, 서비스 사용결과의 피드백 모니터링을 보다 세련되게 추진하는 등 광범위한 개혁을 추진해 오고 있다.

싱가포르는 공무원들이 변화를 선도하고 변화에 동참하며 변화를 잘 실행하게 하기 위한 "공공서비스에서의 전면적인 생산성 향상 운동"(Public Service for the 21th Century; PS 21)도 전개하고 있다. 행정 효율성은 공무원의 실용적 태도에 근거한다고 보고, 모든 수준에서 끊임없는 학습, 팀워크를 촉진해, 더 적은 비용으로 더 많은 것을 성취하고자 예산상한 설정, 지출재량 극대화, 총소요비용 측정, 조직의 탁월성 등을 운동의 목표로 추구한다.

4. 싱가포르의 부정부패 근절기구

싱가포르는 부정부패가 거의 없는 청렴한 사회를 이루고 있는 지구상의 몇 안 되는 국가 중 하나인데, 이러한 청렴한 사회를 유지하는 데 있어서 중추적 역할을 수행하고 있는 기관이 총리실(PMO) 직속의 부패행위조사국(Corrupt Practices Investigation Bureau: CPIB)이다(정광균, 1999).

부패행위조사국의 법적 근거는 1960년의 부패행위방지법(The Prevention of Corruption Act)과 1989년의 부패재산압류법(The Corruption(Confiscation of Benefits) Act)이다. 이 조직의 기능으로는 공공 또는 민간부문에서의 부패행위 신고에 대한 접수 및 수사, 공직자의 부정행위 및 직권남용(misconduct) 수사, 그리고 공공복무상 부패행위 소지여부의 진단 및 사전예방조치 등이 있다. 조직구조는 국장 1명, 부국장 2명, 국장보 5명, 특별수사관 41명, 행정직 26명, 정보관리직 4명, 행정 및 회계직 22명 등으로 구성되어 있다(원철희, 1996).

IV. 세계화의 도전과 싱가포르의 발전전략

1. 세계화의 도전과 대응: 경제 구조조정의 지속적 추진

(1) 1980년대의 경제 구조조정

싱가포르 경제가 항상 탄탄대로를 달려온 것만은 아니다. 이 나라도 1980년대 초 한때 심각한 경기후퇴에 빠졌는데, 이에는 다음과 같은 여러 원인이었다. 첫째 이유는 서구 보호무역주의와 저임금 국가의 가격 경쟁력 등 지구촌 경제에서의 불리한 여건 때문이었다. 그러나 더 큰 이유는 높은 세금 등 국내 경제의 구조적 취약성과 과다한 규제 때문이었다(Fong, 1988: 237). 경기후퇴의 일부원인은 정부의 고임금 정책에서도 찾아볼 수 있다. 생산성 제고와 결합되지 못한 고임금 정책은 국가경쟁력을 감퇴시켰다. 그러자 집권당인 인민행동당의 정치적 정당성에 의문이 제기되기 시작했다.

그러나 싱가포르 정부는 이러한 도전에 신속히 대응하는 정책역량을 보여준다. 먼저 중앙적립기금에의 고용주 기여분을 10% 삭감함으로써 기업부담을 덜어 주었다(Er, 1999: 267). 이후 경제회복을 위한 정책처방은 노동비용 축소와 낮은 조세 등 비용감소 조치와 국내외 산업분야 투자로 확대되었다. 특히 임금상승에 대처하기 위해 기술집약산업과 고부가가치 경제쪽으로 경제구조조정을 단행했다(Yue, 1989: 263~264).

제조업 분야에서의 이런 구조조정은 물리적 자본뿐만 아니라 교육 및 직업훈련 프로그램의 투자확대를 요구하는데, 따라서 싱가포르의 정부지출 우선순위는 1980년대 동안 직업, 기술교육 쪽으로 철저히 이동한다(Deyo, 1992: 302). 싱가포르의 직업교육훈련(Vocational Education and Training: VET) 제도는 산업구조 개편 때마다 고부가가치, 고기술, 자본집약적 산업으로의 노동력 이동에 적합하게 노동자들의 직업훈련을 떠맡는 주요 프로그램으로 작용해 왔다(Sung, 1999: 73~75). 싱가포르 정부는 이처럼 경제를 구조조정하는 과정에서 역동적 역할을 수행했고, 이에 힘입어 이 나라는 1987년부터 경기가 회복되기 시작해 1990년대에는 다시 경제성장을 지속하게 된다.

(2) 21세기의 개막을 전후한 중장기 발전계획 및 세계화 전략

1) 글로벌 시티 및 지식경제국가 전략

승승장구하던 싱가포르 경제는 1997년에 들어와 또 한번의 고비를 맞는다. 태국 바트화의 통화위기가 무역 상대국인 싱가포르에 영향을 줘 싱가포르 달러의 평가절하를 가져 왔던 것이다. 이로 인해 이 나라의 경제성장률은 1997년의 7.8%에서 1998년에 1.5%로 축소되고 실업률도 4.5%로 올라갔다. 그러나 달러 부족을 막기 위한 싱가포르 통화당국의 정기적 개입에 의해 유동성(liquidity)은 더욱 견고해졌다. 특히 싱가포르는 거시경제정책과 재정정책의 일관성에 의거해 지속적이고 실질적인 잉여계정을 운영함으로써 다른 나라보다 외환위기를 잘 넘겼다(Cheng, Wong & Findlay, 1998: 162~176).

싱가포르가 외환위기에선 비교적 좋은 모습으로 벗어났지만, 그 위기가 몰고 온 경제적 도전은 크게 남아 있었다. 따라서 싱가포르는 경제위기를 자국의 물리적 하부구조와 인적 자본을 한 단계 증진시키는 계기로 활용하면서(Asian Times, Jan. 26, 2001), 국가경제를 글로벌 경쟁에 완전히 개방시켜 그것을 재창조하려고 한다. 그 방향은 싱가포르를 아시아-태평양 지역의 종합적 사업허브(total business hub)로 만들어, 싱가포르를 미래의 글로벌 시티로 자리잡게 하는 것이다(Perry, Kong & Yeoh, 1999: 113).

싱가포르 경쟁력위원회의 1998년 보고서에 의하면, 싱가포르는 향후 전 지구적 경쟁력의 확보와 지식기반경제의 구축을 통해 전 지구적인 지식결절지(知識結節地; knowledge node)와 연결되는 개방된 세계주의 사회를 건설하는 것을 장기목표로 설정하고 있다. 싱가포르는 이를 통해 향후 10년 내에 선진화되고 세계적으로 경쟁력 있는 지식경제국가가 되고자 하며, 이를 위해 [그림 9-1]과 같은 8가지 장기전략을 강구한다.

정보기술 2000 계획(IT 2000)은 디지털경제에 대비하고 21세기 지식기반산업의 세계 요충지로 도약하기 위한 주요전략으로서, 정보기술의 혁신을 통해 싱가포르를 세계의 정보거점(intelligent island)으로 만든 뒤, 이를 통해 자국을 비즈니스, 서비스, 운송의 세계적 중심지로 만들겠다는 전략적 발전계획이다(김문각 외, 2000: 234~240).

2) Industry 21

최근 싱가포르는 하이테크 산업, 기술-자본집약산업으로의 구조조정을 시도하고 있다. 이런 변화는 산업정책인 Industry 21에 기초한다. 1998년 경제개발청이 발

그림 9-1 지식경제국가로 가기 위한 싱가포르의 8가지 장기전략

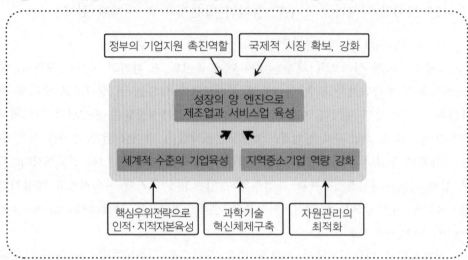

정부의 기업지원 촉진역할 　국제적 시장 확보, 강화

성장의 양 엔진으로
제조업과 서비스업 육성

세계적 수준의 기업육성 　 지역중소기업 역량 강화

핵심우위전략으로
인적·지적자본육성 　 과학기술
혁신체제구축 　 자원관리의
최적화

출처: 김문각 외(2000: 236)에서 인용.

표한 이 정책은 지식기반경제의 새 환경에서 이 나라 경제가 나가야 할 방향을 제시하고 있다.

　　Industry 21은 크게 6가지 프로그램으로 나뉘는데, ① 산업부문 간 연계점을 창출, 증진시키기 위해 설계된 산업군집 개발(cluster development), ② 국제적 기업들의 집결을 위한 세계 허브, 지역 허브의 조성, ③ 국내기업 육성, ④ 다국적기업들의 지역사령부로 남기 위한 유인책 지속, ⑤ 미래산업 지향적 과학기술개발 프로그램의 혁신, ⑥ 지식집약산업에 요구되는 기술증진이 바로 그것이다(Mathews, 2000). 한편 싱가포르 정부는 기술적, 조직적, 상업적 기술을 한 단계 증진시키는 정책프로그램과, 기계화·자동화를 권장하는 각종 재정지원을 통해 이러한 산업구조조정을 적극 뒷받침하고 있다.

　3) 지역화

　　지역화(Regionalization)는 경제 세계화 시대를 맞은 싱가포르의 미래에 있어 가장 핵심적인 경제정책의 하나로 강조된다. 이는 동남아 지역과의 밀접한 연계를 위해 싱가포르의 국내 자본, 기술, 전문성을 인접국가에서의 회사 설립에 적극 활용하는 것이다. 일례로 싱가포르는 중국, 베트남, 인도네시아에 싱가포르 스타일의 산업공원(industrial park)을 건립해 Mini Singapore를 만들려고 한다. 이런 방식으로 그들은 국내경제와 해외경제를 연결하며 세계화 과정을 활용하고 있다(Fong, 1997:

126~133). 실제로 가장 큰 해외 인프라 투자처인 중국 상하이 인근의 산업마을인 Suzhou 모델이 성공하면서 싱가포르 대외경제는 재도약의 전기를 맞이한 것으로 평가되고 있다(Perry, Kong & Yeoh, 1999: 151).

4) 신성장동력의 발굴과 육성: 공공서비스인 수도와 병원의 산업화 추진

도시국가 싱가포르는 연간 강수량이 2,400㎜에 이르지만, 국토가 작고 하천이 발달하지 못한 관계로 원수의 대부분을 인접 국가인 말레이시아에서 수입하고 있다. 이러한 이유로 싱가포르는 대표적인 물기근 국가로 분류되지만 최근 정부의 지속적인 노력을 토대로 세계적인 '물 산업 허브'로 발돋움하고 있다. 이를 상징적으로 대변하는 사례가 음용이 가능한 수준의 중수도인 뉴워터(NEWater)이다.

싱가포르는 전통적인 공공서비스인 수도의 산업화를 위해 정부기구인 환경과 물 산업 개발위원회(EWI), 공기업인 공공시설청(Public Utility Board: PUB), 사기업인 하이플럭스 등이 1인 3각처럼 협력체제를 구축해 왔다. 특히 물 관련 정책 전반을 실행하는 PUB를 통해 자체 기술력 강화에 적극 나서고 있다(http://www.pub.gov.sg/).

PUB는 환경·수자원부 산하 법정기관으로 물의 공급, 집수, 그리고 하수를 통합적으로 관리하는 기관이다. 싱가포르에서 물의 이용과 관리는 1963년 PUB의 설립 이전과 이후로 구분할 만큼 PUB는 물에 대한 국가의 전략적 역할을 성공적으로 수행해 왔다. PUB는 '물의 지속가능성을 위하여 물에 대한 전략적인 드라이브를 추구'한다는 비전 하에 가치인식, 소유의식, 혁신, 돌봄, 최고 등과 같은 핵심가치를 추구하고 있다.

PUB는 세계적인 물 기업 베올리아를 비롯해 세계 25개국과 R&D 네트워크를 구축하고 있다. 또한 교육훈련은 "워터허브(Water Hub)"를 중심으로 이루어지고 있으며, 상하수도 관리에 관련된 종합적이고 고객맞춤형 교육을 진행한다. 워터허브의 36개 교육훈련 과정 중 5개는 싱가포르 직업기술청(Professional Engineering Board: PEB)의 인증을 받을 정도로 우수한 편이다.

한편 싱가포르는 의료산업의 경쟁력 제고 차원에서 영리병원을 적극적으로 활용하고 있다. 싱가포르가 공공서비스인 병원의 산업화를 적극적으로 추진한 이유는 제조업 분야에 비해 시장화가 덜 진전된 미래의 블루오션으로 판단하였기 때문이다. 또한 의료산업은 고용유발효과와 전후방연계효과가 크다는 점에도 착안한 것으로 보인다.

하지만 영리병원의 활성화는 의료산업의 경쟁력 강화와 해외환자유치 확대라는 성과에도 불구하고 보편적 공공서비스 약화라는 비용을 지불해야 한다. 특히 의료비

상승과 고급의료 편중을 적절히 규제하지 못할 경우 합리적인 복지국가라는 싱가포르의 위상을 훼손하게 될 것이다.

5) 아시아의 프리미엄 교육허브 구상

싱가포르는 한때 영국의 식민지였고 지금은 화교인구가 큰 비중을 차지해, 세계적 언어인 영어와 중국어의 동시 사용이 가능한 나라이다. 또 동서양 문화가 혼합된 매력적이고도 안전한 생활환경을 갖고 있어, 이를 토대로 해 프리미엄급 국제 교육의 질을 보장할 수 있다. 이에 힘입어 싱가포르는 호텔경영, 디자인, 뉴미디어 등 21세기 성장산업 분야에서 저명한 세계적인 대학들을 유치하고 2015년까지 외국인 학생수를 15만 명(2007년 현재 8만 6천명) 늘린다는 싱가포르 교육혁신 구상을 갖고 있다.

싱가포르는 부존자원이 없는 나라이기에 세계와의 더 많은 접촉을 가능케 하는 휴먼 네트워크를 확충한다는 차원에서, 7시간 거리 내의 아시아 국가 학생들을 대거 유치하기 위해 범정부 차원의 역할분담체계를 마련하고 지원조직을 구성하고 있다 (중앙일보, 2008. 5. 12자). 예컨대 경제개발청은 세계적 교육기관인 프랑스 인시아드, 에섹 캠퍼스 및 미국 뉴욕대 캠퍼스 유치를 주도하고, 무역개발청은 재정지원 및 해외캠퍼스의 조성, 관광청은 유학홍보 및 마케팅, 교육부는 교육기관의 질 관리에 전념하고 있다.

2. 신자유주의의 영향에 따른 국가정책의 변화 예측

(1) 신자유주의 하에서의 싱가포르 정부의 경제철학 변화

싱가포르는 대표적인 발전국가로서, 정부가 국가발전의 초기단계부터 핵심적 행위자로서 개입해 왔다(Tan, 1999: 132). 그러나 경제발전에 처음으로 강하게 제동이 걸렸던 1985~86년의 시기는 이 나라 경제에 하나의 결정적 계기를 마련하는데, 이는 바로 싱가포르 경제가 무역 상대국들의 경제정책에 의해 영향을 받을 뿐만 아니라 이들 국가와 주기적인 경제부침(浮沈)을 같이하고 있다는 사실의 인지이다.

여기서 싱가포르 정부는 두 가지 귀중한 교훈을 얻게 되는데, 그 첫째는 경제의 여러 분야, 특히 공—사 분야 간 자금의 흐름을 노동비용과 조세제도를 통해 보다 자세히 조정할 필요성이 있다는 점이고, 둘째는 산업, 특히 제조업의 지속적 팽창이 없는 서비스부문의 확장은 무의미하다는 깨달음이다. 특히 1980년대 전반기 동안

정부의 과잉규제로 인한 고임금과 고도의 기업법인세 및 중앙적립기금(CPF)의 높은 기여율로 인해 싱가포르 경제가 경기침체에 진입하면서, 정부는 지나친 국가개입의 역효과를 인식하고 1986년에 들어와 많은 수정조치를 취하며 경기후퇴에 대응해 나간다.

민간부문 투자위원회의 출범은 싱가포르 정부가 경제성장의 주요 동력으로 공공분야보다 민간부문을 인정하는 쪽으로 시각이 바뀌고 있음을 상징한다(Sandhu & Wheatley, 1989: 1091~1092). 이후 정부는 직접적 경제개입을 축소시키는 정책들을 계속 채택하고 있다. 즉, ① 권력남용과 과잉규제 예방을 위한 정부규제 최소화, ② 기업이 스스로 번창하도록 정부에서 격려할 것, ③ 사적 부문의 경제주도 신뢰, ④ 직접적 임금통제보다 생산성 유인동기 사용을 강조하는 신축적 임금제도 채택 등이 바로 그것이다. 싱가포르 정부는 노동운동에 대해서도 기업과 노동부문 간의 파트너십을 통해 경제를 관리하는 쪽으로 방향을 전환하고 있다(Lam, 2000: 404). 정부는 그 연장선상에서 주요 법정 청(board)을 기업화하고 국제경쟁력 확보를 위해 탈규제도 외친다(Jones, 1999: 11).

우리는 여기서 싱가포르 정부의 경제철학 변화를 읽을 수 있다. 그간 정부개입은 정치경제의 안정에 필수적인 조치라는 인식이 컸다. 그러나 최근 정부개입은 직접적인 데서 간접적 정책수단으로 전환하고 있다(Lam, 2000: 405). 이는 이 나라가 자유시장(free market) 경제원칙을 수용하고 있음을 뜻한다(Lim, 1989: 193).

그러나 이것이 싱가포르 정부의 '경제 통제기제의 완전 포기'를 의미하진 않는다. 그것이 이득이라 생각될 때, 정부의 경제개입은 다시 지속되리란 전망도 만만치 않다(Lam, 2000: 418~419). 일례로 싱가포르 정부는 경기 침체기엔 고용주의 재정부담을 덜기 위해 경제에 개입하는 데 망설임이 없다. 1985년의 경기 침체기에도 그랬지만, 정부는 최근의 아시아 외환위기와 세계화에 대처하기 위해서도 1998년부터 2년 동안 고용주의 기여분을 10%까지 축소했다. 이러한 제반 움직임은 싱가포르 경제를 국제적으로 경쟁력 있게 만들고 국내 직업들을 보호, 창출하기 위한 싱가포르 정부의 탄력적 조치이다(News Weekly, 2000. 9. 19자).

(2) 신자유주의가 교육, 의료의 민영화 등 사회복지정책에 미치는 영향

싱가포르는 이미 논의한 바와 같이 그간의 경제발전과정에서 국민의 기본욕구를 충족시키기 위한 복지서비스 제공에 능력을 보여 왔다. 비록 국민소득은 선진국보다는 낮지만, 대부분의 삶의 질 지표에서 비교적 우월한 수준을 유지해 왔다. 싱가포르는 경제이륙 단계 전부터 소비와 투자의 이유로 복지지출을 강화했고,[5] 따라서 정부의 초기정책은 '성장 이전의 재분배'(redistribution before growth)로까지 불렸다(Lim, 1989: 171). 특히 중앙적립기금은 개인저축과 사회보험 패키지를 결합시킨 흥미로운 사례로서, 많은 나라의 복지개혁의 관심의 대상이었다. 이는 큰 저축률을 성취하며 경제발전에 기여했고, 또 싱가포르인들에게 거의 모든 복지서비스를 제공하는 원천이었다.

그러나 경제발전단계나 1인당 국민소득 수준에 비추어볼 때 너무 높은 복지수준이 1985~86년의 경기침체 및 이후의 경제성장에 제약을 가져 왔다는 일부 경제학자들의 비판이 제기되고(Lim, 1989: 172~173),[6] 더욱이 최근 신자유주의의 바람이 거세게 불면서, 다음과 같은 복지제도의 문제점 지적과 함께 복지 축소론이 대두되고 있다.

먼저, 중앙적립기금의 강제성과 제도 설계상의 문제점이 지적되고 있다. 즉 노동자 임금의 40%에 해당하는 강제 기여율은 너무 높다는 것이다. 또 보통, 의료, 특별 등 3가지 계정의 사용에 가해진 각종 제약들이 국민들로 하여금 그들 개인이나 가족의 욕구에는 실제로 적합하지도 않을 급부(benefit)의 특이한 결합을 위해 강제적으로 저축하도록 압력을 가한다는 것이다.

둘째, 복지제도 자체의 측면에서 볼 때도 국민욕구 충족에 한계를 보인다는 지적이다. 의료부문에서 싱가포르가 채택한 메디쉴드는 기본적으로 지불능력(demand)에 따른 가입을 원칙으로 해 운영되므로, 증가하는 국민의 의료욕구(need)에는 효과적으로 대응하기 어렵다는 것이다.

셋째, 운영상의 적절성도 문제시된다. 즉, 원래는 은퇴한 노동자의 평균소득 40%를 노후소득으로 제공함이 적립기금의 주목적인데, 여타 사업에까지 적용범위가 확대되면서 개인별 기금적립 수준이 낮아진다. 따라서 1986년 정부는 가입자들에게 기금의 균형을 맞출 것을 주문하기도 했다. 더욱이 기여에 대한 세금부과를 안 해 재분배 효과가 약하고 소득 불평등을 조장하는 측면도 없지 않다(Tang, 2000: 48).

여기서 복지의 민영화 주장이 시작된다. 최근 싱가포르의 새로운 조치들은 기업 내 고용관계에서의 온정주의를 장려하고, 의료보험 등 몇몇 사회보험이 부분적으

---

5 1959년 독립 당시 싱가포르 사회는 다인종 문제, 인프라의 빈곤, 실업문제 및 주거조건이 최악인 상태에 처해 있었다. 인민행동당 정부는 이에 대해 학교 건설, 저렴한 주택 등 사회복지 제공, 말레이인 및 여성의 지위 인정을 약속하며 수출지향산업화 전략에 착수한다(Tang, 2000: 40).

6 이 나라의 일부 경제학자들은 중앙적립기금이 노후연금을 과다하게 제공하고 또 주택부문에의 막대한 투자로 인해 자원할당과 국내 주식시장의 흐름이 왜곡되어, 궁극적으로는 복지제도가 경제성장을 저하시킬 것이라고 주장해 왔다(Lim, 1989: 189~190).

로 기업에로 분권화되고 있다(Deyo, 1992: 303~304; Tang, 2000: 58). 또 1986년까지 모든 기금투자를 지시했던 정부는 최근 국민에게 그들 소유의 투자결정권을 점차 부여한다.

특히 1998년 초 신자유주의 바람을 타고 중앙적립기금의 전체 제도를 민영화하자는 많은 논의가 있었고, 1998년의 예산연설에선 반(反)복지 이념(anti-welfare ideology)과 자원봉사주의의 중요성이 재확인된다. 즉, 복지는 성장의 장애물이므로 복지주의를 회피하고 정부역할을 기본 공공재와 용역 제공으로 한정해 공공분야를 날렵하고 가볍게 만들자는 의도적 정책전환이 민영화, 경제자유화와 함께 강조되고 있다(Tang, 2000: 42~58). 이는 이 나라의 발전이념이 국가복지주의에서 기업복지주의(company welfarism)로 서서히 전환하고 있음을 말해 준다.

(3) 중간계급의 정부 지지성향과 국가정책의 향방

그러나 우리는 상기한 바와 같은 복지제도의 민영화가 싱가포르 사회복지정책의 의미를 완전히 퇴색시키는 것은 아님에 유의해야 한다. 싱가포르에서 사회복지는 신자유주의적 계산논리, 즉, 경제학자들의 소비, 투자 그 이상의 의미를 지니기 때문이다.

중앙적립기금은 그간 싱가포르에서 사회보장과 경제성장 이외의 목표, 즉 사회, 정치적 통제목표를 수행해 왔고, 지금도 여전히 사회안정과 정치적 지지를 위한 정치적 도구로서 작용하고 있다. 특히 공동체주의적(communitarian)인 싱가포르 복지제도는 다양한 인종 혼합국인 이 나라에 국민적 응집성을 부여해 왔다. 그만큼 싱가포르 복지제도는 비우호적이며 덩치가 큰 인접국들에 둘러싸인 작은 나라이자 인종혼합국인 이 나라의 생존전략에서 매우 중요한 부분을 차지해 왔던 것이다.

최근 복지의 민영화가 주장되지만 아직까지 싱가포르 정부가 정치 사회적 통제를 크게 줄이는 것에서 자발적 의지를 표명하지 않는 것은 이런 연유에서이다. 가장 큰 국유기업인 주택개발청의 전면적 민영화는 아직도 제안되지 못한다. 특히 물질적 풍요에서 정당성을 찾는 인민행동당은 결코 경직되게 원칙과 이념을 주장하지 않고 실용적으로 접근한다.

싱가포르의 중앙적립기금은 단일연금계획에서 확장되어 이제는 연금소득보다 훨씬 많은 급부영역을 통합하고 있다. 그만큼 국민정서상 이 기금은 싱가포르 국민들에게는 복지의 방식으로 제공되는 거의 모든 것을 함유하는 종합복지제도이자 여타 사회정책의 정박지(anchor)로서 자리잡고 있는 것이다(News Weekly, 9. 19. 2000;

Kwon, 1998: 34). 따라서 어느 누구도 이 제도의 가치를 쉽게 무시할 수 없다. 더욱이 복지제도의 존속을 요구하는 다음과 같은 현실적인 사회수요가 대두하고 있다.

첫째, 아시아 금융위기와 그로 인한 경제전망의 먹구름이다. 즉, 실업률과 상대적 빈곤이 늘고 소득불평등과 삶의 질이 악화될 때, 이로 인해 나쁜 영향을 받는 국민들을 위한 국가개입의 필요성은 자명해진다.7 둘째, 급격한 고령화 사회로의 이동이다. 2030년경 싱가포르 인구의 25%가 노인층이 될 전망이다. 이는 엄청난 사회적 수요를 표출하며 기존의 사회복지제도를 위협할 수도 있다.

결국 정치사회적 통제수단으로서의 복지의 중요성과 종합복지제도로서의 중앙적립기금에 대한 국민의 높은 기대치, 또 아시아 재정위기 이후의 사회적 수요 증대로 인해 복지민영화 정책의 완벽한 함의가 이 나라에 쉽게 적용되긴 어렵다고 볼 수 있다.

싱가포르의 현 정치사회적 맥락에서 볼 때, 이 점은 더욱 자명해진다. 중간계급은 아직도 대중동원에 관여하지 않고 그들의 정치적 담론에 있어 국가를 향한 존경의 톤을 유지한다. 싱가포르 국민들은 정부가 청렴하고 경제발전을 급속히 이루어낸 점을 높이 평가한다. 따라서 일당독재국가(single party state)인 인민행동당 정부에 도전적이기보다는 국가 의존적이다(Neher, 1999: 51~52).

싱가포르 국민들은 민주주의, 자유, 정의와 같은 추상적 개념에 덜 동화되어 있다. 정치적으로 보수적인 중간계급의 이러한 성향은 싱가포르의 이민사회(immigrant society)적 성격에서 기인한다. 이민자들은 자유와 민주주의보다는 물질적 이득을 우선적으로 중시하기 때문이다(Chua, 1995: 208). 즉, "좋은 직업에 보다 높은 임금, 보다 좋은 집과 훌륭한 자동차" 등 보다 나은 삶의 질에 한 걸음 다가가는 것이 싱가포르인들의 영원한 꿈(Singapore dream)인 것이다(Perry, Kong & Yeoh, 1999: 295). 따라서 1998년 선거에서 인민행동당이 큰 의석수로 재집권한 것은 놀랄 일이 아니다. 삶의 질 증진과 물질적 성공에 대한 대중들의 지지가 지속되고 있는 것이다(Tang, 2000: 39).

싱가포르의 중간계급은 그들에게 물질적 욕구를 충족시켜 주는 한, 인민행동당의 권위주의 성향에도 불구하고 인민행동당이 권력을 계속 유지할 것을 선호하고 정부에 협조할 것이다(Chua, 1995: 208).8 정치안정이 지속적 경제발전을 가져오며,

---

7 아시아 금융위기 이후 싱가포르의 실업률은 크게 늘어나 2만 명의 실업자가 발생했고 고령층 노동자의 새로운 직업이동의 곤란에 따라 빈곤 인구도 확대되고 있다(Tang, 2000: 53~54). 특히 중산층의 실업과 재산가치 하락 및 이에 대한 재정보조 우려가 새롭게 싹트고 있는데(Tan, 2002), 이런 것들이 싱가포르 국가복지의 존재 이유를 부각시킨다.

8 리콴유 전 총리의 아들인 리센룽의 차기총리 지명 등 싱가포르 국민이 집권당인 인민행동당을 계속 지지하

민주화에 따른 정권변동이 자칫 그들의 물질적 생활을 포기하게 할 수도 있음을 두려워하는 것이다.

시민사회가 인민행동당 정권에 정치적 도전을 하지 않을 때, 정부도 시민운동 조직들의 적응적 흡수(cooptation)를 위해 재정지원과 복지제도를 통한 관용을 베풀 것이다. 민주주의 비슷한 것(a semblance of democracy)도 줄 것이다(Er, 1999: 272~273).

이런 점에서 신자유주의의 파고 속에서 복지제도의 일부 축소와 교육, 의료의 부분적 민영화는 불가피하지만, 정치적 통제와 사회안정을 위한 사회정책의 근간, 특히 중앙적립기금과 공공주택사업은 싱가포르 정부에 의해 계속 유지될 것으로 전망된다.

물론 이런 전망은 조심스러운 것이다. 현재 싱가포르 정부가 공식적으로는 복지영역에서 여전히 국가 비 개입주의와 개인책임의 이념을 강조하기 때문이다. 특히 해외투자 유치를 위한 낮은 노동비용과 낮은 조세 유지에 필수조건인 복지지출 축소로부터의 일탈은 자본가들의 강한 반대를 야기한다. 또 이를 견인할 만한 강한 야당도 없다. 따라서 높은 삶의 질과 해외자본의 지속적 투자와 함께, 정부는 지금까지 경제, 사회정책에서의 큰 변화의 필요성을 발견하지 못하고 있다(Tang, 2000: 61~63).

그러나 현 상황이 곧 이 나라 사회정책의 영원한 후퇴로 속단되어서도 곤란하다. 싱가포르 정부는 역사적으로 볼 때 복지재정은 미약해도 복지프로그램을 설계하고 시행하는 데서는 규제자 혹은 강한 관리자로서의 모습을 현실적으로 보여 왔다(White & Goodman, 1998: 13). 일례로 공식적으로는 반복지주의 철학 아래 의료의 민영화를 추진하지만, 싱가포르 정부는 보건의료의 질을 유지하기 위해서 공중 외래병동과 병원망(網) 유지에 들어가는 재정보조를 지금도 계속하고 있고, 또 실제로 대다수의 보건지출은 공공분야에로 흘러간다. 이는 저소득층과 미숙련 노동자들조차도 경제부활과 사회안정에 중요하다는 인식을 반영하고 있는 것이다. 보건의료지출에서의 국가의 퇴각은 몇몇 노조로부터의 강한 비판을 야기했는데, 일례로 1994년 공공부문 통합노조(the Amalgamated Union of Public Employees)는 국가의 재정부담을 줄이기 위해 고용인의 기여를 요구하는 몇몇 의료보호법안 승인을 거부했다(Tang, 2000: 53).

더욱이 국민의 강제저축으로 복지재정의 큰 부분을 충당한다는 점에서 싱가포

는 주된 이유는 경제성장의 꾸준한 지속이다. 즉, 싱가포르 국민은 삶의 질을 올려 주면 계속 권력을 보장하겠다는 거래를 통치세력과 하고 있다(월 스트리트 저널, 2004. 7. 21자; 한국경제, 2004. 7. 22자).

르 사회복지제도의 근간이 효율성을 강조하는 신자유주의 이념과 크게 충돌하는 것
도 아니다. 이런 점에서 우리는 향후에도 종래와 마찬가지로 공식적으로는 반(反)복
지의 입장을 표명하면서도 실제로는 정치적 통제 등 여러 이유에서 사회정책을 전
략적으로 수립, 운영해 나가는 싱가포르 정부의 실용주의적 모습을 계속 발견할 수
있을 것이다.

3. 싱가포르의 국격완비 노력

싱가포르는 세계화 시대에 요구되는 국격과 관련해서도 우리에게 시사점을 갖
고 있다. 이 나라는 공공주택 임대 시 아파트 한 층에 화교, 말레이인, 인도계의 적
절한 주거배합을 시도해 다인종국가로서의 사회통합정책을 추진하고 있다. 다문화
시대를 앞둔 우리의 입장에선 싱가포르식의 주거공간을 통한 인종통합정책을 적정
선에서 벤치마킹해 제도적으로 응용할 필요가 있다.

매년 수백 명의 싱가포르 영어교사가 영어 해외연수를 가지만, 싱가포르의 사
회질서를 해치는 미국 청년에게 곤장형을 실시하는 등 국민 주체성 살리기 차원에
서 보여준 이 나라의 줏대 있는 처신은, 줏대 없이 미국의 51번째 주로 편입되길 원
하기라도 하는 듯(탁석산, 2000) 미국에 대한 사대주의 외교에 몰두하는 우리의 입장
에서 볼 때는, 격조 높은 국민행동 등 국격 완비의 관점과 관련해 시사하는 바가 적
지 않다.

10
동아시아 발전국가의 과거와 미래

I. 개관

　전후 시차를 달리하면서 고도성장의 대열에 동참해 온 동아시아 신흥공업국가들(Newly Industrializing Countries: NICs)이 이룩한 경제성과는 선발 산업국가들은 물론 중남미와 여타 저발전국가들을 압도하였다는 점에서 관심의 대상으로 등장하기에 충분한 것이었다.[1] 즉, 대부분의 지구촌 국가들이 적극적 공공정책의 범주에 포함되는 유사한 정책수단들을 동원하였음에도 불구하고 산출된 현저한 경제성과의 차이를 설명하려는 노력들이 1970년대 이래 동아시아 고도성장 논쟁의 중심축을 형성해 왔다(World Bank, 1993).

　하지만 신고전파 규제국가론과 신막시안(New Marxist) 종속국가론으로 대표되는 전통적 시각은 물론 이들의 대안으로 제시된 초기 발전국가론도 동아시아 신흥공업국가들의 고도성장 원인에 대한 설명의 불완전성을 해소하는 일에 실패해 왔다. 따라서 동아시아 발전이론에 대한 재검토 작업은 전통적 시각의 연장선상에서 제도의 역할에 주목할 필요가 있다. 하지만 그동안 제시된 제도는 그 의미가 매우 상이할 뿐만 아니라 방법론적 괴리현상이 심하다는 점에서 이론적 엄밀성과 현실적합성을 동시에 충족시키는 새로운 대안을 모색할 필요성이 제기되고 있다. 이에 본 장에서는 신제도주의 통합모형의 가능성에 주목하고자 한다.

　먼저 수출지향과 수입대체를 비교하는 신고전파 정치경제학과 종속국가와 종속적 발전국가를 비교하는 신막시안 정치경제학의 한계를 보완하기 위해 국가의 부활을 주도한 신베버리안(New Weberian) 정치경제학에 주목하고자 한다.[2] 이론형성 이

---

1 전후 일본에서 시작된 동아시아의 고도성장세는 1960년대 중반을 전후해 한국, 대만, 홍콩, 싱가포르로 대표되는 NICs로, 1980년대 이후에는 아세안 국가들까지를 포함하는 HPAEs(High Performing Asian Economics)로 확장되었다.

래 국가자율성과 능력개념을 토대로 강한 국가와 약한 국가, 경성국가와 연성국가 및 발전국가와 약탈국가의 질적 차이를 규명하는 일에 주력해 온 신베버리안 정치경제학(행위자로서의 국가와 제도로서의 국가)은 신고전파나 신막시안과 마찬가지로 포괄적 설명의 한계를 탈피하지 못하였다는 점에서 일정한계를 지니고 있다. 하지만 신베버리안의 문제제기는 중범위화의 구현을 통해 설명의 구체화를 의도하는 신제도주의의 등장을 촉진시키는 주요 계기로 작용하였다는 점에서 의미를 지닌다.

다음으로 신베버리안의 연장선상에 위치하는 신제도주의 분석틀에 대한 비판적 고찰을 통해 발전국가의 동학(dynamics of developmental state), 즉 정부 – 기업관계의 제도적 특성이 지니는 중요성을 규명하고자 한다. 산업유형이나 발전단계에 따른 제도적 특성 차이를 발견하는 일에 주력해 온 정책네트워크론은 고도성장의 동인으로 과감하고 혁신적인 정책형성을 지지하는 제도적 토대를 발견하는 일에 주력해 온 신베버리안의 설명을 보완하기 위해 정책집행이 지니는 중요성에 주목한다는 점에서 양자 간의 보완효과를 기대할 수 있다. 다시 말해 광의의 신제도주의를 구성하는 다양한 이론 간에 높은 수준의 친화력이 존재한다는 것이 본서의 기본적 인식이다.

한편 여기서는 동아시아 발전국가 사례를 중심으로 고도성장의 원인은 물론 1997년 말을 전후해 발생한 동아시아 경제위기의 실상과 본질을 분석하고자 한다. 이러한 일련의 분석은 다음과 같은 기대효과를 가정한다. 먼저 직접적 기대효과로서 동아시아 고도성장의 과거와 미래에 대한 설명능력을 현저히 개선할 수 있다는 점이다. 경제기적의 실체를 규명함으로써 동아시아 고도성장모형의 적용 가능성을 확장시키는 계기를 마련할 수 있을 뿐만 아니라 당면과제로 부과된 동아시아 경제위기의 극복방안을 제시할 수 있다.

다음으로 간접적 기대효과로서 비교정치경제학의 체계화에 부응한다는 점이다. 비교연구의 성공적인 수행은 중범위 분석단위의 채택과 직결된 문제이다. 하지만 비교대상을 정형적·가시적 수준의 제도에 한정하는 구제도주의 인식논리로는 비교분석의 효과를 극대화시키기 어렵기 때문이다.

표 10-1   동아시아 발전이론의 체계

행위 중심적 접근	광의의 신제도주의(제도 중심적 접근)			구조 중심적 접근
	미시 제도주의	중범위 제도주의	거시 제도주의	
미시적 편향성	⇨ 중범위화의 구현 ⇦			거시적 편향성
규제국가	발전국가(적극적 산업정책의 논리)			종속국가

2 동아시아 고도성장원인에 대한 규제국가(자유시장과 의제자유시장)와 종속국가(세계체제와 종속적 발전)의 논리에 대해서는 김정렬(1998a) 참조 바람.

II. 동아시아의 고도성장과 제도의 역할

여기에서는 동아시아 고도성장의 동인을 발전국가의 적극적 산업정책에 초점을 부여하면서 신제도주의 이론들을 종합적으로 검토하게 된다. 특정한 분석틀의 가정과 분석단위에 집착하는 패러다임적 사고를 극복하기 위해 분석수준을 연계함으로써 정책추진의 전 과정을 입체적으로 규명할 수 있기 때문이다. 미시 제도주의와 거시 제도주의 및 중범위 제도주의로 구성된 본 연구의 통합논리는 다음과 같다.

1. 미시 제도주의: 선도조직의 계획합리성

'행위자로서의 국가', 즉 정부관료제의 선도적 역할을 중시하는 미시 제도주의 인식논리는 행태주의 혁명의 와중에 실종된 국가의 부활을 선도한 신베버리안 국가주의자들의 주도 하에 정립되었다. 유럽을 중심으로 발아된 신막시안 국가론자들의 국가자율성 논쟁에 자극받은 미국 중심의 국가주의자들은 발전정책의 주체로서 국가의 자율적 문제해결 능력에 초점을 부여한다. 결과적으로 국가의 계몽적 정책개입을 중시하는 국가주의적 사고의 부활은 1980년대 이후 동아시아 고도성장 논쟁을 본격화시키는 계기로 작용하게 된다.[3]

이러한 견해를 반영하는 동아시아 고도성장이론으로는 먼저 발전국가 모델의 창시자인 Johnson(1982)을 지적할 수 있다. 그는 전후 일본의 고도성장 원인에 대한 기존의 주류 견해인 문화주의와 신고전파 논거를 비판하면서 적극적 산업정책의 정당성을 제시하였다. 신고전파 시장합리성(market-rationality)을 대치하는 대안으로 계획합리성(plan-rationality)을 상정하는 그는 차별성과 선택성을 특징으로 하는 적극적 산업정책의 성공원인을 규명하기 위해 통산성이라는 정부의 선도조직(pilot organization)에 주목한다. 일본의 통산관료들은 정치적 압력으로부터 자율성을 지니고 있었기 때문에 장기적 시야에서 산업정책을 추진할 수 있었을 뿐만 아니라 축적된 정보를 바탕으로 시장의 왜곡을 초래하지 않았다는 점이 그의 주장이다. 나아가 기관형성의 효용성을 대표하는 사례로서 한국의 경제기획원 주도로 산출된 경제개발 5개년계획에 주목하는 견해들도 같은 맥락에서 이해될 수 있다.

다음으로 Amsden(1989)은 경제관리의 주도자로서 한국의 정부에 주목하면서 신고전파 설명과 배치되는 몇 가지 주장을 제시하였다. 그는 신고전파가 간과하고

---

3 한국에서 전개된 국가론 논쟁에 대해서는 김호진(1996)과 최장집(1993)을 참고하기 바람.

있는 주요한 논점으로 "첫째, 한국의 국가는 기업가, 은행가 그리고 산업구조의 형성자로서의 역할을 수행하였다. 둘째, 국가는 보조금을 통한 시장육성, 가격통제, 외환통제, 직접투자관리 등 왜곡된 가격의 설정(setting price wrong)을 통해 시장경쟁과 구별되는 제도적 특이성을 산출하였다. 셋째, 시장파괴적인 국가의 정책대안들은 재벌에 의해 지지·보완되었다. 넷째, 국가는 적극적으로 재벌을 지원했을 뿐만 아니라 그들의 순응을 확보하는 장치마련에도 주력하였다" 등을 지적하였다. 한편 Wade(1990)는 이러한 주장의 연장선상에서 통치시장이론(governed market theory)의 체계화를 위해 자유시장이론과 의제자유시장이론과의 차별성 확보에 주력하였다.

마지막으로 국가정책의 최고책임자인 대통령의 리더십이나 기술관료들의 우수성에 주목하는 논의들도 미시 제도주의의 정립과 직결된 문제이다. 일례로 고도성장기를 대표하는 동아시아 각국의 정치가나 관료들에 관한 호의적 분석사례들이 여기에 포함될 수 있다. 박정희 대통령이 발휘한 경제제일주의적 통치이념은 발전국가의 거래비용을 축소시키는 다양한 형태의 기관형성을 촉진시키는 한편 대기업의 비생산적 지대추구 욕구를 원천봉쇄하는 효과를 산출한 것으로 평가될 수 있기 때문이다.[4]

하지만 초기 국가주의 인식논리를 반영하는 앞서의 견해들은 다음과 같은 한계를 노정해 왔다. 첫째, 과감한 발전정책의 형성과 고도성장 간의 인과관계가 미약하다는 점을 지적할 수 있다. 즉, 정책집행이 지니는 중요성을 간과하고 있다는 점이다. 정부관료제의 선도적 역할을 통해 거시적인 국가발전 목표를 설정할 수는 있지만 이의 효율적인 집행까지 보장되는 것은 아니기 때문이다(Doner, 1992: 400). 둘째, 정부관료제 내부에 존재하는 다양한 목소리, 즉 관료정치적 맥락의 중요성을 간과하고 있다는 점이다. 이 점에서 집권적 행정조직의 유용성을 국가능력의 원천으로 상정하는 기본가정은 적어도 구체적·부분적 집행의 영역에서는 수정되어야 한다. 단적인 사례로 일본의 대장성과 통산성, 한국의 경제기획원과 상공부 간에 존재했던 긴장과 갈등은 산업정책을 규정하는 주요 변수로 작용했다.

2. 거시 제도주의: 억압적·배제적 지배연합

미시 제도주의에 대한 보완적 논거로서 거시 제도주의는 '행위자로서의 국가'보

---

4 Chang(1993)은 '시장보호적 국가개입(market-preserving state intervention)'을 추구한 한국경제의 성공비결로 정보비용의 증대로 인한 정책실패의 가능성을 효과적으로 통제하였다는 점과 비생산적 지대추구라는 위협요인을 효과적으로 회피하였다는 점을 지적하였다. 이때 전자를 대표하는 사례로는 한국무역진흥공사의 설립을, 후자로는 특정 기업에 대한 세무사찰 등을 지적할 수 있다.

다는 '제도로서의 국가' 논의의 유용성을 제고하는 일에 주력해 왔다. 따라서 거시 제도주의로 지칭되는 포괄적 설명방식은 성장촉진적 산업발전정책의 형성을 가능케 한 국가능력의 원천으로서 강한 국가의 기원을 규명하는 일에 주력해 왔다(김석준, 1990). 따라서 거시 제도주의 논거를 지지하는 논자들은 억압적이고 배제적인 지배연합(ruling coalition)에 주목하게 된다.

거시 제도주의는 여타 신제도주의 이론들에 비해 상대적으로 구조중심적 방법론에 친숙하다. 따라서 제도의 특성이나 제도화의 기원을 규명함에 있어 역사주의적 설명방식을 선호한다. 일례로 미시 제도주의가 단시일 내에 이루어지는 기관형성의 결과물로서 행정제도에 초점을 부여한다면 거시 제도주의는 노·사·정 합의와 같은 구조적 배열상태에 주목한다는 것이다. 그렇다면 동아시아 지배연합의 특성과 제도화 원인은 무엇인가?

먼저 동아시아 지배연합의 특성으로는 Pempel & Tsunekawa(1979)가 일본에 대한 분석결과로 제시한 '노동이 배제된 조합주의', Deyo(1989)가 동아시아 NICs의 공통적 특성으로 제시한 '배제적 노동제도' 및 김영명(1996)이 일본과 한국에 대한 분석결과로 제시한 '일극체제' 등을 제시할 수 있다. 이들의 분석결과를 종합할 때 동아시아 국가들은 노동과 자본은 물론 야당이나 사회세력을 효과적으로 통제함으로써 과감하고 혁신적인 산업정책의 형성을 가능케 했다는 것이다. 즉, 농민과 중소상공업자의 희생을 요구할 뿐만 아니라 대자본에 편향적인 수출지향산업화를 성공적으로 추진하였다는 사실이 이를 입증하는 사례이다.

부연하면, 우선 김영명(1996: 15~39)이 제시한 일극체제란 "정치권력이 사회, 정치의 각 부문에 다원적으로 분산되어 있지 않고 특정한 지배세력에 집중되어 있는 체제"로, 권위주의하의 한국의 일인지배체제와 자민당 장기집권기 일본의 일당지배체제가 전형적인 사례라는 것이다. 또한 NICs가 이룩한 기적의 배후로 "경제적으로 효율적이고 정치적으로 배제적인 노동제도"를 지목하는 Deyo(1989: 8~10)에 따르면 이러한 제도적 특성이 기존에 유지된 엘리트의 통치에 적합하거나(대만), 새롭게 등장한 엘리트의 통치에 적합하든지(한국), 노동통제가 억압적이든(한국) 조합주의적이든(대만), 그리고 노동통제의 원동력이 국가(한국과 싱가포르) 아니면 기업(대만과 홍콩)이든지 공통적으로 적용될 수 있다고 주장한다.

다음으로 동아시아 지배연합의 제도화 원인에 대한 역사적 설명논거는 다음과 같다. 우선 동아시아 국가들은 외부적 위협에 지속적으로 노출되어 왔기 때문에 장기적 발전목표의 수립에 유리한 조건을 갖추고 있었다는 점이다. 특히 냉전구도 하

한국과 대만의 안보위협은 반지배연합의 요구를 약화시키는 결정적 요인으로 작용했다(Haggard, 1986). 또한 제2차 세계대전 전후의 혼란기를 거치면서 전통적 지배세력이 붕괴되었기 때문에 비교적 용이하게 국가의 통치력을 강화시킬 수 있었다는 점도 주요한 논점이다(Cumings, 1984; Önis, 1991). 나아가 한국과 대만의 식민지 경험도 앞서의 설명을 보완하는 주요한 논거로 제시될 수 있다.

그러나 거시 제도주의 설명논리는 다음과 같은 한계를 극복하지 못한 것으로 평가될 수 있다. 먼저 역사적 설명방식에 지나치게 의존하는 관계로 설명의 구체성을 결여하게 된다는 점이다. 일례로 산업발전 단계나 개별 산업의 특수성을 반영하는 국가의 역할변화를 적극적으로 반영하기 어렵다는 점이 여기의 논거이다(Okimoto, 1989; 홍성걸, 1993). 다음으로 문화주의의 한계와 마찬가지로 일반화의 요건을 충족하기 어렵다는 점이다.[5] 변수간의 명확한 구분이 전제되지 못하고 있을 뿐만 아니라 개별사례의 특수성을 완화시키는 일에 실패하였기 때문이다.

결론적으로 국가주의의 등장으로 촉발된 동아시아 고도성장의 초기논쟁은 국가주도냐 아니면 시장주도냐에 대한 각각의 장단점을 부각시키는 일에는 성공하였으나 이분법적인 시각의 한계를 완전히 불식시키지 못한 것으로 평가될 수 있다. 이 점은 광의의 국가주의를 형성하는 미시 제도주의와 거시 제도주의 모두에 적용되는 공통의 문제라는 점에서 중범위 제도주의를 반영하는 대안적 설명 틀을 촉진시키는 주요 계기로 작용하게 된다.

3. 중범위 제도주의: 협조적 정책네트워크

정책네트워크론으로 지칭되는 중범위 제도주의는 미시 제도주의와 거시 제도주의가 노정한 설명의 불완전성을 보완하기 위해 포괄적인 정책형성보다 구체적인 정책집행의 문제에 대한 관심의 전환을 통해 발전국가의 정교화에 주력하였다는 점에서 중범위 지향적 논의의 완성으로 평가될 수 있다. 즉, 정부의 합리적 선택에 내재하는 정책실패의 가능성은 물론 지배연합의 논리 속에 잠재된 계급편향성의 문제를 상당 부분 해소시켰기 때문이다.

동아시아 발전이론의 공고화를 위한 대안적 시도로서 정책네트워크론의 기원은 미국적 연구전통의 산물인 하위정부이론(sub-government theory)과 영국적 연구전통

---

5 동아시아 고도성장에 대한 문화주의 논거는 유교자본주의로 집약된다. 하지만 유교자본주의는 문화결정론의 한계를 탈피하지 못하고 있다는 점에서 독자적 설명능력이 의문시 된다.

인 조직간이론(inter-organizational theory)으로 대별된다. 나아가 각각의 연구전통을 계승한 국가주의와 조합주의도 정책네크워크론의 형성과 직결된 문제로 평가될 수 있다. 일반적으로 정책네트워크란 특정한 정책문제의 해결을 둘러싸고 산출되는 정책 참여자들 간의 상호작용패턴으로 이해되고 있다. 하지만 현실의 정책네트워크는 현존하는 모든 조직의 구성형태를 포괄하기보다 사회조직의 양극을 점유하는 '시장'과 '위계' 사이의 한 형태로 간주된다.

정책네트워크론의 존재의의는 정책과정의 다원화에 전문화와 상응하는 제도혁신으로 이해될 수 있다. 즉, 정책문제의 불확실성과 복잡성이 증대함에 따라 정부의 정책주도보다는 민간의 참여에 의존하는 대안적 문제해결기제가 요구되었던 것이다.6 한편 정책네트워크론의 정체성 확립을 위한 두 가지 선결과제로는 정책네트워크의 유형과 변화문제를 지적할 수 있다. 이때 전자는 중범위화의 범위를 어디까지로 제한할 것인가의 문제와 후자는 제도변화에 대한 설명력의 한계를 어떻게 보완할 것인가의 문제로 집약된다.

그렇다면 정책네트워크론의 대안적 문제인식을 반영하는 동아시아 고도성장의 정책네트워크는 무엇인가? Lee(1992)는 여기에 대한 답변으로 준내부조직을 제시한다. 준내부조직(Quasi Internal Organization: QIO)이란 기업 간 내부조직(사적 내부조직)의 응용·확장개념이다. 시장환경의 불확실성을 흡수하기 위해 개별기업 간에 재벌이나 계열 등의 사적 내부조직이 형성되는 것과 마찬가지로 산업정책의 주체인 정부와 객체인 기업 간에도 내부화의 효용성이 존재할 수 있다는 것이 여기의 핵심적 논거이다. 이때 준내부조직의 작동원리로는 묵시적 위협(implicit threat)의 수단으로서 내부 자본시장(internal capital market)과 행정지도(administrative guidance)를 지적할 수 있다.

동아시아 국가들은 내부자본시장이라는 억압적 금융제도를 소유하고 있었기 때문에 단기간내에 국가주도의 자본축적이 가능했을 뿐만 아니라 산업발전자본을 선별적으로 할당하는 과정에서 시장에 대한 국가의 통제능력을 제고할 수 있었다(Woo, 1991). 이는 억압국가에서 발전국가로의 이행에 따라 국가권력의 원천이 총구에서 은행으로 변화하게 된다는 논거를 통해 지지될 수 있다. 또한 중간조직(기업이익연합체)의 제도적 유용성을 반영하는 행정지도라는 효율적 정책집행기제가 존재하

---

6 Jordan & Schubert(1992: 11)는 새로운 정책현실의 특징으로 ① 집합행동이 주도하는 조직사회의 출현, ② 정책결정에서 정치시스템의 부분화 현상, ③ 이익집단간 경쟁의 격화, ④ 국가정책의 개입영역이 증대, ⑤ 국가의 분권화와 전문화, ⑥ 중간조직의 확장으로 인해 공공부문과 민간부문 간의 경계가 모호 등을 지적하였다.

였기 때문에 정부의 정책의지를 기업일선에 충실히 전달할 수 있었다. 이 점에서 준내부조직이 산출한 효율적인 정책집행네트워크는 M형태(M-Form) 조직구조의 유용성을 반영하는 것으로 평가될 수 있다.

준내부조직으로 대표되는 정부와 기업 간의 긴밀한 연계관계가 동아시아 고도성장의 동인이라는 여기의 주장은 국가주의가 노정한 설명의 불완전성을 해소하였다는 점에서 긍정적으로 평가될 수 있다. 하지만 협조적 정부·기업관계의 존재만으로 동아시아 고도성장의 실체를 충분히 설명하기 어렵다는 점에서 독자적 설명논리로서의 한계에 직면하게 된다. 일례로 행정지도와 같은 보조적 정책집행 기제를 고도성장의 독립변수로 설정하기에는 무리가 있기 때문이다.

다음으로 준내부조직의 핵심가정인 내부자본시장을 한국 이외의 국가들에 일반화시키기 어렵다는 점도 주요 한계로 지적될 수 있다. 하지만 일본의 고도성장을 지탱한 협조적 정부·기업관계도 결과적으로 계열은행제도나 행정지도의 효용성에 기인하는 바가 크다는 점에서 일반화의 가능성을 일방적으로 축소하기는 어렵다. 이점은 일본을 네트워크 사회 또는 관계중심의 사회로 규정한 Okimoto(1989)의 주장을 통해서도 잘 나타나고 있다.

마지막으로 준내부조직의 개념 속에 내재된 한계를 지적할 수 있다. 우선 금융시장의 배열상태에 주목하는 내부자본시장의 논리는 기술시장이나 노동시장의 특성을 배제한 상태에서 충분한 설명력을 지니기 어렵다는 점이다. 따라서 산업발전단계의 이행까지를 고려하는 보다 광의적인 분석 틀의 정립이 요구되는 것이다(김정렬, 1996). 또한 행정지도는 신축성을 제고할 수 있다는 장점 때문에 중시되고 있지만, 그 효력의 발생이 법령의 명문규정 없이 이루어지기 때문에 자의성이나 도덕적 해이에 따른 정책실패의 가능성을 무시하기 어렵다.

III. 동아시아 경제위기의 실상과 본질

1. 경제성과와 정부-기업관계의 유형

일국의 경제성과와 정부-기업관계의 역할에 관한 논의는 그동안 한국을 비롯한 동아시아 신흥공업국가의 급속한 발전에 대한 연구에서 집중적으로 논의되어 왔다. 신고전파는 지대추구론을 근거로 정부와 기업이 가까운 관계를 유지할 때 경제적 성과는 감소된다고 본다. 정부와 기업 간의 가까운 관계와 상호연계는 국가자원을 희생하면서 지대를 획득하는 데 목적을 두는 분배적 연합(distributional coalitions)으로 변질되며, 또한 기업이 지대추구에 많은 자원을 투자하도록 만들기 때문에 경제적 낭비를 야기한다고 주장한다. 그러나 이들과는 대조적으로 신제도주의 시각은 친밀한 정부-기업관계는 경제적 성공을 가져온다고 주장한다. 정부와 기업 간의 상호작용이 크면 클수록 경제성장의 속도는 더욱 빨라진다고 보고 있다(Evans, 1997).

이렇게 볼 때 친밀한 정부-기업관계와 경제적 성과와의 관계는 단적으로 정의하기 어렵다. 친밀한 기업-정부관계는 경제적 성과를 향상시킬 수도 있으며 또는 반대로 비생산적인 지대추구를 초래함으로써 경제적 손실을 가져올 수도 있다. 실제로 한국과 일본 등에서 친밀한 정부-기업관계는 경제적 성과에 긍정적 영향을 미친 반면에, 필리핀이나 남미 등은 친밀한 정부-기업관계가 부정적 결과를 초래하였다. 따라서 중요한 것은 정부-기업관계 그 자체가 아니라 그 관계의 성격 또는 질(quality)이다. 정부-기업의 상호작용에 근거하는 제도적 조건에 따라 그 관계는 지대추구 지향적인 것일 수도 있으며, 또는 성장 지향적인 것으로 발전할 수 있다. 그리고 이러한 관계의 성격에 따라 한 국가의 경제는 커다란 영향을 받는다(김시윤·김정렬, 2002).

이에 여기서는 정부-기업관계의 특성이 지대추구적 관계로 발전하느냐 또는 성장지향적 관계로 발전하느냐 하는 것은 정부-기업관계에 근거하는 제도적 특성에 따라 달라진다는 사실에 주목하고자 한다. 이때 정부-기업관계의 특성을 규정하는 요인으로는 포괄성, 투명성 그리고 신뢰성을 들 수 있다.

우선 포괄성이란 정부-기업관계에서 기업의 측면에서 전체를 대표하는 포괄적 기업연합체나 이익단체가 존재하느냐를 묻는 것이다. 포괄적 연합체가 중요한 이유는 이러한 조직이 어떤 기업 또는 부문의 희생을 통해 특정 기업이나 부문의 이익을 위하기보다는 경제 전반에 걸쳐 성장을 촉진하는 정책을 강조할 가능성이 더욱 크기 때문이다. 만약 이러한 강력한 정점(peak) 연합체가 존재하지 않는다면 기업들의 불일치나 차이를 그대로 반영함으로써 그들 구성원의 다양한 이익을 조정하는 데 실패하기 때문이다.

투명성은 실질적인 정부-기업네트워크의 구성원이 정보나 정책결정과정을 잘 알고 있는가를 의미한다. 정책결정의 규칙과 기준의 공개적인 배포를 통한 정부-기업관계의 투명성은 기업들에게 정치적 불확실성을 감소시킨다. 또한 투명성은 정

표 10-2　주요 발전이론의 진화단계

> ▸ 근대화론(미시적 시각, 행태) ➡ 신고전파 경제학 ➡ 신자유주의(신공공관리)
> ▸ 국가론(중범위적 시각, 제도) ➡ 신제도주의(조합주의) ➡ 거버넌스(파트너십)
> ▸ 종속이론(거시적 시각, 구조) ➡ 세계체제론 ➡ 종속적 발전론(관료적 권위주의)

부와 기업의 구성원 모두에게 지대추구 행동을 쉽게 관찰되게 하고 다른 네트워크 구성원들에 의해 처벌받도록 함으로써 기업의 지대추구행위를 효과적으로 방지할 수 있다.

한편 신뢰성 또한 정부와 기업 간의 상호작용을 관리하는 데 결정적인 요인으로 작동한다. 경제학자들은 오랫동안 거래비용의 감소라는 측면에서 경제적 성과에 대한 신뢰의 긍정적 효과를 주장하여 왔다. 원칙적으로 정부와 기업 간의 신뢰는 거래비용과 감시비용을 감소시키며 불확실성을 줄임으로써 경제를 더욱 잘 작동하도록 만든다고 보고 있다. 또한 신뢰는 불안한 재산권을 강화시킨다. 재량적인 국가개입은 재산권을 약화시키며 정치적 불확실성을 초래한다. 그리고 정부의 불안정성 또는 자본주의에 대한 의심을 가지는 관료의 존재는 정치적 불확실성을 악화시키며 따라서 개인적 투자를 감소시킨다(김시윤·김정렬, 2002).

2. 동아시아의 경제위기와 정부-기업관계

1997년을 전후해 동아시아 일원을 강타한 금융위기를 계기로 정부주도의 산업정책에 대한 기존의 관심과 신뢰는 급속히 약화되고 있다. 물론 IMF 구제금융 체제의 출범 이후 시작된 경제위기의 원인규명 작업은 외인론과 내인론으로 나뉘어지면서 국내외적으로 다양한 견해들이 제시되어 왔지만 관치경제, 즉 지나친 정부규제가 위기를 초래했다는 시장주의적 견해가 지배적인 시각이다(Pempel, 1999). 이 점은 경제위기 극복을 제일의 사명으로 출범한 한국의 김대중 정부가 신자유주의적 정책처방을 채택한 사실을 통해 잘 나타나고 있다.

하지만 이러한 주장을 경제 전반의 보편적인 현상으로 일반화시키기는 어렵다. 이에 본서는 중범위 시각에서 한국의 자동차산업과 전자산업을 대상으로 정부-기업관계를 분석하는 기회를 마련하고자 한다. 1980년대 중반 이전까지 한국의 자동차산업과 전자산업의 정부-기업관계는 부분적인 차이에도 불구하고 대체로 유사했다. 물

론 산업별로 기업이익연합체의 제도화 수준에 상당한 차이가 존재하였지만 산업정책
주체인 정부의 자율성을 토대로 협력관계가 유지될 수 있었다. 또한 자동차산업은 전
자산업에 비해 정부의 기술적 문제해결능력과 기업이익연합체의 중재능력이 미약하
였지만 정부의 강력한 자율성이 갈등의 표출을 억제하였다(김시윤·김정렬, 2002).

하지만 1980년대 중반 이후 심화된 경제자유화와 민주화 추세하에서 자동차산
업과 전자산업의 정부-기업관계는 상당한 차이를 노정한 것으로 분석되었다. 먼저
자동차산업의 경우 정부의 자율성과 능력이 약화되면서 상대적으로 재벌의 산업지
배가 강화되었다(한국자동차공업협회, 1999). 그러나 업계의 절실한 요구를 반영해 기
업이익연합체의 형성과 발전이 촉진되었던 전자산업의 경우 정부의 산업정책 기조
가 변화된 1980년대 중반 이후에도 안정적 제도화의 과정을 지속하였다.

그렇다면 발전지향적 정부-기업관계를 지대추구적 정부-기업관계로 변질시
킨 주된 요인은 무엇인가? 여기에 대한 답변으로는 먼저 정책주체인 정부의 자율성
과 능력이 점진적으로 약화되어 왔다는 점을 지적할 수 있다. 경제자유화와 민주화
추세 하에서 더 이상 권위주의체제에 무임승차하는 방식으로 국가자율성을 확보하
기가 어려워졌음에도 불구하고 새로운 형태의 자율성 확보방안을 제시하지 못하고
있다. 또한 산업구조의 심화에 따라 정부가 관리해야 할 불확실성과 복잡성 수준이
급격히 증가하였지만 여기에 대응하는 기획조직의 역량은 오히려 감소되었다.

다음으로 정책대상 집단인 기업의 자생력 향상을 지적할 수 있다. 중화학공업
육성정책의 결과물인 재벌은 1980년대 이후 경제자유화와 민주화 추세 하에서 그동
안 정부에 의존해 온 자금동원과 기술력 및 정보수집 등에서 일정 수준의 자율성을
확보하게 되었다. 이는 다시 말해 정책대상 집단인 기업에 대한 정부의 통제력 약화
추세를 반영한다. 이에 재벌들은 기존의 순응적인 자세를 탈피해 자신의 의도를 관
철하기 위한 방편으로 로비와 비생산적 지대추구를 확산시켰다. 따라서 공생의 논리
에 기초한 중간조직의 활동공간이 협소해지게 되었고, 이러한 결과는 산업정책의 제
도기반 약화로 나타나고 있다.

한편 앞서 제시된 사례분석 결과가 시사하는 한국 산업정책의 미래와 진로는
무엇인가? 먼저 IMF 구제금융의 본질과 관련하여 기존의 다수설인 내인론보다 외인
론에 유의해야 한다는 점이다. 물론 정부주도 산업정책이 구제금융을 초래한 근본적
원인이라는 점을 부인하기는 어렵다. 하지만 이는 정부의 외환위기 극복노력이 단기
적 정책대응의 차원보다는 장기적 정책전환에 초점을 부여한다는 단서가 전제된 상
태에서 타당한 논리이다. 전세계적 경기침체로 인해 부실화된 국내재벌이 금융부실

을 초래한 상태에서 국제금융시장의 위험성을 간과한 정부의 미숙한 정책대응(자유화에 따른 금융규제 과소 가설)이 외환위기를 초래하였다는 사태의 실체는 내부적 요인보다 외부적 요인이 보다 직접적으로 작용하였음을 의미하기 때문이다. 또한 영국이나 남미국가들과는 달리 외환위기를 단기일 내에 완전히 극복하였다는 우리 정부의 발표도 앞서의 주장을 지탱하는 보완적 논거로 제시될 수 있다.

　　다음으로 IMF 구제금융의 본질을 단시일 내에 극복 가능한 환율조정의 문제로 제한할 경우 기존에 추진해 온 신자유주의적 개혁정책의 성과는 근본적인 정책전환의 관점에서 재평가되어야 한다. 일례로 탈규제 정책의 경우 거시적인 정책전환의 관점보다는 단기적인 위기극복의 관점에서 추진되어 왔다.

　　이 점에서 일본과 대만 및 말레이시아의 신중한 접근은 시사하는 바가 크다. 부연하면 첫째, 일본의 경우 우리나라와 마찬가지로 미국이나 국제기구로부터 시장지향적 개혁압력에 직면해 나름대로 과감한 공공개혁을 추진하였지만 공공성에 기초한 정부역할론과 친밀한 정부-기업관계를 근본적으로 부정하는 자세를 취하지는 않고 있다. 이러한 인식의 이면에는 비록 산업정책 패러다임이 벤처산업의 경우에 적합한 시스템은 아닐지 몰라도 적어도 제조업 중심의 산업구조, 특히 중화학 공업과 같이 거대한 자본투자가 요구되는 산업의 육성을 위해서는 합리적인 선택이라는 판단이 전제되어 있다(염재호, 2000). 이는 다시 말해 벤처 열풍이 일시적인 현상이고 앞으로도 당분간 제조업이 성장엔진의 역할을 담당할 것이라는 전제 하에서 기존의 제도는 당분간 유효할 것이라는 점이다.

　　둘째, 대만의 경우 수출지향 산업화, 국가주도 산업화, 일본 식민지, 전후 미국의 영향 등에서 한국과 매우 유사한 발전경험을 공유하고 있다. 하지만 한국과는 달리 동아시아 금융위기에도 불구하고 상대적으로 안정적인 경제성장세를 지속하고 있다. 여기에는 중소기업을 중심으로 형성된 협조적 분업체제와 안정적 정부-기업 관계가 크게 작용한 것으로 평가된다. 대만은 전체 기업 수의 98%를 차지하는 중소기업이 고용의 79%, 수출의 50%를 떠맡고 있다. 또한 혹독한 경쟁원리에 기초한 기업퇴출이 일상화되어 있다. 창업도 쉽지만 파산도 쉽게 결정되므로 경영자는 투자자, 금융기관들의 차입에 신중을 기하지 않을 수 없다. 나아가 안정된 노사관계와 기술혁신에 초점이 부여된 정부의 지원도 주요한 성공요인으로 지적될 수 있다. 일례로 신죽(新竹) 과학기술단지의 성공은 대만 경제의 미래와 직결된 문제로 평가되고 있다.

　　셋째, 말레이시아의 경우 동아시아 금융위기에 직면하여 한국이나 태국과는 달리 IMF의 구조조정안을 거부하였다. 동아시아 위기의 직접적 원인이 정실자본주의와 같은 내부적 문제가 아니라 국제적 투기자본의 농간에 기인하기 때문에 금융자유화와 같은 신자유주의적 처방보다는 투기자본에 대한 규제강화를 통해 문제를 해결할 수 있다는 것이 마하티르의 생각이었다. 물론 말레이시아의 정책선택은 기존에 시장을 지배하고 있는 외국자본에 더 이상의 개방이 어렵다는 자국의 특수한 시장현실을 반영한 것이지만 급격한 시장개방의 부작용(국부유출)을 경험하고 있는 한국에 시사하는 바가 크다.

또한 우리는 산업정책 패러다임이 유지되는 과정에서 발생한 주요 정책실패의 단서를 일부 재벌이 제공하였다는 사실에 주목해야 한다. 따라서 우리 정부의 규제개혁이 표방하고 있는 '기업하기 좋은 나라'에 대한 지나친 확대해석을 유의해야 한다. 물론 다수의 중소기업이나 건전한 대기업을 위해 각종 행정절차를 간소화하거나 준조세를 근절하는 일도 중요하지만 재벌에 대한 통제장치의 유효성을 확보하지 못한 상태에서 공익의 수호라는 사명완수를 기대하기 어렵다. 따라서 이를 반영하는 구체적 처방으로는 기업지배구조의 강화와 견제세력의 육성을 지적할 수 있다.

부연하면 첫째, 향후 산업정책은 산업구조정책보다는 산업조직정책을 중시하는 방향으로 추진되어야 한다. 즉, 규제개혁의 기풍과 정권교체기의 혼란을 틈타 재벌정책이 과거로 회귀하는 조짐을 차단하기 위해서는 실효성을 거두지 못하고 있는 기업지배구조 원칙을 토대로 규제강화 대안을 마련해야 한다.[7]

둘째, 공기업 민영화를 기회삼아 또다시 몸집 불리기를 시도하고 있는 재벌에 대한 견제방안으로 중복업종에 대한 인수금지 조치를 도입하는 한편 구호만이 무성한 중소기업정책의 현실화가 이루어져야 한다.

셋째, 정부의 산업정책 수단으로 활용되어 온 산업금융의 비중을 줄이는 대신에 산업기술이나 산업인력의 역할을 강화시켜야 한다. 이 점은 국가경쟁력 강화를 위해 자유시장에 대한 보완조치로 과학기술 역량과 우수인재 양성을 중시한 클린턴과 블레어의 정책선택을 통해 설명될 수 있다. 이러한 준비자세는 제조업 시대의 산업정책을 지식정보산업 시대의 산업정책으로 한 단계 향상시키는 계기를 마련할 수 있을 것이다.

넷째, 세계화와 지방화 추세에 대한 능동적 대응을 위해 지역산업정책의 중요

---

7 재벌체제의 병폐를 치유하기 위한 규제강화 대안으로는 산업재벌의 금융계열사 소유에 대한 지분상한규정 또는 계열분리청구제도의 도입, 소액주주 보호를 위한 증권관련 집단소송제 실시, 지배주의 거수기로 전락한 사외이사의 선임기준 강화, 일정 수준 이상의 거대기업에 대한 상호출자와 상호지급보증 금지제도의 강화, 편법적인 상속증여를 차단하기 위한 과세권의 강화, 업종별 시장점유기준의 설정, 금융감독위원회와 공정거래위원회의 독립성 강화 등을 지적할 수 있다.

표 10-3   한국의 고도성장과 경제위기 및 재도약 방안

쟁점 / 시각	외인론(거시적 시각)	내인론(미시적 시각)
고도성장의 동인	▶ 생산주기(강대국과의 연계관계를 활용한 국제분업의 수혜자) ▶ 호의적 외부환경(식민통치 유산, 월남전 특수)	▶ 정부주도의 따라잡기 전략과 적극적 산업정책(국가주의) ▶ 시장친화적 정책선택과 수출지향 산업화 전략(신고전파)
IMF 금융위기의 원인	▶ 국제투기자본의 음모와 IMF의 잘못된 처방(미국의 조정)	▶ 정실자본주의의 폐해와 과도한 정부 개입(비생산적 지대추구)
위기극복과 재도약 방안	▶ 정부개입과 적절한 규제(재규제) ▶ 신발전국가(첨단산업정책) ▶ 경쟁적 조합주의(노사정 협약)	▶ 시장경쟁 기풍의 강화(탈규제) ▶ 세계화와 자유무역(FTA 체결) ▶ 노동시장의 유연화(고용보장 철폐)

성에도 주목할 필요가 있다. 분권화를 통해 경제활성화를 이룩한 아일랜드의 경험을 통해 알 수 있듯이 지역산업정책의 강화는 세계화에 부응하는 유용한 대응논리로 활용될 수 있기 때문이다. 더불어 지역산업정책에 대한 강조는 정부의 산업정책 역량을 상이한 수준의 정부 간에 적절하게 분산시킴으로써 발생 가능한 무역분쟁을 사전에 예방하는 효과를 기대할 수 있다.

IV. 한국형 발전국가의 미래상 모색

이 장에서는 동아시아 고도성장 논쟁을 주도해 온 주요 발전이론들을 비판적으로 재구성한다는 연구목표를 달성하기 위해 신고전파 규제국가론와 네오 마르크스주의적 종속국가론의 대안으로 제시된 발전국가론의 실체를 규명하는 일에 초점을 부여하였다. 즉, 동아시아 고도성장의 동인을 발전국가의 적극적 산업정책으로 귀인시킨 상태에서 신제도주의 통합모델의 인식논리를 토대로 정당화를 시도하였다. 신제도주의 통합모델을 반영하는 지금까지의 분석결과를 요약하면 다음과 같다.

먼저 일극체제로 지칭되는 억압적·배제적 지배연합은 반지배연합의 요구를 효과적으로 통제함으로써 국가능력을 향상시키는 제도기반으로 작용하였다. 또한 정부관료제의 기술적 우위성은 차별성과 선택성을 특징으로 하는 산업정책의 신뢰수준을 전반적으로 제고했을 뿐만 아니라 과감하고 신속한 정책형성에도 작용하였다. 다음으로 준내부조직으로 지칭되는 정부와 기업 간의 발전지향적 협력관계는 정책집행의 효율성 제고에 기여하였다.

그렇다면 세계화와 정보화로 대표되는 구조전환의 시대를 맞이하여 발전국가의 제도적 효용성을 반영하는 동아시아 고도성장의 미래는 낙관적인가? 이러한 질문에서 우리는 발전국가의 딜레마를 발견할 수 있다.[8] 1990년대 중반 일본경제의 위기로 촉발된 동아시아 위기론이 여타 국가들로 확산되는 추세를 나타내고 있을 뿐만 아니라 최근 반복적으로 재발된 금융위기로 가시화되고 있다. 특히 세계화와 신자유주의는 발전국가를 축으로 유지되어 온 전통적 제도기반의 붕괴를 요구한다는 점에서 문제의 심각성이 존재한다.

따라서 한국형 신발전국가의 재구성 작업은 여타 국가군에 대한 적극적 벤치마킹과 직결된 문제이다. 먼저 영미 경쟁국가에 대한 벤치마킹은 기업가정신에 기초한 기술혁신과 자유시장의 한계를 보완하는 재규제에 주목해야 한다. 또한 유럽 합의국가의 유용성은 계급이나 지역을 초월한 거버넌스 역량과 사회정의를 구현하는 포용적 경제제도이다. 더불어 남미 해방국가에 대한 벤치마킹은 사회적 약자를 배려하는 보편적 공공서비스나 사회적기업과 같은 자생적인 빈곤퇴치 노력에 초점을 부여해야 한다.

결국 앞서 제시한 여타 국가군들의 장점은 발전국가 모델의 약점과 직결된 문제이다. 따라서 자신의 약점에 대한 냉철한 인식과 이를 보완하려는 지속적인 노력은 새로운 발전모형의 창출과 직결된 문제이다. 통합모델로서 한국형 신발전국가의 제도화 과정은 다양한 시행착오를 수반한다는 점에서 일정 기간의 과도기를 상정해야 한다. 그러나 새로운 정책아이디어의 유용성을 현실에서 체감하고 학습하는 방식으로 안정적인 제도화가 촉진될 것이다.

일례로 발전국가가 중시해 온 성장중시 정책기조는 최근 강화된 분배중시 정책기조의 확산에도 불구하고 당분간 지속될 것으로 보인다. 2012년 대선을 전후해 경제민주화에 대한 관심이 증가하겠지만 대내외적으로 상존하는 경제위기에 대한 우려가 진보적 정책대안의 선택을 제약하게 될 것이다. 하지만 포용적 경제제도가 분배는 물론 성장에도 유리하다는 정책아이디어의 강화와 국민적 인식이 확산되면서 성장에서 분배로의 제도변화가 이루어지게 될 것이다.

---

8 국제레짐의 변화가 후발개도국은 물론 선발산업국가의 국내제도 변화에 크게 작용한다는 국제레짐이론 (international regime theory)은 근대화론의 가정과도 밀접한 관련성을 지닌다.

11
사회주의를 경험한 대륙규모 국가의 발전전략
: 중국, 인도, 러시아

I. 개관

　　자본주의(자유주의)와 구별되는 사회주의(공산주의) 국가들의 체제적 특성에 대해서는 그동안 다양한 논의들이 제시되어 왔다. 특히 전후 냉전구도가 지속되는 과정에서 양 체제의 기원과 특징에 관한 대비적 이해는 비교연구에 종사하는 사회과학자들의 핵심 주제로 자리해 왔다.

　　하지만 이러한 전통적인 관심사는 구소련과 동유럽으로 대표되는 현실사회주의 체제가 붕괴되면서 체제전환, 즉 계획경제에서 시장경제로의 성공적 이행을 위한 전략의 선택 문제로 급속히 이전되고 있다. 최근 활성화된 사회주의 국가의 체제전환에 관한 논의는 주로 정치개혁(Glasnost)이 경제개혁(Perestroika)을 선행하는 고르바초프식 모형을 채택할 것인가? 아니면 경제개혁이 정치개혁에 선행하는 덩샤오핑(鄧小平)식 모형을 따를 것이냐의 문제로 집약된다.

　　이에 본 장에서는 사회주의를 경험한 대륙규모 국가들의 체제전환과 발전전략을 조망하는 기회를 마련하고자 한다. 부연하면, 먼저 체제전환의 측면에서 러시아와 중국의 사례를 고르바초프와 덩샤오핑 집권기를 중심으로 비교하고자 한다. 다음으로 발전전략의 측면에서 대륙규모의 경제권을 가진 브릭스(BRICS) 국가군을 구성하는 러시아, 중국, 인도를 살펴볼 것이다.[1]

---

1 브릭스 4개국은 2000년 이후 수요와 구매력이 빠른 속도로 증가하고, 외국인 투자와 수출 호조로 인해 높은 경제성장을 거듭하고 있다. 특히 중국은 1990년대 이래 해마다 7~10%에 달하는 초고속 성장을 계속해 왔다. 인도 역시 정보기술(IT) 강국으로 떠오른 지 이미 오래다. 때문에 선진국을 비롯한 세계 각국에서는 브릭스 4개국의 막대한 시장을 선점하기 위해 치열한 경쟁을 벌이고 있다. 2010년 12월에는 남아공이 공식 회원국으로 가입하면서, 브릭스는 기존 'BRICs'에서 'BRICS'로 의미가 확대되었다. 기존 브릭스 4개국은, 남아공의 가입과 함께 브릭스의 지정학적 대표성 확보를 꾀하고 있다(네이버 지식백과).

II. 사회주의 패권국가였던 러시아와 중국의 체제전환 비교

1. 러시아

(1) 구 소련의 기원과 전개: 혁명을 통한 공산정권 수립

러시아는 세 번의 혁명을 통해 로마노프 왕조의 제정 러시아를 마감시켰다. 1905년부터 시작된 러시아 혁명은 1917년 10월 혁명을 통하여 공산주의 정권을 탄생시켰던 것이다.

남진(南進)정책인 크림전쟁(1853~1856)에서 패한 러시아는 1861년 농노해방을 단행하는데 이는 러시아의 근대화를 의미한다. 또한 해방된 농노들은 자본주의의 발달을 자극하였고 프롤레타리아의 급격한 증가와 노동운동은 러시아 혁명의 기원이라고 할 수 있다.

1900년대에 들어서 발생한 러시아의 공황, 실업, 임금저하, 지가폭등 등은 러일전쟁 패배를 계기로 노동자의 반정부운동과 입헌운동으로 폭발하기 시작하였다. 1905년 1월 9일 상트페테르부르크에서 발생한 군인과 시민과의 유혈 충돌은 '피의 일요일'로 불리면서 제1혁명을 촉발하는 계기가 되었다. 그러나 제1혁명은 1906년 5월 민선의회인 '두마(Duma)'가 구성되면서 결과적으로는 실패로 끝나고 말았다.

1914년 러시아는 제1차 세계대전에 참전하였고 군장비와 경제력에 한계가 드러나면서 국민의 피폐한 삶이 이어졌다. 그리고 지속되는 전쟁의 수행은 로마노프 왕조의 몰락을 재촉하고 있었다. 특히 니콜라이 2세와 황비인 알렉산드리아가 여전히 전제(專制)를 고집하고 있었기 때문에 혁명은 피할 수 없는 상황이었다. 1917년 2월 상트페테르부르크에서 혁명이 시작되었고 결국 두마(국회) 지도자들이 군부의 동의를 얻어 니콜라이 2세의 퇴위와 르보프 공(公)을 수반으로 하는 신내각 구성을 합의하는 데 이르렀다. 그리고 3월 15일 르보프 공(公)을 수반으로 하는 임시정부가 구성됨으로써 로마노프 왕조시대는 막을 내렸다.[2] 2월 혁명은 군부가 노동자의 혁명에 참가하였다는 점에서 그 특징이 있다.

새롭게 구성된 임시정부는 전쟁의 계속을 고집하였다. 그런데 6월 18일 임시정부가 행한 독일공격이 실패로 돌아가자 반정부 열기가 높아지기 시작하였고, 볼세비키는 수도의 군대와 노동자들의 무장시위운동을 조직하였다. 그리고 10월 24일

---

2 니콜라이 2세의 퇴위와 더불어 동생인 미카엘 대공에게 제위를 물려준다는 것도 합의에 들어있었지만 미카엘 대공은 제헌의회에 의해 추대되지 않는 한 제위를 승계할 뜻이 없다고 밝혀 결국 로마노프 왕조는 막을 내리게 된 것이다.

페트로그라드 소비에트 의장 트로츠키(Trotsky)의 지도 하에 공산혁명위원회가 봉기하여 제2회 전(全) 러시아 소비에트대회를 장악하고 봉기를 승인 받음으로써 혁명을 성공으로 이끌었다. 이러한 세 차례에 걸친 혁명과정을 통해 러시아는 공산주의 정권으로 탈바꿈하였으며 1991년 쿠데타가 발생하여 고르바초프가 실각할 때까지 약 70여 년을 지속하게 된다.

하지만 볼세비키 혁명을 통해 수립된 소련은 태생적으로 구조적인 문제를 안고 탄생하였다. 그것은 당시 소련이 처한 현실과 혁명으로 내세운 명분의 괴리에서부터 발생한 것이라고 할 수 있다.

첫 번째 문제는 처음부터 사회개조에 성공할 수 없는 조건을 안고 출발했다는 점이다. 즉, 공산주의가 자본주의에 대한 사회개조를 목표로 하였다고 한다면 소련은 자본주의처럼 생산력과 효율성을 전제했어야 하는데, 실제로는 낮고 뒤떨어진 생산력과 비효율성을 보였다는 점에서 문제점을 안고 출발하였다.

두 번째 문제는 혁명정권이 농민을 속였다는 점이다. 당시 러시아는 농민이 75%를 차지하고 있었고 노동자는 불과 10%에 불과하였다. 그러므로 노동자를 중심으로 하는 정권은 한계가 있었고 이를 해소하기 위하여 토지분배를 약속하여 농민을 '노농동맹'이라는 개념으로 끌어들였다. 이는 궁극적으로 정권안정을 위한 방안이었을 뿐 토지분배 등과 같은 약속은 생산수단의 국유화를 주장하는 공산당에게는 애초부터 지켜질 수 없는 약속이었다.

세 번째 문제는 독재화의 길로 들어섰다는 점이다. 볼세비키는 임시정부를 타도하면 자유와 민주적 제도를 수립하겠다고 약속했지만, 혁명이 성공한 이후 폭력과 무제한의 권력으로 독재화의 길로 들어섰다. 결국 러시아의 민중들은 그들이 타도하려고 했던 황제보다도 더 무자비한 권력자의 손으로 편입되고 말았다.

(2) 국가체제 전환(공산주의 붕괴)과 리더십의 부재

볼세비키 혁명으로 공산주의 정권을 수립한 소련은 강력한 권력을 행사하면서 난공불락과 같은 '철의 장막'의 중심이 되었다. 레닌의 사망 이후 스탈린 시대(1924~1953), 흐루시초프 시대(1953~1964), 브레즈네프 시대(1964~1982)를 거치면서 미국과 더불어 세계의 한 축을 담당한 국가로 자리매김 하였다. 그러나 고르바초프가 서기장에 취임한 이후 구소련은 급격한 국가체제 전환의 시기를 맞이하였고 국가경영 리더십의 부재로 인하여 공산주의가 붕괴되는 '소리없는 혁명'을 겪게 되었다(이홍섭. 2000; Battle, 1988).

구 소련에서 공산주의의 붕괴는 세계사(史)적으로도 매우 의미 있는 사건이었다. 특히 공산주의 몰락의 급작스러움은 세계를 놀라게 하고도 남음이 있다. 그리고 이러한 역사의 중심에는 고르바초프가 있음은 주지의 사실이다.

1985년 3월 고르바초프의 권력획득은 그 자체가 상당히 중요한 사건이었다. 왜냐하면 고르바초프는 제2차 세계대전 이후에 성인이 된 첫 번째 소련 공산당 서기장이었고, 스탈린 시기를 성인으로서 경험한 바도 없으며, 그로 인해 스탈린 유산에 덜 얽매일 수 있었기 때문이다. 브레즈네프 정권 하의 침체기 끝 무렵인 1978년에 그는 권력의 핵심인 공산당 정치국원으로 임명되었다. 그는 교육받은 전문가 계급의 떠오르는 대표자로서 새로운 역동성을 방출하면서, 노쇠하고 지적으로 무능한 당시 공산당 지도자들과는 두드러진 대조를 이루었다(존 베일리스 외, 2003: 105).

브레즈네프 사후 서기장으로 임명된 안드로포프는 약 3년의 짧은 통치 기간 (1982~1984) 중에 고르바초프와 리쉬코프 등 젊은층 인사를 발탁하고 자신의 브레인 집단을 고르바초프에게 인계함으로써 고르바초프의 '페레스트로이카' 정책의 전제조건을 구축하였다. 안드로포프에 이은 체르넨코는 보수파에 의해 최고권좌에 등극하였으나, 당 정치국의 집단지도체제에 의존하는 과도적인 역할만을 수행하고 사망하였다(이홍섭. 2000).

보수파나 그들이 지지한 지도자의 죽음은 고르바초프에게 권력의 기반을 제공해 주었고 더불어 고르바초프에게 인사변동의 가능성을 높여 주었다. 고르바초프의 권력획득은 과거 소련정치의 틀을 깨는 체제전환의 출발점(Starting Point)이었다. 그런데 우리가 간과하지 말아야 할 것은 고르바초프가 결코 소련의 해체를 목적으로 체제전환을 시도한 것은 아니라는 점이다. 특히 그의 저서 「페레스트로이카(1988)」의 내용을 보건데 그의 사상이 반 스탈린적이었다고는 할 수 있지만 반 사회주의적인 것은 결코 아니었다.[3] 그렇다면 무엇이 소련의 체제전환을 가져오게 되었는가?

두 가지 측면에서 살펴볼 수 있다. 하나는 소련의 체제전환을 가능하게 했던 상황적 요인이고, 다른 하나는 고르바초프의 리더십 부재이다.

소련 해체의 역사적 전개과정에서 고르바초프의 '페레스트로이카'와 '글라스노스트'는 '극적인 사건(trigger event)'으로서 이것을 가능하게 한 상황적 요인을 결코 간과할 수는 없다. [그림 11-1]에서 보는 바와 같이 경직된 중앙계획체제와 근대화의 불가능성, 그리고 농업생산의 비효율성이 장기간 누적되고 단기적으로는 1970,

---

3 그는 "페레스트로이카와 글라스노스트를 통해 사회주의 이상들은 새로운 동력을 얻게 될 것이고, 이것은 수백만 명의 사람들 가슴과 마음속에 살아 있는 레닌의 이상으로서의 회귀를 통해 이루어질 것이다"라고 밝히고 있다(고르바초프, 1988: 131).

그림 11-1 소련 공산주의 붕괴의 요인과 과정

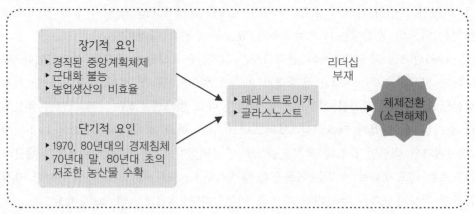

80년대의 경제침체와 농산물의 저조한 수확이 체제전환의 압력으로 작용하였다. 그리고 고르바초프의 페레스트로이카와 글라스노스트가 이에 촉매역할을 수행하면서 소련이 해체되고 공산주의가 붕괴되는 과정을 겪게 된다.

고르바초프가 추진한 페레스트로이카와 글라스노스트는 소련의 사회주의 체제를 유지하면서 정치, 경제 등의 분야를 개혁하기 위한 정책들이었다. '개방'이라고 불리는 글라스노스트는 소련 생활의 진실에 대한 지식을 유포하는 것을 허용하는 결정이었고, '개혁'이라고 불리는 페레스트로이카는 정치적, 경제적 개혁을 의미한다. 글라스노스트와 페레스트로이카의 핵심요소를 살펴보면 아래 표와 같다.

이러한 고르바초프의 개혁은 '위로부터의 개혁'이라고 할 수 있다. 위로부터의 개혁이 성공하기 위해서는 최고통치권자의 리더십이 필요한데 그의 리더십은 안정적으로 개혁을 추진하고 완수하는 데는 미흡하였다. 예를 들어 글라스노스트의 경우 원래 체제 자체에 대한 공격 수단이기보다는 고르바초프 개혁에 대한 대중적 지지를 얻기 위한 수단으로 작동하도록 고안되었으나, 실제로는 자신을 위해 설정된

표 11-1 글라스노스트와 페레스트로이카의 핵심요소

구분	글라스노스트(개방)	페레스트로이카(개혁)
핵심요소	‣ 비판할 수 있는 자유의 원칙 장려 ‣ 언론과 출판에 대한 통제완화 ‣ 종교의 자유	‣ 새로운 입법부, 이들 중 2/3는 대중선택의 기초 하에 선출(비공산주의자 선출 허용) ‣ 행정부 대통령제의 설립 ‣ 공산당의 '주도적 역할' 종식 ‣ 국유기업들의 자유매매 허용 ‣ 외국 회사들의 소련기업 소유의 허용

출처: 존 베일리스 외 저, 하영선 외 역(2003)을 토대로 재구성.

한계를 넘어서 여론통제라는 그의 장악력을 벗어나기 시작한 것이다. 또한 페레스트로이카의 경우 인민대표회의의 위원을 직접선거로 선출되도록 하였는데 1989년 선거에서 공산당 후보들이 패배하고 다수의 새로운 참여자가 선출되어 정치체제가 일거에 변형되었다. 그러나 고르바초프는 그러한 결과를 원한 것은 아니었다.[4]

고르바초프의 리더십 부재는 민족문제에 대한 대응에서도 나타난다. 소련은 15개 '자치'공화국들이 모인 국가로서 공산당의 강한 집권성과 폭력으로 결합된 사실상의 제국이었다(존 베일리스 외, 2003: 108). 그런데 고르바초프가 등장하면서 민족문제의 해결이 요구되었고 발틱 공화국들(에스토니아, 라트비아, 리투아니아)의 분리운동에 대한 대응은 보수주의자와 자유주의자 사이에서 어느 한 쪽을 선택해야 하는 고민을 던져주고 있었다. 그러나 그의 리더십은 우왕좌왕하고 있었고, 1991년 8월 보수주의자들은 고르바초프에 대항하여 쿠데타를 일으켰다. 이후 쿠데타는 진압되었지만 쿠데타가 실패했다고 해서 고르바초프의 위치와 지위까지 회복시켜 주지는 못했다.

1991년 12월 25일 소련연방은 공식적으로 해체되고 '독립국가연합(Common-wealth of Independent States: CIS)'이 출범하였다. 러시아 연방 초대 대통령으로 취임한 보리스 옐친은 개혁을 주장하였지만 과거와 완전히 단절된 새로운 시장경제체제를 구축하지 못한 것도 사실이다. 그러므로 과거의 국가계획경제도 정지되었고 새로운 시장경제체제도 완전하게 작동하지 못하는 혼돈의 상태가 지속되었다. 결국 1992~1993년 옐친에 의해 시도된 시장경제로의 '충격요법'적 노력은 통제할 수 없는 인플레이션이라는 최악의 결과를 가져오고 말았다.

요컨대 세 번의 혁명으로 수립된 소련의 공산주의 정권은 장·단기적인 원인과 고르바초프의 '개혁·개방'정책을 통해 국가체제의 전환을 맞이하였다. 그러나 국가체제의 전환 시기에 국가 최고지도자들에게 요구되는 리더십이 부재하였고 그 결과 과거와 단절된 새로운 경제체제의 도입 시도는 엄청난 부작용과 문제를 발생시켰다. 현재 러시아의 푸틴(Vladimir V. Putin) 대통령은 대통령으로 당선된 이후 크레믈린 중심의 권력기반을 확립하고 연방정부의 통제체제를 효율적으로 강화하였으며 내각을 테크노크라트 중심으로 운영함으로써 국가 리더십을 회복하고 있으며 그와 더불어 러시아의 정치·경제도 안정을 되찾고 다시 세계의 중심국가로 재도약하고 있다.

---

4 선거 이후 1989년 5월 인민대표회의의 첫 모임은 "1917년 혁명 이후 소련에서 가장 중대한 사건"으로 기술되었다. 왜냐하면 모든 공산주의 금기사항들을 흩어버리는 격렬한 자유토론이 있었기 때문이다(존 베일리스 외 저, 하영선 외 역, 2003: 107).

2. 중국

(1) 사회주의 중국의 기원과 전개

중국의 근대는 전통문화와 근대사회가 최초로 충돌한 1840년대 아편전쟁을 기점으로 시작된다.[5] 이후 사회주의 중국이 수립된 1949년까지의 시기는 근대화 혁명이 초래한 충격 속에 빠져있던 시기로 규정해 볼 수 있다.[6] 서구 제국주의 세력의 위협 속에 시작된 중국의 근대화 운동은 1911년 신해혁명으로 일단락된다.[7] 하지만 쑨원(孫文)이 주도한 공화제의 출범 이후에도 약 20년 간 군벌(軍閥)의 압제에 시달려야 했다.

쑨원의 사후에 후계자가 된 장제스(蔣介石)는 북벌(北伐)의 성공으로 양쯔강 유역에 진출하였다. 난징사건(南京事件)을 계기로 소련과 단교(斷交)한 장제스는 군벌 장쭤린(張作霖)을 몰아내고 1928년 국민정부를 정통정부로 만들었다. 이에 공산당은 탄압을 피해 지하로 숨어들었고 소련의 원조로 명맥을 유지하였다. 일본의 침공이 격화되자 국민당과 공산당은 일시적으로 화해하였지만 공동의 적인 일본이 패하자 다시 적대관계로 돌아가 국공 내전이 계속되다가 국민정부가 패하여 타이완으로 물러가고 공산당은 1949년 본토에 중화인민공화국을 수립하였다.

중화인민공화국은 오늘날 면적 960만㎢에 인구 14억이 넘는 강대국이다. 중국은 공산정권 수립 이후 1978년 12월 이전까지 비록 부분적인 변화는 있었으나 원칙적으로 중앙집권적 사회주의 계획경제체제를 유지하였다. 이러한 체제의 특징은 소유에 있어 공유제를, 운영에 있어서는 계획을 원칙으로 하는 제도로서 모든 경제적 권한이 고도로 중앙에 집중되어 있으며, 모든 영역의 경제는 정부의 계획성 행정지

---

5 중국 또는 중화라는 국명은 3,000년 전 서주(西周)에서부터 사용되어 왔는데, 중(中)은 중심이라는 뜻이고 화(華)는 문화라는 뜻으로, 세계의 중심 또는 문화의 중심이라는 뜻이다.

6 중국의 관료제는 세계에서 가장 오래된 제도 중의 하나로서 오랜 기간 동안 점진적으로 발전하였다. 중국의 관료제는 봉건제가 시작된 연왕조(BC1766~BC1122) 때에 출현하여, 춘추시대(BC722~BC481)와 전국시대(BC481~BC221)를 거쳐 군주제가 정착되자 전문적인 직업관료제의 형태로 발전하게 되었다. 그 후 진시황에 의해 중국이 통일되자 관료제는 황제를 중심으로 한 중앙집권화된 형태로 바뀌었고, 이때부터 중국 관료제의 기본 원칙이 확립되었다. 공개채용, 계급제, 계층제, 중앙정부와 지방정부의 연계 등과 같은 관료제 원칙들은 다음 왕조에 계속 계승되었고, 수왕조의 수양제(605~618) 때에는 공개경쟁시험제도(과거제도)가 추가되었다. 이러한 중국 관료제의 개방적 충원 구조는 당시의 폐쇄적 신분사회를 타파하는 데 기여하였다. 일례로 남송 시절(1126~1279)에는 전체 관리의 50%가 평민 출신이었다. 그러나 이러한 중국의 관료제도 아편전쟁 이후 밀려드는 서구 외세의 물결에는 무력했다(Lee, 1991).

7 근대 중국의 혁명기는 1911년을 기점으로 구민주주의와 신민주주의 시기로 구분된다. 하지만 공산당이나 좌파의 입장은 1919년 신문화운동(5·4운동)을 기준으로 잡는다. 1919년 5·4운동 이후 근대 혁명은 국민당과 공산당 간의 주도권 다툼 과정이었고 결국 공산당이 주도하는 신민주주의 혁명으로 끝을 맺게 되었다.

령에 의해 조직·운영되는 체제였다. 그것은 한편으로는 소련과 동구의 이른바 스탈린식 발전모형의 영향을 받았고, 다른 한편으로는 중국의 역사, 문화적 조건과 결합하면서 형성된 것이다(김정계, 1996).

　중국이 1960년대 이후 마오쩌둥(毛澤東)의 주도 하에 채택한 소련형 중앙집권식 계획경제체제는 원칙적으로 시장기능을 배척하였고, 기업의 자주 경영권은 위축되어 경제의 효율성과 적극성 및 창의성은 상실되어 생산력의 저발전을 초래하였다. 이러한 중앙집권식 계획경제체제의 폐해를 보완하기 위하여 중국은 수 차례의 개혁을 단행한 바 있다. 그러나 1978년 이전까지의 개혁은 평등과 능률, 생산관계와 생산력 발전 등의 우선순위에 따라 중앙과 지방정부 간에 권한을 조정하고, 기구를 증감하는 수준 이상이 아니었으며, 행정에 예속된 기업에게는 어떠한 변화도 주지 못하였다.

　따라서 문화혁명의 종결 이후 중국은 자국의 문제점이 계급투쟁에 있는 것이 아니라 생산력의 저발전에 있다고 보고, 생산력 발전의 돌파구로 기업과 시장기능의 활성화를 위한 사회주의 시장경제체제로의 개혁을 모색하기에 이른다. 그러나 계획과 시장의 관계를 놓고, 보수와 혁신 간의 대립이 권력투쟁을 동반하면서 14여 년 동안 지속되었으며, 1992년 덩샤오핑(鄧小平)의 남순강화(南巡講話)를 통하여 비로소 이러한 논쟁이 종결되고 사회주의 시장경제체제의 이론적 틀이 그려지게 되었다.

　중국의 정치-행정체제 상 국가의 중요한 정책은 공산당에서 토의 결정하고, 정책의 입법화는 전국인민대표대회 및 전인대(全人代) 상무위원회를 통해서 구체화되며, 정책의 실무적 집행은 국무원을 중심으로 작동하고 있는 행정기구들이 실행하는 체제이다. 한편 중국의 공무원제도는 1993년에 와서야 도입되었기 때문에 서방의 제도와 직접 비교하기는 어렵다. 그 이전까지는 일체의 국가사무를 공산당의 지도원칙 하에 당의 간부들이 주도해 왔기 때문이다. 따라서 덩샤오핑이 주도한 관료제 개혁은 전문기술 관료제의 확립을 위한 당정간부의 4화(化), 즉 혁명화, 연소화, 지식화, 전문화 등에 부여되었다.

(2) 개혁개방을 전후한 체제전환과 국가능력

　1992년 봄 덩샤오핑(鄧小平)의 남순강화(南巡講話)는 사회주의 시장경제체제를 건립하는 이론적인 근거를 명확히 제공했으며, 동시에 개혁의 내용과 목표를 확실히 했다. 즉, 그동안 중국의 경제체제는 계획경제를 주로 하고 시장경제를 종적인 것으로 인식했던 12기 중앙위원회, 사회주의 상품경제론을 강조했던 12기 3중전회(中全會),

그리고 계획과 시장기능의 조화론을 추진했던 13기 3중전회를 거치면서 단계적으로 확대발전해 온 시장경제 기능이 비로소 중국식 체제개혁의 핵심개념으로 굳어지게 된 것이다.

이에 따라서 사회주의 계획경제에서 사회주의 시장경제 체제로의 이행은 단순히 표면상의 변화가 아니라 가히 혁명적이라 할 정도로 사회주의 경제에 대한 인식의 변화, 소유구조·의사결정구조·규제구조·분배구조·조직구조 등 경제체제의 각 요소의 심각한 변화, 나아가 이에 상응하는 정부기능의 획기적인 전환을 동반하고 있다.8

덩샤오핑이 주도한 중국의 개혁·개방정책은 1990년대 중반 이후 세계화 추세에 본격적으로 편입되면서 가속도를 내고 있다. 21세기 이후에도 매년 10%에 육박하는 고도성장세를 지속하면서 인구 14억의 중국은 13조 4,572억 달러의 GDP를 이룩하여 20조 5,130억 달러의 미국에 이어 2위를 기록하였다. 1인당 GDP도 1만 달러 시대의 개막을 목전에 두고 있다는 점에서 미국을 비롯한 세계 각국이 주목하고 있다.

물론 중국 사회는 아직 법치의 풍토가 확고하게 자리를 잡지 못한 상태에서 공무원들의 각종 부정부패가 국민이익의 침식과 국유자산의 유실이라는 결과를 초래하였다. 시장경제체제의 점진적 확립과 경제의 세계화 추세가 심화되면서 정치행정체제의 개혁이 무엇보다 시급한 실정이지만, 정부는 아직 구체적인 대안을 제시하지 못하고 있다.

이 밖에 도농격차, 지역격차 및 빈부격차의 심각성을 지적할 수 있다. 재직 노동자와 공무원들의 대폭적인 봉급인상에 따라 여타 계층과의 생활수준 격차는 더욱 심화되었다. 여기에 정경유착 관행이 빈부격차를 더욱 조장하고 있다. 더불어 나날이 심화되고 있는 자연 생태환경의 악화 또한 지속적인 경제발전을 가로막는 커다란 장애요인이 되고 있다.

이에 중국은 2004년 3월 후진타오(胡錦濤) 주석 당시 입법기관인 전국인민대표대회 제10기 2차회의와 정치자문기관인 정치협상회의를 통해 덩샤오핑의 불균등 발전론을 대신할 '인본주의 균형발전론'을 제시하였다. 1997년의 개혁개방 이후 중국은 덩샤오핑의 불균등 발전론에 따라 동부연안 공업지대부터 개방해 원시적 축적을 이루고, 이를 중·서부와 동북지방 등 다른 지역으로 확대해가는 발전전략을 채택해왔다. 그러나 후진타오(胡錦濤)는 "사람을 근본으로 삼는다"(以人爲本)는 인본주의 가치를 중심에 두고 빈부격차의 적극적인 해소와 사회보장 강화, 도시와 농촌, 동부와

---

8 개혁개방에 따른 중국의 변화상에 대해서는 김재철(1993), 박광득(2003)을 참고하기 바람.

중·서부 등 지역격차의 해소, 지속가능한 발전의 추구 등을 뼈대로 한 새로운 발전전략을 제시하였다(한겨레신문, 2004. 3. 2자).

이 밖에도 후진타오의 중국은 사유재산보호 조항 강화, 인권존중과 보호조항 신설, 공산당이 인민의 이익·생산력 발전·선진문화 등 세 가지를 대표한다는 장쩌민(江澤民) 전 주석의 3개 대표 사상을 국가의 지도이념으로 유지해왔다. 따라서 이러한 통치의 기풍은 2012년 11월 출범한 시진핑(習近平) 정부에서도 커다란 변화 없이 계속 이어질 것으로 전망된다.

3. 소결론

러시아와 중국의 체제전환 노력은 전통적 사회주의 체제의 비효율성을 극복하기 위한 대안으로 전통사회주의 체제와 시장 메커니즘의 유기적 결합을 추구하였다는 점에서 공통점을 지니고 있다. 이러한 체제전환의 성격과 필요성에 대해서는 학자들 사이에 의견이 다양하지만, 주목할 만한 사실은 전환경제 체제를 사회주의의 사망으로 보고 결국 자본주의로 전환할 수밖에 없다는 견해가 주류를 형성하고 있다는 점이다.

그러나 중국의 개혁·개방에 대해서는 시장사회주의 연구자들의 일반적 주장처럼 시장을 문제극복의 수단으로 보는 시각은 일치하지만, 그렇다고 해서 중국의 사회주의 자체가 붕괴할 것이라는 견해는 다소 무리한 주장이다. 따라서 우리는 체제전환을 연구함에 있어 경제문제를 초월해 사회주의 정치행정체제 고유의 제도와 가치가 어떻게 변화하는가를 동시에 연구해야만 한다.

표 11-2 사회주의 국가의 체제전환 영향변수[9]

국가 변수	구(舊) 소련	중국
국가 지도자의 리더십	고르바초프의 불안정한 리더십	덩샤오핑의 안정적 통치전략
행정조직의 응집성과 효율성	공산당 지도원칙의 급격한 붕괴	공산당의 강력한 지도원칙 견지
정책네트워크의 제도화 수준	당주도의 집권적 네트워크	당과 기술관료간의 전략적 연계
국내외 환경에의 전략적 대응	국내 발전지체에 따른 전략적 정책시도	경제발전을 위한 '흑묘백묘 (黑猫白猫)' 전략구사

---

9 한 국가의 체제가 전환되는 데 많은 변수가 영향을 미칠 수밖에 없다. 그러나 여기서는 변수들에 대한 단순화를 시도하여 핵심적인 변수만을 추출해 보았다.

III. 대륙규모 국가군의 발전전략: 중국, 인도, 러시아

중국은 세계의 공장이자 최대 인구국이다. 원유, 철강, 시멘트, 구리 등 세계의 원자재를 싹쓸이하고, 국제유가 최고치를 경신하는 세계 최대의 에너지 소비국가이기도 하며, 세계의 공장답게 물동량을 나르기 위한 도로시설 수요도 많아 세계 제2의 고속도로율을 자랑한다. 반면 인도는 25세 이하의 젊은 층이 전체인구의 56%를 차지하는 등 인구 구성면에서 세계에서 가장 젊은 국가 중 하나이다. 식민모국 영국의 영향으로 세계 제2의 영어대국이자(박형기, 2005), 영국의 민주적 정치제도를 이식해 세계 최대의 민주국가라는 평도 받는다.

사회주의 종주국이었던 러시아는 고르바초프의 개혁개방에도 불구하고 체제몰락의 과정을 겪었지만, 독재자 푸틴의 강력한 지도력 아래 석유, 무기, 핵기술이 국가의 경제성장을 뒷받침하면서 빠른 속도로 국가경제가 성장하고 있다. BRICS에 속한 중국과 인도, 러시아의 기존 발전전략과 향후의 발전과제를 살펴보자.

1. 중국

(1) 경제성장을 주도한 지도자와 국가발전의 인프라

중국의 등소평은 자본주의든 사회주의든 국민경제를 살리면 된다는 흑묘백묘론, 동부의 연해를 먼저 개발한 후 서부내륙으로 파고들자는 개발 우선순위론인 선부(先富)론, 냉전과 열전도 아닌 적당한 평화가 지속되는 상태를 유지하며 먹고사는 문제를 해결하자는 전략인 소강(小康)론을 내세우며, 중국의 개혁개방과 경제성장을 도모했다.

주룽지 전 총리는 등소평이 주창한 중국의 개혁개방 정책의 최고 집행자로서, 문화혁명(文化革命) 당시 당적이 박탈되기도 했지만, 이후 20년간 서구 경제이론과 영어를 연마해, 자본주의를 이해하는 공산당 간부로서 중국의 개혁개방 시기의 거시통제정책을 주도했다.

대학의 IT관련 잠재력이 국가의 경제발전에서 지식 인프라 역할을 하는데, 중국의 스탠포드로 불리는 칭화대는 저명한 화교 과학자들을 배출해 세계적 네트워크를 자랑한다. 이 대학이 출범시킨 칭화퉁팡은 중국 최고의 IT기업이다. 또 전세계에 퍼진 5천만 화교가 3조 달러의 자금력을 자랑하며, 중국 현대화의 종자돈(Seed Money) 역할을 해준다.

중국은 세계 원자재의 30~50%를 독식하는 배고픈 용으로서 세계에서 2번째 규모의 석유수입국이다. 그래서 한때 "이라크전은 중국이 야기했다"는 농담마저 나왔다. 중국은 세계2위의 고속도로 국가이기도 하다.[10]

(2) 주요 산업부문

중국은 한국의 대기업 육성사례를 통해 기업의 덩치를 키운 뒤 인수한 브랜드를 중심으로 예컨대 하이얼처럼 세계 일류기업으로 점프하고자 한다. 최근엔 세계의 공장에서 세계시장으로 전환 중이다(박형기, 2005). 공업화로 환경파괴가 심각해지고 원화 절상의 압력이 커져 수출이 점차적으로 곤란해질 것에 대비해, 서비스산업과 세계 최대의 도매업에 박차를 가하는 것이다. 그 일환으로 2,150개의 공장을 없애고 쇼핑몰을 짓고 있다. 대도시의 10개 공항에 동시다발적 확장공사를 시행해 거미줄 물류망의 확충에 나서는 등, 도소매, 관광, 레저의 세계적 메카가 되려는 새로운 구상을 갖고 실행중이다. 중국은 농촌과 서부 대륙 쪽이 미개발 상태에 있어 개발의 여지가 많고(손호철, 2008), 소비수준과 3차 산업의 비중도 낮아 개발 여지가 많으므로 고속성장의 지속이 예상된다.

(3) 국질과 국격의 문제점

그러나 빛 뒤엔 그림자가 있는 법이다. 중국 발전경로 상의 문제점을 살펴보자. 먼저 중국은 22개의 성(省), 북경, 상해 등 4개의 직할시, 티베트 등 5개 자치구로 구성되어 있어(김정현, 2001), 30여 개의 개발도상국이 모인 나라로 묘사되기도 한다. 따라서 중앙의 억제에도 불구하고 몇몇 지역은 제후(諸侯)경제를 채택하기도 한다. 경제는 성급한 난 개발에서 벗어나지 못하고, 고정자산에 대한 과잉 투자는 금융부실을 낳기 쉽다.

유연탄 남용과 사막화 등 환경오염으로 인해 매년 GNP의 3.7%씩 손해를 보기도 한다(배영준, 송혜승, 2008). 물론 개발도상국으로는 처음으로 UN 지도하에 탄소배출권 거래소를 유치하기도 했지만, 세계인들은 세계 2위의 온실가스 배출량 등 주요 오염물질 배출국인 중국에게 환경에 대한 경각심을 가질 것을 요구하지 않을 수 없다. 물 부족도 심각해, 국토의 1/4이 사막인데다가, 수자원이 지역별로 편재해 있어

---

10 반면 국도관리는 엉망이다. 부패로 인해 공사대금이 사라지거나 성(省)을 연결하는 구역 내 도로의 경우는 지방관청 간의 책임전가로 인해 도로보수가 지연되고, 땅이 넓어 외지로 나갈 땐 주로 버스나 트럭을 이용해 길이 무게를 못 이겨 도로가 패이는 경우도 많다고 한다(손호철, 2008).

남방의 수자원은 84%나 되지만 북방은 16%에 불과하다. 샨샤 댐 건설도 전력 확보
보다는 장강 물을 북쪽으로 운반하기 위한 고육책이었다는 분석도 있다.

상하이의 도시기반시설, 주거환경, 스카이라인은 서울보다 한수 위이고 세계적
마천루도 많지만, 난방 등 건물 내의 소프트웨어는 허술하다. 외국인의 은행계좌 개
설에 1주일이 소요될 만큼 경제 내실화적 관점에서 볼 때 허점이 많은 사회이기도
하다(박형기, 2005). 2002년 우리나라 국회에 해당되는 전인대(全人代)에서 물권법이
제정되어 사유재산권의 보호기반과 자본주의의 핵심요건을 구비하는 등 자본주의
색채가 이 나라에서 강화되면서, 개인의 이윤추구를 자극해 빈부격차와 공직자의 행
정권 남용 등 공직부패가 증가하리란 예상도 만만치 않다. 그래서 최근 소금고 철
폐[11] 및 공청회 개최 등 정책과정의 민주화, 공개입찰, 심사, 인권옹호적 법집행, 행
정공개 방침 등 청렴정치 5대사업을 채택, 발표하기도 했다.

농민, 여성 등 사회적 약자집단에 대한 부단한 박탈과 환경파괴, 부패 등 큰 대
가를 치르며 성장하다 보니, 특권층의 기업경영, 관상(官商) 결탁, 금권거래 등 특권
시장경제가 출현하고 있다. 특히 모두가 가난한 상태에서 일부의 사람만 먼저 부유
해지는 소중(小衆) 시장경제가 대두하고(딩쉐량, 2012), 도－농 등 지역격차, 소득격차
등 격차(隔差)사회도 구조화되고 있다(손호철, 2008). 지니계수는 0.495로 위험직전 단
계이고, 집단 시위는 2008년 한 해만 12만 건이 발생하는 등, 중진국 증후군의 해결
과제가 목도에 와 있다. 일반 노동자는 성장에서 소외되어 노동자 급여비율이 40%
이하로 저하되는 등 국부민궁(國富民窮) 문제도 대두한다. 또한 같은 노동자 계층 내
에서도 대표적 국가독점분야의 노동자는 55%의 임금을 가져가 공평정의의 실현이
절실하다. 따라서 이미 밑으로부터의 다양한 정치욕구가 분출해, 경쟁적 정당체제
도입이 요구된다(한우덕, "'국부민궁' 해결급한 중국, 경제 우클릭 가속," 중앙일보, 2012. 10.
12자). 이러한 문제를 해결하기 위해 중국 정부는 개방 30주년을 맞아 기존 성장주
의 전략을 버리고 지속가능 발전을 위해 '과학 발전관'이란 새 이념을 제시했다.

최근 중국에 대한 대외적 비호감도 확산되고 있다. 미얀마 사태의 묵인, 농약
만두 등 식품안전 문제, 베이징의 심각한 대기오염, 티베트와 대만 등 소수민족 자
치에 대한 지나친 민족주의적 반응은 그간의 경제발전과 올림픽 개최에 힘입어 회
복된 자부심 위에서 개혁개방 30주년을 맞아 강대국으로 나가려는 중국의 걸림돌이
되고 있다. 따라서 이것이 통제 불능의 외세 배척주의로 번지면 글로벌 시대의 자충
수가 될 여지도 있다. 그래서 공산당의 획일적 통제에서 벗어나 사회의 다양한 목소

---

11 그간엔 관내에 비치한 소금고(小金庫)가 채워지면 직급별로 돈을 나누거나 단체 회식비로 충당해 왔다.

리를 내게 할 때 문화중국의 잠재력도 살리며 국제사회에서 인정도 받는다는 대외적 조언에 중국이 귀를 기울일 필요가 크다.

2. 인도

(1) 국가발전을 영도한 지도자와 국가발전의 인프라

인도의 압둘 칼람 대통령은 인공위성 발사와 핵실험 성공 등 인도 핵폭탄의 아버지로서, 우주 및 핵클럽에의 가입에 이어 선진국 경제클럽 가입의 포부를 밝히는 등 인도 국민들의 심상에 어둡게 내재해 있던 오리엔탈리즘을 극복해 주었다.[12] 만모한 싱 총리는 관료주의 일소, 과세 단순화, 규제철폐로 친 기업환경을 조성했는데, 시크 교도로서 경제능력이 출중했다.

인도공과대학(IIT)은 인도의 MIT로 불리는데, 교수와 학생의 비율이 1 : 10으로 1 : 11인 미국의 MIT를 능가한다. 인도는 '공대생의 바다'로 불리만큼 전국적으로 1,100개의 공대가 있다. Forbes지(紙)는 인도계 고급 기술인력의 본국 회귀가 미국경제의 위협요소로 등장할 것으로 예상했는데, 실제로 실리콘 밸리의 핵심인력 중 20%인 인도인들의 귀국은 미국의 심각한 두뇌유출 요인이 될 수 있다. 전세계의 110개국에 산재해 있는 2천만 명의 인교(印僑)는 약 4천억 달러의 현금 동원력을 지녀 자국 경제성장의 종자돈 제공에 있어 중국의 화교세력에 크게 뒤지지 않는다(박형기, 2005).

반면 인도엔 고속도로가 부족하다. 인도는 길거리에서 대부분 도난을 당해 사이드미러가 없는 차가 많고, 이들 차의 시끄러운 경적음이 도심에 만연되어 있다. 반면 인도는 영어와 0개념을 발견한 나라답게 수학에서 출중한 능력을 보인다. 또 미국과의 시차가 정확히 12시간이 나서 미국의 근무종료 후 바로 인도에서 남은 일을 계속 처리하는 24시간 근무체제를 구축할 수 있는데, 선진국이 영어 잘하고 임금 싸고 기술력도 갖춘 인도를 아웃소싱 기지화 해, 인도는 세계의 콜 센터로 불린다. 국민 1억 5천만 명이 완벽하게 영어를 구사하는 인도는 세계 제2의 영어대국이다.

(2) 주요 산업부문

인도의 방갈로르는 인도 IT산업의 산실이다. 인도는 산업화 초기엔 미국의 콜

---

12 영국으로부터의 오랜 식민지 치하의 독립 이후 핵클럽 가입으로 애써 강대국을 자부하려는 인도인들 마음의 상처에 대해선 이옥순(1999)를 참조할 것.

센터였지만, 이후 독자적 기술개발능력을 갖고 자동제어 칩의 설계, 통신 S/W 제조업에 비중을 가해 왔다. 또 발리우드는 봄베이＋할리우드를 줄인 말로서 인도 영화 번성의 상징어이다.

인도는 BT산업의 허브조건도 갖추고 있다. 인류 최초의 생활의학서이자 생명과학서인 아유르베다를 인도인이 썼을 정도로 의약에 밝은데다가, 의료인력의 인건비가 저렴해 해외고객의 유치가 가능하다. 즉 유럽의 20~25% 수준의 의료비로 우수한 치료가 가능해, '헬스 케어' 투어가 인도 최고의 관광상품화되고 있다. 인도는 디자인, 섬유산업의 S/W가 막강한데다가, 영국의 식민통치를 받아 구미에 거래처도 많다. 골드만 삭스는 인도가 2020년까지 연평균 8% 고속성장을 해 10년 뒤 경제 5위를, 그리고 2042년경엔 미국을 제치고 중국에 이어 세계2위 경제대국이 될 것으로 전망했다(박형기, 2005).

(3) 국질과 국격의 문제점

경제적 잠재력이 큰 인도도 국질 면에서 많은 문제를 노정한다. 카스트 제도로 인해 하층인구 2억 명이 불가촉천민으로 동물취급을 받으며 경제활동인구에 포함될 자격조차 갖고 있지 못하다(이유경, 2007: 108~124). 또 영어구사 능력에 따른 소득격차(English Devide)와 성 차별 등 여러 유형의 차별이 존재하는 나라이다. 사회기반시설, 전력, 항만시설도 부족하고, 전문인력 부족이 경제성장의 발목을 붙잡을 것으로 지적되기도 한다.

최근 글로벌 경제위기의 한파와 정부의 무기력한 대응으로 인해 최근 인도의 경제성장 엔진이 빠르게 식고 있는 점도 문제이다. 극심한 빈부격차와 관료부패는 경제의 불확실성을 더 증폭시킨다. 뒤늦은 개혁은 기득권층의 반발로 헛돌고 있다. 실업률은 9.8%로 두 자리수 문턱에 와 있다. 침체를 모르던 정보기술 서비스 수출도 타격을 받아 경상수지 적자가 쌓인다.

더 근본적인 문제는 정부와 정치권의 위기대응능력 부족이다. 경제가 가라앉자, 정부는 소모적 보조금과 복지카드로 민심 달래기에 급급한다. 밀가루, 설탕 등 기초식량을 무료로 제공하고, 전 국민을 대상으로 경유, 전기, 비료 등 막대한 국고 보조금을 투입한다. 국가재정이 이로 인해 급격히 악화되고 있다. 인도는 유권자 7억 명의 독재 없고 탄압 없는 최대 민주주의 국가를 자처하지만, 이 나라의 부패는 남미국가와 맞먹는 심각한 수준이다. 공무원들은 재량권 남용과 뇌물수수 관행에서 자유롭지 못하다. 민원이 걸리면 복지부동을 일삼고, 외국인 직접투자를 막는 등 각종 규제가 여전하다. 투자액의 6~9%를 뇌물로 줘야만 비즈니스가 가능한 현실이다. 만모한 싱 총리의 개혁적 희망으로 겨우 보조금을 줄이고 항공, 방송 등 외국인 직접투자의 대상폭을 확대하기 시작했지만, 반대시위가 여전하고 국가예산의 절반을 집행하는 지방정부가 이에 반발해 개혁이 공염불에 그치기 쉽다.

그러나 새로운 소비문화를 선도하는 인도의 젊은이들은 개혁에 긍정적 반응을 보이는 등, 평균연령 25세의 젊은 나라인 것이 이 나라의 잠재력이기도 하다. 2020년대 중반이면 인구가 중국을 추월할 예정인데, 영어와 신기술에 정통한 고급인력이 그만큼 증대될 수 있다. 핵발전소와 인공위성 기술의 발달도 여전하며, 부패척결을 위한 시민운동도 태동하기 시작한다. 그러나 이 나라가 10년 내 고성장 궤도로 복귀할 확률은 50%라고 한다(김광기, "성장엔진 식은 인도경제현장을 가다," 중앙일보, 2012. 10. 13자). 재도약의 열쇠는 결국 인도 국민이 쥐고 있다는 것이다. 특히 카스트 제도 등 사회경제적 불평등을 조장하는 그릇된 사회제도와 성차별 등 잘못된 사회인식의 척결이 긴요하다.

3. 러시아

(1) 시베리아 자원개발 등 국부신장의 가능성

고르바초프의 페레스트로이카에도 불구하고 러시아 사회주의체제는 붕괴했다. 그러나 미국의 신보수주의 세력인 네오콘의 아프간, 이라크 대 테러전쟁이 국제 에너지 및 원자재 가격을 폭등시켜, 러시아를 공황에서 구출했다.

푸틴은 2000년에 집권하자마자 자신의 정치구상을 실천에 옮겼다. 즉 "에너지 자원의 국유화"를 통해 구소련의 패권을 회복하는 전략을 실행했다. 헐값에 불하된 천연자원을 긁어모은 신흥재벌 호도로프스키를 구속한 후 징세하고 그의 회사를 국영석유회사에 넘기고 가스도 국유화했다. 중앙의 정치적 발언권이 강화되고 외화유출과 탈세가 위축되면서 세금징수의 효율성이 증가하는 등 정국의 안정성을 되찾았다.

러시아의 미래는 에너지 자원에 달려 있다. 세계 가스의 30%를 보유하는 나라로서, 유럽으로 가는 가스 파이프를 잠그면 유럽은 속수무책이 되고, 동 시베리아의 석유와 가스는 한국, 일본, 중국 등 동북아시아 국가들에게도 큰 영향력을 미친다.

러시아는 이처럼 에너지를 통해 국제사회의 리더 역할을 하고자 한다. 시베리아 개발에도 박차를 가해 동시베리아 송유관 건설사업을 시작하는 등 에너지 꽃을 피우는 동방우선정책에 열중하고 있다. 또 동부 해저터널이 완성되면 시베리아의 극동은 유라시아-아메리카 대륙을 연결하는 세계적 물류중심지가 될 것이다(권원순, 민충기, 2006).

결국 석유, 무기, 핵기술 등이 러시아의 경제성장을 뒷받침해주면서 러시아 경제가 급속도로 성장하고 있어 외국인들의 투자전망도 밝은 나라이다.

(2) 국질의 문제점

그러나 언론자유, 인권, 민주주의, 정치기관의 발언권 제한 등 러시아의 정치적 자유는 요원하다. 첨단 기술인력을 갖춘 모스크바와 상트페테르부르그 등 유럽의 인근지역과, 자원 잠재력이 큰 극동, 시베리아 남부의 재량권을 요구하는 지방정부들의 도전으로 인해, 중앙-지방 간 갈등도 심화될 예상이다.

권력층의 부패와 전횡은 매우 심각하다. 언론개혁, 법질서, 주택문제 개선의 필요성도 크다. UN 경제사회국의「세계인구 전망 보고서」에 의하면, 러시아는 출산율 감소에 대한 우려, 후천성 면역결핍증(AIDS)과 알코올 중독문제가 날로 심각해지지만, 이 나라의 보건의료 시스템은 엉망이어서 출생률과 평균수명이 낮아져 21세기 중반쯤 30%의 인구가 줄 것으로도 예상된다. 고질적 관료부패 등 이 나라의 반부패 순위는 세계 179개국 중 143위로 후진적이다. 세금은 정치적, 사업적 경쟁자와의 원한을 푸는 무기로 통하며, 금전적 이해관계에 따라 기업인 살해도 빈번하다. 그런데도 정부의 관료주의자와 부유한 과두 정치인은, 사회 전체의 이익이 아니라 개인적 소유욕구 차원에서 이 문제를 본다.

집권 3기에 들어선 푸틴 대통령의 시련도 크다. 먼저 푸틴주의의 전환 등 '푸틴 피로감'을 극복할 수 있는 새로운 통치이념의 설계와 정치체제의 근본적 개혁이 필요하다. 이런 국민여망을 외면할 경우 지난 12년간 푸티노믹스의 열매를 먹고 자란 중산층의 민주화 역공에 직면할 수 있다. 이처럼 자유주의 개혁 외에 다른 선택은 제한적이다(홍완석, "차르의 귀환," 중앙일보, 2012. 3. 6자). 그럴수록 시민적 자유와 권리의 보장, 중앙집권체제의 완화와 시장 메커니즘 인정이 러시아 정치에 긴요한 과제로 대두하고 있다.

(3) 호전적 외교 등 국격의 문제

유럽재래식 무기감축협상의 이행중단, 옛 소련의 위상을 회복하기 위해 코소보 독립을 승인한 유엔 결의안에 대한 거부권 행사, 민감한 태도로 주변국을 강압적으로 대하는 등 현재 러시아는 과거 위성국들의 정치에 호전적 개입을 일삼는다. 그래서 국제사회에서 성숙한 모습을 보이지 않고 있는 러시아는 선진국은커녕 선두 이머징 국가 그룹인 브릭스(BRICS)에 낄 자격도 없다는 비판이 제기된다. 이안 브레머 유라시아 그룹 회장과 누리엘 루비니 뉴욕대 교수는 파이낸셜 타임스(FT) 공동 기고문을 통해 "러시아가 무책임한 모습을 보이고 있다"며 이같이 주장했다. 그들은 러시아가 어린이와 여자 등 양민학살을 자행하는 시리아 정부를 두둔하고 있는 점을 강력히 비난했다. 또 선진 8개국(G8) 회의에 푸틴 러시아 대통령이 불참한 것도 유로존 위기나 시리아 사태와 관련해 러시아가 국제사회에 도움을 줄 방법이 없기 때문이라고 꼬집으며, "러시아가 국제사회에서 성숙한 행동을 보이지 않는 한 선진 7개국(G7) 회의는 결코 G8 회의로 확대될 수 없다"고 강조했다. 또 러시아가 다른 브릭스 국가보다도 정치, 경제 면에서 뒤지고 있다고 분석한다. 예컨대 중국은 세계 2위 경제 대국으로 부상했고 브라질은 민주주의를 완성해 가고 있으나 러시아는 푸틴이라는 권위주의 정부 치하에 머물러 있다는 설명이다(민재용, "러시아는 브릭스에 낄 자격없다," 이데일리, 2012. 5. 31). 따라서 대국다운 유연한 자세와 국제사회에서의 협력자적, 지도자적 자세가 오늘의 러시아에게 요구된다.

제3세계 국가의 실패와 도전
: 아르헨티나, 필리핀, 쿠바, 베네수엘라

I. 개관

제2차 세계대전을 전후해 가속화된 국제질서의 재편과정에서 표출된 주요 특징으로는 제3세계 국가로 통칭되는 다수의 신생 독립국가들이 국제무대의 전면에 새롭게 등장하였다는 점을 들 수 있다. 주로 아시아, 아프리카, 라틴아메리카(중남미) 지역에 위치한 이들 국가들은 전후 국제연합(UN)을 중심으로 전개된 신국제질서의 형성과정에서 나름의 단결력을 발휘하면서 국제사회의 주목을 받게 되었다.

특히 미국 중심의 자유진영(제1세계)과 소련 중심의 공산진영(제2세계) 간에 냉전구도가 심화되면서 제3세계 국가들은 국제무대에서 일정 수준의 영향력을 발휘할 수 있었다.[1] 하지만 이들 국가는 냉전의 소멸과 세계화가 가속화되면서 외부적으로는 발전외교(Development Diplomacy) 상의 영향력 감소, 또 내부적으로는 저발전 구조의 탈피라는 도전과제에 제대로 부응하지 못하고 있다.

그렇다면 제3세계 국가들의 발전에 대한 끈질긴 노력에도 불구하고 이들 국가의 가시적인 성과산출이 지연되고 있는 주요 원인은 무엇인가? 이러한 문제인식을 토대로 해, 본 장에서는 그동안 제시된 다양한 접근방법들을 활용해 제3세계 국가들의 저발전 원인을 구조적 측면, 행태적 측면, 제도적 측면으로 구분해 체계적으로

---

1 제3세계라는 용어는 1952년 프랑스의 인구학자 Alfred Sauvy가 L'Observateur지의 8월 14일자 기고에서 1789년 프랑스 혁명 당시의 제3계급을 지칭하면서 생겨난 말이다. 이때 국제사회에서 한계를 노정한 제3세계의 주요한 특징으로는 빈곤, 산업화의 결여 혹은 특정 부문의 발전, 종속, 인구증가, 도시의 슬럼화, 권위주의와 연성국가, 국민적 통합의 부재 등을 지적할 수 있다. 한편 냉전구도에 대항해 제3세계의 결속력을 추구한 비동맹운동은 1961년 시작되었으며, 1964년에는 77개국의 '중립국' 그룹이 결성되었다. 그러나 실제로는 많은 제3세계 국가들이 제1, 2세계와 직간접적인 동맹관계를 맺었다. 또한 제3세계의 대안적 용어로는 저개발국 또는 개발도상국을 들 수 있다. 하지만 이러한 용어들은 발전하고 있지도, 그럴 가능성도 희박한 제4세계(GNP와 구매력이 연 1000달러 이하인 사하라 이남의 아프리카와 남중 아시아 국가들)를 간과하는 한계를 지니고 있다(Lewellen, 1995).

규명하는 한편, 지역 국가군별로 대표성이 높은 주요 국가의 발전정책을 종합적으로 비교 분석하는 기회를 마련하고자 한다.

오늘날 제3세계가 직면한 가장 심각한 도전적 과제는 경제사회는 물론 정치행정 전반에 내재된 고도의 후진성을 탈피하는 일이다. 내부적인 발전역량의 구축이 전제되지 못한 상태에서 국가발전은 물론 외부적인 영향력을 유지하기 어렵기 때문이다. 과거 냉전구도를 활용해 강대국의 지원을 유도하던 방식을 더 이상 기대하기 어려운 새로운 현실 하에서 독자적인 발전전략의 수립과 집행은 제3세계 국가들의 미래와 직결된 문제이다. 물론 기아, 에이즈, 종족분쟁 등과 같이 오늘날 제3세계가 직면한 문제는 지구촌 전체의 문제로 확산되고 있다는 점에서 선진국의 지속적인 관심과 지원이 병행되어야 할 필요성을 제기해 볼 수 있다.

II. 제3세계 국가들의 저발전 원인에 관한 분석시각

1. 구조적 측면

구조적 측면에서 제3세계 국가들의 저발전 원인을 분석한다는 것은 방법론적 총체주의를 지향한다는 것을 의미한다. 개별적 특수성보다는 거시적 관련성을 중시하는 구조적 시각은 역사는 개인이나 제도적 요인만으로 충분히 설명하기 어려운 존재로 간주된다. 즉, 역사 속에서 개인과 사회구조는 상호 구성하며 상호 결정하는 관계(Co-Determination)에 있다는 것이다(임혁백, 1994: 29).

이러한 관점에서 국가는 다원주의론(pluralism)이 주장하는 것처럼 중립적 견지에서 개인이나 이익집단 간의 분쟁을 조정하는 중재자가 아니라 역사적인 형성과정에서 확고한 자율성을 가지고 경제사회발전의 주도자로 기능하게 된다. 나아가 국가라는 행위자들로 구성된 국제정치 차원에서 전 지구적으로 확산되는 세계자본주의 체계의 구조적 모순을 설명함으로써 제3세계 국가들의 저발전 원인을 분석하고자 하는 것이다.

(1) 역사주의: 식민통치의 유산(과대성장국가의 폐해)

파키스탄과 방글라데시를 실증적으로 연구·분석한 알라비(H. Alavi)에 따르면, 전통적 마르크스주의 국가론을 제3세계에 그대로 적용하는 것은 이들 국가의 역사적 배경을 무시한 것이며, 세계 자본주의의 중심부인 선진 사회와 달리 주변부 사회에는 단일한 패권계급이 존재하지 않는다는 현실을 간과한 것이라고 주장한다. 즉, 주변부 사회는 선진 사회와는 달리 단일 패권계급이 존재하지 않고 이해가 상충하는 여러 분파로 다원화되어 있다는 것이다.

예컨대 주변부 사회는 식민통치의 경험을 통해서 지주(Landowing Bourgeoisie), 토착 산업자본가(Indigenous Industrial Bourgeoisie), 해외자본(Metropolitan Bourgeoisie)이 지배계급의 주축을 이루고 있으며, 이들 분파 간의 이해충돌과 경쟁이 심하다는 특징을 갖는다. 선진국의 지배계급은 다원성의 정도가 높지만, 주변국의 지배계급은 다원적이고 이질적이기 때문에 국가의 개입이 강화되지 않을 수 없다는 것이다. 알라비에 따르면, 이 같은 사회의 특징은 국가의 심판자적인 중재역할을 강화하고 지배계급의 이익을 옹호하는 도구성을 탈피하고 상대적 자율성을 향유하게 되는 결과를 가져온다(Alavi, 1972: 59~82).

알라비는 식민치하의 정치엘리트와 국가기구가 독립 후 그대로 유지되어 국가부문, 특히 강제력과 폭력부문이 과대하게 발전된 역사적 과정을 주목한다. 또한 탈식민지 사회의 국가기구는 독립 후 국가가 직접 생산활동에 관여하고 국가 자체의 물질적 기반을 확보함으로써 '과대성장된 국가'(Over-Developed State)로 존재하며, 이는 국가자율성의 폭과 깊이를 심화시킨다는 것이다.

요컨대 제국주의 식민지배 하에서 피식민 사회의 국가기구는 식민지배 국가의 착취와 억압정책을 효율적으로 추진하기 위해서 편제된 것이므로 과잉팽창이 불가피하였고, 필연적으로 국가의 성격은 강력한 관료지배체제의 성격을 띠게 된 것이다.

그러나 강력한 국가자율성이 왜 제3세계의 저발전을 초래하는지에 대한 명확한 설명은 불가능하다. 한국을 포함한 신흥공업국들은 강력하고 자율적인 국가에 의해 산업화를 적극적으로 추진함으로써 저발전을 탈피한 사례가 되고 있다.

따라서 과잉발전된(Over-Developed) 국가의 폐해는 아이러니하게도 자율적 경쟁원리를 바탕으로 한 시장(market)이 자원을 배분하는 데 우월한 기구라는 주장과 함께 국가는 항상 비효율적일 수밖에 없다는 신보수주의(Neo-Conservatism)의 반국가주의 이론으로부터 그 단초를 발견할 수 있다. 즉, 국가부문, 특히 강제력과 폭력부문이 과대하게 발전함으로써 시장기제(Market Mechanism)를 통한 자생적 질서의 확립을 저해하고 국가부문에 속한 정치엘리트 계급의 특수한 이익을 위해 사회발전을 위한 자원의 적정한 배분을 왜곡시킨다는 것이다(Smith, 1988; Brohman, 1995).

신자유주의자들에 의하면, 국가는 자애로운 공익의 수호자가 아니라 사익을 추구하는 이기적 행위자일 따름이다. 지배자는 세입을 극대화하려고 하고, 정치인은 재선을 추구할 뿐이며, 관료는 예산을 극대화하려는 사람일 뿐이다. 또한 자신들의 특수한 사적인 이익을 추구하는 과정에서 특정집단이 국가와 결탁하여 자원을 배분한 결과 전체 사회의 복지가 손실된다. 더욱이 시장이 아닌 강력한 국가에 의한 자원의 배분은 필연적으로 독점이윤이라는 지대를 발생시키고, 이러한 지대를 추구하는 과정에서 로비나 뇌물 등 낭비적인 비용이 시장을 교란시킴으로써 심각한 비효율성을 노정시킨다는 것이다.

(2) 세계체제론
: 종속구조의 온존(세계화의 심화를 반영하는 지속적인 착취구조)

역사사회학적 국제정치론은 국가라는 조직의 형성과 전개를 국제 및 국내의 정치사회세력과의 역학관계 속에서 재조명하고 있다. 행위를 규정하는 틀로서 역사적 구조는 다양한 힘들이 만들어내는 특정한 윤곽을 의미한다. 이러한 모습은 구조 내에서 잠재적으로 표현되는 힘의 범주인 물적 능력, 이념 그리고 제도가 역사적으로 상호작용하는 속에서 형성된다. 역사적 구조를 형성하는 힘들은 구체적으로 생산조직, 국가형태 그리고 세계질서라는 활동 수준을 통하여 상호작용한다. 생산조직의 변화는 새로운 사회세력을 형성하고 그것은 다시 국가구조의 변화를 가져온다. 그리고 국가구조의 변화는 세계구조의 틀을 바꾼다.

이러한 인식 하에서 서구의 근대화론에 대항하는 패러다임으로서 제3세계 국가들의 저발전 원인을 분석하고 나름의 발전 대안을 찾고자 하는 이론이 종속이론과 세계체제론 등이다. 나아가 후쿠야마(F. Hukuyama)의 주장처럼 더 이상의 이데올로기적 대결이 사라지고 '역사의 종말(The End of History)'을 가져온 자유민주주의 체제의 전세계적 확산은 특히 경제적 측면에서 유연생산체제의 확립을 통해 구조적 착취관계를 지속시키는 현상을 초래하고 있다.

종속이론과 세계체제론이 제3세계 발전에 관해 제시하는 기본명제는 특정국가의 발전은 세계체제 안에서의 위상(position)에 의해 좌우된다는 것이다. 즉, 나라의 위상이 중심(지배국)일 경우에는 발전성이 강하나, 주변(종속국)일 경우에는 정치적으로 권위주의의 가능성이 높으며, 따라서 주변 아니면 준주변에 위치하고 있는 제3세계 국가들은 일부 예외를 제외하고는 세계체제가 미치는 구조적 제약으로 인해 권위주의 정치행정체제를 택하지 않을 수 없으며 경제적으로도 저발전할 수밖에 없다는 것이다(김호진, 1997: 240).

이와 같이 프랑크·월러스타인 등은 16세기 이래 발전해 온 세계자본주의 체제가 제2차 세계대전 이후 정치적으로 분화(독립)되어 있음에도 불구하고 경제적으로 통합(종속)되어 있다고 보고, 중심부–반주변부–주변부의 틀로 국제정치경제 현상을 설명하였다. 그런데 종속이론가들에 따르면 20세기 말 사회주의권 붕괴로 완전한 세계자본주의화 이후 세계자본주의 체계는 위계질서를 재조정하는 국면에 접어들었다고 평가한다. 즉, 신자유주의적 경제개혁의 실상은 세계화의 불균등성과 비형평성으로 표출되고 있다는 것이다. 세계화의 이념은 신자유주의(Neo–Liberalism)이고, 자유화와 개방화로 표현된다.

하지만 경제의 세계화는 기본적으로 선진자본주의 국가들 간에 일어나고 있는 현상이며, 시장경제의 요소를 강화하기 위한 개혁을 시도하고 있는 제3세계 국가들에게까지 세계화의 이득이 확산되지는 못하고 있는 실정이다. 투자, 교역, 기술이전이 선진자본주의 국가들에 집중됨으로써 제3세계는 자본과 기술의 고갈에 직면하고 있으며, 노동의 유연화에 따라 숙련화된 핵심노동자와 비숙련·반실업 상태의 주변부 노동자들 간의 분절현상은 가속화되고, 단순 노동잉여의 착취가 심화되고 있는 상황에서 오히려 선진 자본주의국가에 좀 더 '종속'되기를 애원하는 기형적인 상황을 연출하고 있는 형편이다. 또한 반주변부국가들에 있어서도 세계화는 자본주의 시장의 횡포로부터 노동자를 보호하고 노동자들의 자본주의에 대한 저항을 약화시켰던 일국자본주의의 모델에 기초한 사회민주주의적 계급타협체제를 무너뜨리고 있다. 그 결과는 필연적으로 사회적 불평등, 실업, 사회적 안전망의 박탈로 표출될 가능성이 많으며 지속적인 종속구조의 온존을 야기하고 있다.

2. 행태적 측면

제3세계 국가들의 저발전 원인을 행태적 측면에서 분석하는 것은 모든 정치경제 현상을 '미시적 행위의 거시적 결과'라는 시각에서 설명하는 방법론적 개인주의를 전제하고 있다. 올슨(M. Olson) 등의 합리적 선택이론에 따르면 일련의 정치경제적 현상은 개인행위(Individual Actor)의 집합적 결과이며, 따라서 그러한 현상의 분석은 기본적으로 이기적인 개인의 행위에서 시작되어야 한다는 것이다.

대체로 제3세계 국가들은 식민통치를 경험하면서 선진국가와는 달리 취약한 시민사회가 파편화되었고, 어떠한 사회세력도 패권적 지위에 상응하는 물적·이념적 자원을 갖추지 못한 상황에서 상대적으로 군부와 관료엘리트들의 억압적인 통치체제가 국가발전을 위한 제반 정책을 전담하는 모습을 보여준다. 따라서 이들 통치엘리트들의 후진성과 시민사회의 미성숙을 저발전의 원인으로 제시할 수 있을 것이다.

(1) 엘리트 결정론: 통치엘리트의 후진성(부패구조와 지대추구)

제3세계 국가는 통치엘리트의 결정 및 선택행위가 사실상 정치체제의 전환기능과 산출기능을 주도하고 경우에 따라서는 구조까지도 창출 또는 변혁시키기 때문에 이들이 정치질서의 제도화에 미치는 영향력과 그에 수반되는 책임은 보다 직접적이고 또 절대적일 수밖에 없다. 이러한 엘리트 결정론의 관점에서 볼 때, 저발전사회가 정치행정적으로 발전하려면 정치행정 엘리트가 민주주의 정치질서에 부합하는 의지와 능력을 갖추고 있어야만 한다.

엘리트 결정론이 저발전 사회의 정치행정 발전과 변화를 설명하는 데 적실성을 갖는 이유는 저발전 사회야말로 엘리트 중심 사회이기 때문이다. 선진국에 비해 국민의 의식수준이 훨씬 낮고, 매스컴이나 기타 대중정보매체와 이익표명기구의 발달이 미비하며, 사회분화와 전문화 수준도 상대적으로 낮다. 뿐만 아니라 정치행정문화의 속성 또한 권위주의적인 신민(臣民)성을 탈피하지 못하고 있다는 점과 경제적 후진성을 극복하기 위해 국가주도로 산업화 정책을 추구하고 있다는 점 등을 고려할 때 저발전사회에 있어 엘리트의 정치적 영향력은 선진국에 비해 상대적으로 크다고 보아야 할 것이다.

더욱이 독자적인 부(富)나 이데올로기를 지닌 자본가 계층이나 중산층이 적고 건전한 대항엘리트도 없기 때문에 통치엘리트의 상대적 자율성은 거의 절대적이다. 문제는 이러한 정부주도와 관료개입이 사회적 부패와 비효율성을 노정시킴은 물론 정실자본주의(Crony Capitalism)의 폐해가 만연하게 된다는 것이다. 정부가 지대[2]를 창출하고 배분하는 재량권이 클수록 불법적인 지대추구활동으로 인한 사회적 자원의 낭비의 규모는 증가하게 된다. 통치엘리트의 사익추구행위는 기업으로부터의 로비나 뇌물 등을 얻기 위해 인위적 지대의 생성 및 배분을 둘러싼 비공식적 행정영역(Black Public Administration)의 범주를 넓혀가면서 불합리한 규제와 부패구조의 심화라는 악순환을 거듭하게 된다.

저발전 사회의 지배엘리트는 건국 당시에는 식민지배 하의 독립운동가와 식민

---

2 지대추구이론의 기본적인 시각은 정부개입이 지대(rent)를 창출하고 개인과 기업들은 창출된 지대를 획득 또는 보호하기 위하여 실질적인 자원을 사용하는 지대추구(rent-seeking) 활동을 한다는 것이다. 지대란 기회비용을 초과하는 수입액으로서 국가의 후원 아래 부의 이전을 추구하는 개인의 자원 낭비 행위라고 정의할 수 있다.

관료 출신이 주축을 이루며, 이들은 대체로 정치력의 빈곤, 권위주의적인 의식과 행태, 외세 의존적인 사대사상 그리고 정치권력의 남용에 대한 탐욕과 부정부패 등으로 국민적 지지와 신뢰를 잃고 정치위기를 가중시키다가 군부 쿠데타에 의해 축출되는 것이 일반적인 경향이다. 그러나 민간정부를 타도하고 정치권력을 장악한 군부 엘리트도 쿠데타에 수반된 원죄의식과 정통성 빈곤, 군사적 획일주의와 부패문화의 늪에서 헤어나지 못하고 정치퇴행을 가중시키게 된다.

(2) 문화심리학: 살라모델(가치체계의 미분화와 타협문화의 부재)

알몬드(G. Almond)는 정치발전을 정치체계의 구조적인 분화와 문화적인 세속화를 통해 '체계의 능력을 신장'시켜 가는 과정이라고 정의한다. 이때 '구조의 분화'란 체계의 역할분화를 의미하는 것으로서, 하위체계의 전문화와 자율성이 제고되는 것을 말한다. 또한 '문화체계의 세속화'는 체계 구성원의 태도·신념·가치관과 같은 의식체계가 근대화되는 것을 의미한다. 즉, 운명주의나 신분 중심의 사고가 아니라 업적과 성취를 지향하는 가치관의 변화를 의미하는 것이다. 이러한 인식은 다분히 선진사회를 지향하는 가치편향적인 측면을 갖고 있음을 부인할 수는 없지만, 제3세계 국가들의 정치·행정체계가 내포하고 있는 전통사회의 불합리한 요소를 저발전의 원인으로 지적하는 것은 일정한 타당성을 확보할 수 있다.

리그스(Fred W. Riggs)는 후진국가의 행정체계를 둘러싼 환경적 맥락을 강조하면서 '살라(사랑방)모형'을 제시하고 있다. 우선 사회적 가치체계의 미분화를 지적할 수 있다. 가치의 응집현상은 후진국에서 가치의 배분과 관련하여 지적되고 있는 특징이다. 모든 사회적 가치가 정치권력에 통합·포섭됨으로써 소수의 엘리트가 권력을 장악하는 현상을 후진국에서 공통적으로 발견할 수 있다. 즉, 부(富)와 권력(權力), 명예(名譽) 등으로 일컬어지는 사회적 가치가 서로 독립된 상태에서 공존하지 못하고, 권력의 가치를 장악한 소수가 다른 가치를 독점하는 현상이 나타난다.

제3세계 국가는 흔히 국가가 과도하게 사회경제적 자원과 배분의 권리를 독점하고 있거나, 식민지 경험에 따른 과대국가의 형태를 가지고 있기 때문에 권력의 독점이 발생하고 정치적 양극화와 타협의 기피 등 정치적 제로섬 게임의 결과가 초래되는 현상을 볼 수 있는 것이다. 이처럼 정치권력에 집중된 미분화된 가치체계는 권력투쟁을 통한 승자독식(Winner-Takes-All)의 정치문화를 사회에 보편적으로 확산시키면서 타협을 통한 사회적 합의의 도출보다는 비타협적인 심각한 균열과 대립의 양상을 재생산하게 된다.

또한 권한행사와 권한통제의 이중적 성격을 들 수 있다. 관료가 가지고 있는 권한은 법제상으로는 상당히 제약되고 있으나 현실적으로는 훨씬 더 큰 영향력을 행사하는 이중적 성격을 가리켜 리그스는 '양초점성'(Bifocalism)이라는 말로 표현한다. 이러한 현상이 빚어지는 이유를 보면, 대체적으로 법규해석에 있어서 자의적일 수 있도록 하는 모호한 규정을 들 수 있다. 다시 말해서 관료들에게 법규해석의 재량을 광범위하게 인정하는 데에서 양초점성 현상이 나타나게 되는 것이다. 그리고 또 한 가지 이유를 더 들자면, 시민사회의 미성숙과 정보의 통제로 인해 관료들에 대한 외부통제력이 매우 취약하다는 점이다. 이러한 맥락에서 후진국에서는 공식적 통제는 형식적일 뿐이며, 실질적인 통제는 비공식적 사회세력에 의해 지배되는 이른바 권한통제의 불균형 현상이 나타난다(Riggs, 1970).

3. 제도적 측면

정치경제적 제도는 사회구성원이 진정으로 행복한 삶을 누릴 수 있는 조건을 실현시킴으로써 사회공동체의 동화적 통합을 이루고자 하는 통치기능의 조직적이고 기능적인 메커니즘이라고 할 수 있다. 신제도주의(New-Institutionalism)를 필두로 1980년대 이후 사회과학 전반에서 제도를 중심으로 한 논의가 활발히 전개되고 있다.

신제도주의는 제도가 사회세력의 반영물에 불과하다거나 단순히 "제도가 문제이다"라는 입장을 넘어서 제도 자체가 행위자들의 전략을 형성하고 그들 사이의 협력 및 갈등상황을 구조화하는, 그래서 적극적으로 재형성해 나가는 독립변수로서 제도의 중요성을 강조한다. 이러한 관점에서 저발전의 원인을 제도적 차원의 미비와 제도 사이의 부적절한 선택적 친화력(Selective Affinity)의 결과에서 분석하려는 것이다.

(1) 발전이념과 전략의 부재: 정치발전과 경제발전의 부조화

일반적으로 신자유주의적 개혁을 주장하는 입장은 자본주의와 민주주의가 생산자와 소비자, 정치가와 유권자 간의 자율적 경쟁에 의해 경제적 재화와 정치적 권력의 효율적 배분이 가능하다는 동일한 원리에 기초하고 있기 때문에 서로 강화하는 관계에 있다고 주장한다. 반면에 좌파적 입장은 자본주의와 민주주의는 근본적으로 상이한 조직원리에 기초하고 있기 때문에 자본주의는 민주주의의 실현에 족쇄로 작동할 수밖에 없다고 주장한다. 자본주의는 개인 자신이 가지고 있는 자원에 비례하여 권력을 행사하는 '일불일표(一弗一票)'라는 불평등 원리에 기초하고 있는 데 반해,

민주주의는 '일인일표(一人一票)'라는 평등의 원리에 기초하고 있기 때문에 두 원리 사이에 긴장이 발생할 수밖에 없다는 것이다(김호진, 1997).

제3세계 국가는 경제사회의 원초적 자본축적의 결핍을 원인으로 국가가 경제발전을 주도하게 되고, 국가주도 산업화는 권위주의적인 과업지향형(Task－Oriented) 지도자의 출현을 조장하기 쉽다. 민주적 정통성이 허약한 권위주의 정권은 통치체제의 효율성, 즉 가시적인 경제발전의 정도에 집착하는 경향을 보이게 된다. 그러나 제3세계 국가의 사례를 보면 정치발전(민주주의)과 경제발전(자본주의)이라는 동시적 과제를 두고, 양자가 반드시 단선적·순차적인 발전단계를 밟아가는 것만은 아니다. 민주주의와 자본주의의 기본적인 원리가 시간과 장소를 불문하고 항상 친화력을 가지는 관계는 아니기 때문이다. 경제발전이 민주주의를 촉진하게 되는 것은 조건부적이다. 자본주의의 생성과정에서 나타난 계급 간의 힘의 균형, 국가와 시민사회의 관계, 국제정치·경제적 조건 등이 자본주의가 민주주의와 공존하면서 발전할 수 있는가를 결정하는 데 중요하게 작용할 것이다.

지대를 추구하는 자본가들은 권위주의적 약탈국가를 유지하려고 하지만 혁신에 의한 경쟁적 이윤을 추구하는 자본가들은 국가의 간섭으로부터 벗어나기 위해 민주화를 추진할 것이다. 그런데 신흥공업국가의 최고지도자 리더십 스타일이 실증하듯이 과업지향형 지도자는 산업화의 효율적인 추진과 발전위기의 극복을 명분으로 대부분 권위주의적인 통치스타일을 구사하며, 특히 민중부문에 대해서는 자본주의의 논리를 내세워 노동자들을 정치적·경제적으로 배제시키려는 '억압적 배제정책'을 실시하는 것이 일반적인 경향이다. 이러한 권위주의적인 통치제도는 민주적 정당성의 위기를 자초하여 민중저항을 유발하고, 이에 대응하여 지도자는 권위주의 지배양식을 더욱 강화하며, 억압과 저항의 악순환이 반복되는 가운데 정치위기는 가중되기 마련이다. 이 와중에서 만약 리더십이 경제적 측면의 효율성과 효과성마저 감퇴되면 정치위기는 더욱 심각한 양상을 띠게 되어 경제발전과 정치발전이라는 동시적 과제는 요원하게 되는 것이다.

(2) 불균형 발전전략의 폐해: 중앙집권의 심화와 분배구조의 왜곡

제3세계 국가들은 대체로 선진국들을 따라잡겠다는 통치집단의 정치적 의지가 강하기 때문에 국가주도적인 중앙집권적 발전전략을 채택하게 된다. 국제사회에서 자국의 입지를 향상시키고 피폐화된 경제를 급속히 발전시키기 위해서는 국가가 재정·금융정책 등 강력한 자율성을 가지고 경제성장의 엔진을 가속화시키는 중앙집권적 발전전략이 불가피할 뿐더러 비교적 손쉬운 방식으로 인식되기 때문이다. 국가가 자본주의 모델을 통해 물적 기반을 확충할 경우, 일반적으로 국가는 경제성장의 과실에 대한 분배보다는 자본축적에 정책적 역점을 두게 되며, 선성장·후분배로 집약되는 발전주의 정책을 강화하게 된다.

이처럼 특정 자본가를 대상으로 한 원초적 자본축적을 계기로 산업화의 규모를 확장시키거나 특정지역을 중심으로 한 발전의 파급효과를 추진하는 불균형 발전전략으로 자본축적과 투자의 효율성이 높아지고 짧은 기간 내에 높은 수준의 경제성장을 이룬 국가들도 있지만, 동시에 행정의 비대화 현상과 중앙집권화로 인한 부작용 또한 적잖이 수반하는 경우가 많다. 선진국의 정치와 행정은 대체로 경제가 발전함에 따라서 점차 민주화되어 갔음에 비해, 후진국 중에는 경제성장이 빠른 나라일수록 정치체제가 권위주의화하고 행정체제가 더욱 관료화하는 경향이 있어 불균형 발전전략의 폐해를 드러내는 경우가 많음을 볼 수 있다.

불균형 발전전략에 있어 효율적인 자본의 축적과 산업화의 진척을 위해서는 특정 자본가 계급과 국가가 장기적인 '밀월관계'를 유지해야만 하는데, 이를 위해서는 노동조합과 같은 조직을 해체하거나 규제함으로써 민중부문이 정치에 접근할 수 있는 통로를 폐쇄하게 되는 것이다. 이러한 조치들은 관료적 권위주의국가의 사회지배를 용이하게 하며 경제가 정상화 된 이후에도 불균등한 분배를 주축으로 하는 초국가적 경제성장정책의 지속이라는 결과를 가져온다.

일반적으로 경제성장을 위한 자본축적은 농민이나 단순 노동자들의 희생을 담보로 진행된다. 그러나 민주적 정통성이 취약한 권위주의국가가 '후분배'를 위한 효율적인 경제조정정책을 실천하기 위해서는 이제 거대자본의 압력이라는 장애물을 만나게 된다. 거대기업은 독점이윤의 보장과 각종 보조금 지급, 보호주의정책을 요구하며, 빈약한 세입수취기구(Revenue Collecting System)는 성장에 따른 과실의 균등한 분배를 위한 소득정책이나 복지정책의 효과적인 수행을 불가능하게 한다. 따라서 국가와 자본가 계급이 잉여가치의 착취를 통해 달성한 경제성장의 과실이 성장 후의 배분에 있어서도 분배적 정의의 왜곡이 지속되면서 노동세력을 중심으로 한 민중주의 운동을 유발하게 하며, 이에 대응하여 국가는 억압정책을 강화하면서 억압과 저항이 반복되는 정치적 위기가 만성화되기 쉽다.

4. 소결론: 세 가지 시각의 비교와 종합

제3세계 국가들은 국가발전을 위한 환경적 맥락에서 볼 때 대체로 외생적 요인에 의해 근대화와 발전을 추구하고 있는 나라들이다. 따라서 산업화의 바탕이 되는 자본과 기술은 주로 선진국에 의존하게 되며, 그 결과 토착자본가나 부르주아는 독자적인 기능을 담당하는 정치세력으로 성장하지 못하고 국가의 비호나 외국의 세력에 의존하는 경우가 많았다. 나아가 잃어버린 역사적 연결고리는 급속한 변화에 직면한 제3세계 국가들이 안정적인 제도화에 실패하도록 조장하는 주요 요인으로 작용하고 있다.

따라서 제3세계 국가들의 저발전 원인을 단편적인 측면에서 분석하는 것은 불가능하다. 앞서 논의한 것처럼 구조적 측면에서는 식민통치의 유산으로 물려받은 과대성장국가가 강력한 관료지배체제의 성격을 띠면서 발생하게 되는 심각한 비효율성과 세계화의 심화에 따른 중심부 자본주의 경제에 종속된 지속적인 착취구조의 온존현상을 확인하였다. 또한 행태적 측면에서는 국가발전정책을 전담하는 통치엘리트들의 부패구조와 지대추구행위 등 후진적인 행태와 정치권력을 둘러싼 가치체계의 미분화 및 시민사회의 미성숙에 따른 타협문화의 부재현상을 발견하였다. 그리고 제도적 측면에서는 정치발전과 경제발전의 동시적 달성을 위한 사회적 제도화의 실패 내지는 중앙집권적인 불균형 발전전략에 따른 분배구조의 왜곡현상 등을 살펴보았다.

이처럼 제3세계 국가들의 발전을 제약하는 요인은 다양한 견지에서 설명할 수 있을 것이며, 그것은 그들 국가의 저발전을 탈피하기 위한 전략에 있어서도 각국의 실정에 맞는 적절한 발전경로를 모색해야 한다는 함의를 내포하고 있다고 하겠다.

Ⅲ. 제3세계 국가의 실패사례 분석: 아르헨티나와 필리핀

1. 아르헨티나

(1) 역사제도적 기반과 국가의 흥망성쇠

20세기 초의 아르헨티나는 자원과 물자가 풍부해 제2의 미국으로 불릴 만큼'이민자 인기국가'였다. 따라서 '엄마 찾아 삼만리'라는 영화의 소재가 되기도 한 나라이다. 수도인 부에노스아이레스는 잘 나가던 시절에 지어진 화려한 유럽식 건축들이 여전히 남아 있어 '남미의 파리'로 불리기도 한다. 국토의 61%가 팜파스(Pampas)라 불리는 비옥한 평원이어서, 유럽의 주요 곡물창고 역할을 할 수 있었고, 소고기 통조림을 개발해 엄청난 부를 형성했다(송기도, 2003: 210). 이 나라는 스페인의 식민통치 유산인 소수 지주계급들이 경제를 지배하는 전통 농업국으로서 공산품을 수입하다가 제1,2차 세계대전으로 선진국과의 경제교류가 단절되자 수입대체 산업화를 단행했고, 전쟁 특수에 힘입어 1950년까지 세계 10대 경제강국으로 성장했다. 당시엔 벌어들인 금을 중앙은행의 금고에 다 넣지 못해 그냥 관청의 사무실에 보관할 정도로 돈이 많아 대리석으로 도로를 포장하기도 했다. 당시 아르헨티나 대통령은 "금으로 길을 깔 수도 있다"고 자랑할 정도였다.

그러나 이 나라의 빈부격차와 국민의 빈곤은 매우 심각한데, 이는 오랜 식민지 유산으로서 지주계급의 직계후손에의 세습이 고착화되어, 토지개혁과 인재육성이 이루어지기 힘든 사회경제구조 때문이었다. 이런 물적 토대 위에 유럽에서의 이민으로 공산주의, 파시즘 등 유럽사상이 유입되면서, 노동운동과 파시즘을 결합한 포퓰리즘이 횡행해 국가재정과 무관하게 노동자 임금인상이 이루어지기도 했다. 이른바 페론주의라 불리는 대중영합주의 정책이 성행했는데, 페론 전 대통령은 집권 당시 공업국가의 기반을 닦고 여성참정권을 부여하는 등 선정을 베풀었지만, 수입대체 산업화 과정에서 지주권력을 견제하기 위해 도시 노동자들과 연대한 퍼주기식 복지정책을 추진했다. 포퓰리즘의 일례로서, 자국의 소고기 값이 오르자 소고기 수출 180일 중단이란 행정명령을 내려, 이미 외국과 약속된 소고기 수출에 차질을 빚기도 했다(이미숙, 김원호, 2001).[3]

아르헨티나는 정권의 함정인 포퓰리즘의 한계에 부딪히며 외환부족, 경제침체, 고 인플레, 잇단 임금인상으로 인플레의 악순환을 겪게 된다. 경제불안은 군사 쿠데타로 연결되었고, 정권의 도덕적 정당성과 분배구조에 의문을 품은 노동자와 학생들의 시위가 본격화되자 이에 대한 군사정권의 무력진압이 그치지 않았다. 즉 7년간 민주화 인사를 대상으로 전개된 '더러운 전쟁'으로 인해 3만 명의 젊은이가 실종되었는데, 지금도 부에노스아이레스의 마요 광장에선 자식 이름을 새긴 하얀 스카프를 쓴 어머니들의 목요일 행진이 지속되고 있다(손호철, 2007; 하영식, 2009). 이후 이 나라는 시장개방을 통해 다국적기업을 유치했지만, 그 또한 외채위기의 증폭만 불러일으켜, 결국 월스트리트의 압력으로 군부권력이 종식되고 무자비한 시장개방이 시

---

3 베네수엘라의 차베스 대통령도 알로 프레지덴테 토크쇼를 직접 진행했는데, 이 프로그램은 시청자의 민원을 대통령이 즉석에서 해결해 준다고 장담하며 관계 장관에 호통을 치는 빈곤층 인기 프로그램이었다.

작되었다.

(2) 국가쇠퇴의 원인

국가위험도 1위인 이 나라의 현대사를 살펴보면, 국가를 위기에 몰아넣는 갖가지 방법들의 백과사전 같음을 알 수 있는데, 사람들은 이를 '남미병(南美病)' 혹은 '남미증후군'이라고 조롱한다(이미숙·김원호, 2001).

아르헨티나 국가쇠퇴의 주요 원인으로서, 먼저 무능한 부패정권을 들 수 있다. 전 대통령이었던 메넴은 집권 초기엔 인플레를 잡고 경제성장률을 플러스로 돌려놓고 실업률을 끌어내리는 등 국민적 영웅 칭호를 받았다. 그러나 그는 이후 가택에 구금당하고 법정에 서게 되는데 혐의는 무기밀매였다. 그 외에도 공기업 민영화 과정에서 엄청난 리베이트를 챙겼다는 의혹도 따랐다. 그는 짧은 해외여행 때도 미용사, 재봉사, 골프교사, 복싱 트레이너, 마사지 전문가, 치과의사, 성형외과의사를 대동하는 등 사치의 극치를 보였다.

메넴 정권은 가혹한 신자유주의 정책으로 아르헨티나 화와 미국 달러를 1 : 1로 묶어, 물가를 비상식적으로 비싸게 만들기도 했다(송기도, 2003: 212). 물가는 호텔방에 하루 투숙하는 데 2백 달러, 생수 한 병에 3달러, 짧은 국제전화 한 통화에 1백 달러 수준이었다. 메넴의 신자유주의 정책으로 인해 국영기업들은 외국에 헐값으로 매각되었다. 민영화할 수 있는 것은 다 민영화한다는 방침 아래, 전화, 수도, 전기, 항공, 정유회사, 은행은 물론이고 동물원까지 민영화하였다. 군(軍)소유의 기업도 민영화하고 병영지(兵營地)는 부동산으로 처분했다. 외채를 갚기 위한 국가재산 처리는 거의 재산처분에 가까웠다. 결국 공기업의 98%를 민영화했는데, 이는 부패정권이 추진한 '철학 없는 민영화는 민영화가 아니라 국부(國富) 팔아먹기'임을 교훈으로 보여준다.

둘째, 극심한 빈부격차와 치안부재도 문제이다. 이 나라의 빈곤율은 42%에 이른다. 실업률도 공식적으로는 18%이지만 실질 실업률은 35%를 넘었다.[4]

셋째, 집단이기주의도 큰 문제이다. 아르헨티나의 3대 노총이 참여한 파업으로 인해 거의 모든 생산시설이 마비되었고, 월급 삭감에 반발하는 공무원 파업도 이어졌다.

넷째, 중남미의 경우 뇌물이 없으면 기업활동을 하는 데 한 발자국도 움직일 수 없는 경우가 많다고 한다. 미국의 패스트푸트 체인인 '웬디스'는 아르헨티나를 떠나

---

4 KBS의 일요스페셜 중 "현장보고 아르헨티나의 비극," 2002. 1. 13자 방영에서 참조.

면서 "부패한 아르헨티나가 바뀌지 않는 한 다시는 돌아오지 않겠다"고 비난했다. 이탈리아의 피아트 자동차도 브라질로 공장을 철수시켰다. 그런데도 이 나라는 한때 IMF와의 관계를 끊고 외채를 지불하지 말자고 허세를 부렸다. 그러니 '국가신인도보다 FIFA 랭킹을 중시하는 나라'라는 혹평을 피할 수 없었다. 중남미 사람들의 농담 중 세계 3대 불가사의 중 하나가 바로 광대한 영토, 풍부한 자원, 많은 백인인구를 갖고도 선진국이 못된 나라는 아르헨티나가 유일하다는 얘기이다(송기도, 2003).

(3) 아르헨티나의 쇠퇴가 주는 교훈적 함의

이 나라는 경제난 이후 환율을 3:1로 현실화시켜 물가를 잡고, 수출의 탄력에 힘입어 중산층 회복의 조짐을 보이고 있다. 특히 자원 확보를 위한 중국의 인프라 건설 붐을 크게 타고 있다(손호철, 2008). 그러나 실업자와 극빈자 등 서민 생활고는 여전하다. 게다가 주변국가의 이민자가 1천만 명이나 유입되었는데, 이들에 대한 관대한 조치인 사면령으로 경제부담은 더 커지고 있다.

아르헨티나 교민에 의하면, 아르헨티나인들은 GNP는 낮아도 문화, 예술을 사랑한다고 한다. 지금 그대로의 자기 삶을 사랑하는 이곳 사람들의 삶은 참 자유롭다고 한다. 풍족하진 않지만 입시부담이 없고 살인적 경쟁 속의 스트레스가 없다고 자랑한다. 이 나라의 춤인 탱고는 인간의 육체로 쓰는 가장 아름다운 시(詩)로 칭송되고, 거대한 평원 팜파스는 초록의 대초원 위에 작렬하는 태양과 한가한 소떼를 자랑한다(김병종, 2008).

그러나 서민들의 삶은 전혀 목가적이지 못하고, 고단함과 외로움에 절어 있다. 살인적 물가가 그 주요인이다. 예컨대 알폰신 정권 말기 때는 4천%가 넘는 인플레로 인해, 식료품 가게에서 맨 앞에 선 사람과 맨 뒤에 선 사람의 빵 가격이 다를 정도로 물가가 급상승하기도 했다(송기도, 2003: 211). 지금도 피켓을 든 채 구걸하며 정부정책에 항의하는 피케테로들이 길거리를 헤맨다. 신자유주의 정책으로 금융업자와 수입업자의 배만 불린 채 공장의 50%가 가동이 멈췄고, 인구의 40%인 1,400만 명이 극빈층으로 전락했다. 그러나 대통령 궁의 벽 색깔은 분홍색이라 한다(손호철, 2007).

여기서 아버지인 국가의 부재, 국가 개념의 망명을 읽을 수 있다. 신자유주의 시대의 중남미 착취를 담은 남미의 새 영화조류인 신(新)영화운동에선, "아르헨티나는 국가가 아니라 함정이다. 너를 엿 먹이는 거덜난 나라이니, 국가를 믿지 말고 너 스스로를 지키라"고 비난하며, 남미 자연의 원시성과 선조들의 고대 문명을 담은 로드 무비를 찍어댔다. 그러나 현재는 신 영화운동마저 계몽을 포기한 채, 남미인의 불행과 전락만 영화 속에서 묘사한다(임호준, 2008). 이로 인해 현 남미에선 그간의 민중수탈구조, 천연자원 수탈, 외세개입에 반대하며 민중계몽에 앞장서는 좌파 지지 세력이 당연히 많다(김병종, 2008). 투표율로 의석을 재분배하려는 선거제도 개선 움직임도 뚜렷하다.

2. 필리핀

(1) 역사제도적 기반과 국가의 흥망성쇠

필리핀은 우리나라의 장충체육관 시공법을 제공해 준 나라이자, 박정희 전 대통령이 필리핀 방문 길에 식량 증산책으로 필리핀의 볍씨를 구하려 했다는 일화가 있는 것처럼, 1960년대만 해도 아시아 제2의 선진국임을 자랑했다. 1960년대 우리가 국민소득 100달러의 빈곤에 허덕일 때 이 나라의 국민소득은 800달러나 되었다. 구리 10위, 금 9위의 매장량 등 지하자원이 풍부해, 지금도 '가난할 수 없는 나라'이기도 하다.

그러나 오랜 외세지배의 역사가 이 나라 국민들의 강한 민족주의를 촉발해 외자규제 등 보호무역주의가 남발되었고, 높은 관세와 쿼터제 등 자국민에게 최우선의 경제 이권을 나눠주는 자국민 우선주의가 강했다. 더욱이 독재정권 세력의 이권 개입과 사치스런 생활, 제조업 등 경제기초의 허약성으로 인해, 지금 이 나라는 '세계의 가정부 국가'로 전락했다(공병호, 2005). 해외로부터의 송금에 국가경제가 의존하고 있기 때문이다. 이런 돈이 GDP의 11%나 되기도 했다.

심각한 빈부격차와 기초 사회서비스의 부족도 심각하다. 필리핀 국가통계연구(NSCB)에 따르면, 2000년 현재 빈민은 520만 가구 중 3,130만 명으로 전체 인구의 40%나 된다. 반면 소수 상류층이 부를 독점해, 하층 60%의 소득비율이 전체의 24.7%인 데 비해, 상류층 10%의 소득비율은 전체의 38.4%나 된다.

(2) 국가쇠퇴의 원인

그렇다면 한때 아시아 제2의 선진국이 오늘날 국민 다수가 빈곤에 허덕이는 빈국이 된 모순상황이 발생한 이유는 무엇인가?

1) 식민지 유산이 낳은 통치계급 세습화

스페인의 식민지 시대부터 미국의 식민지 시기에 이르기까지 근 400년간에 걸친 식민지 역사의 부정적 유산에서 헤어 나오지 못한 점을 일차적으로 들 수 있겠다. 친 스페인과 친 미국 등 식민지배 국가의 자손들이 현지 지주계급 자손과 결합해 오랜 세월 동안 기득권 세력으로 자리잡으면서, 이른바 300여 개의 친 외세적 가문이 필리핀의 행정, 입법, 사법뿐 아니라 경제, 사회의 각 분야까지 독점하며 사회변화의 긍정적 계기를 차단해 왔다. 지방자치 제도도 시행하지만, 500여 개의 지방세력이 사사로이 지방행정을 좌우한다. 일례로 공식적으론 국민이 선거를 통해 지방장관을 투표로 뽑지만 어떤 방법으로든지 지방세력의 의도와 다르지 않게 선거결과가 조작되어 결국은 지방 지주세력이 지방장관을 거의 임명한 것과 같은 효과가 교묘하게 나타난다. 마르코스 독재가 무너졌지만, 중앙 차원에서도 지배가문이 계속 돌아가며 집권해, 실질적인 기득권 구조가 바뀌지 않았다.

2) 유력가문 중심의 독점 경제체제

필리핀이 사탕수수, 철광석 등 풍부한 자원을 갖고도 경제성장에 실패한 것은 300개 가문의 기득권을 철저하게 보호하는 전제조건에서 경제발전 전략을 추구해왔기 때문이다. 필리핀의 주요 가문들은 원자재를 미국 등에 수출하고 서구의 공산품을 독점 수입해 자국시장에서 엄청난 폭리를 취하며 팔아 막대한 부를 축적해 왔지만, 국내산업 발전에 필요한 민족자본의 역할은 제대로 수행하지 않았다. 그래서 변변한 국내 생산시설이 거의 없고 관광수입과 해외이주 노동자의 송금이 큰 비중을 차지하고 있는 현실이다. 친 미국계 기업과 스페인의 후손들로 구성된 300개 가문의 경제지배는 필리핀의 경제체제를 자유경쟁 경제가 아닌 소수 독재적 경제체제 하에 놓이게 했다.[5]

3) 제조업의 미발달 등 비합리적
경제구조와 부패정권의 이권개입으로 인한 외채 폭증

가장 근원적인 문제는 경제구조에도 있다. 필리핀의 경제구조는 1차산업과 3차산업에 의존하고 있는데, 2차산업인 제조업의 미발달 및 경제침체로 인해 실업률이 20%대에 이른다. 정부의 공식 실업률은 10.3%이지만, 계절 실업자 등 비정규직 노동자와 농촌지역의 무보수 가내 노동자를 포함시키면, 실업률은 20%를 훨씬 웃돈다는 것이 일반적인 관측이다.

---

5 이 내용은 http://cafe.daum.net/allofthebaguio에서 참고했음.

정부는 실업과 저개발을 해결하기 위해 해외펀드를 끌어다가 각종 개발사업을 추진해 왔지만, 개발차관(ODA) 에이전시에 의해 기획, 추진되는 각종 개발 프로젝트는 부패정권의 이권개입으로 인해 주민들, 특히 빈민들의 삶과 환경을 더욱 파괴한 채 외채에 허덕이게 한다. 2000년의 경우 이 나라의 누적차관은 520억 달러로서, 필리핀 국가예산이 110억 달러인 점을 고려하면 그 이자도 무시 못 할 규모이다.

(3) 빈곤의 원인

2008년의 세계은행 조사에 따르면, 필리핀 인구 4명 중 1명은 하루 1.25달러 이하의 수입으로 살아간다. 1950년대의 필리핀의 경제력은 아시아에서 일본 다음이었다. 하지만 지금은 동남아시아 17개국 중 13번째 정도에 불과하다. 잇단 토지개혁 실패로 유력 가문들이 전체 토지의 70% 이상을 차지하는데다, 제조업 기반도 적어 인구의 10%가 훨씬 넘는 900~1,100만 명이 해외에서 저임금 노동자로 일하고 있다 (한겨레뉴스, 2010. 5. 11자).

1) 토지개혁의 실패

토지개혁 실패는 빈곤의 주원인이다. 다른 나라의 경우는 자영농의 고된 노동과 교육열을 통해 대개 후대인 자식 대에선 중산층 진입이 가능하지만, 필리핀은 상위 5%가 토지의 64~70%를 차지하고 토지가 전혀 없는 농민이 60% 이상을 이룬다. 특히 이들 지주계급이 정계와 행정부에서 국가정책을 장악해 농지개혁정책은 더욱 좌절되었다.

2) 부정부패

빈곤의 또 다른 원인은 심각한 부정부패에서 찾을 수 있다. "한국에서는 뇌물을 책상 밑으로(under the table) 주지만, 필리핀에서는 책상까지 포함해서(Include the table) 준다"는 말처럼 심각한 부패상을 보인다. 메트로 마닐라 외곽을 지나다 보면 포장하다만 도로를 볼 수 있는데, 관료들이 예산을 빼돌린 결과라 한다. 부정부패와 저개발, 높은 실업률과 극심한 계급격차로 인한 빈곤의 악순환이, 국제금융의 무분별한 이윤추구와 어울려 필리핀 국민의 삶을 더욱 피폐하게 만들었다.

필리핀의 부정부패는 정도가 심할 뿐만 아니라 성격도 특별하다. 일례로 선거를 통해 차지한 공직의 자리를 개인의 특권처럼 생각한다. 공직을 사적 지위로 생각하고 개인적 영향력으로 여기는 것이다. 특히 고위 정치인들은 자신의 친척이나 자신을 도와준 사람들에게 특권을 배분한다. 이처럼 공적인 직위와 특권을 개인화하는

가치관은 필리핀의 부정부패를 심각하게 만드는 주요인이 되었다.[6]

(4) 리더십의 과제

필리핀 정부는 2004년도 GDP가 1천 75달러, 실업률은 10.9%, 또 2006년도 성장률은 5.6%, 빈곤율은 24.7%인 것으로 발표했다. 그러나 국민의 절반이 사실상 실업상태이고 주거와 교육이 매우 열악하며 도로, 철도, 병원 등 사회적 기반시설이 너무나 취약한 현실을 감안하면, 필리핀인들의 실제 생활고는 정부가 발표한 수치 이상일 수밖에 없다.

그런데도 불구하고 국민의 생활고를 해소해야 할 책무감 강한 리더십을 찾기가 어렵다. 예컨대 피플 파워로 불리는 시민혁명에 의해 대통령이 된 코라손 아키노는 피플 파워를 이용하지 않고 토지개혁, 인권회복을 형식적으로 추진했다. 그녀 자신도 지주 출신이었기 때문이다. 그녀는 피플 파워를 신뢰하지 않다가, 자신이 쿠데타로 포위당했을 때만 이에 의존하는 모순을 드러내 국민의 신망을 잃었다(아시아 네트워크, 2003: 43).

2010년 5월에는 그의 아들인 베니그노 노이노이 아키노가 필리핀 대선에서 40% 이상의 득표율을 기록하며 손쉽게 승리를 거뒀다. 그러나 명문가 출신인 그는 필리핀의 빈곤문제와 부패문제를 해결하기는 역부족이었다. 이러한 상황에 대한 국민적 불만이 2016년 트럼프 대통령을 연상시키는 강경파 로드리고 두테르테의 집권으로 이어졌다. 그는 마약과의 전쟁이나 보라카이 폐쇄를 통해 알 수 있듯이 높은 수준의 결단력과 집행력을 보여주기도 했다. 하지만 대통령 개인의 원맨쇼만으로 필리핀의 열악한 발전현실이 개선되기를 기대하기에는 여전히 역부족일 것으로 전망된다.

IV. 제3세계 국가의 발전가능성 탐색: 쿠바와 베네수엘라

남미 국가들은 19세기 초 독립 이래 지난 200년간 국부증진을 위한 다양한 노력을 전개해 왔다. 하지만 자유주의와 사회주의를 넘나드는 다양한 발전모델의 도입에도 불구하고 저성장의 한계를 탈피하는 일에는 실패한 것으로 평가되고 있다. 특

---

6 이강준, "부패가 만든 빈곤의 악순환: 발로 쓴 필리핀 파롤라지역 빈곤보고서"(http://peoplepower21.org/info/pub/pview.php)에서 참고했음.

히 남미 국가들은 제2차 세계대전 직후 동아시아 국가들에 비해 국민소득이 높았지만 이후 수입대체와 수출지향이라는 산업화 전략상의 차이로 인해 상황이 역전된 것으로 평가되고 있다. 더불어 상대적으로 평준화된 소득분배나 미국의 지원을 유도한 세계체제의 호의성이 동아시아의 고도성장에 기여하였다는 주장에도 주목할 필요가 있다(이국영, 2011: 231).

이러한 문제인식을 반영하는 남미 국가들의 발전전략은 최근 들어 매우 다양한 형태로 분화하고 있다. 먼저 멕시코나 칠레의 FTA 체결사례를 통해 알 수 있듯이 동아시아를 벤치마킹해 수입대체에서 수출지향으로 전환을 추진하고 있다. 다음으로 국가부도 위기를 경험하고 내수기반이 풍부한 브라질과 아르헨티나의 경우 국내경제에 대한 세계체제의 영향력을 최소화하려는 방어적 자세를 취하고 있다. 나아가 쿠바와 베네수엘라의 경우 신사회주의 관점에서 자립노선과 직결된 수입대체는 물론 공공서비스 보편성이나 지속가능발전에 관심을 보이고 있다.

1492년 콜럼버스의 서인도 제도 발견과 더불어 스페인의 식민지로 전락한 쿠바는 남미 식민개척을 위한 교두보이자 사탕수수 생산기지로 집중 육성되었다. 이후 사라진 아메리카 원주민을 대신해 아프리카 노예들이 카리브해의 주역으로 등장하였지만 이들은 단지 착취의 대상일 뿐이었다. 19세기 말 스페인의 힘이 약화되자 민중해방의 열망이 호세 마르띠(1857~95)가 주도한 독립투쟁으로 표출되었지만 1898년 미국의 식민지로 귀결되고 말았다.

하지만 해방에 대한 쿠바인들의 열망은 1959년 피델 카스르로(1926~2016)와 체 게바라(1928~67)가 주도한 혁명정부를 출범시켰다. 이후 남미를 대표하는 해방국가 쿠바는 미국의 경제봉쇄와 소련의 원조중단이라는 시련에도 불구하고 출범 초기의 정체성을 계속 유지하고 있다. 특히 미국의 세력권인 남미에서 쿠바와 베네수엘라 간에 체결된 민중동맹은 신사회주의의 이상실현을 위한 새로운 시도로 평가되고 있다.7

종속이론의 기풍이 강한 남미에서는 미국의 영향력을 차단하기 위한 자립경제와 구상무역을 추구해 왔다. 특히 쿠바와 베네수엘라는 의료와 석유를 매개로 협력관계를 유지했을 뿐만 아니라 국민들의 복지와 생태환경의 보존에도 심혈을 다하고 있다. 영미 경쟁국가들이 세계화를 앞세워 자유무역과 기술혁신에 주력하고 있음에 반하여 쿠바와 베네수엘라는 수입대체를 토대로 소득재분배와 지속가능발전에 주목하고 있다. 참고로 미국과 영국은 해외투자와 병행하여 투자유치를 위해 노력하는

---

7 남미 국가에서 목격되고 있는 국제적 연대는 주로 신사회주의 계열 진보정당들이 주도하고 있다. 남미의 독립영웅인 시몬 볼리바르(1783~1830)까지 거슬러 올라가는 삶의 질과 사회적 정의를 위한 진보 계열의 연대는 차베스와 룰라로 이어졌다.

개방형 통상국가이다. 반면에 쿠바와 베네수엘라는 해외투자나 투자유치에 별다른 관심을 보이지 않고 있다.

남미의 대표적인 산유국인 베네수엘라는 여타 자원부국들과 자원의 저주에서 자유롭지 못한 역사를 가지고 있다. 1912년 최초로 유전이 개발된 이래 다국적 기업의 주도 하에 석유가 수출에서 차지하는 비중이 급격히 증가하였지만 국민경제 전반의 발전으로 이어지지 못하였다. 이는 자원의 저주가 석유로 창출된 이익의 균등한 분배여부와 밀접한 관련성을 지니고 있음을 시사한다. 나아가 최근 경제기반을 붕괴시킨 베네수엘라의 초인플레이션도 자원의 저주에 기인한다.

1998년 집권한 차베스는 이후 3년간 경쟁보다는 협동에 초점이 부여된 '볼리바르 계획 2000'을 표방하면서 정당간 담합구조 타파, 부정부패의 척결, 빈곤문제의 해결에 초점을 부여하였다.[8] 특히 빈곤타파를 위한 복지정책에 최고의 우선순위를 부여하면서 학교, 병원, 보건소, 주택, 공원 등에 대한 서비스를 강화하였다. 더불어 복지서비스 전달의 대응성과 효율성 제고를 위해 군대를 적극적으로 활용하는 정책아이디어의 발굴도 이루어졌다.

차베스 정부가 추진한 중요한 복지정책으로는 먼저 도시 토지개혁을 들 수 있다. 정부 소유 토지에 위치한 빈민가 시민들이 구성한 위원회에 공영개발권을 허용하는 방식으로 자가소유 주택신축을 허용하였다. 나아가 시민들이 새로 획득한 주택의 소유권을 담보로 개인사업을 위한 대출도 가능해졌다.

다음으로 사회경제 프로젝트의 강화를 통해 협동조합과 소액금융 사업을 추진하였다. 집권 초기부터 강화된 새로운 프로젝트의 시행으로 조합원 간에 수익을 균등하게 배분하는 협동조합이나 사회적 기업이 크게 성장하였을 뿐만 아니라 방글라데시의 그라멘(Grameen) 은행 모델에 기초한 소액금융 사업도 확대되었다.

이 밖에 차베스 정부의 복지정책은 교육재정의 확대를 통한 공립학교 확충, 육아지원 프로그램의 확대, 대학입학 기회의 확대, 문맹퇴치를 위한 사회교육의 확대, 고등학교 미진학자를 대상으로 한 직업교육, 쿠바의사 유치를 통한 무상의료 제도, 생필품 네트워크 강화를 위한 지원 등 매우 다양하다(베네수엘라 혁명 연구모임, 2006: 182~200).

쿠바와 베네수엘라의 신사회주의 실험은 5억 8천만 남미 인구의 3분의 1을 보

---

8 필리핀의 하원의원이자 남반부 포커스라는 연구단체의 수석연구원인 월든 벨로(Walden Bello)는 탈세계화를 지향하는 개발도상국가들의 맞춤형 발전전략으로 수출보다는 내수, 중앙집권에서 지방분권으로, 지역경제와 중소기업의 보호, 제조업 중시 산업정책, 소득과 토지의 재분배 강화, 성장보다는 삶의 질과 친환경, 친환경 기술과 신재생에너지 활용, 민주적 정책결정방식의 강화, 시민사회의 감시기능 강화, 협동조합과 혼합경제 중시, 세계화에서 지역화로 등이다(노암 촘스키 외 저, 김시경 역, 2012: 108~110).

유한 브라질은 물론 남미 전반의 혁신을 유도하는 촉매제로 작용하기도 했다. 특히 브라질은 유럽과 아프리카의 전통이 경합된 문화대국으로 농업, 환경, 축제, 관광 등에서 미국에 필적하는 높은 수준의 발전 잠재력을 지닌 것으로 평가되기도 한다. 행정개혁과 관련해서도 주민참여예산제, 지속가능발전, 간선급행버스(Bus Rapid Transit: BRT) 등의 확산을 선도하기도 했다. 나아가 2002년부터 8년간 집권한 브라질의 룰라 대통령은 중산층의 강화와 물가안정 및 경제성장률의 상승이라는 경제성과를 이룩하였다.

하지만 2018년 말 현재 브라질은 룰라의 수감을 비롯해 연이은 부패스캔들로 좌파의 인기가 하락한 상태이고 급기야 미국의 트럼프나 필리핀의 두테르테를 연상시키는 우파 대통령 자이르 보우소나루의 당선이 확정되었다. 그의 주요한 공약은 민영화, 탈규제, 작은정부 등과 같은 신자유주의 노선을 표방하고 있을 뿐만 아니라 형사책임 연령 18세에서 16세로 하향, 총기소유 합법화, 경찰 권한 강화 등과 같은 신보수주의 노선도 병행하였기 때문이다.

이러한 추세라면 남미에서 '핑크타이드(pink tide·온건한 신사회주의)'를 대신하는 우파의 상승세가 지속될 것으로 보인다. 미국식 신자유주의 시장경제 체제 발전모델로 통하는 1990년 '워싱턴 합의' 이후 남미에서는 이에 대한 반발로 사회주의 정부가 들어서는 핑크타이드 물결이 거세졌다. 하지만 2015년 마우리시오 마크리 아르헨티나 대통령 당선을 기점으로 남미 대륙 12개국은 서서히 핑크타이드에 등을 돌리기 시작했다. 2016년 대선을 치른 페루와 2018년 대선을 치른 파라과이, 콜롬비아가 대표이다(매일경제, 2018.10.30자).

13

비교분석의 종합과 교훈
: 신공공관리의 공과와 비교발전행정의 대응과제

I. 개관

지금까지 제2편을 통해 살펴본 바와 같이, 세계화 추세를 반영하는 신자유주의(신공공관리)의 급속한 확산은 각국 정부들로 하여금 기존에 유지된 발전전략과 정부운영의 변화를 요구하고 있다. 나아가 이러한 변화 압력은 정부의 적극적 역할을 중시해 온 전통적인 행정학, 특히 기존의 비교 및 발전행정 연구에 위기의 징후를 표출시키고 있다.

이에 이 장에서는 현 신자유주의 세계화를 반영해 범세계적으로 진행되고 있는 신공공관리적 행정개혁의 허와 실을 조망하는 한편 현 행정학의 위기 시대에 부응하는 비교발전행정의 새로운 대응과제를 다각도로 검토하는 기회를 마련하고자 한다.

신공공관리의 확산을 반영하는 행정개혁의 도미노 현상과 행정학의 위기현상은 특정 국가나 특정 문제를 초월해 범세계적으로 다양한 논점들이 부각되고 있다는 점에서 문제의 심각성을 발견할 수 있다(Kettl, 2000). 특히 최근 부각된 행정학의 위기는 과거의 위기와는 달리 일상적인 공공부문에 관한 현실적 위기라는 점에서 그 본질(nature)과 강도(intensity) 및 심도(severity)를 달리한다. 나아가 최근의 위기에 대한 학문적 관심과 비판적 논의가 상대적으로 미약하다는 점도 문제의 심각성을 더해 주고 있다.[1]

신공공관리는 시장의 경쟁논리를 정부 내부는 물론 사회경제적 문제에 대한 만병통치약으로 묘사함으로써 공공부분에 대한 반대 여론을 활성화시키고, 많은 나라

---

1 Frederickson(1996)은 변화의 개념, 적실성(relevance)과 권한부여(empowerment)의 개념, 합리성 이론, 조직구조와 설계, 관리와 리더십 이론, 방법론과 가치의 문제 등 6가지 차원에서 미국의 정부재창조운동(Reinventing Government Movement)과 신행정학을 비교하였고, Lynn(2001)은 신공공관리론에 대비되는 전통행정학의 사고체계와 고전적인 정통행정학의 적실성을 논의하고 있다. 그러나 이러한 연구들이 신공공관리론을 위시한 최근의 경향들을 행정학에 대한 도전이나 위기로 적극적으로 인식하는 데에는 미치지 못하고 있다.

의 각종 정책에 영향력을 행사하고 있다.[2] 다시 말해 전통적 행정의 방법과 윤리를
민간의 관행으로 대체하도록 함으로써 공공부문의 정당성과 도덕성 및 사기를 훼손
시킬 뿐 아니라, 나아가 행정학에 학문적 위기감을 조성하고 있는 것이다(Harrow &
Willcocks, 1990).

　　물론 최근 노정된 정부실패의 심각성을 고려할 때 신공공관리론자들의 주장에
나름대로의 타당성과 설득력이 전혀 없는 것은 아니다. 하지만 공공부문에 대한 과
도하고 맹목적인 비판은 새로운 혼란의 시작을 의미한다는 점에서 보다 신중한 접
근이 요구된다. 새로운 21세기는 공공부문에 대한 민간부문의 승리가 아니라 양자
간의 조화로운 균형을 요구하기 때문이다.

II. 신공공관리적 행정개혁의 성과와 문제점

　　1980년대를 전후해 영미국가에서 태동한 신공공관리적 행정개혁은 이후 전세계
로 확산되었다. 물론 각국의 고유한 역사제도적 특성에 따라 도입의 폭과 범위는 다
소간의 편차가 존재하지만 신공공관리에 대한 열망은 아직도 계속되고 있다.[3] 또한
신공공관리를 반영하는 개혁 대안은 재무(예산, 회계, 감사), 인사(충원, 배치, 보수, 고
용안정), 조직(전문화, 조정, 규모, 분권화), 성과관리체계(내용, 조직, 활용) 등을 중심으
로 이루어지고 있다. 나아가 세계은행은 보다 거시적 관점에서 바람직한 거버넌스
(Good Governance)를 포함하는 신공공관리의 이념형을 제시하고 있다.

1. 신공공관리적 행정개혁의 성과

일반적으로 신공공관리적 행정개혁의 패턴은 그 강도에 따라 현상유지(Maintain), 현대
화(Modernize), 시장화(Marketize), 최소화(Minimize) 등과 같은 네 가지 'Ms'전략으로 유
형화가 가능하다(Pollitt & Bouckaert, 2004).[4] 부연하면 첫째, 현상유지 전략은 행정체제

---

2 신공공관리에 내재된 이데올로기적 속성은 시장만능주의 사고, 서구 각국의 보수적 정치가와 경영자들의 지
　 지, 세계은행·IMF·OECD 등과 같은 초국가 조직의 영향력을 활용한 전세계적 확산 등을 통해 확인되고 있다.
3 신공공관리적 행정개혁의 대두배경은 국가별로 다양하지만 크게 외환위기로 대표되는 경제적 요인, 신우파
　 기조의 확산으로 대표되는 정치적 요인 및 사회복지비 확대로 대표되는 사회-인구통계학적 요인으로 일반화
　 를 시도해 볼 수 있다.
4 최소화 전략이 경쟁이라는 시장의 논리를 중시하는 반면에 현대화 전략은 형평이라는 행정의 논리를 우선시
　 한다. 한편 시장화 전략은 경쟁과 형평 간의 조화를 추구한다는 특징을 지니고 있다.

그림 13-1 바람직한 거버넌스를 위한 세계은행의 개혁모델

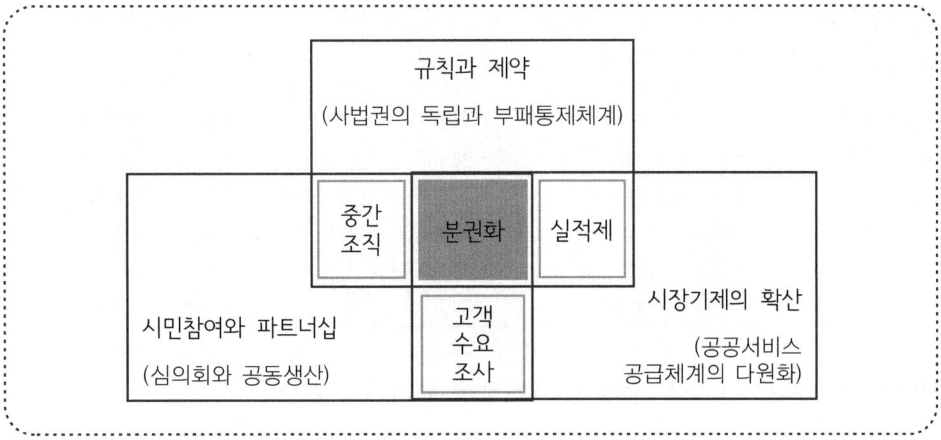

출처: World Bank(1997: 7)

를 통제하는 전통적인 방법인 정부지출 제한, 공무원 임용동결, 정부의 낭비와 부패에 대한 캠페인 시행 등을 활용하는 방법이다. 둘째, 현대화 전략은 예산, 관리, 회계, 서비스 전달 등 보다 신속하고 유연한 행정서비스를 제공하는 방법이다. 이러한 현대화 전략은 주로 행정국가의 전통이 강한 대륙형 국가에서 주로 목격되고 있으며, 시장메커니즘의 제한적 활용을 특징으로 한다. 셋째, 시장화 전략은 시장의 문화(culture), 가치(value), 실제(practice)들을 행정체제에 전면적으로 수용하자는 것으로 신공공관리가 표방한 기업식 정부를 추구한다. 넷째, 최소화 전략은 민영화나 민간위탁을 통해 행정의 기능과 업무를 최대한 많이 민간부문에 넘기는 것을 말한다. 따라서 사회보장, 교도소, 안보 등과 같이 고전적인 행정의 업무까지 공익단체나 민간기업이 운영하는 국가의 공동화를 초래한다.

한편 선진 각국의 행정개혁 사례를 통해 입증되고 있는 신공공관리의 주요 성과는 투입과 절약을 비롯해 활동과 산출, 생산성 비율, 결과와 영향, 과정개선, 체계개선, 비전구현 등으로 구분을 시도할 수 있다(Pollitt & Bouckaert, 2004).

(1) 투입과 절약

신공공관리가 본격화된 1900년대 이후 선진 각국의 GDP 대비 정부재정 지출은 대체로 감소하는 추세를 나타내고 있다. 이 중에서도 특히 1990년 이후 10년간 20%가 감소한 뉴질랜드의 성과가 인상적이다.[5] 하지만 이러한 성과 차이를 일

─────────────

5 1984년 노동당 정부의 집권과 더불어 시작된 뉴질랜드의 개혁과정은 매우 빠른 속도로 진행되었다. 이 점에

표 13-1 신공공관리적 행정개혁에 관한 국가군별 비교분석 결과

혁신쟁점	영연방식 모형	미국식 모형	북유럽식 모형
행정환경	▶ 복지국가의 위기 ▶ IMF 구제금융	▶ 석유위기 ▶ 반관료제 정서	▶ 세계화의 심화 ▶ 복지국가의 위기
혁신의 특징	▶ 급진적·포괄적	▶ 점진적·포괄적	▶ 급진적·제한적
혁신의 내용	▶ 구조개혁 중심	▶ 행태와 문화중심	▶ 과정과 제도중심
추진체계	▶ 중앙집권적	▶ 집권과 분권의 조화	▶ 집권과 분권의 조화
행정가치	▶ 효율성과 경제성	▶ 대응성과 봉사성	▶ 형평성과 합법성
추진전략	▶ 하향식 위주	▶ 상하향식의 조화	▶ 상향식 위주
프로그램	▶ 포괄적·급진적	▶ 포괄적·점진적	▶ 제한적·급진적

반화시키기 위해서는 다음과 같은 조건들에 유의해야 한다.

첫째, 선진 각국 간의 성과패턴 차이가 행정개혁 노력과 일치하는 것이 아니라는 점이다. 협치 국가의 대명사인 네덜란드의 절감효과가 매우 크게 나타나고 있음에 반하여 신공공관리의 선도자인 영국의 성과가 보통 수준에 그치고 있기 때문이다. 나아가 핀란드는 그동안 계속된 다양한 신공공관리적 행정개혁에도 불구하고 성과가 미미한 편이다.

둘째, 어떠한 종류의 절감이 이루어졌는가를 거의 알려주지 못하고 있다는 점이다. 특히 이러한 성과가 효율성과 효과성 및 서비스 질의 변화와 구체적으로 어떤 관련성을 지니고 있는가에 대한 단서를 제공하지 못하고 있다는 점이다. 또한 공공서비스의 민영화 수준이나 이로 인한 시민들의 부담변화에 대해서도 구체적 정보를 기대하기 어려운 실정이다.

셋째, 광의의 정부지출이든 협의의 정부소비이든 모든 형태의 절약이 관리혁신에 기인하는 것으로 보기는 어렵다는 점이다. 스웨덴의 경험을 통해 알 수 있듯이 긴축기조 하의 관리혁신이 생산성 제고에 유리하다는 점이다. 즉, 행정개혁은 절약의 필요조건임에 분명하지만 충분조건은 아니라는 점이다.

(2) 활동과 산출

지난 20년 동안 선진 각국에서 계속된 관리혁신의 주된 목적은 정부운영에 결과지향적 사고를 정립하기 위한 것이다. 이는 다시 말해 각국 정부가 예산의 제약 하에서 '더 적게 더 많이'라는 구호 하에서 활동량을 증가시켜야 했던 것이다.

서 뉴질랜드의 개혁은 '빅뱅'식 접근의 대표적인 성공사례로 평가되고 있다. 하지만 개혁에 필요한 정치적 지지와 타협을 배제한 상태에서 이루어진 정부주도(기술관료 중심)의 개혁이라는 점에서 서유럽의 전통적 패턴과는 구별된다.

활동량의 변화에 관한 정보는 생산성에 관한 정보에 비해 풍부한 편이다. 공공조직은 종종 자신의 행동이 어떠한 결과를 나타낼 것인지의 여부보다는 행동 자체를 기록하는 일에 초점을 부여해 왔다. 그리고 활동이 강화되면 다양한 대안적 공급자들에게 영향을 미치게 된다. 이 점은 대규모 민간위탁이나 관민협력이 선진각국의 행정현장에서 보편화된 사실을 통해 잘 나타나고 있다. 그러나 직영보다는 자원봉사나 자선단체의 활용이 일상화된 독일의 경우 민간위탁의 채택범위는 제한적이다.

물론 지방정부에 대한 업무이양, 민간위탁의 활성화 등으로 나타나는 활동의 강화 그 자체가 큰 의미를 지니기는 어렵다. 활동에 관한 정보가 서비스의 질이나 비용에 관한 정보와 결부되지 못한 상태에서 의미를 지니기 어렵기 때문이다. 따라서 영국을 비롯한 선진 각국은 성과의 양보다는 질을 중시하는 방향으로 감사의 초점을 변화시키고 있다.

(3) 생산성 비율

생산성(효율성)의 증대란 통상 투입대비 산출의 비율로 정의된다. 생산성의 증대 또는 저하는 다양한 요인에 기인하지만 특정한 기업이나 산업 분야와는 달리 공공서비스의 생산성에 관한 비교자료는 매우 희귀한 편이다.

하지만 이러한 생산성 증대효과를 정밀하게 분석하면 여러 가지 의문점을 제기해 볼 수 있다. 일례로 미국 지방정부의 민간위탁 사례를 살펴보면 흥미로운 사실을 발견할 수 있다. 일반적으로 공공선택이론의 가정에 따르면 민간위탁은 생산성 증대에 유리한 것으로 평가되지만 현실에서는 이와 배치되는 다양한 반증사례들을 목격할 수 있다는 점이다.

또한 민영화의 경우 생산성 증대에 보다 유리할 것으로 평가되고 있지만 실제로는 다양한 논쟁거리가 존재하고 있다. 공공에서 민간으로의 소유권 이전만으로 별다른 효과를 기대하기 어렵다는 것이다. 민영화보다는 경쟁체제의 확립이 생산성 증대에 보다 유리하게 작용한다는 것이다.

(4) 결과와 영향

앞서의 분석결과를 통해 알 수 있듯이 생산성의 증대효과를 단일의 또는 명확한 요인으로 규명하는 일은 용이한 과제가 아니다. 이러한 애로사항은 논의의 초점을 결과에 초점을 부여할 경우 더욱 어려워지게 된다. 일례로 뉴질랜드는 1986~92년간 계속된 대규모의 관리혁신을 통해 실업률과 인플레이션 감소, 범죄와 청소년

자살 증대 등과 같은 외부환경의 변화를 경험하였다. 하지만 뉴질랜드가 보유한 우수한 통계관리체계를 활용해 측정한 다양한 수치들의 대부분은 결과가 아니라 산출이다.

이와 같은 귀인의 문제는 대부분의 국가들이 경험하는 문제이다. 예를 들어 호주에서는 1992년 관리혁신의 결과를 평가하였는데, 고객에 대한 결과를 포함해 호주 공공서비스의 전반적인 비용효과성이 증대했다는 결론을 도출하였다. 하지만 관리증진을 위한 특별조사팀의 정밀조사 결과 앞서 제시된 결론의 근거는 매우 취약한 것으로 나타났다.

하지만 이러한 한계에도 불구하고 결과 측정의 신뢰성을 제고하기 위한 노력은 다양한 형태로 계속되고 있다. 유럽연합이 민간의 서비스 질 평가틀(European Foundation Quality Management: EFQM)을 벤치마킹해 정립한 보편적 평가틀(Common Assessment Framework: CAF)은 이를 반영하는 대표적 사례이다. 더불어 영국의 Next Steps 기관들이 민간기업과의 교차비교를 위해 도입한 성과평가체계도 이와 유사한 사례이다.

(5) 과정개선 측면의 결과

공공서비스의 수행과정을 개선하는 일은 산출이나 결과의 개선과 직결된 문제이다. 특히 민주국가의 경우 계량화된 결과 수치보다는 그 결과가 어떻게 산출되었는가의 여부에 보다 많은 관심을 기울이고 있는 실정이다.

또한 과정의 변화는 행정문화의 변화와 밀접한 관련성을 지니고 있다. 이러한 이유로 미국의 정부혁신을 총괄하고 있는 NPR는 과정개선 여부에 관한 체크리스트를 개발해 활용하고 있다.[6]

하지만 이러한 과정개선 노력이 실질적으로 성과 창출에 기여하고 있는가에 대해서는 다양한 측면에서 문제제기가 이루어지고 있다. 만약 이러한 혁신 운동의 기조에 반항적인 행정문화가 존재할 경우 실질적인 변화는 제한적일 것이기 때문이다. 일례로 Rubin(1995)의 연구에 따르면 독일과 프랑스의 공무원들은 이러한 변화에 직간접적으로 저항한 것으로 나타났다.

---

6 체크리스트의 주요 항목으로는 "NPR의 권고가 90% 이상 수행되고 있는가?, 소속 기관과의 성과계약을 수행하고 있는가?, 고객서비스 기준을 공표하였는가?, 비용절감을 위한 간소화를 추진하였는가?, 노동조합과 협력적 노사관계를 유지하고 있는가?, 레드테이프를 철폐하고 있는가?, 구매행정에 공개경쟁입찰 방식을 채택하고 있는가?, 혁신을 위한 제안제도와 실험실이 운영되고 있는가?, 전기세를 비롯한 운영비를 절감하고 있는가?, 정부간 관계의 새로운 대안을 마련하였는가?" 등을 지적할 수 있다.

(6) 체계개선 측면의 결과

최근 들어 전략적 접근의 활용가능성을 강조하는 논의들은 보다 광의의 개념인 체계개선을 중시하는 방향으로 수렴하고 있다. 이러한 체계개선의 성과는 정부조직의 유연성, 신속성, 학습능력 등과 같은 일련의 결과들에 의해 측정된다. 나아가 정부조직의 이러한 변화는 새로운 환경변화나 발전에 대한 대응능력을 증진시키게 된다.

먼저 각국 정부의 혁신적인 재조직화는 정치와 행정 간의 관계를 변화시키고 있다. 일례로 영국에서는 1988년 이래 10여 년간 계속된 혁신 노력의 결과 공무원의 70%가 새로운 조직형태인 책임운영기관에서 근무하게 되었다. 또한 뉴질랜드는 1984년 이래 모든 공공부문이 근본적인 구조변화를 경험하였다. 하지만 이러한 급진적 변화가 조직의 안정을 저해하는 부작용을 산출한 것으로 평가되고 있다.

다음으로 조직문화 변화가 조직성과 향상에 기여할 것이라는 주장이 당연시되고 있다. 하지만 문화변화의 실증적인 효과와 문화를 원하는 방향으로 재구조화하는 일은 결코 용이한 일이 아니다. 단 주요 국가의 관리자들을 대상으로 이루어진 몇몇의 실증분석 결과를 종합하면 관리자들의 자발적인 혁신참여가 성과제고의 핵심적 전제조건인 것으로 나타났다.

한편 정부가 원하는 방향으로의 체제개선이 정부신뢰도의 향상에 기여하는가의 여부가 관심의 대상으로 등장하였다. 하지만 공공서비스를 비롯해 교회, 교육, 언론, 사회보장 등을 대상으로 유럽 각국을 비교한 실증분석 결과에 따르면 혁신노력이 가속화된 1980년대 이후 공공서비스에 대한 신뢰도는 일반적인 예측과는 달리 혁신노력이 활발하게 이루어진 영국에서는 체감한 반면에 반대의 경우에 해당하는 독일에서는 증가한 것으로 나타났다.

(7) 비전구현 측면의 결과

종종 관리혁신은 특수하거나 기능적이다. 또한 위기상황의 탈출하는 주요한 수단으로 활용되고 있다. 하지만 이러한 용도와는 달리 관리혁신이 미래의 바람직한 비전을 달성하기 위한 용도로 활용되기도 한다. 일례로 '복지국가를 통해 비대화된 국가의 경계를 원상회복'한다는 대처의 개혁구호나 '더 적게, 더 많이'라는 NPR의 비전설정 사례가 여기에 해당한다.

물론 영미국가를 제외한 다른 나라에서는 비전의 중요성이 그다지 중요하지 않은 편이다. 하지만 많은 나라의 혁신운동 과정에서 미래를 지향하는 이상과 상상력이 갈수록 중시되는 경향을 발견할 수 있다. 일례로 핀란드는 민주주의와 평등주의 간의 결합을 추구하였으며, 독일에서는 일시적인 유행에 영합하기보다 기존 체제의 장점을 유지·발전시키는 일에 초점을 부여하였다. 그리고 네덜란드에서는 1994년 새로운 사민주의 연합이 공공성을 앞세워 준정부조직(QUANGOs: quasi non−governmental organizations)의 확대라는 결과를 산출하였다.

비전은 혁신의 상징적 요소로서 중요한 역할을 수행하지만 혁신과정의 결과를 평가하는 요소로 활용하기는 어렵다. 그러나 특정한 비전의 옹호자들은 그들이 신봉하는 비전의 관점에서 혁신의 성과를 평가하고자 한다. 따라서 혁신의 성과를 제대로 평가하기 위해서는 정치와 행정의 관계 등 기존 제도의 경로의존성을 충분히 고려해야 한다.

(8) 소결론: 선진국 행정개혁의 교훈과 시사점

앞서 개괄적으로 제시한 선진국 정부혁신의 경험이 주는 교훈을 급변하는 대내외 환경과 구조적 제약요인에 대한 전략적 관리의 측면에서 종합적으로 정리하면 다음과 같다(OECD, 2002).

첫째, 변화를 수용하고자 하는 행정적, 정치적 의지를 읽어라. 그리고 변화를 요구하는 압력의 강도와 다양성(multiplicity)의 정도가 기회의 크기를 결정한다.

둘째, 정교하고 전달력이 높은 비전은 변화를 위한 지원을 자극하고, 개혁에 초점을 맞출 가능성이 높다.

셋째, 개혁을 계획하고, 집행하며, 지속하는 데 필요한 인프라를 구축하라.

넷째, "기회의 고조(Wave of Opportunity)"를 이용하라. 가장 우선순위가 높고, 시민의 요구가 강한 개혁과제를 먼저 목표로 설정하는 방식으로 개혁을 홍보한다.

다섯째, 집행능력의 수준에 맞게 개혁의 범위를 조절하라.

여섯째, 개혁의 동의를 기다리지 말고, 지원세력을 적극적으로 포섭하라.

일곱째, 개혁을 지지하는 이해관계자들을 적극적으로 관리하고 이들의 저항을 최소화하라.

여덟째, 만약 오랜 시간의 정체로 인해 변화에 대한 저항이 심해진다면 이러한 상황을 뒤흔들어라.

아홉째, 위기감과 급박감을 조장하고, 일단 시작하면 신속하고 결단력 있게 행동하라.

열번째, 저항에 직면하더라도, 탄력을 유지하라(Keep Up Momentum).

열한 번째, 개혁의 숲과 나무를 동시에 연상하라. 개혁의 전체와 부분의 조화를 고려하라.

열두 번째, 명확하고 개방적이며 빈번한 의사소통을 하라. 문제와 개혁의 내용을 자유롭게 토론하고, 이를 통해 대안을 모색하는 것이 바람직하다.

열세 번째, 행정개혁에 대한 저항을 정확히 진단하고 관리해야 한다.

열네 번째, 전환의 순간(Transition Phase)과 변화의 영향력을 관리하라. 기존 체제에서 새로운 체제로의 변화는 전환에 소요되는 비용과 영향력이 클 것이다. 특히 개혁에 의해 영향을 받는 사람들을 보호하고 고려해야 한다.

열다섯 번째, 행정개혁의 과정과 지속적인 연관성을 모니터링하고 평가해야 한다.

열여섯 번째, 국민들을 대상으로 적극적 홍보와 참여를 유도해야 한다.

열일곱 번째, 변화주도세력(Change Manager)들을 과도한 업무로부터 보호해야 한다.

2. 신공공관리적 행정개혁의 문제점

신공공관리의 확산에 기폭제 역할을 담당한 영미국가의 행정개혁 사례를 통해 알 수 있듯이 신공공관리는 장점과 더불어 단점을 지니고 있다. 따라서 신공공관리의 일반화를 위해서는 기본적 전제들에 대한 재검토가 요구된다. 즉, 신공공관리론의 배경이 되는 이론적 내용들이 행정에 있어서 보편적 의미를 지닌다고 할 수 있는지를 확인할 필요가 있다. 여기서 살펴볼 이론적인 기본 전제들은 크게 세 가지이다.[7]

첫째, 민간부문이 공공부문보다 우월한지에 대한 확인이다. 여기서 우월의 기준은 '효율성'이 될 것이다(Clements, 1994). 즉, 민간부문이 공공부문보다 효율성 측면에서 우월하다는 것이 신공공관리론의 기본 전제들 중 하나이다. 그러나 섣불리 이러한 전제들에 동의하기 어려운 측면이 있다. Moe(1987)는 공공서비스의 공급에 관한 결정기준은 주권자인 시민의 권리와 관련된 것인지의 여부가 되어야 한다고 주장한다. 그렇기 때문에 경제성을 중요시하는 효율성은 부차적인 것에 불과하다고 주장한다. 그리고 보다 근본적인 문제는 공공부문의 성과와 민간부문의 성과를 동일선상에서 비교하기 어렵다는 점을 간과하지 말아야 한다. 동기, 유인, 수입원, 공공관계 등 많은 부분에서 차이가 나는 두 영역을 동일한 방식으로 비교하는 것도 그렇거니와 동일하게 운영한다는 명제도 매우 제한적이다(Rainey & Bozeman, 2002). 그러므

---

7 이상의 자세한 내용에 대해서는 김정렬·한인섭(2003)을 참고하기 바람.

로 민영화를 통해서 정부실패의 문제를 모두 해결할 수 있다고 주장하는 것은 거대한 환상(Grand Illusion)에 불과하다(Clements, 1994).

둘째, 시장논리의 기본 가정인 경쟁에 대한 재검토가 필요하다. 시장의 논리 속에는 이미 경쟁이 갖는 우월성을 인정하고 있다. 그리고 사익추구를 위한 자유경쟁을 통해서 공익실현이라는 최선의 상태에 도달할 수 있다고 본다. 하지만 이러한 기본 전제는 두 가지 측면을 간과하고 있다고 할 수 있다. 하나는 경쟁이라는 시장기능이 발휘되기 위해서는 여러 조건이 필요하다는 점이다. 즉, 공정한 경쟁을 담보할 수 있는 시장과 관리자의 존재가 그것이다. 그런데 현재 우리가 인식하는 경쟁은 정부에 의해 관리되거나 규제된 경쟁에 불과하다(DeLeon & Denhardt, 2000). 정부조직 자체가 경쟁의 주체가 되었을 때에도 시장이 자기 교정적(Self-Correction) 속성을 잘 가지게 될지 의문이다. 두 번째로 간과하고 있는 것은 자본주의가 갖는 소득격차 때문에 경쟁이 제한적일 수밖에 없다는 점이다. 즉, 시장화의 논리가 강화된다면 시장에서의 불공평성이 더욱 확대되는 결과를 낳을 것이다. 이것은 행정이념과도 관련되는 것으로 행정이 추구할 본질적 가치인 형평성, 민주성, 시민권 등이 수단적 가치인 효율성이나 효용 때문에 훼손될 수 있다는 점이다. 이런 맥락에서 비판적으로 검토되어야 한다(Haque, 1996).

셋째, 행정책임이나 윤리에 대한 재검토가 필요하다. 대의민주주의 정치체제에서 주권자인 국민에 대해서는 정치인이 책임을 지고 관료들은 자기의 정치적 임명권자에게 내부적으로 책임을 지는 것이 원칙이다. 신공공관리론이 주장하는 고객지향적 접근방법은 재고의 여지가 있다고 할 수 있다. 기업이 고객을 대하는 것처럼 정부도 납세자를 고객으로 대해야 한다는 것이다. 그런데 공공서비스에 있어서 과연 납

표 13-2   신공공관리론의 기본 가정에 대한 재검토

	신공공관리론의 기본 가정	비판적 고찰
민간부문의 우월성에 대한 측면	민간부문이 공공부문보다 효율성 측면에서 우월	▶ 민간-공공부문의 성과가 동일선상에서 평가되기 곤란함. ▶ 정부조직이 민간조직처럼 운영되기 곤란함.
시장논리(경쟁)의 측면	공공부문에도 경쟁의 논리 필요	▶ 정부조직이 경쟁의 주체가 되었을 경우에도 시장의 논리가 적용될지 의문. ▶ 행정이 추구해야 하는 가치를 훼손할 우려가 있음.
행정책임과 윤리적 측면	고객지향적(customer-oriented) 정부	▶ 고객(customer)과 시민(citizen)의 차이를 인식하고 구분하여 접근하는 것이 필요함

출처: 김정렬·한인섭(2003)을 토대로 재구성.

세자와 고객이 일치할 수 있는가의 문제가 있을 수 있다. 다시 말해서 정부가 공익을 추구하는 시민(citizen)이 아니라 고립된 개인의 단기적인 이기심에만 대응하는 것으로 인식될 수 있다는 것이다. 이런 경우 고객으로서의 권리와 시민으로서의 권리가 동일한 것인지에 대한 의문이 제기될 수 있다. 고객(customer)은 자기가 선호하는 상품(공공서비스)을 구입하는 데에만 관심을 기울일 뿐 해당 기업(정부)의 장래를 위해서 시간과 노력을 소비하지 않는다(Schachter, 1995). 이에 비해서 시민은 정부의 고객이 아니라 주권자이자 소비자이기 때문에 단순히 공공서비스를 소비하는 고객과 달리 보다 적극적으로 정부의 의제를 설정하는 역할을 담당한다는 것이다. 결국 신공공관리론의 주장은 일면 옳지만 고객과 시민의 차이를 간과하고 있는 것이다.

III. 세계화 및 행정학 위기에 대한 비교발전행정의 대응과제

1. 시장 편향적 개혁논리에 대응하기 위한 공공성의 재인식

신공공관리론에 내재된 문제점에 대한 소극적 비판과 방어적 자세만으로 행정학의 학문적 신뢰성과 규범성 및 자신감을 되살리기는 충분하지 않다. 따라서 행정학의 정당성과 직결된 공공성(publicness)에 대한 재인식을 통해 해결의 실마리를 찾아야 한다. 공공성이 없는 행정은 내용 없는 형식에 불과하기 때문이다.[8] 하지만 그동안 행정학계에서 공공성에 대한 논의는 개념의 모호성, 좌파적 속성, 획일주의 등과 같은 한계로 인해 충분한 관심의 대상이 되지 못한 것이 사실이다(임의영, 2003).

인류의 역사를 통해 공공부문은 다양한 형태로 존재해 왔다. 먼저 공공부문이 역사의 전면에 등장한 최초의 사례로는 고대 그리스·로마의 공화정을 들 수 있다. 도시국가 공동체 형태를 지닌 고대 공화정에서는 사유재산과 같이 시민 각자에게 맡겨진 문제와 구별되는 지도자 선출, 전쟁 등과 같은 중요한 정책결정을 시민 모두가 참여하는 공공부문에서 담당하였다. 다음으로 봉건주의와 절대주의 국가에서는 공동체에 의한 다수의 결정이 왕의 독점적인 결정으로 전환되었다. 따라서 공사의

---

8 공공성은 전체 또는 다수에 관한 일, 권위, 정부, 개방성, 전유불가능성, 이타성 등과 같은 다양한 의미를 지니고 있다. 따라서 공공성을 추구하는 정부상은 "정부의 활동이 공동체의 구성원 모두에게 알려지고, 법적인 근거에 의해 이루어지며, 그것으로 인해 차별받는 사람이 존재하지 않는 상태"로 묘사될 수 있다(소영진, 2003). 한편 공사간의 상대적 특성 차이를 반영하는 공행정의 특성으로는 공익성, 공식성, 정치성, 공정성, 집단성, 공개성 등을 들 수 있다(백완기, 2001).

구분이 불분명해지고 관료제의 형태와 기능도 왕의 목적달성을 위한 충실한 수단에 불과한 가산관료제로 제한되었다(소영진, 2003).

한편 20세기 이후 행정학계에서 공공성의 개념을 규정하려는 시도는 크게 두 가지로 구별되는데, 하나는 정통행정이론의 관점이고 다른 하나는 공공선택이론적 관점이다. 먼저 정통행정이론은 대개 공공(public)이라는 개념을 민간(private)이라는 개념과 상반된 것으로 이해한다. 하지만 이러한 방식의 개념화는 그 본질이나 역할 및 이데올로기와 상관없이 공공을 정부나 정치와 동일시하는 오류를 범하기 쉽다. 다음으로 공공선택이론은 공공을 민간과 마찬가지로 효용극대화를 추구하는 이기적 개인들의 합리적 선택으로 규정한다. 하지만 이러한 방식의 개념화는 어떤 공통된 유대감을 가지고 의식적으로 상호작용하고 협조하는 존재를 암시하는 공공의 개념 과 부합하기 어렵다는 한계를 지닌다.

행정학에 있어서 이러한 개념상의 문제점들은 앞서 제시한 학문적 위기를 보다 심화시키게 된다. 만약에 행정학에 있어서의 공공이 정부와 동일시된다면 정부의 역 할이 도전받을 때마다 행정학의 현실적 관련성과 학문적 신뢰성도 의문을 받을 것 이다. 다른 한편으로 만일 행정학의 공공성이 시장 중심적 가정에 토대를 두고 있다 면, 시장화가 성과를 거둘 때마다 행정학은 공공규범을 시장규범으로 보다 철저하게 대체하라는 압력에 직면하게 될 것이며, 이로 인해서 행정학의 규범적인 모호성은 더욱 심화될 것이다(Haque, 1996).

따라서 공공성의 재인식을 위한 노력은 기존의 지배적 관점들에 대한 비판적 평가가 전제되어야 한다. 부연하면, 먼저 공공과 정부를 동일시하는 오류를 회피해 야 한다. 이는 아직도 많은 나라에서 정치적, 관료적 및 경제적 지배엘리트들이 독 점적 권력을 가지고 있기 때문이다. 따라서 공공성의 강화를 위해서는 정부를 그러 한 엘리트에 의한 통제로부터 해방시키고, 정부의 운영을 민주화하며, 고객지향적인 행정을 추구해야 한다(Mathews, 1984). 다음으로 공공은 시장과도 동일시 될 수 없다. 왜냐하면 개인주의적이고 효용을 중시하는 시장경쟁적인 분위기에서는 공공을 집합 적 실체로서 규정하기 어렵기 때문이다. 따라서 규제강도의 적정화를 통해 시장의 공적 책임성을 제고시켜야 한다. 마지막으로 인종, 계급, 민족성, 성(gender) 등에서 다양성과 이질성이 존재하지 않는 사회는 존재하지 않기 때문에 공공과 전체 사회 를 동일시하는 것도 어렵다. 따라서 공공성의 강화를 위해 모든 사회는 불평등한 권 력과 지배에 기초하고 있는 현재의 집단 간 또는 계급 간 관계를 개선해야 한다.

또한 공공에 대한 국가중심적, 시장중심적 및 사회중심적 해석들은 주로 공공의 구조적인 측면들을 강조하기 때문에 공공에 대한 올바른 이해를 위해서는 상호작용과 비판적 인식의 차원에 주목할 필요가 있다. 이 점에서 Arendt와 Habermas가 주창한 공공영역이라는 관념은 매우 유용하다. 아렌트(Arendt)에 따르면 행동, 언어, 형평성, 자유 및 권력 등과 같은 공공적 실체의 구성요소는 본질적으로 상호주관적이고 의사소통적인 것이기 때문에, 그것을 깨닫기 위해서는 개인들이 자기 자신을 표현하고 상호간에 교감할 수 있는 공공의 장(public space)이 필요하다고 한다. 마찬가지로 하버마스(Habermas)도 상호작용적이고 산만한 개인들이 공통의 관심사를 논의하고, 여론을 형성하며, 사회에 대한 국가의 책임성을 유지하는 데 중요한 역할을 수행할 수 있도록 해 주는 것은 자율성을 가진 공공영역이라고 본다(Haque, 1996; 임의영, 2003).

결국 공공성에 대한 재인식은 구조적 측면은 물론 상호작용적·비판적 측면을 고려할 수 있어야 한다. 즉, 공공에 대한 현재의 편협하고 산발적이며 모호한 견해들을 초월해 행정학에 포괄적인 공공적 관점이 설정되고 나면 신자유주의적 세계화와 신공공관리로 인해 촉발된 행정학의 위기를 완화시킬 수 있는 학문적 토대를 구축할 수 있을 것이다(Haque, 1996). 또한 공공영역의 활성화를 위해서는 참여와 토론으로 대표되는 소통능력의 강화를 통해 특정 집단의 여론조작을 사전에 예방해야 한다. 나아가 공공성의 제도화는 사회구성원들이 동의하는 문제, 사회구성원들의 자발적인 협동, 권력의 차이가 극소화된 계약, 모두에게나 어느 상황에서나 공평하게 적용되는 투명한 계약, 규제와 간섭을 최소화시키는 방식으로의 위임, 개혁과 변동이 가능한 제도 등과 같은 조건을 구비해야 한다.

2. 발전전략의 재정비

상기한 공공성의 재인식은 자연히 국가발전에 있어 정부의 바람직한 역할 모색과 이를 위한 행정체제 개혁 논의를 불러일으킨다. 더욱이 신자유주의적 세계화의 시장편향적 개혁논리는 우리에게 사회의 양극화 등 많은 사회경제적 비용을 요구한다. 따라서 우리는 이에 대한 적절한 대비책을 발전전략의 틀로 마련해 놓지 않으면 안 되는데, 이에 대한 방향은 규제국가론(Liberal Regulatory State Theory), 경쟁적 조합주의론(Competitive Corporatism), 신발전국가론(Neo-Developmetal State Theory)으로 대표되는 세 가지 시나리오에서 어느 정도 찾아볼 수 있다(양재진, 2004).

먼저 질서자유주의 논리에 기초한 규제국가(Regulatory State)는 발전국가와 달리 산업육성을 위한 산업정책을 실시하지 않으며 반드시 개인의 이익보다 공동체적 이익을 우선하지 않으므로 확산적 복지정책을 강조하지도 않는다. 그렇다고 시장이 완

전한 자유 속에 방임될 수 있도록 불간섭으로 일관하는 것은 아니다. 그 대신 국가
는 시장의 투명하고 공정한 경쟁을 유도하기 위해 매우 정교하게 발전된 규제장치
를 고안하고 운영하는 업무를 담당한다. 이러한 관점에서 규제국가는 규제완화
(deregulation)의 산물이면서 동시에 재규제(reregulation)의 결과라고 볼 수 있다(이연
호, 1998).

다음으로 서유럽 강소국의 성공사례를 토대로 개념화된 경쟁적 조합주의는 탈
산업사회와 세계화를 변수가 아닌 상수로 받아들이고, 노사정이 협력하여 국가경쟁
력을 확보하면서도 사회안전성을 해치지 않는 모델을 뜻하는바, 네덜란드, 스페인
그리고 아일랜드가 대표적인 사례로 꼽힌다(Rhodes, 2001; 양재진, 2004).

마지막으로 신발전국가론은 국가주도의 적극적 산업정책이 폐기처분해야 할 과
거의 유물이 아니라 세계화 추세에 부응하는 방향으로 재구성해 활용해야 한다는
것이다. 첨단기술산업의 경쟁력을 확보하기 위해 산업정책의 유용성에 주목하고 있
는 영미국가의 사례를 통해 알 수 있듯이 IT나 BT분야를 중심으로 정부의 선도적인
조정역할이 강화되어야 한다는 것이다.

우리는 이 책의 제2편에서 논구한 세계 각국의 발전경험 비교와 상기한 세 가
지 시나리오에 의거할 때, 한국의 현실과 관련하여 다음과 같은 발전전략상의 지향
점을 발견할 수 있다.

첫째, 국가의 선도적 역할이다. 구조조정은 일회적인 합의나 정책결정으로 완료
되는 것이 아니라, 지속적으로 변화하는 일련의 사건이 포함된 긴 시간의 동태적 과
정이기 때문에 이 과정에서 중심을 잡고 장기적인 정책적 일관성을 추구하는 정부
의 역할이 중요하다는 것이다. 이 점에서 특히 우리나라는 발전국가의 전통을 지니
고 있다는 점에 주목해야 한다. 세계화의 심화와 신자유주의 발전전략으로의 전환과
정에서 과거의 장점을 일방적으로 폐기하는 과오를 범하지 않도록 유의해야 할 것
이다. 따라서 서유럽 강소국에 대한 벤치마킹은 국가 전체의 균형발전이라는 시각에
서 이루어져야 한다.

둘째, 정부는 지속적인 자기혁신(투명성 제고와 엄정한 법집행)을 통해 산업정책
의 효과성과 신뢰성을 증진시켜 나가야 한다. 특히 정부의 정책변화에 대한 사회전
반의 합의를 용이하게 유도하기 위해서는 확고한 리더십과 정교한 기획능력을 토대
로 산업발전의 장기적인 비전을 제시할 수 있어야 한다. 다시 말해 과거 우리가 채
택하였던 직접적 산업정책의 부작용을 회피하기 위해 네덜란드가 구사한 방어적 산
업정책이나 미국이 채택한 소극적 산업정책으로의 전환을 고려해 볼 수 있다.9

셋째, 자본세계화의 위협구조 및 산업구조조정에서 필히 중시되는 노사정 관계의 안정을 위한 제도기반의 재설계는, 궁극적으로 노사등권(等權)에 기초한 강소국의 사회협약 모델을 지향하되 단기적으로는 영국 블레어 정부가 주창한 이해관계화 경제(Stakeholding Economy)에 주목할 필요가 있다. 이는 세계화라는 치열한 경쟁무대에서 기업의 생존을 보장하기 위해 고용에 대한 전통적 책임을 경감시키는 대신에 시장에서 도태된 노동자들에 대한 정부의 책임을 강화하는 방안을 주된 내용으로 한다. 이때 정부가 노동자들의 생활안정과 재고용을 위해 제공하는 직업훈련, 실업수당 등의 편익은 인센티브 방식을 채택해야 한다. 더불어 공급측면의 역할강화로 인해 증대하는 정부의 재정부담은 산업정책으로 대표되는 직접적 지원방식의 완화를 통해 상쇄해야 한다.

넷째, 정부의 파트너인 시장과 시민사회가 발휘하는 타협과 순응의 미덕을 발전전략에 반영해야 한다. 일례로 프랑스, 일본, 한국은 절충모델의 제도화 과정에서 고도성장의 모델사례로 각광을 받기도 했지만, 이해 당사자 간의 정책조정능력의 저하로 인해 지속적인 변화관리에 실패한 것으로 평가되고 있다. 반면에 서유럽 강소국은 물론 홍콩과 싱가포르로 대표되는 동아시아 강소국들은 유연한 적응능력을 토대로 높은 수준의 국가경쟁력을 계속 유지하고 있다. 권위주의 정부가 사라진 상태에서 강요된 타협은 더 이상 유효성을 발휘하기 어렵다. 더불어 정부, 시장, 시민사회 모두 변화된 환경에 적극적으로 대처하여 국가 전체의 경쟁력을 높이는 데 역량을 집중해야 할 것이다.

3. 거버넌스의 체계화

방금 지적했듯이, 향후 국가 발전과정에서 공공부문과 민간부문 간에 존재하는 불필요한 긴장과 갈등관계를 청산하고 양자 간의 건설적 협력관계를 신속하게 구축하기 위해서는 거버넌스 논의의 체계화도 요구된다. 특히 파트너십을 중시하는 네트워크 거버넌스의 이상은 계층제는 물론 시장의 병리현상에 대한 유용한 처방책을 제시했다는 점에서 시사하는 바가 크다. 하지만 거버넌스로 지칭되는 새로운 인식틀의 체계화 노력은 아직 전반적으로 미진한 실정이다. 그렇다면 아직 초기 개념화 단계를 탈피하지 못하고 있는 거버넌스의 체계화를 위한 행정학계의 주요 과제는

---

9 방어적·소극적 산업정책은 정부의 직접적인 시장개입을 중시해 온 전통적인 산업정책의 완화된 개념이다. 즉, 정부보조금이나 정책금융을 활용한 직접적 시장개입이 아니라 간접적인 무역장벽이나 첨단과학기술의 활성화를 유도하는 방식으로 자국의 국가경쟁력 강화에 기여한다.

무엇인가?

먼저 파트너십에 대한 기초연구가 강화되어야 한다. 이에 Vrinkerhoff(2002)는 일반적 형태의 협력방식들과 구별되는 파트너십의 차별적 특성으로 상호성(Mutuality)과 조직정체성(Organization Identity)에 주목한다. 먼저 상호성은 계층적 조정과 반대로 수평적인 조정과 책임 및 의사결정의 동등성을 가정한다. 다음으로 조직정체성은 두 가지 차원으로 이해될 수 있다. 첫째, 조직정체성의 유지란 하나의 조직이 계속 존재하면서 자신의 사명이나 핵심적 가치 및 관할권을 위탁함을 의미한다. 둘째, 보다 거시적인 제도적 견지에서 조직정체성이란 파트너십을 형성하는 조직들이 자신들의 상대적인 강점을 계속 유지함을 의미한다.

그리고 파트너십의 성공적 유지를 위한 조건은 다음과 같다. 먼저 다른 행위자들과 파트너십을 형성함에 있어서는 그 실체를 정확히 규정해야 한다. 왜냐하면 이들이 파트너십에 참여하는 방식이 자원, 기술, 관계, 동의 등 매우 다양하고 독특하기 때문이다. 다음으로 조직정체성의 훼손, 즉 특정 조직이 비교우위를 상실하게 되면 이는 해당 조직의 정당성 약화는 물론 궁극적으로 파트너십의 효과성 저하를 초래하게 된다는 점이다. 이는 특정조직의 문화가 다른 조직에 침투할 경우 침해된 조직은 파트너로서의 역할과 능력을 상실한다는 사실을 통해 설명될 수 있다. 마지막으로 상호성은 조직정체성을 강화한다는 점이다. 동등한 참여와 영향력을 각 행위자에게 보장하게 되면 조직정체성의 유지가 용이해지기 때문이다. 나아가 조직정체성의 유지는 파트너십의 효율성과 효과성 및 시너지 창출로 이어질 것이다(Vrinkerhoff, 2002).

결국 파트너십이란 목표를 공유하는 다양한 행위자들 사이의 동태적인 관계로서 행위자 각각의 비교우위를 극대화시키는 가장 합리적인 업무분담 방식으로 과업을 수행한다. 또한 시너지와 자율성 간의 균형이 전제된 파트너십의 구현상태는 상호간의 존중과 의사결정에의 동등한 참여, 상호간의 책임성과 투명성을 초래한다. 나아가 파트너십의 가능성을 극대화시키는 상황요인으로는 문제의 범위와 속성상 다수행위자들과 통합된 해결책을 요구하거나 집단행동의 딜레마와 유사한 갈등해결을 요구하는 경우를 지적할 수 있다.

최근 들어 계층제와 시장에 기초한 문제해결기제의 효용성이 약화되면서 새로운 대안으로 민간부문 및 시민사회와의 파트너십(네트워크)에 대한 사회적 기대가 증가하고 있다. 하지만 파트너십이 현재 우리가 직면한 모든 정책문제들에 적용 가능한 만능의 해결책은 아니다. 따라서 파트너십의 이상과 현실 간에 존재하는 격차를 초래하는 요인들에 대한 규명작업이 선행되어야 한다. 일례로 정책문제에 내재된 불확실성의 강도가 정책결정자의 통제범위를 초월할 경우에는 파트너십을 활용한 해결보다는 과업의 분할, 공공부문과 민간부문 간의 경계선 조정, 외부위탁 등과 같은 전통적 문제해결방식에 의존하는 것이 바람직하기 때문이다(Teisman & Klijn, 2002).

다음으로 거버넌스의 적용 분야별로 비교연구가 활성화되어야 한다. 일반적으로 거버넌스의 주요한 적용분야는 크게 정부 간 관계, 정부-기업 간 관계, 정부-시민사회 간 관계로 대별된다. 하지만 보다 구체적으로 정부와 직간접적인 거래관계에 있는 정당, 언론, 싱크탱크 등과의 협력관계에 대한 논의도 필요하다. 나아가 산업진흥을 비롯해 노동공급, 범죄예방, 환경관리, 복지서비스 등 문제의 성격에 따라서는 다자간 협력관계를 상정해 볼 수 있다. 이처럼 거버넌스에 대한 관심은 매우 다양한 형태로 이루어지고 있지만 비교연구의 활성화가 전제되지 못한 상태에서 파트너십을 현실의 정책과정에서 구현하는 일은 결코 용이한 과제가 아니다. 일례로 영국 블레어 정부는 자신들의 정책에 대한 수사로 파트너십을 자주 언급함으로써 신노동당(New Labour)의 정당성을 확보하는 일에는 성공하였지만 실제로 공공부문과 민간부문의 행위자들이 공동으로 설립한 프로젝트가 일반의 기대만큼 많지 않았다고 한다(김정렬, 2001). 또한 전통적으로 파트너십을 중시해 온 네덜란드의 경우도 영국의 현실과 크게 다르지 않다.

4. 주요국 발전전략의 교훈적 함의 종합

❶ 미국, 일본 등 우리가 선진국이라 칭송해 온 국가들의 발전의 명암(明暗)을 냉철히 따져볼 필요가 있다. 양대 선진국의 국질과 국격의 문제점은 이들 나라의 제도와 정책을 자주 수입, 활용하는 우리나라엔 타산지석의 효과가 있기 때문이다. 특히 발전 개념의 완결구조 차원에서 볼 때 이빨 빠진 동그라미 같은 허점을 보인 일본의 종래 발전전략은 우리에게 반면교사(反面敎師)의 교훈을 준다. 일본은 제도와 정책 면에서 우리와 유사한 측면이 많아, 우리나라가 발전의 완결구조를 향해 나가는 길에서 최근 일본의 발전경로 수정은 좋은 비교 잣대로 작용할 수도 있을 것이다.

❷ 싱가포르, 네덜란드, 아일랜드, 스위스 등의 상황적응적 접근과 특화전략 등 치밀한 국가발전전략 디자인은 우리가 국가발전과정에서 정면교사(正面敎師)로 삼아야 할 주요 내용이다. 이들 나라의 구조개혁 혹은 구조조정의 타이밍 준수도 눈여겨

볼 대목이다. 싱가포르, 네덜란드가 세계화에 적극적 태도로 임해 치밀한 정책설계
로 세계화에 성공한 사례는 공공개혁 및 산업구조의 고도화 타이밍을 놓친 일본과
대조를 이룬다.

❸ 행정개혁의 종합적 접근도 시사하는 바가 크다. 신공공관리적 접근을 통해
행정의 군살을 빼고 거버넌스의 제도화로 민주주의와 효율성을 동시에 도모하는 유
럽 강소국들과 싱가포르의 정책지혜를 내면화해야 할 것이다. 위기를 기회로 돌리는
대타협의 국민정신도 큰 의미를 갖는다. 대외적 개방을 통해 투자유치에 적극적으로
노력하는 네덜란드, 아일랜드의 자본유치국가적 시도와, 국민 간의 협동심과 단결력
을 기반으로 해 거버넌스를 통한 사회갈등 관리를 제도화한 점은 우리의 벤치마킹
대상으로 긴요한 측면이다.

❹ 줏대 있는 국제적 처신으로 국격을 잃지 않은 싱가포르의 사례, 국가규모는
작아도 적극적인 개발원조로 국제사회의 협력자 역할에 최선을 다하는 네덜란드, 노
르웨이 사례도 국격 완비의 모범적 사례이다.

❺ 아르헨티나, 필리핀 등 실패국가들로부터 얻는 성찰적 교훈도 우리에겐 귀
감이 된다. 집단이기주의를 제어하지 못하면 국가위기가 주기적으로 반복되는 나라
가 되는 점, 지도자들의 인기영합주의, 정치논리에 경제논리를 종속시킨 이들 나라
의 쇠퇴요인을 특히 주목해야 한다.

❻ 세계의 최대공장이자 세계적 시장인 중국시장의 잠재력 활용, 인도에서의
인프라 건설참여, 러시아의 자원개발 참여 등등 대륙권 규모의 경제를 가진 국가들
의 잠재력을 십분 활용하되, 단 이 나라의 국질, 국격 문제는 우리 또한 경계해야 할
주요 사항이다.

❼ 결국 세계화 시대에서 각국의 경쟁력을 판가름하는 요인은 자원의 유무나 국
토의 크기가 절대적인 것은 아니다. 중동 및 남미국가들에서 보는 바와 같이 이른바
'자원의 저주'이론이 설명력을 갖기도 한다. 오히려 작은 나라의 전성시대가 도래하
고 있다. 가장 잘 사는 나라 10국을 보면 미국을 제외한 모든 나라(룩셈부르크-노르
웨이-스위스-아이슬란드-아일랜드-덴마크-스웨덴-네덜란드-핀란드)가 작은 나라이
다.10 과거엔 큰 나라가 번영과 안정의 상징이었지만, 이젠 세계화로 전세계가 시장
이 되면서 소국이 대국보다 민첩하게 시장을 개척할 수 있고 정부의 발전정책 구상
과 실행도 쉽다. 발전혜택을 느끼게 하는 정부의 발전전략 마련이 그만큼 용이한 것
이다. 강소국은 국민의 동질성과, 협력심, 단결력 등 사회신뢰도 높아 건강보험, 교육

10 파이낸셜 타임스의 칼럼니스트 기드온 래크먼에 의하면, 국가경쟁력 상위 7국 중 5국이 소국(小國)이다. 기대
    수명과 교육수준을 따지는 인간개발지수도 일본을 제외하면 작은 나라가 상위 10국을 차지한다.

등 분배정책 및 기회평등 구조에 투자하기도 쉽다(정재홍, "작은 나라 전성시대," 중앙일보, 2007. 12. 5자).

이런 점에서 보면 국가의 사이즈나 자원의 많고 적음보다는 세계화의 흐름을 이해하고 그 흐름을 전략적으로 관리해 자국에 이로운 방향으로 유도하거나 그 흐름에 슬기롭게 적응해 나가는, 즉 관리적 세계화의 능력을 갖춘 정부의 발전전략과 개혁 타이밍, 그리고 시민사회의 응집력 및 사회자본이 국가발전에서 가장 큰 설명력을 갖는 독립변수라고 볼 수 있겠다.

제3편

세계화 시대 한국의 국가 발전전략

제14장   세계화의 이해와 세계화 흐름 관리하기

제15장   세계화의 시대적 정언명령 제대로 읽기

제16장   나라경제의 체질 개선하기

제17장   살기 좋은 나라 만들기

제18장   세계가 함께 하고 싶은 나라 만들기

제19장   나라 살림살이의 질 높이기

제20장   좋은 나라 만들기 시민운동본부

세계화의 이해와 세계화 흐름 관리하기

우리는 이 책의 제2편에서 세계 각국의 다양한 발전경험, 특히 신자유주의 세계화시대를 맞아 각국이 자국의 발전전략과 행정개혁의 방향을 어떻게 가져가고 있는지를 비교분석해 보았다. 이제 제3편에서는 상기한 논의의 교훈적 함의를 토대로 해, 한국의 발전전략을 집중 논구하고자 한다. 특히 세계화의 명암과 그것이 우리에게 주는 시대적 정언명령을 중심으로 현 자본세계화 추세에 적절히 대응하고 또 그 흐름을 우리에게 맞게 관리·유도하기 위한 국가발전전략 및 행정개혁의 지향점을 구체적으로 찾아보고자 한다.

I. 세계화의 개념과 그 명암

국가발전의 출발점은 올바른 좌표의 설정이다. 여기서 한 국가를 둘러싸고 있는 환경의 다양한 변화맥락과 그것이 그 나라에 미치는 다각적 영향을 분석해 보는 것은 매우 중요하다. 국가는 진공 속에서 존재하지 않기 때문이다. 국가는 세계라는 환경에 둘러싸여 있고, 그를 둘러싼 환경의 영향을 끊임없이 받으며 세계와 상호작용하고 있다. 따라서 국가는 세계 환경의 변화와 요구에 적절히 대응할 때에만 존립, 발전할 수 있다. 그런 의미에서 현재 우리나라를 둘러싸고 있는 환경적 변화맥락을 제대로 감지하는 것이 발전전략의 구성에 있어 일차적으로 전제되어야 할 것이다.

현재 우리나라를 둘러싸고 있는 환경적 변화맥락으로 가장 중요한 것은 아마도 세계화[1]일 것이다. 그런데 세계화는 기회와 위기라는 두 개의 얼굴로 우리에게 다가

---

1 영미권에서는 world가 지닌 종교적, 문화적, 정치적 의미를 고려해 세계가 하나가 된다는 의미를 담기에는 global이란 단어가 적합하다고 판단해 1980년대 초부터 그것을 동사(動詞)화해 '지구화'란 표현을 사용한다.

온다. 세계화의 명암(明暗) 속에서 그 득실을 면밀히 따져보자.

세계화란 무엇인가? 국제화(Internationalization)가 국민적 경계를 넘어선 경제활동의 지리적 확대를 의미한다면, 세계화는 20세기 후반 이래 해외 직접투자와 전략적 제휴를 통해 국제적으로 확산된 경제활동들의 기능적 통합을 의미한다(김윤태, 1999). 이런 점에서 Hettne는 세계화를 지리적 측면은 약화되지만, 국제화 과정의 질적 깊이를 더해 가는 것으로 본다.

세계화는 경제적 측면으로만 한정되는 개념이 아니다. Huntington은 세계화를 국경을 초월해 상품, 자본, 기술, 아이디어의 교류가 확대되고, 세계 공동의 문제를 다루기 위한 표준 행동규범과 규칙을 만들어 나가는 노력이라고 정의한다. Giddens도 세계화를 경제적 자유화뿐 아니라 다양한 기술의 변화, 냉전의 종말과 공산주의의 붕괴, 사회적 연대(solidarity)의 변화와 관련되는 다차원적 개념으로 해석하고 있다.

그렇기에 UNDP는 세계화의 4가지 특징으로서, ① 새로운 시장(하루 24시간 내내 작동하는 글로벌 외환시장과 자본시장), ② 새로운 도구(인터넷, 미디어 네트워크를 통한 글로벌 연계), ③ 새로운 주역(WTO, 초국적기업, 글로벌 NGO 등), ④ 새로운 규율(다자간 무역협정)을 강조한다(주성수, 2000: 20~21). Beck(2000: 38)도 이런 점에서 "이제 지구성(地球性)은 우리가 회피할 수 없는 인간행위의 기본조건"이라고 강조한다. 이러한 세계화의 흐름은 밝은 면과 어두운 면을 똑같이 내재하고 있다.

1. 세계화의 밝은 면(明)

(1) 자생적 세계화(Spontaneous Globalization)

자생적 세계화는 컴퓨터, 교통, 통신 등 과학기술의 발달에 힘입어 개별국가의 경계가 없어지고 전세계가 지구촌(地球村; Global Village)이라는 하나의 시장으로 통합되는 현상으로서, 인류문명의 발전에 따른 상호의존적 세계사회의 자생적 형성을 의미한다(문정인, 1996: 327). 따라서 이는 현상적 의미의 환경적 세계화(環境的 世界化)라고도 불린다(김중웅, 1997: 43). 자생적 세계화의 촉진배경은 다음과 같다.

중국도 전지구화, 일본도 범지구화란 표현을 쓴다. 이처럼 세계화보다는 지구화라는 표현이 더 타당하다(임현진, 2001: 24). 그러나 세계화의 완성형태가 지구화라는 시각도 있다. 즉 우리가 국제화에서 지구화로 가는 도정에서 세계화의 단계를 거친다는 것이다(임현진, 1998: 2). 따라서 이 책에선 지금 우리가 지구화로 가는 도정에서 세계화를 거치고 있다는 단계적 의미를 살리기 위해서, 또 그간 국내에서 지구화보다는 세계화란 용어를 더 많이 써왔기 때문에 용어사용의 통일을 기하기 위해 세계화란 개념을 그대로 사용하고자 한다.

1) 3T(Transport, Telecommunication, Tourism) 현상의 대두

현대 과학기술의 진보에 힘입은 교통, 통신의 발달에 힘입어 지구촌이 형성되고,[2] 인적, 물적, 문화적 교류는 국가 경계를 무력화시킨다. 이에 따라 우리는 그 어느 때보다도 더 멀리, 더 빨리, 더 깊이, 더 싸게 다른 나라에 접근할 수 있고,[3] 시장과 기술의 가차 없는 통합을 이룰 수도 있다. 기존의 냉전세계가 울타리와 담벼락이 쳐져 있는 평원으로서 우리가 그 울타리 구획 안에서만 다양하게 생활했다면, 지금은 통신방식, 투자방법, 세계적 동향에 대한 인식방법 등의 변화로 인해 거대한 장벽이 무너지면서 모든 것이 하나에로 빠르게 흡수되고 있다(프리드먼 저, 신동욱 역, 2002).

2) 경제적 상호의존성 증가

혼혈공장론(混血工場論) 등 생산기지의 해외이전을 뜻하는 '생산의 세계화 현상'과, 신 국제분업질서 하에서 국적을 달리하는 기업들 간의 전략적 제휴, 공동투자 등 기능적 분업의 왕성함, 또 코카콜라, 리복, 나이키 등 국제적 브랜드의 소비재들이 세계 곳곳을 파고드는 '소비의 세계화' 현상을 들 수 있다(문정인, 1996: 329~330).[4]

3) 복수지연(複數地緣)적 삶

Beck은 "지구화는 거리의 소멸, 즉 국민국가와 대륙을 뛰어 넘는 행위와 공동생활을 가능하게 한다"고 주장한다. 즉 "시간이 압축된 지구가 등장하고, 공간을 극복하는 비용과 이에 소요되는 시간이 최소화되고 무시해도 좋을 정도"라고 말한다. 여기서 복수지연적 삶이 가능해진다. 즉 한 사람이 여러 지역과 결혼하기라도 한 것처럼, 여러 지역을 이곳저곳 옮겨 다니며 서로 배타적으로 보이는 모든 곳을 사랑할 수 있다. 사적 삶은 더 이상 장소에 구속된 삶이 아니다. 여행을 지향하며 인터넷 속의 삶, 초국민적 삶이 가능하다. 이러한 복수의 거주지, 사적 삶의 세계화는 국가주권을 공동화(空洞化)시키고, 국민국가적 사회학을 퇴장시킨다. 결국 복수지연적 삶은 초국민적 공동생활, 즉 지리적 거리에도 불구하고 존재하는 사회적 인접성을 강조하

---

2 19세기 후반부터 1914년까지의 세계화가 운송비용 하락, 철도, 증기선, 자동차의 발달에 힘입은 것이라면, 오늘의 세계화는 통신비용 하락, 마이크로 칩, 위성, 광케이블, 인터넷의 영향이 크다(프리드먼 저, 신동욱 역, 2002).

3 구한말 시대의 개화사상가 유길준이 근대 한국 최초의 유학생으로서 일본, 미국을 둘러보고 [서유견문]을 썼지만, 오늘날엔 누구나 쉽게 해외에 나갈 수 있어 자기식의 서유견문기를 쓸 수 있다. 한비야의 [바람의 딸, 걸어서 지구 세바퀴 반], 정다영의 [다영이의 이슬람여행] 등의 기행집들이 바로 그것이다.

4 "코펜하겐의 일류 디자이너가 파리에 가서 보고 디자인한 뒤 이탈리아 옷감을 사 갖고 서울에 와서 가장 바느질 잘하는 의류공장에서 재단, 재봉시켜 만든 옷을 다시 뉴욕과 유럽의 일류 의상실에 내다 판다"(이삼열, 1999: 66~67). 이 말은 오늘날 경제 세계화의 단면을 가장 잘 보여주는 예이다.

는 것이다(벡 저, 조만영 역, 2000).

(2) 세계화의 여타 밝은 면

❶ 세계화는 탈규제와 권위주의 청산 등 민주주의에 기여한다. 세계화론자들은 시장주의자로서 시장의 기본가치, 즉 '자유, 개인주의, 효율성, 경쟁, 실적주의'를 존 중한다. 따라서 그들은 이들 가치가 사회 전체의 가치체계를 인도할 때 모든 자원은 효율적으로 배분되고 최대의 경제적 복지를 누릴 수 있다고 믿는다. 또 세계화는 탈 규제, 경쟁원리의 도입 등을 통해 많은 나라에서 관치 위주의 권위주의적 경제운용 구조를 해체시킬 것으로 기대한다. 또 세계화는 사회주의와 군부 권위주의의 몰락으 로 마련된 정치공간에서 자유를 통해 좌 − 우 권위주의 정권을 민주주의로 대체하는 데도 큰 몫을 할 수 있다.

❷ 세계화는 범지구적 정부개혁운동에도 큰 영향을 미친다. 즉 시장의 효율성 에 대한 신뢰에 입각해 관료적 독점 대신 선의의 경쟁을 부추기고, 분권화, 성과급, 시장적 유인, 저비용 등 생산적 관리를 주장해 공공 관료제의 감축과 시장화를 유도 한다.

❸ 세계화는 전자민주주의 시대를 연다. 정보흐름의 자유에 따라 국가나 거대 기업에 의한 정보독점이 줄고 대중도 정보에의 접근이 용이해진다(안병영, 1998: 13~14). 또 지구화와 결합되어 진행되는 지방화가 지역공동체의 자주적 발전 가능성 을 높여 주고, 정보화에 따라 정보 확산과 참여공간의 확대가 원격민주주의를 통한 반 직접(Semi−Direct) 민주주의의 발전 가능성을 제공한다. 그 현실적 방안으로서 지 방자치가 보다 잘 실현될 수 있다(임현진, 1998: 433).

2. 세계화의 어두운 면과 경제 세계화의 위협구조(暗)

세계화가 항상 밝은 면만 보여주는 것은 아니다. 오늘날 지구가 하나의 마을이 되면서, 지구촌에서는 다음과 같은 세계화의 어두운 모습들도 나타난다. ① 일례로 전자민주주의는 일면 컴퓨터에 의해 일거수일투족이 감시되는 대형통제 하의 전체 주의를 초래할 우려도 있다. ② 세계화의 물결이 심할수록 정신적 피난처를 찾아 종 교, 인종적 요람을 추구하는 경향, 즉 종교적 근본주의와 인종주의적 분쟁이 커진다. ③ 저질 소비문화와 스테레오 타이프의 주조(鑄造)화된 사고도 풍미한다(안병영, 1998: 17~19). 이는 문화적 세계화의 역설로서, 맥도널드화된 지구문화로 수렴한다.

여기서 다양성과 타자성은 사장되고 하나의 상품세계만 대두한다(벡 저, 조만영 역, 2000: 88~89). ④ 지구촌 세계화에 힘입어 제3세계 노동자의 불법 입국으로 유럽인들이 노랑개미(Gelben Amaisen)인 아시아의 부지런한 노동자들에게 일자리를 빼앗기고 실업자와 노숙자가 되어 방황한다. 이삼열(1999)은 이를'공포의 세계화'라고 지칭한다.

이처럼 세계화에 대한 부정적 평가도 적지 않은데, 경제 세계화의 문제점을 중심으로 세계화의 암초적 측면을 좀 더 자세히 분석해 보자.

1) 체계적 취약성(Systemic Vulnerability)

이는 한 국가가 세계 자본주의 분업질서에 통합되는 과정에서 발생하는 통제 불가능한 외부적 충격의 위협이다. 예컨대 무한경쟁에서 선진국이 아량을 보이지 않고 국제 금융투기자본을 앞세워 고리대금업 노릇을 계속할 때 후진국의 경제안보 위협과 타율적 구조조정은 명약관화한 사실이다. 즉 외환위기, 외채위기가 구조조정을 가져오는데, 이는 대상국에게 엄청난 정치, 경제, 사회비용을 유발한다.

2) 구조적 종속(Structural Dependency)

상기한 체계적 취약성이 국가의 선택 여지가 없는 것인 반면, 구조적 종속은 상당부분 특정국가가 선택한 귀결이다. 이는 다국적기업들이 저임 노동력, 새로운 시장, 유리한 기업 환경을 찾아 대안적 생산베이스를 모색하는 과정에서 발생한다. 다국적기업의 침투는 수용국가의 경제 자율성을 저해하며 국가 경제발전전략의 성격과 방향까지도 좌우한다. 그런데 이는 국내 정치행위자 및 국내 기업들의 단기적 이익 극대화에 의해 조장된다. 마치 이는 자신의 정신과 혼을 악마에 팔아넘기는 파우스트적 흥정(Faustian bargaining)과 같다.

3) 관계적 민감성(Relational Sensitivity)

"브라질의 나비 한 마리가 날면 미국 텍사스에 폭풍이 인다"는 말이 있듯이, 교역 대상국과 교역품목의 집중은 특정국가, 특정품목에 대한 의존도를 심화시켜 교역에서 불리한 입장이 되게 한다. 우리의 경우 수출은 미국에 집중되어 한미 통상마찰을, 수입은 일본에 지나치게 의존해, 대일 무역수지 적자와 대일 부품의존도가 교역의 입지를 크게 약화시킨다(문정인, 1996: 334~335). 참고로 우리나라의 수출의존도는 2000년의 경우 미국 20.7%, 일본 11.8%였다. 최근엔 중국에의 수출 의존도가 급등해, 2011년 현재 24.1%의 의존도를 보인다.

3. 세계화에 대한 종합적 이해

세계화에 대해선 이처럼 밝은 면과 어두운 면이 동시에 상존한다. 즉 세계시장의 통합으로 전통적 국민주권 국가들의 영향력이 축소되어 세계가 국경 없는 풍요로운 지구촌 사회로 전환한다는 세계화론자들의 낙관적 견해와 더불어, 미국을 비롯한 부국들의 탐욕으로 인해 빈부격차가 확산되고 국가 이기주의의 대립으로 부국─빈국 간 갈등이 더 증폭되리라는 반(反) 세계화론자의 비관론이 공존한다.

물론 비관론에 대해 낙관론자는 저개발 지역에의 투자는 그 지역으로부터의 자본재와 중간재 수요를 유발하고 이것이 다시 원(原) 투자국의 수출로 이어져, 결국 두 지역 모두의 고용기회가 더 창출된다고 반박한다. 더욱이 정보기술 분야에서 선진국 기업의 아웃소싱이 활발해지고 있어, 상대적으로 저렴하고 유능한 기술자를 보유한 개발도상국엔 세계화의 혜택이 확산될 것이라 주장한다. 그러나 반 세계화론자들은 공산품보다는 특히 농업부문에서 반론을 제기한다. 유럽 농민단체 주축의 반세계화 연합은 약육강식의 세계화라는 약탈자가 지구 총인구의 80%를 점유한 저개발국의 민중을 착취하고, 끝내 지구를 파멸시킬 것이라는 극단적 주장도 불사한다(안영환, 2007: 35~36). 즉 낙관론자는 좋은 세계화를, 비관론자 혹은 반세계화론자는 나쁜 세계화를 주장하는 것이다.

실제로 세계화 현상은 지구 곳곳에서 매우 다양한 실재로 나타나고 있다(피터스, 2012: 28~34). 먼저 세계화는 무역기구 관련자들에겐 무역과 자본유통의 증가를 의미한다. 세계화는 국가 간 무역증가와 단일 세계경제의 창출이라는 신자유주의 경제 패러다임을 반영하는 것인데, WTO, 다국적 기업, OECD, ICC(국제상공회의소) 등 신자유주의 지지자들은 세계화가 외국인 직접투자, 고용창출, 기술이전, 국가 간 경제 상호의존에 의거해 빈곤 문제에 대처하게 해주므로, 빈국들을 불행에서 구제하는 길이라고 역설한다.

한편 개발공동체 사람들에게 있어 세계화는 국제적 차원에서 가난 및 질병과 싸우는 방법을 제공하는 것이다. 세계은행, 유엔 개발계획, 미국 국제개발처 등 개발공동체 이론가들은 세계화의 규명방법으로서 사회개발을 가치 있게 여기고 개발이론이 이론─실천의 중심이어야 한다고 주장하면서, 세계화가 성장과 사람개발의 기회를 통해 빈국 국민들의 삶을 향상시킬 기회를 제공할 수 있다고 본다. 이를 위해 제1세계의 생활양식 공유와 모든 이를 위한 삶의 기준 향상, 시장 효율성을 통해 교육, 의료, 여타 복지사업을 향상시키는 방법, 전통적 행위방식을 현대방식으로 변화시킬 것 등을 강조한다. 예컨대 제임스 울펀슨 세계은행 총재는 "세계화는 자신의 삶을 향상시키도록 능력을 부여하는 실제 방법론"이라고 역설한다(피터스, 윤요한 역, 2012: 132~158).

상기한 신자유주의와 개발이론의 입장은 경제주의 이데올로기로서, 결국 사람과 지구의 안녕보다는 소수의 부의 축적과 그것의 특권화를 강조해 도덕적 파산을 초래하기 쉽다. 또 경제성장으로 더 나은 삶의 보장과 빈곤퇴치를 주장하지만, 실제의 경제성장에도 불구하고 빈자들의 빈곤퇴치가 거짓으로 판명되면서 기능적 파산을 낳기도 한다. 즉 신자유주의나 개발 세계화의 입장은 지배적인 세계화 이론으로서, 좋은 삶에 대한 비전, 예컨대 민주적 참여, 의도적인 지구 돌봄, 민중의 사회안녕 보장, 지속 가능성 등을 기대하기 어렵게 만든다.

그래서 반 세계화 주창자들에겐 세계화가 부자가 빈자를 착취하는 통로로 인식된다. 이들은 민중과 조직이 공유하는 이데올로기에 초점을 두는데, 그 이념은 아래로부터의 세계화이다. 이들은 생태지역 모델, 지역화로 불리는 민중원리, 환경정의와 대안적 경제제체개발에 주력한다.

제2, 3세계의 많은 사람들은 세계화를 식민주의의 새로운 형태로 인식하기도 한다. 따라서 이들은 빈곤과 소외된 삶을 파괴하는 세계화의 권위에 대처하기 위해 결집하는 민중의 지역공동체 활동을 성찰한다. 이는 탈 식민주의의 입장으로서, 대부분 남반구 출신들의 입장이지만 선진 세계 내의 소외자들도 이 입장에 동조한다 (피터스, 윤요한 역, 2012: 283~285).

4. 뉴 라운드의 영향력과 WTO의 위상

실제로 지구촌 곳곳에서 벌어진 세계화 과정에서 나쁜 세계화 측면이 더 강하게 나타나고 있어 문제이다. 그 일례로 뉴 라운드의 홍수(GR, BR, TR, CR 등)가 세계경제의 극심한 동요와 부침을 더욱 부추기고 있다.

라운드(Round)는 OECD 중심의 선진 공업국들이 자국 무역상의 애로점을 일거에 타결하기 위해 추진하는 다자간(多者間) 무역협상체제이다. 그 핵심은 최근 선진국의 성장 한계와 개도국의 급속한 성장으로 인해 선−후진국 간의 경제격차가 빠르게 좁혀지자, 이를 우려하는 선진국들이 자기들이 갖고 있는 모든 '우위적 분야'를 국제무역에서 전략무기화해, 개도국의 기술격차와 시장의 불완전성이라는 현저한 약점에 집중공격을 가하는 것이다(김영곤, 1994: 14~15). 따라서 이에는 선진국의 국가이기주의적 횡포가 깔려 있다.

뉴 라운드는 무역제한 철폐를 추진했던 기존의 UR협상에서 완전히 타결되지 못했거나,[5] 그 이행이 미진한 분야를 추가 협상해 기존의 통상이슈에 대해 실질적 자유화를 달성하고 완전한 협정의 틀을 마련하는 것을 목표로 한다. 이를 위해 각종 통상이슈에 대한 국제규범을 새롭게 제정해 실질적 교역의 자유화를 달성하고, 특히 세계무역기구(WTO)의 결성을 통해 다자간 무역협상체제를 더욱 공고화하자는 것이다(채욱, 2000: 161). 뉴 라운드의 각 내용을 자세히 살펴보자.

1) 환경라운드(Green Round)

환경보전에 애를 쓰지 않고 환경정화시설 등 비용을 부담하지 않은 채 만들어진 나라의 상품은 무임승차의 소지가 커, 무역에서 높은 관세를 부과한다는 것이다.

2) 노동라운드(Blue Round)

열악한 노동환경 및 아동, 죄수의 노동을 통해 만들어진 상품은 국제교역에서 페널티를 부여하자는 것이다. 서구는 노동자들의 근로조건에 이미 많은 투자를 했는데, 이에 신경을 쓰지 않고 값싸게 물건을 만들어 파는 나라는 무임승차하는 꼴이므로, 국제규범을 설정하고 모든 나라가 이를 똑같이 지키자는 것이다.

3) 경쟁정책 라운드(Competition Round)

공정경쟁을 제한하는 각국의 독특한 시장구조, 기업관행을 국제규범화하자는 것이다. 미국에선 누구든지 자유경쟁을 하지만, 예컨대 아시아 시장은 담합, 지명입찰 덕분에 자국 기업만이 늘 경쟁우위를 누린다는 것이다. 이런 시장관행을 없애야 공정한 게임이라는 것이다.

4) 기술 라운드(Technology Round)

개도국이 선진국과의 기술격차를 줄이기 위해 기술개발정책을 강화하는 것을 선진국이 막으려는 것이다. 이는 선진국에서 축적된 과학기술을 후발국이 무임승차해 활용한다는 판단에서 비롯된다. 따라서 지적재산권 보호를 위한 로열티 지불문제를 의제로 제기하는 한편, 이를 국제규범으로 제정해 후발국의 기술개발 통제를 목적으로 한다. 또 각국의 정부가 전략산업을 선별적으로 집중 육성하는 데 규제를 가하는 것이다. 따라서 신흥공업국은 연구개발에 대한 정부보조를 대폭 감축 받게 되

---

5 1986년 125개국이 참가한 우루과이 라운드(UR)에서는, 세계무역기구(WTO)의 설립, 관세의 35~40% 인하, 농산물, 섬유, 서비스, 지적재산권 기준을 마련했다. 그런데 UR에서 모든 문제를 해결하지는 못했다. 예컨대 농업, 서비스 부문은 상품의 종류에 따라 2002년까지 또는 2004년까지 관세를 몇 %로 일단 내린다는 식으로만 타결되었다. 그런 미비점을 뉴 라운드에서 해결하기로 UR에서 타결했던 것이다.

는 반면, 선진국에의 기술종속은 더욱 심화될 우려가 있다.

5) 반 부패 라운드(Anti-Corruption Round)

OECD에 의해 적극 추진되는 것으로서, 국제입찰 및 해외 투자과정에서의 뇌물 수수 등 부정부패 행위를 저지른 국가에 대해 일정한 제재를 가해 공정한 무역질서를 조성하자는 것이다.

상기한 바와 같이 환경, 경쟁정책, 정부조달의 투명성 등 새로운 통상이슈들은 각국의 교역패턴 및 산업구조 변화에 큰 영향을 미칠 것으로 예상된다. 그러나 외국의 수출공세에 제동을 걸기 위해 반덤핑조치를 고수하고, 근로조건이 나쁜 나라에 제재를 가하는 등 자국의 경제이익 보호에만 혈안인 미국의 속셈이 여실히 드러나면서,[6] 인도, 이집트 등 개도국들의 노동라운드 결사 반대, 일본과 유럽의 반덤핑규정 개정을 위한 연합전선 구축, 환경, 노동, 인권분야 국제 비정부기구들의 항의시위가 연이어 나타났다. 비정부기구들은 뉴 라운드가 결국 강대국에게만 유리하고, 인간성과 환경을 파괴시킨다는 논리를 전개하며 시위를 벌여, 시애틀 WTO 회의가 무산되기도 했다.

그러나 2003년 멕시코 칸쿤에서 열린 WTO 각료회의의 선언문 초안을 보면, UR을 대신할 뉴 라운드의 기본틀을 보다 강하게 규정하고 있고, 농업분야의 실질적 시장개방을 위해 관세, 보조금을 대폭 감축하는 것이 그 기본골자로 되어 있다. 공산품, 임수산물 등 비농산물의 관세 대폭 감축도 이에 포함된다. 따라서 우리 농산물 시장은 일부 품목을 제외하고는 전면적 개방이 불가피하고, UR 때보다 개방의 폭과 속도도 빨라지게 되었다(중앙일보, 2003. 9. 15자 5면).

한편 21세기 신 국제교역질서를 책임지기 위해 세계무역기구(World Trade Organization: WTO)가 결성되었다. 이는 세계 경제경찰 혹은 무역 사법부로서, 국가간 경제 분쟁에 대한 판결권과 강제집행권을 갖고 국제규범에 따라 국가분쟁이나 마찰을 조정하며, 이를 어기는 국가에는 무역거래에서 엄청난 불이익조치를 가한다.

WTO는 기업이익을 대변하는 세계화와 대중의 통제로부터 자본의 해방을 위해 노력할 뿐이다. 따라서 환경보전과 노동해방을 위한 투쟁에는 전혀 관심이 없다. 그 대신 WTO는 초국적기업들을 위해 무엇을 하라고 각국의 정부에 강요하기까지 한

---

6 냉전 이후 세계화시대에서의 미국의 전략은 다음과 같이 3가지로 정리된다(김경원, 2004: 162). ① 세계 경제질서의 규범과 규칙을 미국의 경제이익 보호에 유리하도록 수정하는 것이다. 즉 UR를 통해 이를 추진하고, 자국이 경쟁력 있는 농산물, 서비스, 지적소유권을 GATT 규정의 테두리 내에 포함시킨다. ② 전 지구적 다자주의와 더불어 NAFTA, APEC 등 지역주의를 병행하는 것이다. 특히 후자는 동아시아 국가들이 시장을 개방하도록 설득하는 주요통로이다. ③ 쌍무관계를 통해 미국의 통상이익을 적극 추구한다. 즉 슈퍼 301조를 통상압력의 강력한 수단으로 삼는다.

다. 일례로 ILO는 노동권에 관한 모든 쟁점을 포괄하지만 노동조건을 바꿀 만한 실질적 권력은 없다. 반면 WTO는 새로운 관할자로서 이 문제에 대해 실질적 권력을 지닌다. 노동조건에 영향을 미치는 결정들은 사실상 무역의 문제이기 때문이다.

WTO의 원칙을 한층 높은 수준으로 발전시킨 것이 단일 세계경제의 헌법이라 불리는 '다자간 투자협정'이다. 이 협정은 각국의 정부로 하여금 해외자본의 자유로운 투자권을 방해하는 어떤 새로운 법도 만들지 못하게 하고, 현존하는 자본에 대한 모든 규제를 폐지할 것을 요구한다. 이제 자본은 각국의 정부에 책임지지 않고 오직 초국적 자본이 규정하는 시장원칙에만 충실한 국제적 국가를 만들려고 시도한다(탭저, 이강국 역, 2001: 273~278). 이런 점들을 현 세계경제 속에서 좀 더 실제적으로 부연해 보면 다음의 내용들과 같다.

II. 자본 세계화의 방식: 터보, 카지노, 카우보이 자본주의

1. 자본 세계화의 태동배경

1970년대에 2차에 걸친 오일 쇼크 이후 서구는 장기간에 걸쳐 경기침체와 구조조정기를 맞는다. 따라서 자본이 생산적인 부문에 투자되지 못하면서 고용기회가 축소되고, 이에 따라 소비와 생산 모든 분야가 하락했다. 따라서 다시 투자가 줄고 자본이윤은 하락했다. 비용절감을 위해 노동과정의 유연화와 공장 자동화(steel color)도 추진되었다.

투자처를 찾지 못한 과잉 축적된 서구 자본은 한편으로는 고위험-고수익 정책과 결합해 투기적 금융자본으로 변질되어 범지구적 운동을 폭발적으로 확대시키고 있고, 다른 한편으로는 국경을 넘어 최소한의 생산비용을 좇는 글로벌 소싱(global sourcing)을 추구한다. 즉 생산기지의 해외이전을 추진한다.

2. 자본 세계화의 방식

(1) 터보(Turbo) 자본주의

사회주의권 붕괴에 따른 냉전종식은 세계경제를 자본주의 상품경제의 단일시장으로 통합했다. 사회주의권에 속했던 전세계 인구의 1/3과 세계면적의 1/4이 자본주의 경제권으로 편입되면서, 당연히 세계자본은 이들 새로운 가능성의 체제 전환국으로 대거 이동했다.

중국과 동구, 그 외에 중남미, 인도차이나 지역에도 생산기지들이 속속 건설되었는데, 사회주의 몰락 이후 이 지역으로 몰려드는 서구 자본의 이동은 마치 터보엔진을 단 것처럼 막강한 추동력을 선보인다(이종회, 1998: 188~190). 물론 이들 지역 말고도 '산업활동 기지의 최적화'라는 슬로건 아래 해외의 값싼 노동력을 찾아 원자재시장이나 상품소비시장에 아예 해외법인을 설치하고 거기서 공장을 돌리는 생산기지의 해외이전 현상이 유행이다. 자본은 돈 되는 곳이라면 언제든지 벌 떼처럼 맹렬히 달려드는데, 우리는 이런 현상을 터보 자본주의라고 부른다.

한편 해외자본 유치를 희망하는 국가들은 토지제공, 세금면제 등 각종 혜택을 내세우며 해외자본 유치에 혈안이다. 여기서 지구사회는 국민국가의 정통성을 해체시키고 새로운 사회성의 지배계기를 만든다(벡 저, 조만영 역, 2000: 128~129). 즉 초국적 기업들이 지구화하는 과정에서 국민국가들을 서로 경쟁시켜,[7] 어부지리를 얻는 상황으로 몰고 가는 것이다.

(2) 카지노(Casino) 자본주의

한때 세계 금융계를 지배한 헤지 펀드는 고위험, 고수익을 노리는 극도로 공격적이며 참을성이 부족한 단기적, 돌출적 투자자본의 대명사이다. 헤지 펀드들은 선물(先物; 증권거래소의 거래에서 장래 일정시기에 현품을 넘겨줄 조건으로 매매를 계약하는 거래종목), 옵션(부동산, 증권, 상품을 계약서상의 가격으로 언제든지 매매할 수 있는 권리), 스왑(물물교환, 통화융통) 등 파생 금융상품 외에도 부동산 선물 등을 핵심 투자대상으로 삼는다(박태견, 1997: 228~231). 이들이 막강한 보유자금을 무기로 특정 국가를 타깃으로 삼아 대대적인 투기판을 벌일 경우 불과 몇 초 사이에 수십억 불의 돈이 국경 너머로 빠져 나가는 파괴력이 발생한다.

세계 금융거래가 실제 무역거래의 40배에 달하는 현 시점에서,[8] 자본거래는 실

---

7 예컨대 초국적 기업들은 가장 값싼 조세 서비스와 가장 유리한 하부구조 서비스를 얻기 위해서 자신을 유치하기 위해 혈안인 국민국가나 개별 생산지들을 서로 경쟁시킬 수 있다. 또 어떤 국민국가가 과다한 비용을 요구하거나 투자에 적대적일 경우 이들은 그 국가를 경계한다. 그 결과 초국적기업의 경영진은 가장 아름다운 곳에서 거주하면서, 세금이 가장 낮은 곳에 세금을 납부한다. 그들은 어느 한 나라에서 생산하고 다른 나라에 세금을 납부하며 또 다른 나라에서는 하부구조 조치를 요구하는 형식으로 여러 나라의 국가재정 지출을 유도하기조차 한다. 그러나 약한 개별국가들은 경쟁에서 살아남기 위해 해외자본을 유인해야 하는 모순을 드러낸다. 가장 부유한 자들이 특정국가의 자본, 조세, 일자리를 고갈시키는 교묘한 방법으로 가상의 납세자가 되고 있는 것이다(벡 저, 조만영 역, 2000: 15~20).
8 1971년에는 국제금융거래 중 90%가 무역 및 장기투자와 같은 실물경제와 관련되었으나, 1995년에 이르러 95%가 투기성 자본으로 변질되었다. 또 하루 유동량이 7대 산업국의 외환보유액 전체보다 많은 1조 달러를

물거래를 보완하는 수준을 넘어 독자적 이해관계에 따라 범지구적으로 이동하고 있다(임현진, 1998: 285). 투기성 자본을 운영하는 금융회사들은 공해(公海) 상에 세금도피처(tax haven)를 만들어 놓고, 돈이 빠져나온 국가로부터는 어떤 간섭도 받지 않은 채 원활하게 부를 축적한다(마르틴&슈만 저, 강수돌 역, 1997: 129~130). 이 공해상의 세금도피처엔 불문율이 있는데, 외국인이 돈을 맡길 때는 세금이 거의 없거나 아니면 매우 낮은 세금만 물리며 예금주의 신분을 절대로 밝히지 않는다는 것이다.

결국 이런 현상은 무엇을 의미하는가? 자본주의가 그간의 공장 자본가 정신에서 종이 자본가(Paper Entrepreneurship) 정신으로 변모한 것을 의미한다. 이는 남의 부를 취하는 합법적이고 세련된 형태의 '도박판 자본주의' 혹은 카지노 자본주의이다. 초기 자본주의가 부지런히 일하며 열심히 저축한 사람이 부와 재산을 축적하게 했고, 후기 자본주의 역시 공정한 배분, 사회적 약자의 보호와 복지향상이라는 윤리적 목표를 지닌 데 비해, 카지노 자본주의는 부익부 빈익빈의 양극화를 조장한다(임현진, 2001: 72). 따라서 이는 일종의 국제 고리대금업 같은 인상마저 준다.

(3) 카우보이(Cowboy) 자본주의

카지노 자본주의는 필연적으로 한 나라의 경제를 무장 해제시키며 IMF(국제통화기금) 관리체제 하에 들어가게 한다. 그런데 IMF는 외환이 부족한 나라에 돈을 빌려주는 조건으로 강한 경제 구조조정을 요구한다. 이때 마치 카우보이가 방목(放牧)을 위해 소 떼를 울타리에서 내몰듯이, 한 나라의 노동자들을 끝없이 고용불안에 노출시켜 생산성을 획책하는 아메리카 카우보이 자본주의가 구조조정의 바람을 타고 경제구조가 허실한 나라에 상륙한다. 따라서 대량 정리해고와 실업자가 양산된다.

3. 자본 세계화의 결말과 신종속

카지노 자본주의 등으로 귀결되는 현 세계화의 흐름엔 시장의 보이지 않는 손과 과학적 진보 이상의 것이 작동한다. 세계화는 좋든 싫든 신자유주의 이념에 의해 형성된 또 하나의 정치적 작용인 것이다. 현재 IMF, OECD, WTO 등 국제 경제기구들과 G7 정상회담이 국민국가들에게 신자유주의적 개혁을 추진하도록 정치, 경제적 압력을 가하고 있다. 특히 미국은 세계화를 통해 전 세계를 자신의 투자처와 상품시장으로 개방시켜 경제적 이득은 물론 미국형 사회시스템을 전 세계로 확산시키려고

넘으며, 그 중에 80%는 1주일 이내에 상환해야 하는 초단기 자금으로 거래된다(Chomsky, 2001).

한다. 이런 맥락에서 볼 때, 그 어느 나라도 경제 세계화를 통해 미국 정부와 미국 기업 이상으로 이득을 얻을 수는 없다. 과거의 군－산 복합체처럼 월스트리트－미국 재무성 복합체(Wall Street－Treasury Complex)가 형성되어 있기 때문이다(News Weekly 1999. 10. 9자).

따라서 다른 나라들에게 있어 세계화는 일면 개방화의 외압(外壓)이다. 냉전시대처럼 강대국이 안보를 위해 개도국에게 자국의 시장을 허용하거나 신생국의 물건을 사주는 일은 이제 더 이상 없다. 국가간 투자기회에 있어 외국기업과 자본에 대해 차별대우를 못하게 규정한 다자간 투자협정, 기업지배구조 라운드, 반부패 라운드 등은 선진국이 주도하는 경제 세계화의 대표적 정책수단이다(류상영, 2000: 265~267). UR, GR, BR 등 여타 메가 라운드들도 기술이전, 환경보호, 근로조건, 공정경쟁을 앞세워 후발국을 견제하려는 서구 중심부 국가들의 고도의 계산전략에서 나온 것이다.

경제 세계화는 결국 중심부 강대국들의 논리이다. 이에는 자유무역주의에 의거한 개방화, 민영화를 통해 자본주의 시장원리를 강화하려는 선진국들의 이기적 의도가 크게 담겨져 있다. 여기서 경제 세계화는 다름 아닌 '자본 세계화'가 된다(Ghosh, 2001a: 211~215). 시대적 이념으로서의 세계화의 실체는 결국 초국적기업들의 범지구적 이윤추구 행태의 내적 논리이며, 이는 한마디로 자본화(Capitalization)인 것이다.

자본 세계화의 폐해는 재정영역에서 가장 심각한데, 현재 초국적 자본이동은 개별국가의 경제주권을 크게 손상시키고 있다(Goulet, 2002: 10~18).[9] 세계화된 새로운 탈 규제적 경제 하에선 해외 투자가의 투자확신(Investor Confidence)을 유지하기 위해 각국 정부가 인플레를 감수하면서까지 기업과 고소득층에 대한 조세인하를 단행할 수밖에 없기 때문이다. 또 후발국 정부들은 생산 및 직업창출기회의 감소와 정치, 경제 민주화 과정의 손상이라는 그 역(逆) 사회적 결과를 잘 알면서도 신자유주의적 정책이해에 합치되는 정책협력을 정당화하지 않을 수 없다(News Weekly, 2000. 3. 20자). 제3세계 국가가 세계은행이나 국제통화기금에서 재정지원을 받기에 적합한 나라로 인정받고자 한다면, 자국의 문호를 개방하고 경제정책에 대한 사고 일체를 포기한다는 전제조건을 말없이 받아들여야 하기 때문이다(벡 저, 조만영 역, 2000).

최근 남북문제는 더욱 두드러져, 신흥공업국들과 대륙규모의 경제를 가진 중국, 인도를 제외한 대부분의 후발국이 주변부화되어 착취의 가치도 없는 제4세계로 전락하고 있다.[10] 이들은 '서구에 의해 잊혀진 지역'으로서의 무(無)관계라는 최악의

---

9 G-8이 무역협정에서 투표권의 48%를 차지한 반면, 1998년 G-8 그룹에 대한 대응 정상회담에서 부채가 많은 가난한 나라 8개국이 1.6%에 지나지 않는 투표권만을 행사했다는 사실이 이를 잘 말해준다.

관계에 빠져들지 않기 위해 해외자본 유치에 전력을 다한다(임현진, 1998: 10~11). 그런데 이는 대외적 경제종속은 물론 노조 약화 등 자국의 경제 민주화에 큰 타격을 가하고, 복지(welfare)에서 근로(workfare)라는 명분 하에 국가 복지정책의 후퇴도 야기한다. 자본 세계화는 정치불안, 경제불안, 생활불안을 낳으며 인간안전(Human Security)에 커다란 위협을 가하고 있는 것이다(주성수, 2000: 39).

자본 세계화는 결국 신종속(New Dependency)의 문제를 제기한다. 신종속은 경제 이상의 사회적 파장, 즉 사회해체, 문화훼손, 정치균열을 동시에 수반하기 때문에, 종래의 구 종속과는 확연히 구분된다. 신자유주의의 본질을 제대로 이해하지 못한 많은 나라가 현재 신종속의 길을 걸으며, 유산된 발전(Abortive Development)의 우려를 낳고 있다(임현진, 2001: 135~137). 신종속은 정치, 경제, 사회, 문화의 전 영역에 걸쳐 한 나라의 예속과 통합의 심화를 가져오고 있는 것이다(이도형, 2002a).

따라서 제3세계의 일부 국가는 WTO 자체를 부정한다. 1999년 시애틀 사태, 2000년 다보스 세계경제포럼과 방콕 유엔무역개발회의, 워싱턴 IMF 총회장에서의 반세계화 시위와 일련의 폭력사태들은, 현 자본 세계화에 대한 제3세계식 저항의 징표들이다.

III. IMF 관리체제 하의 구조조정과 그 정치, 경제, 사회적 비용

1. IMF의 본질과 1997년 외환위기의 배경

자본 세계화의 결과 제3세계의 많은 나라들이 IMF(International Monetary Fund; 국제통화기금)의 관리체제 하에 들어갔다. IMF는 제2차 세계대전 이후 환율안정 및 외환거래 자유화를 실현하고, 그 위에 국제통화 금융질서의 건전한 발전을 기하기 위해 1945년 브레튼 우즈 협정에 의해 설립된 국제기구이다.

---

10 1970~1997년 동안 상품과 서비스의 수출은 2배 가량 증가했으나, 동기간의 해외 직접투자는 글로벌 시장통합으로 인해 7배나 증가해 자본 세계화가 절정에 이르고 있음을 보여준다. 더욱이 문제가 되는 것은 해외투자의 58%가 서구에 집중되고, 개도국 중에서도 중국을 비롯한 20개국에만 치중되어 국가 간에 편중된 발전이 이루어지고 있다는 점이다(주성수, 2000: 32). 결국 자본 세계화에 따라 많은 제3세계 국가들이 구조적 착취의 위치로부터 구조적 방치의 위치로 이동하면서 주변화된 경제권인 제4세계로 전락하고 있다. 따라서 후발국들은 탈 국민적 자본유치국가로서의 성격을 갖지 않을 수 없다. 자국 자본의 국제경쟁력 강화보다는 자본의 국적에 상관없이 어떤 자본이든 자국 영토로 최대한 유치해 세계수준에서 생산된 잉여가치의 분배 몫을 늘리는 데만 주력하기 때문이다(김세균, 1998: 74~75).

IMF는 회원국들의 경제력과 약간의 정치적 요소를 반영하는 비율로 배분된 할당액을 회원국이 직접 출자함으로써 그 재원을 마련한다. 국제수지의 구조적 불균형 및 이에 따른 외환시장 불안정의 조정 책임은 구제금융의 수혜국, 즉 국제수지 적자국들이 국내 긴축정책을 통해 전적으로 부담하게 하는 형태를 기본적으로 취하고 있다(김상조, 1998: 118~143).

1997년 말 우리나라도 외환위기를 맞아 IMF 관리체제 하에 들어간 적이 있는데, 그 대외적 원인으로는 고투자 이익을 노리는 외국자본의 대량유입, 무역수지적자의 확대, 중국에 대한 국제경쟁력 약화를, 또 국내적 원인으로는 정경유착, 부실한 거대기업에 대한 금융의 무리한 융자와, me too주의에 입각한 대기업의 방만한 기업확장 등을 들 수 있다. 이러한 대내외적 악조건이 무르익은 상태에서, 외국의 투기자본가와 주식투자가들이 최후의 일격을 가했던 것이다(최장집, 1998: 35). IMF의 이행조건과 그것이 야기하는 제반 폐해점을 상세히 분석하면 다음과 같다.

2. 이행조건의 내용

IMF는 채무국에 구제금융을 주며 다음의 까다로운 조건을 붙인다(유엔 사회개발연구소, 조용환 역, 1995).

(1) 외환위기의 직접적·단기적 요인 대책: 경제 안정화 프로그램--긴축정책

① 공공지출 감축 등 예산적자를 줄이고 국가세입을 확대시킨다.
② 물가상승 억제를 위해 통화를 긴축한다.
③ 무역수지를 개선한다.
④ 수입과 물가상승을 억제한다.
⑤ 환율변동 시 평가절하(devaluation)를 통해 환율을 안정시킨다.

(2) 구조적·장기적 요인에 대한 대책: 구조조정 프로그램--자유화 정책

① 무역장벽을 낮추어 진입경쟁을 용이하게 한다.
② 상품, 서비스의 국내 시장가격 왜곡을 막기 위해 정부보조금, 가격통제조치를 완화, 철폐한다.
③ 자본거래 통제를 해제하는 방식으로 금융제도를 개선한다.
④ 국영기업의 민영화를 추진한다.

⑤ 국가개입을 최소화한다.

⑥ 규제를 해제해 외국인 투자를 장려한다.

IMF의 이런 이행조건은 '황금구속복'이라고 불린다(프리드먼 저, 신동욱 역, 2002: 202~210). 황금구속복은 세계화시대의 자유시장 운영규칙을 준수해야 할 경우 채택되는 하나의 글로벌 패션인데, 사이즈가 하나뿐이어서 이 옷을 입고 싶으면 자기 몸을 그 사이즈에 맞춰야 한다. 그런데 우리는 필연적으로 이 옷을 입고 이들과 접속해야만 하는 삶을 살고 있다. 왜냐하면 카지노 자본주의의 주체인 전자투자가 집단[11]이 이 옷을 매우 좋아하기 때문이다. 따라서 경제 구조조정은 불가피해진다.

특히 무역자유화 정책은 신자유주의 정책의 중심의제였다. 신흥공업국들이 미국 기업들의 전통적 거점시장에 저렴한 상품을 대량 수출해, 사치품을 살 수 있는 대다수 사람들이 구매를 끝냄으로써 제1세계의 자본시장은 포화상태였다. 따라서 미국은 새로운 시장전략이 절실했는데, 구제금융 대출은 개발도상국의 내수경제를 무역 중심으로 재정향해, 세계경제로의 편입을 강요한 조치였다. 즉 지역산업과 은행, 기타 금융서비스에 대한 해외투자제한 폐지, 수출경쟁력 제고를 위한 임금삭감과 임금 상승폭 축소, 관세 폐지, 쿼터와 기타 수입제한 폐지, 수출경쟁력 제고를 위한 자국 통화가치의 평가절하, 국영기업 민영화 등등 자유화 정책의 실행으로 초국적 기업들의 새로운 실체 이익이 드러났다(안영환, 2007: 81~84).

결국 IMF식 구조조정은 구제금융의 수혜를 받은 국가들은 자체의 경제개발계획을 포기하고 국내산업에 대한 아무런 보호도 없이 국제시장에 무조건 참여하라는 경고의 메시지였다. 그러나 이는 한국의 경제개혁을 위한 부즈 앨런&해밀턴 컨설팅사의 보고서 내용과는 큰 차이를 보였다(임현진, 1998: 274). 이 보고서가 제시한 제1단계는 정부의 경제기능 재편, 금융시장의 자유화, 노동시장의 유연성 확보에 집중하는 도화선 점화(light the fuse) 단계였다. 그리고 제2단계는 지식에 기초한 경쟁력 신장, 창조적 기업가정신이 주도하는 사회로의 이행, 동북아 중추신경으로서의 인프라 구축, 범세계적 연계의 가속화 등 변화의 제도화(Institutionalize the Changes) 단계였다. 마지막 제3단계는 이 모든 단계의 완전한 이행(Complete the Transition) 단계란 점에서, 이 보고서는 무조건 한 나라의 경제를 무장 해제시키고 구조조정을 받아들이라는 IMF식 프로그램과는 분명히 차이가 있다. 우리는 여기서 IMF를 비롯한 서방 선진국들의 외환위기 음모론을 다시 한번 지적하지 않을 수 없다.

Feldstein(1998)은 한국의 위기가 일시적 유동성(liquidity) 위기인데도 IMF가 파

---

11 세계적인 뮤츄얼펀드, 연기금펀드, 헤지펀드, 보험회사, 투자신탁회사 및 국제적 은행들의 금융투자부가 이에 속한다(프리드먼 저, 신동욱 역, 2002).

산상태에 준하는 과잉대응을 해 한국에서 파산에 준하는 역효과가 나타났다고 지적한다. Wade Veneroso(1998)도 IMF가 인도네시아의 수하르토식 자본주의에는 관대한 데 비해 민주화하고 있는 한국에 가혹한 것은, 동아시아 발전국가 모델을 거부하는 IMF－월스트리트－미 재무성 복합체(complex)의 압력을 반영한 반증이라고 지적했다. 실제로 IMF의 이행조건은 한국경제의 기초(fundamental)마저 붕괴시킬 우려가 있었다. 그 결과 한국은 시장을 개방하게 되었고, 시장 자유화의 물결을 막는 문지기로서의 한국 국가는 당시에 완전 무장해제 당했다. 채무국을 도와야 할 IMF의 이행조건들이 오히려 당사자 국가의 경제상황을 더 어렵게 만들고 채무국 자산에 대한 바겐세일을 조장했다는 것이다(김명수, 1998: 197~198). 결국 세계은행, 국제통화기금 등 국제기구를 이용해 헤게모니를 확실히 하려는 선진국의 의도에 따라 신흥공업국들의 경제위기가 심화되었다고 보는 시각이 유력하다. 미국의 전자, 철강, 자동차산업의 보호를 위해 경쟁 상대국인 한국에 대한 IMF의 강력한 개입이 주도되었다는 것이다(김영정, 1998: 59~61). 또 21세기 강대국으로 부상할 중국과 화교자본을 견제하기 위한 미국 유태자본의 경제적 속셈이 최근 아시아적 가치에 대한 서구의 공격이었다는 주장도 같은 맥락에서 상당한 설득력을 보였다(이승환, 1998: 139).

3. IMF식 구조조정의 정치, 경제, 사회적 비용

무한한 성장과 지나친 무역 그리고 소비수준의 무한한 상승에 의존하는 단선적 세계화 경제는 환경적으로 지탱 가능하지 못할 뿐 아니라 사회적으로도 안정적이지도 못하고 경제적으로도 건장하지 못하다(호지/ISEC 저, 이민아 역, 2003: 40~47). 더욱이 이는 경제구조가 튼실하지 못한 나라들에게 IMF의 혹독한 구조조정을 강요하는데, IMF식 구조조정의 폐해를 부문별로 살펴보면 다음과 같다.

(1) 실업자를 양산하고 새로운 고용기회를 억제한다

장기불황에 따른 노동과정의 유연화와 생산의 국제화로 인해, 이미 서구에서도 1980년대 이후 실업자 수가 급증하고 있다. 예컨대 유럽공동체의 경우 실업자는 1980년대 동안 9.6%나 증가했고, 미국도 동기간 동안 7.8% 상승했다(중앙일보, 1998. 1. 22자 13면). 우리나라의 경우도 IMF 직후 교육정도별로는 중졸 이하에서, 직업별로는 기능공과 단순 노무직에서, 또 전(前)직업 종사상 지위별로는 일용직과 무급가족 종사자 등과 같은 한계계층 근로자에게서 실업률이 가장 큰 폭으로 증가했다. 생애주기상 지출이 가장 많은 45~49세 연령대에서 전년 대비 3배 이상으로 실업이 발생했고, 더욱이 가족의 생계를 책임져야 할 가구주의 실업증가(43.6%)는 많은 사람의 생계곤란을 상징했다(문진영, 1998: 183~184).

(2) 영양, 보건, 교육 등 공공서비스를 크게 축소시킨다

복지(welfare)보다 근로(workfare)를 앞세우며 복지국가의 해체 혹은 재구조화도 강조된다(유엔 사회개발연구소, 조용환 역, 1995). 일례로 아시아 외환위기에 대한 IMF의 잘못된 정책으로 인해, 2억 명의 신빈곤층이 양산되었다. 이를 두고 Folbre는 시장의 보이지 않는 손이 타인 돕기, 호혜주의 가치, 가족과 공동체를 결속시키는 의무감 등 인간의 '보이지 않는 마음'마저 훼손시킬 우려가 있다고 지적한다.

(3) 부의 집중과 사회 양극화로 인해

20 대 80의 사회(one state, two nations)가 전개된다

자본 세계화와 경제 구조조정의 여파로 인해, 사회의 한 쪽에는 이대로족이 풍요로운 삶을 향유하나, 다른 쪽에선 가족 동반자살, 주부가출 등 가정파괴가 성행하고 있다. Schrecker(1994)는 이를 "국경 없는 세계, 벽이 있는 도시"(The Borderless World and the Walled City)라고 표현한다. 구조조정 및 자본 세계화에 따른 사회 양극화 현상을 다각도에서 조명해 보자.

1999년 UN 보고서에 의하면, 세계에서 가장 소득이 높은 나라에 사는 20%의 인구가 세계 GDP의 86%, 세계 수출시장의 82%, 해외 직접투자액의 68%, 세계 전화회선의 74%를 소유하고 있다. 그러나 가장 빈곤한 나라의 인구 20%는 이 모든 분야에서 약 1%씩만 소유하고 있을 뿐이다. 1960~95년 동안 부유국 인구 20%의 소득이 빈곤국에 사는 20%의 소득보다 30배에서 무려 82배로 증대하는 등 소득 편중도 더욱 심화되었다(프리드먼 저, 신동욱 역, 2002: 555). 특히 가장 시장지향적인 미국사회에서 불평등이 가장 급속히 심화되고 있다.[12]

미국은 중산층 국가에서 부자와 빈자로 나뉘는 불평등국가로 빠르게 전환하고 있다. 최근 미국의 기업들은 고급제품과 저급제품 시장을 함께 조성한다. 일례로

---

12 문제는 21세기 초 미국 생산직 노동자의 시간당 실질임금은 인플레이션과 역진적 조세를 감안할 경우 1970년대보다 낮은 수준이라는 점이다. 일부 노동자의 높은 소득도 높은 시간당 임금보다는 증대된 노동시간에 기인한다. 1990년대 후반 대학 졸업장이 없는 미국인의 3/4은 해고 후 새 일자리에서 20% 이상의 낮은 임금을 받았다. 따라서 5만 달러 이하의 미국 가정은 37%만이 세계화에 긍정적 반응을 보인다(탭 저, 이강국 역, 2001: 233~252).

1987년 미국 항공사 국내수입의 9.5%만이 퍼스트 클래스와 비즈니스 클래스에서 나왔으나, 1997년에는 그 비중이 22%나 차지한다. 주식 폭등으로 부자의 부는 더욱 증대한 데 비해,[13] 하층 80%의 가정은 총주식의 2%만을 보유할 뿐이다. 미국 가정의 3/4이 1980년 이래 가족, 친척, 친구, 이웃의 실업을 경험하고, 새 직장을 구할 경우 이전보다 훨씬 낮은 임금을 받고 있다(탭 저, 이강국 역, 2001: 43~46).

우리의 경우도 1996년의 지니계수가 0.298에서 2000년엔 0.358로 급등하는 등 환란(換亂)을 전후해 소득불평등도가 급상승했다. 이는 OECD국가와 비교할 경우 멕시코(1998년 0.494), 미국(2000년 0.368)에 이어 3번째로 높은 수준이었다.

지식과 자본에 의한 노동의 대체로 인해, 이제 빈곤의 이중적 상대성은 전세계적으로 심화되고 있다. 부자와 빈자 간의 사회적 소통통로가 해체되고, 사회적으로 배제된 자들은 19~20세기 초의 프롤레타리아와 달리 잠재적 권력을 상실한 채 더 이상 필요한 존재로 인식되지 않는다(벡 저, 조만영 역, 2000: 185). 우리 사회도 지식, 정보, 아이디어가 없으면 돈벌이가 어려운 디지털경제시대로 진입하면서 계층 간, 세대 간 소득격차가 더욱 커지고 있다. 이른바 디지털 디바이드 현상,[14] 즉 정보나 지식의 격차에 따라 계층간, 산업간, 지역간 불균형이 확대되고 있는 것이다.

(4) 소득불평등은 부의 소유정도에 따라 주거지역마저 구분시킨다

고소득층과 상징 분석직 종사자들은 준(準) 교외[15]에 호화저택을 짓고 살면서 사설 경비원을 고용하고 그들만의 사교클럽과 취미서클을 조직, 운영한다(성경륭, 1998: 34). 세계화는 한편에서는 공간을 극복해 시간을 갖지 못하는 지구화된 부자들과, 공간에 묶여 자신의 시간을 죽여야만 하는 지역화된 빈자들로 세계인들을 분열시키고 있다. 이제 양자는 무엇을 대화하고 타협해야 할지 공존의 길을 생각하기 어렵게 되었다(벡 저, 조만영 역, 2000: 110~114). 특히 부자들은 집 근처에 접근금지구역을 설정하고 외부와의 차단벽을 높이기만 한다.

일례로 현재 4백만 명이 거주하는 미국의 빗장공동체(Gated Community)는 지방

---

13 선진국의 주식시장가치는 1999년 한 해 동안 37%나 성장했다. 미국의 경우 최상위 1%(270만 명)의 소득이 하위 38%(1억 명)의 세후(稅後) 소득을 합친 것보다 많다(가와치·케네디 저, 김명희·유원섭 역, 2004: 38~40). 이들이 국가 전체 금융자산의 48%, 부동산 포함 국내 총자산의 39%를 보유한다.

14 은행은 새로운 인지장치를 통해 고객의 전화를 식별해 가장 가치 있는 고객의 전화부터 먼저 응답한다. 즉 상위층 고객은 애지중지해 특별 대우를 해주는 등 이러한 서비스 격차(service devide)가 계급불평등의 새로운 차원으로 대두하고 있다(탭 저, 이강국 역, 2001: 240~241). 정보기술이 주도하는 미래의 사회경제 시스템에선 이윤창출에 별 도움이 되지 않는 고객에겐 더 이상 많은 권한을 주지 않는다.

15 준 교외(exurb)는 교외(suburb)보다 도심에서 더 떨어진 반(半) 전원지대이다.

자치단체가 재정부족으로 포기한 각종 서비스(예: 쓰레기 분리수거, 제설작업, 가로등, 도서관)를 제공하고 편의시설을 자비로 부담한다. 입주자 모임은 그들의 사적 정부 (Private Government)를 대표하고 재산세 회수를 주 의회에 로비한다(가와치·케네디 저, 김명희·유원섭 역, 2004: 192~193).[16] 빈자로부터 성공한 자들의 거리적 분리를 요구하고 있는 것이다. 즉 차별하지는 않지만 구별해 살자는 것이다.

(5) 불평등이 국민건강을 악화시킨다

실업과 사회경제적 불평등 속에 매일 4만 명이 넘는 아이들이 기아 등 건강상의 문제로 죽어가고 있다. 그런데 세계 기아의 문제는 절대적 식량부족보다는 식량분배의 불평등에서 발생한다. 1942년 영국에서 설립된 국제 구호단체인 Oxfam에 의하면, 최빈국 가운데 다수는 식량 순수출국이다. 예컨대 인도는 매일 3억 명이 기근에 시달리지만, 제3세계 최고의 식량 수출국이다. 브라질도 세계 2위의 식량수출국이지만 8,600만 명이 기아상태에 처해 있다(Kloby, 1997). Wilkinson(1994)은 "일단 한 사회가 절대적 빈곤의 문턱을 넘고 나면, 건강수준의 향상을 위해 중요한 것은 파이 크기의 확대가 아니라 파이 조각의 분배방법이다"라고 말한다. 즉 한 사회의 소득분포가 불평등할수록 그 사회의 평균수명은 더 짧아진다.[17] 소득불평등은 의료서비스 접근에의 불평등을 조장해 국민 건강을 더욱 악화시킨다. 일례로 소득이 15,000달러 미만인 자는 70,000달러가 넘는 자보다 사망률이 3배나 높다. 또 좋지 않은 건강상태는 소득감소의 원인이 되는 등 악순환이 거듭된다(가와치·케네디 저, 김명희·유원섭 역, 2004: 68~84).

(6) 민주주의를 후퇴시킨다

쉐보르스키, 체이법, 리몽기(2001: 70~73)에 의하면, 문화적 관점에서 참여문화를 민주주의의 조건으로 보는 견해도 있으나, 비문화적 설명이 훨씬 더 타당하다고 한다. 이에 대한 몇 가지 경험적 예를 들면, 경제적으로 부유한 상태에서 민주주의 사회가 지속될 확률은 더 높아진다. 즉 1인당 국민소득이 6,000달러 이상인 사회에서 민주주의는 영원히 지속된다. 민주주의사회가 지속될 확률은 어떤 정치세력도 완전한 정치체제를 지배하지 못할 때 더욱 높아진다. 민주주의는 특정정당의 의석이

---

16 미국의 뉴저지, 텍사스, 메릴랜드, 미주리 주에서는 빗장공동체의 입주자모임이 자체적으로 제공하는 서비스를 지방세 인하에 반영하도록 수정하는 것을 이미 허용한 바 있다.

17 일례로 1인당 국민총생산이 26,980달러지만 소득불평등이 심한 미국인의 평균수명이 76.4세인 데 비해, 1인당 국민소득이 2,610달러인 코스타리카의 평균수명은 76.6세이다(가와치·케네디 저, 김명희·유원섭 역, 2004: 61).

2/3 이상을 차지하지 않을 때는 잘 지속된다. 그러나 가난한 나라에는 민주주의를 파괴할 세력이 정부 안밖에 존재한다. 따라서 민주주의를 지속하게 하는 것은 문화가 아니라 경제적 부라는 것이다.

그러므로 경제가 어려워지면 민주주의가 후퇴하고, 이러한 사회전반의 민주화 후퇴는 조직 내 민주화, 인간화도 후퇴시키며, 많은 것을 국민의 잘못으로 돌리는 관행이 나타난다. 따라서 사회적으로 순응적 인간이 요구되고, 사회기강, 절약, 근면의 가치가 강조된다. 특히 시장화와 민영화를 슬로건으로 하는 새로운 세계질서가 개도국의 지배 엘리트들(예: 대자본가, 대지주, 부패하고 억압적인 정권 등)에게 권한을 집중시켜 줄 우려가 있다(Farazmand, 1994: 81). IMF 관리체제와 같은 경제 비상사태는 권력의 집중과 신속한 행동능력을 요구하기 때문이다. 여기서 민주주의는 크게 후퇴한다(이영조, 1998: 173). 결국 IMF의 시장지향적 개혁은 실업자 양산, 빈곤 심화, 중산층 붕괴 등 실질적 민주화의 후퇴를 장기화시킨다. 더 나아가 이는 절차적 민주주의에 대한 냉소주의와 무기력, 권위적 민중주의의 유혹을 가져와 형식적 민주주의마저 위협하는 등 민주주의의 공고화에 큰 위협요소로 작용한다(임경훈, 1999: 9~11).

(7) 생태계 파괴 등 삶의 질을 후퇴시킨다

경제 세계화 이후 우리는 삶의 질 향상을 위해 일하는 것이 아니라 경쟁력 있게 일하기 위해 불가피하게 삶의 질을 희생시킨다. 특히 기업의 경쟁력, 이윤증대를 위해 자연을 포함한 전 사회와 전 생태계가 건강을 잃고 일그러진다. 복지는 후퇴하고, 환경은 파괴되며, 생태계 의식의 범지구화는 큰 곤란에 빠진다(마르틴·슈만 저, 강수돌 역, 1998: 14~17).

IV. 자본세계화에 대한 대안적 세계화 논의

최근 자본 세계화의 부정적 측면들을 극복하기 위한 다양한 움직임들이 2차적 세계화, 대안적 세계화란 이름으로 지구 곳곳에서 구체화되고 있다. 이를 서술해 보면 다음과 같다.

1. 2차적 세계화의 발전론적 함의

주지하다시피 1차적 세계화가 경제 세계화, 자본 세계화를 뜻한다면, Karl Otto Apel이 주창하는 2차적 세계화(Globalisierung Zweiter Ordrung)는 1차적 세계화에서 나타난 역기능을 시정하고 그 부정적 결과를 규제하기 위한 규범적 세계화를 뜻한다. 2차적 세계화가 규범적 성격을 강하게 띠는 것은 남북 격차를 심화시키고 신종 속을 야기하는 현 선진 자본국 주도적인 자본 세계화의 모순 때문이다. 자본 세계화의 심각한 모순은 다시 한번 자유가 먼저냐 정의가 먼저냐 하는 규범적, 이념적 논쟁을 불러일으키고 있다(이삼열, 1999: 69).

자본 세계화에 대한 이러한 저항은 밑으로부터의 풀뿌리 세계화(Globalization from Below or Grassroots Globalization)가 위로부터의 세계화(Top–Down Globalization)가 야기한 각종 폐해들로부터 자신을 자유롭게 하기 위한 투쟁에 착수했음을 의미한다. 2차적 세계화는 한 나라 내에서의 정의로운 경제(Just Economy) 구축에서 한 걸음 더 나아가, 카지노 자본주의에 맞서는 세계적 대항세력을 형성하고, 세계시민적 이성에 입각해 자본 세계화의 폐해를 극복해 내기 위한 범지구적 해결책을 강구한다.

예컨대 프랑스의 핵실험을 저지하려는 그린피스 운동, 국제 금융투기자본이 국경을 넘을 때마다 사회개발비를 세금으로 내게 하자는 토빈세 제안,[18] 세계 최빈국들의 외채를 2000년 말까지 탕감하라는 Jubilee 2000 선언[19] 등이 그 좋은 예이다(이삼열, 1999: 69~78). 특히 2차적 세계화는 자본거래에 대한 토빈세 부과에서 보듯이, 세계화의 가장 나쁜 특징 길들이기가 미래에 정치적으로 가능함을 암시한다.

1차적 세계화에 대한 2차적 세계화식 저항의 예는 이것들 외에도 많다. 즉 화교권이 국제 투기자본에 독자적 규제를 선언한 것도 그 예이고, 유럽 좌파정권의 등

---

18 이는 국제자본 이동에 제약을 가하기 위해, 투기적 외환거래와 단기적 자본이동에 대한 과세의 필요성을 제기하는 것으로서, 이들 세원을 글로벌 사회복지와 공공재화의 재원으로 활용하자는 것이다. 경제학자 Tobin은 외환거래당 0.5~1%의 외환거래세(foreign exchange transactions tax)를 제안하는데(Mendez, 1995: 48), 그의 주장에 의하면, 연간 0.5%의 세율에서 1조 5천억 달러의 세 수입이 가능하다. 따라서 모든 국제 금융거래에 토빈세를 부과하면 한달에 450억 달러를 회수할 수 있다(탭 저, 이강국 역, 2001: 291). 토빈세의 세율은 아주 낮아 장기투자를 저해하진 못하지만, 단기적 투기자본 운동은 크게 제한할 수 있다. 이를 통해 세계경제의 불안정을 감소시키고, 그 과정에서 개도국의 개발을 위한 사용자금도 마련할 수 있다.

19 이 선언은 1999년에 전개된 중남미 10개국 시민운동단체의 외채탕감운동 결과이다. 이들 나라의 외채는 1970년대 중반의 600억 달러에서, 1999년엔 7,060억 달러까지 늘어났다. 한편 이들 나라는 1982~1996년까지 외채이자로만 7,390억 달러를 갚았는데도 향후 7,600억 달러를 더 갚아야 할 지경에 이르고 있다. 그런데도 불구하고 UN이 1970년대 초에 권고했던 GNP 대비 0.7%의 공적개발 지원금을 선진국이 부과하지 않아 1998년에 이것은 0.23%로 사상 최저수준이다. 이에 대한 저항으로서 채무국들은 외채를 "정당성도 없고 갚을 수도 없는 부도덕한 빚"으로 규정한다(이삼열, 1999: 74).

장[20]은 자본 세계화의 시대적 흐름에 대해선 인정하면서도 사회정의와 사회적 연대 및 공적 신뢰를 회복하려는 유럽 공통의 입장이다(류상영, 2000: 278~279). 그 외에도 아시아 국가들이 헤지 펀드 규제안을 제안하고, 아시아 통화기금의 창설을 통해 IMF의 독주를 견제하려는 발상들은 세계경제의 균형된 공동발전을 위한 선행조건이다(리스본 그룹, 채수환 역, 2000: 160).

한편 각국의 시민사회가 세계화의 대항세력으로 성장하며, 세계화에 미온적이거나 동조적인 정부와 기업들에게 압력을 가하고 있다. 나아가 이들은 노동, 인권, 농업, 환경 등 시민생활에 직접적 영향을 미치는 범세계적 이슈들에 대해서는 국경을 넘어 초국가적으로 연대해 다른 나라의 시민단체 및 NGO와 의견을 교환하기도 한다. 특히 급속한 자본 세계화에 취약한 사회경제적 약자들의 입장을 대변하자는 국제 시민사회의 요구가 대규모 시위 등 구체적 행동으로 나타나 WTO의 시애틀 각료회의 등의 실패를 가져오기도 했다.[21]

여기서 우리는 이 책의 제3장에서 Beck이 말한 '초국민적 국가'의 실체를 포착해 낼 수 있다. 향후 진정한 2차적 세계화를 실천에 옮기기 위해선 보다 구체적인 초국민적 국가의 대응이 필요한데, 발전전략으로서의 내용적, 방법론적 함의가 큰 주요의제들로는 다음의 것이 있다.

(1) 글로벌 금융과 자본의 적극적 통제

현재 국제 금융투기자본의 지구적 이동에 대한 범지구적 차원에서의 규제가 전혀 없다. 따라서 국제 금융기관들의 투명성과 책임성을 강화하고, 단기 은행대출에 대한 국제적 조사 및 감시를 강화하는 국제적 행동과 더불어, IMF보다 더 많은 자원

---

20 2차적 세계화 패러다임은 독일의 사회적 시장경제모델(배분적 정의, 노사간 공동의사결정, 사회복지정책)을 준거로 해, 이를 각국의 경제와 세계경제의 정의를 구현하기 위한 차원으로 확장하는 것이다. 즉 이는 한 마디로 말해 자유방임 자본주의의 폐해를 극복하고 인간적 세계화를 도모하기 위해 그 물적 토대인 정의로운 경제(just economy)를 구축하자는 것인데, 우리는 그 이론적 기반을 자본주의와 사회주의의 적절한 균형을 도모하는 혼합경제(mixed economy)에서 찾을 수 있다(Goulet, 2002: 20). 실제로 글로벌 경제시대에서도 강력한 좌파정당들이 노동운동과 연합하는 유럽의 사회민주주의적 조합주의국가들에서 거시경제적 성과가 더욱 좋았다. 비록 자본 세계화가 라인강 자본주의(Rhine capitalism)을 꽃피웠던 독일의 빈곤과 실업자를 양산하며 현재 라인강 자본주의의 사회시장국가(social market countries)들을 고통스럽게 하는 것처럼 보이나, 세계화에 대한 독일과 프랑스의 저항은 탈규제, 민영화, 사회복지의 폐지를 정면 거부할 가능성에 초점을 둔다(Goulet, 2002: 23).

21 반세계화 운동론자들은 미국의 경제적 헤게모니에 저항하는 가장 큰 세력으로서, 이들은 미국이 참가하는 국제행사장마다 쫓아다니며 쑥대밭을 만들었다. 예컨대 이들은 1999년 시애틀 WTO 각료회의 무산, 2000년의 IMF 워싱턴 총회, 2001년 제노바 선진 8개국 정상회담, 2003년 멕시코 칸쿤의 WTO 각료회의를 극렬시위의 현장으로 만들었다. 뉴욕 타임스는 이를 보고 "현 지구상엔 미국과 '새로운 길거리 권력'(a new power in the streets)이란 2개의 슈퍼 파워가 존재한다"라고 말했다.

을 가진 대체기관이 존재해 위기상황에서 진정한 마지막 대체기관으로서의 역할을 하도록 가칭 '세계중앙은행'을 창설하자는 안이 나오고 있다.

(2) 초국적 기업에 대한 통제

현재 자본논리에 따른 기업간 인수와 합병이 유행하며 초국적기업들이 속속 탄생하는데, 문제는 이들의 수중에 자본이 과다 집중되고, 또 이들이 세계 환경오염의 주범이라는 점이다. 따라서 초국적기업들에 대한 윤리강령 제정과, 그들의 사회적 책임과 환경보호에 대한 글로벌 기준을 모색해, 기업 상품에 대한 요람에서 무덤까지의 종합적 접근을 권고해야 한다. 무엇보다 초국적기업과 NGO, 각국 정부, UN의 국제기구들이 이런 내용을 구체화하기 위한 글로벌 협약(Global Compact)을 추진해야 한다.

(3) 글로벌 공공재화의 창출

국제 생필품 가격을 고정해 인간다운 생활조건을 보장하고, 글로벌 공공재화(예: 국제금융의 안정, 인프라, 환경, 노동권, 소비자 안전, 공중보건, 형평성, 사회적 응집)도 국가 간 정책협력을 통해 적극 창출할 필요가 있다(주성수, 2000: 194~217). 이러한 글로벌공공재를 증진시키기 위해서는 ILO 등 공공재를 전담하는 국제기구들이 보다 강화되거나 새로 만들어져야 한다(벨로 저, 김공회 역, 2004: 185).

(4) 제3세계 독자적인 국제기구의 건립

IMF 등 패권적 국제기구에 공동 대응하고 제3세계 국가 간의 갈등 해결과 연대를 도모하기 위한 효과적인 국제기구 건립도 필요하다. 과거의 비동맹운동(Non Aligned Movement)과 남남협력(South-South Cooperation)이 그 모델이다. 다행히도 경제적 측면에선 제3세계 국가들의 연대가 용이하다. 현재 세계 석유매장량의 80% 이상을 제3세계가 보유하고 있다. 또 사우디아라비아, 중국, 멕시코, 베네수엘라는 세계 10대 에너지 생산국에 속한다. 아프리카에는 플라티늄 등 비싼 광물이 많다. 이들 국가가 잘만 연대하면 제3세계의 자생력과 방어력을 스스로 키워 나갈 수 있다. 정치, 군사영역에서도 지역을 중심으로 한 상호방위체제 구성이 가능하다(Haque, 1999: 225~230). 이는 군비축소와 함께 이들 국가 간의 경제경쟁력 제고쪽으로 국가지출을 가능케 할 것이다(이도형, 2002a).

2. 대안적 세계화의 여타 방안들

세계화는 경제, 기술적으로만 결정되는 것이 아니라 국가들의 정치, 정책적 요소가 가미되어 그 정도가 결정되기도 한다. 따라서 국가정책과 정치와 같은 인간의 문제해결의지로써 세계화의 속도와 형태는 충분히 조절 가능하며, 자본 세계화의 부작용도 줄일 수 있다. 특히 후진국의 입장에서 세계화를 조망해 보는 '대안적 세계화론'이 필요한데(장하준, 2003), 상기한 2차적 세계화의 정신을 모토로 파생된 여러 가지 형태의 대안적 세계화론들을 차례대로 정리해 보면 다음과 같다.

(1) 자주적 세계화

세계화 자체가 문제라기보다는 선진국의 이익을 대변하는 식으로 무리하게 일방적으로 추진하는 사람들이 세계화의 가장 큰 적이다. 따라서 후진국은 단기성 투기자본을 막는 자체의 보호수단이 필요하다. 예컨대 칠레, 콜롬비아, 말레이시아는 외국의 금융자본이 자국에 너무 많이 들어오면 기탁금 제도를 활용한다. 즉 일단 외국자본이 들어오면 이 중 30~50%를 기탁금으로 맡겨 놓게 한 뒤 1년 이상이 지나서 이 돈이 해외로 빠져 나가면 돌려주고, 1년 내에 빠져나가면 기탁금을 포기하게 한다. 이렇게 하자 외국의 단기자본 대 장기자본의 비율이 8:2에서 2:8로 역전했다.

현 글로벌 스탠더드는 영·미식의 제도이지 진짜 글로벌 스탠더드가 아니다. 영·미식의 제도를 안 따르는 나라가 더 많다. 이는 각국이 자주적 세계화를 해야 하며, 무리하게 이식된 제도의 실패는 필히 막아야 함을 시사한다. 예컨대 싱가포르는 자신의 특수상황을 염두에 두면서 토지를 국유화하고 정부가 주도해서 공공주택을 보급한다. 이렇게 안하면 사회통합이 안 되니까 글로벌 스탠더드가 어떻든 자기 중심을 잡고 자주적 세계화를 단행했다. 현재 가장 모범적인 세계화 국가인 핀란드도 필요하면 우리나라보다 한술 더 떠 외국인을 규제한다. 결국 자기가 필요로 하는 것을 파악해 거기에 맞춰 자주적으로 세계화한 나라가 성공했다.[22]

(2) 윤리적 세계화

우리는 지금 하나의 대기 속에서 살고 있다. 역대 관측기록 상 가장 더웠던 해의 대부분이 1990년 이후의 일이었던 것처럼, 현 지구 온난화 현상은 대양 온난화를

---

22 이는 '대안적 세계화 가능한가?' 라는 주제 하에 열린 인터넷 신문 업 코리아의 한 대담기사에서 장하준 교수의 발언요지를 요약한 것이다(www.upkorea.net; 2003. 11. 22자).

초래해, 향후 적도에서 먼 곳에까지 열대성 태풍이 확산될 것을 현재 세계 보험업계가 우려하고 있다. 또 열대성 질병의 확산, 식량생산 감소, 해수면의 급상승, 멕시코 만류 등 주요 해류의 방향전환에 대한 윤리적 조정방안이 필요하다.

우리는 WTO라는 하나의 세계경제 속에서도 살고 있다. 그러나 WTO의 영향은 남반구에 지극히 불리하다. 예컨대 제3세계 네트워크의 대표인 Kohr은 WTO가 남반구의 후진 개도국들을 지배하기 위한 선진국의 도구라고 비판한다. Shiva도 식량, 농업의 범지구적 자유 무역화는 최대난민을 만들어 내는 가혹한 프로그램으로서 남반구 사람들의 노예화를 유도한다고 꼬집는다.

지구촌 시대를 살아가는 우리에겐 하나의 통일된 국제법도 필요하다. 즉 내란, 인종 대청소, 대량학살 등에 대한 전지구적 형벌제도의 정립과 국제법의 규칙은 전쟁발발의 가능성을 감소시킬 수 있는 잠재력이 있다.

이처럼 우리가 지구촌이라는 하나의 세계에 살수록 범지구적 문제들에 대해 어떻게 윤리적으로 대응할까가 중요한 관건이 되고 있다. 더욱이 UN 패널의 한 보고서에 의하면, 부국은 자국의 이익을 위해서라도 빈국을 도와야 한다. 타국의 빈곤은 곧 시장부족, 불법이민, 환경오염, 전염병, 치안불안, 국제 테러리즘을 초래하기 때문이다(싱어 저, 김희정 역, 2003). 그런데도 우리는 비행기 한 대가 추락하면 전세계가 큰 요동을 치지만, 기아로 죽어가는 제3세계의 어린이가 매일 점보 제트기 300대 분량이나 되는데도 그 사실을 아는 사람은 극소수이다(러미스 저, 김종철, 이반 역, 2003: 153).

바로 여기에 지구윤리선언(Declaration of a Global Ethics)이 필요한 이유가 있다. 즉 세계의 모든 문화권에서 보편적으로 수용되는 세계윤리 원칙을 표명해야 한다. 일례로 미국 템플대학교의 지구윤리센터를 이끄는 Swidler는 타국으로부터 대우받고 싶은 만큼 우리도 그 나라를 대우해야 한다는 '황금률' 자체를 윤리의 근본원칙으로 삼으며, 보편적인 세계윤리가 가능하다고 역설한다(싱어 저, 김희정 역, 2003: 185~186).

(3) 인간의 얼굴을 한 세계화

현 세계화의 가장 큰 한계는 지구상의 일부 국가들이 세계화의 이득을 전혀 공유하지 못하는 데 있다. 예컨대 사하라 사막 이남의 아프리카, 중앙아시아, 남미 안데스산맥 주변의 후진국들은 세계의 주요시장에서 지리적으로 멀리 떨어져 있어 운임이 비싸다는 이유 하나만으로도 고립된다. 특히 후진국은 자국의 두뇌유출이 심각해 발전의 잠재력을 크게 위협받고 있다. 그리고 아랍국들의 경제발전 실패는 서구를 향한 분노와 적대감의 주요 원인이 되어간다(양창삼, 2002).

그럼에도 불구하고 현재 선진국의 후진국 지원은 자국의 경제이해에 맞게 상당히 조건부적으로만 진행되고 있다. 일례로 1998년 클린턴 전 미국 대통령은 미국 공화당의원인 필립 크레인에 의해 도입된 '아프리카의 성장과 기회' 법안을 미국 무역발전법의 타이틀법안으로 승인했는데, 이 법의 취지는 경제개혁을 통해 타국의 민주화를 발전시키자는 것이고, 그것을 위해 이들 국가에 대한 원조는 시장 친화적 개혁의 정도에 따라 조건부로 시행되어야 한다는 것이다. 즉 워싱턴 콘센서스[23]에 기초한 NAFTA와 유사한 요구조건을 준수해야만 이들 국가가 미국시장에 쉽게 접근할 수 있게 해준다는 것이다.

그러나 이 법안은 부채탕감, 정책결정의 주권보호, 공정무역과 투자의 원칙, 부국의 착취로 인한 폐해를 극복하기 위한 원조 등 아프리카 정책전문가들이 현재 합의하고 있는 4가지 주요사안을 결여하고 있다. 따라서 제시 잭슨 Jr.는 이를 '아프리카 식민화법'이라고 부른다. 즉 아프리카 국가의 경제주권을 무시해 이들 나라가 미국이 강제하는 경제적, 법적, 사회적 시스템을 받아들이지 않으면 어떤 혜택도 안 준다는 것이다. 따라서 그는 아프리카의 주권을 존중하고 지속 가능한 발전과 부채탕감을 강조하는 대안적 접근을 제시한다(탭 저, 이강국 역, 2001: 223~225).

결국 세계화가 우리에게 주는 도전은 세계화를 관리하는 창의적, 건설적 방법을 모색해 세계화가 절대 다수의 사람과 많은 국가에 골고루 이익을 주도록 하는 일이다. 따라서 우리는 세계화에 '인간의 얼굴'을 씌워 주는 일에 매진해야 한다. 실제로 1999년 UN 세계개발보고서에 의하면, 4백억 달러만 있으면, 전세계 인구가 기초건강, 영양, 기초교육, 정수(淨水), 가족계획의 혜택을 받을 수 있다. 전 세계의 2백대 부자가 매년 자기 재산 중 1%만 기부해도 세계 모든 아이들의 초등교육이 가능하고, 이들이 5%만 기부하면 기초적 사회서비스도 제공할 수 있다. 미국이 국민총생산에서의 해외원조금을 0.07%에서 0.7%로 상향 조정하면 700억 달러가 되는데, 이는 보건, 교육, 환경문제로 허덕이는 최빈국들을 구제하고 세계 경제체제에 편입시킬 수도 있는 자금이다.[24]

---

23 워싱턴 콘센서스는 워싱턴에 모여 있는 IMF, IBRD 및 기타 국제금융기관들, 대내외 정책포럼, 헤리티지 재단 같은 우익 싱크 탱크들이 신자유주의 정책에 합의한 것을 1990년 국제경제연구소의 존 윌리암슨이 명명한 것이다(이상헌, 2003: 34).

24 현재 대다수 준 주변부국가와 주변부 국가들의 외채탕감을 부분적으로만 해주어도 이들 국가의 복지, 교육, 민생예산을 확대시킬 수 있다. 그러나 진짜 문제는 빈국에서 권력을 쥐고 있는 비민주적, 반민중적 관료와 군부, 재벌로 구성된 과두파벌이 탕감받은 돈이나 해외원조금을 과연 복지예산으로 쓸까 하는 의문이다. 박

이런 맥락에서 코피 아난 유엔 사무총장은 초국적 기업들이 세계시민 가이드라인을 준수하기로 약속하는 자발적인 세계협정(Global Compact)을 UN과 초국적기업 간에 체결하자고 제의했다. 이 협정은 기업의 책임성을 높이기 위한 자발적 수단이다. 초국적기업들은 이 원칙을 지켜달라는 요청을 받은 후 적어도 1년에 한 번은 9개의 원칙을 지키기 위해 구체적인 노력을 하고 있음을 세상에 공표해야 하는데, 그 9개 원칙은 세계인권선언, 리우선언, 세계 경제사회 정상회담에서 논의되고 1999년 ILO에 의해 재확인된 근본원칙과 권리들에 기초한다. 세계협정은 값싼 돈으로 초국적기업들에게 면죄부를 줄 우려가 있지만, UN을 다시 게임의 중심으로 끌어들이자는 것이며 초국적기업들에 의한 실제 권력행사에 압력을 가하는 것이다(탭 저, 이강국 역, 2001: 281~291). 그러나 이 협정의 준수 여부는 전적으로 초국적 기업들에 달려 있다. 권력자들이 양보하는 것보다 그들이 양보할 수밖에 없게 압력하고 강제해 얻어내는 것이 더 중요하다.

(4) 탈 세계화

Bello(2002)가 주창하는 탈 세계화는 후발국이 국제시장에서 완전히 발을 빼자는 것이 아니라, 자체의 지역시장을 위한 생산이 되도록 국가경제의 방향을 재설정하자는 것이다. 보다 구체적으로 말해 탈세계화는 시장논리 및 비용효율성의 추구를 안전, 평등, 사회연대라는 가치에 의식적으로 종속시키는 접근방식으로서, 경제를 사회 속에 다시 묻어 넣는 것이다. 즉 사회의 온정성을 지키면서 생존에 필요한 것을 적절히 생산, 분배하는 사회를 회복하자는 것인데, 그 구체적 전략은 다음과 같다.

① 국가발전을 위한 금융재원 대부분을 해외투자나 해외 금융시장에 의존하기보다는 자국 내에서 충당한다. ② 국내시장을 만들기 위해 장기간 미뤄온 소득 재분배와 토지 재분배를 시행한다. ③ 환경보호와 형평성의 극대화를 도모한다. ④ 시장논리보다 민주적 선택에 의거해 경제부문의 전략적 설정을 도모한다. ⑤ 민간부문과 국가가 시민사회로부터 지속적으로 감시를 받게 한다. ⑥ 초국적기업들은 배제시키되 지역사회의 협동조합과 민간기업, 국영기업을 아우르는 새로운 생산, 교환 복합체를 구성한다. ⑦ 지역사회와 국내에서도 상품생산이 합리적 비용으로 가능하다면, 지역사회의 보존을 위해 이를 장려해 보조성 원리[25]를 견지해 나간다.

노자(2002: 295~297)의 지적처럼, 이들 나라에서 대중의 이해를 대변하는 진보세력의 집권만이 남반구-북반구 간 균등화를 보장할 것이다.

25 이는 규모의 경제나 외부효과의 발생이 아니라면 상위단체가 하위단체의 자율성을 보장하는 것이 효율성을 제고하는 방법이라는 것이다. 여기서 상위단체는 보조적 위치를 차지한다.

탈세계화, 즉 지역 및 국가의 자조력 계발은 대안적 글로벌 경제통치체제 속에서 추진될 때만 성공한다. 따라서 서구의 초국적기업과 미국의 정치, 군사적 패권의 축소가 요구된다. 또 중앙집권화된 국제기구들의 제도적 권력을 분산시키고 권력의 집중을 배제하는 한편, 폭넓고 유연한 동의를 바탕으로 상호 작용하는 새로운 국제기구와 조직들로 이루어진 다원적 체제를 구성해야 한다. 즉 초국적기업이 주도하는 WTO, 브레튼 우즈 기구의 기능을 중립화하고 권한을 줄여, 이들이 여타 국제조직 및 지역단체들과 공존하며 단순한 일군의 행위자로 작용하게 한다. 이런 전략에는 유엔무역개발회의(UNCTAD), 다자간 환경협정, ILO, 지역경제블록과 같은 다양한 기구의 강화도 포함된다. 또 생산, 무역, 경제적 의사결정을 지역, 국가, 공동체의 차원으로 이양하기 위한 공간을 창출하고 전담할 수 있는 지역 내 기구들의 강화도 필요하다(벨로 저, 김공회 역, 2004: 206~212).

(5) 세계사회포럼의 반 세계화 활동과 국제기구들의 자기 수정노력

"또 다른 세계가 가능하다"는 구호 아래 5만 명의 시민이 몰려든 시애틀 반세계화 시위가 초국적 기업 주도의 세계화에 대한 투쟁에서 대승을 거둔 첫 격전지라면, 브라질의 포르투 알레그레 시는 전 지구적 운동의 구심점이 북반구에서 남반구로 이동했음을 보여주는 상징적인 곳이다. 즉 이곳은 대안적 세계질서의 비전과 가치를 구상하고 논의하는 운동공간인데, 이 운동을 주도하는 세계사회포럼은 부의 사회적 재생산, 부에 대한 접근과 지속가능한 발전, 시민사회와 공공영역, 새로운 사회의 정치권력과 윤리 등 4가지 주제를 강조한다.

세계사회포럼 측에 따르면 스위스의 다보스에서 열리는 세계경제포럼이 부의 집중, 빈곤의 세계화, 지구 파괴를 상징하는 데 비해, 자신들은 인류와 자연이 중심이 되는 새로운 세계를 위한 희망과 투쟁을 상징한다고 주장한다. 실제로 2002년 세계사회포럼의 주요의제는 국제 투기자본의 규제를 위한 토빈세 제정운동, 저개발국 부채탕감, 새로운 세계정부체제, 농업생산의 재조직화, 민주주의 개혁 등이다. 따라서 세계사회포럼은 반 세계화운동의 메카라고 볼 수 있다.

현재 세계사회포럼 등의 국제단체와 반세계화 시위대들을 중심으로 다음과 같은 국제금융기구의 해체전략이 무성하다. ① 먼저 국제통화기금(IMF)은 정책 권한은 갖지 않으면서 전 지구적 자본과 환율의 움직임을 감시하는 자문, 연구기관으로 전환시키자. ② 세계은행(IBRD)의 차관조성능력은 정지시키고, 무상원조 활동을 참여절차가 확립된 역내 기구에게 넘기자. 이를 통해 세계은행의 영향력을 제거하자. 이는 세계은행이 발행하는 채권 배척운동,[26] 기존 국제개발협회(IDA)에의 새로운 자금 투입안 거부운동, IMF 출자지분 증액요구에 반대하는 운동 등과 서로 조화될 수 있다. ③ 세계무역기구(WTO)의 권한과 관할영역의 확장은 발전, 사회정의, 형평성, 환경보전 등에 치명적인 위협으로 작용하므로, 이들의 자유화 공세를 정지시켜야 한다.

한편 신자유주의를 지지하던 국제기구들도 반 세계화론자들의 저항에 직면하면서 자기 수정의 노력을 안 할 수 없게 되었는데, 특히 아시아 외환위기는 IMF가 위기의 길로 접어들게 된 결정적 계기였다.[27] 그 위기에 직면하면서 IMF는 1999년 종래의 확대 구조조정 금융제도를 '빈곤감축과 성장지원제도'로 개명해 자신의 실패를 스스로 인정하고, 빈곤퇴치[28]를 사업 프로그램의 중심에 둔 세계은행을 모방할 것을 공언하게 된다(벨로 저, 김공회 역, 2004).

일전에 세계은행 총재인 울펀슨과 부총재인 스티글리츠는 IMF 처방의 한계점을 지적하고 그 보완적 권고를 한 바 있다. 즉 아시아는 재정적자가 적고 인플레도 낮은 등 남미와는 분명한 차이를 보이므로, 이들에 대한 IMF식 처방은 경기 위축과 국제 채권자들의 모럴 해저드를 조장하기 쉽다는 것이다. 특히 급격한 구조조정이 가져올 수 있는 대량실업이나 정치사회적 비용을 고려해야 하고 정부의 적절한 규제정책과 경쟁정책도 필요하다는 것이다(류상영, 2000: 273~274). 따라서 세계은행은 긴축정책

표 14-1 자본세계화의 위협구조와 IMF식 구조조정 비용, 이에 대한 대안적 세계화의 방향

자본 세계화의 위협구조	IMF식 구조조정의 제반비용	대안적 세계화(2차적 세계화)
▸ 터보자본주의 ➡ 생산기지 해외이전, 혼혈공장론 ▸ 카지노자본주의 ➡ 종이자본주의, 국제고리대금업 ▸ 카우보이자본주의 ➡ 대량 정리해고, 고용불안	▸ 실업자 양산 ▸ 복지 등 공공서비스 후퇴 ▸ 소득불평등 등 사회양극화 ▸ 부의 차이에 따른 주거 분리 ▸ 국민건강 악화 ▸ 민주주의 후퇴 ▸ 환경파괴 등 삶의 질 후퇴	▸ 자주적 세계화➡영미식의 글로벌 스탠더드보다는 자기중심을 잡고 세계화한 나라가 성공 ▸ 윤리적 세계화➡ 보편적 세계윤리 가능 ▸ 인간의 얼굴을 한 세계화➡유엔과 초국적 기업간의 자발적 세계협정 체결 ▸ 탈세계화➡지역 및 국가의 자조력 계발 ▸ 반세계화➡세계사회포럼의 국제기구 해체 전략

---

26 이는 2000년 남반구 및 미국 35개 시민단체가 모여 '세계은행 보이콧'이란 국제적 연대체를 결성해, 세계은행이 기금마련을 위해 북미, 유럽, 동아시아 금융시장을 통해 발행하는 채권 구입을 보이콧한 것이다.

27 따라서 아시아 금융위기를 'IMF의 스탈린그라드'라고 부른다.

28 세계은행의 빈곤퇴치전략 수정방향은 다음과 같다(중앙일보, 2000. 9. 14 25면). 먼저 파이 키우기에서 함께 만들기로, 성장확대에서 기회확대로 나아간다. 즉 파이에 접근하는 문호 확대에 치중하는 것이다. 이에 따라 일자리, 교육 등 부를 축적할 수 있는 경제적 기회의 확대, 빈곤층의 목소리를 정책수립에 반영할 수 있는 제도적 장치 강화, 실업, 보건, 자연재해 등에 대비한 사회안전망 구축을 통해 가난 없는 성장을 추구하겠다는 것이다.

의 사회적 비용과 사람의 고통에 대한 우려를 표명한 뒤, IMF의 잘못된 구조조정과 과도한 개입의 해악을 비판하며, 향후 국제 NGO와도 만날 계획이고 그들의 조언과 비판도 적극 환영한다고 공언한다. 또 토착인구를 강제로 퇴거시키는 환경프로젝트를 취소하고, 소규모의 지역주도 발전사업을 도입한다고 주장한 바 있다(탭 저, 이강국 역, 2001: 96). 그 후 제55차 IMF, IBRD 연차총회가 체코의 프라하에서 개최되었는데, 드디어 여기서 IMF의 쾰러 총재도 부자나라가 농업부문 중심으로 무역장벽을 낮춰 빈국의 수출을 증대시킬 것을 촉구했다.

자본 세계화의 폐해와 이에 대한 대안적 세계화의 다양한 논의를 표로 정리하면 [표 14-1]과 같다.

V. 관리적 세계화의 필요성과 국민국가의 존재이유

1. 관리적 세계화의 개념 및 필요성과 그 성공, 실패사례

자본 세계화의 위협구조들이 IMF식 구조조정 등 세계화의 어두운 면을 증폭시키면서, 다양한 대안적 세계화 방안들이 범지구적 개혁주의[29]의 모토 아래 진지하게 대두하고 있다. 대안적 세계화론은 이런 점에서 새로운 발전론적 함의를 갖는다. 우리는 이런 맥락에서 자생적 세계화에 대한 수동적 대응에서 벗어나 보다 진취적인 관리적 세계화(Managed Globalization)를 전략적으로 선택해야 한다.

(1) 관리적 세계화:
자본세계화의 흐름을 자국의 이익에 맞게 유도하는 것

관리적 세계화는 이처럼 국가나 사회의 인위적 노력을 통해 자생적 세계화에 적응해 가는 것이다. 자생적 세계화가 우리에게 외부적 제약과 기회를 동시에 주는 것이라면, 관리적 세계화는 이에 대한 전략적 대응으로서(문정인, 1996: 328), 자본 세계화의 흐름에 슬기롭게 대처하거나 그 흐름을 자국의 실정에 맞게 유도하는 것이다.

관리적 세계화에 성공한 국가들의 사례와 실패한 국가사례를 각각 들어보자.

---

29 Scholte(2000)는 전지구적 개혁주의를 주장하며, 인간안보, 사회형평, 민주주의의 고양을 외친다(강정인, 2003: 218~219). Castells(1997)도 제2세계의 와해, 제3세계의 종말, 제4세계의 등장이라는 새로운 세계현상이 던져주는 기아, 국제범죄, 인종분쟁, 종교 근본주의의 도전을 해결하기 위해 세계를 새롭게 구성해야 할 필요성을 제기한다. 즉 범지구적 문제설정(global problematics)의 필요성을 제기하는 것이다(임현진, 1998: 181).

IMF의 구조조정 프로그램에 따른 외환위기 극복방식(예: 정리해고 ➡ 비용절감 ➡ 경제성장 ➡ 빈곤해결)이 오히려 많은 나라에서 빈곤악화의 주원인이 된 데 비해, 나름대로의 자주적 방식으로 구조조정한 나라들의 빈곤층 비율은 환란(換亂) 이후 소폭으로만 상승했는데(중앙일보, 1999. 11. 8자 5면), 이 중 관리적 세계화에 성공한 말레이시아의 자구노력 사례와 칠레의 FTA 체결사례를 들어보자.

18년 동안 장기 집권해 온 마하티르 전 말레이시아 총리는 정부의 집권 정당성을 유지해 주는 기존의 고성장정책을 포기하고 싶지 않아 동아시아 금융위기의 근본원인을 내부가 아닌 외부요소에서 찾았다. 즉 그는 서방 투기자본의 무분별한 흐름과 폐해를 비판하면서 동아시아의 신흥시장을 길들이기 위한 서방자본의 대대적 공세라는 차원에서 금융위기의 본질을 이해했다. 그러면서 한국과는 달리 국제 투기자본의 횡포를 규제하기 위한 독자적인 자본통제정책으로 대응했다. 먼저 그는 이브라힘 전 부총리의 IMF식 긴축정책과 산업부문 구조조정 작업을 중단하고 성장과 경기부양책으로 선회했다. 곧 이어 그는 고정환율제와 자본통제정책이라는 획기적 경제조치를 구사했는데, 이는 일종의 비상경제조치로서 외환시장의 안정을 도모하는 것이었다. 이를 통해 외국인이 국내에서 말레이시아 화폐인 링기트화를 외국통화로 바꾸려면 중앙은행의 허가가 필요하게 되었다. 결국 그의 자본통제정책은 링기트화의 국제거래를 정지시키고 환율을 고정시켜 말레이시아의 주식투자에 필요한 외화를 정확히 계산하게 하고 투자환경을 안정시켰다.

한편 1999년 2월 자본통제정책에 대한 보완조치가 발표되었는데, 이는 외화통제의 배경 속에서 자력에 의한 경기부양의 한계를 인식하고 적극적인 외자유입을 시도한 것이다. 그러나 여전히 국제자본 투자가들에겐 10~30%의 순이익금에 대한 과세가 부과되었다. 그의 공격적 대외정책은 서구 자유주의 진영의 공세로부터 말레이 민족주의의 독자성을 고수하는 상징적 효과가 컸다(이선향, 2000: 193~215).

말레이시아가 이처럼 나름대로의 해외자본 통제정책을 시행할 수 있었던 데는 서방자본의 이탈충격을 완화할 수 있는 대체자본(예: 화교자본)의 역할을 무시할 수 없다. 그러나 우리는 금융부문을 필두로 시장에 대해 조정능력을 유지할 수 있었던 말레이시아 정부의 국가능력, 즉 신자유주의의 선별적 수용과 종족 간 경제적 불평등의 완화를 위한 재분배정책에도 눈길을 주어야 한다. 이는 압축성장의 효과를 재분배정책으로 이전시키는 전략인데, 여기서 중요한 점은 경제 자유화의 와중에도 기업의 해외차입을 규제하고 외환 및 자본거래에 대한 중앙은행의 관리감독 등 은행, 기업에 대한 정부의 조정능력을 유지하며 성장을 이끌어낸 사실이다. 이런 점에서 말레이시아의 위기 대처방안은 "조정된 자유화"라고 볼 수 있다(박은홍, 2000: 141~143).

관리적 세계화의 또 하나의 성공국인 칠레는 북미, 유럽연합(EU), 여타 남미국가와는 물론 동북아 3국(한국, 일본, 중국) 등 지구촌의 거의 모든 주요경제권과 FTA로 연결된 대표적인 나라이다. 이 나라는 한때 브라질과 아르헨티나에 치여 남미의 샌드위치가 될 신세였지만, 일련의 FTA체결 성공을 통해 지구촌의 모범국가로 발전했다. 칠레는 브라질, 아르헨티나에 비해 인구와 국토면적이 작아 애당초 제조업체의 육성은 곤란했다. 그러나 구리 등 광산물이 많이 나고 남북으로 나 있는 긴 땅을 갖고 있어 다양한 온도에서 재배할 수 있는 농작물이 많았다. 이런 맥락에서 이 나라의 경제위기 해소책은 원자재 및 농산물의 수출에 기반을 둔 개방정책이었다.

칠레는 1970년대부터 개방정책을 준비해 1990년부터는 본격적으로 FTA를 체결해 왔는데, 이를 위해 1970년대부터 수입품 관세를 크게 인하해 왔다. 피노체트 전 대통령은 비록 독재자이긴 했지만, 1980년대의 개방정책을 통해 칠레 경제성장의 기초를 닦았다. 이러한 개방정책의 전통은 지속되어 2006년 3월에 취임한 미첼 바첼레트 정부도 전임 정부들의 개방화, 민영화 정책을 계승했다.

이 나라는 FTA를 통해 자국의 시장을 개방해 국민은 질 좋은 외국상품을 저렴하게 이용하는 혜택을 누리게 한다. 이에 힘입어 FTA가 본격적으로 이루어지기 전인 1980년대에 2,000달러에 불과했던 1인당 국민소득이 지금은 16,000달러이다. 또 연 20%를 넘던 물가 상승률이 수년째 3~4%의 안정세를 보이고 있다. 빈곤층 비율도 1998년의 45%에서 지금은 13%에 머무는 등 남미에서 가장 안정된 경제를 자랑한다.

2006년 3월에 퇴임한 리카르도 라고스 칠레 대통령은 임기 말인데도 불구하고 70%를 웃도는 국민의 지지를 받았다. 그러나 그는 그럼에도 불구하고 항상 모자람과 부족함을 걱정했다고 한다. 스스로 진보주의자임을 자처한 그는 나라살림을 잘해 성장의 과실이 국민 모두에게 고르게 돌아가게 하기 위해 공공부문을 최소한으로 줄이고 선심성 복지보다는 일하는 복지를 추구했다. 그 결과 칠레의 빈곤율을 10년 동안 18%에서 13%로 축소시켰다.

현재 칠레는 2006년부터 기업 영업환경, 기술혁신을 독려하는 '칠레 콤피테 프로젝트'를 진행중이다. 구리시세의 보전을 위해 매년 GDP의 1%를 떼어놓다가 구리가격이 국제적으로 하락할 경우 즉시 보전해 주기도 한다. 물론 민주화 이후 분배를 요구하는 각계의 목소리가 터져 나오고 에너지 자립이 취약한 문제점이 있으나, 이

나라는 취약한 산업구조를 개방으로 극복한 성공모델이라고 볼 수 있다(중앙일보, 2007. 4. 6자 참조).

반면 멕시코는 관리적 세계화의 실패사례이다. 물론 살리나스 집권기의 멕시코의 세계화 노력에 대해 세계는 극찬을 보냈다. 그러나 1994년 12월 페소화 위기 이후 해외자본에 의존한 무차별적 경제개방과 개혁정책이 지닌 무모한 점을 경계하는 목소리가 대두했다. 물론 세계화 시대에 시장개방은 불가피했지만, 어떤 목표와 과정을 국가가 선택해 개방비용을 최소화하며 개방수익을 극대화하느냐 하는 국가전략상의 문제는 남는다.

멕시코 사례는 결국 실패로 귀결된 채, 대미 종속구조만 심화되었다. 국민국가의 통일성이 훼손되고, 국민 다수의 빈곤은 심화되었다. 더욱이 멕시코 북부의 국경지대는 미국 국경도시의 종속적 배후지로서 멕사메리카(Mexamerica)화되었다. "멕시코를 보면 IMF는 소방수가 아닌 방화범"이란 Payer의 지적이 옳다(임현진, 2001: 146~152). 한때 워싱턴 컨센서스의 모범국이었던 멕시코는 현재 전체 국민의 반이 최저 생활수준 이하에서 신음하는 반면, 곡물시장의 큰손인 멕시코의 억만장자들은 부와 특권을 향유하는 가장 불평등한 나라로 전락했다(Chomsky, 2001).

상기한 세 나라의 성공/실패 사례는 세계화 시대에 그만큼 관리적 세계화가 필요함을 잘 보여준다. 즉 국가가 얼마나 주도적으로 자본 세계화의 흐름에 전략적 대응을 해주느냐가 관건인 것이다.

(2) 관리적 세계화: 선진화를 지향하는 전략적 세계화

한편 관리적 세계화는 정책적 의미의 전략적 세계화(戰略的 世界化)로 한 걸음 더 나가야 한다. 전략적 세계화는 발전단계가 다양한 개별국가들의 존재를 전제로 해, 후진국이 국가의 전체적 역량을 키워 사회제도, 관행 그리고 질서 면에서 한 단계 높아져 세계의 다른 선진국들과 동질화되어 가는 것이다.

즉 관리적 세계화는 선진화(先進化)를 추구하는 것이기도 하다. 생산영역은 물론 상호교류를 통해 국민의 생활수준과 문화수준도 선진국 수준으로 높이자는 것이다. 이런 의미에서 세계화는 선진국과 더불어 경쟁해 생존할 수 있는 능력을 배양하는 문제이다. 국제적 규범과 규칙을 지키는 범위 내에서 더불어 경쟁하며 공존하여 국가번영을 성취하는 것이다(김중웅, 1997: 43~47).

한반도 선진화 재단이 주최한 '대한민국 선진화 어디까지 왔나' 전략 심포지엄에 의하면, 우리나라의 국가 선진화지수(National Advancement Index)는 40개 국가 중

30위였다. 심포지움의 발제자였던 문휘창(2008)은 "OECD 30국과 칠레, 중국, 홍콩, 이스라엘 등 10국을 포함한 총 40국을 평가한 결과, 대한민국은 100점 만점 중 41.82점으로 종합순위 30위로 조사됐다"고 발표했다.[30] 이러한 종합순위는 경제, 정치, 사회, 문화, 국제화 등 5개 부문을 설정하고, 이를 다시 2개 요소로 중분류해 총 55개의 세부 평가항목으로 평가된 결과다. 5개 평가 부문 중 '경제적 선진화'는 소득 수준과 분배구조로 구분했고, '정치적 선진화'는 민주화와 자유화, '사회적 선진화'는 법질서와 삶의 질, '문화적 선진화'는 다문화 공생사회와 세계문화 표준창출, '국제적 선진화'는 국제 정치경체 참여수준과 국제공헌으로 구분해 평가했다. 각 부문별 순위에서 한국은 경제 26위, 정치 31위, 사회 27위, 문화 28위, 국제화 35위를 차지했다. OECD의 평균치와 비교할 때 경제의 소득에서는 높지만 기타 항목에서는 모두 뒤떨어진 결과였다. 특히 분배, 자유화, 법질서, 다문화 공생사회, 국제참여 부분에서 많이 뒤쳐진 것으로 조사됐다. 문휘창(2008)은 "선진국과 비 선진국과의 차이는 경제적 측면보다는 정치, 사회적 측면에서 큰 차이가 있다"며 "경제가 일정한 단계로 발전한 후에는 정치와 사회의 제도적 기반이 필요하며, 이것이 또한 경제의 지속적 발전을 위한 필수조건"이라고 지적하며, 단기적으로는 정부 효율성과 청렴도를 높일 것과 규제완화를 주문했고, 중기적으로는 국제화와 타 문화에 대한 이해를 높이는 것, 장기적으로는 자원분배와 국민 복지를 위한 길을 제안했다.

관리적 세계화는 이처럼 구시대의 낡은 질서를 청산하는 전화위복의 계기가 될 수도 있다. 잘만 하면 양질의 구조개혁도 가능하다. 최상용(1998: 38~43)은 이런 점에서 1997년의 외환위기가 민주주의와 시장경제의 정착이라는 선진화의 계기 및 발전의 진면목을 갖출 기회 등 제2의 개국(開國)이 될 수 있는 계기라고 본다. 바로 지금은 선진화를 위한 체질개선, 즉 '무쇠의 담금질'이 필요한 시점이다.

2. 신자유주의의 대두에 따른 국민국가 침식 (the Eclipse of the State)

그렇다면 현 자본세계화 시대에서도 관리적 세계화를 위한 국가의 역할공간은 얼마나 마련될 수 있는가?

현 국제 경제질서의 변화와 연관해 우리가 주의 깊게 보아야 할 점은, 세계화가

---

30 1위는 룩셈부르크(72.80점), 2위는 스웨덴(71.02점), 3위는 네덜란드(69.69점) 등 서유럽의 중소규모의 국가가 차지했고, 미국(67.66점)은 5위, 스위스(67.61점)가 6위를 차지했다. 또 40위는 중국(19.67점)이 차지했다.

자본의 확대 재생산을 상징하는 개념이라는 점이다. 특히 자본운동이 세계화 단계로 접어들면서 국제 금융자본의 지배적 경향과 경제영역에 대한 국가의 급격한 통제력 약화현상이 나타나고 있다. 글로벌 경제라는 새로운 국제환경 속에서 이제 국민국가는 자국의 정치경제를 자율적으로 설계할 수 있는 정책 자율성을 크게 제한받게 되었다(정진영, 1998: 189~190). 특히 금융정책, 통화정책, 대외 경제정책, 초국적기업의 통제 등에서 국가의 권위와 한계가 드러난 지는 이미 오래이다.

한국도 세계화 시대를 맞아 그간의 전지전능한 국가, 강한 국가, 발전국가[31] (Developmental State)에서 무기력한 국가(Powerless State)의 일면을 드러내고 있다. 무기력한 국가는 Castells(1997)에 의해 제시된 개념으로서, 세계 각국의 국민국가가 20세기 후반에 접어들어 2가지의 새로운 흐름, 즉 세계화에 따른 대외적 주권 약화와, 분권화, 분리, 독립운동에 따른 내부통제력 약화로 말미암아 나타나는 국가권력의 마비 및 무력화현상을 겪게 되는 것을 의미한다(성경륭, 1998: 14).

그러나 Giddens(1998)는 가까운 장래에 시민의 삶과 국가의 대외영역에 미치는 국가의 권력이 크게 줄어들지는 않을 것으로 전망한다. 단 국가는 자신의 권력을 타국 혹은 국가 내의 지역 그리고 초국적 집단 및 결사체와의 협력을 통해 행사할 수 있다고 말한다(안병영, 1998: 8~12).

3. 국민국가의 존재이유와 세련된 발전국가론의 대두

그렇다면 신자유주의 세계화 시대에서도 국민국가는 존속이 가능하다는 말인가? Mouzelis(1994: 127~128)는 "어떤 나라들은 다른 나라보다 발전전략의 구성과 집행이 더 좋다. 또 후발국들이 출발선과 자원이 똑같아도 세계경제 내에서 그 결과가 불평등하게 나타나는 이유를 가장 잘 이해시켜 주는 것은 바로 국가의 구조"라고 말한다.

산업화가 상대적으로 늦었지만 제1세계가 된 나라(예: 노르웨이, 핀란드, 뉴질랜드, 호주)들의 공통점은 농업 근대화의 성공, 1차부문과 2차부문의 강한 연계, 경쟁력 있는 산업분야의 창출, 농업 근대화와 산업 간 접합 등에 있어서 중요한 역할을 수행

---

31 발전국가는 경제발전을 국가목표로 잡고 이를 위해 자본과 노동을 동원해 효과적으로 수행할 가능성이 큰 국가이다. 강력한 발전국가의 조건은 높은 정도의 자율성과 개입능력이다. 우리나라는 경제발전목표를 설정하고 대내외적으로 인적, 물적, 이데올로기적 자원을 동원하면서 이를 실현시킬 능력을 가진 발전국가의 전형적 모델로서 1997년까지는 세계의 학문적, 실천적 관심의 초점이 되어 왔다. 그러나 환란위기 이후 이는 공식적으로 폐기되며 빠르게 신자유주의국가로의 전환이 진행중이다. 발전국가는 압축성장 요인과 한국경제의 위기요인을 동시에 설명하는 '양날을 세운'(double edged) 개념인 것이다(김명수, 2004: 162~163).

한 국가장치를 갖고 있었다. 반면 그리스와 같은 발칸반도 국가와 남미의 원추형 국가들에선 농업근대화 실패, 국가장치의 과잉팽창, 부패의 가속화로 인해 반발전적 특성이 크게 나타났다. 따라서 모든 발전효과의 주요 조정자로서의 국가를 옆으로 제켜 놓고 도외시할 수는 없다.

자본 세계화가 아무리 국민국가의 영역을 침식해도 국가는 세계화의 역기능을 치유하고 세계화의 흐름을 자국의 이익에 맞게 유도하는 관리적 세계화를 추진하기 위해 한 나라의 발전과정에서 일정한 역할을 수행해야 한다. 자본 세계화의 무한경쟁에서 성장을 지속시키고 복지도 확대하기 위해서 국가의 역할은 여전히 필수적인 것이다.

신자유주의 종주국인 선진 산업국들도 자유주의를 표방하면서 자국의 경제에 깊숙이 그러나 세련되게 개입해 왔다. 예컨대 영국을 제외한 독일, 이탈리아, 러시아, 일본 등은 추격적 산업화 과정에서 국가가 시장을 대체해 자본가 대신 산업화를 추진했다. 미국도 19세기에 연방정부가 산업부문에 적극 개입했고, 제2차 세계대전 이후까지 국내산업을 적극 보호해 왔다.

그러나 우리는 김명수(2004: 162~164)의 지적처럼, 이런 선진국의 기만성을 인식하지 못한 채 신자유주의 경제학 이론의 교과서적 실천을 애써 시도하며, 국가기구의 무력화, 발전국가의 성급한 해체과정에서 의도치 않은 환란을 초래했다. 그러나 이제는 국가의 효율적 개입을 가능케 하는 제반 제도적 조건을 탐색하고 이를 조성하는 것이 더 효율적이다. 성장과 복지를 조화시키기 위해 우리 나름의 국가-시장 모형을 설정하고 인적, 제도적 자원을 동원, 실천하는 세련된 발전국가적 능력이 요구된다.

15
세계화의 시대적 정언명령 제대로 읽기

I. 관리적 세계화를 위한 국가 발전전략의 재구성

Rodrik(1997)에 의하면, 세계화(Globalization) 그 자체는 우리들 삶에 있어 엄연한 현실이 되어 가고 있다. 그렇다면 문제는 세계화를 어떻게 받아들이고 다루느냐이다. 현재 자본 세계화의 폐해가 무척 크지만, 그 흐름이 국민국가에 의해 적절히 통제되고 자국에 유리한 방향으로 잘만 유도, 관리된다면, 이는 생산성 제고, 고용기회 창출, 빈자의 삶을 증진시키는 쪽으로 부유국 및 부유층의 돈을 이동시키는 좋은 수단이 될 수도 있다. 따라서 Rodrik은 좋은 정부가 좋은 경제관리만큼 중요하며, 양자는 결코 분리될 수 없다고 주장한다. 즉 민주주의와 사회정의가 경제적 충격을 정치적으로 완화시키는 데 본질적으로 요구된다는 것이다.

Bergsten(1998) 역시 세계화로 인한 사회경제적 약자들의 충격을 완화하고 세계화의 이점이 사회 전 부문으로 확대되게 하는 적절한 국내 정책조치가 취해진다면, 세계화는 성공하고 자국에 유리한 방향으로 작용할 수 있다고 본다. 따라서 국민국가는 아직도 중요하고, 좋은 정부는 경제관리 이상으로 작용해야 한다고 주장한다 (News Weekly, 1999. 11. 20).

위의 논거들은 결국 국민국가가 중심이 되어 자본 세계화의 흐름을 자국에 맞게 유도, 관리하자는 관리적 세계화의 필요성을 제기하는 것으로서, 자연히 우리의 논의가 국가발전전략의 재구성을 향해 나아가게 한다. 즉 발전과정에서 국민국가의 일정한 역할을 인정하는 발전행정론의 기본틀은 유지하면서도, 경제성장 일변도이고 관 주도적인 기존 발전행정의 폐해를 극복하면서 자본 세계화의 부정적 흐름에도 적절히 대응해 나갈 수 있는 새로운 발전논의를 요구하는 것이다(Haque, 1999; 이송호, 2000). 이런 점에서 1960~70년대의 단선 경로적 발전행정론과는 질적으로 다른, 즉 새로운 발전내용과 발전방법으로 무장된 국가발전전략의 재구성에 대한 논의가 관리적 세계화 개념을 중심으로 재개되어야 할 것이다.

II. 세계화의 시대적 정언명령: 국부, 국질, 국격

그렇다면 우리의 현실에 맞는 관리적 세계화의 방향은 무엇인가? 현재 우리 사회에 대두되고 있는 국내외 과제들은 자못 만만치 않다. 먼저 무한경쟁식 경제전쟁과 WTO체제 출범에 따른 일련의 라운드 시리즈(UR, GR, BR, TR, CR) 및 FTA로 대표되는 무한경쟁식 시장개방은, 우리에게 새로운 국제 경제질서에 대한 적응력과 해외시장 점유율 유지를 위한 국가경쟁력[1] 강화 및 산업구조 변동의 필요성을 제기하고 있다.

우리에게는 대외적 과제뿐 아니라 대내적 과제들도 만만치 않다. 압축성장으로 표징되는 폭발적 산업화와 무계획적 도시화 그리고 최근 자본 세계화의 폐해로 인해, 우리 사회에는 빈부격차, 교통난, 주택난, 환경파괴, 녹지공간 및 문화, 여가시설 부족 등 다양한 생활문제가 누적되고 있다.

상기한 국내외 도전들은 우리 사회가 급변하는 대내외적 환경에 정확히 대응할 수 있는 새로운 국가발전논리를 시급히 마련해야 할 시대적 필요성을 제기하고 있다. 먼저 국가발전의 항구적 물적 토대인 국부(國富)를 지속적으로 신장시키는 작업이 있어야겠다.

그러나 우리가 살기 좋고 경쟁력 있는 나라가 되기 위해선, 경제력과 같은 물리적 요소만 갖고는 부족하다. '경제대국이지만 생활빈국'이라는 국제적 비판을 따갑게 받고 있는 일본의 예가 이를 잘 보여준다. 특히 무한대의 경제전쟁이라는 경제 세계화의 본질을 감안할 때, 고부가가치의 첨단기술과 첨단상품을 만들어 낼 수 있는 미래의 양질의 노동력 확보를 위한 국민 삶의 질 개선작업은 더욱 필요해진다.

더욱이 지구촌 경제는 우리에게 커진 경제력에 걸맞는 나라로서의 격조를 갖추고 국제사회에서 보다 협력자적 역할을 많이 할 것을 요구하고 있다. 이에 따라 우리는 국제사회에 기여하기 위해 UN 부담금도 많이 내고, OECD 회원국으로서 갖추

---

1 오늘의 경쟁은 국가단위 못지않게 지역, 부문, 산업, 기업, 사회집단을 단위로 하여 진행되므로 국가경쟁력이란 개념은 부적절하며, 국제경쟁력이란 표현이 더 낫다는 의견도 있다. 그러나 여기서는 그간 국가경쟁력이란 개념이 활발히 통용되어 온 관계로 개념상의 혼동을 막기 위해서, 또 지구촌시대에서도 국가의 역할은 계속 되고 경제전쟁에서 여전히 주체적 역할을 할 것이 요구되므로 국가경쟁력이라는 용어를 그냥 사용하고자 한다.

어야 할 힘겨운 조건들을 시급히 구비해 나가야 한다.

바야흐로 현시점은 관 주도적 경제성장이라는 총론의 시대는 가고, 우리가 국가경쟁력을 강화하면서 한편으로는 정부가 나라 살림살이를 잘해 국민 삶의 질적 증진에도 힘쓰는 '내실 있는 나라를,' 더 나아가서는 국제사회에서의 협력자적 역할에도 신경을 쓰는 '격조 높은 나라'를 만들어야 할 각론(各論)의 시대에 접어들고 있는 것이다.

따라서 우리는 세계화가 우리에게 주는 이러한 정언적 명령(定言的 命令)[2]들을 경제력 강화를 통한 國富의 신장, 국민 삶의 질(이하 國質로 표기) 증진, 나라로서의 격(이하 國格으로 표기) 갖추기로 압축하여 이해해야 할 것이다(이도형, 1997). 물론 이는 현 세계화의 흐름을 우리 몸에 맞게 디자인하기 위한 관리적 세계화의 한국적 방향이기도 하다.

우리는 이미 이 책의 제2장에서 경제력이라는 외연적 성장과, 삶의 질 제고라는 내포적 발전, 그리고 나라로서의 좋은 대외 이미지 구축 등을 발전의 진면목 혹은 발전기준으로 제시한 바 있는데, 국부, 국질, 국격은 이러한 국가발전의 진면목을 이루는 삼위일체의 요소이기도 하다.

그림 15-1 국가발전전략의 재구성을 위한 논의틀

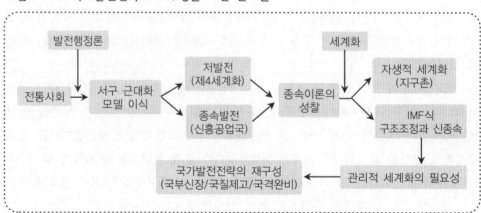

---

2 정언적 명령은 행위의 결과에 관계없이 그 행위 자체가 절대적으로 선한 것이기 때문에 무조건적으로 행동
  이 요구되는 도덕적 명령을 말한다(뉴 에이스 국어사전, 1990: 1678).

1. 지속적 국부신장의 필요성

지구촌 사회, 지구촌 경제로 표현되듯이, 세계경제의 상호의존 경향은 얼핏 보면 국가 간 무역경쟁을 배제하는 것처럼 보인다. 그러나 그 이면을 자세히 들여다보면, 현재의 지구촌 경제가 오히려 국가간에 치열한 무한경쟁을 촉발시키고 있음을 알 수 있다.

세계경제는 하나이므로 단일 무역규범이 필요하다는 논리 하에 라운드 시리즈를 내세우며 후발국에게 끊임없이 시장개방을 강요하는 선진국들의 전략적 공세주의와 통상압력(문정인, 1996: 341), 인건비가 싸고 시장성이 높은 타국에 아예 해외법인을 두고 그곳에서 상품을 생산, 판매하는 혼혈공장식의 아류 제국주의, 터보 자본주의식의 초국적기업 행태들, 또 각국에서 치열하게 전개되고 있는 과학, 기술경쟁은 세계화 시대의 국가 간 무한경쟁을 생생히 보여주는 직접적 사례들이다.

따라서 경제전쟁, 기술전쟁에서 이길 수 있는 힘, 즉 국가경쟁력을 키우는 것이 매우 중요하다(김상균, 1996: 27). 21세기의 국경 없는 무한경쟁시대에서는 더 이상 선진국이라는 잠자는 토끼는 없다. 심지어 토끼들끼리 어깨동무를 하고 도와 가며 자기들을 따라오는 후발국이라는 거북이를 견제한다. 일례로 일본기업이 기획하고 이탈리아에서 디자인한 상품이 중국에서 생산되어 전세계에서 판매될 수 있다. 만일 이런 상황이 전개되면 우리와 같은 수출 의존적 후발 산업화국가들은 세계시장에서 그 입지를 크게 잃고 만다(삼성경제연구소, 1994: 353). 생산의 세계화를 주도하는 것은 중심부의 선진국 자본이고, 후발국들은 이 흐름에 떠밀려갈 뿐이기 때문이다.

한국생산성본부의 국제비교에 따르면, 우리나라의 부가가치 노동생산성은 오랜 기간 동안 체코, 그리스, 헝가리, 폴란드와 함께 OECD 국가 중 최하위 그룹에 속해 왔다.[3] 2000~2002년 간 국제 노동생산성과 노동비용에 대해 해외에서 연구한 사례를 노동부가 인용한 바에 따르면, 동 기간 중 한국의 실질 노동생산성은 3.1 수준으로 미국의 3.4, 대만의 6.52보다 뒤처졌다. 그럼에도 불구하고 2000~2003년의 명목임금 인상률과 노동생산성 증감률 추이를 보면, 노동생산성은 매년 3.8%, 4.6%, 6.2%, 5.8%씩 증가한 데 비해, 명목임금은 매년 8%, 5.1%, 11.2%, 9.2%씩이나 올랐다. 더 우려를 낳는 부분은 단위 노동비용 증감율로서 한국은 2.5% 오른 데 비해, 일본과 대만은 오히려 9.6%, 9.7%씩 감소했다는 점이다(헤럴드경제, 2004. 7. 26자). 따라서 우리는 국내 수출상품의 가격경쟁력 약화를 걱정하지 않을 수 없다.

---

3 이 통계치는 http://www.koreasoft.com/viewsoftnews에서 참조함.

물론 우리경제는 눈부시게 팽창해 왔다. 그러나 그 이면에는 위와 같은 '고비용
-저효율'로 특징지어지는 경제구조의 유연성 부족과, 대외의존적 성격이 강해 약간
의 외부충격에도 심한 불안정 국면을 맞는 등의 문제점이 도사리고 있다. 또 일부
품목을 제외하고는 독자적 기술개발의 부진에 따라 국가생산성 증진이 여타 선진국
에 비해 지체되고 있다(삼성경제연구소, 1994: 13~19). 특히 생산에 필요한 자본재와
중간재를 수입한 뒤 이를 조립, 가공해 완제품 혹은 반제품으로 재수출해 온 그간의
무역구조는 큰 문제로 지적되지 않을 수 없다. 이런 산업기반 하에선 중·저가 상품
밖에 나올 수 없고, 중국 등 개발도상국들의 추격에 상품의 가격경쟁력을 상실하기
쉽다.

실제로 한국경제는 고효율의 선진국과 저비용의 후진국 사이에서 너트 크래커
(호두 까는 도구)에 끼여 압살되고 있는 호두의 운명에 처해 있다는 비판마저 제기된
바 있다(성경륭, 1998: 41). 이는 우리가 중저가 품목에서는 중국4 및 제2의 신흥공업
국들의 추격에 경쟁력을 상실하고, 고부가가치 품목에서는 선진국 시장을 도저히 파
고들 수 없는 기술적 한계를 노정하고 있음을 보여준다. 이러한 너트 크래커 혹은
샌드위치 신세 상황을 좀 더 자세히 살펴보자.

2007년에 대한상공회의소가 전국 275개 제조업체를 대상으로 '중국의 기술추격과
이에 대한 업계의 대응실태'를 조사한 결과를 보면, 중국과의 기술격차는 평균 4.6년
인 것으로 조사되었다. 특히 전자업종은 3.3년으로 가장 격차가 좁혀진 것으로 나타났
다. 전자업종의 디자인과 생산기술은 2년 남짓이면 중국이 한국을 따라잡을 것으로
조사되었다. 문제는 동 조사의 응답자 중 86.6%가 중국이 우리보다 근래의 기술발전
속도가 빠르다고 응답했다는 점이다. 또 23%의 국내업체만 중국의 추격에 대한 대책
을 마련했다고 응답해, 중국에 대한 가격경쟁력이 열세인 상황에서 기술경쟁력마저
추월당한다면 우리 기업이 설 땅은 더욱 좁아질 것이라는 우려가 나오고 있다. 중국은
첨단기술분야 제품의 경우 대학과 정부연구소가 개발해낸 기술을 기업이 생산현장에
갖다가 쓰는 산-학-연 협업체제가 우리나라보다 빠르게 확산되고 있다.

실제로 이런 우려는 최근 현실로 드러났다. 한국산업기술평가관리원의 2017년
산업기술수준 조사에 의하면, 한국과 중국의 기술격차는 근자에 들어 더욱 좁혀져
2013년 1.1년에서 2015년엔 0.9년, 2017년 0.7년으로 점차 축소되고 있다. 이를 부문

---

4 중국이 세계의 공장으로 급부상한 것은 한국에게 심대한 도전이자 기회이다. 중국은 지난 2000년에 국민소득
(GDP)이 공정환율로 1조 1,000억 달러에 이른 세계 7위의 경제대국이다. 그러나 물가가 극히 싼 구매력 평가
(purchasing power parity)로는 GDP가 4조 4천억 달러에 이르러 미국에 이어 두 번째로 크다. 중국 공산당
16차 전국대표대회에서는 2020년까지 GDP 규모를 2000년의 4배로 증대시킬 것을 발표했다(정창영, 2003:
41~42). 따라서 우리는 중국의 경제력과 그것이 우리 수출구조에 미치는 영향을 결코 경시할 수 없다.

표 15-1 한국과 중국의 기술격차 (단위: 년)

	전반적 수준	신제품개발	설계	디자인 및 포장	생산
전체	4.6	5.2	5.0	4.5	4.2
섬유	4.6	5.4	4.5	4.9	4.1.
석유화학	4.0	4.8	4.4	3.1	3.5
철강	4.8	5.8	5.5	4.5	4.4
기계	4.4	5.3	4.7	4.2	3.6
전자	3.3	3.6	3.4	2.5	2.8
자동차	5.3	6.2	6.5	6.2	5.2
조선	5.8	6.2	6.2	6.2	6.2

출처: 대한상공회의소 자료; 중앙일보, 2007.2.1자에서 재인용.

별로 살펴보면, 인공지능(AI) 0.2년, 임베디드 S/W는 0.4년, 빅 데이터 0.5년, 시스템반도체 0.6년, 스마트전자와 사물인터넷 0.6년, 지능형로봇 0.7년, 바이오 의약과 첨단기계 0.8년, 스마트 카 0.9년, 조선해양 1.1년, 반도체 공정장비 1.2년 등으로 많이 좁혀졌다.

일본과의 기술격차는 또 어떠한가? 대한상공회의소가 2006년 4월경 국내의 234개 제조업체를 대상으로 조사한 바에 의하면, 일본에 대비해 본 한국의 기술력은 석유화학의 경우 일본의 93.8%, 철강은 91.7%, 기계는 89.7%, 전자는 91.8%, 자동차는 88.6%, 조선은 95.5% 수준이다. 이 수치들은 우리나라의 산업별 기술력이 최근 많이 향상된 것을 보여주지만, 한편으로는 아직도 주요 부문에서는 일본과의 격차가 쉽게 좁혀지지 못하고 있음을 아울러 보여주고 있다. 더욱이 문제가 되는 것은 미래 신기술 개발을 위한 일본의 연간 투자액이 우리 민간부문과 정부부문을 합한 R&D 금액(2005년 기준 24조 2천억 원)의 2배 규모에 이르고 있어, 우리가 향후 더 많은 연구개발에 박차를 가하지 않는다면 일본과의 기술격차를 쉽게 좁히기가 더욱 어려워질 것으로 예측되는 점이다.

지금 한국경제는 기술장벽, 이익장벽, 시장지배, 첨단산업 등 4개 분야에서 샌드위치 신세에 처해 있다. 자동차, 부품소재산업의 경우 기술은 선진국에, 가격은 개발도상국에 밀리고 있고, 조선업은 시장점유율은 높지만 이익은 줄고 있다. 막대한 설비투자, 연구개발비가 필요한 철강, 제조업은 인수합병을 못해 경쟁력을 깎아먹고 있고, 정보통신, 서비스업은 축적된 지적자산이나 브랜드가 변변치 못해 아직도 하청구조 신세를 완벽하게 면하지 못하고 있다.[5]

5 이는 2007년 4월 20일 대한상공회의소가 개최한 "샌드위치 한국경제의 진단과 해법" 세미나에서 일본 노무라종합연구소 서울지점장인 오노 히사노시가 지적한 내용이다.

표 15-2   치열한 한-중-일 미래성장산업 경쟁

일본 7대산업	한국 차세대 10대 산업	중국 10대 중점추진분야
로봇	지능형 로봇	선진제조
정보가전	디지털 TV, 방송	환경보호 및 자원종합이용
콘텐츠	디스플레이	항공, 우주
연료전지	지능형 홈 네트워크	농업
건강, 복지기기	디지털 콘텐츠, S/W 솔루션	교통
환경, 에너지기기	차세대전지	신에너지
비즈니스 지원 서비스	차세대이동통신	정보통신
-	바이오 신약, 장기,	생물, 의약
-	차세대반도체	신소재
-	미래형 자동차	기타

출처: 중앙일보, 2007.2.22자 4면에서 참고.

한국이 새 먹거리를 찾기 어려운 이유는 한-중-일 3국간의 변화하는 무역구
조와 연결된다. 2006년의 3국 간 수출입을 포함한 무역금액은 모두 전년보다 증가했
다. 그러나 한국의 대 중국 수출증가율은 2005년의 24.4%에서 2006년엔 12.2%로 뚝
떨어졌고, 일본의 대 중국 수출증가율은 6.7%에서 15.3%로 증가했다. 한국의 대 중
국 흑자폭은 줄고 대 일본 적자폭은 사상 최대이다. 그 이유는 중국 내 한국기업들
의 소재, 부품의 현지화 때문이다. 중국의 업체들이 금새 한국의 소재, 부품기술 수
준을 따라와 이제 한국산을 수입해 쓰면 오히려 손해가 되는 구조가 되고 말았다.
지난 10년간 우리가 부품과 기술을 대고 중국은 조립만 하던 수직분업구조가 이젠
현지조달방식으로 전환된 것이다. 이런 중국산업의 고도화가 일본산 기계설비 같은
중간재, 자본재의 수입으로 연결되고 있다.

한-중-일 세 나라는 경제구조와 산업구조가 아주 비슷하다. 만드는 물건이
비슷하니 세계시장에서 파는 물건도 유사하다. 일례로 한국의 상위 50대 수출품목
중 일본의 품목과 겹치는 것이 2006년을 기준으로 47.4%이고, 중국과는 38.8%가 겹
친다. 향후에도 이들 나라의 미래형 성장산업이 유사해, 이런 겹치기 출연은 계속될
전망이다. 따라서 무한의 기술전쟁, 경제전쟁을 강조하는 현 세계화는, 결국 우리에
게 경제위기에서 살아남는 경제적 생존능력, 즉 고부가가치의 첨단기술, 첨단상품을
만들어 해외시장의 점유율을 유지, 신장시켜 나가기 위한 수출경쟁력을 요구한다.
수출경쟁력 강화를 통한 국부 만회 및 향후의 국부 신장은 분명 세계화의 정언명령
이다.

2. 국질의 제고

세계화 시대에는 국부의 신장에 못지 않게 '나라의 질과 격'을 갖추는 것이 중요하다. 근대화 시대에 국가의 목표가 부국강병에 있었다면, 세계화 시대에는 부민안국(富民安國)에 초점을 둬야 한다는 것이다(세계화추진위원회, 1995; 김중웅, 1997). 또 세계화시대에는 경제대국, 문화대국, 군사대국, 스포츠강국이란 말은 퇴색하고, 일류 선진국, 이류 후진국 등 국가의 제 부문에 대한 총체적 평가만이 존재하리라는 주장도 나오고 있다(김진현, 1996; 이한구, 1995). 그렇다면 세계화는 어떤 근거에서 '국질'과 '국격'이라는 색다른 과제를 우리에게 제기하는가? 우리는 세계화의 국내적 영향과 세계화의 본질적 이면 탐구를 통해 이에 대한 답을 구할 수 있다.

무한경쟁이 치열해지고 유연적 생산체제 확립과 공장 자동화 등 생산 합리화를 위한 자본의 공세가 전면화되면서, 국내 노동자들은 자본에 대한 협상력을 상실한 채 방어적 자세를 취할 수밖에 없게 된다. 특히 산업구조조정에서 사양산업 근로자들은 대량실업의 위기에 처할 수도 있다. 시장논리를 앞세우는 세계화 시대의 신자유주의적 개혁은, 생산자원을 소유하지 못한 사람들의 생존기회를 박탈하고, 나아가 하나의 국민을 두 국민(부자와 빈자)으로 분열시켜, 범죄, 빈곤, 실업문제 등 사회적 비용을 크게 유발시킬 소지가 있다(임혁백, 1996: 123~127).

무한경쟁식 세계화의 이러한 이면은 결국 '정의로운 사회' 건설이 세계화의 주요 전제임을 잘 말해 준다. 안정된 사회의 바탕 없이는 경쟁력 강화가 불가능한데, 정의로운 사회만이 사회 안정과 사회통합을 궁극적으로 보장해 주기 때문이다(김성한, 1996: 361~362). 따라서 우리는 사회경제적 약자를 보호하기 위한 국내 보상기제를 철저히 준비해야 한다.

자본과 기술의 이동이 자유로운 세계화 시대에서 가장 중요한 경쟁력 원천은 미래의 양질의 노동력, 즉 인적 자본(Human Capital)인데, 이것 또한 정부의 인력개발정책, 내실 있는 교육제도 및 보건제도 운영, 재분배정책의 지원 없이는 절대로 확보될 수 없다(이내영, 1996: 398~399).

이론적으로도 국민 삶의 질 향상은 경제성장에의 장애요인이 아니라 장기적으로 볼 때 경제성장에 공헌해 사회발전의 지속 가능성을 제고시킬 수도 있다. 성장론의 논지에 대한 복지론의 반론은 삶의 질에 관한 과정 자체가 하나의 투자행위라는 것이다. 즉 교육, 의료 및 사회인프라는 경제활동의 생산성 제고에 긍정적인 영향을 준다. 특히 성장이 일정단계에 도달한 이후엔 복지지향의 발전전략이 성장지향의 발전전략에 따른 왜곡효과를 상쇄시키면서, 성장과 분배의 결합효과를 창출할 가능성이 높아진다(서문기, 2002: 135~137). 그런데도 불구하고 우리사회는 국내적 보상을 위한 정부의 서비스 지원장치와 국질 증진을 위한 복지제도가 미약한 채, 무한경쟁이라는 구호 속에 표현되듯이 자유방임적인 경제논리만이 지배해 온 감이 있다.

이제 우리는 기존의 경제결정론에서 벗어나 인간안보(Human Security)나 복지서비스 등 국질의 문제를 최우선과제로 설정해야만 하는 시대적 당위성을 깨닫고, 세계화가 국내 사회경제에 미치는 부정적 영향을 치유하기 위해 국민 삶의 질 개선 없이는 장기적으로 경제 효율성도 강화시킬 수 없음을 인식해야 한다.

3. 국격의 완비

20세기 말의 세계사적 경향인 전지구화 현상은 우리에게 나라로서의 격조 갖추기, 즉 국격의 필요성 또한 제기하고 있다. 현재 국민국가 개념이 약화되면서 세계적 가치와 협력적 관행이 확산되고 있다. 그 이유는 향후 인류의 생존을 위협하는 환경오염, 생태계 파괴, 과잉인구, 일부지역의 절대빈곤, 국지적 분쟁, 핵문제, 다국적기업의 부정적 행태 등 범지구적 차원에서 다루어야 할 국제문제들이 점차 많아지고, 이에 따라 지구촌의 생존과 건강을 위해 국가간 협의와 협조가 불가피해지고 있기 때문이다(남덕우, 1996: 22). 결국 세계화는 국가간 경쟁(competition)이 치열해지는 동시에 국제협력(cooperation)과 상호분업이 정착되는 또 하나의 과정이다. 신세계질서(New World Order) 하에서 기존의 지방편협주의(parochialism)는 그 설 땅을 잃고 있다. 이제 많은 문제들의 해결은 국제적 정책결정망을 통한 범세계적 기반 위에서 이루어질 것이다(Caiden, 1994: 59).

우리는 그간의 경제력 증진에 힘입어 OECD에 가입했다. 그러자 국제사회에서의 비중 있는 역할을 잘 소화해 내는 모범국이 되어야 한다는 국내외의 목소리가 드높다. 이는 우리가 격조 높은 나라를 만들기 위한 국격의 완비에 진력해야 함을 말해 준다. 따라서 국제사회의 협력자가 되기 위한 타국과의 공존전략이 국가발전의 기본원리로서 시급히 자리매김 되어야 한다.

그러나 우리의 국격 수준은 아직은 미지수이다. 예컨대 우리의 대외적 인색함은 개발원조뿐 아니라 무역에도 이어져, 개발도상국의 수출품에 대해 시장을 열고 관세를 낮추는 것이 아니라 오히려 손사래 치기 바쁘다. 우리나라만큼 개발도상국의 물건에 문을 걸어 잠근 나라도 드물다는 평가이다(중앙일보, 2005. 12. 22자). 이 나라들의 싼 물건이 들어오면 우리 기업이 피해를 본다고 생각하기 때문이다. 예컨대 농산물, 섬유제품 등 개발도상국들이 만든 물건에 대한 무역장벽이 더 높다. 우리가 수출에 나서는 데 도움을 많이 준 관세혜택도 우리보다 못사는 나라에 주기를 꺼려한다. 우리가 전체 수입하는 것 중 특혜관세를 적용해 들여오는 것은 1% 내외에 불과하다.

외국기업의 CEO들도 한국 비즈니스 환경의 개선점으로서, 폐쇄적 시장, 외국어 능력 부족, 공정한 경쟁환경 결여, 기업의 투명성과 정부정책 일관성의 부족, 수입품에 반감을 갖는 사회 분위기 등을 지적하고 있다(중앙일보, 2001. 2. 9자). 외국기업들이 한국에의 투자를 기피하는 또 다른 이유는 시장질서의 불투명과 불공정성 때문이다. 말로는 투명성을 외치지만 분식회계, 불법 정치자금이 난무한다. 따라서 국제투명성기구가 2003년에 발표한 국가별 부패지수에서 우리는 10점 만점에 4.3점으로 133국 중 50위이고, 국가 청렴도는 2000년엔 48위, 2001년에는 91개국 중 42위에 그친다(중앙일보, 2004. 2. 13자). 비교적 최근인 2008년의 뇌물공여지수(BPI)는 7.5점으로서 26국 중 남아공화국, 대만과 함께 14위였고, 2009년의 정부투명성 지수는 3.42점으로서 2007년의 4.07점보다 크게 하락했다. 이런 점들이 말끔히 해소되어야 국제시장으로서의 매력이 생길 것이다.

지금까지의 논의가 외국의 눈높이에 맞게 우리의 국격을 높이기 위해 무조건 일방적으로 외국에 잘해 주자는 얘기는 결코 아니다. 탁석산(2000: 56~61)은 향후 우리나라의 발전방향에 대한 선택지로서, ① 타국의 원조 및 도움 없이 스스로 국운을 개척하는 자력갱생의 길, ② 미국의 51번째 주로 편입해 개인의 삶의 질 향상을 위해 철저히 미국화하는 길, ③ 일자리와 세금으로 환수되는 이익금을 위해, 자신의 땅을 팔아먹는 등 초국적기업의 현지 고용인으로 전락하는 길, ④ 그 실현 가능성이 크지 않아 다소 허망한 목표인 강대국이 되는 길, ⑤ 약소국이지만 주체적 국가로 남는 길 등 5가지를 제시하며, 이 중 우리가 마지막의 길로 가야 한다고 주장한다.

그러기 위해서는 주체성을 갖는 조건이 중요한데, 여기서 주체성은 본질적으로 내적인 정신의 문제로서, 자신의 독립과 위엄을 지킬 수 있는 힘을 요구한다. 일례로 싱가포르는 주체성이 돋보이는 나라인데, 영어교육의 질을 높이기 위해 수백 명의 영어교사가 영국으로 연수를 가지만 자국 내에서 사소한 법률을 위반한 미국인에겐 곤장형을 집행하는 나라이기도 하다(탁석산, 2000: 95~117). 우리가 자국의 독립과 위엄을 지키면서 국내에 들어온 외국인들이 진정으로 살고 싶은 나라가 되도록 대해주고, 더 나아가 국제사회에서의 협력자적 역할에 매진할 때, 이것이 바로 지구촌 세계화 시대에서 민족의 주체성을 지키면서도 국가경쟁력도 키우는 알찬 길일 것이다.

III. 협의의 국가경쟁력 논의의 한계와 국가잠재력 개발의 필요성

1. 협의의 국가경쟁력 논의에 담겨진 근본적 한계

상기한 논의를 종합해 볼 때, 결국 우리는 세계화를 국가 간의 무한경쟁시대로 인식하면서 국가발전의 방향을 국내 기업들의 가격경쟁력 확보문제로만 보기 보다는, '국가 간 관계의 진화'와 '개별국가의 내부변화'도 핵심적 분석대상으로 삼아 세계화의 문제에 좀 더 적극적, 포괄적으로 접근해 나가야 할 필요성을 강하게 느끼게 된다(전상인, 1995: 93). 여기서 국가 간 관계진화는 한 나라의 '국격' 문제를, 또 개별국가의 내부변화는 '국질' 문제를 각각 가리킨다.

결국 우리의 관리적 세계화 방향은 국가발전의 진면목인 국부, 국질, 국격의 삼위일체를 지향해 나가는 것이다. 그럼에도 불구하고 역대 정권은 공업부문 활성화와 기업 위주의 경기부양책 강화 등 경제 쪽에 정책의 초점을 두며, 당장의 수출경쟁력을 국가경쟁(Competitiveness of a Nation)의 전부인양 인식하는 등, 협의6의 국가경쟁력 강화전략에만 몰두해 온 듯한 인상을 준다.

기업경쟁력 위주의 국가경쟁력 강화론은 참으로 무의미하다. 왜냐하면 임현진(1998: 12)의 지적처럼 개혁대상이던 재벌이 하루아침에 세계의 선두주자인양 부각되는 것도 모순이고, 기업경쟁력 강화가 국부(國富)와 민복(民福)에 반드시 긍정적으로 작용하지도 않기 때문이다. 특히 그간 우리 정부의 대책에서 세계화의 또 하나의 정언명령인 국질 증진과 국격 완비를 위한 확고한 정책비전과 체계적 추진전략이 부족했던 것은, 21세기를 정확히 대비해야 한다는 측면에서 볼 때 큰 문제가 아닐 수 없

---

6 국가경쟁력을 '협의'로 보는 가장 대표적인 시각은 스위스 국제경영개발원(IMD)이다. 이 기관은 국가경쟁력을 한 국가 또는 기업이 세계시장에서 여타 경쟁국이나 다른 기업들보다 균형 있게 보다 많은 부를 창출하는 능력이라고 본다(정광조, 1996: 38~39). 즉 국가경쟁력은 한 나라의 경제환경 및 여건이 지속적으로 부가가치를 창출하는 국부를 증대시킬 수 있는 능력을 의미한다. 또 국가경쟁력은 자국의 기업이 타국 기업과 세계시장에서 성공적으로 경쟁할 수 있게 하는 가장 효율적인 사회구조, 제도 및 정책을 제공하는 국가의 총체적 능력을 의미한다. 이는 모든 나라가 경쟁력 창출자원과 창출과정을 관리·경영하기 위해 독자적으로 경제적 해결방안을 자유롭게 선택해 환경에 반응할 때 경쟁력이 가장 잘 자라난다는 고전적 시장주의에 기초한 것이다(김문환, 2006). OECD 역시 IMD(2000: 47)의 개념을 채택해, 국가경쟁력 개념을 한 나라가 자유롭고 공정한 시장조건 하에서 국제시장에서의 시험을 통과하는 재화, 용역을 생산하면서 동시에 자국민들의 실질소득을 장기적으로 유지·증대시킬 수 있는 정도로 보고 있다. 한편 세계경제포럼(WEF)의 개념에 따르면, 경쟁력 있는 국가는 장기적 지속성장을 촉진하는 제도와 정책을 택한 나라이다. 따라서 WEF 지표산정방식은 국가전체의 경쟁력 지표를 구하기 위해, 국가경쟁력을 한 나라가 1인당 GDP의 성장률을 지속적으로 높게 유지하게 하는 능력으로 구체화시켜, 정부, 기업의 의사결정자들이 직접 관심을 갖는 현실과제와 관련된 사항들만 그 분석대상으로 삼고 있다.

으며, 이는 자칫 또 한 번의 왜(歪)발전을 초래할 우려마저 낳는다.

다행히도 최근 들어와 협의의 국가경쟁력에 내재된 근본적 한계를 인식하는 반성이 나오기 시작했다(문용린, 1996; 삼성경제연구소, 1994). 그간 경쟁력이 지나치게 경제쪽만 강조해 왔고 그런 식으로만 국가순위를 매기는 일로 개념화되다 보니, 경쟁력이 교육, 복지와 같이 인간의 형성, 훈련에 관심을 갖는 비경제활동의 장기적 효율성을 평가하는 개념으로는 너무 부적절했다는 것이다.

경제에만 초점을 두는 협의의 국가경쟁력에 대한 비판은 가장 자본주의 사회인 미국에서조차 대두한다. 미국에서는 대표적 경제지표인 GDP가 국민의 삶을 제대로 반영하지 못한다는 점을 제기하며, 경제지표 개편론이 확산되고 있다(한국일보, 1995. 10.25자 13면). 일례로 중도좌파 싱크 탱크인 '발전의 재정의 단체'(Redefining Progress)는 GDP가 도외시한 주요요소들을 추가한 '참된 발전지표'(Genuine Progress Indicator: GPI)를 제시했다.[7]

세계은행 총재인 제임스 울펀슨도 이런 면에서 국가평가방법을 바꾸자고 제안했다(프리드먼 저, 신동욱 역, 2002: 290~291). 현재의 평가항목은 전적으로 금융통계, 즉 GDP, GNP, 1인당 국민소득에 국한하는데, 이를 새로운 방식으로 교체해, 한 나라를 신흥시장으로서뿐만 아니라 신흥사회로서도 얼마나 건전한가를 측정하자는 것이다. 따라서 국가통치의 S/W, 사법제도, 분쟁조정절차, 사회안전망, 법치주의, 경제운영체제의 품질에 대한 등급을 매길 것을 제안한 바 있다.

2. 진정한 의미의 국가경쟁력 강화를 위한 국가잠재력 개발의 필요성

과연 우리의 국가경쟁력은 어느 정도 수준일까? 스위스의 국제경영개발연구원(IMD)이 발표한 「세계경쟁력연감 2012」에 의하면, 경제력과 인적자원 역량 등을 종합적으로 평가한 결과 우리나라의 국가경쟁력은 조사대상 59개 국 및 지역경제 가운데 22위를 차지해, 2008년의 31위, 2009년 27위 이후 3년 연속 상승세에 있다. 그러나 채드 에반스 미국 경쟁력강화위원회 부회장은 "한국의 경제력은 10위권에서 오르락내리락하고 있지만 국가경쟁력은 그에 미치지 못하고 있다"고 비판하며, 그 이유로서 세계적으로 뛰어난 제조업체를 지녔지만 상대적으로 빈약한 금융업과 서비스업 수준을 지적한다. 이는 아시아권에서 홍콩이나 싱가포르가 국가경쟁력의 상위를 기록하는 이유이기도 하며, 지식기반 경제 하에서 미국을 포함한 선진국들의

---

7 이에 대한 자세한 내용은 이 책 제2장을 참고바람.

경우 대개 GDP의 3/4이 서비스업에서 창출되고 있다는 점을 우리가 주목해야 할 필요성을 제시한다.

한 나라가 장차 얼마나 발전할지를 가늠하는 '잠재경쟁력' 측면에서도 한국은 여전히 중하위권에 머물고 있다. 2008년에 일본 경제연구센터가 발표한 세계 50개국의 잠재경쟁력 순위에서 한국은 2년 전에 비해 1계단 후퇴한 20위로 나타났다. 잠재경쟁력은 향후 10년간 1인당 국내총생산을 어느 정도 증대시킬 수 있는지를 보여주는 것으로, 일본 경제연구센터는 기업과 교육, IT, 국제화, 인프라 등 8개 항목에서 주요지표를 분석한 평점으로 순위를 매겼는데, 한국은 교육과 IT 부문에서는 상위권의 높은 평가를 받았지만, 정부와 국제화 부문에서 낮은 점수를 받았다. 종합 1위는 홍콩이었고, 싱가포르와 미국은 각각 2, 3위의 순위를 지켰으며, 일본은 13위로 1계단 내려앉았다(YTN 뉴스, 2008. 1. 28자).

소득격차의 규모를 갖고도 선진국들과의 개략적인 제도격차 파악이 가능한데, 현재 우리나라는 OECD 내 소득순위 24위이지만, 23위권인 뉴질랜드에 비해 1.6배, 21위인 스페인에 대해선 2배 이상이나 차이가 난다. 따라서 향후 10년을 단기적인 경기확장정책 대신 잠재성장률의 증진을 위한 구조적 제도개선에 노력해야 한다.

표 15-3 IMD와 WEF가 공통적으로 지적하는 우리 경제의 취약점

구분	주요 취약항목	비고
정부	▸정부효율성, 공공재정관리 ▸정책의 투명성, 일관성 ▸변화에 대한 정치체계의 적응성	정치체제와 정책의 불투명성이 중요한 장애요인
경제	▸생계비 비교지수, 사무실 임대료, 부가가치	–
기업	▸기업성과, 경영능률, 기업문화 ▸경영진의 능력/기업가정신, 사회적 책임의식 ▸두뇌유출 및 CEO 시장 ▸적대적 노사관계 및 노사분규	폐쇄성, 주주권의 접적 미정비, 불안정한 노사관계, 기업의 사회적 인식과 기업지배구조 취약
금융	▸금융기관의 투명성, 주식시장, 은행의 효율성 ▸국내기업의 외국 자본시장 활용	원활한 자금흐름의 어려움과 빈번한 내부자 거래
국제화	▸수입장벽, 개방성, 환율 안정성 ▸국제투자, 해외 자본시장 접근	해외 및 외국인 투자가 부진하고 불리한 교역조건
인력	▸교육구조, 대학교육, 교육투자 ▸고용/인구증가율, 여성 경제활동인구	교사부족과 대학교육의 비효율
과학기술	▸기업관리, 특허 및 저작권 보호 ▸과학 인프라, 기술개발 투자, 신기술 응용능력	–
인프라	▸사회간접자본에 대한 민간투자 ▸총에너지의 국내 생산비중 ▸사회적 결속	–

출처: 우천식(2003: 표 16)에서 참조.

표 15-4 잠재성장률의 변화와 성장요인 기여도 전망

구 분	1982-1990	1991-2004	2005-2010	2011-2020	2005-2020 (평균)
잠재성장률	7.5(100.0)	6.2(100.0)	4.9(100.0)	4.0(100.0)	4.3(100.0)
노동투입	1.0(13.9)	0.6(9.2)	0.5(10.7)	0.3(6.7)	0.4(8.4)
자본투입	4.8(64.5)	2.9(45.9)	1.8(37.7)	1.8(37.7)	1.5(35.0)
총요소 생산성	1.6(21.6)	2.8(44.8)	2.5(51.7)	2.5(51.7)	2.4(56.6)

출처: 산업연구원, 2006; 제종길, "국가혁신을 위한 과제,"「한국정책포럼소식지」, 제20호(2006. 12)에서 재인용.

핀란드, 아일랜드의 경우는 IMD의 평가결과를 목표로 하지는 않았지만 경쟁력의 주요 구조적 장애요인을 해소하는 철저한 내부 노력을 통해, 결과적으로 IMD의 종합경쟁력을 단기간에 상승시켰던 경험이 있다. 즉 핀란드는 1993년 27위에서 1997년 4위로, 아일랜드도 23위에서 7위로 급상승했다(우천식, 2003: 20~26).

결국 참된 국가경쟁력은 지속적인 체질개선을 통해 가꾸어지는 것이다. 이제 따라잡기식의 개발은 불가능하다. 후발효과(Late Development Effect)가 사라진 지금 종전의 양과 규모보다는 질과 격으로서 국가발전에 승부해야 한다(임현진, 1998: 30). 그렇다면 장기적이고 완벽한 의미의 국가경쟁력은 어떻게 창출되는가? 이를 위해선 국가잠재력이란 개념을 우선 이해할 필요가 있다.

국가잠재력은 국가발전에 소용이 닿는 인적, 물적 자원의 질과 제도의 효율성 수준을 총칭하는 개념이다. 국가경쟁력이 어떤 전제조건의 결과로 나타난 '이길 수 있는 현재의 역량'이라면, 국가잠재력은 경쟁력을 가능케 하는 '시간적으로 앞서 진행되어 온 제 조건들의 질적 수준'을 의미한다.

잠재력(Latent Power)은 이런 점에서 경쟁력의 선행요소이자 배후요소이며, 경쟁력과 밀접한 함수관계에 있다고 볼 수 있다. 잠재력이 낮아지면 경쟁력도 불원간 약화되고, 잠재력이 크면 비록 시간은 걸릴지언정 경쟁력도 언젠가는 같이 커지기 때문이다(문용린, 1996: 88~89).

따라서 국가발전전략 수립에 있어 장기적인 국가잠재력의 개발이 단기적인 국가경쟁력 강화보다 우선시되어야 한다. 그럼에도 불구하고 그간 우리 사회에서의 국가경쟁력 논의는 국가잠재력 요소라고 볼 수 있는 국가경쟁력 창출의 '근본요인'들을 무시한 채, 경쟁력 약화원인을 단견적으로 고임금, 고금리에서만 찾아 왔다. 예컨대 김영삼 정부는 단기 부양책, 김대중 정부는 구조조정, 다이어트에 치중해 왔다.

그렇다면 국가잠재력은 어떻게 개발되어야 하는가? 일반적으로 국가경쟁력 창출의 근본요인들, 즉 국가잠재력 요소로는,[8] 인력개발, 교육, 과학, 기술, 금융, SOC, 정

---

8 Friedman은 성공하는 국가들의 습관으로서, 구조조정 속도, 지식자본주의, 지식·정보집약산업, 개방성, 부패,

그림 15-2 경쟁력 창출원천과 과정경쟁력 및 경쟁력 간 관계

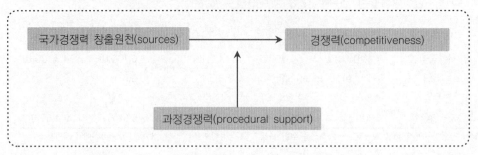

보 인프라 등 '경쟁력 창출원천'(문용린, 1996: 91)과, 기업경영능력, 정부의 사회, 경제 정책과 행정서비스 등 '경쟁력창출 과정차원'을 들 수 있다(정진호, 1996: 7; 삼성경제연 구소, 1994: 58; 조동성 편저, 1992: 30~37). Michel(1993: 12)도 이와 비슷한 맥락에서 국 가경쟁력은 사회기반시설, 금융, 과학기술, 인력 등 '자산경쟁력'과, 품질, 속도, 고객 만족, 서비스의 질 등 '과정경쟁력'에 의해 좌우된다고 본다.

우리는 이러한 맥락에서 국가경쟁력을 경제적 성과인 산업경쟁력의 총합뿐 아 니라 그것을 얻게 해 주는 근본적 창출원천들과 과정차원들까지도 포함하는 광의의 개념으로서, 즉 경제성장뿐 아니라 삶의 질 같은 요소도 포함하는 보다 넓은 의미로 이해해야 한다. 이렇게 되면 진정한 의미의 국가경쟁력은 정치, 경제, 사회, 문화 등 국가 제 부문의 총체적 잠재력으로 파악될 수 있고, 결국 군사력을 제외한 협의의 국력 개념과도 흡사해진다(하혜수, 1996: 147~148).

최근 경제력 우위의 허구성을 지적하며 국가잠재력 쪽에 제도개선의 초점을 맞 추는 외국의 사례들은, 이런 측면에서 우리에게 큰 시사점을 주고 있다. 일례로 다 음의 표에서 보듯이 세계은행은 국민소득만을 기준으로 국부를 산출하던 과거의 방 식에서 벗어나 천연자본(예: 토지, 수자원, 목재, 광물 등 지하자원), 물적 자본(예: 기계 류, 공장, 건물 및 상하수도, 철도, 도로 등 공공시설물), 인적 자원(예: 교육, 영양상태, 의료 혜택 등 국민의 인적인 생산적 가치), 사회자본(예: 사회를 결속하는 가족, 공동체 및 다양한 조직의 가치) 등 4가지 요소를 종합하는 방식으로 한 나라의 부를 재측정한다(한국일 보, 1995. 9. 19자; 코틀러 외 공저, 정기주 역, 1997: 42). 이에 따르면 부국일수록 교육, 건강 등 인적 자원에의 투자비율이 높은 것으로 확인된다. 그간 국부의 산출과정에 서 결정적 요소로 여겨졌던 경제적, 물리적 하부구조는 전체 국부의 20% 미만을 차

기업 CEO의 역량, 창조적 파괴능력, 전략적 제휴, 브랜드 가치 등 9가지 습관을 들고 있는데, 우리는 여기서 도 국가 잠재력의 2차원, 즉 경쟁력 창출원천(지식자본주의, 기술집약산업, 전략적 제휴, 브랜드 가치)과 과정 차원(구조조정 속도, 부패, 기업의 CEO 역량, 창조적 파괴능력)을 유추해 낼 수 있다(프리드먼 저, 신동욱 역, 2002).

표 15-5 세계의 국부순위 (단위: $)

1인당 소득에 의한 순위 (괄호 안은 새로운 방법에 의한 순위)		세계은행식 1인당 부의 측정에 따른 순위 (괄호 안은 1인당 소득순위)	
1. 룩셈부르크(3)	36,650	1. 호주(23)	835,000
2. 스위스(4)	36,330	2. 캐나다(17)	704,000
3. 일본(5)	29,770	3. 룩셈부르크(1)	658,000
4. 스웨덴(6)	27,600	4. 스위스(2)	642,000
5. 덴마크(10)	26,470	5. 일본(3)	583,000
6. 노르웨이(11)	25,510	6. 스웨덴(4)	491,000
7. 아이슬란드(7)	24,550	7. 아이슬란드(7)	486,000
8. 오스트리아(16)	23,330	8. 카타르(20)	472,000
9. 미국(12)	23,280	9. 아랍에미리트연합	468,000
10. 프랑스(13)	22,800	10. 덴마크(5)	461,000

출처: 세계은행(1995); 코틀러 외 공저, 정기주 역(1997: 43)에서 재인용.

지한다. 국가가 이들 가운데 어느 하나라도 소홀히 하거나 적절히 개선, 투자하지 않는다면, 단기적 이익에 급급해 장기적인 국가경제의 건실한 발전을 악화시킬 위험에 처하게 된다. 아래의 표는 기존 국부산정방식과 새로운 국부산정방식에 따른 국가순위의 차이를 잘 보여준다.

다행히도 우리나라는 최근 잠재력 측면에선 좋은 징후를 보이기 시작한다. 세계경제포럼이 2018년에 새로 개발한 IDI(포괄적 발전지수)에 따르면, 한국은 16위를 차지해 24위인 일본보다 높은 순위를 차지했다. 이것은 장래의 발전 가능성을 중요시한 지수인데, 한국은 교육수준이 높고 연구개발 투자가 많이 이루어지고 있으며 정부부채가 적다는 점이 높게 평가되었다고 한다.

EU 집행위원회가 2016년에 발표한 [유럽 혁신 점수표(2016)] 보고서에 의하면, 인적 자원, 재정지원, 기업투자, 지적 재산 등 25개 요소를 기준으로 한 평가에서, 한국은 글로벌 혁신실적에서 1위(0.726)로 선정되었다. 2위는 미국(0.703), 3위는 일본(0.701), 4위는 EU(0.592), 중국은 7위(0.236)이다. 특히 한국은 25개 평가요소 가운데 대학과 직업 교육을 비롯해 공적 영역 R&D 지출, 비즈니스영역 R&D 지출 등 7개 요소에서 EU를 앞섰다. 반면 박사 학위자수, 면허 및 특허의 해외수입, 가장 많이 인용되는 출판물 등에서 EU에 뒤졌다.

한반도선진화재단이 발표한 한국의 국가선진화지수는 2013년 기준으로 40개국 중 28위이다. 문화 부문은 전년도에 비해 10계단, 경제 부문은 2계단 상승했지만, 법질서 등 사회분야는 3계단 하락했다. 청년을 대상으로 한 선진화 인식조사에서 과학기술 38%, 경제 18%, 복지 12%, 의식수준 11% 순으로 선진화를 인식해, 국가잠재력 면에서 긍정적 측면을 보인다. 2014년 영국 옥스퍼드대에서 열린 SKOLL 세계포럼에서 발표된 사회진보지수에서, 한국은 기본욕구 충족, 웰빙 기초조건, 사회적 기회에서 77.18점으로 132국 중 28위를 차지하기도 했다.

3. 국가잠재력의 개발방향: 산업경쟁력, 사회문화력, 국가경영력

이제 우리는 진정한 의미의 국가경쟁력 강화를 위해 그 선행조건인 국가잠재력 요소들을 체계적으로 개발해 나가야 한다. 물론 그 개발요소는 앞서 논의한 바와 같이 인력개발, 교육, 과학, 기술, 금융, 인프라 등 '경쟁력 창출원천'과, 정부의 정책, 행정서비스, 기업경영능력 등 '경쟁력 창출과정차원'이다.

그러나 이들 요소는 상당히 다차원적으로 구성되어 있으며, 다소 생소하게 느껴지는 새로운 요소들도 있다. 막상 이런 상태에서 우리가 이것들을 섣불리 개발하다 보면 자칫 많은 시행착오를 겪을 수 있고, 그만큼 작업이 지난(至難)한 과제가 될 수 있다. 따라서 우리는 이들 국가잠재력 요소를 비교적 잘 갖춘 나라들을 선정해 그 개발사례를 꼼꼼히 참고해 보면 훨씬 효과적으로 개발할 수 있는데, 그 벤치마킹의 대상이 되는 나라들이 바로 '일류국'이다.

일반적으로 일류국은 강한 경쟁력을 바탕으로 국제사회에서 일정한 지위를 유지하며 국민의 고소득으로 풍요로운 생활을 누리는 국가들을 지칭한다. 일류국의 기본요건을 구체적으로 살펴보자.

① 일류국이 되려면 스스로를 지킬 수 있는 '최소한의 군사력'을 갖추어야 한다. 자신을 지킬 힘이 없다면 다른 조건들은 무의미해지기 때문이다. ② 경제적 측면에서는 높은 국민소득 수준을 유지하며, 첨단 기술산업이나 지식집약적 서비스부문에서의 '산업경쟁력'을 갖추어야 한다. 또 물가안정, 소득분배의 형평, 낮은 실업률을 달성해 경제안정성도 유지해야 한다. ③ 뛰어난 '국가경영능력'을 보유해야 한다. 정치사회적 안정은 시장경제 발전의 무형의 간접자본인데, 일류국은 정치가 안정되고 민주주의와 지방자치가 잘 정착되어 있으며, 행정이 효율적이고 정책의 투명성과 예측 가능성이 높은 나라이다. 또 작은 정부를 지향해 민간에 대한 규제, 간섭도 최소화하고 있다. ④ 마지막으로 일류국의 조건은 '사회문화력'에 바탕을 둔 국질(國質)이다. 일류국은 사회복지제도 등 유·무형의 사회문화적 인프라를 잘 갖추고 있다. 이들 나라는 사회의 건전성을 유지하기 위해 사회제도, 규칙을 엄격하게 운용하는 등

사회문화의식도 높다(삼성경제연구소, 1994: 42~44).

그런데 이러한 일류국의 요건은 흥미롭게도 우리가 진정한 의미의 국가경쟁력을 강화시키기 위해 중시해야 할 국가잠재력의 개발요소들과 정확히 일치한다. 이는 국가잠재력 개발요소인 국가경쟁력 창출원천(創出源泉; 자산경쟁력)과 경쟁력창출 과정차원(過程次元; 과정경쟁력)을 위에서 일류국의 조건으로 언급한 산업경쟁력, 국가경영력, 사회문화력 개념들로 치환시켜 다음과 같이 상술해 보면 금방 알 수 있다.

먼저 산업경쟁력(産業競爭力)은 기업이 주체가 되어 인적, 물적 자원과 기술에 경영능력을 결합시켜 얻어지는 상품, 서비스의 시장지배력을 말한다. 물적·인적 자원, 기술수준, 기술개발능력, 기업경영능력, 금융자원, 유통시장의 효율성, 인프라가 그 구성요소인데, 이는 주로 '경쟁력 창출의 주요원천이자 자산경쟁력'이다. 물론 이 중에서 기업경영능력은 '과정경쟁력'으로서의 속성도 지닌다.

국가경영력(國家經營力)은 국가정책을 잘 수립하고 정부, 기업, 국민의 분산된 기능과 힘을 효율적으로 조직, 통제함으로써 정책목표 달성에 기여하는 국가의 운용능력을 말한다. 그 구성요소에는 정치 리더십, 행정서비스 등 정부의 질, 외교능력, 법제도와 같은 국가경영시스템과 국가의 경제, 사회정책이 있다. 이는 바로 국가잠재력 개발요소 중 경쟁력창출 과정차원, 즉 과정경쟁력에 해당된다.

사회문화력(社會文化力)은 노동관, 사회목표에 대한 국민적 합의 등 국민의 사회문화 의식과, 교육, 복지, 환경, 생활문화 등 국민생활의 질을 지칭하는데, 이는 '경쟁력 창출원천'의 수준을 결정하고 기업의 활동에 영향을 미쳐 산업경쟁력을 결정한다(삼성경제연구소, 1994: 45~61).

결국 일류국이 되기 위해선 이처럼 정치, 경제, 행정, 사회, 문화 등 제반 분야가 조화롭게 발전되어야 한다. 특히 우리가 여기서 눈여겨 볼 점은 아래의 [그림 15-3]에서처럼 각국의 발전과정에서 국가경쟁력이 국질에 비례해 왔다는 점이다.

그림 15-3 진정한 의미의 국가경쟁력 강화를 위한 국가잠재력 개발요소들

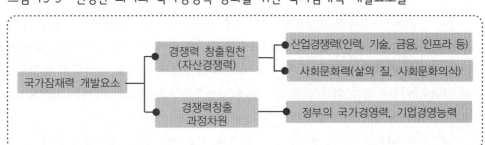

표 15-6 각국의 선진화 지수(국가경쟁력과 삶의 질 관계)

국 가	국가경쟁력	삶의 질
미국	116.4	98.4
일본	107.6	103.0
독일	93.9	100.3
영국	82.2	98.1
선진국 평균	100.0	100.0
한국	72.4	84.8

출처: 이경태(1996: 29)에서 재구성.

따라서 한 나라의 산업경쟁력과 국부의 신장은 사회문화력, 복지제도 등 국민 삶의 질과 국가경영력 등 나라 살림살이의 질(國質)과 불가피하게 연계됨을 알 수 있다. 왜냐하면 인력개발과 인프라 등 국가경쟁력 창출원천은 교육, 복지제도와 정부의 경제정책, 생활지원 서비스 등 경쟁력창출 과정차원의 도움을 받아야만 하고 그럴 때 신속하게 갖추어질 수 있기 때문이다.

세계화 시대에선 이처럼 사회문화력, 즉 국질이 경쟁력의 주요원천으로 작용한다. 그런데 국질은 국부신장은 물론 국가의 이미지와 위상, 즉 국격(國格)의 수준도 결정한다. 세계화 시대를 맞아 국민과 정부가 내부의 숱한 조정과제를 슬기롭게 해결해 국질을 제고하고 산업경쟁력을 신장할 때, 세계가 인정하는 격조 높은 나라로 발돋음하기 위한 정신적 기반도 생기는 것이다(이도형, 1997).

그렇다고 해서 국질을 높이기 위한 분배정책이 성장정책보다 항상 앞서 나가야만 한다고 말하는 것은 아니다. 경제가 성장해야 분배도 개선된다. 실제로 경제통계는 그동안 우리가 성장을 통해 분배를 개선해 왔음을 입증해 준다. 즉 소득분배의 불균형 정도를 나타내는 지니계수는 고(高) 성장기에 낮아지는 현상이 뚜렷했다. 예컨대 처음으로 1인당 국민소득이 1만 달러를 넘어 이듬해 OECD에 가입했던 1995~96년도를 포함한 1990~1997년 동안의 지니계수는 평균 0.286이었지만, 외환위기 직후인 1998~2003년 간 지니계수는 0.315로 높아졌다.

우리가 분배적 정의와 국질만큼 산업경쟁력 제고와 국부신장에도 신경을 써야 하는 이유는 우리가 가장 빠른 속도로 고령화국가가 되어가고 있고, 통일에 대비한 재원도 차제에 마련해 놓아야 한다는 점이다. 우리가 2류 국가로 전락하지 않고 조속히 선진국에 진입하기 위해서는, 국가경제의 성장엔진을 꾸준히 살리는 지혜도 필요하다(양재찬, "통계로 본 경제," 중앙일보, 2004. 10. 1자).

여기서 한 나라의 국부, 국질, 국격 문제는 상호 불가분의 관계에 있음이 다시

표 15-7 국가잠재력 개발 프로젝트의 구성

국가잠재력 개발프로젝트	국가발전전략 포인트	발전내용, 방법변화	이 책 후반부의 구성체계
산업경쟁력 프로젝트	국부 신장	발전내용의 변화	제16장 나라경제의 체질 개선하기
사회문화력 프로젝트 1	국질 제고		제17장 살기 좋은 나라 만들기
사회문화력 프로젝트 2	국격 완비 시민사회 성숙	발전방법, 주체 변화	제18장 세계가 함께 하고 싶은 나라 만들기 제20장 좋은 나라 만들기 시민운동본부
국가경영력 프로젝트	행정 개혁		제19장 나라 살림살이의 질 높이기

한번 입증되고 있다. 따라서 다음의 장들부터는 이 3가지 요소를 우리의 국가발전전략에 반영하기 위한 국가잠재력 개발 프로젝트를 다음과 같은 논의틀에 입각해 하나하나 소개해 보고자 한다.

나라경제의 체질 개선하기
: 국부신장

I. 지속적 국부신장을 위한 시스템적 접근의 필요성

현재 한국경제는 경기민감 업종인 반도체에 치중된 편향된 산업구조, 환율에 목을 맨 수출경쟁력, 에너지 다소비형 경제구조 등 조금만 외풍이 불어도 쉽게 흔들릴 소지를 많이 갖고 있다.[1] 재래산업의 소외현상, 소재, 부품 등 산업경쟁력을 떠받쳐 주는 저변산업의 대외의존도 심화 역시 조속한 문제해결을 요한다. 미국, 일본, 중국에 편향된 수출입구조도 자생력 창출에 큰 걸림돌이 된다(중앙일보, 2000. 9. 20자 25면). 특히 2000년대에 들어 수출구조가 고부가가치 상품으로 바뀌면서 내수 침체가 장기화하고 실업자가 늘어나는 '고용 없는 수출현상'이 나타나고 있다. 고용효과가 큰 의류, 신발, 전자부품 등의 업종에서 공동화(空洞化)가 가장 많이 이루어지고 있는데, 수입부품 의존도는 높으면서 이처럼 고용효과가 낮은 업종으로 수출품목이 재편돼 수출의 전후방 연쇄효과도 크게 줄었다. 경제부문 간 양극화도 심해져, 대기업과 중소기업의 수익성 차이도 벌어지고 있다. 성장의 열매가 고용비중이 작은 부문에 몰리면서, 전반적인 소비여력이 떨어지고 성장잠재력도 저하된다. 특히 2천억 달러를 넘어선 대일무역적자는 난제 중의 난제이다(중앙일보, 2004. 10. 23자 10면).

한국 경제가 이러한 총체적 위기에 빠진 이유는 여러 가지를 들 수 있지만, 무엇보다도 과학적 시스템의 부재를 들 수 있다. 송병락은 수많은 하부 시스템

---

1 외국기업 CEO들의 눈에 비친 한국에서의 기업 환경도 그리 밝지만은 않다. 물론 높은 교육수준, 뛰어난 인재들, 근로자들의 근면과 투지, 기술과 교육에 대한 관심, 조직에 대한 헌신 등 밝은 측면도 없지 않지만, 이들은 직원들의 창의성 부족, 변화를 거부하는 문화장벽, 소수기업의 시장통제력, 의사소통 및 토론이 원활하지 못한 점, 폐쇄적 시장, 외국어 구사능력 부족, 구조조정 및 규제개혁의 지연, 고임금, 산업재산권 보호 미흡, 노사관계 불안, 환경보호 미흡, 투명성 부족, 정책 일관성의 부재, 연고 중심의 불투명한 사업관행, 전문가 부족(중앙일보, 2001. 2. 9자 35면) 등을 한국 기업환경의 주요 문제점으로 지적한다.

들2이 모두 튼튼하고 균형이 맞을 때 하나의 시스템이 완성되고 잘 굴러갈 수 있는데, 우리의 경제시스템은 아직 미흡한 수준이라고 지적한다.

경제전쟁은 시스템 간의 전쟁이다. 선진국은 자체의 역사, 문화, 자연환경, 지정학적 위치 및 국가발전단계에 맞는 시스템의 개발과 국산화에 성공한 나라이다. 반면 우리는 서양을 모방하다보니 우리 몸에 딱 맞는 시스템이 없다. 일례로 노동시장은 복수노조 등 유럽식이고, 기업과 산업조직은 일본식이다. 금융은 한국형 관치금융에, 금융정책은 미국의 통화주의 학파식인 반면, 복지정책은 유럽식이다. 정책담당자는 PK, TK식으로 하다 보니 하부시스템이 부실해져 전체가 무너져 내린다(송병락, 1998). 우리의 몸과 체질에 잘 맞는 고유의 경제시스템 개발이 무엇보다도 절실하게 느껴지는 시점이다.

II. 산업구조 변동과 전략산업의 육성

1. 방앗간 경제의 한계와 산업구조 변동의 필요성

우리 경제를 지속적으로 성장시키고 특히 국제수지를 개선하기 위해서는 무엇보다도 조립, 가공 위주의 기존 무역구조를 획기적으로 바꿀 수 있는 산업구조의 근본적인 시스템 개편이 필요하다. 한국경제는 오랫동안 '방앗간 경제'라고 불려져 왔다. 즉 자원, 에너지, 독자적인 기술이 없어 이것들과 핵심부품, 브랜드까지 외국에서 모조리 수입한 뒤 이를 국내에서 가공, 조립하여 상당부분을 수출해 중간이문을 남기는 형태였다. 물론 방앗간에 곡식은 많이 들어오지만, 가공해서 다 갖고 가면 방앗간에 남는 것은 가공료 뿐이다(송병락, 1998; 삼성경제연구소, 1994). 이러한 전근대적 산업구조를 극복하기 위해선 향후의 경제수요를 정확히 예측해 어떤 산업과 상품으로 조속히 산업구조를 바꾸어 나가야 할지를 밝혀 주는 산업구조 변동의 확고한 비전이 있어야 한다.

---

2 여기서 요구되는 경제시스템의 5가지 결정요인은 기업과 산업의 조직, 은행, 고용형태, 정부정책, 글로벌과 시스템과의 관계이다. 한편 경제시스템의 4가지 기초 요인은 인간자본, 물적 자본(저축, 투자), 소유, 시장이다(송병락, 1998: 105).

2. 산업구조 변동의 이론적 근거

산업구조 변동의 비전을 창출하기 위해선, 먼저 산업정책에 대한 이해가 필요하다. 산업정책은 정부가 국민경제 또는 특정산업의 생산성과 경쟁력을 증진시킬 목적으로 다양한 정책수단들(예: 미시적 산업 감독, 신용배분, 특정분야에 대한 전략적 자본투자)을 통해 기업의 경제활동을 지원, 조정, 규제하는 활동이다. 보다 포괄적으로 말해 산업정책은 자국의 산업발전과 관련된 제반 정책으로서 산업구조 변동, 기술발전, 수출증진을 가져오기 위한 정부의 개입정책을 의미하는데, 특히 후발국들이 선발국을 따라잡기 위해서 이 정책을 적극 활용해 왔다(송재복, 2000: 95~96; 197). 먼저 산업정책의 주요수단인 산업구조 변동의 이론적 근거를 찾아보자.

산업구조 변동의 이론적 근거로는 거시적 측면과 미시적 측면 2가지를 들 수 있다. 먼저 산업구조 변동의 거시적 접근은 산업수요의 변화와 주요산업의 성장, 쇠퇴 향방에 대한 체계적 예측과 대책에 초점을 맞춘다. 예컨대 Petty의 법칙에선 경제발전에 따라 노동력 구성비가 1차산업 → 2차산업 → 3차산업 쪽으로 변화한다고 한다. 소득수준이 높아짐에 따라 상품수요비율이 3차산업 쪽으로 증가하기 때문이다. 한편 Douglas, Vernon의 제품수명 주기이론은 모든 제품의 매출액과 이익은 도입 → 성장 → 성숙 → 쇠퇴의 주기를 겪는다는 가정에서 출발한다.

산업구조 변동의 미시적 접근에선 수요와 공급 두 측면을 모두 고려한다. 먼저 수요측면에선 소득 및 인구구조 변화에 따른 산업수요 변화와, 또 그로 인한 산업구조 변동을 고려한다. 공급측면에선 생산요소가격 상승(임금상승)에 따른 산업구조 변동(노동집약산업의 해외이동)과, 기술혁신(신제품개발로 구제품 붕괴) 및 정책변화에 따른 산업구조 변동을 고려한다(김학민, 2000).

산업정책은 동아시아의 성장 신화를 창조한 결정적 정책수단으로서 후한 평가를 받아 오다가, IMF 이후로는 경제위기의 모든 원죄(原罪)로 지목되며 더러운 말(Dirty Word)로까지 저락해 온 용어이다. 산업정책에 대한 비판의 근거는, 그것이 국가개입의 강력한 수단으로서 시장자유화 시대에는 맞지 않는다는 것이다. 즉 민간경제의 성숙으로 인해 더 이상 정부의 지도가 불필요하고, 오히려 시장경쟁을 저해할 뿐이란 것이다. 그러나 이는 산업정책 외의 요인들 때문에 발생한 부정적 현상에 기대어 산업정책 자체에 이론적 결함이 있는 것처럼 간주하는 느낌이 크다.

장하원(2000)은 한국경제의 구조적 전환을 위해서 아직은 적극적으로 산업정책을 활용해야 할 필요가 있다고 주장한다. 산업정책의 핵심은 승자선택이지만 패자보호도 중요하고, 또 산업정책은 산업구조 전환 시 발생하는 정치사회적 긴장을 줄이고 경제비용을 감소시키기 위해서도 필요하다는 것이다. 따라서 전략산업 유인제도와 더불어 사양산업의 사업전환을 위한 유인제도가 동시에 구사되어야 한다. 즉 사양산업 자체의 보호가 아니라 기술향상이나 포트폴리오 조정을 통해 사업이전을 위한 여유를 제공함으로써 유연한 구조조정을 유도해야 할 것이다.

3. 경쟁력 있는 전략산업의 추출 및 전망

현재 우리나라의 산업구조를 분야별로 평가해 보면, 반도체, 조선은 세계 1~2위, 가전은 2~3위, 자동차는 5~6위로서 겉으로 보면 생산량과 수출판매량이 무척 화려하다. 그러나 이를 기술력, 수익성 등 질적 지표로 바꿔 평가해 보면 문제점이 많은 것을 금방 알 수 있다. 또 21세기를 선도할 바이오 관련 산업(예컨대 농업, 식품, 의약)은 갈 길이 멀다고 한다. 다음의 통계자료들이 우리나라 산업구조의 질적 저하 실태를 잘 보여준다.

유엔의 국제무역 통계에 의하면, 한국은 2003년의 경우 세계 수출시장 점유율 1위인 상품이 69개 품목으로 세계 14위의 세계시장 점유율 국가였다. 그러나 이 중에서 수출액 총액 73억 달러 이상인 세계 1백대 교역품목은 하나도 없었다.[3]

지식경제부에 따르면, 2007년의 경우 세계 일류상품 중 세계시장 점유율 1위를 차지한 한국의 제품은 127개로 늘었다. 고광택 시트, 한국산 램, LNG 운반선, TFT-LCD, 비디오테이프 등이 그것이다. 그러나 세계 점유율 1위 제품 수가 중국에 밀려 자꾸 줄어드는 문제점이 있다. 2006년의 경우 1위 품목이 2002년에 비해 105개나 축소했다(중앙일보, 2008. 12. 12자).

우리나라 경제성장의 가장 큰 문제점 중 하나는 소용처가 많아 지원 연관산업 효과가 큰 부품, 소재산업이 취약하고, 소수 주력품목 위주의 수출구조를 갖고 있다는 점이다. 이들 소수 품목의 수출비중은 1997년의 38%에서 2011년엔 42%로 급증했다. 소수 주력품목에의 이런 과도한 무역의존도는 대외적 취약성에 노출되기 쉽다.

그렇다면 우리는 어떤 쪽으로 산업구조를 개편해 나가야 하는가? 21세기는 지식 자본주의 사회이므로, 자연히 산업구조도 지식기반경제(Knowledge-led Economy) 쪽으로 옮겨가야 한다. 향후 지식기반 제조업의 유망 발전분야로는, 기계산업쪽에선 메카트로닉스, 카 일렉트로닉스, 정밀, 광학, 항공, 우주산업 분야, 전자정보쪽에선 컴

---

3 1위 품목 중 교역규모가 가장 큰 상품인 탱커(조선)도 66억 달러 수출에 그쳤다.

퓨터, 반도체, 디지털 가전, 통신기기분야, 그 밖에는 생물, 의약, 환경, 신소재, 정밀
화학, 에너지산업 등이 있다. 따라서 2000년대엔 반도체, LCD 등 마이크로 일렉트로
닉스, 메카트로닉스, 신소재, 생명산업, 항공기 등 첨단산업이 향후 제조업 내의 주력
산업으로 부상할 것으로 전망된다. 한편 지식기반 서비스산업의 발전 유망분야로는,
지식서비스(영상, 음반, 의료, 교육서비스), 제조업 지원서비스(시각디자인, 패션디자인, 엔
지니어링, 경영컨설팅, 광고, 연구개발), 정보서비스(정보통신서비스, 소프트웨어, 방송 데이
터 베이스) 등이 있다(정진화 외, 2000: 62~65).

　　해외기업들이 추구하는 차세대 사업분야를 통해서도 우리나라가 참고해야 할
미래 산업의 육성동향을 어느 정도 예측할 수 있는데, 현재 해외기업들이 추구하는
차세대 사업은 크게 네 분야이다. 첫째는 환경, 에너지 분야로서 대체에너지, 바이오
플라스틱, 하이브리드 자동차 사업, 둘째는 정보전자, 나노, 바이오 등 신소재분야
사업, 셋째는 실버산업, 키즈 사업 등 여성, 신흥국의 저소득층 겨냥 사업, 넷째는
다른 분야의 융합, 복합화를 꾀하는 컨버전스 사업으로서 기존 사업과 금융, 정보기
술, 통신, 서비스를 한데 묶는 시도이다(중앙경제, 2008. 1. 1자).

　　성큼 다가온 4차 산업혁명 시대의 물결에도 산업정책적으로 대비할 필요가 있
다. 한국경제연구원이 4차 산업혁명의 12개 분야⁴에 대해 한국, 미국, 일본, 중국의
현재와 5년 후의 기술수준을 분야별 전문가에게 물어본 결과를 발표한 바에 따르면,
한국은 미국, 중국, 일본과 비교할 때 지금은 물론 5년 후에도 열세를 면치 못할 것
이라고 조사됐다. 2018년 현재 한국의 4차 산업혁명 12개 분야 기술수준을 100으로
했을 때, 중국은 108, 일본은 117, 미국은 130으로 평가됐다. 전문가들은 5년 후에는
중국과 일본이 113으로, 중국이 일본과 동등한 위치가 되고 미국은 123으로 앞서 나
가겠지만, 한국은 여전히 이들 3국에 비해 열등한 위치에 있을 것이라고 내다봤다.

　　국가별로 비교하면, 미국을 기준으로 했을 때 한국은 12개 분야 전부에서 열세
이며 5년 후에도 블록체인을 제외한 모든 분야에서 열세일 것으로 전망됐다. 한국의
기술수준을 100으로 봤을 때 우주기술, 3D 프린팅, 블록체인, 컴퓨팅 기술은 미국이
140, 바이오, IoT, 드론, 신재생에너지, 로봇, 증강현실(AR)은 미국이 130으로서 격차
가 큰 분야로 평가됐다. 중국과 비교할 경우도 한국은 현재 블록체인, AI, 우주기술,
3D 프린팅, 드론 등 5개 분야에서는 중국에 밀리고, 바이오, IoT, 로봇, AR, 신재생
에너지 등 5개 분야에서는 우위로 평가됐다. 하지만 5년 후에는 첨단소재와 컴퓨팅
기술에서 중국이 한국을 추월하는 등 7개 분야에서 중국이 한국을 앞서고 나머지 5

4　바이오, 사물인터넷(IoT), 우주기술, 3D(3차원) 프린팅, 드론, 블록체인, 신재생에너지, 첨단소재, 로봇, 인공지
　능(AI), 증강현실(AR), 컴퓨팅 기술(빅데이터 등)이 이에 해당된다.

개 분야에선 경합할 것으로 전망됐다. 5년 후 중국은 적어도 한국에 비해 열세인 분
야가 단 하나도 없게 된다는 것이다(연합뉴스, 2018.5.28자).

상기한 점들이 우리나라 산업구조 고도화의 기본방향 설정에서 고려되어야 한
다. 그러나 우리가 당장 현 주력 제조업을 무시해서도 안 된다. 자동차, 조선산업은
글로벌화가 쉽고 연관 산업효과도 큰 조립산업이다. 섬유산업은 비록 성장성은 낮지
만 부가가치를 높일 여지가 커 여전히 무역흑자에 기여할 것이다. 다행히도 정부와
주요 대기업들은 일단 기존의 주력 수출상품을 고급화하는 동시에 새로운 주력상품
을 발굴하는 쪽으로 가닥을 잡아가고 있다. 즉 정보기술(IT), 자동차, 조선 등 현 주
력상품의 부가가치를 높이는 한편, 생명공학기술(BT), 나노기술, 문화콘텐츠, 환경기
술(ET) 등에서 신성장상품을 찾자는 것이다. 특히 IT, BT 등은 현 주력상품과 연관
성이 높으므로 집중 육성해야 한다.

4. 부품, 소재 등 지원 연관산업 육성책과 십자형 산업구조로의 전환

부품, 소재 등 원자재, 중간재는 다른 산업분야에 응용이 많이 되고 그 용처(用
處) 또한 다양하다. 이른바 One Source Multi Use라 불리는 이들 산업분야는 지원
연관산업(聯關産業)으로서의 속성이 강하다. 불행히도 기초철강, 전기기계, 통신기구,
선박 등을 제외하면, 현재 한국이 국제경쟁력을 갖고 있는 대부분의 산업들은 산업
간 연관효과 및 가격경쟁력이 낮은 최종 소비재들이다. 따라서 지원 연관산업의 비
중이 작아지는데, 이런 현실은 한 나라 경제의 허리에 해당하는 연관산업이 중요한
역할을 수행하는 선진국으로의 진입에 많은 어려움이 있음을 보여준다.[5]

반도체, 공작기계, 로봇산업에서 경쟁력을 가진 일본은 이러한 지원 연관산업을
바탕으로 삼아 다른 산업들이 경쟁력을 강화하기가 쉽다. 우리가 자동차 산업에서
일본에 뒤진 이유는 부품, 원재료 공급업체 등 수직적 지원 연관산업을 완벽하게 육
성, 계열화하지 못했기 때문이다(조동성 편저, 1992: 249).

정부와 업계 모두가 중화학공업 다음으로 부품, 소재의 선진화를 부르짖은 지
20년이 흘렀지만, 우리 업계에선 그간 완성품 위주의 성장에 안주해 산업의 허리격
인 지원 연관산업이 만년 2류 딱지를 받아 왔다. 그 이유는 시간이 오래 걸리고 성
공 여부가 불투명한 핵심부품의 소재개발을 외면하고 손쉽게 외국기술을 사들이는

---

5 중진국에서 선진국으로의 진입시 그 나라의 경쟁력은 물적 자원, 국내수요, 경영환경 요인보다 연관산업의 육
성에 크게 의존한다. 따라서 모든 산업에 있어 상류(up-stream)산업이라고 할 수 있는 소재산업과 지원 연관
산업인 설비, 장비, 기계산업을 균형있게 발전시킬 수 있는 장기계획이 필요하다(조동성 편저, 1992: 250).

방법으로 주력산업의 기술부족을 메워 왔기 때문이다. 따라서 우리나라의 핵심부품 대외의존도는 심각한 상황이다. 일례로 전자산업의 수출 2위인 휴대폰의 부품 국산화율은 55%에 불과했다. 이를 대부분 일본에 의존하니, 부품, 소재, 기계류의 대일 무역적자는 막대하다. 핵심부품이 많지 않아 수출할수록 수입도 늘어나 부가가치의 증대에도 한계를 보인다.

다행히 정부는 부품, 소재 전문기업 등의 육성에 관한 특별조치법을 제정하고, 부품인증, 신뢰성 보험제도 도입 등 연관산업 육성에 다시 강한 의지를 보이기 시작했다. 정부의 부품소재산업 육성책은 자동차(차세대 자동차 핵심부품), 전자(차세대 전지, 평판디스플레이), 기계(메카트로닉스 부품, 고정밀 핵심부품), 금속(고기능,고내구성, 경량화 소재, 환경친화적 금속), 화학, 섬유소재(고부가가치소재, 차세대 신물질) 등 5대 핵심 부품, 소재 분야에서 성장잠재력이 큰 선도(先導)기업을 선정해, 부품, 소재를 자급화하고, 세계적인 부품 공급기지 구축 등 세계 일류업체로 육성시키겠다는 스타컴퍼니(Star Company) 제도로 구체화되고 있다. 또 판로를 확보하기 위해 부품의 하자 발생시 피해를 보상해 주는 신뢰성 보험제도, 자금의 집중적 지원과 세액공제의 상향조정, 신용보증 우대, 개발제품 우선구매 등 다양한 혜택도 부여한다(중앙일보, 2001. 5. 15자 5면).

상기한 노력에 힘입어 최근 선진국에 대한 완성소비재 수출(42%)보다 개도국에 대한 수출비중(58%)이 늘고 있다. 이는 곧 덜 산업화된 나라에 대한 우리의 부품, 소재 수출이 늘고 있음을 말해 준다(중앙일보, 2004. 10. 23자 10면). 이러한 수출시장 다변화를 촉진시키기 위해선, 더 이상 부가가치가 크지 않은 OEM 방식이나 개발이 손쉬운 범용부품 지원에 그쳐선 안 되고, 소재·부품 등 핵심 원천기술을 골라 정부, 업계, 연구기관이 힘을 모아 적극 지원해야 한다. 즉 정부출연연구소와 업계의 공동연구를 위한 다양한 조합을 만들어 기술개발 투자비용을 분담하고 업체도 서로의 장점을 결합해야 한다. 기업 간 정보공유와 인수합병(M&A), 대학의 연구와 업체의 상용화 등 분업체계도 필요하다. 정부도 융자를 통한 사업 지원보다는 원천기술개발을 지원해야 한다.

이런 점에서 향후의 산업구조는 십자형 산업구조를 지향해야 한다. 십자형 산업구조는 물건을 만드는 데 필요한 부품·소재와, 공장을 짓는 데 들어가는 기계·장비 같은 하드웨어는 물론, 제품의 디자인, 설계와 판매서비스 등 소프트웨어까지 모두 국내에서 이루어지도록 가로, 세로로 엮여진 산업구조 형태를 말한다.

「완제품을 주로 수출해 먹고 사는 나라」는 수출이 늘면 수입도 증가한다. 그래

그림 16-1 십자형 산업구조의 가치사슬

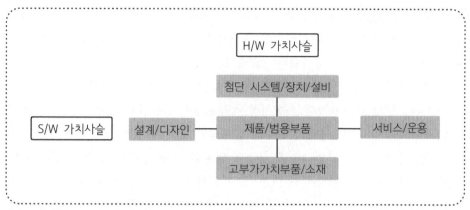

출처: 중앙일보, 2007.1.15자에서 참조.

서 수출이 늘어도 내수(內需)가 안 살아나고 일자리도 별로 창출되지 않는다. 따라서 '관련부문 간 가치창출의 사슬'이 필요한 것이다. 예컨대 우리의 조선업이 1위를 하는 데에는 포스코의 저렴하고 질이 좋은 철강이 큰 몫을 한다. 최근 기계류의 수출 증가도 첨단장비/설비부문의 경쟁력 강세에 힘입은 바 크다. 반면 2004년의 경우 컨설팅, 디자인, 엔지니어링 등 비즈니스 서비스에 대한 적자만 51억 달러였는데, 이처럼 우리나라 S/W의 가치사슬은 너무 약해 엄청난 부가가치와 일자리가 나라 밖으로 유출되고 있다.

　따라서 향후에는 산업구조상 종(縱)과 횡(橫)으로 가치사슬을 엮어야 한다. 즉 위−아래로는 부품/소재로부터 첨단장비에 이르기까지 연결하고, 좌−우로는 설계, 디자인부터 A/S에 이르기까지 소득, 일자리가 다 한국에서 이루어지도록 가치사슬을 튼튼히 할 필요가 있다. 그것이 내수를 살리는 수출, 일자리를 늘리는 성장을 가능케 한다.

5. 서비스산업의 잠재력 개발

　물건을 잘 만드는 것도 중요하지만, 해외시장에서의 상대적 우위는 점차 서비스산업을 잘 하는 데서도 얻어질 것이다. 금융 및 보험서비스, 법률서비스, 교육서비스, 유통산업 등이 바로 그것이다(맥레이 저, 김광전 역, 1994: 31). 따라서 향후엔 서비스산업의 경쟁력도 확보해야 한다.

　서비스수출의 세계시장 점유율을 국제비교해 보면, 미국 13.9%, 영국 8.3%, 독일 6.3%, 프랑스 4.2%, 스페인 3.9%에 비해 한국은 1.9%로서 18위를 기록해, 한국 서비스산업의 국제경쟁력이 선진국에 비해 많이 뒤처지고 있음을 알 수 있다(한국은 행, 2007). 2016년 현재 한국의 서비스업 생산성은 제조업 대비 약 45%로, 여타 국가 에 비해 크게 낮은 수준을 나타낸다(조윤제 엮음, 2016: 32).

서비스산업을 잘 키우면 제조업에 못지않은 수출산업으로 성장시킬 수 있다. 예컨대 한국은 세계 애니메이션 하청시장 점유율 1위로서 관련 기술이 뛰어나 정책 지원, 인력양성만 잘 되면 세계적 수준의 잠재력을 보일 수 있다. 또 선진국 수준의 병원,6 대학, 보육시설, 관광인프라를 갖추면 외국인 투자 증대의 효과도 거둘 수 있 다(중앙일보, 2006. 2. 1자). 따라서 우리는 ① 부가가치가 높은 수출형 서비스업종(예: S/W, 온라인게임, 애니메이션, 캐릭터산업, 해운업 등), ② 내수시장이 큰 서비스업종(예: 장기적으론 교육, 관광인프라 육성, 단기적으론 세계수준의 외국학교, 호텔, 골프장 유치, 복 지사, 간병인 등 사회서비스의 수요증대 대비), ③ 제조업을 뒷받침하는 서비스업종(예: 금융, 법률, 컨설팅, 디자인, 광고 등) 등을 중점적으로 육성해 나가야 한다.

물론 서비스산업 중에서 금융산업이 매우 중요하다. 은행은 수익성이 높은 정보 산업이다. 선진국은 제조업으로 큰 돈을 벌고 그 돈을 금융으로 돌려 다시 돈을 번 다. 따라서 선진국은 세계적 금융시장을 가진 나라이다. 미국에선 기업이 돈을 주식 시장에서 조달하고, 일본은 주로 주거래은행에서 조달하지만, 한국은 그간 관치금융 에 의존해 왔다. 따라서 1997년의 금융 외환위기 전에 주식시장이 침체되었고, 은행 은 정치권의 압력으로 부실기업에 대한 대출을 일삼다 보니 외국에서 돈을 빌릴 수 밖에 없었다(송병락, 1998: 141~144). 이런 점에서 향후 실물경제와 금융경제는 병행 발전해야 하며, 금융서비스를 비롯한 서비스 산업 전반의 경쟁력이 확보되어야겠다.

6. 문화콘텐츠산업의 진흥

세계사적 흐름이 21세기에 들어 정신, 문화, 예술을 강조하면서, 최근 광범위한 문화적 체험을 상품화한 문화생산이 물질생산을 압도하고 있다. 즉 지식과 감성이라 는 무형자본의 가치가 급부상하고 있는 것이다. 이는 경쟁원천이 기술력, 자금력, 인 력에서 지식, 감성, 무형자산, 창의력, 상상력으로 급속히 이행하고 있음을 의미한 다. 따라서 Ross(2003)는 산업구조가 과거의 제조업기반경제에서 지식기반경제로,

---

6 인도, 싱가포르에선 정부가 직접 나서서 의료＋관광산업을 집중 육성해 의료관광(health tour)을 통해 일자리 창출에 크게 기여하고 있다. 특히 싱가포르의 경우 현재 연 50만 명의 외국인환자를 2012년까지 100만 명으 로 늘려 의료산업에서만 총 13,000개의 일자리를 창출해낸다.

다시 콘텐츠기반경제(Content Based Economy)로 발전하리라고 전망한다(서병문, 2004: 62~63). 21세기 들어 문화콘텐츠 부문이 미래의 유망산업이 아닌 주력산업으로 곧 대두할 조짐을 보이고 있는 것이다.

이러한 변화맥락은 우리에게 문화산업의 중요성을 말해 준다. 한 나라의 문화적 요소는 창의적 기획을 바탕으로 해 경제적 가치를 창출하는 문화상품으로 전환될 수 있는데, 문화상품이 바로 문화 콘텐츠이고, 문화콘텐츠의 기획, 제작, 가공, 유통, 소비와 연관된 산업이 바로 문화산업이다. 그 창작원천인 문화적 요소에는 생활양식, 전통문화, 예술, 이야기, 대중문화, 신화, 개인경험, 역사기록이 포함된다. 문화콘텐츠의 내용을 유형화하면, 디자인, 패션, 음악, 출판, 애니메이션, 영화, 게임, 캐릭터, 만화, 출판, 전자책, 방송영상, 공예, 에듀테인먼트, 광고 등 다양하다(임학순, 2004: 108~109). 문화산업은 문화기술(Culture Technology: CT)의 뒷받침을 요한다. 문화기술은 영화, 미술, 만화, 게임, 뮤지컬, 디지털미디어 등 각종 문화상품의 부가가치를 높이기 위해 소용되는 유무형의 기술로서, 영화 특수효과나 방송장비 개발 등 이공학적 개념만이 아니라, 문화콘텐츠의 기획 및 창작, 유통에 필요한 인문학적 지식과 경영 노하우도 포함된다(중앙일보, 2006. 3. 31자).

현재 문화산업은 해외에서 21세기 지식기반경제의 핵심산업이자 신성장동력으로 급부상하고 있다(심상민, 2004). 일례로 미국은 군수산업과 더불어 문화사업을 미국경제를 이끌 2대산업으로 책정했다. 일본도 세계 2위의 경제강국답게 e-JAPAN 전략을 중심으로 지적재산전략본부를 설립해 콘텐츠산업 육성계획을 마련했다. 우리나라는 현재 세계 9~10권인데(서병문, 2004: 65~83). 그간 영화, 온라인게임, 모바일콘텐츠산업을 중심으로 지속적으로 성장해 왔고, 애니메이션, 캐릭터, 방송콘텐츠, 음악, 만화산업의 성장잠재력도 높다. 특히 방송드라마, 음악, 영화, 게임 등이 속칭 한류(韓流) 바람을 타고 중국, 대만, 동남아, 일본에서 좋은 반응을 얻고 있다. 우리 문화산업의 수출규모는 2012년 현재 42억 달러에 달하는 것으로 계측된다.

매년 국가별 소프트파워 순위를 측정하는 The Soft Power 30 Report에 따르면, 한국은 문화적 측면에서 일본을 뛰어넘어 세계 11위에 오르면서 빠르게 소프트파워를 키워가는 국가로 자리매김하고 있다. 아시아 국가로는 중국이 9위, 한국이 11위, 일본이 14위에 랭크되어 있다.

그러나 우리나라의 경우 아직은 전문인력의 부족, 제작자금 열악, 원 소스 멀티유즈를 통한 가치창출구조를 살리지 못하는 산업장르 간 연계 미비, 유통체계 미흡, 국제교류 부족에 따른 해외진출기반 취약, 전통 문화유산의 비(非) 창작화 등이 문화켄텐츠산업의 진흥과정에서 주요 문제점으로 지적된다. 따라서 향후에는 이런 문제점에 대한 체계적 정비와 더불어, 문화산업정책을 관광, 문화, 문화유산, 예술 국제교류, 지역문화, 정보통신, 교육, 산업정책 등과 유기적으로 연계시켜 시너지 효과를 창출하도록 해야 할 것이다(임학순, 2004: 110~124).

7. 산업입지전략

Porter에 의하면, 국제경쟁력은 기업 하나만 잘한다고 해서 얻어지는 것이 아니라 산업의 덩어리가 커야 하고 연관산업, 은행 등이 산업무리를 잘 이룰 때 비로소 생긴다(송병락, 1998: 113). 따라서 향후의 산업입지는 기업, 부품 공급자, 서비스 제공자, 협회, 연구소, 학교들이 특정지역을 중심으로 한 곳에 집중하고 이들이 네트워킹을 통해 특정산업을 발전시켜 나가는 클러스터7식으로 육성할 필요가 있겠다. 미국의 실리콘 밸리, 실리콘 힐스가 그 좋은 예이다.

우리나라의 경우 2001년 말 전국의 공업단지는 5백 개나 되지만, 그간 대부분의 공단이 주력특화산업의 육성보다는 백화점식 산업육성에 중점을 둬 국제경쟁력 확보가 곤란했다. 또 공단 운영의 초기엔 특정업종에만 제한적으로 용지를 분양하다가도 이후 미분양이 우려될 경우 업종을 불문한 유치전략으로 변질해 왔다.

최근 전경련과 한국경제연구원의 경쟁력 강화를 위한 산업입지전략 보고서의 내용을 보면, 전국에 걸쳐 9개 권역과 22개 거점도시별 전략산업이 선정되어 있다. 즉 수도권에는 오락, 영상, 컨벤션 등 서비스 산업을, 여타 지역에는 산업입지 과잉 및 중복투자의 방지, 지역균형 발전을 감안해 일반 제조업과 지식기반 산업, 서비스업을 골고루 전략적으로 육성하자는 것이다(중앙일보, 2002. 10. 18자). 이 보고서는 중국 등 개도국의 추격으로 인한 주력산업의 경쟁력 저하 등 한국경제의 중장기 전망이 어두운 가운데 산업집적의 활성화 차원에서 매우 주목되는 내용을 담고 있다고 분석된다.

---

7 클러스터(cluster)는 산업집적, 산업군집지로 번역되는데, 비슷한 업종에서 서로 다른 기능을 수행하는 기업과 기관들이 한 지역에 모여 있는 것을 말한다. 이는 대학, 연구소(연구개발기능)와 대기업, 중소벤처기업(생산, 아이디어 제공기능), 벤처 캐피탈, 컨설팅 기관(각종 지원기능) 등이 한 지역에 모여 있으면 정보, 지식의 공유를 통한 시너지효과가 발생하기 쉽다는 논리에 의거한 산업입지전략의 하나이다.

III. 국가차원의 연구개발과 과학기술에의 투자

국가경쟁력의 강화는 쉽게 말하면 고급 생산요소(예: 기술수준, 고급인력)의 경쟁력은 강화시키면서 단순 생산요소(예: 노동비용, 단순인력)의 경쟁력 약화를 최소화하는 것이다. 우리나라는 1980년대 말 이후 단순요소의 경쟁력 약화로 인해, 개도국에게는 단순요소 측면에서, 선진국에게는 고급요소 측면에서 경쟁력이 떨어진다는 분석이다(이경태, 박기홍, 박진수, 1996: 50~52). 따라서 고급요소의 경쟁력을 강화시키기 위해선 끊임없는 연구개발과 과학기술 투자가 필요하다.

1. 경제발전에 있어 기술진보의 중요성

Thurow는 그의 명저 *Head to Head*(경제전쟁)에서 선진국이 되기 위해선 대략 100년 정도의 성장세가 지속되어야 한다고 역설하며, 지난 1백 년 동안 후진국에서 선진국의 대열에 이른 나라는 일본밖에 없었다고 분석한다.

선진국이 되는 길은 이처럼 험난하다. 그렇다면 우리는 어떻게 할 때 선진국의 문턱을 넘을 수 있는가? Krugman은 경제성장방식으로는 생산요소의 투입증대에 의한 성장과 투입된 생산요소의 생산성 향상에 의한 성장이 있을 수 있는데, 그간 동아시아의 성장은 후자가 아니라 전자, 즉 자본, 노동 등 생산요소의 투입증대에 의한 것이었다고 주장한다. 그런데 생산요소는 투입이 증가할수록 한계생산성이 낮아지므로 단순 생산요소의 투입증대에 의한 성장은 한계를 보인다. 따라서 그는 생산성을 향상시키는 기술진보가 없는 한, 동아시아의 지속적 성장은 불가능하다고 진단한 바 있다.

실제로 동아시아 신흥공업국에서의 생산요소별 성장 기여도를 분석한 Lau에 의하면, 자본이 64%, 노동이 18%, 인적 자본이 18% 정도씩 성장에 기여한 반면, 기술진보는 실제로 전무했다. 반면 선진국의 경우 기술진보의 성장기여도는 50%로 분석된다. 경제성장 초기에는 물적 자본의 축적이 중요한 성장 원동력이지만, 경제가 점차적으로 성장해 자본의 한계생산성이 감소하기 시작하면, 물적 자본의 축적만으로는 한계가 있어 기술진보가 성장의 원동력으로 중시될 수밖에 없다. 바로 이 시점이 개도국에서 선진국으로 넘어가는 시점이기도 하다(오정근, 1997: 86~87).

Porter 역시 국가번영은 경쟁우위의 향상과 밀접한 관계가 있다고 본다. 경제발전의 초기단계에서 국가는 발전을 위해 요소조건을 이용한다. 다음 단계에선 해외기

표 16-1 Porter의 국가경쟁력 발전단계

발전의 원동력	경쟁우위의 원천	국가의 예
요소조건	생산의 기본요소 (예: 천연자원, 지리적 입지,비숙련 노동자)	1980년 이전의 한국, 캐나다, 호주, 싱가포르
투 자	자본설비투자, 해외로부터의 기술이전, 소비보다 투자를 선호하는 국민적 합의가 역시 필요하다	1960년대의 일본, 1970년대의 한국
혁 신	국가우위의 네 가지 결정요소가 모두 신기술 창조에 상호작용한다.	1970년대 후기 이후의 일본, 1970년대 초기 이후의 이탈리아, 전후 대부분 기간중의 스웨덴, 독일
부의 관리, 보존	혁신이 정체됨에 따라 경쟁우위는 잠식되고 고급요소에 대한 투자가 줄어들며 경쟁관계가 쇠퇴하고 개인적 동기부여가 줄어든다. 따라서 기존 부의 관리, 보존에 힘써야 한다	전후의 영국, 1980년 이후의 독일, 미국, 스위스, 스웨덴

출처: 코틀러 외 공저, 정기주 역(1997: 110)에서 참조함.

술 및 자본설비 투자를 유치함과 동시에 저축을 권장한다. 이 단계에서 노동 및 자원집약형 산업이 자본 및 기술집약형 산업으로 대체되고, 가장 우수한 기업들은 제품 및 서비스를 차별화해 고부가가치를 생산할 수 있게 된다. 그 다음 단계에서는 국부창출의 주 원동력으로 기술혁신을 꾀하게 된다. 만일 혁신이 성공하면 국가는 기존의 부(富)를 관리, 보전하는 또 다른 단계로 이동한다는 것이다.

2. 우리나라 기술력 수준

우리나라의 연구개발인력은 세계 9위, 과학기술부문 논문수는 16위, 인구 1만명당 발표 논문수는 30위로서, 비교적 상위에 랭크되어 있어(대한무역협회, 2002), 총량지표면에서 볼 때 우리의 과학기술 투자수준은 선진국과 비교해 크게 손색이 없다. 신제품 개발기술(Product Technology)에서 미국이 1위라면, 우리는 개발된 신제품을 더 잘 만드는 기술인 공정기술(Process Technology) 면에서 일본 다음 가는 나라이기도 하다(송병락, 1998: 74~75).

독일의 쾰른 경제연구소는 경제협력개발기구(OECD)를 중심으로 28개 주요 선진국에 대한 국가혁신지수[8]를 비교한 보고서를 발표했는데, 보고서에 따르면 총 100점 만점에 핀란드가 65~66점으로 1위, 스위스가 58~59점으로 2위를 각각 차지했고, 이어 우리나라가 56~57점으로 3위에 올랐다. 쾰른 경제연구소는 이번 보고서에

---

8 국가별 혁신지수는 ① 학생·노동인력의 교육수준, ② 정부·기업의 연구개발 투자, ③ 연구 및 아이디어 응용 여건, ④ 정보통신 기반 확충 수준 등 총 18개 지수를 지표화한 것이다. 여기에 독일 내 2천여 개의 중견 혁신기업들에 대한 설문조사를 토대로 가중치가 부여됨으로써 종합지수가 산출된다.

서 한국에 대해 교육수준, 노동인력의 혁신성, 연구개발(R&D) 투자 등 많은 부문에서 고루 높은 평점을 부여했다. 특히 대학 졸업자와 이공계학과 졸업생 중 여학생 비율이 일본보다 현저하게 높은 점을 평가했고, 독일 중견기업들도 한국의 혁신 친화성 항목에 높은 점수를 줬다(연합뉴스, 2012. 1. 16자).

2018년 스위스 국제경영개발원(IMD)이 발표한 우리나라의 국가경쟁력 순위는 조사대상 63개 국가 중 27위, 인구 2천만 이상 29개 국가 중 10위를 차지한 것으로 나타났는데, 특기할 점은 인프라 분야 중 과학 인프라는 7위, 기술 인프라 부문도 14위 등 인프라 분야가 높은 점수를 받아 상대적으로 불리한 다른 부문을 상쇄하는 역할을 했다는 점이다. 그만큼 우리나라 과학기술의 잠재력을 평가할 수 있겠다.

그러나 한국의 과학기술력 수준에 의문을 갖게 하는 조사결과도 적지 않아 과학기술 잠재력 평가에 대해선 좀 더 신중하고 균형된 시각을 가질 필요가 있다.[9] 예컨대 2011년 기준 우리나라의 과학기술혁신역량지수(COSTII)[10]는 아시아의 주요 10개국 가운데 일본, 대만, 싱가포르에 이어 4위에 그친 채, 2009년 이후 3년 동안 큰 순위변동이 없었다. 한국과학기술기획평가원이 내놓은 「아시아 과학기술 역량분석 및 효과적 협력체계 구축을 위한 제언」 보고서에 따르면, 일본의 과학기술 혁신역량을 100으로 봤을 때, 우리나라는 72% 수준에 불과하다.

한 국가의 기술혁신능력을 보여주는 지식축적량[11]도 미국의 1/17, 일본의 1/7.4인 것으로 평가된다. 1975~2000년 동안 우리나라의 지식축적량은 688억 달러였는데, 미국의 지식 축적량 규모가 되려면 향후 52년은 더 걸릴 것으로 분석된다(중앙일보, 2003. 7. 9자).

현재 우리나라 경제는 대량생산 다수고용의 산업사회에서 고품질 소수생산의 지식정보화사회로 이행중이다. 따라서 향후의 지속적 성장을 위해선 무엇보다 연구개발투자, 기술혁신으로 생산성을 향상시켜야 한다. 특히 전통적 설비보다는 신기술 특허, 우수한 제품 및 디자인 개발이 성장잠재력을 좌우하므로, 특허권, 상표권 등 무형 고정자산의 비중을 크게 늘려 나가야 한다(현정택, "새 패러다임 필요한 한국경제," 중앙일보, 2006. 2. 24자). 결국 우리나라가 선진국 대열에 진입하기 위해서는 차세

---

9 독일의 쾰른 경제연구소도 한국이 새로운 아이디어를 기술적으로 실현할 수 있는 여건이 주요 선진국에 비해 취약하고, 고등교육 수준에 대비해 상대적으로 낮은 외국인학생 비율을 한국의 약점으로 지적했다.

10 과학기술혁신역량지수는 정부가 과학기술의 투입→활동→성과에 이르는 전 주기 활동을 포괄적으로 점검하는 체계이다. 과학기술혁신역량을 5개 부문(자원·환경·네트워크·활동·성과), 31개 지표로 나누고 그 수준을 종합해 지수를 산출하는 방식으로 이뤄진다.

11 지식축적량은 한 국가의 기술혁신능력을 측정하는 잣대로서, 과거로부터 쌓인 연구, 개발투자와 연구, 개발지식의 활용능력을 고려해 측정한 금액이다.

대 성장동력 창출, 연구개발 투자 확대를 통해 기술혁신 성과를 제고하는 데 총력을 기울이는 수밖에 없다.

3. 연구개발비의 투자 및 기술혁신 하부구조의 강화 방향

선진국으로의 도약 여부는 이처럼 기술진보의 성패여부가 관건인데, 기술진보는 물적 자본과 인적 자본의 축적 없이는 불가능하다. 기술진보는 대개 양자 모두에 체화되어 있기 때문이다. 기술진보를 위해서는 우선 연구개발투자를 해야 하고, 또 새로 개발된 기술을 구현할 수 있는 신규 설비투자를 해야 한다. 뿐만 아니라 이를 가능케 하는 과학자와 기술자를 양성해야 하기 때문에 인적 자본 투자도 중요하다 (오정근, 1997).

한국은행 금융경제연구원의 「성장전략의 전환 필요성과 정책과제」 보고서에 의하면, 우리나라의 생산성은 자본, 노동의 비효율성으로 인해 미국의 50%, 싱가포르와 홍콩의 60%에 불과하다. 특히 성장전략, 제도, 관행의 비효율성으로 인해 낮은 기술수준이 지속되고 있다. 따라서 투자율은 높지만 생산성은 낮다. 결국 종래의 기술모방, 규모 확대 위주의 기업경영 대신 기술혁신으로 의식과 정책을 바꿔야만 선진국으로의 진입이 가능하다. 기업들이 외형 확대보다는 연구개발 투자를 늘리고 대학교육 투자를 활성화하는 혁신주도형 성장전략으로 전환할 때(중앙일보, 2003. 12. 23 자), 비로소 경제성장 경로가 바뀌어 선진국 진입이 가능해질 수 있을 것이다. 따라서 과학기술 부문에 대한 투자확대가 일차로 요구된다.

다행히도 우리나라는 최근 연구개발 쪽에 많은 투자를 하기 시작했다. 그 결과, 2018년 현재 특허활동과 연구개발(R&D) 지출분야에서 높은 점수를 받아 미국의 블룸버그 통신이 매년 발표하는 국가별 혁신지수(innovation Index) 평가(2018)에서 89.28점으로 1위를 차지했다. 블룸버그 혁신지수는 연구개발(R&D) 지출 집중도, 제조업 부가가치, 생산성, 첨단기술 집중도, 교육 효율성, 연구 집중도, 특허활동 등을 종합평가해 순위를 매기는데, 우리나라는 7개 항목 중 특허활동에서 1위, R&D 지출 집중도 및 제조업 부가가치는 각각 2위, 교육 효율성은 3위, 첨단기술 집중도와 연구 집중도는 각각 4위에 올랐다. 그런데 문제는 이런 투자의 즉각적 효과이다. 예컨대 생산성은 21위에 머물러 세부항목 중 가장 낮은 평가를 받았다. 지난해 32위에서 21위로 11단계 순위가 오르긴 했지만 여전히 중위권 수준이다

우리나라는 정부 연구개발 자금규모에선 세계 6위이며 GDP 대비 연구개발 비

중으로는 세계 1위다. 미국 상공회의소의 산하기관인 세계지식재산센터의 [국제지식재산지수(2015)] 보고서에 의하면, 한국은 정부주도 연구개발 투자정책으로 세계 4위의 특허출원국가이다. 그러나 이를 뒷받침하는 특허관련 권리 및 제한범주의 점수는 세계 9위에 그친다.

과학기술 분야 투자에서는 이처럼 높은 경쟁력을 나타내고 있지만, 논문, 공동연구 등 그 결과물의 산출에선 아직 경쟁력이 낮다. 상기한 보고서는 대학 논문의 숫자와 기업의 혁신역량, 특허의 양적 수준은 높지만 논문수준과 역량은 저조하다고 지적한다. 정부, 기업, 대학으로 나뉘는 혁신주체별 역량평가에선 국내 정부와 대학의 성적이 저조하다. 기업 역시 극소수 대기업의 활약에 따른 착시효과를 거둬내면 빈약한 것으로 추정된다. 기업의 양적 규모 등은 세계 최상위 경쟁력을 가지고 있지만 이는 일부 글로벌 기업의 높은 성과에 의한 것으로서, 일반기업 의 혁신역량을 끌어올리지 못하면 향후 심각한 위협이 될 수 있을 것이라는 것이 상기한 보고서의 진단이다.

향후 국가기술혁신시스템의 선진화를 위해선, 기술혁신을 선도해 가는 글로벌 리더 양성도 시급하다. 또 그간의 기술추종방식에서 벗어나 기술혁신을 선도하는 전략이 필요하다. 이를 위해 기존의 소형 살포식 지원방식보다는 한정된 연구개발재원을 차세대 성장동력에 집중 투자해 핵심원천기술의 개발을 가속화해야 한다. 현재 대학이 박사급 연구인력의 73%를 보유하지만, 연구개발비의 76%는 기업에 집중되어 있는 부정합 현상을 해소하기 위해 산-학-연 연계도 강화해야 한다.[12]

국가의 부와 경제안보는 주요 정책 사안이다. 그러나 방어적 보호무역주의만으로는 이를 성취할 수 없다. 그 대안은 국가의 전략적 개입과 재정지원을 통한 과학기술 혁신이다(문정인, 1996: 348~351). 과학기술에의 투자는 기술 식민지 종속에서 벗어나기 위한 제2의 독립운동인 것이다. 따라서 상기한 기술혁신 하부구조를 확충하려는 노력이 지속적으로 제도화되어야 하겠다.

---

12 이는 이희범 당시 산자부 장관의 기고문(중앙일보, 2004. 10. 15자 29면 참조)에서 인용한 것이다.

IV. 교육개혁: 지식자본의 형성

1. 지식기반 경제사회의 대두

세계 각국은 신생명 디지털 신경망을 통해 새로운 지식이 생성되고 활용되는 지식부강경제를 구축하려고 애쓴다.[13] 정보통신기술이 1등 국가를 만들며, 지식은 나눌수록 커진다는 슬로건 하에 모든 나라들이 바쁘게 움직이고 있는 것이다.

그렇다면 지식기반경제[14]에서 말하는 지식은 어떤 새로운 의미를 갖는가? 종래의 지식은 본인의 직접체험이 뒷받침되지 않은 단지 이론인 데 비해, 지식기반사회의 지식은 학문적 지식에다가 실용적 지식과 현장 경험지식(예: 기술 노하우, 일선 경영지식)을 합한 살아 있는 지식, 행동하는 지식(Knowledge in Action)이다. 특히 생산요소로서의 지식은 조직의 의사결정과 경영활동에 유용하게 활용될 수 있는 기술, 노하우, 유형, 제도 등을 포괄하는 하나의 무형자산이다. 그러므로 지식은 직장동료들에게도 전파, 공유됨으로써 조직생산성 제고에 기여할 수 있다(권기헌, 2000: 28~29). 따라서 지식기반경제로 나아가기 위해선, Nonaka의 주장처럼 암묵지를 형식지로 바꿔 나가야 한다.[15]

상기한 논의는 결국 21세기 지식사회에 대비해 새로운 지식을 활용할 줄 아는 신지식인(新知識人)을 많이 양성해야 할 필요성을 제기해 준다. 이제는 학식이 많은 대학교수만 지식인이 아니라 자신의 일하는 방법을 끊임없이 개선하고 혁신하는 사람 모두가 신지식인이다. 기업도 사회조직 차원에서 지식화할 필요가 있는데, 이것이 지식경영[16]이다. 정부도 국가 차원에서 지식경제로의 패러다임 전환을 제도적으로 지원해 주어야 하는데, 이를 목표로 노력하는 정부가 지식정부이다. 지식정부는 국가사회 시스템의 생산성을 극대화시키고 고객인 국민을 만족시키는 공공생활, 정

---

13 예컨대 네덜란드는 전국토를 디지털 통신망으로 무장된 유럽의 삼각주로 만들자는 목표 아래 1999년 디지털 델타 계획을 발표했다. 아일랜드도 자국을 전자와 물류의 세계적 중심지, 즉 글로벌 콜 센터로 전환시킨다는 계획 아래 글로벌 크로싱 프로젝트를 추진하고 있다. 싱가포르도 Sinapore One, ICT 21, 맨 파워 21 등 다양한 전략을 구사하며 아시아의 두뇌 중심으로서의 위상을 꿈꾼다(매일경제신문 편, 2000).

14 지식기반경제는 지식과 정보의 창출, 확산, 활용이 모든 경제활동에서 핵심이 될 뿐 아니라 국부의 창출과 기업, 개인 경쟁력의 원천이 되는 경제이다(OECD, 1996; 정진화 외, 2000: 24).

15 암묵지(暗默知)는 학습과 체험을 통해 개인에게 습득되어 있지만 겉으로는 드러나지 않은 상태의 주관적 지식을 말하며, 형식지(形式知)는 문서나 매뉴얼처럼 외부로 표출해 여러 사람이 공유할 수 있는 지식, 즉 명제로서 언어화가 가능한 객관적 지식이다.

16 지식경영은 기업의 생산성 향상이 조직 속의 개인이 축적하고 있는 지식의 양과 질에 의해 결정된다는 이론이다. 즉 지식경영은 기업이 지닌 기술, 노하우 등의 지적 자산을 중심으로 지식변환 프로세스를 거쳐 새로운 부가가치를 창출하는 것이다(정진화 외, 2000: 130).

보서비스를 보다 효율적으로 제공하기 위해 새로운 방식으로 지식을 창출, 확산, 응용하려고 노력하는 정부형태로서, 이를 위해 지식창출의 인센티브 제공, 학습조직 조성, 정보고속도로망 등 정보기반 구축에 힘쓴다(권기헌, 2000: 32~33). 일례로 State Inventory Project는 1995년부터 미국에서 전국적으로 추진하는 국가정보기반인데, 미국 전역에 산재해 있는 지식을 한곳에 모아 지식활용 극대화를 도모한다(정진화 외, 2000: 134). 즉 교육기관, 정부, 공공부문을 상호 연결해 주정부, 지방정부는 물론 학습기관, 교육기관, 기술 전문가들 간의 지식공유를 활발히 추진한다.

2. 지식자본의 형성을 위한 교육개혁의 필요성

오늘날 지식은 원자재, 노동시간 및 자본의 절대적 필요성을 감소시키며 선진경제의 중심자원이 되어가고 있다(박형준, 1994: 53). 과거의 자원기반경제(Body Nations)에서 지식기반경제(Head Nations)로 전환중에 있는 것이다. 따라서 미래 사회에서는 지식과 정보의 소유, 독점이 아닌 지식의 활용과 공유 마인드를 갖춘 인재가 필요하다.

여기서 지식기반경제로 가기 위한 새로운 인적 자원의 공급이 요구되며, 이는 자연히 국가 교육체제의 정비를 요구한다. 지식기반경제와 그런 지식을 체화한 인력의 양성 및 개발은 상호 연계성이 매우 크기 때문이다(정진화 외, 2000: 182). 이는 바로 21세기의 국가경쟁이 인력양성을 위한 교육경쟁임을 시사한다. 교육개혁은 이런 맥락에서 세계적 과제가 되고 있다. 교육은 국가잠재력 확대의 주요 수단이자 경쟁력 창출원천의 제1요소인 것이다. 참고로 각국의 인적 자본 투자순위는 [표 16-2]와 같다.

표 16-2 인적 자원 관련 경쟁력 순위

구 분	미국	일본	영국	독일	네덜란드	핀란드	스위스	한국
노동시장 종합평가	15	41	30	31	4	5	14	27
제조업 생산성	1	21	22	24	3	19	15	14
서비스업 생산성	4	12	25	9	16	11	20	31
노사관계 우호성	15	10	21	25	9	6	2	47
국내 재무전문가 풀	1	40	25	28	3	7	10	30
국내 고급관리자 풀	1	46	30	24	6	9	23	38
두뇌 유출	1	21	18	16	4	5	6	39

출처: IMD(2002)에서 참조함.

3. 교육개혁의 방향

그렇다면 우리나라는 어떤 교육체계를 디자인해 우리의 것으로 체화해 나가야 하는가? 무엇보다도 교육의 기본 패러다임을 바꿔야 할 것이다. 이제 더 이상 따라 잡기 수단으로서의 교육의 양적 수준이 문제가 아니라, 고부가가치를 창출하며 '세계사를 리드해 나가는 창의적 인간'의 육성이 교육개혁의 중심 주제가 되어야 한다(삼성경제연구소, 1994). 이는 달리 말해 우리 사회가 이제는 고졸자, 대졸자의 수가 얼마나 많고 적은가가 아니라, 그들이 무엇을 얼마나 잘 할 수 있느냐를 묻는 지식사회, 정보사회로 접어들었음을 의미한다(문용린, 1996: 87~91).

앞서 살펴본 산업구조조정의 문제도 결국은 부가가치가 높은 산업을 이끌어갈 수 있는 설계사, 디자이너, 정밀가공 기술자, 소재처리 기능공 등 고급 기술 인력양성의 문제로 귀착된다(경실련 정책연구위원회, 1992: 240~243). 기술개발과 마찬가지로 인력개발은 산업구조조정의 기반인 것이다.

향후 교육 콘텐츠의 내용은 이러한 산업구조 변화를 교육으로 뒷받침하는 방향, 즉 IT, 신기술, 인체생명공학, 환경공학 등 고기술, 지식집약형 기술의 학습 및 습득 쪽으로 나가야 한다. 반면 노동집약, 저기술 분야 노동자들은 점차 일자리 창출에서 낙오되므로, 이들에게는 재교육, 직업훈련을 통해 자활케 해야 한다.

상기한 교육내용의 변화는 자연히 교육기관 간의 역할분담을 다음과 같이 요구한다. ① 학교는 창의성 교육을 위해 선택과목 확대, 심도 있는 잠재력 개발 위주의 교육, 정보화 교육을 담당하고, ② 직업 재훈련기관은 현장 위주의 교육 및 교육기관의 다각화를, ③ 평생교육 훈련체제는 외국어, 정보통신지식 및 경영환경변화의 재교육을 추진하는 것이 좋다(정진화 외, 2000).

먼저 창의성, 수월성 위주의 학교교육으로 가기 위해선,[17] 기존 입시위주의 교육을 제도적으로 극복해야 한다. 입시지옥 등 우리 사회와 비슷한 교육문제를 앓고

---

17 이런 점에서 국가경쟁력 1위인 핀란드의 교육제도가 주는 시사점이 크다. 타리아 할로넨 핀란드 대통령은 국가경쟁력 1위의 비결을 유럽에서 가장 성공적인 핀란드의 교육체계 덕이라고 소개한다. 핀란드는 아시아의 저비용경제와 경쟁하기 위해 경제생존수단으로서 교육에 막대한 투자를 했다. 예컨대 학교급식비, 등록금은 무료이다. 이 나라는 초중등교육을 구분하지 않고 7~16살 나이의 학생들이 같은 수준의 학교에서 공부한다. 16살이 되면 학문할 능력이 있는 학생은 대학에 가고, 바로 직업을 가질 학생은 직업교육학교로 간다. 한 가지 특징은 학생이 학교에서 보내는 시간이 많지 않다는 사실이다. 7살이 되면 학교에 가지만, 반나절만 학교에서 지내고 방학도 길다. 그 대신 가정교육이 중시되면서 집에서 읽고 쓰는 훈련을 하고 공공도서관을 잘 구축해 준다. 따라서 OECD 조사에 의하면, 핀란드의 15살 학생이 세계에서 읽고 쓰는 능력이 가장 우수하다. 이 나라에는 어른들을 위한 재교육, 직업교육 프로그램도 잘 갖춰져 있는데, 특히 어학교육은 매우 탁월하다는 평가이다(김문환, 2006).

있는 일본은 최근 의무교육 교과과정을 현재의 3/5으로 축소했다. 의무로 강제되는 교육은 주 3일제 교육을 하고, 나머지 2일은 교육의 균등화와 획일성 탈피를 위해 보충학습이나 학술, 예술, 스포츠 등 교양을 쌓거나,18 국가가 발행한 쿠폰을 이용해 민간기관에서 직업교육을 이수하는 방안을 추진중이다. 특히 사교육을 공교육으로 다시 끌어들이기 위해선, 교육재정을 늘려 학급당 학생수를 크게 줄여 수업효과를 극대화해야 한다. 사립학교에 자율운영권을 부여하고, 암기학습과 교과서 중심체제에서 벗어나 프로젝트 중심 그리고 능력개발 중심의 교육과정으로 전환해야 한다(문용린, 2003: 71~85).

현재 우리나라의 학교 교육량은 세계 최고이지만, 졸업 후 사회교육 및 평생학습 수준은 극히 취약하다. 현재 한국 성인들의 평생학습 참여율은 30.5%로서 선진국의 44%에 크게 뒤진다. 노동시장 진입 이후 일정기간이 지나면 직업능력의 육성이 불가피하다. 따라서 언제, 어디서나 또 누구나 필요한 교육훈련을 받을 수 있는 사회학습망(Social Learning Net)을 구축해 평생직업사회를 실현해야 하며, 이는 개개인의 자율적 교육훈련을 촉진시키는 개인학습계좌제(Individual Learning Aaccount)로 연결되어야 한다. 특히 산업현장에서 필요한 지식과 기술의 기준이 되는 국가직업능력표준을 확립해 학교와 기업의 인적자원 개발지표가 되게 해야 한다(이원덕, 2003). 향후에는 특히 직업훈련기관과 평생교육기관의 역할이 중요한데, 이는 정보의 불균등 배분이 소득격차로 이어져 새로운 정보, 지식, 기술로 무장한 고소득층과 저임금의 단순 노동자로 사회가 양분되는 디지털 디바이드(Digital Devide) 현상이 우리사회에서도 크게 나타나고 있기 때문이다. 즉 지식기반경제로의 이행과정에서 소득격차, 직업구조 양극화, 실업률 증대가 우려되므로, 사회안전망 구축, 직업 재훈련에 입각한 인적자원 개발을 통해 취업기회를 확대시켜야 한다(정진화 외, 2000: 103). 따라서 평생학습과 직업 재훈련을 위해 커뮤니티 칼리지 등 외국의 지역대학들처럼 같이 우리나라의 지역 소재대학들도 성인근로자에 대한 직업능력개발 프로그램을 체계적으로 운영해야 한다.

국민 한 사람 한 사람이 학교교육, 직업교육, 평생교육을 통해 자신의 잠재능력을 개발해 학생, 사회인, 직장인으로서의 제 역할을 다할 때, 그만큼 국가경쟁력은 강해진다. 따라서 교육내용 및 교육과정의 지속적 재설계는 국가경쟁력 창출의 주요 원천으로서 항상 중시되어야 할 것이다.

---

18 우리도 이를 참고해 초등교육의 경우 오전에만 정규 학과목을 배우고, 오후시간은 예능, 체육, 정보기술 등 특기적성교육과 체험학습 등 특활교육을 실시할 계획이라고 최근 교육부가 발표했다(중앙일보, 2004. 7. 22자).

V. 고용창출, 유지를 위한 적극 노동시장정책의 제도화

1. 신자유주의 구조조정의 한계
: 인적 자본(Human Capital) 가치의 저락

인적 자본의 창출과 연관시켜 논의해야 할 또 다른 과제가 바로 실업자들의 직업 재훈련과 고용 재창출 문제이다.

IMF의 권고에 따라 구조조정을 단행한 많은 채무국들은 경기후퇴에서 벗어나는 데 실패했으며, 일시적인 것으로만 생각했던 대량실직과 빈민층의 희생은 이들 국가의 빈곤을 영구화하고 있다(유엔 사회개발연구소, 조용환 역, 1996: 26~27). IMF 체제 하에서 특히 우려되는 점은 인적 자본 가치의 급격한 하락이다. 이는 경제회생의 길을 가로막고 끝없는 경기침체를 낳을 뿐이다. 인적 자본 가치가 발현되어야 경제도 활성화되고 경쟁력 있는 첨단상품과 첨단기술도 개발되는데, 실직과 빈곤은 이런 경제발전의 싹을 도려낸다. 그렇다면 구조조정에 따른 정리해고만이 능사는 아니다. 물론 적실한 구조조정에 따른 선별적 정리해고는 불가피하다. 그러나 양질의 노동력, 즉 미래의 인적 자본 가치를 확대, 유지하기 위해서는 불가피한 고용감축과 더불어 한편으로는 신 고용을 적극 창출, 유지해 내는 조화의 논리가 필히 요구된다.

2. 적극 노동시장정책의 제도화 필요성

우리는 인적 자본 가치의 확대 및 고용창출을 도모하기 위한 제도적인 고용정책 틀을 체계적으로 갖추어 나가야 하는데, 이에 참고할 만한 것이 바로 적극 노동시장정책(Active Labor Market Policy)이다. 적극 노동시장정책은 정부가 노동시장에 선택적으로 개입해 노동시장의 유연성을 제고하고 노동력의 수급을 원활히 함으로써, 완전고용 달성과 경제의 안정적 성장을 도모하는 정책이다. 이는 1950년대 초 스웨덴이 완전고용과 물가안정을 동시에 달성하기 위해 도입한 이후 실업보험제도와 연계되면서 실업보험제도를 고용보험제도로 변화시키는 계기가 되었다.

적극 노동시장정책이 발달한 북유럽은 재정부담에도 불구하고 사람들을 일터로 되돌아가게 하는 정책을 강화했다. 특히 스웨덴은 1970~80년대의 침체기 동안 해고를 막거나 고용촉진을 위해 렌-마이드너 모델에 입각해 다음과 같은 적극 노동시장정책을 다각도로 개발했는데, 이것이 우리의 실업위기를 해소하는 데 유용한 많은 방법론을 시사하고 있어 자세히 소개해본다.

❶ 신규채용보조금(New Recruitment Grants): 1978년에 도입된 신고용 창출기법으로서 광범한 보조금을 신규충원 기업들에 제공하는 것이다. 약 3,700개 기업이 이를 통해 16,100명을 충원했다.

❷ 공장 내 훈련지원금(In-Plant Training Subsidy): 기업들이 빈 여유(slack) 시간을 노동자 교육에 적극 활용하게 하는 방법이다. 그 교육내용은 새로운 일에 대한 직업훈련, 의사결정에의 고용인 참여코스, 직업안정 및 건강 등 광범위하다. 이 사업에 따라 기업들은 근로자의 교육훈련을 통해 노동력의 질을 증진시킴으로써 미래의 이윤획득을 도모할 수 있었다.

❸ 직업정보 제공: 완전고용이 덜 생산적인 직업에서 보다 생산적인 직업으로 이동하는 것이라는 렌-마이드너 모델의 정신에 입각해, 공공 고용서비스센터가 직업정보의 원천으로 작용했다. 즉 직업배치뿐 아니라 훈련기회, 실업수당 안내 등 실직자의 노동시장 재진입을 위해 개인화된 직업계획, 고용안내지침 등을 제공하는 역할을 수행했다. 공공직업훈련도 담당했다. 훈련비용은 무료이고 불필요한 지체 없이 즉각 직업훈련을 시작할 수 있도록 교육 코스가 완벽하게 구조화되었다.

❹ 실업구제사업(Relief Work): 무직자를 위한 과도기적, 단기적 고용을 제공하기 위해 실업구제사업도 펼쳤다. 빈민들을 대상으로 하는 공적 부조 프로그램은 사회적 낙인(stigma)을 찍기 때문에 추진하지 않고, 대부분의 구제사업은 주로 지방정부의 도로, 건설사업, 육림 및 자연보존 관련사업들로 창출되었다.

❺ 생산품 비축후원금(Stockpiling Subsidy): 수요 감축에도 불구하고 기업이 생산을 지속하도록 후원해 줌으로써 근로자의 대량해고를 방지하는 방법이다. 즉 이는 국내고용과 생산에 미치는 국제적 경기침체의 영향을 완화시키기 위해, 또 해외경기 회복시 신속하게 수출주문에 대응하기 위해 기업들이 고용안정을 유지하게 하는 방법이다.

❻ 사전 경고제(Advance Warning): 갑작스런 직장폐쇄, 일시해고, 영구적 침해를 막기 위해 1977년 공동의사결정법에 따라 기업의 감원조치 결정은 노사정의 협상에 예속되게 했다. 이를 위해 지역 내의 노동시장위원회가 큰 역할을 수행했다. 이들 제도는 고용인이 새로운 취업기회를 찾기까지 재훈련시간을 확보해주는 데 그 목적이 있다.

❼ 지리적 이동: 상기한 모든 노력에도 불구하고 취업이 안 된 무직자는 구인난이 있는 지역으로 이동해야만 취업이 가능하다. 렌-마이드너 모델은 이를 고려해

취업을 위해서는 노동자의 지리적 이동도 필요하다고 전제하고, 무직자들이 고실업 지역으로부터 노동력 결핍지역으로 이주하는 데 따른 재정적 어려움을 보조해 줌으로써 고실업을 방지하려고 노력했다.

❽ 지역개발: 실업해소책으로 지역개발도 중요시했다. 즉 실업난이 심각한 지역 내 직업개발 및 지역 간 경제, 사회, 문화적 격차 줄이기에 노력했다. 그 전략으로는 고용증진을 목적으로 보조금 지급, 거주자를 위한 일자리 창출 및 생활서비스 제공 등 좋은 지역생활환경의 조성을 추진했다.

❾ 실업수당: 해고된 노동자에게는 실업수당을 지급했다. 그러나 어디까지나 실업수당보다는 고용촉진이 스웨덴 노동시장정책의 근본목적이었다(Ginsburg, 1983: 128~155).

3. 한국 노동시장정책의 현실과 일자리 창출의 기본방향

우리나라에서는 적극 노동시장정책에 대한 관심이 부족하다가 1980년대 말부터 인력부족 현상이 심각해지며 인력수급 불균형이 커지고 개방화에 따른 고용조정이 활발해지면서, 고용안정과 고용조정지원 및 직업능력의 개발지원을 위해, 1993년 이래 고용보험법 및 고용정책 기본법의 제정 등 적극 노동시장정책을 추진하기 위한 입법이 잇따르고 있다. 일례로 고용보험법에서는 고용정보 제공 및 직업지도, 취업알선을 통한 인력수급의 원활화, 고용조정과정에서의 근로자 고용보호, 고령자, 장애자, 여성 등 한계근로자의 고용촉진, 근로자의 직업능력 개발을 통한 기업경쟁력 강화와 근로자의 고용안정, 실직 근로자에 대한 실업급여 지급을 통한 생활안정과 재취업에 필요한 직업훈련 실시사업 등을 포괄하고 있다.

그러나 한국의 GDP 대비 노동시장 재정지출 현황을 보면 OECD 국가 중 최하위이다. 덴마크가 4.42%, 스페인이 2.27%인 데 비해 우리는 0.36%에 불과해, 정부가 고용지원 서비스, 직업훈련, 청년층 대책, 고용보조금, 장애인대책, 실업급여, 조기퇴직대책 등에 지출하는 규모가 매우 작음을 알 수 있다. 정부는 2000~2003년 동안 실업급여에 GDP의 0.1% 비용을 투여했는데, 이것은 미국의 1/4, OECD 평균의 1/10에 불과하다. 2009년의 노동부 발표에 의하면, 실업자의 43.8%만 실업급여를 받았을 뿐이다(남기업, 2010: 123).

고용촉진을 위한 직업훈련은 인간에 대한 장기적 투자이며, 고용안정을 기하면서 노동생산성을 향상시키는 것이다(김상대, 1983: 12~18). 그렇다면 적극 노동시장정책에 기반을 둔 고용창출과 인력 재배치, 직업 재훈련 등 고용관련 제반 프로그램은 노동자의 고용안정[19]과 산업경쟁력 강화에 긍정적으로 작용할 것이다. 따라서 스웨덴처럼 다각적이고 체계적인 적극 노동시장정책의 제도화가 우리에게 필히 요구되고 있다(이도형, 1998a).

먼저 실업 없는 직장이동과 구직자 특성별 고용정책을 추진하기 위해서는 노동시장 인프라의 선진화가 시급하다. 이를 위해 먼저 Work-Net의 노동시장정보의 양과 질을 획기적으로 확충해 인터넷을 이용한 온라인 취업시장을 활성화시켜야 한다.

좋은 일자리를 많이 만들기 위해선 지식기반산업 등 신 산업부문들도 적극 육성해야 한다. 고용 흡수력이 높은 서비스산업의 경쟁력 강화도 중요하다. 그 다음으로 일자리 창출 가능성이 큰 영역이 사회서비스(Social Service) 부문이므로, 가사, 간호, 교육보조, 직업안정, 산업안전감독, 사회체육 및 문화관광, 지역사회서비스 등 새로운 사회서비스를 발굴하고 관련 일자리를 창출해야 한다.

최근 실업률은 3~5% 수준으로 비교적 안정세이다. 그러나 문제는 상근 근로자가 줄고 비정규직이 증가해 불완전 고용이 늘고 정리해고의 위기가 상존한다는 점이다. 따라서 비정규직이 지나치게 차별을 받지 않도록[20] 근로조건을 강화해야 한다. 즉 지나친 임금, 복지격차를 개선하고 장기적으로는 동일노동-동일임금을 지향해 나가야 한다(이원덕, 2003: 57~64).

한국은 30대 여성의 가사와 육아부담에 따른 노동시장 이탈, 청년노동 수급 불일치 등으로 25~34세 청년 고용률이 70.9%로서 고용선진국 12개국의 평균인 80.5%에 비해 상대적으로 저조하다. 제도적 측면에서도 적극적 노동시장정책 의 지출규모는 GDP 대비 0.33% 수준으로 12개국의 평균인 0.72%를 하회해 정책지원이 미흡한 편으로 나타난다. 따라서 장기적으로 고부가, 신성장 산업의 육성으로 서비스업의 고용비중을 확대하고, 기업투자여건 개선, 여성친화적 근로여건 마련, 청년의 취업 인프라 개선, 적극적 노동시장정책 활성화를 위한 재정투입 확대 방안이 필요하다(현대경제연구원, 2013).

향후 저출산, 급속한 고령화 사회의 도래로 인해 2010년부터는 노동력 부족이 현실화된다는 전망도 나오고 있다. 따라서 이에 대한 근본대책 마련이 시급하다. 최

---

19 평생직장 개념이 사라지면서 우리나라 근로자들의 한 직장에서의 평균 근속연수가 5.6년으로 줄어들어, 일본의 12.2년, 영국의 8.1년, 미국의 6.6년보다 짧아지고 있다. 엄청난 사교육비를 들여 16년 이상 교육을 받지만 정작 소득을 올리는 시간은 16년이 안 되는 상황이기도 하다. 부모세대는 정규직이었지만, 현 청년세대는 비정규직이거나 실직자로서 '세대간 일자리의 격차'도 크다(연중기획: "중산층을 되살리자," 중앙일보, 2006. 4. 3자). 따라서 중산층 살리기의 핵심은 화이트컬러 전문직, 관리직, 사무직 종사자들의 고용불안을 덜어 주는 것이다.
20 현재 비정규직은 임금 수준에서 정규직의 50~70%이고, 기업복지의 혜택에서도 제외되는 경우가 많다.

근 정부가 발표한 2 + 5 전략, 즉 2년 빨리, 5년 더 일하는 사회 만들기 전략은 이런 점에서 시의 적절한 대책이라고 평가된다. 이는 학제개편, 군복무기간 단축으로 사회에 진입하는 연령(평균 25세)을 2년 낮추고 퇴직연령을 5년 늘려 노동력을 확충하겠다는 계획이다.

그 세부추진계획을 보면, 전문 실업계고교 육성을 위해 장학금 수혜율을 64%에서 80%로 확대하기, 재직자의 평생교육 지원을 위해 기업 공동으로 사내대학 설립 허용, 2007년 말부터 종업원 정년을 연장한 사업주에겐 근로자 1인당 월 30만 원의 정년연장장려금 지급, 또 조기퇴직을 막고 장기근로를 유도하기 위해 고령층이 근로시간을 줄일 경우 소득 감소분 일부를 연금제도를 통해 보충해 주는 부분연금제도의 2008년 시행, 일하는 노인에게 더 많은 혜택을 주는 쪽으로 국민연금제도의 개편(월소득 230만 원 이하이면 연금을 100% 수령하게 해 장기근로 유도) 등이 있다(재정경제부, 2007). 그러나 문제는 이 계획에 막대한 재원이 소요되지만, 정부는 계획의 구체적 시행시기까지 못 박으면서도 재원조달방법과 구체적인 지원규모에 대해선 아무런 언급이 없었다는 점이다. 따라서 재정확보에 대한 구체적 플랜 마련이 시급하다.

VI. 사회간접자본 확충: 국토의 세계적 중심성과 접근성 확보

사회간접자본(SOC)은 국부신장을 위한 가장 대표적인 물리적 하부구조이다. 그렇기에 좀 더 혁신적, 체계적인 방법으로 사회간접자본의 확충에 노력해야 할 것이다. 이를 위해 우리는 국토경쟁력의 요체가 세계적 중심성과 접근성에 있음을 먼저 인식해야 한다.

1. 한반도의 세계적 중심성

한반도는 21세기 세계최대의 경제지역으로 부상하는 동북아 경제권의 주 발전축이 교차하는 곳에 위치해 있다. 즉 동쪽으로는 기술과 자본에서 앞선 일본과의 사이에 동해를, 서쪽으로는 세계최대의 인구와 막대한 자원을 가진 중국과의 사이에 황해를 끼고 있다. 북쪽으로는 세계최대의 자원매장지역으로 미개발 상태에 놓여 있는 러시아의 시베리아 반도가 한반도의 부동항(不凍港)을 부러워한다. 한반도는 이미 세계의 '중심성,' 즉 지구상에서 가장 전략적인 위치 중의 하나를 점하고 있는 것이다(류우익, 1996; 209~212). 따라서 반도국가라는 천혜의 지리경제학적 이점을 살려 유라시아 대륙과 태평양을 연결하는 연결국가(Linker State)로서의 지리적 입지를 적극 살려 나가야 할 것이다.

2. 접근성으로서의 SOC

현재 우리나라는 지리적 중심성은 갖고 있으나, 비행기나 열차를 타기가 가장 어렵고 선적(船積)에 시간이 많이 걸린다. 우리는 물류관련 시설, 운영, 제도면에서 선진국에 비해 20년의 격차를 보이는 물류 후진국이다. 우리의 물류비[21]는 국가경쟁력을 까먹는 암적 존재가 되고 있다(홍철, 1997: 209).

사회간접자본의 부족은 국토 생산성의 저하도 가져온다. 향후 지리적 위치상의 세계적 중심성이 제구실을 하기 위해서는 세계적 중심기능들이 한반도로 앞 다투어 입지할 수 있도록 접근성을 만들어 내야 한다. 즉 세계의 물류, 금융, 정보, 연구개발 및 지식산업이 한반도에 경쟁적으로 입지해야 하는데, 이러한 고급 중심기능이 들어오려면 한반도 자체가 매력적인 입지환경을 조성해 주어야 한다. 따라서 우리나라에의 물리적 접근성을 높이기 위해 공항, 항만, 철도, 고속도로, 정보통신망의 구축과 연관 서비스의 질을 제고하는 것이 우리의 최우선 과제이다(류우익, 1996: 212~215).

그 중에서도 무엇보다 철도 르네상스가 필요하다. 철길이 놓이면 북한은 물론 만주, 중국의 북부, 시베리아, 중앙아시아, 유럽과도 연결될 수 있다. 다국간의 통합 철도 네트워크가 형성되면 유럽까지의 거리가 해상운송보다 절반 이하로 줄고 운송비용도 저렴해진다. 안정성과 신뢰성에 문제가 있는 중동 해운항로도 이것으로 대체 가능하다. 또 우리나라는 항공, 해운은 물론 철도를 잇는 세계 종합교통망 체계의 중심에 설 수 있다. 경제의 공간범위도 그만큼 넓어진다. 즉 시베리아 철도(TSR) 개통 시 액체화물 등 교역품목이 다각화되고, 일본이 선점한 중앙아시아의 자원개발(예: 석유, 천연가스, 동광, 철광, 우라늄, 석탄광) 및 인프라 건설에도 관여할 수 있다. 더욱이 포화상태에 있는 중국 다롄 항, 평균 45일이나 소요되는 러시아 항만 대기 실정을 고려해 동아시아 각국이 그 대안을 활발히 찾는 현시점에서 볼 때, 경의선 철

---

21 우리나라의 물류비(1998년)는 74조 2천억 원으로, GDP 대비 16.5%(미국은 1996년의 경우 10.5%)이다. 특히 국내 기업들의 매출액 대비 물류비 비중은 12.5%로서, 미국 9.4%, 일본 5.9%, 유럽 평균의 5.8%를 크게 상회한다. 정보 인프라 역시 그 양적 기반은 세계적이지만, 기업, 산업에서의 활용도는 미흡하고, 지방 산업단지의 미분양률은 11.5%나 된다(이언오, 2003: 38~46).

도의 복원은 매우 큰 의미가 있다(중앙일보, 2000. 9. 18~20자).

　다행히 최근 남북긴장 완화와 평화 분위기에 힘입어, 남북정상이 철도와 도로 연결을 위한 착공식을 조속히 갖기로 합의하면서 이런 희망이 현실로 연결될 계기가 마련되고 있다. 국토교통부와 건설업계 등에 따르면 가장 빠르게 속도를 낼 것으로 예상되는 사업은 문산－개성 간 11.8㎞ 구간에 고속도로 건설이다. 5,200억 원의 사업비가 투입될 것으로 추산되는 이 사업은 유라시아 고속도로와 우리의 주요 산업도시를 연결하는 역할을 맡게 된다. 고성~원산 동해선 도로 현대화도 주요사업이다. 한국교통연구원에 따르면 2010년 해운, 도로, 철도의 글로벌 화물 운송 부담 비율은 각각 85%, 9%, 6%이다. 철도는 도로에 비해 시간이 걸릴 것으로 예상되지만, 효과는 더욱 클 전망이다. 북한은 현재 중국과 3개 노선, 러시아와 1개 노선이 연결되어 있다. 남북을 잇는 철도가 여기에 연결되면 한국은 시베리아 횡단철도(TSR), 중국 횡단철도(TCR), 만주 횡단철도(TMR), 몽골 횡단철도(TMGR) 등 4개의 대륙횡단철도를 통해 유라시아를 넘나들게 된다. 서울에서 북한 신의주까지 517㎞의 철도가 복원되면, 우리가 얻는 경제적 이익은 연간 1억 5,000만 달러에 이를 것이라는 분석도 있다(서울신문, 2018.9.28자).

　세계적 중심성에의 접근도를 높이기 위해서는 물류체계와 교통시설만 중요한 것이 아니다. 중심국가라는 단어에는 지리적 중앙만 뜻하는 것이 아니라 정치, 경제, 문화적으로 다른 나라의 모범이 되어 인류역사의 발전에 중심적 역할을 수행하자는 의미가 담겨 있다(홍철, 1997: 32). 현재 우리나라는 2002년 초부터 한국을 동아시아에서 가장 기업하기 좋은 나라, 동북아 경제의 중심으로 만들겠다는 비전은 제시했으나, 그것의 구체적이고 실효성 있는 실천계획은 없다. 즉 아시아의 다른 국제금융 중심지에 비해 소득세율이 높고, 교통, 대기오염 등 생활환경이 뒤떨어져 있으며, OECD 국가 중에서 유일하게 금융기관 노조가 있는 등 인프라 측면에서 국제금융 중심지가 되기엔 아직 역부족이다(정창영, 2003: 43~45). 정부규제도 커다란 장애요소가 되고 있다.

　우리나라는 특히 동북아 경제중심을 지향하고 있는데, 한국 산업기술진흥협회의 '동북아 연구개발 허브(Hub) 구축'에 관한 설문조사에 의하면, 우리는 아시아 6국(싱가포르, 대만, 일본홍콩, 말레이시아, 한국) 중 겨우 5위를 기록했다. 즉 통신, IT인프라, 지정학적 위치, 중국과의 지리적 근접, 양질의 인적자원 보유, 교육수준 등이 동북아 연구개발 허브로서의 우리의 강점으로 인정되는 데 비해, 남북대치 및 북핵 위협, 원천기술 취약, 경제, 사회시스템의 국제기준 미달, 노사문제, 기업 및 경제의 투명성 부족 등이 동북아 허브로서의 우리의 큰 약점으로 지적된다(중앙일보, 2003. 6. 17자). 따라서 허브 구축의 장점을 살리기 위해 경제시스템의 개선, 무역중계, 법인세 감면 등 친기업적 환경을 조성하는 것이 정부의 최우선 시책으로서 제시되어야 할 것이다.

이미 한국은 지리적으로 동아시아의 중심부에 위치해 다른 모든 도시를 연결하는 가장 최단거리에 위치해 있다. 따라서 중추항만, 공항, 대륙연계 철도망, 대륙연계 도로망을 골고루 갖추고, 여기에다가 금융, 통신서비스, 국제비즈니스를 뒷받침할 만한 법과 제도, 인력을 효율적으로 개발해 낸다면 동북아 경제의 중심이 될 수 있을 것이다(임혁백 외, 2000: 169~196). 세계적 관행이 통용되는 비즈니스 환경의 창출과 함께 이미 언급한 규제 완화와 행정 절차의 간소화, 노동시장의 유연성 제고 및 생활환경이나 언어소통 등 편리한 사회문화 환경의 조성이 시급하다. 서비스 산업의 후진성이 지금과 같이 계속되고 그나마 남아 있는 기업가 정신마저 정부의 실패로 실종된다면 우리의 국격을 높여 줄 1등 제품 또한 조만간 사라지게 될 것이다.

VII. 에너지 확충대책

1. 에너지 확충의 현주소

전 세계적으로 화석연료의 수명은 향후 30년 남짓하다는 전망이 나오고 있다. 이에 따라 2005년에는 철광석, 석탄 값이 폭등했고, 2012년엔 두바이유가 배럴당 100달러를 넘는 등 사상 최고치를 기록했다. 따라서 지금 세계는 자원전쟁 중이다. 주요국들 간의 자원확보 전쟁을 살펴보자.

먼저 자원의 보고인 남중국해, 북극해를 둘러싸고 미국, 일본, 중국, 러시아가 영유권을 주장하며 대립하고 있다. 이는 마치 19세기 말 서구 열강의 식민지 쟁탈전을 재연하는 듯하다. 최근에 이 나라들은 중남미, 아프리카에 도로, 주택, 통신시설을 투자하는 대신 그곳의 자원개발권 확보를 위해 피를 말리는 경합을 벌이고 있으며, 경쟁국과의 마찰도 불사한다.

자원민족주의도 더 강해지고 있다. 예컨대 러시아가 원유와 가스를 국유화하자, 타국들도 다른 나라에 주었던 자원 생산권을 도로 회수하고 있다. 세계 2위의 석유수입국인 중국과 석유수출 1위국인 사우디아라비아의 에너지협력 포괄협정 체결은 미국, 유럽 등 선진국의 에너지안보에 위기를 고조시키고 있다. 과거엔 군사안보를 못하면 멸망했지만, 이젠 에너지안보에서 구멍이 뚫려도 나라가 멸망한다. 국가경제가 올 스톱하고, 일상생활이 불가능해지기 때문이다.

중국이 에너지 자원 확보에 가장 열심인데, 중국의 전방위 에너지 외교는 이 나라의 지속적 경제성장에 에너지가 절대로 필요하다는 인식이 팽배해지면서 나온 것이다. 중국은 호주와는 우라늄, 카자흐스탄과는 원유, 나이지리아와는 심해유전 지분 구입, 러시아와는 송유관 건설, 브라질과는 철광석, 베네수엘라엔 석유, 가스전 건설 등 총 19개국에서 유전 및 자원개발권을 확보하고 있다. 일본도 일찍이 자원외교의 중요성을 깨닫고 5대 종합상사의 수익 절반이 자원에서 나올 정도로 해외자원 개발에 적극 참여하고 있다. 일례로 미쓰비시 사는 세계 25개국에서 에너지, 광물자원을 탐사, 개발중이다. 미국은 중동 원유의 확보를 위해 이라크 전쟁도 불사했다. 유럽은 유가급등으로 원자력정책이나 여타 대체에너지 정책을 수정했다. 예컨대 핀란드의 우라늄 확보쟁탈전, 프랑스의 원자력, 덴마크의 조력 및 풍력, 영국의 LNG 개발 등이 그 예이다.

한국은 세계 7위의 석유소비국이지만, 한국석유공사가 확보한 원유매장량은 미국 엑슨 모빌 사의 1.5%에 불과하다. 그 밖의 한국의 에너지 자급률을 보면, 원유 4.1%, 천연가스 4.0%, 발전·산업용 유연탄 26.0%, 철광석 10.2%, 우라늄 0%이다. 그간 우리는 수익이 잘 안 나오고 당장 현금이 필요할 경우 애써 확보해온 해외유전과 광산을 매각해 큰 손해를 보기도 했다. 예컨대 한보그룹이 부도위기에 처해 시베리아 우르쿠츠크 가스전을 3백억 원에 매각했는데, 이것이 지금은 2조 원의 시가이다. 이외에도 IMF 관리체제 하에서 확보하고 있던 해외의 유전, 가스전, 광산들을 많이 매각했다.

2. 향후 에너지 대책

❶ 해외유전, 가스전, 광산의 지속적 개발에 참여

아프리카는 제2의 원유생산지역으로 급부상하는 지역이므로, 우리의 IT 강점을 살려 이들 국가에 통신 인프라와 주택을 건설해 주고 그 대신 자원개발권을 따내는 방법을 활용해야 한다. 이런 맥락에서 우리 정부는 최근 유전(가스)을 26개국에서, 일반광물은 29개국에서 개발사업을 진행중이다. 산업자원부는 2013년까지 해외에너지 및 자원 개발에 16조 원, 광물개발에 1조 6천억 원을 투자할 계획이다.

❷ 자원개발 메이저의 육성

광업진흥공사, 가스공사, 석유공사 등 빅 메이저가 에너지를 집중 개발해도 그 성공률은 불과 15~20%이므로 규모의 경제를 살려야 한다. 또 그래야만 자원개발 기술인력 양성도 가능해진다.

❸ 대체에너지의 개발

화석에너지의 수명은 향후 30년에 불과하다. 이런 점에서 태양열을 이용한 대안 에너지나 옥수수, 사탕수수, 원당(原糖) 등을 이용한 에탄올 생산을 통해 바이오 에너지를 생산할 필요가 있다. 혹은 독일처럼 갈대 등 C4 식물을 재배해 대체 에너지를 마련해야 한다. 특히 바이오 에너지 양산을 위해 브라질 혹은 중국 흑룡강성 삼강평원의 땅을 매입해 이들 작물을 재배하는 것도 유익한 결과를 가져올 것이다 (기획특집: "세계는 자원전쟁중," 중앙일보, 2006. 1. 24~2. 6자 참조).

❹ 시민들의 역할

시민들도 에너지 절약, 친환경적 삶을 몸소 실천하는 등 즐거운 불편을 감수해야 할 것이다.[22]

---

22 일본의 신문기자인 후쿠오카 켄세이(2004)는 과도한 소비사회가 낳은 환경위기 속에서 사람다운 사람이 되기 위해 일부러 '즐거운 불편'을 감수했다. 즉 자전거 통근, 자판기 음료수 불매, 외식 근절, 제철채소 및 과일만 먹기, 목욕물 손으로 세탁기에 퍼 담기, 설거지할 때 온수 사용 안 하기, 전기청소기 사용하지 않기, 티슈 안 쓰기, 다리미 안 쓰기, 음식쓰레기의 퇴비화를 몸소 실천에 옮겼다. 그는 자전거로 출근하다가 교통사고를 당해 한동안 입원했지만, 퇴원 후에도 자전거 통근을 고집한다.

17
살기 좋은 나라 만들기
: 국질 제고

I. 생활일류국의 조건: 국질 개념의 발전론적 함의

국가가 경제력 등의 힘만 갖고 있다고 해서 강한 나라가 되는 것은 아니다. 이제는 질(質)과 격(格)도 갖추어야 한다. 일례로 최근 국력의 구성요소로서 경제력, 군사력, 정치력에다가 문화적 영향력이 추가되고 있는데, 미국의 사회과학, 미국적 생활양식(예: 할리우드 영화, 팝뮤직, 맥도널드), 과거 미국 민주당 정권의 인권외교 등 미국의 소프트 파워가 그 좋은 예이다(田中明彦, 이웅현 역, 2000, 88~104). 따라서 이제는 힘의 논리로부터 질(質)의 논리로 국력의 판단기준을 바꿔야 한다.

"우리의 부력은 생활이 풍족할 만하면 되고, 강력은 남의 침략을 막을 만하면 되며, 오직 한없이 갖고 싶은 것은 높은 문화의 힘이다"라고 강조한 백범 김구 선생의 말씀이나, 경제대국을 목표로 한 G(Great)−10보다는 10위권의 일류국, 즉 G(Good)−10을 21세기의 국가목표로 삼아야 한다는 주장(삼성경제연구소, 1994)은, 이런 점에서 매우 설득력이 크다.

여기서 우리는 생활일류국이라는 개념의 의미를 되새겨볼 필요가 있겠다. 강대국이 대외적인 정치력, 군사력을 강조하는 데 비해, 일류국은 문화, 복지 등 국민생활의 질, 즉 국질을 우선 중시한다. 우리는 일류국의 조건을 두루두루 갖춘 나라를 통틀어 선진국이라고도 부른다. 일반적으로 선진국은 일류국답기 위해 사회 전체의 복지, 후생, 안전을 위해서라면 세금부담을 당연시하는 나라이다. 또 내적 충실에 관심이 많아 나라 살림살이에도 무척 합리성을 추구한다. 따라서 치안, 안전시설, 환경, 보건, 사회환경의 개선에 열심이고, 국민건강을 증진시키기 위한 정책 노하우도 많다. 수도, 교통, 보건 관련 정책비판을 특히 부끄러워 할 줄 아는 나라이다(이한구, 1995: 160~161). 그 결과 일류국은 국민이 자유, 인권, 문화 등 삶의 질을 한껏 향유하며, 경제적, 지적,

문화적인 경쟁력을 보유한 나라이다(임혁백, 1999: 19).

나라다운 나라를 만들기 위해서는 국부신장 프로젝트와 더불어 이러한 국질 제고를 위한 국가잠재력 개발작업이 병행되어야 할 것이다. 특히 경제성장과 국질의 문제를 정책적으로 연계해 보는 전략적 안목이 우리에게 필히 요구된다. 이 장에서는 이러한 점들을 다각도로 논구해 보고자 한다.

II. 복지정책의 제도화

국질 제고의 첫 걸음은 복지정책의 강화이다. 이런 점에서 복지정책의 이론적 기초를 먼저 파악해 보자.

1. 복지정책의 이론적 기초

(1) 축적의 사회적 구조(Social Structure of Accumulation)

국제경제의 악화 이후 사회복지정책을 경쟁력 확보의 장애물로 인식하는 분위기가 압도적이다. 특히 임금, 작업규칙과 이윤에 대한 노동자의 양보 없이는 세계시장에서의 국가경쟁력 확보가 곤란하다는 전제 아래 사회복지지출의 감축을 주장한다. 그러나 이는 경제정책-사회정책 간의 관계성을 크게 오해한 것이다.

국가복지와 생산성 간에는 긍정적 상관관계가 있다. ① 보건, 교육, 복지는 사회 내 인적 자본(Human Capital)의 질을 향상시킴으로써 제조업 노동자 1인당 산출효과를 높여 준다. 나아가 생산성 증대는 국제시장에서 상품을 더욱 매력적이게 함으로써, 그 나라의 무역수지를 강화시킨다. ② 복지는 국내 유효수요를 강화시킴으로써,[1] 자본가의 투자유인을 확대시킨다. 따라서 국가경쟁력 강화를 위한 사회복지정책의 후퇴는 국민을 더욱 가난하게 만들 뿐이다. 국가경쟁력은 복지지출과 임금의 감축보다는 복지와 생산성 간의 긍정적 상관성에 의거한 다양한 전략을 통해 획득되어야 할 것이다(Block, 1987: 13~31). 실제로 1990년대 초 스칸디나비아 국가들의 사례는 보수주의자의 주장과 달리 복지지출이 성장을 저해한다는 증거는 없고, 부분적 복지

---

1 흥미롭게도 최근의 연구는 낮은 불평등 수준을 가진 경제가 상대적으로 고도의 성장을 이루어 왔음을 시사한다. 즉 Birgsall 등(1995)은 동아시아를 예로 들어 국가의 기초교육제도와 노동수요 증진정책이 경제성장을 촉진시킨다고 본다. 낮은 불평등→빈자의 저축증가→정치, 사회적 안정, 높은 농촌소득→국내시장의 유효수요 증가의 관계가 성립된다는 것이다(임현진, 1998: 197).

지출의 감소는 타 부문의 복지증가로 상쇄되어, 결국 전체적으로 복지 레벨은 오히려 조금 더 증가한다는 사실을 잘 보여준다(맹찬형, 2012).

(2) Giddens(1998)의 제3의 길

상기한 논의가 경제성장정책과 복지정책 간의 불가분의 관계성을 이론적으로 구명한 것이라면, 제3의 길은 양 정책의 기능적 통합성을 실제 국가정책에서 응용해 보자는 지침이다.

1970년대 말 쇠퇴의 길을 걷기까지 유럽의 사회민주주의는 궁극적으로 사회주의의 길(The Path of Socialism)을 추구해 왔다. 그러나 세기말의 공산주의권 붕괴와 신자유주의 물결 등 변화하는 세계에 사회민주주의를 적응시키고자 하는 새로운 사고틀이 유럽에서 대두했는데, 이것이 바로 제3의 길(The Third Way)이다. 이는 구식 사회민주주의와 신자유주의를 뛰어넘는 시도이다.

제3의 길이 추구하는 기본가치는 자율성으로서의 자유, 책임 있는 권리, 민주적 권위, 평등, 약자보호, 범세계적 다원주의, 철학적 보수주의 등이다. 이를 위해 제3의 길은 신 혼합경제, 통합으로서의 평등, 적극적 복지, 사회투자국가, 세계 민주주의 등을 프로그램화한다.

여기서 적극적 복지와 사회투자국가(社會投資國家)라는 용어가 특히 중요하다. 이는 국민에게 일이 잘못될 경우에는 국가의 보호도 필요하지만, 그들의 인생에서 중요한 전환기를 스스로 통과할 수 있게 해주는 물질적, 도덕적 능력의 개발이 우선시되어야 한다는 것이다. 즉 부의 재분배보다는 가능성의 재분배(可能性의 再分配)가 중요하며, 사전에 이루어지는 인간의 잠재력 개발이 사후의 재분배를 대체해야 하며, 따라서 경제적 부양비를 직접 제공하기보다는 인적 자본에 투자하는 것이 더 좋다는 것이다. 이에 따라 교육과 예방적 건강보호 등 인적 자본에 대한 투자가 현대 정부의 필수 정책사업이 되고 있다. 여기서 복지국가 대신 사회투자국가, 적극적 복지란 말이 중요시된다(기든스 저, 한상진, 박찬욱 역, 1998). 적극적 복지는 비버리지가 제시한 소극적 요소들을 적극적인 것으로 대체하는 것이다. 즉 궁핍 대신 자율을, 질병이 아니라 건강을, 무지 대신 교육을, 불결보다 안녕을, 나태 대신 진취성을 추구하자는 것이다.

2. 생산주의적 사회정책의 유형

지금까지 살펴보았듯이, 복지부문에의 투자는 비생산적이거나 경제성장에 방해되는 것이 아니라, 오히려 거시경제 차원에서는 효율과 성장의 전제조건으로 해석된다. 특히 북구(北歐) 등 소규모 개방 수출국들의 국가경쟁력은 인력의 질에 기반을 두고 있다. 여기서 성장과 복지의 긍정적 상관성을 정책화한 생산주의적 사회정책의 정당성이 확보되는데, 그 대표적인 2가지 유형을 살펴보자.

❶ 생애주기적 접근에 의거한 가족정책: 아동서비스 제공, 가족으로의 소득이전, 교육, 예방적 건강보호, 재활, 성인교육 등 양질의 노동력을 확보하기 위한 사회적 조건의 평등화 추구정책이 이에 속한다. 아동과 가족에 먼저 투자하는 것이 나중에 가장 취약한 부문(예: 실업, 질병)을 치유하기 위해 값비싼 비용을 치르는 것을 막는 미래 저축의 한 길이라고 본다.

❷ 적극 인력정책: 최근의 기술변화, 자본이동이 노동자의 정리해고와 실업을 초래하고 이에 따라 노동자들이 산업구조 변화에 저항하는 것을 막기 위해, 노동자들로 하여금 새로운 산업구조를 수용하는 쪽으로 인력정책을 디자인한다. 즉 경제 구조조정의 희생자들을 실업급부 등으로 단순히 보조하는 것에 그치지 않고, 그들이 고도의 생산성을 가져오는 새로운 직종과 생산부문에 적응하도록 직업훈련과 노동의 지리적 이동을 꾀함으로써, 노동자의 소득증진과 고용주의 인력확보라는 양 효과를 추진한다. 비록 직업훈련과 직업창출에 드는 비용은 크지만, 이는 양질의 인간자본을 육성하므로 장기적으로 볼 때 생산성을 제고시키는 길이다.

생산주의적 사회정책에서는 산업경쟁력 원천의 하나인 인적 자본, 즉 미래의 양질의 노동력을 확보하기 위해 복지제도의 사회적 선매(社會的 先買) 기능을 중시한다(Esping-Andersen, 1992: 62~65). 또 경제 구조조정의 희생자들이 고도의 생산성을 가져오는 새로운 직종과 생산부문에 적응하도록 직업훈련과 노동의 지리적 이동을 꾀한다. 이처럼 사회복지는 실업자 구제, 직업 재훈련 등의 다양한 방법으로 자국의 경제난국 타개에 기여할 수 있다. 프리드먼(2000)은 이를 Trapeze(공중 곡예줄: 고용보장), Trampoline(뜀틀: 직업 재훈련), Safety net(생명 그물망: 국민기초생활보장제도) 등으로 명명한다. 우리도 향후의 국가발전과정에서 무역 자유화를 통해 손해를 본 경쟁력 약한 국내 집단들이 경쟁력 있는 새로운 산업분야로 흡수되는 구조조정기 동안, 이들에 대해 직업 재훈련, 사회보험, 복지서비스 등 제도적 보상장치를 강화해 주어야 한다(윤영관, 1996: 45).

3. 한국의 생산적 복지제도

그간 우리 정부의 복지제도는 적하효과(滴下效果)에 의존하는 경향이 컸다. "일자리가 곧 복지"라는 경제 현실론과 가족책임 우선주의에 의거해 복지재정 중립정책을 고수하기도 했다. 따라서 복지제도의 저발달, 저열성을 초래했고, 지나치게 시장의존적 성격을 띰으로써, 수혜범위, 급여, 전달체계 등 복지제도 전반에 걸쳐 역진성(逆進性)이 강하다.

현재 생산의 정치(The Politics of Production) 맥락에서 제조업 근로자들을 겨냥한 복지패키지가 형성되고는 있지만, 이는 대기업 근로자들에게만 치중된다는 점에서 인력관리정책의 하나이지, 진정한 의미의 복지정책이라고 보긴 어렵다. 따라서 인적자본의 강화를 통한 양질의 노동력과 기술개발력 획득이 미래의 성장잠재력 기반이라는 인식 아래, 범세계적인 경제전쟁, 기술전쟁에 대응하기 위한 차원에서 경제정책과 사회정책의 기능적 통합이 모색되어야 할 것이다.

이런 맥락에서 서구의 생산주의적 사회정책을 우리식으로 응용한 것이 바로 생산적 복지제도이다. 생산적 복지는 복지기능 안에 생산성 기능이 충분히 내재해 있으며, 복지가 그 기능을 충실히 수행할 때 이것이 다른 기능들과 함께 노동생산성을 높이는 데 중요한 역할을 수행할 것으로 전제한다. 이런 점에서 생산적 복지제도는 '성장잠재력 촉진방법'으로서의 가치를 지닌다(김진수, 1997: 53~54). 특히 생산적 복지는 가장 불우한 위치에 있는 사람들에게 기초생활을 보장해 주고 또 일자리 제공을 통해 그들의 자립, 자조, 자활을 지원함으로써, 개인의 창의성이 발휘되고 국민 전체의 생산성과 복지가 동시에 향상되게 하는 시장친화적, 시장통합적 복지이기도 하다.

생산적 복지의 기본원칙은 다음과 같다. ① 기초생활수준의 지속적, 체계적 지원(복지수혜 신청시 소득, 자산 병행조사를 통해 복지수혜 대상자의 전국적 D/B 구축), ② 일을 통한 복지(근로능력이 있는 장기실직자, 여성가구주, 장애인에게 취업알선, 또 보건, 복지, 교육, 교통 등의 공공부문에서 파트타임 공무원제를 시행해 준고령자, 여성, 장애인의 고용기회 촉진), ③ 인간개발을 통한 복지(평생학습 프로그램), ④ 서민의 중산층화 지원, ⑤ 사회복지제도의 민주적 설계(복지전달체계에 민간참여를 유인하기 위해 자원봉사 기록을 공무원, 교원, 공기업근로자의 채용, 승진에 반영하는 가점제도 도입, 민간복지에 대한 기부금 면세범위 — 기업 순이익액의 5%, 개인소득액의 5% — 규제를 완화해 면세범위를 선진국 수준인 25~50%까지 확대해 민간복지투자 활성화), ⑥ 사회복지제도 운영의 효율화 등이다(조우현, 2000: 132~142).

향후의 복지정책은 기존의 단순보호 차원의 소극적 복지에서 생산적 복지체제로 전환되어야 할 것이다. 이를 위해 자활지원센터를 통한 자활기회의 확대, 저소득층 밀집지역 자녀들의 교육환경 개선, 학자금 융자 등 교육보호사업의 내실화, 취업 관련 직업훈련 강화(지역단위의 전산망 구축, 훈련생의 생계비 지원), 생업자금 융자사업 확대 등을 통해 사람들이 자신의 노력과 근로에 의해 자립하도록 함으로써, 새로운 복지정책의 기조를 이루게 해야 할 것이다(노인철, 1997: 13~18).

4. 여타 복지정책분야의 확충

생산적 복지는 경제성장과정에 참여할 수 있는 생산가능인구를 위한 복지정책이다. 따라서 이 제도의 가장 큰 단점은 경제활동의 사각지대에 있는 사람들에 대해선 복지서비스를 크게 고려하지 않는다는 점이다. 따라서 노인, 빈곤아동 등에 대한 별도의 복지정책이 강구되어야 한다.

먼저 빈곤아동의 문제가 심각하다. 현재 빈곤아동수가 1백만 명이다.[2] 이는 전체 아동의 10.2%나 되는 비율이지만, 2010년의 복지부 아동 예산은 1699억 원으로서 보건복지부 전체예산의 0.51% 수준에 불과해, 이 돈을 갖고는 가정해체의 예방이 전혀 불가능하다.

영국의 Sure Start, 미국의 Head Start, 일본의 Angel Plan은 출산율 저하가 심각해지고 인적자원이 줄어드는 현실에서 아동 한 명 한 명이 국가발전에 중요하므로 나중에 복지예산의 큰 짐이 되기 전에 빈곤세습을 차단함으로써 국가의 인재로 키우자는 취지에서 시작된 아동보호정책이다.

최근의 빈곤은 복합적인 사회경제적 차별구조에서 발생하므로 구호품 전달식의 과거 빈곤정책으로는 문제해결이 곤란하다. 따라서 영국의 경우 Sure Start 정책을 사회적 배제[3](Social Exclusion) 위원회에서 취급한다. 여기에서 생활보호아동의 교육과 정서장애 극복, 또 구직(求職) 정책을 수립하고 재정지원을 한다. 1964년에 출범

---

2 이는 참여연대 사회복지위원회의 2003년 말 기준조사의 결과이다. 기초생활보장 수급자 중 17세 이하는 31만 4천 명이지만, 실질소득이 최저생계비 이하이나 기초생활보장 지원기준에 안 맞아 수급 혜택을 못 받는 가구의 아동이 47만 명이고, 이 밖에도 가정해체가구에서 20만 명이 빈곤층으로 곧 전락할 가능성이 있다. KDI가 추계한 절대빈곤인구 530만 명에 기초생활보장 수급자 중 아동비율 0.247을 곱하면 당시기준으로 133만 명으로 추산된다.

3 사회적 배제는 사회적 자원을 생산, 분배하는 주요 사회적 기제인 노동시장이나 국가의 각종 지원대책으로부터 소외된 상태를 지칭한다(김수현, 2003: 60~61).

한 미국의 Head Start[4]도 빈곤, 이혼가정의 5세 이하 아동 및 그 부모를 대상으로 교육지원, 상담치료를 실시해, 해마다 40만 명의 어린이가 혜택을 받는다. 빈곤문제가 심각하지 않은 일본도 출산율 저하를 우려해 저소득층 가정에 보육비를 지원하는 Angel Plan을 1994년에 시작했다(중앙일보, 2004. 3. 22자).

선진국은 20세기를 아동의 세기로 정하고 아이를 키우는 모든 가정에 수당을 지급하고 그룹 홈, 가정 위탁제 도입, 가정봉사원 파견, 보육료 지원 등 아동복지의 초석을 마련했다. 이는 아동을 공공재(公共財)로 생각해 아동의 사회적 양육에 필요한 재원확보 문제를 국가와 민간이 최우선적으로 고민해야 한다는 메시지를 우리에게 전해 준다. 우리나라도 아동복지법 개정에 따라 기존 공부방을 지역아동센터로 개편해 이들을 위한 통합 서비스를 제공할 기틀을 마련해야 할 것이다. 또 교육펀드를 조성해 가난의 대물림을 막기 위한 인적 자본 투자도 강화해야 한다.[5] 빈곤아동의 건강관리는 학교의 몫이므로, 정기 건강검진 및 정서장애 치료를 위해 전문상담교사도 배치해야 한다.

향후 노인문제도 심각해질 전망이다. 「세대간 전쟁」의 저자 베르나드 스피츠(2009)는 프랑스를 예로 들며 고령화 사회에 따른 노인 의료비의 증가로 인한 건강보험 출혈, 시한폭탄 같은 연금 등 할아버지 세대의 파산으로 인해 젊은 후세대가 직면할 3중고(빈곤, 불안, 소외)를 지적하며, 이런 문제를 세대 간 전쟁의 각도에서 분석한다.

고령화가 급진전되기 전만 해도, 젊은이 6~8명이 노인 1명을 부양하면 되므로 세대 간 전쟁의 소지가 적었지만, 조만간 젊은이 3명이 노인 1명을 맡게 되고, 더 나아가선 젊은이 1명이 노인 1명을 책임져야 하는 아주 힘겨운 시대가 다가오고 있다. 그만큼 젊은 세대들의 허리가 휠 전망인데, 고용 없는 성장 시대를 맞아 젊은이들의 취업기회도 충분치 않다. 기성세대가 만들어 놓은 취업진입장벽이 높아 젊은 세대의 스펙 짜기 경쟁은 거의 살인적 수준이다. 그러다 보니 고령화 사회에의 대비 국면이

---

4 미국의 헤드 스타트는 1964년에 시작된 취학 전 아동 교육프로그램이자 대표적인 빈곤아동 지원정책으로서, 학교교육에 필수적인 기본소양을 지도하고 인지능력 향상을 돕는다. 빈민밀집지역에 설치돼 최저빈곤선 가구의 5세 이하 아동에게 건강, 교육, 언어, 정서 등 다양한 프로그램을 제공한다. 1990년대 후반을 고비로 미국의 범죄율이 감소세로 돈 것은 30년간 지속된 이 프로그램의 결실이다. 이 비용은 연간 가족당 1만 2,356달러이지만, 범죄감소, 노동생산성 증가 등 그것이 국가에 주는 이득은 10만 8,002달러이다(중앙일보, 2004. 3. 31자 9면).

5 교육인적자원부가 발표한 '교육복지 5개년계획'은 이런 점에서 큰 의의를 가진다. 이는 교육소외, 교육 부적응, 교육여건 불평등의 문제를 해소하고 친복지적 교육환경 조성 및 교육복지 정책추진체계 구축을 통해, 학교단위와 지역사회 수준에서 교육복지 인프라와 행·재정체계를 확충하자는 것이다. 우리는 이러한 교육복지를 통해 미래의 양질의 노동력을 지속적으로 확보해 나갈 수도 있다.

자칫 설상가상의 형국으로 넘어갈 우려가 있다.

베이비부머들이 후세대에게 짐을 전가할 것이 아니라 늙기 전에 국민연금 등 자기 앞가림을 좀 더 해놓고 노후를 맞으면 되지 않을까? 그런데 산업은행의 「고령화와 은퇴자산의 적정성」 보고서에 의하면, 국민연금 등 공적연금에만 의존해 사는 베이비부머의 파산 확률도 41%를 넘을 것으로 추정됐다. 공적연금마저 없으면 파산 위험이 85%까지 커진다. 파산을 피하려면 소비지출을 줄여야 하지만 자녀의 취업, 결혼연령 지연으로 이마저 쉽지 않다. 파산확률을 10% 내로 줄이려면 은퇴순간 보유 순자산(평균 2억 9,633억)의 2.75%인 815만 원만 매년 소비해야 하는데, 이는 우리나라의 높은 물가수준을 고려할 때 결코 쉬운 일이 아니다.

통계청의 [2018 고령자 통계]에 따르면, 지난해 한국의 70~74세 고용률은 33.1%를 기록했다. UNECE(유엔 유럽 경제 위원회)와 EU(유럽연합)가 EU 회원국 28개 국가를 대상으로 지난해 공동산출한 [활기찬 고령지표(Active Ageing Index)]와 비교하면, 한국의 70~74세 고용률은 압도적으로 높다. 한국보건사회연구원의 [청년빈곤의 다차원적 특성과 정책대응 방안] 보고서(2017)에 따르면, 65세 이상 노인 빈곤율은 46.7%인 반면, 청년 빈곤율은 7.6%로 나타났다. 하지만 부모와 함께 사는 청년이 많을수록 청년 빈곤율이 낮게 나오는 점이 이 통계수치의 맹점이다. 보건사회연구원이 부모와의 동거 여부에 따라 청년 빈곤율을 계산한 결과 부모와 함께 사는 청년 빈곤율(2016년 기준)은 5.7%인 반면 떨어져 사는 청년 빈곤율은 10.1%로 나타났다. 문제는 부모한테 주거와 경제력을 의존하는 청년이 많을수록 부모도 덩달아 노후빈곤에 빠질 위험이 크다는 점이다(서울신문, 2018. 10. 14자).

은퇴 뒤 국가로부터 노후를 보장받아야 할 사람들의 수는 늘어나는데, 낮은 출산율과 높은 취업장벽으로 인해 후세대의 재정 기여력은 심히 걱정되는 수준이다. 고령화 사회와 복지사회에 먼저 진입한 유럽의 나라들에서는 이로 인해 선거 때마다 투표향방을 놓고 세대 간 전쟁이 치열해진다. 차제에 세대간 전쟁을 방지하고 세대 간의 전략적 화합을 도모할 수 있는 정책과 제도가 필요하다. 먼저 정부의 치밀한 사회보험 재설계와 정밀한 재정수요 예측이 필요하다. 고령화 사회에 대비해 연금, 건강보험 등 사회보험제도의 빈틈을 신속히 메우고, 특정 연령층에 큰 재정부담을 안기지 않기 위한 정밀한 재정확보책이 필요하다.

보건복지부의 예산 편성안에 의하면, 2019년의 보건복지부 총지출은 2018년 대비 14.6%가 증가한 72조3758억 원으로 전체 정부지출의 15.4%를 차지한다. 증액된 예산은 '포용적 복지국가 구현'이라는 기조에 따라 소득분배 개선과 일자리 확충을 통한 사회안전망 강화, 지역사회 중심의 보건복지 서비스 구현 및 사회적 가치 투자 강화, 저출산 위기 대응 및 미래 성장동력 확충, 건강하고 안전한 생활보장을 위한 국민 삶의 질 개선 등을 위해 쓰일 예정이다. 특히 늘어난 예산 가운데 절반인 4조 2,797억 원을 아동,보육과 노인 분야가 차지해 저출산, 고령화 문제의 대응에 힘을 싣고 있다. 즉 아동수당과 노인기초연금의 인상에 반영된다. 국제통화기금(IMF)은 한국경제가 장기적으로 노인빈곤과 청년실업률 등을 근거로 양극화와 불평등 심화를 경계해야 한다고 충고한 바 있다. 이런 점에서 2019년의 복지예산 방향은 저출산, 고령화 문제와 관련해 특단의 소득분배 개선과 일자리 확충을 통한 사회안전망 강화에 역점을 두는 등(조흥식, 2018), 복지재정 확장 면에서 주목을 끈다. 그만큼 내실 있는 예산집행이 뒷받침되어야겠다.

5. 빈곤선의 재정비와 보편적 복지의 기초적 설계

현재 정부의 복지서비스 제공기준은 소득수준인데, 그 소득 기준선은 4인 가구 기준 149만 5,550원이다. 그러니 복지의 사각지대에 놓인 사람들이 불가피하게 발생한다. 예컨대 집은 있지만 생활비가 크게 부족한데도 연락이 끊긴 아들이 법적 의무 부양자로 되어 있는 경우가 발생한다. 따라서 사정이 제각각인 대상자들에게 수급기준이 맞지 않거나 복지 사각지대가 발생한다.

빈곤층이 수급자 신세에서 벗어나지 않으려는 이유는 의료, 교육, 주거비 부담이 큰데, 그런 혜택이 모두 주어지기 때문이다. 즉 복지수급을 전제로 근로포기가 줄을 잇는 이유는 이처럼 현행 국민기초생활보호 제도가 통합급여 방식으로 운영되어, 기초 수급자는 52가지 혜택을 통째로 받는다. 기초수급자로 지정되면 출산, 주거, 입원비, 장학금, 장례비까지도 지급받는다. 그러나 수급자 신분에서 벗어나면 허허벌판이다. 연 9조 5,500억 원의 복지예산이 147만 명의 수급자에게만 집중되고, 차상위계층은 혜택이 적다. 최근 서울시는 이런 모순점에 대비해 소득 외에 자산, 노동, 주거, 건강, 교육 등 다양한 분야에서 한 가정이 느끼는 상대적 결핍을 측정해 수급기준선을 재조정하려고 한다. 즉 소득뿐 아니라 가장의 실업 여부, 고용형태, 소득 대비 주거비 비중, 사교육비 지출, 주관적 건강수준 등을 추가로 고려한다. 이럴 때 복지의 사각지대가 줄고 맞춤 서비스가 가능하다. 새 기준을 도입할 경우 빈곤가정은 18%에서 24%로 확대된다.

근로능력이 있어도 소득이 최저생계비에 미달하면 보호대상이 되는 우리 현실과 달리, 선진국 복지개혁의 핵심은 일을 많이 할수록 혜택을 많이 보게 하는 것이다. 일례로 영국은 2011년 복지개혁법안을 발표했는데, 수입(임금＋실업수당)의 증가폭을 최소한 35%까지 늘려 취업을 유도한다. 미국, 호주, 프랑스, 독일도 근로－복지를 연계시켜 빈곤층과 실업자의 취직을 돕는다. 이런 점에서 우리나라도 취약계층이 일을 더할수록 복지혜택을 많이 보게 하는 방법을 현실화해야 한다.

그 대안이 희망리본 사업이다. 사업내역을 살펴보면, 참여자는 기존의 수급자 기준에서 벗어나도 2년간 의료비와 교육비의 지원을 받는다. 사업 참여자 1명당 150~430만 원의 정부예산이 일자리 연계 서비스기관에 지원된다. 또 근로능력이 높다는 평가를 받으면 고용노동부의 취업성공 패키지 프로그램을 이용할 수 있다. 단이 두 프로그램에 참여자가 많지 않고 보호기간도 1년으로 제한된 것이 흠이다(중앙일보, 2012.1.25~26자). 따라서 생계보조금, 의료비 등 7가지 복지수당과 45가지 서비스를 개별 수요에 맞게 쪼개는 맞춤형 복지가 근본적 대안으로 제공되어야 한다.

복지수급 현실에 대한 이런 정밀한 분석 위에서 빈곤선을 재정비하고 빈자들의 근로의지를 복지혜택에 연계시키는 보다 전략적인 사회안전망의 개발이 필요하다. 더 나아가선 2012년도 대통령 선거를 둘러싸고 논의가 시작된 보편적 복지의 기초를 적정선에서 설계해 보는 노력도 필요하겠다.

복지예산의 투입은 생산성을 고려해 균형을 이루는 방향으로 설계되어야 하고, 대신 지나치게 세분화해 이미 나타난 개별현상에 분산 대응하는 방식보다는 보편적 복지지출을 늘려 그 효과가 광범하고 선제적으로 나타나게 해야 한다. 일례로 영국의 브라운 총리 시절의 정책은 뇌졸중의 사망률이 오르니 뇌졸중 대응전략을 마련하는 식의 현상을 추적하는 미시적 형태였는데, 이런 복잡 정교한 대상의 확정이 오히려 효율을 저하시켰다. 따라서 파이보다는 피자라는 보편적 복지제도의 기초설계가 필요하다. 빵의 두께를 얇게 하되 공간을 넓혀 일회용 인턴이 아니라 좋은 일자리를 지속적으로 늘려야만, 안정된 소득기반 아래 계획적 소비와 경기 활성화라는 선순환 구조가 가능해진다.

실제로 경기사이클의 하강국면 극복엔 교육, 직업훈련 등 사회서비스 대비 정부지출이 긍정적 영향을 준다. 일례로 공교육에 대한 신뢰 차이가 국가 경쟁력의 차이를 낳는다. 그리스, 이탈리아, 스페인, 키프로스 등 남유럽의 사교육 규모는 정부예산만큼 큰 수준인데, 이들 나라는 하나같이 채무위기와 높은 청년실업위기에 놓여 있다. 반면 공교육에의 만족도가 높은 스웨덴, 핀란드 등 북구는 사교육 시장이 통계수치로 표현 안될 만큼 미미하다. 공교육이 탄탄한 나라가 사회전체의 혁신역량에서도 우위에 있다. 이처럼 민주주의 발전에 대한 교육의 기여, 전염병 예방에 대한 공공위생 기여, 불평등 감소에 대한 사회통합 효과 등등 복지가 만든 외형엔 화폐로 표현되지 않은 공공재가 많다. 교육을 잘 받은 고졸 출신이 선거부정을 막아 낭비될 돈을 절약하고, 학교의 청결한 화장실이 인플루엔자 백신 사용을 절약해 준다. 또 균등한 임금이 노조파업 일수를 줄여주는 등 복지의 세출이 생산성 증가에 실제로 기여하는 계산도 해보아야 한다(맹찬형, 2012: 85~114). 결국 우리는 보편적 복지 이념 아래 취약계층의 기본 생활조건에 대한 보편적 기초보장들, 즉 기초소득보장, 기초의료보장, 기초주거보장, 기초교육보장을 사회권 차원에서 보장해 줌으로써, 미래의 양질의 노동력을 확보하고 국민삶의 질을 제고하는 데 차질을 빚지 않도록 노력해야 한다.

III. 삶의 질 제고를 위한 문화생활의 향유

1. 국민생활의 질에서 문화서비스가 차지하는 비중

한 나라의 삶의 질은 물리적, 환경적, 심리적, 문화적 측면까지 포괄하는 삶의 종합적 상태이다. 여기서 우리는 국질 제고에 있어 문화적 요인(예: 심미감, 서정성, 창조성)의 중요성을 감지할 수 있다(이달곤, 1993).

특히 최근의 세계화는 모든 사람의 소비와 문화를 동질화시키는 등 각국의 문화적 다양성을 파괴시킬 소지가 크다. 따라서 세계 각국이 자체의 문화적 필터를 개발해 자국이 글로벌 곤죽으로 전락하지 않게 해야 한다. 세계화 속에서의 아이덴티티, 즉 민족 주체의식과 문화적 정체성이 그만큼 강하게 요구되고 있는 것이다. 세계화시대의 아이덴티티는 자기에게 자기다운 일관성을 부여해 주는 어떤 것, 즉 자기를 남과 구분해 주는 고유의 것이다. 예컨대 중국에서는 레이건을 뢰근(雷根), 코카콜라를 가구가락(可口可樂), 생명보험인 인슈어런스를 인수(人壽)라 한다(정재서, 2000: 177~178). 이는 원어를 한 번 여과하여 자기 식으로 이미지화하는 과정을 밟는 것으로서, 저항과 수용이 동시에 이루어진다.

이미 비서구 문명권에서는 자기 성찰적 관점에서 독자적 문명을 공고화한다. 예컨대 중동의 재이슬람화, 힌두화, 일본의 아시아화 등은 자신의 문화가치를 확산시키고 국제무대에서 영향력을 높이기 위해 벌이는 거시차원의 갈등이다(리스본 그류, 채수환 역, 2000: 100).

우리나라도 문화의 중요성을 뒤늦게나마 깨닫고, 1986년 제6차 경제사회발전 5
개년계획부터는 문화의 국가발전 동력화를 주요 정책목표로 제시하기 시작했다. 이
후 1990년 문화발전 10개년계획에서는 국민의 문화향수 확대, 문화 창조력 제고를,
그리고 1993년 문화창달 5개년계획에서는 우리 문화의 세계화, 문화의 산업화 및 정
보화를 주창하며, 문화예술을 국가경쟁력의 원동력이자 국민 삶의 질 증진의 핵심
요소로 강조해 왔다. 특히 김대중 정부에서는 문화산업을 21세기의 기간산업으로
제시하며, 문화산업진흥 5개년계획, 문화산업 비전 21, 콘텐츠 코리아 비전 21 등 문
화산업에 대한 실질적 정책지원이 이루어졌다. 특히 2001년에는 문화콘텐츠기술이
국가전략기술 6T 중 하나로 선정되었고, 2002년엔 국가전문인력 양성차원에서 문화
콘텐츠 인력양성계획이 발표되기도 했다(임학순, 2003: 115~117).

그러나 우리는 문화의 가치를 문화산업 쪽의 문제로만 볼 수는 없다. 문화는 국
민생활의 질과 직결되는 국질 제고의 주요 요소이기 때문이다. 현재 일부 선진국에
선 완전고용(Full Employment)에서 완전한 행복(Full Happiness) 쪽으로 삶의 패러다임
이 변화하고 있다(리프킨, 이원기 역, 2005). 예컨대 프랑스 등 유럽은 직무공유(Work
Sharing)를 통해 노동시간을 줄이고 삶의 질을 제고시키기 위한 자기계발시간 확보
에 노력한다. 비록 소득은 다소 줄지만 이에 개의치 않는다. 종전처럼 많이 벌어 세
금, 사회보장기금으로 많이 지출하던 데서 벗어나, 노동시간이 줄면 조금 덜 벌지만
세금이 줄어들기 때문에 가처분소득은 큰 차이가 없다는 통계가 이를 입증해 준다.
그러면서 조화로운 삶, 대안적 삶을 추구하는 새로운 생활운동이 시작된다. 예컨대
6시간만 일하고 거기서 확보한 시간을 독서, 문화서비스 및 여가활용 등 자기계발과
자원봉사에 더 많은 시간을 쏟자는 것이다.

우리나라도 국민 모두가 '매력적인 라이프 스타일'(예: 언어, 관광, 공연예술, 패션,
레저, 스포츠, 의료)을 듬뿍 맛보며 높은 삶의 질을 향유할 때, 그것에 힘입어 아시아
문화공동체의 중심이 되고, 더 나아가 국제적으로 일류국가를 지향할 수 있다(임혁
백 외, 2000: 169~196). 이런 점에서 공연장 등의 지역 예술회관 건립, 공공 도서관 등
각종 문화시설과 지역 생활체육 공간이 국민의 주거공간에 가깝게 위치되도록 체계
적으로 확충되어야 하고, 이를 위한 재원 확보가 시급하다. 그 방안들을 구체적으로
논의해 보자.

2. 문화서비스 강화방안

(1) 문화시설의 접근도 제고

사람은 어떤 주거환경 속에서 살고 싶은가? 미국의 도시설계 및 도시풍경 치료 사인 듀어니와 플레이터-지버크는, 시사이드, 키웨스트, 사바나 등 미국 남부에 소재한 고전적 옛 도시들의 가장 큰 장점으로서, 시야가 탁 트인 전원에 독립된 구조로 자리잡은 촌락, 생필품이 도시 한 복판에 집합해 있는 점, 걸어서 출근하고 장을 보며 광장에서 사람들을 만나 금방 친교가 이루어지는 점 등을 들고 있다. 이처럼 식품점, 학교, 공원, 카페, 도서관, 서점, 영화관 등이 걸어서 도달할 수 있는 거리 내에 소재해, 우리가 일용 필수품을 쉽게 손에 넣을 수 있는 권리야말로 기본 시민권이다.

"집 뒷문으로 나가면 걸어서 도서관, 우체국, 식품점, 병원에 쉽게 갈 수 있다. 생활편의시설이 집 주위에 없는 게 없다. 나는 산에서 노는 새들을 보며 클래식, 재즈를 듣고 책을 읽으며 자유시간을 보낸다" 이는 미국 콜로라도 주의 소도시 파오니아시에 사는 과학자 테오 콜번이 한 말인데, 여기서 우리는 주거공간에 대한 인간의 기본 시민권을 실감할 수 있다. 이런 점에서 도심의 슬럼가 등 과거에 눈엣가시로 불리던 지역들이 생활편리와 풍요로움을 주는 찬미의 대상으로 바뀌고 있다. 슬럼화 되었던 도심지를 사람들이 즐겨 찾으면서, 공설시장, 구도심의 광장도 활짝 제 모습을 드러내고 있다(스페이드, 월제스퍼, 2004).

서구 시민들은 전통적 주택지구의 매력과 안락함을 재발견 하고 있다. 반면 우리는 압축성장 논리에 따른 무계획적 도시화의 난개발, 막개발 속에서 주거환경의 불편함과 막대한 통근시간의 고통을 참으며 살아간다. 모처럼 큰 마음 먹고 운동하려고 해도 마땅한 운동장 한구석 발견하기 어렵고, 다양한 책들을 빌려 보고 싶어도 인근 도서관에 가려면 버스를 일부러 타야 하는 등 많은 생활비용을 지불해야만 겨우 최소한의 공공서비스를 향유할 수 있다.

「창조적 계급의 등장」이란 책을 쓴 Florida(2002)에 의하면, 과학자, 예술가, IT 기술자 등 새로운 창조계급으로 성장하는 사람들이 최근 경제, 문화적으로 활성화된 도시들의 중심에 몰려들고 있는데, 이들 창조계급이 생활의 터를 잡고 살아갈 만큼 생태 친화적 공간과 다채로운 문화복지 서비스를 많이 제공해 주는 도시가 자연히 국제경쟁력을 갖게 된다는 것이다.

휴먼 리서치 컨설팅의 '살기 좋은 도시' 보고서를 보면, 밴쿠버 3위, 동경, 싱가포르 34위, 뉴욕 39위인 데 비해, 서울은 90위였다. 이제 환경과 삶의 질을 토대로 하지 않고는 도시경쟁력 강화가 곤란하다. 그런데도 최근 도시개발의 주체는 토지 소유자이고, 공공 공간이 실종된 도시개발만 이루어지고 있다(김기호, 문국현, 2006). 도시는 이동성보다는 접근하기가 편하게 만들어져야 한다. 예컨대 공원, 운동시설, 학교, 직장을 집에서 800미터 이내에 집중해서 배치하고, 주요 고적지 주위에 대중 교통 정거장을 두어 차 없이도 이동하도록 해야 한다. 이를 위한 한 가지 방법이 도시 안에 '마을 만들기'이다(박용남, 2006).

우리가 집문을 열고 나가면 바로 공원, 녹지, 운동장, 도서관, 서점, 극장, 공연장, 갤러리가 나오도록 주거공간을 생태적, 문화적으로 재구성하면, 훨씬 더 생태 친화적, 문화 지향적 일상생활이 가능해진다. 나아가 많은 부를 창출하며 지역의 고용 창출에도 기여할 수 있는 창조도시로의 전환도 가능해진다. 따라서 향후 도시 재개발이나 신도시 건설에서도 이런 공간(재)배치가 필히 응용, 실천되어야 할 것이다.

반드시 디지털 정보도서관이 아니더라도 필수 도서들을 잘 구비한 채 지역적으로 골고루 분포되어 있는 작은 지역 도서관들에 마음껏 출입해 보는 것도 큰 의미가 있다. 도서관 한 구석에 커피향이 가득한 조그만 카페가 소박한 모습으로 자리잡아 책을 자유롭게 읽으며 커피 마시는 분위기를 즐길 수 있으면 더욱 좋겠다. 화려하진 않지만 자연적 정서를 듬뿍 담은 도시근린 자연공원을 가까운 곳에서 맛보는 것도 한 방법이다. 비싼 우레탄 트랙이 깔리지 않더라도 부드러운 흙길을 조성해 시민들이 집 근처에서 생활운동에 전념할 수 있도록 소박한 생활체육시설을 많이 만드는 것도 우선되어야 한다.

그러나 주거공간의 재구성 과정에서 가급적 돈이 덜 들게 이를 추진해야 하므로, 현존하는 공공시설인 지방의회 의사당, 시청건물, 마을회관, 학교, 지하철 공간, 동사무소 건물 등의 적극적 활용이 요망된다. 우리는 마음만 먹으면 얼마든지 이들 시설(혹은 그 일부)을 생태−문화복지 생활시설로 활용할 수 있다. 그런 점에서 서울의 한 동사무소 한 층을 북 카페로 운영하거나 과거의 동사무소 건물을 리모델링해 구립 미술관으로 재활용하는 지혜가 전국적으로 확산, 전염되길 기대해 본다(이도형, 2012: 331~334).

(2) 시민주도적 문화행사

상업기관 주최의 영리목적의 문화행사보다는 시민단체 주도적인 문화행사로 저렴하면서도 친(親)시민적인 문화공연을 더 많이 계획해야 한다. 예컨대 2004년도 경기도 남양주시의 '한여름밤의 꿈 국제행사'는 남양주 시민들 주도로 기획된 행사였다. 이에 찬동해 출연 가수들은 기꺼이 무료로 축하공연하며 관객들과 공연을 즐겼고, 시민 주도의 문화행사라는 참뜻을 수용한 세계 공연단체들의 적극적 화합도 두드러졌다.

(3) 프로슈머(Producer + Consumer)의 삶 추구

문화 최소단위론에 입각해 문화의 자급자족을 가능하게 하는 것도 필요하다(김찬호, 오태민, 1995). 자기 삶의 진솔한 표현이야말로 가장 순수하고 값진 예술작품이다. 따라서 지역출신 아마추어 작가와 화가들의 작품 전시회가 더 많아져야 한다. 마을회관, 문화회관 등 기존의 공공시설이 이들 전시회의 상설공간으로 무료로 제공될수 있으면 좋겠다. 그럴 때 더 많은 사람들이 문화의 생비자(Prosumer)가 되어 문화예술을 스스로 생산하고 향유하며 사람답게 사는 즐거움을 누릴 수 있겠다.

3. 생활문화 공간의 다각적 확보전략

우리는 문화를 너무 거창하게 생각해, 많은 돈을 지불해야만 겨우 맛보는 고급문화만 문화로 보는 경향이 있다. 그러나 문화는 그것을 향유하려는 사람들에게 마음의 휴식과 정서적 안정을 줄 때, 그리고 새로운 세상에의 창의적 힌트를 더불어줄 때, 그 사회적 기능을 다하는 것이다. 그런 점에서 보면 클래식 일변도의 고급문화, 특히 구매력 있는 사람만이 누리는 사치문화 개념은 너무 왜곡된 문화 해석이다. 여기서 우리는 우리가 보다 쉽게 다가갈 수 있고 그 소비에 큰 비용을 지불하지않아도 되는 그런 문화, 즉 '생활문화'라는 것을 한 번 정립해 볼 필요가 있겠다. 그런데 이런 생활문화는 우리가 생각한 것보다 훨씬 가까운 곳에서 존재할 수 있다.

예컨대 동사무소 건물의 한 층을 작은 동네 도서관으로 만들어 주민에게 개방하는 사례는 얼마든지 있을 수 있다. 대학도서관이나 시립도서관보다는 규모도 작고 소장도서의 수도 얼마 안 되지만, 우리가 집 문을 열고 나가 몇 발자국만 걸으면 동네곳곳에 이런 아담하고 소박한 규모의 도서관들이 우리를 얼마든지 반겨줄 수 있다.

그림 전시도 꼭 시립미술관이나 대형 문예회관에서만 하는 것은 아니다. 우리는 기존 동사무소 건물을 구립미술관으로 리모델링해 재활용하는 경우를 볼 수 있다. 큰 전시관이나 사설 화랑의 경우는 건물 대관료가 만만치 않은데, 기존 건물을 재활용한 이런 미술관은 지역의 가난한 화가나 문화예술 아마추어들의 작품을 소개하는 실용적 공간이 될 수 있을 것이다. 이를 통해 우리는 기존의 문화 소비자라는 수동적 자세에서 벗어나 자기가 좋아하는 그림, 조각, 판화, 서예를 열심히 배우고 또 그 배운 흔적들을 동호인 공동의 작품 전시회를 통해 친지들에게 자랑할 수 있는 프로슈머로 존재상승할 수 있다. 최근엔 길거리 공연도 많아진다. 사람들이 많이 모이는 곳곳에서 간혹 길거리 공연이 이루어져 지나가는 사람들의 발길을 잡고 그들의 손뼉을 부딪치게 만든다.

생활문화 공간은 이외에도 얼마든지 확산 가능하다. 생활문화공간 중 우리에게 긴요한 것 중의 하나가 녹지공간이다. 건축가 김진애에 따르면, 오래된 동네의 좁은 골목길을 걷다보면 많은 집문 앞에 이것저것 놓인 화분들이 있는데, 이런 화분 속에 핀 각종 꽃과 야채들은 어떻게 보면 인간적이고 친근한 또 하나의 동네정원이 될 수 있다. 부자만이 자기 집 넓은 마당에 큰 정원을 둘 수 있는 것은 아니다. 빈한하지만 집 앞에 화분을 두고 꽃을 가꾸려는 서민들의 마음속에도 희망과 여유의 뭉게구름은 얼마든지 피어나며, 조그맣지만 매우 의미 있는 동네정원을 만들어 낼 수 있다.

강북의 오래된 산동네에 가보면 많은 경우 공공미술 차원에서 동네 담벽에 그 동네를 상징하는 재미있는 그림들이 동네화가들에 의해 그려져 있는 것을 발견할 수 있다. 예컨대 종로 낙산 길 위의 전봇대엔 달팽이 그림과 함께 '천천히'라는 글귀가 걸려 있어, 더운 여름 날 힘겹게 고갯길을 오르는 사람들에게 마음의 위로를 주고 있다.

일상 생활문화의 창출과 관련해 하나 더 생각해 볼 수 있는 것이 바로 공공 디자인이다. 우리네 거리는 자기만의 이익홍보를 조장하기 위해 어지러이 널려져 있는 각종 간판들로 덮여있다. 그러나 최근엔 간판의 규격, 색채 등을 종합적으로 고려하며 세련되게 디자인해 건물마다 간판설치를 통일시키는 간판정비 사업이 전개중이다. 이를 통해 우리는 한층 정리되고 깔끔한 외관이면서도 간판의 전달메시지 능력 또한 향상된 새로운 느낌을 갖게 된다. 서울 정동 골목에 가면 자기가 찾아가고자 하는 건물의 그림을 그려서 방향을 알려주는 이정표가 보도블록 위에 설치되어 지나가는 사람들의 눈을 즐겁게 해준다. 우리는 이런 새로운 도시풍경 속에서 디자인의 공공성이 우리 주변을 좀 더 풍성하고 격조 높게 만들어 주는 것을 몸소 체험하게 된다.

생활문화 사례들을 이렇게 들어보면, 클래식이라는 고급문화만이 문화를 대표하는 것처럼 여기며 돈 없는 사람들을 마구 주눅 들게 하는 우리네 사회풍조는 정말 그릇된 것임을 알 수 있다. 그리고 우리가 마음만 먹으면 큰 돈 들이지 않고도 삶의

여유와 삶의 질을 증진시켜주는 생활문화를 정말 쉽게 만들어낼 수 있다는 생각을
해본다. 우리가 마음의 여유를 갖고 문화의 스펙트럼을 넓혀 나가며 생활문화의 창
출에 노력할 때, 문화서비스의 향유는 우리의 기본 시민권으로 한층 더 빨리 자리
잡을 것이다.

IV. 환경보전과 생태적 전환

1. 지속 가능한 발전의 개념과 그 발전전략적 함의

20세기 후반에 이르러 생태학적 한계에 대한 절망적 인식을 넘어 지속 가능성
에 대한 범지구적 관심과 책임 있는 행동을 요구하는 목소리가 높아지는 등 환경문
제에 대한 현 세대 인류의 고민이 매우 커지고 있다(정규호, 2003: 8). 이런 맥락에서
지속 가능한 발전(Environmentally Sound and Sustainable Development)이라는 개념이
강조되고 있는데, 이는 무엇을 뜻하는가?

세계환경 발전위원회는 지속 가능한 발전을 "미래세대의 욕구충족을 저해하지
않는 범위 내에서 현세대의 욕구를 충족시키는 발전"으로 정의한다. 즉 현세대 중심의
관점에서 탈피해 현세대와 후세대의 이익이 공존하는 국가발전경로를 만들어야 한다
는 것이다.[6] 이를 위해선 단기적 발전이익에 대한 현세대의 양보와 소외계층에 대한
지속적 투자가 필요하다. 그렇다면 왜 이것이 현시점에서 새삼 강조되고 있는가?

21세기엔 전세계의 인구규모가 [표 17-1]처럼 방대해지고 그것이 유발할 무계
획적 도시화와 환경파괴는 인류의 생존 자체를 크게 위협할 것이다. 특히 중국, 인
도 등 거대 개발도상국가들의 의욕적 공업화는 지구 온난화, 해수면 상승, 대기오염,
생태계 파괴, 삼림훼손 등을 크게 초래할 것이다(케네디 저, 변도은, 이일수 역, 1993:
423). 특히 국가 간 경제적 불평등은 지구에서 가장 중대한 환경문제이자 개발문제
로서 지적되고 있다. 우리는 열대우림 지역의 사막화[7] 등 빈국들의 자기 환경파괴가

---

6 미국 뉴욕 주에서 살아온 이로쿼이 족 인디언 연합체의 원로인 오드리 셰난도는 1990년 미국 버먼트 주 미
   들베리 대학에서 행한 한 연설에서 "우리는 앞으로 태어날 7세대에 걸쳐 책임을 진다. 우리 지도자들은 미래
   의 7세대에게 고통을 주거나 해를 끼치거나 괴로움을 줄 만한 어떤 결정도 내려서는 안 된다"고 말했는데(김
   욱동, 2001: 182), 그의 이런 말이야말로 지속가능한 발전의 핵심을 가장 잘 담고 있는 말이다.

7 금세기 들어 인도에선 인구증가로 인해 삼림의 2/3 이상이 파괴되었다. 현 추세라면 나머지도 에티오피아나
   아이티처럼 결딴날 것이다. 전 세기에는 인도 땅 50% 이상의 지면이 숲이었으나 지금은 겨우 14%만이 숲이
   다. 40년 전엔 국토의 30%가 숲이었던 에티오피아는 지금 그 비율이 1%에 불과하다(케네디 저, 변도은, 이

표 17-1 인구 관련지표

지역	인구(백만명) 1994년	인구(백만명) 2025년	평균성장률 (1990-95년)	도시성장률 (1990-95년)	비옥도(fertility) (1990-95년)
아프리카	681.7	1582.5	2.9	4.6	6.9
유럽	3233.0	4900.3	1.8	3.5	3.2
남미	457.7	701.6	1.8	2.6	3.1
북미	282.7	360.5	1.1	1.3	2.0
오세아니아	27.5	41.3	1.5	1.6	2.5
이전의 소련	284.5	344.5	0.5	1.1	2.3
선진국	1237.6	1403.3	0.5	0.9	1.9
개도국	4427.9	7069.2	2.0	3.7	3.6
세계	5665.5	8472.5	1.7	2.7	3.3

출처: UN Population Fund(1994: 55~59); Sandler(1997: 87)에서 재인용.

매우 심각한 실정임을 너무나도 잘 알고 있다(벡 저, 조만영 역, 2000: 83~86).

수질오염, 대기오염, 삼림파괴, 토양침식, 유해폐기물 발생, 야생동식물 멸종 등이 현재 우리의 삶에 직접적으로 영향을 미치는 대표적인 환경문제로 부각되고 있다. 일례로 세계 식물학총회의 보고에 의하면, 현 추세가 향후 25년간 지속된다면 이번 세기 안에 지구의 동식물 중 2/3 이상이 소멸되는 등[8] 생명의 다양성, 공존성, 상호 연결고리는 급속히 파괴될 것이다(이병철, 2002: 16). 특히 지난 100년간 지구의 평균기온이 0.6도 상승했는데, 빙하기가 절정에 달했을 때 지구의 평균기온이 지금보다 6도 낮았다는 점을 감안하면, 이는 매우 중대한 생태계 파괴적 의미를 갖는다.

그런데도 불구하고 지구 온난화의 제1원인 제공자인 미국은 이산화탄소를 감축하자는 세계적 합의와 노력에 훼방꾼으로 작용할 뿐이다. 1999년 미국이 배출한 이산화탄소가 무려 56억 톤으로 전세계 배출량의 24%를 차지하는 등(이상헌, 2003: 47), 오늘날 제1세계가 지구오염의 80%를 야기하고 있는데, 이를 어떻게 제지시킬 것인가?

물론 미래 세대를 위한 도덕적 책임성의 부담은 북반구가 짊어지게 해야 하며(Bhaskar & Glyn, 1995: 117), 이를 위해 환경보전을 위한 '밑으로부터의 지구화'가 필요하다. Beck의 말처럼 "저기 위에서 정부와 전문가들이 석유 시추선을 대서양에 수장(水葬)시키지만, 여기 아래 우리는 지구를 구하기 위해 홍차 봉지까지 포장지, 실, 이파리로 삼분해 분리 수거해야 한다."

일수 역, 1993: 423).

8 지구의 나이를 365일로 환산해 만든 코즈믹 달력에 의하면 인류가 지구상에 나타난 것은 1년의 마지막 날인 12월 31일, 그것도 오후 10시 30분경이다. 그런데도 불구하고 인간의 환경파괴로 인해 수억 년 동안 지구에서 생존해온 생물 중 150여 종의 생물들이 매일 멸종되고 있다(최성현, 2003).

이런 모토 아래 현재 국제 시민단체들이 전 지구적 차원에서 동맹을 결성해 다국적기업 및 국민국가의 정부들에 대항하며 생태적 보이콧을 통한 직접민주주의로 나아가고 있다(벡 저, 조만영 역, 2000: 139). 그린피스라는 다국적 행동조직의 프랑스 핵실험 저지가 그 좋은 예이다. 유럽에선 감자로 일회용 스푼, 나이프, 접시를 만들어 사용한 후 가축 사료화하고, 폐품의 재생화가 가능한 공산품 생산이 확대되고 있다. 대체에너지의 개발과 더불어 환경보호 투자에 따른 환경기술과 서비스시장도 빨리 확대되고 있고, 그린 상품도 절찬리에 판매중이다(안영환, 2007: 58). 이런 가운데 Green GDP 개념이 보편화되고 있는데, 이는 국내총생산에서 생산활동으로 인해 발생한 환경파괴 피해액을 공제한 것이다.

다행히도 1990년대에 들어와 세계 각국은 세계화의 물결과 함께 생태적, 민주적 발전을 목표로 하는 지속 가능한 발전의 중요성에 합의하고 있다. 이는 사회와 인간과 자연이 다 같다는 새로운 인식에서 출발한다. 그간 산업문명을 방향지어 온 지배적 세계관의 기본구조는 도구주의적 자연관과 인간 중심적 가치관이었으나, 이제 우리의 세계관은 생태주의적 패러다임으로 전환되어야 한다. 생태학적 세계관은 인간 중심적 세계관의 포기를 전제로 한다. 즉 인간과 자연의 동일성을 믿고, 인간이 무제한적 물질욕망과 자연정복의 의지로부터 스스로를 해방시켜야 한다는 것이다. 더 나아가 자연과의 공존을 지향하는 생태주의 발전모델도 필요하다. 이는 위로부터의 개발이 아닌 시민사회 중심적인 밑으로부터의 지속 가능한 발전과 연결된다(정수복, 1997: 265~270).

지속 가능한 발전 개념은 이처럼 환경적 관심을 개발의 가능성과 결합시키는 규범적, 개념적 가교(架橋)를 제공한다. 환경과 개발의 통합은 오늘날 빈국, 부국 모두에 필요하다. 개발도상국의 현 과제는 경제성장과 내적 재분배를 통한 빈곤제거를 도모하면서 한편으로는 환경적으로 민감한 국토개발을 추구하는 것이다. 반면 서구 발전국의 과제는 에너지 소비와 이산화탄소의 배출량을 감소시킴으로써 생산 및 소비패턴을 친환경적으로 변화시키고, 보다 지속 가능한 개발경로로의 전환을 부드럽게 하기 위해 환경적으로 건전한 기술을 개발해 나가는 것이다. Henderson(1995)은 이러한 인식의 전환을 경제주의(Economism)로부터 지구윤리학(Earth Ethics) 혹은 경제녹색화(Greening the Economy)로의 전환이라고 표현한다.

1992년 리우의 유엔환경개발회의와 지구정상회담(Earth Summit)에서 합의된 '아젠다 21'에는 이러한 지속 가능한 발전과 지구윤리학의 정신이 잘 반영되어 있다. 즉 아젠다 21은 자연과 타 지역, 후세대까지 포함하는 넓은 지평에서의 환경보존과 생물 다양성 측면, 사회 공동체의 보존과 과학기술의 윤리성, 환경보전을 위한 교육 훈련 등을 강조한다.

결국 지속 가능한 발전은 '개발과 환경의 통합발전'이라는 새로운 발전이론틀을 제시하며, 물리적 지속 가능성과 세대 간 형평, 지구적 연대성을 확보하기 위한 친환 경적 발전전략으로서의 함의를 지닌다고 볼 수 있다(Langhelle, 1999: 134~147; Adams, 1995: 89~98).

2. 생명운동화하는 환경운동

우리나라의 환경보전 수준은 어떠한가? 2005년의 세계경제포럼 발표에 의하면, 우리나라는 환경용량을 가리키는 환경지속성 지수(Environmental Sustainability Index: ESI)에서 146개국 중 122위를 차지해 OECD 국가 중 최하위를 기록했다. 환경의 질 은 137위, 환경부하 축소노력은 146위, 지구적 책무수행도 78위에 불과했다. 2006년 의 환경성과지수(EPI)에선 133개국 중 42위를 기록했지만, 이 또한 세계 11~13위의 경제력에 비례해 환경개선 정책성과가 그리 신속하게 늘어나지 못했음을 잘 보여준 다. 한편 국제자연보전연맹과 국제개발연구센터의 자연생태계 복지지수 평가에서도 우리나라는 180개국 중 161위로 최하위권이었다(대통령 자문 지속가능발전위원회, 2003; 구도완, 2003: 64~65에서 재인용).

그렇다면 왜 이런 결과가 나오고 있는가? 비록 최근 들어 우리 사회에서 환경중 심주의 담론이 널리 퍼지고 있지만, 대부분의 사회적 결정은 아직도 여전히 경제중 심, 개발중심이기 때문이다. 국가-기업이 맺고 있는 강고한 개발연합에 맞서 녹색 연대의 구조화가 아직은 쉽지 않다. 그런데도 종래의 환경운동은 서울 주도적, 스타 위주의 이벤트 사업식으로 운영되어 왔다는 지적이 많다. 이제 환경운동조직은 위로 부터의 결정과 자아비판의 부족에 대한 책임성을 깊이 성찰하면서, 서울 스타중심 운동에서 지역의 공동체와 생명을 살리는 환경운동9 쪽으로 전환되어야 할 것이다 (구도완, 2003: 66~73).

현대 환경문제는 이처럼 발전 패러다임 자체의 전환을 요구하고 있다. 즉 국토

---

9 이런 점에서 우리는 생명민회의 움직임에 주목할 필요가 있다. '생명가치를 찾는 민초들의 모임'이 원래 이름 인 이 단체는 지역공동체의 주체형성과정의 하나로 지역에서 새로운 가치, 대안적 삶을 모색하고 대안문화운 동과 생활자치운동을 펼치는 지역민회운동과 대안의회를 강조한다. 특히 후자는 지역에 있는 모든 민간단체 가 행정과 기업에 대항해 혹은 그들까지 포함해 시민의 민의를 모으고 힘을 과시하는 시민적 의사소통의 장, 공론화 장으로서의 역할을 갖는다(주요섭, 2000; 윤형근, 2003: 19에서 재인용).

를 총량적 경제성장수단으로 대상화한 추상적인 경제공간(Economic Space)으로만 보던 기존의 관점에서 벗어나, 생명의 장소(Life Place)로 인식해야 하는 것이다(정규호, 2003: 28~29). 최근 이러한 패러다임적 변환 아래 각종의 녹색운동이 전개되고 있다.

먼저 귀농(歸農)운동을 들 수 있는데(이병철, 2002: 17~21), 이는 농촌으로 돌아가 자연과 조화되는 삶의 양식을 통해 생태적 가치와 인간의 자립적 삶을 실현하는 운동이다. 머레이 북친에 의하면, 환경과의 지속적 균형을 보장해 주는 인간 공동체의 창출 없이는 인간과 자연의 조화가 불가능하다고 한다. 따라서 공동체 지향적 의식혁명을 통해 자기 살해적 행위로부터 삶에 적합한 행위로의 이행을 완성해야 한다. 환경문제는 본질적으로 마음의 문제이자 삶의 방식의 문제인 것이다. 귀농도 단순히 시골로 내려가 농사짓는 것이 아니라 어떤 마음과 가치관[10]으로 어떻게 농사짓고 어떻게 사느냐의 문제로 해석되어야 한다는 것이다.

다음으로는 녹색소비운동을 들 수 있다(이덕승, 2002: 32~34). 이 운동은 녹색소비 실천을 시민운동으로 확산, 발전시키기 위해, 녹색소비와 시민의 건강 및 안전을 함께 인식하려는 노력의 일환으로 환경건강 및 안전성(Environment Health Safety) 개념을 강조한다. 이는 환경문제를 시민사회와 시장경제로 내부화한 새로운 개념으로서, 건강과 안전을 위협하는 환경호르몬의 감소를 위해 소비감축 및 폐기물 줄이기, 즉 녹색소비의 실천을 그 대안으로 내세운다. 최근 이런 맥락에서 환경과 경제의 2마리 토끼를 모두 잡는 생태효율(Eco Efficiency)이 주요개념으로 부각되고, 환경상품을 생산하면서도 품질, 가격 면에서 우수할 것을 정부와 기업에게 요구하는 압력이 증대하고 있다.

우리는 과학기술운동과 테크놀로지 시민권에 입각해 중대한 기술개발, 경제개발이 환경에 미칠 영향을 놓고 활발한 토론을 벌일 수도 있다. 기술시민권(Tech-nological Citizenship)은 기술사회에서의 과학기술 정책결정과 관련해 사회구성원들이 향유해야 하는 참여권이다. 즉 지식 혹은 정보에 대한 접근권, 과학기술 정책결정과정에 대한 참여권, 의사결정이 합의에 기초해야 함을 주장할 권리, 집단이나 개인들을 위험에 빠지게 할 가능성을 제한할 권리가 그 핵심이다. 서구의 경우 시민조사위원회와 합의회의의 운영이 그 좋은 예인데, 특히 후자는 시민패널이 정치사회적 논쟁거리가 되는 과학, 기술적 주제에 대해 전문가에게 질의하고 그 대답을 청취한 다음 내부의 의견조율을 거쳐 기자회견을 통해 자기들의 견해를 발표하는 하나의 포럼이다. 특히 덴마크에서 다양한 과학기술적 이슈들이 이런 방식으로 환경의제화되

---

10 귀농학교의 교재는 [오래된 미래], [조화로운 삶], [월든] 등이고, 전북 무주와 경북 문경시에 생태마을을 조성하고 있다(이병철, 2002: 25).

고 있다(이영희, 2003: 174~175). 기술시민권에 입각한 활발한 토론을 통한 '제2의 계몽'은 많은 소비자, 투자자들로 하여금 환경친화적 생산, 분배를 선호하게 해 기업들이 자체적으로 환경비용을 늘리게 한다(벡 저, 조만영 역, 2000: 189~190). 실제로 미국의 자동차, 화학, 생명공학 회사 가운데 상당수가 환경오염을 등한시해 우수한 제품을 생산했음에도 불구하고 소비자로부터 외면을 받은 바 있다.

3. 녹색국가, 녹색정부의 실현

환경운동이 생명운동을 지향하는 쪽으로 제도화될 때 녹색국가, 녹색정부가 실현될 가능성도 그만큼 커진다. 종래의 발전국가는 진화론적 근대화 논리에 기반해 선진국의 발전경로를 시간적으로 단축시키기 위한 따라잡기식 개발(Catch-Up Development)을 추진했다. 따라서 이는 자연히 불균형 성장전략, 오염유발 효과가 높은 산업구조, 또 결과 중심주의를 바탕으로 한 획일적, 하향적인 국가주도의 공급주의식 개발방식[11]을 채택했다(정규호, 2003: 10~11). 근대화를 위한 공해는 불가피한 부산물이란 이념은 국민에게도 어필했다(구도완, 2003: 60).[12]

그래서인지 한국은 인구밀도가 높은 물리적 조건 상 기초 환경용량이 취약한 조건임에도 불구하고 기형적인 자원소비구조를 갖고 있다. 현재 UN이 지정한 '세계적 물 부족 국가'에 처해 있지만 1인당 물 소비량은 여전히 세계적 수준이고, 에너지 자립도는 5%도 안 되지만 에너지 소비증가율은 세계 1위이다.[13] 식량자급도 30%에 못 미치지만, 음식쓰레기로 인한 식량자원 낭비는 15조원에 달한다.

이제 환경, 생태적 자립기반을 만들지 않고는 삶의 질 향상은 물론 국가발전의 미래도 없다. 그러나 환경보존 노력에 비해 개발파괴의 속도가 훨씬 앞서 간다. 그칠 줄 모르는 성장과 개발 드라이브 때문에, 지금도 개발용지 확보를 위한 새만금

---

11 바다 매립, 간척, 준농림지 개발, 그린벨트 해제, 신도시 개발사례 등이 바로 그것이다. 특히 지방자치제의 전면 실시에 따라 개발 인·허가권이 지방정부로 이양되면서 개발사업의 주체로서 지방정부가 등장하며 난개발과 건설관련 비리문제도 폭발한다(정규호, 2003: 16~27).

12 일례로 1962년 국가재건최고회의 의장인 박정희 명의로 된 울산 공업탑 비문에 "산업생산의 검은 연기가 대기 속에 뻗어 나가는 그날엔 국가민족의 희망과 발전이 이에 도래했음을 알 수 있는 것입니다"란 내용이 실려 있다(정규호, 2003: 13).

13 일본경제는 자국내 노동과 환경을 크게 훼손시키지 않고도 높은 생산성을 올릴 수 있는 고도의 발전단계에 이미 도달해 있다. 지난 1972~2000년 사이에 1차 에너지 소비에서 한국이 10배 이상 증가한 반면 일본은 2배만 증가해, 우리 경제가 일본에 비해 에너지를 비효율적으로 사용하는 산업구조임을 알 수 있다. 일본의 산업구조는 고수준의 기술집약산업으로 고도화되어 산업화 초기단계에 심각한 환경문제를 산업구조 전환으로 해소했고, 이후 환경산업을 발전시켜 새 이윤을 창출했다(최병두, 2003: 161~164).

간척사업, 수도권 물류개선을 위한 경인운하 건설, 물 부족을 막기 위한 동강댐 건설, 주택공급 확보를 위한 수도권 난개발, 개발용지 공급을 위한 그린벨트 해제 등으로 인해, 국토환경이 복합 환경매체의 오염에 직면해 있다.

상기한 논의를 토대로 할 때, 그간 우리의 삶은 조명래(2003: 125~137)의 지적처럼, 경제건설이란 이름으로 국토환경을 개발, 파괴하는 개발국가 혹은 개발정부 밑에 놓여져 왔다고 볼 수 있다. 참여정부의 신행정수도 건설도 국토 중심에 대형 신도시 개발을 요하는 등 또 하나의 윤색된 개발에 불과하다.

이제 우리는 개발국가, 개발정부로부터 녹색국가, 녹색정부로 나아가야 한다. 녹색정부는 녹색이념, 녹색정책, 녹색경제를 중심으로 구성되고 운영되는 정부형태로서, 개발억제를 최소치로 하고, 지속 가능한 발전을 최대치로 하는 정책 스펙트럼을 갖는다. 녹색정부는 단기적으론 환경행정을 통폐합해 주무부서의 환경보전업무를 강화하며 개발행정을 감독해야 하고, 중기적으론 개발행정과 환경행정 담당부처 기능을 전면 통합해 환경보전의 틀 안에서 개발사업을 기획, 집행하는 체제를 고려할 필요가 있다. 그리고 장기적으론 국정운영체제를 지속 가능성의 관리를 중심으로 완전히 재편해야 한다(조명래, 2003: 143~153).

4. 생태적 전환의 일환으로서 생태도시 만들기

"문명 앞에 숲이 있고 문명 뒤에 사막만이 남는다" 이는 프랑스의 외교관이자 작가였던 샤토브리앙이 한 말이다. 그는 인류가 문명의 이기와 물질적 욕망에 사로잡혀 더 많은 생산과 소비를 위해 숲과 같은 자연을 마구 파괴하면, 인간이 도저히 살기 어려운 사막같이 황폐한 생활공간만이 인류 앞에 남을 것이라 예언한 바 있다. 19세기에 한 그의 말은 불행히도 이미 우리의 현실이 되어버리고 말았다. 이제 더 이상의 자연파괴는 인간사회의 멸절을 가져올 것이므로, 차제에 녹색적 사유와 사회 전체의 생태적 전환 노력이 긴요하다.

현대 생태주의는 상기한 문제의식에서 출발해 인간과 자연이 공존해야 할 당위성을 철학적으로 논구하고 그 공존의 길을 모색하는 실천방법을 고민해 왔다. 최근 우리사회에서도 이런 논의의 연장선상에서 환경이란 말보다는 생태라는 말이 더 많이 쓰이기 시작했다. 환경이 인간사회를 둘러싼 단순한 외적 자연을 말하는 것이라면, 생태(生態)는 한자 뜻 그대로 우리가 자연 속에서 살아가는 모습이나 그 실제 상태를 말한다. 따라서 환경주의 시각에서 보면 우리가 단순한 외적 자연인 환경을 문명을 위한 개발의 대상으로 삼고 쉽게 파괴, 훼손할 수 있다고 보는 반면, 생태주의적 시각에서 보면 자연은 인간세계와 같이 생태계의 일부이며 더욱이 생태계의 기본속성상 자연을 파괴하면 그것이 우리에게 위험의 부메랑으로 돌아오기에 쉽게 파괴하거나 훼손할 수 없는 그런 것으로 보게 된다.

생태도시는 이러한 생태적 전환의 시기에 즈음해, 우리의 녹색적 사유가 복잡다단한 도시문제의 해결책과 결합해 만들어진 새로운 삶의 터전이다. 우리나라의 도시화율은 1990년대에 들어서면서 이미 80%를 훌쩍 넘어서 선진국 도시화율을 보이고 있다. 즉 많은 사람들이 도시라는 인위적 생활공간에서 살게 되었다는 뜻이다. 그러나 우리의 도시현실은 난개발, 막개발로 인해 도시 안에서 녹지공간 한 조각 쉽게 발견하기 어렵고, 시민들은 각종 오염과 불편한 교통 속에 생지옥 같은 하루하루를 보내고 있다.

동시다발적으로 폭발하는 도시문제들을 근본적으로 해결하기 위해, 생태도시는 인간－자연의 공존 및 현재－미래세대의 공존을 위해 도시의 물리적 공간구조(H/W)를 자연 친화적으로 만들 것을 지향한다. 즉 환경보전이라는 시정(市政)철학 아래, 대체에너지 개발, 쓰레기 처리정책, 중수도 시설 설치, 대중교통시스템, 바람길 등의 생태통로를 갖추는 데 진력한다. 다소 고비용을 치르더라도 화석연료에의 의존도를 인위적으로 낮추기 위해, 도시생활의 기반시설 설치 및 운영을 화석연료 저감 쪽으로 유도하고, 그 대신 녹지공간 조성, 물길, 바람길 등 생태통로 확충을 통해 시내에 쾌적한 자연환경 조건을 적극적으로 끌어들인다.

생태도시는 이러한 자연친화적 공간구조와 하드웨어 시스템을 갖추는 데 만족하지 않고, 더 나아가선 도시경제구조 및 시민들의 의식구조(S/W) 개선까지도 지향한다(정우양, 류재한, 오세규, 2005). 예컨대 폐기물을 아예 발생시키지 않거나 처음부터 재활용을 전제로 물건을 생산하는 친환경적 생산방식을 강력히 장려하고, 시민들이 다소 불편함을 감수하더라도 자연과의 공존을 위해 대중교통 사용, 재활용 제도에 적극 참여하도록 유도하는 등 각종 제도적 유인책을 강구한다. 그리고 시내의 자연보전을 위한 환경규제도 엄격히 시행한다.

생태시를 발표하는 정현종 시인은 "인류의 깊은 흙에 대조되는 현대인의 얕은 문명"을 비판하면서, "인간의 짐승스런 편리 추구를 지양하고 사람다운 불편을 감수하는 것"만이 생태계를 보전하는 지름길임을 강조한 바 있다. 외국의 생태도시 시민들은 사람다운 불편을 몸소 겪으면서 자기가 사는 지역의 생태 친화성을 높이기 위해 많이 애쓴다. 즉 집에 태양열 전지판 등 고가의 대체에너지 시설을 적극 설치하

고 쓰레기 분리수거를 철저히 하며 대중교통수단을 적극 활용한다. 그리고 시 정부
들은 이런 시민의식의 소프트웨어를 촉진시키기 위해 많은 경제적, 제도적 유인책을
강구하고 있다. 반면 우리의 현실은 많이 뒤쳐져 있다. 예컨대 자전거 사용을 적극
권장하면서도, 도시 안의 자전거 전용도로가 미비해 시내에서 자전거를 이용해 출퇴
근이나 장보기를 하려면 거의 목숨을 반쯤 내놓고 다녀야 하는 무서운 현실이다.

이런 악순환의 고리를 끊지 않으면 환경파괴는 더 커진다. 따라서 생태도시를
지향하는 뚜렷한 시정철학 아래 시정부의 생태 친화적 물리적 공간구조 확충정책과
함께 자연 친화적 시민의식을 고양시키기 위한 제도적 유인책과 법적 뒷받침이 마
련되어야겠다. 그럴 때 시민들도 생태도시라는 공공재 만들기를 위해 사람다운 불편
의 코스트를 지불하는 것이, 결국 나 하나만 편히 잘살면 된다는 짐승스런 편리 식
의 개인적 접근보다 더욱 합리적인 공공의 결과를 가져옴을 인식하고 생태도시 건
설의 대오에 적극 동참할 것이다.

생태도시로 가는 첩경은 시민이 생태적 삶의 가치를 배우고 몸소 실천하는 것
이다. "숲에 들어가기 전엔 숲은 개발의 대상이지만 일단 숲에 들어가면 숲은 보호
대상이 된다"는 목수 김씨(2002)의 말처럼, 자연은 우리가 어떤 마음으로 다가가느냐
에 따라 그 존재감에 큰 편차를 보인다. 우리가 조그만 더 허리를 굽혀 낮은 데로
임하면 하찮은 미물인 줄로만 알았던 작은 동식물 생명체들이 숲과 산에서 열심히
자신의 존재이유를 다하며 살아가는 모습을 발견할 수 있다. 그리고 꽃과 나무, 풀,
벌레 등 자연생명체가 우리에게 주는 공생, 협력, 소통, 환경개척력 등 다양한 생태
적 가치를 학습할 수 있다면, 우리는 내가 사는 동네가 사막화되는 것을 막으려 더
노력할 수 있고, 도시의 생태적 보전 및 복원 쪽으로 몇 발자국 더 발걸음을 옮길
수 있을 것이다(이도형, 2012: 327~330).

V. 복합 안전사회의 안전권

1. 위험사회의 단면과 그 유발원인

우리는 삶의 안전 정도를 중심으로 우리가 살고 있는 사회를 안전사회와 위험
사회로 구분할 수 있는데, 안전사회야말로 우리가 지향하고자 하는 국질(國質)이 높
은 사회이다.

일례로 일본은 과학기술은 초강국이지만, 건설공사는 제3세계 수준이다. 따라서 일본은 안전 불감증이 높고 이윤 극대화만 추구하는 위험사회(Risk Society)라는 오명을 들어 왔다. 이러한 병리는 건설족(族) 정치인, 부패한 관료, 뇌물을 바치고 지대(rent)를 추구하는 기업인들 간의 정경유착 체제에서 비롯된다. 따라서 일본의 도로건설 단가는 독일의 4배, 미국의 9배로서, 건설업의 국제 경쟁력은 거의 없다. 그리고 이것이 평범한 일본인들의 내 집 마련 저축액을 바닥낸다. 일본의 정치경제를 3C, 즉 Construction(건설), Consumption(소비), Control(관리)로 압축할 수 있는데, 우리는 여기서 일본국가의 특징으로 토건국가, 레저국가, 관료국가적 속성을 도출해 낼 수 있다(매코맥 저, 한경구 외 역, 1996).

그간 양적 팽창에 치중하는 식의 경제개발, 국토개발을 추진해 온 우리 사회도 이런 비판에서 자유롭지 못하다. 왜냐하면 우리 사회도 시민생활의 질을 실제로 좌우하는 안전, 환경 등 다양한 비경제적 요소들에 대한 주의를 극히 게을리 해, 이제는 '죽음의 질'조차 걱정하는 지경에 이르렀기 때문이다. 우리 사회의 부정적 특징은 다음의 2개념으로 잘 집약된다(장경섭, 1998: 266~269).

첫째, 폭증사회이다. 이는 생산과정의 효율성과 안전성의 개선보다는 노동력과 자원의 동원을 통해 외연적 성장이 이루어지는 사회이다. 이 과정에서 재난과 오염이 함께 커진다.

둘째, 날림사회이다. 속도효율(Speed Efficiency)은 '빨리 빨리의 사회학'[14] 등 부정적 문화로 정착했다. 이에 대한 집착은 담합적 부실을 낳았고, 안전사고를 일으킨 기업인에 대한 사법처리는 '산업유공자적 예우'를 갖춘 형식적인 것이 된다.

우리는 각종 사고로 인해 매일의 일상 속에서 수많은 전쟁을 치른다.[15] 자본의 탐욕, 관의 부패, 전문논리로 치장한 확률적 예방론이 대형사고의 3대 원인이다. 지난 30년간의 폭압적 근대화는 사고공화국을 세우고 지탱한 과정이었다. 즉 경영진의 탐욕이 전문가의 자문을 통해 합리화되는 대부분의 순간이 수많은 인명이 콘크리트 더미에 깔릴 운명에 놓이는 순간이었다. 더욱이 삼풍백화점 붕괴사고 당시 산

---

14 한국은 산업화국가 중 안전기록이 최악이다. 경제기적의 대가로 안전을 희생시키는 빨리빨리(ppalli-ppalli) 증후군을 앓고 있다. 일례로 건축 관련법규는 적용되지 않거나 아예 존재하지조차 않는다(영국 BBC, 1999. 10. 30자 보도).

15 매년 교통사고로 8천 명이 죽고, 이로 인한 사회적 손실비용은 무려 12조 5천억 원에 이른다. 산업재해로 매년 2,700명이 사망하고, 이로 인한 경제적 손실비용도 8조 2천억 원에 이른다. 더욱이 IMF 외환위기 이후 기업규제완화에 관한 특별조치법 발효 이후 안전 관련정책의 대부분이 완화, 폐지되었다. 그 피해는 고스란히 우리의 몫이 되었다. 2001년 자동차 1만 대당 교통사고 사망자는 약 5.5명으로 일본 1명, 영국의 1.2명, 미국의 1.9명에 비해 현저히 높은 수준이다. 연간 3만3천 건의 화재사고가 발생하는 등, 안전수준은 OECD 가입국 중 최하위이다(정재희, 2003: 125~127).

업안전업무 담당부처는 12개, 관련 법률도 63개에 이르렀지만, 서울시의 보유 장비와 자금은 보잘 것 없었고, 전체 장비의 90%는 기업체와 군의 지원을 받아야 했다.

결국 위험사회의 출현은 개발 지상주의의 붕괴를 상징한다. 그러나 집단 망각증 속에 부실공사는 더 심각해지고 있다. 대규모 토목, 건축사업은 생태적으로 지속 가능하지 못하고 사회적으로도 정의롭지 못한 결과를 빚은 채 거대한 파괴사업으로 전개되고 있는 것이다(홍성태, 2000: 221~253).

2. 안전권 확립을 위한 발전이념의 재정립

현대사회에서의 안전은 집단성을 띠는 경우가 많아 사회 전체의 노력으로 보장해야 할 공공재가 되어가고 있다. 따라서 이를 공공안전(公共安全: Public Safety)으로 자리매김하며 국가의 가장 핵심적인 공공사업영역이 되게 해야 한다. 특히 보편적 안전권이 보장되려면 국가 차원에서 발전이념의 재정립이 요구된다. 즉 안전복지 차원에서 경제발전의 공과를 재평가하고 국가와 사회의 발전노력을 재조정하는 작업이 필요하다. 여기서 시민은 안전에 대한 권리를 주장할 수 있다. 다음과 같은 개념과 지표들이 이를 위해 활용되어야 할 것이다(장경섭, 1998: 273~277).

❶ 안전국민소득(Safety GNP): 경제활동에 수반되는 신체적·심리적 안전의 위협을 감안해 국민소득의 변화를 재산정하여, 위험을 애써 감춘 경제성장지표의 허구성을 고발하는 것이다.

❷ 안전급부(Safety Payment): 사회 각 부문의 안전도 제고 역할을 파악해 이를 체계적으로 지원한다. 이에는 적절한 인센티브와 페널티가 적용되어야 할 것이다.

상기한 안전 개념이 국가정책으로 치밀하게 제도화된 나라가 바로 안전공화국 싱가포르이다. 이 나라에선 안전가치가 어떤 가치보다 선행한다. 즉 인간의 기본권으로 인식된다. 예컨대 도로의 특정지점에서 사고가 빈발할 경우 그 일차적 책임을 도로건설 및 관리주체에 강하게 귀속시키는 것이 싱가포르 정부의 방침이다. 사소한 일상에서도 안전의식이 커서 아이들 통학버스엔 기사와 별도로 안전요원이 배치된다. 그래서 이 나라의 통학 관련 안전사고는 제로에 가깝다. 버스 정류장엔 버스진입 차단장치가 설치되어 있고, 벤치 역시 버스의 진입방향에서 비스듬히 설치해 일말의 사고도 없도록 예방조치를 취한다. 안전규칙 위반 시엔 벌금이 과다하다 싶을 정도로 높다. 최근엔 공공 놀이시설 면허제도를 강화해, 놀이시설뿐 아니라 관련건물의 구조 및 골조도 엄히 규제한다(김태영, "안전공화국 싱가포르," 중앙일보, 2011. 12. 26자).

3. 안전사회 구축을 위한 각 부문의 역할분담

안전이 곧 국가경쟁력이다. 안전은 투자한 만큼 유무형의 효과를 거둘 수 있는 가장 확실한 정책으로서, 몇십 배, 몇백 배에 이르는 사회적 손실을 사전에 억제해주고, 국민이 쾌적한 환경에서 살게 해주기 때문이다. 대외적으로도 WTO 체제 출범 및 ISO 18000(안전인증) 도입이 급속히 추진되는 등 수출확대 및 선진사회의 진입을 위해서도 안전은 필수적 과제가 되고 있다. 이런 측면에서 안전사회 구축을 위한 각 부문의 체계적인 역할분담이 요구된다.

❶ 정부: 대통령 직속으로 국민안전위원회 등 안전 총괄기구를 설치해 재난, 산업재해, 가스, 전기, 화재사고 등 각종 안전분야를 총괄, 조정하게 해야 한다. 또 교통사고, 산업재해 등 각종 안전사고를 획기적으로 낮추기 위한 중장기계획을 수립, 집행해야 한다. 또 국가감리원을 두어 정부와 지방자치단체들이 발주하는 대형공사 감리를 전담하게 해야 한다. 그러면 시공자 눈치를 보는 감리는 대폭 줄 것이다. IMF 구조조정 이후 안전관계 공무원 인력이 계속 감축되어, 현재 기술직 공무원 1인당 관리 전담지역이 너무 넓다. 따라서 관계공무원의 인력확충과 안전전문 공무원 직제도 도입해야 한다. 지역실정에 맞게 기구, 정책도 재조정할 필요도 있다(정재희, 2003: 121~134). 복잡하고 까다로운 안전법규가 오히려 뇌물수수의 수단으로 전락하므로, 불필요한 규제를 풀고 감독, 관리 등 집행기능도 철저히 해야 한다. 이를 위해 정책실명제의 도입이 필요하다(이대희, 1998: 441). 즉 정책을 만들고 시행하고 감리한 공무원들의 이름을 밝혀 그 정책의 성패에 대해 책임지게 하는 것이다. 원래의 취지를 살리기 위해선 목적달성을 이루기 위해 담당자들이 그 정책과 생사를 같이하는 인사정책도 뿌리를 내려야 한다.

❷ 기업: 2003년의 한국 건설시장 규모는 951억 달러였다. 이는 세계 11위 규모이며, 따라서 우리나라는 '토건국가'의 징후를 보인다(조명래, 2003: 149). 따라서 커진 경제규모에 걸맞게 안전사회 구축에 동참하기 위한 기업인의 윤리의식과 법 준수 정신이 필요하다. 그러나 현재 기업들은 오히려 안전비용을 전가하거나 혹은 안전관리의 민영화, 상품화로 병 주고 약 주는 꼴이다. 또는 생수, 정수기산업 등 새로운 이윤을 창출하기도 한다. 그러나 정보의 불균형을 악용해 이윤창출의 도구로 삼아선 모두가 공멸하는 길이다. 따라서 기업과 국민 간의 신뢰를 쌓기 위한 기업의 안전시공 및 정기적인 유지, 보수가 필요하다.

❸ 전문가 집단: 건축 전문가들의 설계, 감리 및 안전 진단상의 무책임과 무능은

전문가 실패의 한 단면이다. 전문가 집단의 직업윤리가 안전권의 확보로 승화되어야 할 것이다. 또 이를 위한 감리실명제가 필요하다.

❹ 시민공동체: 안전 지킴이 등 안전한 삶에 대한 권리를 보장받을 수 있도록 체계적으로 대응할 수 있는 조직 역량을 배양해야 한다(장경섭, 1998: 280~291). 일례로 미국의 Taxpayers Against Fraud라는 시민단체는 정부의 세금 적정지출 여부를 면밀히 조사해, 만일 부정계약, 비리로 인해 잘못 쓴 세금을 적발할 경우 이를 자체적으로 회수해 세금이 안전사회를 만드는 데 제대로 쓰이게 한다.

18
세계가 함께 하고 싶은 나라 만들기
: 국격 완비

I. 21세기 발전이념으로서의 코피티션

기술전쟁, 경제전쟁이라는 국제무역의 열전(Hot War) 속에서, 국가 간 '경쟁'의 논리가 새로운 발전 이데올로기로 등장하고 있다(리스본 그룹, 채수환 역, 2000: 11). 그런데 이러한 경쟁 지향적 세계화는 자칫 민족주의와 보호주의, 반자유주의를 이끌어 내는 역효과를 낼 수도 있다.

Huntington의 문명충돌론[1]이 설득력을 갖는 것은 이런 맥락에서이다. 종래 제1세계, 제2세계, 제3세계식의 구분이 서구 중심의 정치·경제적 기준에 따른 구분이었다면, 이제는 긴 역사 속의 문화적 차이를 통해 형성된 각 문명권 간의 갈등과 전략적 상호작용의 필요성이라는 보다 장기적이고 근원적 차원에서 세계질서를 복원해야 한다. 20세기가 이데올로기 시대였다면, 21세기는 문화의 상호작용과 문화 간 갈등이 최대 현안이 되는 문화의 시대인 것이다. 물론 세계화가 서양식 소비패턴과 대중문화 확산 등 범세계적 단일문화를 초래할 것으로 예상되지만, 진정한 문화적 통합은 쉽게 이루어지지 않을 것이다. 따라서 문명충돌보다 문명 간 대화가 시작되어야 한다.[2]

지구촌 세계화는 이처럼 우리에게 국가 간 경쟁과 아울러 상호대화와 전략적 협력의 필요성을 동시에 요구한다. 따라서 21세기의 발전이념은 경쟁 속의 전략적 협력, 즉 코피티션(coopetition)이어야 한다. 경쟁이 승패가 엇갈리는 제로 섬 게임이라면, 코피티션은 윈-윈 구조이다. 이제 코피티션은 우리가 회피할 수 없는 필수의 조건이 되고 있다.

---

1 문명은 사람들이 인식할 수 있는 가장 큰 문화적 실체이다. 헌팅턴에 의하면, 서방권, 그리스 정교권, 중국권, 일본권, 이슬람교권, 힌두교권, 중남미권, 아프리카권 등 8개의 주요문명이 지구상에 존재한다고 한다.
2 이는 헌팅턴 교수의 1999년 유민기념 강연회 내용을 발췌한 것이다(중앙일보, 1999. 7. 14자 5면).

이런 맥락에서 우리가 필연적으로 맺어야 할 지구촌 사회계약으로는, ① 불평등을 제거하기 위한 기본욕구 충족계약(서구가 전세계의 물부족 인구 20억 명에게 물 제공, 무주택자 14억 명에게 주택 제공, 산업인프라 부족 40억 명에게 효율적인 에너지 자원 제공), ② 문화적 관용과 대화촉진을 위한 문화적 계약(매스 미디어를 통한 상대성의 인정과 대학간 교류), ③ 지구촌 공동경영과 지구촌 시민의회 구성을 위한 민주적 계약, ④ 지구촌 생태 계약(지속 가능한 발전의 완수를 위한 산림보존, 기후변화, 생물학적 다양성 확보, 지구촌 황폐화의 방지노력 등)이 있다(리스본 그룹, 채수환 역, 2000: 171~177).

II. 국제사회에서의 협력자적 역할을 통한 국격 완비

Singer(2002)에 의하면, 15~16세기에 지구는 둥글다고 증명되었고, 18세기에는 보편적 인권이 천명되었다. 20세기에 들어와 달 착륙을 통해 지구 밖에서도 지구를 보게 되면서 우리는 지구가 '하나의 세계'임을 알게 되었다. 그리고 21세기엔 우리 모두가 지구공동체 속에 살고 있기 때문에, 단일한 세계에 적합한 형태의 세계정부(예: 노동은 ILO, 환경은 유엔 경제사회보장이사회)를 개발해야 할 과제에도 직면해 있다. 또 지구공동체의 구성원으로서, 우리는 타국에 사는 이방인들을 도울 의무도 아울러 지니게 된다.

유엔은 이런 맥락에서 각국 GNP의 0.7%를 개발원조금의 목표치로 설정했는데, 일본은 0.27%, 미국[3]은 2000년에 겨우 0.1%를 내어 목표치의 1/7에 불과한 원조실적을 보인다. 참고로 세계은행은 제대로 된 행정이 이루어지는 나라의 경우 그 나라 국내 총생산의 1%에 해당하는 원조금을 지급받을 경우 빈곤과 유아 사망율을 1%씩 감소시킨다고 본다. 그럼에도 불구하고 세계의 3대 최대 기부국인 미국, 프랑스, 일본은 성장을 촉진하고 빈곤을 줄이는 데 가장 효과적인 나라에는 원조하지 않고, 자국의 전략적, 문화적 이익을 증진시켜 주는 특정국가에만 원조한다. 예컨대 미국은

---

3 미국은 팍스 아메리카나를 추구하고 있다. 워싱턴은 이라크 고립정책의 방패막이로 UN을 이용하면서도, 미국의 정책에 머리를 조아리지 않는 세계기구에 분개하는 공화당 우파의 영향력 때문에 유엔분담금을 많이 내지 않는다. 또 유엔을 통해 권한을 위임받지 못할 경우에는 유엔을 간단히 무시한다. 여러 나라가 심혈을 기울여 만든 합의문인 기후변화에 관한 교토의정서에 서명조차 안 했고, 국제형사재판소 창설을 내용으로 하는 로마규정에도 미군 및 미국관리의 기소대상 제외 특별대우를 요구하다가 국제사회가 받아들이지 않자 가입을 포기했다. 결국 9.11테러는 미국의 일방주의가 동맹관계를 훼손시키고 자초한 결과이다(벨로 저, 김공회 역, 2004: 23~48). 그런데도 불구하고 1992년 리우데자네이루에서 개도국 대표들이 선진국의 자원 과잉 소비문제를 제기하자 아버지 부시 대통령은 "미국적 생활양식은 협상거리가 아니다"란 식의 미국 국민이익 최우선주의를 고집했다(싱어, 김희정 역, 2003: 8~24).

이스라엘, 이집트 같은 군사적 우방에만 원조한다. 일본은 UN 등 국제모임에서 일본에 동조해 투표를 해주는 국가를 선호한다. 프랑스는 옛 식민지국가에 할애한다.

현재 덴마크, 노르웨이, 스웨덴, 네덜란드 등 북유럽 국가들만이 효율성 있는 정부를 가진 제3세계국가에 원조한다(싱어, 2003: 231~244).[4] 일례로 노르웨이에서는 시민의 의무를 다할 것을 요청하는 분위기가 강해 기부금을 걷는 사람이 더 당당하다. 노르웨이 국민들은 동구권이나 아프리카에 기부하기 위해, 연간 7천만달러를 시민단체에 기부한다. 여기에는 타자와의 연대(solidarity), 배려, 인명존중을 강조하는 사회민주주의 교육이 전제되어 있다(박노자, 2003: 72~82). 상기한 논의를 토대로 할 때, 우리는 결국 "한 나라의 국격(國格)은 바로 그 나라 국민이 만든다"는 사실을 발견할 수 있다.

역동적 경제성장을 거듭해 온 한국은 1990년대 중반에 선진국 경제클럽이라 불리는 OECD에 가입하긴 했다. 그러나 OECD에의 가입은 곧 우리를 진퇴양난에 빠뜨렸다. 당장 시장을 더 열어야 하고 개도국 원조도 늘려야 했다. 즉 OECD 가입으로 분담금 30억 원, 국제결제은행(BIS)에 900억 원을 추가 출자해야 할 뿐 아니라, 공적개발원조(ODA)와 국제개발협회(IDA)에도 수백억 원씩 출자해야 하는 등 진입비용이 만만치 않았다(송재복, 2000: 303). 기업이 지켜야 할 환경기준, 소비자 보호조항도 더욱 까다로워졌다. 이처럼 OECD 가입에 따른 부담은 즉각적, 구체적이지만, 그 이득은 추상적, 장기적이다. 여기서 우리는 선진국으로서의 국가 격조를 살리는 문제, 즉 국격의 문제에 심각하게 봉착하게 되었다.

애당초 서방 공업국에는 선진국이란 개념이 없었다. 그러나 제2차 세계대전 이후 1950년대에 걸쳐 북반구의 소수 부국과 남반구의 다수 신생독립국 간에 남북문제 갈등이 표면화될 즈음, 개발된 공업국들과 저개발된(underdeveloped) 나라로 세계 각국이 양분되기 시작했고, 1950년대 당시 일본인이 서방을 지칭할 때 선진국 용어를 사용하기 시작하자, 서방의 언론들도 이것이 싫지 않아 선진국 개념 확산에 일조했다.

하지만 국제적으로 합의된 선진국 기준은 아직도 없다. 지금까지 1인당 국내총생산, 철강 생산량, 첨단산업의 기술수준, 공적개발 원조액 등이 그 기준으로 언급될 정도이다. 단 개발도상국에게 일반 특혜관세제도를 실시하지 않는 나라나 도하 개발 아젠다 등 다자간 무역협정 중 농업 부문에서 개발도상국의 대우를 요구하는 나라는 선진국으로 간주되지 않는다. 한국은 UR 협상에서 개도국의 지위를 상실했는데,

---

4 국민소득에서 차지하는 대외원조 비중을 보면(OECD: 중앙일보, 2007. 2. 2자), 노르웨이 0.87, 네덜란드 0.74, 프랑스 0.42, 스위스 0.41, 영국 0.36, 독일 0.28, 일본 0.19, 미국 0.16순이고, 우리 한국은 0.060이다.

한국처럼 개도국 졸업을 강요당한 나라들은 WTO 통계상 신흥공업국 그룹으로 분류된다.

현재 제반 국제협약상 선진국의 의무를 준수해 선진국 그룹으로 분류되는 나라는 유엔, WTO 및 IMF 통계상 미국, 캐나다, 서유럽의 18국과 호주, 뉴질랜드, 일본 등 23개국 정도이다. 한국도 구미의 선진국들처럼 국제협약상 선진국으로서의 의무를 충실히 준수할 경우 선진국 그룹의 멤버십 자격이 가능할 것이다(안영환, 2007: 132~133). 즉 경제력에 걸맞은 나라로서의 품격을 국제적으로 보여줘야 선진국이 되는 것이다.

지정학적 특성과 무역 및 자원의 해외의존도,[5] 핵과 군사조건 등을 감안할 경우 가장 '세계 의존적 국가'의 하나인 우리나라의 입장에서는, 범인류적, 전지구적 차원의 문제인식과 행동규범을 창조하고 실천해야 할 불가피한 위치에 있다(김진현, 1996: 45~47). 따라서 21세기의 발전이념으로 대두한 코피티션이 우리가 갖추어야 할 필수 덕목으로 다가온다. 우리는 국가 간의 포괄적 협력체제 안에서 자국의 이익을 국제적 이익과 조화시킬 수 있는 정치적 능력과 장치를 갖추어야 한다(박형준, 1994: 42~45). 그러기 위해선 우리가 세계화 시대와 뉴 라운드가 요구하는 국제규범을 준수하고 유엔 사회개발 부담금 조성에 참여하는 등 선진국으로서의 면모를 갖추어 나가는 데 전략적으로 진력해 나갈 필요성이 있다.

선진국은 추종자 신세에서 벗어나 국제사회에서 지도자가 되는 나라이다. 이렇게 되면 부담도 커진다. 후진국 원조에 쾌척하는 여유와,[6] 환경, 보건, 인권 등 다방면에서 책임 있는 행동을 보여줄 필요성도 커진다. 달리 말해 국제사회에의 공헌능력을 갖추어야 한다(이한구, 1995: 158~160). 그렇다면 어떻게 할 때 국제사회에 협력하며 범지구적 문제의 해결에 참여하는 격조 높은 나라, 즉 국격을 갖춘 선진국으로 발돋움할 수 있는가?

첫째, 세계의 발전에 무임승차하지 말고 경제력에 상응하는 방향으로 국제사회

---

5 무역이 전체경제에서 차지하는 비중이 22%인 미국, 일본에 비해, 우리나라는 국내총생산의 70%를 무역에 의존한다. 특히 우리나라는 식량 73.3%, 에너지의 97.3%를 수입에 의존한다. 전세계 229개 국가 중 212개 나라에 8,000종을 수출하고, 207개국에서 10,000종을 수입한다. 수출의 50% 이상이 후진국이고, 수입의 60% 이상이 선진국이다(송병락, 1998: 168~169).

6 벨기에의 베르호프스타트 총리는 특정 세계화, 반세계화의 지지논쟁보다는 빈국들로 하여금 개발혜택을 받을 수 있도록 자유무역을 넓히는 등 실질적으로 지원해 주어야 한다고 말한다. 유럽은 매년 1억 2천만 유로, 즉 약 1,400억 원의 개발원조금을 남아프리카 국가에 지원하면서 한편으로는 이들 나라로부터의 농산품 수입을 규제하는데, 이러한 선진국 도움 속의 위선은 향후 꼭 없어져야 한다는 것이다(중앙일보, 2002. 10. 18자 15면). 선진국들은 과대 채무빈국의 부채탕감 프로그램에도 더 많은 기금을 제공해야 한다. 빈국의 긴급한 자원요청을 외면해선 안 된다.

에서의 협력자 역할을 다해야 할 것이다. 그간의 한국은 국제지원에 인색한 수전노 국가였다. OECD의 통계에 의하면, 2006년 우리나라가 타국을 위해 쓴 돈은 4억 5천만 달러인데, 이는 무상, 유상, 다자간 원조를 다 합친 공적개발원조(ODA) 액수이다. 그런데 문제가 되는 것은 소득 대비 원조의 비율로서 2006년의 OECD 회원국의 평균 원조액은 0.3%인데, 우리는 0.05%로서 꼴찌 수준이다. 공적개발원조의 질적 구성도 문제로서 우리의 원조는 절반만 무상이고 나머지는 유상원조로 빌려준 것이다. 그것도 한국 기업들이 제공하는 물품만 구매해야 한다는 조건을 붙이는 구속성 원조가 대부분이다.

이제부터는 국가의 경제규모 및 외교역량에 맞게 '기여외교'를 해야 한다. 유엔이 2015년 목표치로 설정한 0.7%는 안 되더라도, OECD 평균치는 내야 한다. 개발경험을 모델화하려는 나라에 ODA와 함께 개발 노하우를 제공하면 한국의 국가위상 제고에도 보다 기여할 수 있다(배명복, "미래를 위한 투자," 중앙일보, 2012. 4. 26자). 국제개발원조는 미래의 국제 파트너를 키우는 과정이기 때문에, 인재 양성과 기술전수 등 한국식 가난 퇴치법과 발전경험 및 개발 노하우를 이식해주는 것도 의미가 있다. 일례로 최근 한국국제협력단(KOICA)은 종래의 현금지원과 달리 한국의 발전정신과 개발 노하우를 전수하며 마을회관 건립, 영농법 개선을 병행하는 방식을 시작했는데, 현금을 원하던 국가들에게 우리의 이런 개발경험과 자신감을 전수하자,[7] 떡고물 없는 한국식 원조에 많은 나라가 극찬을 보낸다. 개발 노하우, 인프라, 인력을 지원해주는 맞춤형 ODA로 개발효과를 보기 시작한 것이다.

둘째, 책임 있는 국제사회의 일원으로서 인권보장에 힘써야 한다. 특히 국가 이미지에 먹칠하는 외국인 차별대우 문제를 심각하게 고려하기 위해, 외국인 근로자 처우 등 보다 과감한 개선책을 강구해야 한다. 또 한국에 망명하려는 외국난민들의 심사절차를 완화해야 한다. 외국을 관광할 경우엔 추악한 한국인 모습을 근절하고, 외국인이 일하기 좋은 나라 등 국가브랜드 가치도 향상시켜야 한다.

셋째, 젊은이들이 국제기구에 활발히 진출해 세계발전에 기여하도록 정부와 전문교육기관의 견고한 협력체제 구축이 필요하다. 5만여 명의 국제기구 직원 중 한국인 수는 우리 국력에 비해 너무나 부족한 실정이다. 한국인 직원이 전무한 국제기구도 한두 곳이 아니다.(구삼열, "유엔총장 친정집이 할 일," 중앙일보, 2006. 10. 17자). 향후

---

7 우리 정부는 과학기술 관련 사업을 공적개발원조 사업에서 중요한 부문으로 다루어왔다. 과학기술이 얼마나 큰 비중을 차지하는 지는 개발기여도지수(Commitment to Development Index)만 봐도 알 수 있다. 미국 워싱턴 소재의 싱크탱크인 글로벌개발센터(Center for Global Development, CGD)는 매해 세계 최고 선진국들의 국제개발 원조사업을 분석하는 보고서를 발간하는데, 2018년 보고서의 종합평가에서 한국은 꼴찌로 지목됐지만, 과학기술 부문에선 1위를 차지했다(김규리, 2018),

우리나라가 보다 많은 국제기구에 가입하고 또 우리 젊은이들이 이 기구에 활발히 진출해, 범지구적 문제의 논의과정에서 적극 발언하고 문제해결에 헌신함으로써 우리의 국격을 대변해야 할 것이다.

넷째, 가치를 형성하는 연성(軟性)의 힘이 상대적으로 중요해지는 21세기에는, 도덕, 규범, 문화와 같은 면에서 가치 선도국이 되어야 한다.[8] 즉 가치형성국가로서 지구적 가치를 실행할 뿐만 아니라 지구촌의 주요문제에 대해 세계적 규범을 만들어가는 나라가 되도록 노력하는 것이 중요하다(임혁백 외, 2000: 169~196). 동―서양의 충돌, 자본주의―공산주의의 대결, 대륙세력―해양세력의 각축과 전 산업사회, 근대화, 세계화의 충격을 모두 겪으며 문명 간 갈등구조의 한 가운데에 위치해 온 한국이 인류의 보편적 가치와 민주주의를 실천하는 균형자로서의 역할을 다할 때 세계평화의 선구자로서 자리매김될 것이다(염동용, 2002: 55). 우리가 지방편협주의 (parochialism)에서 벗어나 우리 고유의 문화와 가치에 슬기롭게 접근할 수 있다면, 우리는 범지구적 가치의 형성과 국제행정의 실질적 발전에 실제로 기여할 수 있다. 예컨대 인화(人和)를 강조하는 아시아적 가치는 다자간 무역협상에서의 신속한 합의 도출과 세계평화 유지에, 또 인간 관계윤리에서 비롯된 책임윤리를 강조하는 유교의 오륜(五倫) 규범은 선―후진국 간 원조 및 국제적 도움체계의 정신적 토대 구축에 각각 응용할 수 있겠다(이도형, 2006).

다섯째, 지역주의[9]에의 다각적 참여도 요구된다. 특히 동북아에서 오직 통일한

---

8 일찍이 프랑스, 독일 등 유럽의 국가들은 소프트파워의 중요성을 깨닫고 자국의 문화를 수출해 왔다. 예컨대 독일은 1951년 괴테 인스티튜트를 만들어 수출했는데, 이를 본떠 현재 한국, 중국, 일본, 인도 등 아시아 4국이 자국의 문화를 전세계에 알리기 위해 전략적 육성정책을 경쟁적으로 펼치기 시작한다. 외국인들이 그 나라말을 쉽게 배우게 곳곳에 언어아카데미를 개설하고 전통문화 체험기회를 제공하고 있다.

표 18-2 **| 아시아 4국 문화브랜드 수출전략 |**

나라별 담당기구	주요기능	현황, 계획
한국의 세종학당	한글보급, 우수성 홍보	2007년 초 몽골, 중국에 첫 개설계획. 금년 하반기에 중앙아시아에 2~3곳 설립. 앞으로 100곳 이상 확대추진
중국의 공자학원	중국어 보급, 서예, 다도, 시문학 등 전통문화 전파	현재 78곳 운영. 100개 이상으로 확대할 방침
일본의 일본어 센터	일본어 교육, 문화를 알리기	10곳에 운영 중. 아시아, 유럽, 미주 등 100곳에 설치할 계획
인도의 간디 아카데미	간디의 비폭력 저항정신 등 인도 철학, 문화 전파	현재 신설 추진. 워싱턴, 파리, 베이징 등 22곳에 인도문화센터 운영중

출처: 중앙일보, 2007.1.20자 참조.

9 최근 동아시아에서 서서히 나타나는 일련의 지역주의적, 다자주의적 움직임은 비록 제한적이긴 하지만 세계질서 구축에 동참하려는 이들 국가의 의지를 보여준다. 이는 유럽, 북미의 지역주의의 자극을 받아 역내 교류, 협력 증대로 고무되고 있다. 특히 환경, 마약, 테러, 범죄를 각국의 문제가 아닌 지역문제로 인식하게 된 동아시아 각국은 지역차원에서의 협력 모색에 관심을 보이기 시작한다. 동아시아 각국들은 UN의 활동과 WTO 등

국만이 이 지역의 균형과 조화를 조절해 나갈 수 있는 유일한 국가라는 적극적 홍보 역할이 필요하다. 즉 동북아 공동의 집(공동의 안전보장, 공동의 성장, 공동 환경보전, 공동의 복지추구) 구상을 총괄할 주체로서 한민족의 역할을 강조해야 하는 것이다(임현진, 1998: 17~21). 다행히 한국이 추진하는 동북아 지역협력대화체제(NEACD)는 한, 미, 일 공조에 러시아, 중국이 참가하는 실질적 회의체로서, 한반도에서의 냉전구조 해체에 기여할 수 있다. 이를 통해 동아시아에 지역질서가 형성되면 지역협력의 틀이 중국, 일본을 중심으로 마련될 것이며, 한국도 이들의 중간에서 균형자 역할을 담당할 수 있다(박흥규, 2002: 63~74).

III. 세계시민으로서의 한국인의 행동좌표

그렇다면 우리는 국제사회에서의 협력자적 역할을 잘 소화해낼 수 있겠는가? 여기서는 국격 완비와 연관해 국민 한 사람 한 사람이 무엇을 어떻게 해야 하는지를 구체적으로 살펴보고자 한다.

선진국 사회는 지켜질 수 있는 사회규칙을 중시하고, 안 지켜지면 이를 즉시 제어한다. 또 공익 우선의 정신과 공공질서를 사수하며, 더불어 산다는 의식이 강하다. 이것이 바로 선진의식의 인프라스트럭처이다. 그러나 우리 사회의 경우는 아직은 '공공재산 만들기'가 매우 어렵다. 이한구(1995: 162~163)의 지적에 의하면, 우리는 같이 어울려 무엇을 만들기보다는 나만 이용 가능한 서비스 확보에 열중한다. 예컨대 엄청난 과외 수업비를 내면서도 학교시설의 확충비 지원을 외면한다. 생수를 사 먹으면서도 수도요금 인상에 인색하고, 자가용을 끌면서도 SOC 특별 부담금에 반대한다.

특히 서방인의 눈에 비친 한국인은 빨리빨리 증후군(quick, quick, quick)을 앓는 병자이다. 예컨대 한국의 기업인은 계약내용을 검토하기도 전에 합의문에 서명부터 하자고 외국인에게 조르고, 외교관은 상대국 정부의 답이 예스인가 노인가를 확인해 상부에 보고해야 하기에 상대국 외교관들을 괴롭힌다. 정치인은 이기지 않으면 진다는 강박관념의 노예이다. 따라서 흑백 사이에 무수히 많은 농도의 회색, 즉 시간의 흐름에 따라 달라지는 협상의 상황, 경쟁자와 함께 승리하는 제3의 가능성이 우리에게는 없다고 비판을 받는다(김경원, 2004: 178).

다자간의 협력기구에도 적극 동참한다. APEC은 경제협력을 목표로 하고, ASEAN이 주도하는 ARF와 한국이 추진하는 동북아지역협력대화체제(NEACD)는 안보협력체제 차원에서 추진되고 있다(박흥규, 2002: 61~62).

그러나 Brandenburger & Nalebuff은 코피티션이 한국인의 기본성향이 될 수 있다고 본다. 역사적으로 볼 때 한국인은 개인주의적이면서 공동체주의적인 양 성향을 갖고 있으므로, 어느 인종보다도 경쟁과 협력을 잘 조화시킬 수 있는 사람들이라는 것이다(송병락, 1998: 87~94). 중국과 같은 대국도 아니고 일본과 같은 부국도 아니지만, 이처럼 한국이 외국인의 눈에 아시아의 보석으로 보이는 것은, 한민족의 동양문명에의 기여와 서양문명에 대한 포용성, 즉 외래문화 수용능력과 동서양의 문화를 잘 조화시킬 수 있는 지혜 때문이다.

우리가 한민족 특유의 이러한 특성을 적극 발휘할 때 우리는 새로운 한국은 물론 새 동아시아, 새 세계 건설에서도 중요한 역할을 할 수 있다. 특히 우리는 중국, 러시아 등의 대륙세력과 일본, 미국 등의 해양세력을 연결해 주는 가교(架橋)로서, 동아시아 지역국가는 물론 동아시아와 여타 지역 간의 교류와 협력, 나아가 이들 간의 민주적 평화와 안정을 구조화하는 열쇠를 갖게 된다(박흥규, 2002: 67).

그러기 위해선 우리 사회 내부에서부터 전략적 협력이 전제되고 생활화되어야 한다. 국가를 구성하는 인적 자본으로서의 국민이 단결력, 협동심, 근로욕에 불타는 정신력의 강자가 되어야만 강한 나라가 될 수 있다(삼성경제연구소, 1994: 31~35). 따라서 국민단합과 협력 등 사회문화의식의 배양은 우리가 필히 개발해야 할 또 하나의 국가잠재력 요소이다.

19

나라 살림살이의 질 높이기
: 행정개혁

I. 정부경쟁력 제고를 위한 행정개혁의 필요성

피터 생게(Peter Senge)는 21세기를 붕괴의 세기라고 부른다. 즉 세계화 시대를 맞아 국경과산업의 경계, 정부의 권위와 기능, 공교육제도, 사회조직체 모두가 붕괴되고, 따라서 지금은 새로운 시스템을 구축해야 할 때라는 것이다(송병락, 1998: 232). 이런 점에서 볼 때 김영평(1994: 242~261)의 지적처럼, 스스로의 변신에 실패했기에 경쟁력 하락을 체험해 온 우리 정부에게 있어, 이제 정부 경쟁력은 단순한 병리적 치유의 문제가 아니라, 새로운 개념과 패러다임의 변화로서 대처해야 할 본질적 과제가 되고 있다.

세계화 체제 하에서 확대되는 국경 개방으로 인해 국가의 품질은 더욱 중요해지고 있다. 국가의 품질은 행정서비스, 경제운영관리능력, 사법제도, 금융시스템 등 국가 운영체제의 전반적 품질상태를 말하는데, 이는 정부와 관료제의 통제 아래 놓여 있다. 따라서 정부가 제공하는 행정서비스 등이 글로벌 경쟁우위 요소 중의 하나로 중시되면서(프리드먼 저, 신동욱 역, 2002: 283~284), '나라 살림살이의 질'[1]을 높이기 위한 정부경쟁력 강화 필요성이 자연히 제기된다. 아래에서는 개혁의 수요가 큰 행정개혁 대상들을 중심으로 우리나라 정부의 경쟁력 수준을 먼저 조명해 본다.

---

1 지금까지 이 책에서 국민생활의 질을 압축적으로 표현한 의미로 사용한 국질은 여기서 논의하는 국가운영체제의 품질을 가리키는 용어로도 합당하다. 그러나 논의의 혼란을 피하기 위해 국가운영체제의 품질은 국질이란 직접적 용어보다는 '나라 살림살이의 질'로 구분해 표기한다.

표 19-1 IMD의 한국 국가경쟁력 순위변화

연도	1998	2000	2002	2012
국가 전체	36	28	27	22
경제운용 성과	22	13	24	27
정부행정 효율성	42	33	25	25
기업경영 효율성	35	27	27	25
경제 인프라	38	28	28	20

출처: 정충식(2003: 171); 서울경제신문(2012. 5. 31자)에서 참조.

1. 부패국가

한국은 인터넷을 통한 행정서비스 수준에서는 미국, 호주, 싱가포르 등과 함께 최고수준인 '전자거래 및 전자지불 가능 국가군'에 속해 있다. 우리나라는 2012년 UN이 실시한 전자정부 평가에서 2010년에 이어 2회 연속 세계 1위를 달성함으로써 전자정부 선도 국가임을 다시 한 번 확인시켰다. UN의 전자정부 평가는 UN 경제사회처 공공행정국에서 전세계 192개 회원국을 대상으로 각국의 전자정부 이용역량과 의지, 온라인 정책 참여수준 등 전자정부 전반에 대해 측정하는 것으로서, 국가 간 전자정부 발전수준을 비교할 수 있는 가장 공신력 높은 지표이다(디지털 타임스, 2012. 3. 1자).

반면 우리나라의 부패수준은 상대적으로 창피한 수준이다. 부패의 척도인 BPI 지수(Bribe Payers Index: 뇌물공여지수)는 최근 많이 개선되긴 했지만, 2011년 10점 만점에 7.9점의 점수를 얻어 조사대상 28개국 중 13위를 차지했다. 2008년 뇌물공여지수조사에선 7.5점을 얻어 22개국 중 14위를 차지한 바 있다. 한편 국제투명성기구 부패인식지수의 원자료에 포함되는 홍콩의 정치경제위험자문공사(Political and Economic Risk Consultancy, Ltd.)에서 지난 2011년 3월 23일 발표한「아시아 지역부패지표」에 따르면, 한국의 부패지수는 아시아 16개국 중 9위로 2010년 대비 3단계가 하락했다. 특히 민간분야는 최하위인 16위로 가장 심각한 수준으로 평가되었다. 한편 CPI 지수(Corruption Perception Index: 부패인지지수)는 특정국가의 전반적 부패정도를 측정한 것인데, 우리나라는 2011년 현재 10점 만점에 5.4점으로 지난해 39위에서 43위로 하락한 것으로 나타났다. 특히 OECD 가입 34개 국가 중에서는 27위로 하위권에 머물렀다(뉴스와이어, 2011. 12. 1자). 우리나라의 CPI 순위가 하락한 것은 연례화된 고위공직자와 기업인 등의 대형 부패사건이 우리나라에 대한 부패인식을 악화시켰기 때문으로 보인다.

WEF의 보고서에 따르면, 한국의 부패지수는 세계 51위로 말레이시아(36위), 중국(48위)보다도 낮고, 55위인 아르헨티나와 비슷한 수준이다. 수출입, 정부조달, 조세 징수에서의 뒷돈 제공에서는 각각 41위, 51위, 57위를 기록하여 행정투명성이 아직도 낮은 것으로 분석됐다. IMD 보고서에서도 정부투명성 항목에서 36위를 기록하여 말레이시아(21위), 태국(32위), 중국(12위)보다 낮은 평가를 받았다.

실제로 우리가 피부로 체감하는 공직부패 정도는 이것보다 더욱 심각하다. 일례로 삼풍백화점 건축과정에서 관계 공무원들이 받은 뇌물액수는 총 2천여만 원이 채 못 되지만, 그 피해액은 무려 3천 5백억 원으로 부패 때문에 발생한 비용은 거의 2만 배에 이른다. 국제투명성기구(TI)의 2001년도 부패인지지수를 바탕으로 부패비용 보고서를 쓴 한 하버드대 교수의 분석에 의하면, 국가청렴도가 4위인 싱가포르에서 36위인 말레이시아 수준으로 하락할 경우 한계세율이 20% 이상 오른 효과를 보인다고 한다. 그런데 한계세율이 1% 증가할 경우 외국인의 직접투자는 5%씩 감소한다. 국내의 한 연구에 따르면, 우리의 국가청렴도가 일본 수준으로 개선되면 경제성장률은 1.4~1.5% 향상될 것으로 본다.

핀란드와 싱가포르는 향후 20년 뒤 1인당 국민소득이 6만 달러를 넘을 것으로 예상되는데, 이는 청렴한 정부와 투명한 경제시스템 때문이다. 반면 중국의 부패로 인한 손실은 GDP의 3~5%인데, 이는 중국의 교육, 환경, 실업문제를 해결하는 데 소요되는 비용에 맞먹는다. 2001년 영국의 Economist지는 산하 연구기관을 통해 투자위축의 걸림돌을 조사했는데, 테러 등 안보위험은 35점인 데 비해, 부패와 정부의 비효율성은 55점으로서, 국제 테러보다도 정부의 부패가 자국의 경제환경을 더 위축시키는 것으로 분석된다(김정수, 2003: 26~28). 따라서 ① 정부계약 및 사업발주과정의 부패를 차단하기 위한 전자입찰제, ② 부조리 발견시 계약 취소 및 향후 입찰자격을 박탈하는 청렴서약제, ③ 부패취약 분야별 업무처리 흐름도의 작성을 통한 위험부문 발견과 합리적 개선 등 다양한 부패방지대책이 필요하다(이은영, 2003: 238~239). 공직부패에 대한 엄정한 처벌이 요구됨은 더 말할 나위도 없다.[2]

2 예컨대 FDA(미국 식품의약국)은 의료기구, 가정용기구, 화학약품, 화장품, 식품첨가물, 식료품, 의약품의 안전 기준을 세우고 검사시험 승인업무를 관장하는 기구이다. 따라서 관련기업이 이 기구의 안전승인을 받는 순간 최소 수억 달러의 이익을 보장받을 정도로 이 기구의 승인은 그 자체가 공정성으로 상징된다. 따라서 FDA는 그만큼 직원들에게 엄격한 직업윤리를 요구한다. FDA의 윤리규범에 따르면, 직원들은 20달러를 넘는 선물을 받지 못하고, 식사대접도 10달러 이상은 금지이다. 그런데 한 연구직원이 45달러 상당의 스웨터를 선물로 받은 것이 발각되었다. 그는 곧바로 해직된 뒤 취직이 쉽지 않아 주유소의 일자리를 전전했다는 뼈아픈 예가 있다(김정수, 2003: 29~30).

2. 규제국가

부패와 더불어 한국의 행정개혁에서 또 하나 강조되어야 할 사항이 우리의 잘 못된 규제관행이다. 흔히 미국이 자유시장(Free Market)이고, 일본이 관리되는 시장 (Managed Market)이라면, 한국은 규제된 시장(Regulated Market)이란 비판을 많이 한 다. 이는 한국 정부가 민간부문에의 간여를 넘어 기업의 권리와 이익까지 제한하는 경우가 많음을 비유한 것이다. 일례로 영국의 Economist지는 한국 정부는 주류(酒 類)회사에게 술병의 모양까지 지시한다고 비판한다(송병락, 1998).

실제로 공무원들은 인허가 및 규제과정에서 관련규정만 들먹이기 일쑤이다. 자 신의 업무에 조금이라도 걸리는 규정이 나오면 전혀 안 움직인다. 또 기업하는 사람 들을 돕기 위한 업무의 적극성도 떨어진다. 일례로 몇 년 전 기획재정부가 업무실수 로 빼놓은 DVD−R 항목 관련서류를 다음 항목의 조정 때 반영하겠다고 한 뒤 꼬박 1년을 기다리게 한 사례도 있었다(중앙일보, 2004. 2. 10자). 이는 국민의 국정대리인으 로서의 정부의 존재이유를 상실한 처사이다. 그러다보니 국민이 낸 세금은 공공서비 스로 제때 돌아오지 못하고, 우리가 느끼는 세금해방일(Tax Freedom Day)[3]은 자꾸 뒷걸음질치고 있다.

우리 정부의 경쟁력이 국가 경제규모에 훨씬 못 미치며, 민간부문의 발전에도 걸림돌로 작용한다는 비판이 끊이지 않은 것은 이러한 행정현실에서 기인한다. 이런 예는 얼마든지 들 수 있다. 일례로 많은 나라가 외국인 투자자를 돕는 원 스톱 서비 스 형태의 정부기구를 두고 있다. 즉 아일랜드의 산업개발청, 영국의 무역투자청, 싱 가포르의 경제개발청, 말레이시아의 공업개발청들이 바로 그것이다. 그러나 우리나 라에는 현재 이런 독립기구가 없고 밥그릇 싸움만 한창이다.

그러다 보니 IMD의 평가에 의하면, 우리나라의 대외개방 정도는 최하위권에 맴 돈다. "한국에서 살아남으면 세계 어디서도 살아남는다." "한국에서의 1년 생활은 다른 나라에서의 10년과 맞먹는다"는 비난은 이러한 부정적 평가를 반영한다(중앙일

---

3 세금해방일(tax freedom day)은 한 나라의 조세부담률을 연간 일수로 분할해 산출한 날인데, 2011년엔 3월 18일이었다. 즉 국민이 1월 1일부터 3월 17일까지 일해 번 돈은 정부에 세금내기 위해 다 쓰이고, 3월 18일부 터 번 소득이 비로소 자신이 소유하고 쓸 수 있는 돈이 된다. 세금은 하루일과 중에서 매일 부담하는 것으로 도 나타낼 수 있는데, 하루 9시간 근무로 계산하면, 오전 9시에서 10시 33분까지 일한 시간은 세금내기 위 해 일한 것이다. 1992년의 3월 10일에 비해, 2011년엔 세금해방일이 8일이 늦어졌다. 김영삼 정부 때 3월 15 일, 김대중 정부 때 3월 20일, 노무현 정부 때 3월 30일로서 계속 지연되었다. 현 정부 들어 2011년 현재 3 월 18일로 줄어들었지만(최승노, csn@cfe.org), 아직도 국민이 번 소득은 상당한 시일이 걸려야만 비로소 자 기 주머니 속에 들어올 수 있다.

보, 2004. 2. 10자). 실제로 스위스 국제경영개발원(IMD)는 2012년 우리 정부관료제의 효율성4을 25위로 평가했는데, 아직은 세계 11~13위인 우리의 경제규모에 비하면 상대적으로 처지는 순위이다. 따라서 우리의 경제력에 걸맞는 제도정비와 일관성 있는 정책집행이 행정개혁 차원에서 조속히 이루어져야겠다.

3. 경쟁력 없이 군살이 많이 낀 정부

참여정부의 제반정책에 대한 한 국민의식조사 결과(중앙일보, 2006)에 의하면, 10대 주요 정책과제 중 보통 이상의 점수를 받은 정책은 하나도 없었다. 10점 만점 중 부정부패 비리 방지 1.96점, 교육개혁 2.06점, 주택정책 2.09점 등 국민의 정책만족도 매우 낮은 실정이다. 한편 시급한 해결과제로는 실업문제 60%, 물가안정(부동산정책) 50%, 빈부격차 해소 45% 등이 제기되고 있어, 민생문제의 심각성을 잘 보여주고 있다.

그러나 이러한 시급한 민생정책을 슬기롭게 추진해야 할 현 정부의 역량과 정책품질은 너무나 현실감이 없었다. 그 속사정들을 자세히 알아보자.

먼저 참여정부는 기존의 정부조직을 업무기능별로 쪼개 기획단을 만들고 본부(단), 팀제를 두어 효율성을 높이려 했지만, 업무절차만 더 복잡해졌다는 비판이 적지않다. 특히 TF 팀 도입 등이 유행했지만, 무늬만 팀제인 경우가 많았다(중앙일보, 2006. 5. 10자). 자리 만들기 등 폐해도 여전한 채, 조직과 예산은 쉽게 줄지 않는다. 중앙부처수는 18부 4처 17청으로 미국, 일본보다도 많았다.

공무원수 증가도 확연한데, 참여정부 5년 동안 공무원이 5만 명이나 늘어났고, 규제도 235개(총 규제등록건수 8,029건)나 늘었다. 공장, 주택, 건설 규제가 604건, 공정거래 167건, 노동 367건 등 3분야의 규제 증가가 눈에 띈다. 골프장 건설 인허가 과정에 도장 900개를 요하는 등 부처끼리 서로 발목을 잡는 폐해도 여전하다. 그 이유는 공무원이 늘면 규제도 늘기 때문이다. 한국정책학회의 참여정부 규제개혁 체감도 분석에 따르면, 주택·건설 분야 지수는 5점 만점에 2.86점, 환경 2.98점, 노동·안전 3.0점, 금융·세제 3.05점, 공정거래 3.06점, 공장입지 3.11점 순이다.

특히 군 단위의 공무원 수도 크게 증가했는데, 그 이유는 과거사정리기본법에 따라 16개 시도 및 234개 시군구에 공무원 1명씩 배치, 행정혁신을 위한 890명의 지

---

4 IMD가 정의하는 국가경쟁력의 개념구조 중 정부의 효율성 지표는 84개이다. 이는 정부정책이 경쟁력 제고에 부응하는 정도로서, 공공재정력/ 재정정책/ 제도적 틀/ 민간기업 활동과 관련된 입법/ 교육 등이 이에 포함된다(황성돈, 2003: 22).

방공무원 증원, 일제강점기 강제동원 피해자 및 동학혁명 참가자 유족조사를 담당하기 위한 공무원 100~200명 증원, 공무원노조 담당공무원 신설 등 공무원 증원이 불가피한 것으로 보기 어려운 경우가 더 많다(중앙일보, 2006. 3. 10자; 2007. 4. 24자). 반면 이웃나라인 일본은 국가공무원을 5년간 5% 감축하고, 하루 30분씩 인정하던 공무원 유급휴식제도도 폐지해 우리나라와 좋은 대조를 보인다.

우리 정부는 산하기관을 포함시킨 국제기준을 따를 때 GDP 대비 정부 씀씀이(2004년 기준)도 너무 크다. 한 국제비교조사에 의하면(중앙일보, 2006. 4. 5자), GDP 대비 정부지출은 스웨덴 57.3%, 덴마크 55%, 프랑스 54.4%, 캐나다 40.5%, 한국 37.9%, 일본 37.5%, 미국 36.4%, 아일랜드 34.2%, 말레이시아 31.1% 순이다. 정부규모의 판단은 공무원 수보다는 정부지출 정도가 일반적이다. 한국은 정부지출에서 공사, 공단, 연구원 대부분을 제외하지만, 미국은 지방공무원 퇴직연금공단도 포함시킨다. 국제기준에 따르면 우리의 중앙, 지방정부 지출은 10년 새 2.6배나 증가한 것이다. 따라서 새 기준에 따르면 우리 정부는 1년에 77조 원을 더 썼다는 계산이 나온다.

II. 종합적 개혁모델로서의 Re-ing

1. 개혁에의 종합적 접근의 필요성

정부경쟁력의 강화를 위해서 향후 우리 정부에겐 어떤 형태의 개혁이 필요한가? 먼저 행정개혁의 유형부터 살펴보자. 행정개혁은 그 성격에 따라 다음과 같이 치유적(治癒的: remedial) 개혁과 미봉적(彌縫的: palliative) 개혁으로 분류될 수 있다.

전자가 개혁이 성공할 가능성이 가장 클 때 문제점을 근본적으로 치유하기 위해, 즉 공동선을 달성하기 위해 단행되는 개혁이라면, 후자는 집권자가 정치적 생존이나 당리당략적 목적을 달성하기 위해 국민적 합의나 제도적 장치의 마련과 관계없이 시기가 부적절하게 단행되는 개혁이다. 따라서 그 내용이나 과정은 고도로 정치화되며 정치 지도자나 집권당의 정치적 이익을 도모하기 위한 전략수립에 초점이 간다. 반면 전자인 치유적 개혁은 연속성을 지닌다. 이런 개혁은 한 지도자의 임기 내에 끝나지 않는 경우가 많고 지속적 시행을 요하므로 차기정권이 연속성을 유지할 수 있도록 정치적, 제도적 배려를 해야 한다. 그러나 미봉적 개혁은 지도자의 이익이 충족되면 그 존재의의를 상실하고, 실행에도 옮겨지지 않아 연속성이 상실된다 (김성한, 1996: 380).

상기한 개혁유형 중 현재 우리에게는 치유적 개혁이 필요하다. 우리나라의 경우 그간 조직개편이 행정개혁의 주류를 이루어 왔지만, 이것이 부분적으로 단행된 행정절차 간소화, 공무원 행태변화와 유기적으로 연결되지 못했다. 따라서 이제 우리는 보다 치유적, 포괄적인 행정개혁을 필요로 한다. 치유적 개혁에 있어 가장 중요한 것은 행정개혁 방법상의 여러 변수들간의 관계이며, 이를 반영한 '종합적 개혁 청사진의 작성'이다(김판석, 1994).

행정체제에 대한 종합적 접근(Comprehensive Approach)을 가장 잘 실행한 국가 중의 하나로서 우리는 싱가포르를 들 수 있다. 싱가포르 공무원집단(The Singapore Civil Service)은 행정서비스의 질적 제고 및 유지를 위해 그 근본적 장애요인인 공직부패, 무능인력 및 비능률을 제거하는 차원에서 장기간에 걸친 종합적 개혁을 단행해 왔다(Quah, 1995: 335~343). 즉 싱가포르는 1959년부터 근 30년에 걸쳐 광범하고 엄격한 반부패조치 채택, 실적 위주의 공무원 채용과 경쟁적 임금체계 및 발탁승진 제도 등을 통한 최상의 인재 충원(Selective Recruitment of the Best and Brightest), 대기비용 및 인력비용의 감소와 행정능률성 제고, 정부운영의 간소화를 위한 컴퓨터 전산화(computerization) 및 사무자동화 조치를 추진해 왔다. 1991년부터는 행정서비스 증진팀(Service Improvement Unit)을 두어 불필요한 규제 및 규정철폐, 인적 자원교육의 극대화, 행정업무 축소와 생산성 제고를 위한 정보기술, 자동화 강조, 성과평가지표 강화, 서비스 사용결과의 피드백 모니터링을 보다 세련되게 추진하는 등 광범위한 행정개혁을 추진해 오고 있다.

우리는 정부 재창조(Reinventing Government) 이론에 의거한 미국의 최근 행정개혁에서도 다음과 같은 종합적 접근의 예를 살펴볼 수 있다(김판석, 1994: 1021~1027). ① 문화변화로서 고객주의, 성과측정을 통한 생산적 결과 중시, 동기부여를 통한 조직의 자발적 노력과 융통성 부여, 권위주의적, 비민주적 행정문화의 극복, ② 임무변화로서, 조직임무와 목표를 수시로 재검토해 환경변화에 따른 대응책 마련, 우선순위 점검, ③ 구조변화로서, 기구개편, 분권화, 민영화, 상업화, 하급기관에로의 권한부여 등, ④ 절차변화로서, 리엔지니어링, 절차의 간소화, 기술응용, 민원행정 개선, ⑤ 행태변화로서, 봉사개념 정립, 고객만족 중시, 부패방지, 의식개혁 등이 추진되었다.

영연방국가들(Commonwealth Countries)의 최근 개혁에서도 행정개혁에 대한 종합적(holistic) 접근은 다음과 같이 뚜렷이 확인된다(Kaul, 1997: 14~25; Kaul & Collins,

그림 19-1 정부의 재설계방향: Re-ing 모델

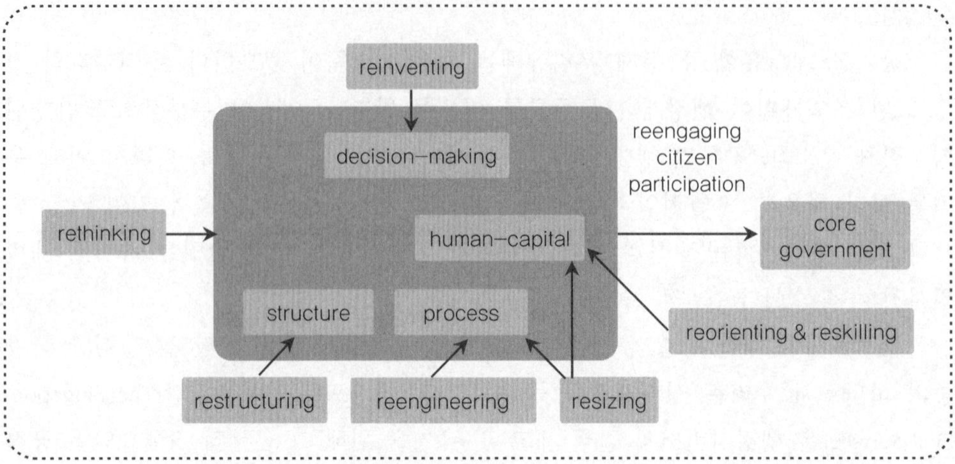

출처: Marlowe et al.(1994: 309)를 참조해 재구성.

1995: 200~206). 이들 국가는 미래에 대한 명확한 비전 창출에서부터 행정개혁을 출발해, 정책수립과 집행의 분리, 시민사회 및 NGOs와의 파트너십 형성, 인적자원 개발의 중요성 인식, 정보기술의 현실 적합화, 조직문화 개선, 성과 지향적 재무관리, 고객지향적 행정기술 등을 도모한다.

2. 종합적 행정개혁 모형으로서의 Re-ing모델

다음의 Re-ing 모델은 외국 정부들이 재정위기 및 서비스 전달위기에 대응해 자체의 질적 변화를 모색하기 위해, '종합적 접근의 개혁' 맥락에서 만든 정부 재설계 모형이다. 이 중에서 중요한 개혁 포인트들만 뽑아서 설명해 보면 다음과 같다 (이도형, 2000b: 292~300).

(1) 정책사업의 재창안(Reinventing)[5]

행정개혁의 1차적 대상으로서, 최근의 행정환경 변화에 대응하기 위해 국가정책 내용의 우선순위와 정책기조의 큰 틀이 다음과 같이 재조정되어야 할 것이다.

---

5 흔히 미국 클린턴정부에서의 정부개혁을 reinventing government라고 부르는데, 이때의 reinventing은 효율적 정부를 만들려고 정부전체를 뜯어 고친다는 광의의 뜻이다. 그러나 여기서 말하는 reinventing은 이런 광의의 개념이 아니라, 앞의 Re-ing모델 그림에서와 같이 의사결정(decision-making)을 통해 어떤 안(案)을 새로 안출하다, 창안하다는 등의 협의의 reinvention 개념을 가리키는 것으로 사용하고자 한다.

1) 세계화 지향적 경제정책

1990년대부터 UR 라운드, EC 시장통합 등 국제 경제환경이 급변하면서 시장개방 압력, 무역장벽 등 각종의 난제들이 터져 나오고 있다. 따라서 세계 무역시장에서 국가경쟁력을 강화시키기 위한 각종의 경제정책 과제들이 새로운 행정수요로 대두하고 있다. 즉 지속적인 경제성장과 국가경쟁력 강화를 요구하는 국내외 경제환경에 대응하기 위해 WTO 출범에 대비한 통상 및 농수산행정의 효율적 대응, 동북아 경제중심(HUB)으로 발돋움하기 위한 도로, 항만 등 사회간접자본시설의 확충, 정보화시대에 대비한 IT산업 육성이 필요하다. 환경라운드(Green Round), 노동라운드(Blue Round), 경쟁정책 라운드(Competition Round), 기술라운드(Technology Round) 등 새로운 다자간 무역협상에도 적절히 대비해, 이를 우리 사회가 선진국으로의 진입요건(Global Standards)을 조속히 갖추어 한 단계 더 상승하는 국가발전의 계기로서 삼아야 할 것이다.

2) 성장과 복지의 전략적 연계에 입각한 통합발전전략

국민복지와 국가경제의 생산성 간에는 긍정적 상관관계가 있다. 즉 보건, 교육, 일반복지는 사회 내의 인적 자본(Human Capital)의 질을 향상시킴으로써 제조업의 고용인 1인당 산출효과를 높여 준다. 나아가 생산성의 증대는 국제시장에서 자국의 상품을 더 매력적이게 함으로써 그 나라의 무역수지를 강화시킨다. 또 복지는 국내의 유효수요를 충족시킴으로써 자본가들의 투자유인을 확대시킨다. 한 나라의 국가경쟁력은 복지지출과 임금비용의 감축보다는, 이처럼 복지와 생산성 간의 긍정적 상관관계에 의거한 다양한 경제-사회정책의 기능적 통합전략을 통해 획득될 수 있다. 다양한 역량을 갖춘 인적 요소의 계발은 노동력의 질을 높임으로써, 경쟁력 있는 새로운 생산기술을 개발할 수 있는 첩경으로도 작용할 것이다(Block, 1987: 13~31). 우리도 생산과 복지의 전략적 연계 위에서 축적의 사회적 구조(Social Structure of Accumulation)인 인력개발에 노력함으로써, 경쟁력 높은 첨단기술을 만들어 내는 미래의 양질의 노동력 확보에 보다 신경을 써야 할 것이다.

3) 환경보전과 병행하는 국토개발계획

나라가 발전하기 위해 국토개발은 불가피하다. 그러나 개발의 우선순위에 눌려 환경이 파괴되면, 이후의 환경치유비용은 아마도 환경을 파괴시키며 얻는 단기적인 개발이익보다 훨씬 커질 것이다. 따라서 지속 가능한 발전(Environmentally Sound and Sustainable Development)이 필요하다(이도형, 2002a). 특히 Green Round에서 볼 수 있듯이 이제 환경문제는 국가의 순조로운 무역활동과도 직결될 전망이다. 따라서 이에 대비한 슬기로운 정책기조의 구축이 필요하다. 앞에서 경제성장과 사회복지를 정책적으로 연계시킬 필요성과 마찬가지로, 여기서도 환경보전과 국토개발을 기능적으로 통합시키는 이른바 '정책 M&A'가 필요하다.

(2) 정부조직구조의 재설계(Restructuring)

리스트럭처링은 조직이 환경의 변화에 대응하지 못할 때, 기존 조직의 틀을 깨고, 보다 환경요구에 대응적인 사업구조 쪽으로 조직구조를 탄력적으로 개편하는 것을 말한다. 원래 이 개념은 극심한 환경변화에 대처하지 않으면 도산 위기에 빠지는 기업 쪽에서 조직구조의 탄력적 재설계 전략으로서 나온 것인데, 오늘날에는 정부조직에도 매우 유효한 개혁전략이라고 말할 수 있다.

현대의 행정이 '서비스행정'으로 전환되고 있는 현시점에서 볼 때, 행정환경의 변화에 잘 대응하면서도 공공서비스 전달체계로서의 정부조직의 수단적 가치를 보다 잘 발현하기 위해서는, 정부가 다음과 같은 방향에서 행정환경 변화에 대응적인 조직구조의 재설계를 도모해 나가야 할 것이다.

향후 행정환경 및 정책사업 내용의 변화에 발맞춰, 새 일거리(신규사업) 혹은 늘어난 일거리(주력사업)를 전담하기 위한 정부조직은 신설·강화하고, 이제는 불필요해져 한물간 일거리(사양사업, 한계사업)를 맡고 있는 기존조직은 적절히 축소·폐지시켜야 한다. 또 중복사업의 문제는 별도의 조정기구를 설치하거나 혹은 관련기구의 통폐합을 꾀해 해결해야 할 것이다.

(3) 행정절차의 근본적 쇄신(Reengineering)

리엔지니어링은 공학에서 나온 개념이다. 제품 개발자는 제품을 개발하는 과정에서 수많은 난관과 예기치 않은 일에 부딪히면 모든 수단과 방법을 동원한다. 즉 계획을 세워 효율적으로 실험하는 것이 아니라 아이디어가 떠오르는 대로 이것저것 시도해 본다. 이를 통해 간신히 제품이 개발되면, 이제는 대량생산을 위해 그간의 시행착오로 인해 군살이 잔뜩 낀 개발 공정(工程; Engineering)을 꼭 필요한 부분만 남기고 단순화시키는 재개발 공정(Reengineering)이 필요한데, 이것이 리엔지니어링이다.

양질의 기업에서는 기존의 관념이나 관행에서 벗어나 원하는 기능을 수행할 수 있는 효율적 조직을 새로 짜낼 목적으로, 불필요한 절차나 라인을 없애고 꼭 필요한 공정만 남도록 하기 위해, 이 개념을 기업운영과정이나 업무절차를 쇄신하는 데 적극 활용하고 있다(Hammer & Champy, 1993). 상품의 조립공정뿐 아니라 전달체계 상의 군살을 빼기 위한 리엔지니어링은 신속한 서비스 제공을 생명으로 하는 기업의 입장에서 보면 너무나 당연한 것이다.6 특히 리엔지니어링은 서비스 가격과 생산 비용에 가장 큰 영향을 미치는 서비스 공급과정(process)의 슬림화, 간소화를 중시하는데(Cavanaugh, 1994: 7~8), 이 개념은 행정서비스의 적시적 전달이 새삼 강조되는 현시점에서 볼 때, 정부 차원에서도 매우 중요한 개념으로 대두하고 있다(이도형, 2000b).

1993년에 단행된 미국의 정부업적 평가팀(National Performance Review)의 정부 뜯어고치기 작업이나, 일본의 임시 행정개혁 추진심의회, 또 영국 행정개혁 추진팀(Efficiency Unit) 등의 개혁초점은, 모두 민원처리시간과 행정절차의 간소화에 초점을 맞춰 정부규모의 팽창을 억제하고 서비스의 질적 향상 등 행정성과를 높이자는 데 있다(송하중, 1994: 70). 이는 우리에게 정부절차의 간소화와 운영과정의 혁신 필요성을 잘 보여 주는 교훈적 사례들이라 하겠다.

우리나라의 행정절차는 수차례에 걸친 행정쇄신작업에도 불구하고 아직도 복잡 다단하고 까다롭다. 일례로 중소기업 창업절차는 선진국에 비해 10단계나 길었다. 중소기업청의 분석에 의하면, 호주, 캐나다의 2단계, 스웨덴, 뉴질랜드의 3단계, 미국, 홍콩의 5단계에 비해, 우리나라에서는 12단계의 창업절차를 거쳐야 창업할 수 있었다. 즉 선진국의 경우 법인등기와 사업승인절차만 거치면 창업할 수 있지만, 우리는 도시계획법, 건축법, 공업배치법, 부동산등기법, 근로기준법, 산업안전법, 산재보험법 등 33개 법률이 정하는 인허가 및 행정절차를 모두 거쳐야 했다. 이런 것들이 세계의 많은 기업들이 아시아지역본부 법인을 우리나라에 두지 않고 홍콩, 싱가포르에 두는 직접적 이유이기도 하다.

물론 최근 들어 사정이 좀 나아지긴 했다. 2008년 9월 세계은행이 181개국을 대상으로 조세, 고용, 지적재산권등록, 신용정보 취득, 투자자 보호, 무역, 계약이행, 건축허가, 창업, 폐업 등 10개 분야별 기업활동 친화정도를 평가한 결과를 보면, 우리나라는 2007년의 30위에서 23위로 상승했다. 세계은행의 「2011년 기업환경 평가」에서도 우리나라는 183국 중 8위를 기록했다. 지난해 16위에서 8단계가 상승했다. 그러나 조세분야, 신용정보 공유부문은 크게 개선되었지만, 고용, 창업부문은 여전히 다소 미흡하다. 즉 창업절차, 시간, 비용 평가에서 110위에서 126위로 하락했고,

---

6 일례로 자동차 조립에는 이틀밖에 안 걸리지만 그것을 주문자에게 인도하기까지는 대략 15~26일 걸린다. 또 PC 조립은 1시간 46분이면 되나, 그 배달에는 72시간이나 걸린다(정진호, 1996: 8).

고용부문도 131위에서 152위로 하락했다. 폐업절차는 12위였지만, 고용은 비정규직 관련법규 때문에 상대적으로 저평가되었다(연합뉴스, 2008. 9. 10자). 국민 – 정부 간 소통을 매개하는 민원 문서서식은 여전히 이해하기 어렵고 작성이 불편하다. 우리나라 행정서식은 법규문서를 비롯해 고시, 공고 등 공고문서, 허가, 등록, 증명 등 민원문서 등 종류도 무척 다양해 6천 종에 이른다. 최근 사무관리규정 시행령 제정 등 개정안에 따르면, 서식 설계는 누구나 쉽게 이해되도록 쉬운 용어를 쓰고 기입항목 구분도 간결하게 하도록 하고 있다. 그러나 대부분의 민원문서서식은 해방 이후 일부 개정을 제외하면 원래의 틀을 유지해 시대와 언어감각이 맞지 않고, 항목배열구조도 시각적 혼란을 주어 작성방법을 물어보는 시민이 많다. 또 사무관리규정을 따르지 않아 가로, 세로쓰기를 혼용해 시선의 흐름도 방해된다. 적어 넣을 정보량을 고려하지 않아, 좁은 공간에 깨알 글씨를 써야 한다(권영걸, "공공디자인 클리닉18," 중앙일보, 2010. 2.1 8자).

행정절차가 복잡다단하고 까다로우면 절차를 밟기 위한 문서작업(Paper Work)이 필요 이상으로 많아져 정작 공무원 업무의 본분인 서비스 제공(Service Work)은 뒷전으로 물러나기 쉽다. 따라서 행정절차의 간소화는 행정이 국민을 위해 봉사한다는 인식을 보급시키는 데 있어 제1차적 조건이 되어야 한다. 예컨대 국민의 입장에서 준비해야 할 인허가 서류들이 간소화되는 것은 그만큼 편리함을 주는 것이다.

다행히도 최근 전자정부(E – Government)의 막이 올라, 행정절차의 간소화에 크게 기여할 것으로 보인다. 이제 주민등록등본, 호적등본, 토지대장, 지적도, 사업자등록증명 발급 등 4백종의 민원은 인터넷 신청, 우편, 전자파일 등을 통해 가정, 직장에서도 직접 신청하고 받아볼 수 있다. 또 전자정부의 단일창구에 접속하면 정부기관에서 처리되는 제반 민원에 대한 구비서류 및 처리기관 등을 쉽게 알 수 있다. 그간 각종 민원을 처리하기 위해 제출해야 했던 20여 종의 구비서류7도 행정기관 내부적으로 확인할 수 있고 민원인으로부터는 받지 않게 되었다(대한민국 전자정부, 2003). 향후 행정의 전자화, 정보화가 좀 더 체계화되어, 원 스톱 서비스, 원 콜 서비스 등 선진 서비스행정제도들이 우리 행정일선에서 신속히 정착되어야 할 것이다.

(4) 정부규모의 재정비(Resizing)

정부규모의 재정비와 관련된 리사이징은 다운사이징(Downsizing)과 적정규모화

---

7 주민등록 등·초본, 등기부등본, 납세증명, 호적 등·초본, 토지대장, 건축물 대장, 자동차등록원부, 사업자등록 증명, 휴·폐업증명 등이 그것이다. 그 밖에도 국가인재활용시스템, 전자결재, 무인증명 발급, 정부자료 인터넷공개 등이 행정의 전자화에 힘입어 추진 가능하다.

(Right Sizing)로 나누어진다. 일반적으로 다운사이징이 필요 이상으로 과잉 팽창된 조직의 양적 규모를 단순히 줄이는 것이라면, 적정규모화는 다운사이징을 지향하긴 하지만, 조직이 효과적으로 기능할 수 있는 수준으로 규모를 줄이는 것이다(Cooper et al. 1998: 393).

그렇다고 해서 적정규모화가 반드시 축소 지향적인 것만은 아니다. 정부가 공공서비스 생산 및 전달체계라는 본연의 역할을 다하기 위해서는 기능, 조직, 인력 등 목표달성수단의 적절한 양적 확보가 필요하다. 할 일은 많아지는데 전담조직은 없고 일손도 달린다면 이 또한 큰 문제이기 때문이다. 모든 일의 순조로운 완수를 위해서는 규모의 경제(Economy of Scale) 논리가 적용되어야 할 것이다. 그러나 그렇다고 해서 규모 확대만이 능사도 아니다. 정부의 과잉팽창 조짐과 이에 따른 방만한 운영은 재정위기를 증폭시킨다.

다행히도 한국의 공공부문은 다른 선진국들과 비교할 경우 규모가 그리 크지 않은 것으로 분석된다. 정무권·한상일(2003)은 우리 공공부문에서 문제가 되는 것은 규모축소의 문제가 아니라 공공부문기능 간의 불균형이라고 주장한다. 즉 국가주도적 산업화를 단행했던 발전국가적 논리에 의해 국가관리, 경제생산 부문은 크지만, 사회적 보호를 위한 사회부문은 상대적으로 규모가 작다는 것이다.[8] 이는 규모축소를 강조해 온 그간의 공공개혁 담론에 많은 문제를 제기한다. 즉 일방적인 규모축소보다는 기능 재조정을 통한 부문간의 균형 유지가 요구되고 운영상의 민주성과 효율성을 조화시키는 것이 필요하다.

따라서 우리나라의 경우는 획일적인 일방적 다운사이징[9]보다는 공무원들이 과학적 직무분석과 적정인력계획에 의거해 자신의 일터인 정부의 역할범위(what)와 역할방식(how)을 정확히 설계함으로써 기능 재조정을 통해 정부규모의 적정화를 꾀하

---

8 정부인력을 국제적으로 비교해 보면, 덴마크, 스웨덴의 정부부문 인력비중은 각각 35%, 30%인 반면, 한국의 정부부문은 5% 미만이고, 산하단체를 포함한 전체 공공부문 비율도 5.8%에 불과하다. 국가재정의 경우도 한국은 수치가 OECD 중 가장 낮고 서구국가와의 격차도 크다. 전체 일반정부 지출이 GDP의 20% 내외인데, 가장 지출이 큰 국가는 60%까지 육박한다. 한국은 멕시코, 일본과 함께 최저지출 국가로서, GDP 대비 중앙정부 지출이 15~20% 범위를 넘지 않는다. 이는 안정적인 지출행태이긴 하지만 반대로 환경이 변화해도 수요에 적절히 대응하지 못하는 것을 말해 준다. 세출예산 중 경제개발비는 꾸준히 증가하고 있는 반면, 교육비, 보건비는 경제개발비와 비교할 경우 아직 낮아 한국의 발전주의가 지속되고 있음을 알 수 있다. 한국의 경우는 조직, 예산, 인력 면에서 경제기능은 발달했으나, 사회부문은 아직 미약하다(정무권, 한상일, 2003).

9 개도국에서의 공무원수 줄이기(downsizing) 혹은 관료제 규모 잘라내기는 정부의 예산 부족 때문에 필요하다. 그러나 대규모의 공직감축은 정치적으로 수용하기 어렵고, 단순히 그럴듯하게 보이지도 않는다. 즉 퇴직금 선택안은 돈의 문제이기도 하지만 궁극적으로는 신분보장(security)의 문제이다. 따라서 다운사이징은 정치적 결정의 영역이다. 공무원개혁이 모든 개도국의 질병을 치유하는 만병통치약은 아니다. 대규모 감축은 정치적으로 수용하기 어렵고 또 사회정의와 공정성의 관점에서도 받아들이기 어려우므로(MacGregor, Peterson & Schuftan, 1998: 61~64), 신중하게 이루어질 필요가 있겠다.

는 것이 우선되어야 할 것이다. 물론 과대 성장한 국가관리부문과 방만한 준공공기관의 감축이 필히 병행되어야겠다. 그렇게 되면 정부는 군살이 없으면서도 필요한 부위의 근육은 골고루 발달해 있는 이상적인 체형을 갖게 될 것이다.

(5) 인적 자원의 개발(Reskilling)

인사행정은 국민의 국정대리인(agent)이자 행정수탁자(trustee)로서의 의지와 자질, 능력을 갖춘 사람을 잘 선발하고, 그가 입직(入職) 당시 품고 있는 공직자로서의 초심(初心)이 변질되지 않도록 적극 도와주는 내부 관리분야이다.

흔히 "인사가 만사"라는 말을 하는데 이 말의 함의를 이해하기 위해 예를 하나 들어보자. 예컨대 $Y = AX$에서 상수인 A를 100만원이라 가정할 때 Y의 결과 값은 독립변수인 사람 X의 마음가짐과 행동에 따라 달라진다. 즉 우리가 100만원을 X_1, X_2, X_3 등 3인에게 주었을 때 일정시간이 지난 이후 그 결과는 다음과 같이 달라질 수 있다. 만일 X_1이 100만원을 1,000만원으로 만들어 놓았다면, 이는 경쟁력 있는 한 개인이 조직의 생산성을 제고시킨 바람직한 경우이다. 반면 X_2가 100만원을 그대로 갖고 있다면, 이는 복지부동의 케이스이다. 그리고 X_3가 100만원을 10만원으로 줄여 놓았다면, 이는 개인의 무능함이나 기회주의적 행태로 인한 관료실패의 전형적 케이스이다.

결국 X_1으로서의 자질과 능력을 갖춘 사람을 잘 선별해 뽑고, 그가 공무원이 된 뒤 X_2나 X_3로 변질하지 않도록 근무여건을 잘 조성해 주고 자기계발기회를 많이 제공해주는 것이 인사행정의 성공전략이다. 그렇다면 여기서 말하는 X_1은 어떤 자질과 능력의 소유자인가?

미래에는 H형 인재가 요구되는데, X_1이 바로 이런 사람이다. H형은 한 축에 기술능력, 다른 한 축에 사업관련, 통합적 사고력, 그리고 양축을 가로지르는 인간관계 능력으로 구성되는데, 이런 3가지 능력이 종합적으로 균형을 이루는 인재가 H형 인재이다(강진성, 1997). 이러한 인재의 필요성은 공직사회의 경우도 예외가 아니다. 따라서 Denhardt(1991: 19~20)는 공공관리자가 지녀야 할 핵심역량으로서 다음의 3가지를 제시한다.

첫째, 개념적 기술(Conceptual Skill)은 위의 사업관련, 통합적 사고력과 연관되는 것으로서, 환경변화가 조직의 나아갈 방향에 미치는 영향을 분석해 환경과 조직을 새롭게 연결시켜 볼 수 있는 능력, 또 조직의 모든 부분과 제반 기능이 어떻게 작동되고 결합되는지를 전체적으로 볼 수 있는 능력 등 공공관리 지식과 행정가치의 재구성을 위한 포괄적 사고력을 말한다.

둘째, 기법적 기술(Technical Skill)은 위의 기술능력, 즉 목표달성을 위한 효율적 과정과 기법들을 이해하고 또 이를 신속히 습득할 수 있는 능력으로서, 예컨대 예산 편성 및 재무관리, 인사관리 기법의 숙련도 등을 뜻한다.

셋째, 인간관계기술(Human Skill)은 조직 내 하위자들을 효과적으로 이끌어 가고, 또 조직 밖의 고객들의 지지와 협력을 이끌어내는 능력을 일컫는다.

우리나라도 H형 인재의 3가지 핵심역량을 공직사회에 배양하기 위해 다양한 인사제도 개혁이 한창 실험중에 있다. 먼저 PSAT(Public Service Aptitude Test)를 2005년부터 행정, 외무고시에 적용하는 등 공직시험이 과목별 지식평가에서 영역(예: 언어논리, 자료해석, 상황판단 영역)별 능력측정으로 전환하고 있다. 영어시험도 공인기관의 성적으로 대체시키고, 우수한 대학(원)생의 인턴 추천제 및 천거제의 도입도 예정되고 있다. 한편 피교육자의 개인별 학습욕구를 충족시켜 주는 수요자 중심의 실용적 교과과정으로 현 공무원 교육훈련 과정을 개선하기 위해,[10] 정부가 필요로 하는 공무원 교육훈련수요를 정확히 조사하고, 이를 제공할 교육기관을 선정한 후 선정된 민간교육기관과의 종합적 연계시스템을 구축할 계획이다(김판석, 2003: 118~121).

과거에는 사람을 잘 뽑는 것으로 인사행정을 대체했다. 그러나 충원도 중요하지만 이후의 육성, 계발이 더 중요하다는 것이 최근의 인식이다. 지난날 서구 기업들의 경영혁신과 선진국 정부들의 인사개혁 사례를 보면, 경제가 어려울수록 공격경영식의 인사전략이 필요하다. 잘 가꾸어지고 개발될수록 조직인 한 사람이 일당백(一當百)하기 때문이다. 사람이 곧 경쟁력인 것이다(Pfeffer, 1994). 그래서 정부 인력관리의 초점도 과거의 인사행정(Public Personnel Administration)에서 최근엔 전략적 인적자원관리(Strategic Human Resources Management)로 바뀌고 있다. 전략적 인적 자원관리는 조직의 사업전략과 인사전략을 전체론적(holistic) 관점에서 통합함으로써, 조직원을 조직이란 기계의 대체 가능한 부품이 아니라, 조직의 사업달성을 위한 가치있는 전략적 자산(Asset)이자 효과적으로 개발해 줄 필요가 있는 핵심자원(Valuable Resource)으로 보는 것이다(Cooper et al., 1998: 284~286). 전통적 인사행정이 보직배치, 보수, 승진 등 다소 편협한 인사문제에 치중하는 데 비해, 전략적 인적 자원관리

---

10 공공영역을 휩쓸고 있는 현 지구적 전환이 관리분야의 보다 높은 질, 관리기법의 합리화에 대한 교육수요를 증대시키고 있다. 또 이는 공무원 집단이 정보기술에 적응할 필요성도 제기한다. 따라서 공공관리, 인사관리 기법, 의사소통과 사회협상기법, 시장 작동의 이해와 같은 새로운 교과목을 공무원교육과정에서 도입할 필요가 있겠다(Cherhabil, 2000: 350~353).

는 이것들은 물론 일 자체와 관련된 관리감독방식 개선, 직무 재설계, 분권화, 능력
개발, 자율적 조직풍토 마련 등 근무여건 조성과 관련된 광의의 문제를 다룬다.

상기한 바와 같이 현 공공개혁은 포괄적인 Re-ing 개혁모델을 요구한다. 행정
개혁의 성공은 이러한 종합적 접근법(Holistic Approach)에 의거해 상황에 맞게 제 속
도를 유지하며 체계적으로 수행할 때 비로소 가능하다. 따라서 행정의 3대 변수, 즉
환경의 변화를 제대로 감지해 내는 국가정책사업의 내용, 조직구조와 절차, 인간변
수 등이 행정가치의 제도화 맥락 속에서 종합적으로 상호 연관성을 갖고 개혁되어
야 할 것이다.

그러나 Caiden(1999: 815~828)이 지적하듯이, 행정개혁은 하나의 모험이자 도박
이다. 사실 행정체제는 정치체제, 경제체제보다도 변하기 어렵다. 행정기구들은 한
번 제도화되면 영속화하려 하고, 오랜 습관은 폐지되기 어렵다. 행정행태와 가치의
변화는 수세대나 걸린다. 그러나 정권의 임기는 짧고 그러다 보니 빠른 해결책을 요
구한다. 따라서 개혁을 무리하게 추진하지 않기 위해서는 최고 정치가의 지지와 대
중매체 및 대중의 인내와 적극적 후원이 필요하다. 행정개혁은 관료적 혹은 행정적
기반도 가져야 한다. 개혁은 강요될 수 없기 때문이다. 개혁은 현상유지를 원하는
사람을 위협하므로, 그들에게도 개혁이 이득이 되며 개혁을 통해 잃을 것이 없다는
점을 인식시켜야 한다. 인센티브도 필요하다. 즉 관리철학의 필요성이 제기된다.[11]
물론 개혁은 시작부터 종료까지 길고 어려운 여행이다. 그러나 행정개혁은 가능성의
예술로서 교훈적인 연구가치가 있다. 성공적 개혁은 이전의 많은 실패 위에서 이루
어지기 때문이다.

III. 거버넌스체제의 구축

1. 거버넌스의 발전론적 함의: 발전주체의 재구성 논리

나라 살림살이의 질적 제고와 관련해 우리가 하나 더 고안해 볼 수 있는 개혁작
업이 바로 '발전주체의 재구성'과 관련된 거버넌스 체제의 구축이다. 현재 정부주도
하의 발전위기 및 정부실패와 관련해, 사회행위자로서의 시민사회와 신사회운동에
대한 새로운 발전담론이 형성되고 있다(Escobar, 1995: 212~227). 특히 1990년대에 들

---

11 이에 대한 논의는 이도형(2004)의 책 뒷부분을 참고하기 바람.

어와 시민사회는 발전 패러다임의 대안 속에 분석적 성찰의 주요초점으로 대두한다.

　각국의 시민사회는 국가가 관심이 없거나 방치하고 있는 문제들을 해결하기 위해 결사체 혁명(Associational Revolution)을 일으킨다. 즉 선진사회에선 전통 사회정책에 대한 심각한 의문에서, 개발도상국에선 국가주도적 개발에 대한 실망에서, 동구에선 국가사회주의 실험의 실패에서, 그 밖의 세계 도처에선 환경파괴에 대한 관심에서 시민단체들이 전략적 참여자로서 부상한다(주성수, 2000: 84~91; Watts, 1995: 60~61).

　최근 수십 년 동안의 역사를 통해 볼 때, 가장 일관된 발전을 보인 사회는 국가 대 시민사회의 이분법을 초월한 사회이다. 이런 점에서 볼 때 새로운 행정수요에 부응하고 최적의 결과를 얻어내기 위해 정부가 시민사회와 협력하며 시민사회의 잠재력을 촉진시켜 나가는 쪽으로 국가를 재설계해 나가는 것이 발전주체의 재구성에 필수적이다(Kliksberg, 2000: 245~247).

　여기서 발전주체 형성의 새로운 방식으로서 거버넌스(governance)가 강조된다. 일반적으로 거버넌스는 공동의 문제를 해결하기 위한 행위자들 간의 자기 통치적 네트워크(Stoker, 1998), 혹은 국가, 시장, 시민사회 등 상호의존적 행위자들 간의 자율적, 수평적 복합조직(heterarchy)으로서 정의된다(Jessop, 2000). 그러나 이를 행정적 의미로 국한해 이해하면, 거버넌스는 정부의 독점적 서비스 공급을 비판하는 입장으로, 정부, 기업, 시민사회의 다양한 조직들이 자발적으로 상호의존하며 사회문제 해결에 협력하는 하나의 통치방식이자 정책네트워크 체계이다(원구환, 2003: 4; Rhodes, 1996). 결국 거버넌스는 정책의제에 따라 사회 내의 다양한 이해 당사자들과 정부가 공동으로 정책을 결정하는 체제이다. 특히 거버넌스는 무수한 이해당사자들을 정책결정과정에 참여시키는 새로운 정부운영방식으로, 개혁의 차원에서 보면 통치가 보다 잘 관리되고 재창출된 형태라 볼 수 있다(주성수, 2000: 131~133). 통치(governing)가 제도라면, 거버넌스는 과정적 개념이다. 이런 점에서 거버넌스는 이 책의 제3장 발전이론 부분에서 Beck(1998a: 152)이 말한 '사회의 하위정치화'(Sub-Politicization of Society)와 일맥상통한다. 정치주체로서 시민의 정책참여를 대 전제로 하기 때문이다.

　국가발전의 시너지 효과는 국가, 시민사회, 시장을 공익에 상호 기여하는 방법으로 한데 모을 때 가능하다. 따라서 우리는 기존의 관-민 간의 명령적-반응적 관계성을 양자의 상호작용적-거래적 관계성으로 대체시키는 거버넌스적 정책구조를 창출할 필요가 있다. 복합사회의 통합적 도전에 대응하기 위해서는, 더 많은 협력과 조정을 가능하게 하는 다차원으로 짜여진 일련의 국정관리 네트워크가 요구되기 때문이다(Thynne, 2000: 227~237).

　　발전을 위한 제도와 국가의 역할이 이처럼 거버넌스로 가야 한다면, 그와 관련된 발전행정 모델도 변화되어야 한다. 즉 과거와 같은 정부 주도적 역할과 그것을 위한 행정 자체의 능력증진이 아니라 정부와 민간, 그리고 지방정부가 주체가 되어 분권적, 수평적인 네트워크로 발전사업을 추구해야 한다. 이런 점에서 '발전적 거버넌스'가 필요하다. 즉 정부가 계속 발전사업을 주도할 것이 아니라 조정활동에 매진하며, 공적·사적 부문과 자원봉사자 간의 신뢰성, 상호성에 기초한 수평적 네트워크를 구성할 필요가 있다(송재복, 2000: 343~344).

　　그렇다면 거버넌스가 주는 국가발전 방법론상의 새로운 함의는 무엇인가? 거버넌스는 시민 행동주의(Civic Activism)를 낳으며 과거의 비능률적 대의제 민주주의를 보다 성숙한 민주주의로 전환시켜 줄 수 있다. 현재 세계 각국의 NGO들은 지속 가능한 발전의 추진, 경제 세계화 속도의 감축, 인권투쟁, 사회적 불이익집단에 대한 복지서비스 제공을 위해 네트워크를 형성한다. 따라서 정부가 이들과 손을 잡으면 복잡한 사회문제의 민주적, 효율적 해결에 보다 유리하다(Jun, 2000: 283). 더욱이 특정상황에서 국가와 사회행위자들은 권한을 상호부여(Mutual Empowerment)할 수 있고, 양자의 특정한 상호작용은 국가, 사회 모두를 위해 보다 많은 권력을 창출해 내는 효과가 있다. 따라서 거버넌스적 형태에 의거한 국가-사회의 결합은 정치개혁 수행의 가장 능률적 방식이기도 하다(Wang, 1999: 232~246).

　　거버넌스적 접근은 공공서비스의 질적 향상에도 기여한다. 전통적 담론에 따르면 공공서비스의 수혜자는 서비스의 본질에 어떤 영향력도 미칠 수 없는 수동적 소비자(Passive Consumer)로 간주되어 왔다. 그러나 최근 생성중인 분권화 담론에 의하면, 그들은 공공서비스의 모양과 특질을 결정하는 데 있어 능동적 참여자(Active Participants)로서 작용한다. 이는 시민이 고객(client)에서 사용자(user), 더 나아가서는 공공서비스의 적극적 공생산자(Active Co-Producers)로 변모하고 있음을 뜻한다(Sorensen, 2000: 24~25). 특히 공공서비스의 개개 사용자들과 기관들이 고립되지 않고 의사결정망에 통합되면, 정치행위자로서의 사용자 역할의 도입은 민주적 거버넌스의 확립과 공공서비스의 질적 향상에 크게 기여할 것이다.

　　거버넌스는 이런 점에서 이 책의 제20장에서 논의한 지속 가능한 발전, 밑으로부터의 발전 패러다임의 실천에도 방법론적으로 유용하다. 즉 중앙 집중에서 벗어나 지방정부 및 지역 시민사회로 발전의 초점이 전환되면서, 주민참여 중심의 지역 시민사회 모델이 강조될 수 있다(주성수, 2000: 85).

2. 거버넌스식 발전주체 재구성의 한 예: 로컬 복지 거버넌스 전략

실제로도 지방자치와 분권화로 인해 중앙정부의 힘이 지방자치단체, 지역소재 기업 및 주민조직들에 위임되면서, 로컬 거버넌스의 형태가 구체화되고 있다. 로컬 거버넌스는 공－사 부문의 구별 없이 지역 내 여러 부문의 공동참여와 상호협력을 통해 지역의 공공문제를 해결해 가는 새로운 지방 통치양식이다. 특히 이는 지방정부를 중심으로 한 제도적, 공식적 관계보다는 지역 내 행정기관, 기업, 시민집단이 각 사안에 따라 선별적으로 참여하며 각각의 전략적 목표와 이해관계를 정책네트워크를 통해 조정, 통합하는 데 그 전략적 특징이 있다(박재욱, 류재현, 2000). 로컬 거버넌스는 이런 점에서 지역의 생활문제, 복지문제를 민주적, 효율적으로 해결하는 데도 적극 응용될 수 있다(Benington & Geddes, 2001: 6).[12] 일례로 외국에선 로컬 거버넌스, 로컬 파트너십의 기치 하에, 지방영역의 복지서비스 공급을 놓고 지방정부와 민간부문 간에 상호 협력체제를 구축하려는 로컬 거버넌스 전략이 한창이다(Geddes & Benington, 2001). 이를 좀 더 자세히 살펴보자.

최근 신자유주의 추세 속에 복지공급조직의 다원화와 민영화가 추진되고 있다. 각국 정부가 복지자원 동원의 한계에 부딪히면서, 복지재정 회피의 돌파구로서 시장과 지역을 주목하며, 복지서비스의 직접적 제공보다는 지역 내 타부문과의 연계를 통한 대안적 복지공급전략을 강구하고 있는 것이다(Bennett, 1990: 15). 이러한 복지공급조직의 분권화와 민영화 경향은 지역에 기반을 둔 민간 복지기관과 풀뿌리 조직 등 지역 시민사회의 성장에 힘입어 더욱 촉진되고 있다(Gilbert, 2000: 416). 대안적 복지공급체제를 찾는 이런 움직임은 집합재 제공에 있어 정부에 의한 공공서비스적 접근은 수많은 공급방식 중의 하나에 불과하며, 이론 상 얼마든지 다른 출발점도 가능하다는 논리에서 출발한다. 즉 정부 외에 비공식부문과 비영리 자발적 부문의 네트워크, 관－민 파트너십, 혼합 복지경제 등 지역에 기반을 둔 여러 방식이 복지서비스 전달과정에 응용될 수 있다는 것이다(Cochrance, 1998: 259~261).

아직까지 행정형 복지공급조직도 완벽하게 갖추지 못한 우리의 상황에선, 이처럼 복지공급조직의 다원화를 뜻하는 파트너십과 거버넌스를 강조하는 것이 자칫 복

---

12 실제로 미국의 미주리, 벌몬트, 미시간, 조지아 주처럼 선도적으로 로컬 거버넌스를 확립한 주정부들은 거버넌스가 지역 내 아동, 가정을 위해 다양한 복지서비스를 제공할 것으로 확신한다. 일례로 벌몬트 주에선 복지 파트너십이 아동복지 증대 및 아동학대 감소에 기여했고, 캔자스 시에선 직업 유지율 제고 등 복지개혁의 긍정적 결과를 가져 왔다. 이에 대해선 다음 자료를 참고하였다. Center for the Study of Social Policy, "Policy Brief: Local Governance Making Change." (http://www.ccspartnership.org/tool/policybrief.pdf).

지공급의 대표주체로 작용해야 할 지방자치단체들의 책임의식을 희석시킬 우려가 있다. 그렇지만 지방자치 시대를 맞아 주민의 복지수요 표출에 적극 대응하고 각종 복지사업을 효율적으로 추진하기 위해선, 민간 복지자원을 지역의 복지공급영역에서 적극 활용하는 공−사 혼합 복지체제의 구성(박경일, 1995), 즉 로컬 복지 거버넌스(Local Welfare Governance)가 구축될 필요가 있다. 특히 복지 자치역량이 부족한 우리 지방자치단체들의 현실을 감안할 때, 당분간은 자치단체에만 의거해서는 복지공급의 실패 가능성을 경계하지 않을 수 없다. 실제로도 복지재정의 근본적 한계로 인해 지방자치단체들이 지역복지 공급의 모든 책임을 짊어질 수도 없다. 그렇다면 지방자치단체들은 무리하게 복지서비스의 직접적 공급을 고집하기 보다는, 적정범위 내에서 민간부문과 협력하며 지역복지 인프라 구축, 복지정책과정에의 주민참여 유도, 기업 및 민간 복지기관에 대한 인적, 물적 자원 지원에 좀더 신경 쓸 필요가 있다.

최근 이런 점에서 거버넌스 논리를 복지공급영역에 적극 도입, 응용하자는 주장이 국내에서도 활발히 제기되고 있다(주성수, 2003). 즉 김대중 정부는 지역 복지기관들을 연계시키기 위한 사회복지사업법안을 개정했다. 노무현 정부도 참여복지 5개년 계획 아래 중앙−지방자치단체−지역 내 복지관−시민단체 간의 복지 역할분담에 대한 논의를 활발히 전개했다(이도형, 2004). 노무현 정부의 참여복지 5개년 계획은 참여복지 공동체의 구축을 위해, 그 추진전략으로서 지방자치단체와 지역사회의 복지역량 강화, 민간 복지자원의 활성화 등 복지 인프라 확충을 강조했다.

상기한 점들에 의거할 때, 이제 거버넌스는 하나의 발전전략으로서 전략적으로 응용될 필요가 있다. 그런데 거버넌스식 발전주체로서 시민의 정책참여를 보다 촉진시키기 위해서는, 무엇보다도 시민을 고객보다는 정부 소유주(Citizen Owner)로 보는 인식의 대전환이 필요하다. 행정기관의 능률성과 대응성은 시민이 정부 소유주로서의 본연의 역할을 인식할 때까지는 크게 증대되지 않는다. 여기서 시민권 재창조(Reinventing Citizenship) 이론이 대두된다. 적극 시민권만이 정부변화의 필수조건이다(Schachter, 1997: 85~90). 따라서 정책 사안별로 거버넌스적 정책구조를 만든 뒤 시민참여 확대와 시민교육, 정보교환을 통해, 공중에게 권한을 부여하는 것이 향후 정부개혁의 주요골자가 되어야 할 것이다.

좋은 나라 만들기 시민운동본부
: 시민사회의 역할

I. 열정적 공중으로서의 시민

1. 국가와 시민의 관계

우리는 앞장의 말미에서 국가발전과 관련해 시민의 역할을 재차 강조한 바 있다. 이 장에서는 이에 대한 보다 심층적인 논의를 전개해 보고자 한다. 먼저 시민이란 누구이고, 국가와는 어떤 관계에 있는지에 대해 알아보자.

일찍이 Aristotle은 시민은 심의(審議)와 결정이 요구되는 관직에 참여할 자격이 있는 사람이며, 도시국가는 자족적 삶을 수행할 목적으로 만든 시민들의 결합으로 보았다. 즉 국가는 시민들이 자신의 행복을 추구하기 위해 만든 자발적 결사체라는 것이다. Rousseau도 자유로운 개인들 간의 인위적 계약을 통해 도덕적, 집단적 결사체인 국가가 탄생한다고 보았다.

결국 국가는 그것이 자발적 결사체이든 인위적 계약에 의한 것이든 간에 시민들의 결합체이며, 국가가 시민의 결합체인 한 국가의 행복과 시민의 행복은 직결된다. 따라서 Aristotle은 우정에 근거해 정치공동체를 설립해야 한다고 말하고, Rousseau 역시 시민의 사랑에 입각해 정의로운 국가를 만들어야 한다고 강조한다. 한편 Rocke는 자유로운 개인의 동의에 근거해 시민결사체를 만들어야 한다고 역설한다.

2. 열정적 공중으로서의 시민

시민은 이처럼 국가와 불가분의 관계에 있는 존재이다. 따라서 시민에게는 존재자로서의 남다른 역할이 요구된다. Barber가 말하듯, 시민이 된다는 것은 타인을 알고 그들과의 행동에 공동으로 관여하는 것을 전제로 하는 어떤 의식적 양식으로 참여하는 것이다. 또 이에 참여한다는 것은 자치공동체를 건설하는 것인데, 이 공동체에 연관되어 있는 우리 의식이 바로 시민의식(市民意識)이다.

따라서 시민은 열정적인 공적 이성(Passionate Public Reason)을 가져야 한다. 그 열정은 좁게는 가족과 공동체에 대한 사랑에서, 넓게는 국가와 인류에 대한 사랑으로 발현되는 등 하나의 공동체 주의적 윤리로 발전된다. 이처럼 개인의 존재감이 공동체의 존재감으로 확대될 때, 확장적 존재로서의 우리는 한 가정에서부터 자신의 행복을 추구하는 가운데 사회 속에서 남의 행복도 배려하는 이성적인 시민으로 탄생할 수 있다(김용민, 1998).

II. 시민의식과 공동체주의의 재발견

1. 서구의 개인주의 이데올로기에 입각한 도구적 합리성의 한계

우리가 여기서 새삼 시민의식과 공동체주의를 되새기는 이유는 무엇인가? 그 이유를 자세히 밝혀보기 위해 우리의 살아온 내력과 삶의 문제해결에 주로 사용되어온 방법을 성찰해 보자.

근대 이후 인간은 그때까지 신의 섭리에 의해서만 가치가 부여되던 세상을 인간의 계산 가능한 지식과 합리적 이성에 의해 파악할 수 있다고 선언함으로써, 미래의 진보를 약속하는 역사의 주체로서 등장했다. 사람들은 이성에 의거하며 자연과 세계를 합리적으로 개척해 나갔다.

Diesing(1962)은 이러한 이성적 사고과정인 합리성을 크게 5가지로 분류했는데, 이를 자세히 살펴보면, 먼저 기술적 합리성은 목표성취에 가장 적합한 수단을 찾는 것이다. 둘째로 경제적 합리성은 비용－효과분석에 입각해 최소비용으로 최대편익을 얻어내는 계산과정을 중시한다. 반면 법적 합리성은 인간의 권리, 의무에 대한 질서유지와 인간행위의 예측 가능성을, 넷째 사회적 합리성은 상호통합 원리를 통해 갈등을 빚는 집단간의 사회적 합의도출을, 마지막으로 정치적 합리성은 사회가치의 권위적 할당을 도모하는 것이다.

바람직하기로는 사회운영에 있어 이들 5가지 합리성이 모두 다 적절히 조화를 이루어야 한다. 그러나 20세기의 지배적 패러다임인 과학주의, 성장우선주의는 이

중에서도 단견적 시각의 기술적 합리성과 경제적 합리성을 특히 강조했다. 그런데 도구적, 수단적 성향이 강한 이 2가지 합리성은 서구 개인주의 이데올로기의 영향을 받으며 다음과 같은 폐해를 낳았다(박영신, 1998: 105).

개인주의에서는 인간을 도구합리적 행위를 통해 자신의 효용을 극대화시키는 이기적 존재로 규정한다. 따라서 인간은 개인적 이해관계와 쾌락에만 몰두할 뿐 (Petracca, 1991: 294~297), 자신의 효용극대화를 억제하는 도덕이나 사회윤리에 의거한 협동과 집합행위를 비합리적인 것으로 취급한다. 그 대신 사람들은 경제로 성취하고 물질로 성공하기 위해, 모든 선택에 '계산적 태도'로 임한다. 단지 고 수입과 고 소비수준 유지를 위해 모두 열심히 일한다. 그러나 불행히도 이 과정에서 참된 가정과 이웃에 대한 관심은 뒷전으로 밀린다.

사람들은 경제적 삶에 묶여 있을 뿐 함께 자리해 공공문제를 토론하거나 거기에 참여해 활동하는 정치적 의미의 시민적 위상을 스스로 약화시켰다. Bella의 표현대로 시민은 이기심, 타산성, 효용 극대화만을 추구하는 경제인간이 되고 말았다(박영신, 1998: 106). 따라서 그들은 안존(安存)보다는 속도, 내실보다는 외형, 과정보다는 결과, 미래의 비용보다는 현시점의 비용절약을 더 중요한 덕목으로 삼는다(이재열, 1998). 여기서 인간관계의 구조적 황폐화가 전개된다. 개인주의를 추구하는 현대인들은 물질주의적, 도구적, 비인간적이 되어, 서로 간의 신뢰, 애정, 가치에 심각한 상처를 남겼다.

2. 한국인 특유의 문제해결장치인 사적 연줄망의 한계

전통적으로 집단주의 성향이 강한 아시아 사회에선 다행히도 개인주의가 상대적으로 약하다. 그러나 아시아 사회는 그 집단의 결속의식이 그 내부로만 크게 제한되어 있는 점에서 더 큰 문제점을 갖는다. 왜냐하면 집단주의가 폐쇄성을 조장해 사람들에게 공동체의 넓은 이상을 따르게 하기보다는 집단의 좁은 이기성에만 매달리게 하기 때문이다. 즉 친분집단의 전통과 구조를 지키면서 그 안에서만 이익을 추구하고 타산적 삶을 살아가는 것이 동양인의 특성이다(박영신, 1998: 122).

한국인 특유의 문제해결방법인 '사적 연줄망'을 예로 들어 이 점을 성찰해 보자. 우리나라에선 국가의 공식적 도움장치가 미비해 그 효과가 나라 곳곳에까지 뻗치지 못했던 그간의 오랜 역사 속에서, 사적 연줄망, 즉 연고 우선주의가 전통적 사회보험(Social Insurance)으로 작동해 왔다.

물론 1960년대 이래의 급속한 경제성장은 농촌공동체의 전통적 기반이었던 사적 연줄망을 와해시켰다. 과거의 혈연, 지연, 학연에 의한 원초적 집단이 도시화로 인해 상당히 흔들릴 때, 사람들은 전통공동체를 대신할 의사(擬似)-현대적 공동체(Quasi-Modern Community)를 갈망했다. 그러나 많은 한국인들은 현대에 들어와서도 자신이 충성해야 할 집단의 범위를 여전히 과거의 원초적인 소집단에 한정시키고 있다(임희섭, 1994: 193~196). 더욱이 사회구조의 급속한 분화가 그에 걸맞는 사회적 통합을 가능케 하는 사회적 규범의 확대로 연결되지 못했기 때문에, 자기집단, 자기 가족 중심의 전통적 신뢰규범은 여전히 온존되고 있다(이재열, 1998: 84~85). 연고 우선주의에 입각한 사적 연줄망은 지금도 사람들로 하여금 자신이 속한 집단과 조직을 일종의 확대가족(Extended Family)으로 보게 하고, 이를 통해 사람들은 친교(親交)적 자본 혹은 관계적 자본(Relational Capital)을 추구해 나간다.[1]

험악하고 외로운 이 풍진 세상에 연줄을 같이 하며 자신을 도와줄 수 있는 사람들이 주변에 있다는 것은 사회경제 생활을 영위해 나가는 데 큰 힘이 될 수도 있다. 그러나 친교적 자본의 가장 큰 문제점은 공평성의 문제이다. 즉 사적 연줄망에 의존하는 친교는 불행히도 사람들 모두에 대한 친밀성(Intimacy for All)을 갖지 못한다. 따라서 연줄이 있으면 쉽게 자신의 문제를 해결하지만, 연줄이 없으면 개인적 출세의 기회나 시장의 진입에서 원천 봉쇄당한다.

사회적 취약계층일수록 물리적 자본, 인적 자본도 그렇지만 이러한 친교적 자본 역시 적게 소유하거나 전혀 소유하고 있지 못할 수도 있다. 즉 더 많은 생활욕구(need)를 가진 사람들이 이런 비공식적 결속에서조차도 소외되고 있는 것이다(홍경준, 1997: 415~419).

한국 사람들은 그래서 연(緣)을 만들기 위해 의도적으로 정(情)을 나눈다. 이른바 인맥 만들기, 줄서기, 편짜기 등 나름대로 이에 합리적으로 대처하고 있다(정수복, 1996: 121~123). 그러나 사람들 간의 정과 그에 입각한 사적 신뢰는 기본적으로 불안하고 깨지기 쉽다. 따라서 사람들은 타인에 대한 기대심리에서 출발해 일부러 정(情)의 교감을 필히 확인하려 하고, 또 누구에게 정을 주면 그에게서 보상도 받으려는 확인심리, 보상심리구조를 갖게 된다. 이는 자연히 직장생활 및 사회생활에서의 엄청난 스트레스를 유발한다. 특히 마음의 정 나눔이 그 선을 넘어 선물 혹은 뇌물로 발전할 때 그것은 부정부패의 문화적 토양으로도 작용한다.

이러한 악순환, 즉 사적 연줄망의 재생산은 공식적 문제해결장치의 네트워크화

---

1 이는 사회적 자본(social capital)이라고도 불리는데, 개인들간의 사적 신뢰관계로부터 얻을 수 있는 장점과 이득을 말한다(이재열, 1998: 88).

와 공적 신뢰에 입각한 공공재산 만들기마저 어렵게 한다. 즉 사람들은 같이 어울려 무엇인가를 만들기보다는 나만 이용 가능한 개인 서비스의 개별적 확보에 열중하는 것이다.

예컨대 엄청난 과외 수업비를 내면서도 학교시설의 확충비 지원을 외면한다. 생수를 사먹으면서도 수도요금 인상에 인색하고, 자가용을 끌면서도 SOC 특별 부담금에 반대한다(이한구, 1995: 162~163). 또 조직 내 인사이동에서도 실적주의보다는 정적(情的) 인간주의적 접근을 택하고, 또 지역생활문제의 공동치유자로 나서기보다는 원자화된 삶 속에서 현대적 빈곤을 앓고 있다.

3. 존재론적 공동주체성과 공동주의의 재발견

우리는 이제 개인주의와 사적 연줄망식 접근을 넘어서는 보다 합리적인 문제해결장치, 특히 공적 신뢰에 입각한 공식적인 도움체계를 창출해 내지 않으면 안 된다. 그러나 말만 갖고는, 원자화된 채 계산적 삶을 살아가는 우리의 가슴 속에 공동체성의 회복이 쉽게 다가오지 않는다. 따라서 우리는 인식론적으로가 아니라 존재론적으로 우리가 새로운 공동체성을 발견, 실천하지 않으면 안 되는 본질적 상황을 이해해야 한다. 다음의 논의는 우리가 왜 존재론적으로 공동체적 삶을 의도적으로 추구해야 하는가를 절실하게 말해 준다(이도형, 1993a: 3~8).

현대인의 가장 대표적, 보편적 삶의 양식인 도시생활은 사람들의 생활의식을 극도로 원자화, 개인화시키는 경향이 있다. 일례로 우리는 아파트에서의 삶처럼 타인과의 대화와 교류가 불필요하고 경시되기 쉬운 환경에서 살고 있다. 더구나 대도시 주민의 연간 이사율은 40%나 된다. 특히 서울은 주거공간의 반 이상이 아파트로서, 보조키까지 무장한 육중한 철문은 이웃과 나를 분리시키는 일종의 감옥 문이다(김수현, 1996: 18~19). 최근의 심각한 이웃해체 현상은 바로 여기서 연유하고 있다.

그러나 개인화된 의식공간은 결코 주체적이지도 자유롭지도 못하다. 또 도시인이 개별적으로 생활문제를 해결하려 해도 한계가 큰 경우가 많다. 도시적 생활양식은 생활의 개인화를 촉진하지만, 이러한 개인화를 가능케 하는 것은 물적 도시기반의 공동화(共同化), 사회화이기 때문이다.[2] 이런 의미에서 도시적 삶은 도시화가 진행되고 생활합리화가 추구될수록 더욱 사회화, 공동화되어 간다(이시재, 1992:

---

2 일례로 전기, 도로, 상하수도, 교통, 교육, 의료 등 도시생활서비스의 공공성은 도시인의 삶이 얼마나 사회화되어 있는지를 잘 말해 준다.

446~447). 따라서 도시인은 도시생활문제들에 공동으로 직면하는 경우가 많다. 특히 도시 내의 근린(neighborhood) 개념에는 지리적 근접성에서 불가피하게 발생되는 생활문제의 공동 치유자로서의 함의가 본질적으로 반영되어 있다. 근린성원들은 집(home)이라는 사적 공간을 중심으로 근접해 살고 있어, 버스노선, 주거조건, 거주환경, 교육여건 등 공동의 생활문제에 직면하고, 공동의 역사와 생활체험을 통해 삶의 실질적, 상징적 위치를 공유하는 등 공동운명체 의식을 저버리기 어렵다(Silverman, 1986: 313~316).

도시인들은 또 공동의 노력으로 생활서비스를 창출할 때만, 서비스 향유에서 제외되지 않고 이를 집합적으로 소비할 수 있다. 실제로 교통, 주택, 녹지조성, 생활도로, 교육, 공해추방 등 도시공간에서 발생되는 많은 생활문제는 이로 인해 직접적으로 영향을 받는 시민들 스스로의 지역적 공동체험에 의거한 필요성 인식과 협조적 사회행위를 통할 때 빨리 해결된다. 따라서 도시인은 단기적 이해관계를 떠나 지역생활문제의 해결에 공동책임의식을 지녀야 한다.

생활 최우선주의에 입각해 도시적 삶을 지키려는 생활부문운동들이 최근 신사회운동, 주민운동 차원에서 대두하는 것은 이런 맥락에서이다(D'Anieri, Ernst & Kier, 1990: 446~447). 단기적 이해관계 함수로는 충분히 이해될 수 없는 이러한 생활윤리와 생활양식이 새롭게 추구되는 것은, 그것이 개인의 선택을 넘어 상호매개적인 존재론적 공동체성에 의존하는 현대적 삶의 속성상 당연히 요청되는 것이기 때문이다. 도시인의 삶은 인식론적으로는 생활의 개인화가 이루어지고 분리될 수 있으나, 존재론적으로는 도시기구를 통한 생활관련 합리화와 공동체화라는 공동 주체성에 얽매일 수밖에 없는 것이다(이시재, 1992: 449). 이는 곧 도시적 삶에 있어 공동체적 원리, 즉 새로운 공동주체성의 회복을 위한 사회적, 물리적 기반이 도시공간에 마련되어야 할 필요성을 잘 말해 준다. 이제 인간은 자기의 유일한 존재만을 확신하는 '이성적이기만 한 자아'가 아니라 그 이성의 용도가 훨씬 성숙한 책임감 있는 이웃으로서 서로를 마주 대하는 '도덕적 연대의 주체'여야 한다. 즉 '더불어 살아야만' 우리는 존재할 수 있다(홍윤기, 1999).

우리는 여기서 오늘날 왜 공동체주의가 다시 부각되는지 그 이유를 분명히 알 수 있다. 공동체주의는 현시점에서 우리 자신의 생활문제를 해결하기 위해 결코 피할 수 없는 하나의 당위적인 생활양식이 되어 가고 있는 것이다. 이제 공동체는 단순한 슬로건이 아니라 새로운 정치의 근본 주제로 부각되고 있다. 공동체는 잃어버린 국지적 연대(solidarity)를 다시 찾기 위한 노력이 아니라 이웃, 마을, 나아가 더 큰 지역의 사회적, 물질적 쇄신을 위한 실천적 수단을 의미한다(기든스 저, 한상진, 박찬욱 역, 1998: 132). 따라서 공동체는 성원들이 모두 참여해 상호 책임과 의무를 다해야 할 도덕실천의 장으로 작용해야 한다. 공동체 속에서 우리는 이기주의를 조절하고 특히 자신의 이기성을 가능한 한 더욱 넓은 공익과 이상에 묶어 둘 수 있다. 맥머레이는 인간의 존재단위는 내가 아니라 나와 너(I and You)라는 인격의 관계를 뜻한다고 보고, 공동의 삶을 함께 나누는 데서 인격체로서의 개인이 만들어진다고 말한다(박영신, 1998: 100~119). 우리는 공동체 안에서 비로소 하나의 인격체가 되는 것이다.

공동체는 교육의 장으로서뿐 아니라 경제적으로도 구성원에게 유익함을 줄 수 있다. 생활협동조합 등 생활공동체의 목적은 시민 일반의 이해관계와 일치한다. 따라서 시민의 좋은 삶은 공동체에 참여함으로써 보다 가능해지며 그 정당성을 얻게 된다(조영제, 손동빈, 조영달, 1997: 60~61). 결국 우리는 공동체에 참여함으로써 도덕적 위상과 경제적 사익 모두를 제고시킬 수 있다.

III. 시민운동과 사회발전

1. 시민운동의 발전론적 의의

시민운동(Citizen Movement)은 상기한 현대 공동체주의의 참여 가치와 그 교육적 기능을 현실 사회 내에서 발현하고 제도화시킬 수 있는 효과적 장치이다.

시민운동은 의회나 정부 등 기존의 관례적 참여통로가 폐쇄적이어서 시민의 이익을 정책과정에서 충실히 반영하지 못하거나 혹은 이들 기구가 시민의 이익에 반하는 쪽으로 나갈 때, 시민들이 하나의 결사체(association)를 구성하여 집합행동(collective action)을 함으로써 그들 공유의 일반이익과 시민적 가치를 정부에 제시하는 것이다. 이러한 점에서 시민운동은 자발적(voluntary) 결사체이자 하나의 사회영향(social-influence)적 결사체이다.

신 사회운동으로서의 시민운동은 제도권 정치에 대한 국민 저항의 상징으로서, 정치와 사회를 새롭게 보는 방식, 또는 사회문화에 대한 새로운 자기 서술로 나가는 길 등 제3세계의 재 상상화와 후 발전(Post-Development) 시대를 위한 길을 제시해 줄 것으로 전망된다(Escobar, 1995: 211~227).

2. 시민운동의 전제조건: 시민사회 성립과 사회선택성의 발현

시민운동이 활성화되려면 시민사회(Civil Society)가 성립되어야 한다. 시민사회는 산업화 이후 중산층 등 사회세력의 양적, 질적 성숙을 통해, 사회성원들이 국가로부터 독립된 고유의 의사소통통로를 구축하고 시민적 연대를 통해 사회의 성격을 자기들이 생각하고 원하는 방향으로 변화시킬 만큼 성숙된 사회를 말한다. 사회의 성격이 시민사회가 되어야 시민들은 신민(臣民)사회의 동원의 대상에서 비로소 참여의 주체가 될 수 있다.

시민운동의 정치적 순기능은 정책결정 내용 및 정책우선순위의 친(親) 시민화를 통해 시민생활의 질을 향상시키고, 정책결정구조를 민주적으로 개변시키며, 범국가적 차원에서 사회의 일반이익을 대변하는 것이다. 따라서 진정한 의미의 시민운동은 사회선택성(社會選擇性: Social Selectivity)의 발현을 요구한다. 사회선택성은 시민들이 특정한 문제를 사회문제로 규정하고 이를 해결하기 위해 사회운동을 전개하는 것이다. 즉 시민들이 정부에 대한 단순한 불만표출에서 벗어나, 독자적 발전논리와 정책의제 형성역량을 통해 시민 전체의 입장에서 문제해결의 사회적 대안을 제시하는 것이다. 우리나라를 예로 들면 경제정의실천시민연합이 1993년에 발간한 「우리사회 이렇게 바꾸자」, 「우리 서울 이렇게 바꾸자」와, 인도주의실천 의사협의회의 「의료 이렇게 바꾸자」 등의 책과 문건이 이런 사회선택성의 발현물이다.

산업화 이후 한국의 사회세력은 자체의 사회선택성 위에서 국가정책과정에 정책대안을 제시하는 등 정치, 사회변화의 주도적 결정변수로 등장하고 있다. 이는 국가 주도적 산업화과정에서 사회부문의 미성숙으로 인해 사회선택성이 미약했던 것에 비하면 커다란 변화이다. 특히 시민운동단체의 정책대안 제시는 노동부문의 그것과 더불어, 그간 정부 독자적으로 운용되어 온 사회, 경제정책과정에서 중대한 압력요인으로 작용하며 날로 영향력을 더하고 있다(이도형, 1992: 294).

3. 시민운동단체의 바람직한 운영방향과 지원체계

범세계적으로 NGO들이 정부, 의회, 재계 등 기성세력을 견제하는 지구촌의 제3세력 내지 대안세력으로서 급부상하고 있다. 일례로 미국은 NGO 등 시민단체의 천국으로서 시민단체 활동가가 연방정부, 주정부의 직원 수보다 많다. 또 대부분 회원들의 회비와 기부금으로 운영된다. 시민단체들은 공통의 목적을 관철하기 위해 유사집단 간의 연합도 다반사로 한다. 시민운동의 발상지인 유럽 시민단체들은 환경보전, 인권보호, 실업대책 분야에서 국제적 연대를 도모한다(중앙일보, 1998. 4. 22자). 외국에서는 납세자의 권리보호를 위한 시민운동도 활발하다. 일례로 미국의 TAF (Taxpayers Against Fraud)는 비영리 공익단체로서 중앙정부기관을 대상으로 행해지고 있는 조세포탈 및 부정계약을 비롯한 각종 비리를 방지하는 것을 목적으로 설립되었다. 이 단체의 지원 하에 1996년 미국 재무성은 3억 달러 상당의 비리에 의한 조세지출을 회수할 수 있었고, 중앙비리고발법이 제정된 1986년부터 총 10억 달러의 잘못된 조세지출을 회수할 수 있었다(정영헌, 1997: 63~66).

한편 우리나라의 시민단체 수는 '시민의 신문' 연감에 약 2만 개가 등록되어 있는 것으로 파악된다. 이 중 상당수는 봉사, 구호(救護) 활동을 하는 복지형 NGO이다. 반면 시민권익을 대변하고 정책을 주창하는 애드보커시형 NGO는 3천개 정도이다.

한국의 시민운동은 급성장했지만 많은 문제점을 안고 있는 것도 사실이다. 즉 열의를 지닌 몇몇 상근자(常勤者)들이 모든 것을 다하는 슈퍼맨식 운동과, 언론에서 다룰만한 쟁점 중심의 정책과 이벤트성 행사를 결합해 여론화시키는 방식을 그간 철저히 택해 왔다. 그러다 보니 시민이 참여할 틈 자체를 스스로 봉쇄하고 말았다는 비판[3]에 직면해 왔다.

그렇게 된 데는 무엇보다도 운영자금 문제가 컸다. 시민운동이 활성화되면서 상근조직이 필요한데, 재원동원의 압박은 크고 회비납부 실적은 크게 미흡했다. 따라서 큰 후원자의 물색과 언론과의 연계활동을 위해 언론의 구미에 맞는 아이디어 창출에 몰두했던 것이다.[4] 따라서 활동이 너무 사건(event), 사안(事案) 중심적이었다. 그 결과 한 가지 사안에만 매달리고, 또 새로운 사안이 대두되면 마무리 없이 그 쪽으로 흘러간다(권해수, 1996).

우리나라의 시민단체들은 '무조건 반대만 하는 단체'로서의 이미지가 굳어져 오기도 했다. 또 정치이슈에 주로 함몰되니 그 활동이 시민생활과 괴리되어 시민의 외면을 받기도 했다. 이는 곧 회원수 정체와 활동가의 잦은 이직으로 나타났다. 그래서 최근 시민운동단체들은 정치보다 민생에 활동의 중점을 두고자 한다. 예컨대 참

---

3 한국의 시민운동은 아직은 전문성, 조직역량, 활동력 등에서 미흡하다. 상근자가 1~2명에 불과하고 수도권지역 시민단체의 43%는 '시민 없는 시민운동'이다. 미국은 시민단체수가 140만 개, 일본은 법인을 포함해 40만 개이지만, 우리의 시민단체는 4,023개이고 지부(支部)를 포함해도 고작 2만 개이다(한국 민간단체총람, 2000).
4 McCarthy & Zald(1977)에 따르면, 전문 사회운동조직들은 기업처럼 한정된 자원을 얻기 위해 경쟁하는, 즉 시민의 지지를 얻기 위해 경쟁하는 사회운동산업(social movement industry)의 일원이다. 운동단체의 생존을 위해 노력해야 하고 그 규모가 커질수록 조직운영비용도 증대하므로, 그 비용충당을 위해 대중적 지지를 얻을 이슈만 추구한다는 것이다.

여연대는 정치분야보다는 경제 관련기구(예: 사회복지위원회, 조세개혁센터에 민생희망본부, 노동사회위원회, 시민경제위원회 등을 추가)를 더 많이 둔다. 즉 서민들의 비정상적인 가계부담을 덜어주어 서민들이 좀 더 피부로 느낄 수 있는 시민운동으로 전환하고자 한다.

시민단체의 몸집 줄이기도 진행중이다. 경실련은 50명의 상근자를 33명으로 줄이는 대신 1인당 급여를 30%씩 인상해 활동가들의 전문역량 육성에 노력하고자 한다. 또 대규모의 군중 야외집회 대신 블로그와 시민단체의 홈페이지에 초점을 맞추어 운동을 전개한다. 온라인 클릭을 이용한 서명건수 증대가 그것이다(중앙일보, 2007. 3. 19자). 종래의 주장형 운동이 사회관심을 끌기 어려워지면서, 이러한 정보기반형, 생활밀착형 운동으로 전환할 필요성은 더욱 커지고 있다.

시민운동단체의 윤리, 도덕성 가이드라인 설정도 요구된다. "시민단체가 정치운동을 하려면 커밍아웃, 즉 자기 정체성을 드러내야 한다. 그걸 안하면 전체 시민운동이 다 죽는다"[5]는 한 시민운동가의 목소리가 절실하게 들리는 것은, 오늘의 시민운동단체들이 나아가야 할 윤리적 방향성을 잘 말해 주고 있다.

향후 시민운동단체들이 이처럼 자신의 본래적 존재의의를 다하기 위해서는 무엇보다도 사회의 위기를 관리할 수 있는 시민안전망으로 기능하겠다는 역할정체성의 학습이 필요하다. 그러기 위해 시민단체는 우선 시민의 관심사를 부각시키고 그것에 관련되는 정보와 경험을 적극 교류하는 코디네이터 역할을 수행해야 한다. 또 비영리 시민사업형태인 NPO(Non Profit Organization)로 전환해, 생활운동과 시민자치사업을 전개해야 한다.[6] 범세계적 이슈에 대한 국제적 연대도 요구되고, 환경, 실업문제 등 각 영역별 전문성과 종합적 전문성의 확보도 필요하다(정수복, 1996: 121~123).

특히 다양한 형태의 구체적이고 분화된 시민생활주제들(예: 환경, 소비자, 교육, 교통, 경제정의, 지방자치, 퇴폐사치추방, 노동 등)을 선정해, 시민생활 환경개선을 운동의 주요목표로 삼아야 할 것이다. 시민과 함께 할 수 있는 실천전략의 개발도 필요하다. 다양한 시민참여 프로그램들을 개발해 운동의 대중성도 확보하고, 시민의 실생활에 도움이 되는 생활정치의 한 현상으로 시민운동이 이해되도록 노력해야 할 것이다(권해수, 1996: 71~74). 최근 우리의 시민단체들이 녹색소비자운동(예: 소비자감시, 도농 직거래), 아파트공동체운동, 대안교육운동, 공동육아운동, 살기 좋은 마을 만

---

5 이는 박병옥 경실련 사무총장의 관련 인터뷰기사 내용이다(중앙일보, 2007. 3. 26자).

6 이는 시민운동 활성화 관련 한 세미나에서 발표된 유종순 당시 열린사회 시민연대 공동대표와 오기출 한국 휴먼네트워크 운영위원장의 발언 요지이다(중앙일보, 1999. 11. 3자 14면에서 참조).

들기 운동, 공동주거운동, 지역화폐운동(정규호, 2002: 70) 등 다양한 생활양식운동으로 자신의 활동영역을 넓혀가는 것은 이런 점에서 매우 바람직한 현상이다.

　시민운동단체의 활성화를 위해서는 어떻게 이들 단체를 지원해 주는 것이 좋은가? 미국의 경우 120만 개가 넘는 비과세 시민단체 중 65만 개 정도는 기부금에 면세혜택을 받는 대신 특정정파를 지지하는 정치활동은 금지되고 있다(중앙일보, 1998. 4. 22자). 우리나라도 시민단체의 정치적 동원을 피하기 위해선 직접적인 재정지원은 피해야 한다. 즉 현재의 자금지원보다는 소득세 등의 각종 세제혜택, 공공시설물과 공유지 이용, 무료우편 이용, 인턴인력의 제공이 바람직하다. 또 관료의 책임을 회피하기 위한 면피형 회의, 저명인사를 동원한 들러리형 회의, 정책추진 무드를 조성하기 위한 바람몰이형 회의에 시민운동이나 관계인사가 이용되어서도 안 된다(김의영, 1999: 155~159).

Ⅳ. 지역사회개발: 정부로부터 시민 홀로서기

1. 지역 홀로서기의 필요성[7]

　우리나라의 경우 지방자치는 시작되었으나 그 실천여건과 자치의 제도화 작업은 아직 미흡하다. 우선 공공서비스의 일차적 전달자로서의 새로운 위상과 그 할 일에 비해 지방정부의 인력이 달린다. 지방공무원들의 업무능력도 미지수이다. 그간 이들은 중앙의 지시와 지원 아래 기계적인 집행업무만 해와 정책입안능력의 학습기회를 충분히 갖지 못한 관계로, 다양한 지역생활문제의 해결에 필요한 정확한 서비스수요 예측력과 서비스생산능력을 당분간 이들에게서 크게 기대할 수 없다. 지방재정 자립도도 낮다. 지방세 수입으론 인건비도 충당하지 못하는 지방정부가 많다. 주민 생활서비스를 다양하게 지속적으로 공급하기 위해선 지방의 재정력이 뒷받침되어야 하는데, 이것이 역부족인 상태에 있는 것이다.

　그렇다면 아직은 규모나 능력 면에서 힘에 부친 지방정부들에게 주민이 잔뜩 일거리만 제기하고 물러나 앉아 수수방관할 수 없다. 또 지방정부가 자신의 민원과 생활문제를 해결해 주지 않는다고 비판과 원성만 보낼 수도 없다. 그 와중에도 지역

---

7 앞의 시민운동이 국가권력이 시민사회로 분화되는(moving out) 것이라면, 지역 홀로서기는 국가권력의 하향화(moving down)이고, 뒤에서 다룰 글로벌 시민사회의 형성은 국가권력의 상향화(moving up)이다.

생활문제는 계속 누적, 심화되기 때문이다.

　　물론 주민들은 정부가 그들의 생활문제를 해결해주는 대가로 납세의 의무를 다한다. 그러나 때로는 잘해 보려는 의지가 있어도 역량이 달려 해결해 주지 못하는 지방정부를 대신해, 지방정부가 역량을 갖출 때까지 주민들 스스로가 십시일반(十匙一飯)의 정신으로 자기지역 생활문제를 주체적으로 해결하는 등 지방정부로부터 '홀로서기'하는 방법도 있지 않을까?

　　자치행정에 아직 역부족인 지방정부에게 지역생활문제의 해결을 완전 위임할 수는 없다. 누군가가 나서서 이를 해결해야 한다. 여기서 주민의 자치의식과 살기 좋은 지역건설에의 주체적 역할이 새삼 강조된다. 자치가 제도화되기 위해서는 주민들의 왕성한 자치욕구뿐만 아니라 올바른 자치의식이 전제되어야 한다. 올바른 자치의식은 자유, 권리의 자율적 행사와 더불어 이에 대한 책임과 질서를 강조한다. 일찍이 근대 민주주의와 서구 지방자치의 정착과정에서 중시됐던 '자유의 사회성' 관념은, 자치의식에 내재되어야 할 주민들의 자유, 권리와 책임, 의무의 조화 필요성을 잘 보여준다.

　　세계화는 기존 공동체의 해체에 따른 소속감과 자아감을 붕괴시켜 왔다. 그래서 사람들은 지방적 수준에서나마 공동체의 재발견을 시도하고 있다. Naisbitt(1994)은 세계화될수록 보다 지방화될 것이라고 예측한다(임현진, 1998: 26). 우리는 여기서 진정한 자치의식은 다름이 아닌 공동체(community)의식임을 발견한다. 즉 우리는 한 배를 타고 있는 공동운명체라는 것이다. 따라서 내가 잘 살기 위해서는 남의 이익과 가치도 보호해야 하며, 내 문제를 해결하려면 타인의 협조와 지지가 필요하다는 발상의 전환이 요구된다. '자유의 사회성'에 입각한 진정한 자치의식은, 결국 주민들이 자치시대를 맞아 하나의 공동체가 되어야 함을, 즉 자기 거주지의 생활문제 해결에 무임승차하지 말고 주민 모두가 살기 좋은 지역건설에 적극적으로 참여해야 할 필요성을 제기한다(이도형, 1998b).

2. 지역사회개발의 참뜻

　　지역현안의 해결에 있어 지역주민들이 주체적으로 나설 수 있는 제도적 장치는 무엇인가? 지역사회개발(Community Development)이 그 답이 될 수 있다. 지역사회개발은 주민의 조직화된 행동양식으로, 이들의 자발적, 능동적 참여를 통해 물질적, 정신적 생활향상을 도모하는 지역공동체적 노력의 한 형태이다.

지역사회개발은 주민이 단합해 더 잘 살려고 노력하는 공동체성, 주민의 자주적 능력에 입각한 경제자립성 확보, 민주시민으로서의 자질을 높이는 민주주의 생활화, 근시안적 개발이익보다는 주민생활의 질적 향상을 꾀하는 균형적 개발이익을 기본이념으로 하고 있어(최재원 외, 1991) 지역공동체의식 및 자치의식에 입각한 '주민주체적 생활문제 해결장치'로서의 함의가 매우 크다고 하겠다.

3. 지역사회개발의 현대적 유형: 도시복지공동체 형성전략과 조건

우리 사회에서 지역사회개발은 향후 어떤 형태로 자리를 잡고 활성화되어야 하는가? 우리는 지역사회개발하면 흔히 유신시대의 새마을운동을 상기한다. 물론 새마을운동은 농촌 근대화를 이룩하는 데 크게 기여했다. 그러나 그 방법이 관 주도적이었고 내용도 소득증대, 주택개량사업 등 다분히 외양적 성장에만 그쳤기 때문에, 참된 의미의 지역사회개발이라고 보긴 어렵다.

자치시대를 맞아 우리가 지역사회개발을 재조명하는 것은 이런 새마을운동을 재판하자는 것이 아니다. 특히 현시점에서 볼 때 지역사회개발은 농촌에서도 요구되지만 어찌 보면 각종 생활문제가 더욱 누적되어 있고 이로 인한 피해가 극심한 도시지역에서 더 필요하다. 더욱이 우리나라의 도시화율은 이미 선진국 수준에 진입해 있고, 향후 더 많은 사람들이 도시에 모여 살게 될 것이다. 이런 점에서 도시의 지역사회개발 활성화에 논의의 주된 초점을 둘 필요가 있다. 그렇다면 과연 우리의 도시들에서도 지역사회개발은 가능할까? 다행히도 우리는 이것이 가장 발현되기 어렵다고 생각하기 쉬운 현대 대도시에서조차 그 가능성을 다음과 같이 발견할 수 있다(이도형, 1993a).

현대 도시적 생활양식이 아무리 도시인의 개인주의를 촉진시켜도, 도시인은 같은 거주지에 살고 있다는 사실로 인해 공동으로 직면하게 되는 생활문제를 외면하기 어렵다. 특히 도시 내 근린(Inner-City Neighborhood)은 주거지를 같이하는 지리적 근접성에서 불가피하게 발생되는 '공동생활문제의 공동치유자'라는 역할을 본질적으로 갖는다. 이들은 같은 지리적 경계 안에서 살 뿐 아니라 공동생활문제를 해결하기 위해 강한 일체감과 공동책임의식을 지녀야 하는 상호의존적 인간관계망의 성격이 강하다. 나아가서는 공동선을 위한 의식적 결속 아래 동고동락하며 더불어 살아가는 생활이익 연합체 혹은 생활공동체적 성향을 본질적으로 내포하고 있다. 따라서 우리는 도시 내 근린에서 '현대 도시공동체'의 실질적 기반을 마련할 수 있다.

물론 경제적 동물인 인간의 이기심에 따르면, 도시공동체의 형성은 가시화되기 어렵다. 도시인들은 도시공동체 형성의 필요성과 그것이 주는 생활편익은 중시하지만, 공동체 형성에 요구되는 개인적 희생과 사회경제적 비용 때문에 공동체적 집합행위에 적극성을 보이지 않고 무임승차하기 쉽다. 따라서 이들을 도시공동체 안으로 끌어들이기 위해서는, 지역생활문제의 공동치유라는 일반이익의 구현과정 속에서 자신의 생활문제도 동시에 해결될 수 있다는 확신이 이들의 마음속에 강하게 자리 잡게 해야 한다. 우리는 이런 점에서 전략적 선택론자가 새로운 사회행위 기준으로 강조하는 호혜성(reciprocity)이라는 개념에 귀 기울일 필요가 있다.

호혜성은 타인의 행동결과를 보고 자신의 현재행위를 결정케 한다는 점에서 합리적 인간을 다스리는 최상의 규범이다. 특히 호혜성은 타인이 협력할 때 나도 협력한다는, 즉 인간협력을 공고화시키는 상호위협(Mutual Threat) 제도를 조건화함으로써[8] 무임승차를 배제시키며, 모든 사람을 협력사회의 당연 지불자(Dues-Paying Member)로 만드는 전략적 특성을 지닌다.

도시인들이 이러한 호혜성을 크게 느낄수록 이들의 자발적 참여와 생활여건의 공동창출 가능성은 높아진다. 집합행위를 통해 자기의 목적이 달성될 가능성이 커지고 이에 참여하는 사람의 수가 많아질수록, 그들은 연합(coalition)을 통해 개인의 참여비용을 줄이는 전략적 선택을 하기 때문이다. 따라서 생활공동체로서의 도시공동체가 형성될 가능성도 보다 커진다. 그러나 현대 도시인들을 호혜성에 입각한 도시공동체의 형성에 보다 많이 참여하게 하고 그 운영에 보다 지속적으로 협력하게 하려면, 그들의 참여와 연대적 협력을 조장하는 적절한 환경과 입지(Ecological Niche)를 좀 더 확실하게 전략적으로 만들어 줄 필요가 있다.

그렇다면 우리는 이러한 전략적 환경과 입지를 어떻게 포착하고 조장해 줄 수 있는가? 또 어디에다가 초점을 두고 조성해 주어야 가장 효과적일까? 이를 위해서는 현대 도시 생활문제의 해결에 필히 요구되는 각종 도시생활서비스들의 기본적 성격을 잘 이해할 필요가 있다.

주거환경, 생활도로, 대중교통, 보건, 위생시설, 녹지공간 등 도시생활서비스는 시민생활의 질 제고와 깊게 연관되어 있어 '복지효과'가 매우 큰 서비스들이다. 또 도시생활문제는 도시인들이 공동으로 직면하는 경우가 많고, 공동의 노력으로 스스

---

8 쓰레기 처리에서 시민은 쾌적성을 추구하는 것이 가장 합리적이라고 생각한다. 반면 기업은 이윤추구를 최대의 목표로 인식하고, 지방자치단체 등 행정당국은 쓰레기를 행정구역 밖으로 내보내 행정책임을 다하는 것을 가장 합리적이라고 생각한다. 그러나 이러한 각자의 개별적 합리성 추구는 전체적으로는 사회적 비합리성을 초래한다. 우리는 이를 사회적 딜레마라고 부른다(이시재, 1998: 216).

로 해결할 때만 서비스 향유에서 제외되지 않고 집합적으로 소비할 수 있는 집합재
(Collective Goods)적 성격도 강하다. 따라서 우리는 '참여하는 지역복지'라는 기치 아
래 '집합재적 생활복지 서비스의 생산'에 도시인을 직접 관여케 함으로써, 호혜성에
입각한 도시공동체적 집합행위를 지속시킬 필요가 있다. 이 과정에서 도시인들은 집
합재적 복지서비스 창출이라는 전체이익을 실현하려고 공동 노력할 때 자신의 사익,
즉 복지적 효과도 빨리 충족된다는 귀중한 체험을 스스로 하게 된다.

도시인의 직접적인 생활복지서비스 생산방식으로는, 쓰레기 재활용, 근린공원
조성, 환경보호를 위한 자전거타기운동 등 시민주도형 방식과, 정부와 시민이 협조
해 골목포장, 하수도 정비, 소규모 통행로 및 쓰레기소각장 건설과 같은 공동생산
(Co-Production) 방식 등 찾아보면 무궁무진하다.

특히 도시 내의 근린결사체(Neighborhood Association)는 지역을 보호하기 위해
시민들이 문제를 인지하고 의견을 형성하는 공동 생활이익의 제1차적 발현장소이
자, 생활자원을 유익하게 활용할 수 있는 미시적 통로로서, 서로를 위한 도움관계가
직접적으로 형성되는 최상의 장소이다. 따라서 이는 도시 생활복지서비스의 자발적,
실질적인 공급기반이 될 수 있다. 여기서 도시공동체는 '도시 복지공동체'라는 좀 더
가시적이고 기능 수행적인 조직형태로 발전한다.

도시 복지공동체는 복지서비스 생산의 직접적 통로로서뿐 아니라 다음과 같이
지역생활문제를 치유하는 데 요구되는 각종 인적, 물적 자원의 효과적인 동원채널로
도 작용할 수 있다. 먼저 물적 자원의 원천인 지역증여(Local Donation)와 기금
(foundation)방식을 활성화시키는 데 유리하다. 일례로 북미, 유럽과 일본, 대만, 싱가
포르에서는 지역 내 민간복지기관에 대한 주민참여방안으로서 지역공동모금제
(Community Chest)를 활발하게 실시하고 있다.

우리는 자신의 근로대가를 간접 기부행위로 보는 인적 자원 동원방법으로서 자
원봉사(voluntary service)를 재규정함으로써, 사회적 도움망의 보다 현실적인 기반도
도시 안에 확보할 수 있다. 일례로 영국, 칠레에서 활성화된 비정부조직(NGO) 형태
의 자발적 분야들은 도시빈민을 위해 생활원조뿐 아니라, 부채상담, 자활기술 습득
기회 제공, 고용기회 증진을 위한 직업훈련과 고용창출 등 다양한 봉사방법을 통해
도시생활조건의 증진에 기여한다.

4. 한국 도시 복지공동체의 지향점들

지방자치의 개막과 함께 최근 우리사회에서도 지역사회개발의 현대유형인 도시 복지공동체의 단초를 보여주는 발전적 사례들이 나타나고 있다. 무엇보다도 서울 한살림 공동체, 인천 한마을 등 지역 중심의 생활협동조합운동은 한국 도시 복지공동체 형성의 대표적 사례이다. 이들 조직은 더불어 사는 삶의 소중함을 운동의 출발점으로 삼으며, 무(無)점포형 공동구매로부터 밥상 살리기 운동, 지역환경 보호운동을 전개하고 있다. 나아가 도시인을 소비자공동체로 묶어 농민과 연대하게 하고, 생활경제뿐 아니라 환경, 문화, 교육 등 집합적 복지공급을 통한 시민생활의 질적 개선을 지향한다.

최근 지역화폐운동도 이런 점에서 주목받고 있는데, 이는 공동체주의 경제로서 지역경제의 자생력과 풀뿌리 공동체의 유대 강화를 목적으로 하며, 지역 사회안전망의 역할도 수행한다. 현재 전세계적으로는 1,600개 이상이 활동중인데, 우리나라의 경우 서울시 동작구청의 자원봉사은행, 송파 자원봉사센터, 녹색연합의 작아장터 등 많은 단체가 이 시스템을 구축중에 있다(이원규, 2002). 지금은 초기단계로서 회원규모에 집착하기 보다는 거래 안정성의 확보가 절실하다. 회원욕구를 충족시킬 수 있도록 다양한 거래품목을 확보하고, 자원봉사 수준에 머무는 것이 아니라 자신이 번만큼 쓸 수 있는 구조를 만드는 것과 또 법정화폐와의 호환도 필요하다.

자치시대를 맞아 살기 좋은 지역 건설을 위해 주민들이 지방정부로부터 홀로서기하는 진정한 자치의식이 우리에게 요구되고 있다. 이제 주민들은 힘이 부치고 역부족인 지방정부에게만 요구할 게 아니라, 자기 지역의 생활문제를 해결하는 데 요구되는 인력을 스스로 자원봉사로써 충당하고 그 소요비용을 지역공동모금제를 통해 십시일반하는 등 지역사회개발 주체로 거듭나야 할 것이다.

V. 글로벌 시민사회 형성에의 참여

시민의식과 공동체주의 정신은 나라 밖의 범지구적 문제 해결에도 적용되어야 한다. 우리는 지구촌이라는 하나의 공동체 속에서 살고 있기 때문이다. 그렇기에 우리는 이미 이 책의 제18장에서 국격의 문제를 다루면서 세계시민다운 행동을 하기 위한 우리 국민의 행동방침을 제시한 바 있다.

Salamon(1994)은 글로벌 NGO 혁명의 배경으로서, 4대 위기(복지국가, 개발주의, 환경오염, 사회주의 위기), 2대 혁명(커뮤니케이션과 경제성장의 혁명), 3중 압력(위로부터, 아래로부터, 밖으로부터의 압력)을 제시한다. 여기서 우리는 글로벌 시민사회 형성의 필요성을 제기할 수 있다. 즉 현 자본세계화의 폐해를 바로잡기 위해, 세계 시민사회는 인간에 대한 책무를 폭넓게 수용하는 공유된 가치와 기준, 태도를 정립할 필요성이 있다(주성수, 2000: 120).

최근 녹색 패러다임에 입각해 대두한 생명권 정치세력의 초국가적 지구환경 지킴이 운동이 그 좋은 예이다. 유럽, 미국 등 선진국의 신 사회운동 세력들이 아시아, 남미, 아프리카의 인권운동, 환경운동, 지역공동체운동, 원주민운동과 만나, 전 지구적 관점을 갖고 국민국가의 울타리를 넘어 하나의 초국적 시민연대를 형성하며, 지정학적 정치세력의 무책임성을 통제하고 생명권 정치를 진전시키고 있는 것이다(정수복, 1997: 277). 글로벌 시민사회를 건설하기 위한 NGO의 여타 공조활동 영역으로는, 인도적 구호, 식량, 주거, 교육, 인구, 평화, 여성, 아동, 노인, 마약 및 범죄 소탕, 지속개발, 공명선거 등 모든 글로벌 이슈가 포함될 수 있을 정도로 무궁무진하다. 여기서 글로벌 NGO들은 국제여론의 조성, 국제적 협력창출, 정당성 부여, 직접적 문제해결(난민 및 기아 구호, 개발원조, 환경, 인권감시) 등 폭넓은 역할을 수행할 수 있다(주성수, 2000: 140~141).

현재 세계 각국의 NGO들은 이외에도 지속 가능한 발전의 추진, 경제 세계화 속도의 감축, 인권투쟁을 위해 다양한 네트워크를 형성하고 있다(Jun, 2000: 283). 지구촌 세계화 시대의 대두에 따른 범지구적 문제들의 발생은 우리에게 세계시민으로서의 역할수행을 요구하고 있기 때문이다. 따라서 우리는 세계시민으로서의 역할정체성(role identity)을 학습하며 글로벌 시민사회의 형성에 적극 참여해야 할 것이다. 물론 세계평화와 발전을 위해 외국의 시민단체들과 함께 행동할 수 있도록 국내 시민단체들의 국제적 연대가 전제되어야 함은 너무나 당연한 일이다.

참고문헌

국내 저서

강성남. (1999).「비교행정연구」. 서울: 장원출판사.

강성윤 외. (2001).「북한 정치의 이해」. 서울: 을유문화사.

경실련 정책연구위원회 편. (1992).「우리 사회 이렇게 바꾸자」. 서울: 비봉출판사.

경제정의실천시민연합 편. (1995).「우리 서울 이렇게 바꾸자」. 서울: 비봉출판사.

공병호. (1997).「뉴질랜드 개혁이야기」. 서울: 자유기업센터.

_____ (2005).「한국, 번영의 길」. 서울: 해냄 출판사.

권영철. (1999).「미국 행정부 공무원의 윤리행동 준칙」. 서울: 한국행정연구원.

김경동. (1979).「발전의 사회학」. 서울: 문학과 지성사.

김광웅·김신복·박동서. (1995).「비교행정론」. 서울: 한국방송통신대학교 출판부.

김동춘. (2005).「미국의 엔진: 시장과 전쟁」. 파주: 창비.

김문환. (2006).「전환기 도쿄 이야기」. 서울: 삶과 꿈.

김석준. (2002).「국가능력과 경제 통치술」. 서울: 이화여자대학교 출판부.

김세균 외. (2003).「정치학의 이해」. 서울: 박영사.

김세원 외. (1996).「산업정책론」. 서울: 박영사.

김시윤·김정렬·김성훈. (2000).「정부와 기업: 산업정책의 정치경제」. 서울: 대영
　　　문화사.

김영명. (1994).「일본의 빈곤」. 서울: 미래사.

_____ (1996).「동아시아 발전 모델의 재검토」. 서울: 소화.

김영성·정광조. (1988).「프랑스 행정연구」. 서울: 법문사.

김영종. (1989).「발전행정론」. 서울: 법문사.

김욱동. (2001).「녹색경전」. 서울: 범우사.

김재목. (1995).「북핵협상 드라마」. 서울: 경당

김정수. (2003).「걸리버 프로젝트, 그 완성을 위하여: 부패 없는 사회를 꿈꾸며」.
　　　서울: 도서출판 시지프스.

김정현. (2001). 「중국읽기」. 서울: 문이당.

김호진. (1997). 「한국정치체제론」 서울: 박영사.

김호진. (2000). 「노동과 민주주의」. 서울: 박영사.

나병균. (2001). 「프랑스의 사회보장」. 서울: 유풍출판사.

남기업. (2010). 「공정국가」. 서울: 개마고원.

노승우. (1996). 「민족통일의 이론과 실천」. 서울: 전예원.

매일경제신문 지식프로젝트팀. (1998). 「지식혁명 보고서」. 서울: 매일경제신문사.

매일경제신문 편. (2000). 「디지털 지식혁명」. 서울: 매일경제신문사.

맹찬형. (2012). 「따뜻한 경쟁: 패자부활의 나라 스위스 특파원 보고서」. 서울: 서
    해문집.

박노자. (2002). 「좌우는 있어도 위아래는 없다」. 서울: 한겨레신문사.

_____ (2003). 「하얀 가면의 제국: 오리엔탈리즘, 서구 중심의 역사를 넘어」. 서울:
    한겨레신문사.

박동서 외 공저. (1986). 「발전행정론(제2전정판)」. 서울: 법문사.

박응격 외. (2001). 「독일연방정부론」. 서울: 백산자료원.

박진빈. (2006). 「백색국가 건설사」. 도서출판 앨피.

박천오 외. (2000). 「비교행정론」. 서울: 법문사.

박태견. (1997). 「관료망국론과 재벌신화의 붕괴」. 서울: 도서출판 살림.

배영준·송혜승. (2008). 「차이나 트렌드」. 서울: 토네이도 출판사.

백완기. (2001). 「행정학」. 서울: 박영사.

베네수엘라 혁명 연구모임. (2006). 「차베스, 미국과 맞짱뜨다」. 시대의 창.

삼성경제연구소 편. (1994). 「21세기를 향한 한국의 국가경쟁력」. 서울: 삼성경제
    연구소.

세계화추진위원회 편. (1995). 「세계화의 비전과 전략」. 서울: 세계화추진위원회.

손호철. (2008). 「레드 로드」. 서울: 이매진.

송병락. (1998). 「경제는 시스템이다」. 서울: 김영사.

송재복. (2000). 「한국발전행정론: 제도, 국가, 성장/위기」. 서울: 대왕사.

송하중. (1994). 「정부행정 중·장기 발전을 위한 기본구상」. 서울: 한국행정연구원.

심익섭. (1999). 「독일연방제도와 지방자치」. 서울: 도서출판 백산문화.

아시아 네크워크. (2003). 「우리가 몰랐던 아시아」. 서울: 한겨레신문사.

안영환. (2007). 「EU 리포트」. 서울: 청년정신.

오세훈 외. (2005).「우리는 실패에서 희망을 본다」. 서울: 황금가지.

염홍철. (1998).「다시 읽는 종속이론」. 서울: 한울아카데미.

우석훈. (2008).「괴물의 탄생」. 서울: 개마고원.

원철희. (1996).「싱가포르의 성공」. 서울: 정음사.

윤덕희 외. (1990).「체코·루마니아: 정치·경제·사회·문화구조와 정책」. 서울: 법문사.

윤성식. (2002).「정부개혁의 비전과 전략」. 서울: 열린책들.

이남국. (2001).「주요 제국의 행정제도 동향조사: 영국의 중앙정부조직」. 서울: 한국
    행정연구원.

이도형. (1999).「발전행정론」. 충주: 충주대학교 출판부.

_____ (2000a).「지방자치의 하부구조」. 서울: 한울아카데미.

_____ (2000b).「행정학의 샘물」. 서울: 선학사.

_____ (2004).「행정철학」. 서울: 대영문화사.

_____ (2012).「생태주의 행정철학: 생태관료 육성의 철학적 기반을 찾아서」. 파주:
    이담북스.

이면우. (2002).「일본의 정책결정과정: 현대 일본 정치시스템의 이해」. 서울: 형설
    출판사.

이옥순. (1999).「여성적인 동양이 남성적 서양을 만났을 때: 19세기 인도의 재발견」.
    서울: 푸른역사.

이우광. (2010).「일본의 재발견」. 서울: 삼성경제연구소.

이유경. (2007).「아시아의 낯선 희망들: 끊이지 않는 분쟁, 그 현장을 가다」. 서울:
    인물과 사상사.

이준호. (1997).「후지산과 대장성」. 서울: 경운출판사.

이호철. (1996).「일본 관료사회의 실체」. 서울: 삼성경제연구소.

임혁백. (1994).「시장·국가·민주주의: 한국민주화와 정치경제이론」. 서울: 나남출판.

임현진. (1998).「지구시대 세계의 변화와 한국의 발전」. 서울: 서울대학교 출판부.

_____ (2001).「21세기 한국사회의 안과 밖」. 서울: 서울대학교 출판부.

임희섭. (1994).「한국의 사회변동과 가치관」. 서울: 나남출판.

자유경제원. (2015).「2015년 전세계 경제자유 보고서」.

장용석. 외 (2017).「글로벌 시대의 사회통합: 세계적 추세와 한국의 위상」, 파주: 집
    문당.

장하준·정승일·이종태. (2012).「무엇을 선택할 것인가?」. 서울: 부키.

전병유. (2016). 「한국의 불평등」. 서울: 페이퍼 로드.

전여옥. (1994). 「일본은 없다」. 서울: 지식공작소.

정광균. (1999). 「싱가포르 그 나라를 알고 싶다」. 서울: 세훈문화사.

정구현 외. (1995). 「21세기 한국의 사회발전전략: 성장·복지·환경의 조화」. 서울: 나남출판.

정진화 외. (2000). 「지식기반경제의 인력정책」. 서울: 을유문화사.

정흥모. (2001). 「체제전환기의 동유럽 국가 연구: 1989년 혁명에서 체제전환으로」. 서울: 도서출판 오름.

조동성 편저. (1992). 「국가경쟁력: 선진국으로 가는 지름길」. 서울: 매일경제신문사.

조성한 외. (1996). 「일본의 정부조직」. 서울: 한국행정연구원.

조윤제 엮음. (2016). 「한국의 소득분배: 추세, 원인, 대책」. 서울: 한울 아카데미.

조홍식. (2004). 「미국이란 이름의 후진국」. 서울: 사회평론.

주성수. (2000). 「글로벌 거버넌스와 NGO」. 서울: 도서출판 아르케.

_____ (2003). 「사회복지정책」. 서울: 한양대학교 출판부.

참여연대. (2018). 「노동시간 근로감독 분석보고서」.

총무처 직무분석기획단 편. (1997). 「신정부혁신론: OECD국가를 중심으로」. 서울: 동명사.

최동희. (1991). 「동유럽의 정치경제와 한반도」. 서울: 나남출판사.

최성현. (2003). 「바보 이반의 산 이야기」. 서울: 도서출판 도솔.

최장집. (1993). 「한국민주주의의 이론」. 서울: 한길사.

최재원 외. (1991). 「지역사회개발론」. 서울: 백산출판사.

최창조. (1999). "자생풍수에 담긴 선조들의 지혜." 김형국 편, 「땅과 한국인의 삶」. 서울: 나남출판.

최항순. (1994). 「발전행정의 이론과 실제」. 서울: 신원문화사.

탁석산. (2000). 「한국의 주체성」. 서울: 책 세상.

편찬위원회(강지한·김대규·김영하·문장순·배한동·엄재호·조정규). (2003). 「새로운 북한 이해」. 대구: 경북대학교 출판부.

하연섭. (2003). 「제도분석: 이론과 쟁점」. 서울: 다산출판사.

한국노동연구원. (2007). 「고용의 질 지표」.

한국무역협회. (2010). 「2000년대 중 수출품목의 구조변화 및 시사점」.

한국산업기술평가관리원. (2017). 「산업기술수준 조사」.

한부영·신현기. (2002). 「독일행정론」. 서울: 백산자료원.

함성득. (1999). 「미국정치와 행정」. 서울: 나남출판.

현대경제연구원. (2013). 「주요 선진국과의 비교를 통해 본 한국의 고용현황과 시사점」.

홍 철. (1997). 「홍철의 국토개조론」. 서울: 도서출판 삶과 꿈.

홍성태. (2000). 「위험사회를 넘어」. 서울: 도서출판 새길.

홍준현·조진래. (1997). 「주요 제국의 행정제도 동향조사: 미국의 연방정부조직」. 서울: 한국행정연구원.

황윤원 외. (2003). 「정부개혁론」. 서울: 박영사.

번역서

가와치·케네디 저, 김명희·유원섭 역. (2004). 「부유한 국가, 불행한 국민」. 서울: 도서출판 몸과 마음.

고르바초프 저. (1988). 「페레스트로이카」. 서울: 사계절.

그라프, 웬, 네일러 저, 박웅희 역. (2004). 「어플루엔자: 풍요의 시대, 소비중독 바이러스」. 서울: 도서출판 한숲.

기든스 저, 한상진·박찬욱 역. (1998). 「제3의 길」. 서울: 생각의 나무.

김웅진 외 편역. (1997). 「비교정치론강의 II」. 서울: 한울아카데미.

나이스비트 저, 박동진 역. (1999). 「메가 챌린지」. 서울: 국일증권 경제연구소.

노르베리−호지 ISEC 저. 이민아 역. (2003). 「허울뿐인 세계화」. 서울: 도서출판 따님.

니시오 마사루 저, 강재호 역. (2002). 「일본의 행정과 행정학」. 부산: 부산대학교 출판부.

담바사 모요 저, 김종수 역. (2011). 「미국이 파산하는 날」. 서울: 중앙북스.

대런 애쓰모글루·제임스 로빈슨 저, 최완규 역. (2012). 「국가는 왜 실패하는가」. 시공사.

데이비스 저, 김승욱 역. (2002). 「미래의 지배」. 서울: 경영정신.

드럭커 외 저. (2000). 「다시 그리는 세계지도」. 서울: 도서출판 해냄.

러미스 저, 김종철·이반 역. (2003). 「경제성장이 안되면 우리는 풍요롭지 못할

　　　　것인가」. 서울: 녹색평론사.

레비 저, 김병욱 역. (2006). 「아메리칸 버티고」. 서울: 황금부엉이.

리스본 그룹 저, 채수환 역. (2000). 「경쟁의 한계」. 서울: 바다출판사.

마르틴 슈만 저, 강수돌 역. (1998). 「세계화의 덫: 민주주의와 삶의 질에 대한 공격」.
　　　　서울: 영림 카디널.

매코맥 저 전숙인 외 역. (1998). 「일본, 허울뿐인 풍요: 제로 성장 사회를 향하여」.
　　　　서울: 창비.

매코맥 저, 한경구 외 역. (1996). 「일본, 허울뿐인 풍요」. 서울: 창작과 비평사.

맥레이 저, 김광전 역. (1994). 「2020년 어떤 지역 어떤 나라가 어떻게 되나?」. 서울:
　　　　한국경제신문사.

벡　　저, 문순홍 역. (1998). 「정치의 재발견」. 서울: 거름.

벡　　저, 조만영 역. (2000). 「지구화의 길: 새로운 문명의 가능성이 열린다」. 서울:
　　　　거름.

벨로 저, 김공회 역. (2004). 「탈세계화: 새로운 세계를 위하여」. 서울: 도서출판
　　　　잉걸.

사토시 저, 양영철 역. (2008). 「일본이 선진국이란 거짓말」. 서울: 말글빛냄.

서로우 저, 한기찬 역. (1999). 「지식의 지배」. 서울: 생각의 나무.

싱어 저, 김희정 역. (2003). 「세계화의 윤리」. 서울: 아카넷.

애런라이크 저, 전미영 역. (2011). 「오! 당신들의 나라」. 서울: 부키.

에이미 추아 저, 이순희 역. (2008). 「제국의 미래」. 서울: 비아북.

玉山太郎 저, 김인수 역. (1994). 「관료망국론」. 서울: 비봉출판사.

유엔 사회개발연구소 편, 조용환 역. (1996). 「벌거벗은 나라들: 세계화가 남긴 것」.
　　　　서울: 도서출판 한송.

일리히 저, 이한 역. (2004). 「성장을 멈춰라: 자율적 공생을 위한 도구」. 서울: 도서
　　　　출판 미토.

자크 아탈리 저, 양영란 역. (2007). 「미래의 물결」. 위즈덤하우스.

田中明彦 저, 이웅현 역. (2000). 「새로운 중세: 21세기의 세계시스템」. 서울: 도서
　　　　출판 지정.

존 베일리스 외 저, 하영선 외 역. (2003). 「세계정치론」. 서울: 을유문화사.

케네디 저, 변도은·이일수 역. (1993). 「21세기 준비」. 서울: 한국경제신문사.

코틀러 외 공저, 정기주 역. (1997). 「국가 마케팅: 필립 코틀러 교수의 신국부론」.

서울: 세종연구원.

크로우 저, 박형신·이혜경 역. (1999). 「사회변동의 비교사회학: 3가지 세계를 넘어서」. 서울: 일신사.

탕진 외 저, 이지은·이주연 공역. (2007). 「대국굴기: 위대한 기업을 만드는 강대국의 00년 전략」. 서울: 이다 미디어.

탭 저, 이강국 역. (2001). 「반세계화의 논리: 21세기의 세계화와 사회정의를 위한 논쟁과 투쟁」. 서울: 도서출판 월간 말.

프리드먼 저, 신동욱 역. (2002). 「렉서스와 올리브나무: 세계화는 덫인가, 기회인가? 1.2」. 서울: 도서출판 창해.

할스테드 저, 이종삼 역. (2007). 「미국 개조론」. 서울: 한울 아카데미.

후지와라 마사히코 저, 오상현 역. (2006). 「국가의 품격」. 서울: 광문각.

후쿠오카 켄세이 저, 김경인 역. (2004). 「즐거운 불편」. 서울: 달팽이.

국내 논문

강만길. (1999). 20세기는 우리에게 무엇이었는가. 「역사비평」. 겨울호.

강명세. (2006). 스웨덴 모델의 위기와 한국의 교훈. 「정세와 정책」. 10월호.

강문규. (1997). 개발사상의 변천과 한국의 사회발전. 사단법인 한국기독교 사회발전협회 편. 「인간을 위한 사회발전운동」. 개마서원.

강원택·박병영·배영. (2001). 한국과 일본의 경제성장과 위기의 동학. 「한국과 국제정치」. 17(4): 65~96.

강정인. (2003). 서구 중심주의의 세계사적 전개과정. 「계간 사상」. 가을호.

강진성. (1997). HPI 프로그램과 밀착채용으로 우수인재확보. 「인사관리」. 9월호.

게르하르트 미헬스. (2001). 독일 바이에른(Bayern)주의 지방자치제도. 「자치의정」. 4(1).

구도완. (1996). 정의롭고 지탱 가능한 사회를 위한 환경정책방향. 「경제와 사회」. 봄호.

_____ (2003). 한국 환경운동: 급속한 성장과 제도화. 「계간 사상」. 겨울호.

권기헌. (2000). 지식정부 구축의 논리와 전략. 「국가전략」. 6(2).

권원순·민충기. (2006). 러시아 에너지정책의 변화와 시베리아 자원개발. 「슬라브

학보」. 21(1).

권해수. (1996). 지자체, 시민단체 지원 강화해야 한다. 「지방자치」. 6월호.

김규리. (2018). "개발원조 나선 '포스터 차일드'의 나라, 한국의 경험." 「한겨레」, 2018.10.1자.

김경원. (2004). 전환시대의 생존전략: 개념화를 위한 시도. 「계간 사상」. 봄호.

김명수. (1998). 시장의 신화와 국가의 오해. 한국비교사회연구회 편, 「동아시아의 성공과 좌절: 새로운 발전모델의 모색」. 서울: 전통과 현대.

김명수. (2004). 발전국가. 「현대사상 키워드 60」. 2004년 「신동아」. 신년호 부록.

김문각·정상호·조덕훈·조태희. (2000). 기타 국가의 새 천년 비전과 전략. 김태동 외, 「세계의 새 천년 비전」. 서울: 나남출판.

김상균. (1996). 세계화시대 무엇이 달라지나. 김상균, 「삶의 질 향상을 위한 길잡이」. 서울: 나남출판.

김상대. (1983). 개발도상국과 서유럽국의 공공고용과 인력개발에 관한 비교연구. 「노동복지연구논총」. 제2집.

김상조. (1998). IMF 구제 금융과 한국경제: 신자유주의적 재편에 대한 대응전략. 「경제와 사회」. 봄호.

김상준. (2003). 일본 관료의 아마쿠다리. 「한국정치학회보」. 37(5): 267~287.

김석준. (1990). 제3세계 발전과 국가능력: 95개국가간 비교계량분석. 「한국정치학회보」. 24(1): 201~244.

김선혁. (2004). 국제행정과 초국가 거버넌스. 「한국행정학보」. 38(2).

김성배. (1998). 21세기에 대비한 국토개발전략. 한국공공정책연구소 편, 「국가혁신의 비젼과 전략」. 서울: 삼성경제연구소.

김성수. (1998). 독일의 행정개혁과 관료제. 「한국행정학보」. 32(4).

_____ (2001). 독일의 행정체제. 박응격 외. 「독일연방정부론」. 서울: 백산자료원.

김성한. (1996). 세계화, 분권화, 지방화. 김경원·임현진 공편. 「세계화의 도전과 한국의 대응」. 서울: 나남출판.

김수길. (2012). 경제민주화. 「중앙일보」. 2012.07.18자.

김수현. (1996). 도시사회의 변화와 주민운동. 한국도시연구소 엮음, 「도시서민의 삶과 주민운동」. 서울: 발언.

_____ (2003). 보다 적극적인 빈곤탈출정책이 필요하다. 「복지동향」. 1월호.

김순은. (1999). 영국의 행정조직 및 관리개혁에 관한 연구: Next Steps 프로그램을 중심으로. 「한국지방자치학회보」. 11(4): 249~270.

김승일. (2010). 독일 중소기업의 경쟁력 실태 분석 및 정책적 시사점 연구. 중소기업연구원.

김승현. (2006). 사회서비스 부문개혁: 덴마크, 핀란드, 노르웨이, 스웨덴 사례 비교분석. 남궁근 외. 「스칸디나비아 국가의 거버넌스와 개혁」. 서울: 한울.

김시윤·김정렬. (2002). 한국 경제위기와 정부－기업관계: 자동차산업과 전자산업의 비교. 「한국정치학회보」. 36(2): 133~152

김영곤. (1994). 라운드 신드롬과 그 의미. 「상의주보」. 1994. 5. 2.

김영정. (1998). 신흥공업국의 경제위기와 대외경제 관리방식의 변화. 한국비교사회연구회 편, 「동아시아의 성공과 좌절: 새로운 발전모델의 모색」. 서울: 전통과 현대.

김영평. (1994). 행정의 경쟁력, 맥락 그리고 새로운 패러다임. 노화준·송희준 공편, 「세계화와 국가경쟁력: 21세기의 국가경영전략」. 서울: 나남출판.

김완식. (1998). 행정과 사회. 강인재·이달곤 외, 「한국행정론」. 서울: 대영문화사.

김용민. (1998). 국가와 시민. 「철학과 현실」. 봄호.

김용복. (2004). 일본 장기침체의 정치경제. 「한국과 국제정치」. 20(1): 119~148.

김윤태. (1999). 동아시아 발전국가와 지구화. 「한국사회학」. 제33집 봄호.

김의영. (1999). 한국 이익집단정치의 개혁방향. 「계간사상」. 여름호.

김인숙·김종천·최선. (1999). 독일의 중소기업정책. 미르코.

김인춘. (2002). 세계화시대 북유럽조합주의의 변화와 혁신: 스웨덴, 덴마크, 노르웨이 비교분석. 「경제와 사회」. 53권(봄).

_____ (2004). 세계화, 유연성, 사민주의적 노동시장체제. 「한국사회학」. 38(5).

김재훈. (1998). IMF, 국제투기자본, 축적구조의 변화. 「경제와 사회」. 여름호.

김정계. (1996). 중국 사회주의시장경제체제의 건설과 정부 경제관리 체계의 개혁: 정부기능의 전환과 행정기구의 정간(精簡)을 중심으로. 한국행정학회 동계학술대회 발표논문.

김정렬. (1996). 산업구조고도화와 정부·기업관계의 제도적 특성변화: 준내부조직의 균열과 정책네트워크의 다원화. 「한국행정학보」. 30(3): 153~169.

_____ (1997). 정부간 관계의 변화와 지방정부의 대응: 서구의 경험과 교훈. 「한국행정연구」. 6(4).

_____ (1998a). 동아시아 발전이론의 비판적 재구성을 위하여. 「한국정치학회보」.

32(3): 117~137.

_____ (1998b). 정부간 관계의 변화와 지방정부의 대응: 서구의 경험과 교훈. 「한 국행정연구」. 6(4): 135~160.

_____ (2000). 정부의 미래와 거버넌스: 신공공관리와 정책네트워크. 「한국행정학보」. 34(1): 21~40.

_____ (2001). 영국 블레어 정부의 거버넌스. 「한국행정학보」. 35(3): 85~102.

김정렬·한인섭. (2003). 행정학 위기의 실상과 대책. 「한국행정학보」. 37(4): 19~38.

김종성. (2002). 신제도주의의 행정학적 함의: 역사적 신제도주의를 중심으로. 「사회 과학연구」. 13: 59~82. 충남대학교 사회과학연구소.

김중웅. (1997). 세계화와 신인본주의. 김진현 외, 「21세기 국가경영전략」. 서울: 현대경제사회연구원.

김진현. (1996). 개화 120년과 21세기 미래개척: '한국혁명,' '善'進化는 어떻게 가능 한가. 「계간사상」. 가을호.

김태동. (2000). 각국의 새 천년 비전과 전략 비교. 김태동 외, 「세계의 새천년 비전」. 서울: 나남출판.

김판석. (1994). 관리혁신과 행태변화를 통한 새로운 행정개혁의 방향모색. 「한국 행정학보」. 28(3).

_____ (2003). 국가경쟁력 제고를 위한 인사행정 혁신. 황성돈 외, 「행정개혁과 국가경쟁력」. 서울: 나남출판.

김학민. (2000). 지역산업 고도화를 위한 지방정부의 산업정책과제: 충남지역을 중 심으로. 동계학술대회 발표논문

김호정 (1989). 한국관료의 직무특성과 직무만족의 관계 및 그 조절변수로서 행정 문화에 관한 연구. 「한국행정학보」. 23(2).

남궁근·김상묵. (2006). 정부혁신의 전략과 결과: 북유럽국가와 영연방국가 비교. 남궁근 외, 「스칸디나비아 국가의 거버넌스와 개혁」. 서울: 한울.

남덕우. (1996). 세계화의 역학과 우리의 대응. 김경원·임현진 공편, 「세계화의 도 전과 한국의 대응」. 서울: 나남출판.

노사정위원회 대외협력실. (2003). 스웨덴의 사회적 협의특징과 실태. 노사정위원회 자료.

류상영. (2000). 탈냉전기 아시아의 경제위기와 한국의 국가전략. 한국정치학회 편, 김유남 외 공저, 「21세기 비교정치학」. 서울: 삼영사.

류우익. (1996). 한반도의 경쟁력. 21세기문화연구회 편, 「교수 10인이 풀어 본 한국과 일본 방정식」. 서울: 삼성경제연구소.

문용린. (1996). 교육개혁 방향. 김상균 편, 「삶의 질 향상을 위한 길잡이」. 서울: 나남출판.

_____ (2003). 교육문제의 본질과 접근방안. 「정책포럼」. 봄호.

문정인. (1996). 세계화의 위협구조와 국가전략: 신중상주의의 가능성과 한계. 김경원·임현진 공편, 「세계화의 도전과 한국의 대응」. 서울: 나남출판.

문진영. (1998). 고실업 저성장시대의 사회적 안전망 구축에 관한 연구. 「한국사회복지학」. 제35호.

박경일. (1995). 지방자치단체의 정책 시스템에 있어 복지정책 체계화 전략과 과제. 「지역발전연구」. 제1권.

박노영. (2006). 스웨덴모델의 과거, 현재 그리고 미래. 「사회과학연구」. 제16권.

박영신. (1998). 공동체주의 사회과학의 새삼스런 목소리. 「현상과 인식」. 제22권 1-2호.

박은홍. (2000). 마하티르노선과 말레이시아의 도전. 「역사비평」. 가을호.

박재규. (1998). 한국의 발전위기와 국가-시장체제의 전환. 한국비교사회연구회 편, 「동아시아의 성공과 좌절: 새로운 발전모델의 모색」. 서울: 전통과 현대.

박재욱·류재현. (2000). 로컬 거버넌스와 시장의 리더십. 「국정관리의 새로운 방향과 과제」, 한국행정학회 학술대회 발표논문집.

박재정·심창학. (2000). 프랑스 공기업의 민영화와 국가역할. 「국제정치논총」. 40(2): 241~272.

박해육. (2001). 연방행정부의 구조와 기능. 박응격 외, 「독일연방정부론」. 서울: 백산자료원.

박형준. (1994). 신기술혁명과 국제 분업체제의 변화. 나라정책연구회 편저, 「21세기 프론티어: 전환의 물결과 신 발전모델」. 37~66. 서울: 길벗.

박홍규. (2002). 21세기 동아시아질서와 한국의 대응. 「계간 사상」. 겨울호.

박희봉·김상묵. (1998). 외국 행정개혁과 김대중 정부의 행정개혁 비교연구. 「한국행정학보」. 32(4): 19~35.

변형윤·윤진호. (2012). 냉철한 머리, 뜨거운 가슴을 앓다. 지식산업사.

서문기. (2002). 복지국가 형성의 기초조건: 사회발전의 지속가능성에 관해. 「한국사회학」. 제36권 제5호.

서병문. (2004). 문화콘텐츠산업은 미래경쟁력이다.「계간 사상」. 봄호.

서상목. (1997). 한국인의 '삶의 질'과 사회복지정책. 김진현 외,「21세기 국가경영
　　　전략」. 서울: 현대경제사회연구원.

성, 죠니(Sung, Jonny). (1999). 싱가포르의 발전적 협력주의와 직업교육훈련의 개혁
　　　과정. 한국산업인력공단,「직업교육훈련제도의 개혁과정: 국제적 비교관점에
　　　서 대만, 싱가포르, 남아공의 정책합의과정 사례」. 한국산업인력공단 번역자
　　　료 99~6.

성경륭. (1998). 21세기의 변화전망과 국가경영의 신 패러다임. 한국공공정책연구
　　　소 편,「국가혁신의 비전과 전략」. 서울: 삼성경제연구소.

성지은. (2004). 정책의 수렴과 발산: 한일 행정개혁 과정을 중심으로.「아세아 연구」.
　　　47(3): 215~248.

소영진. (2003). 행정학의 위기와 공공성 문제.「정부학연구」. 9(1).

쉐보르스키・체이법・리몽기. (1999). 문화와 민주주의.「유네스코 포럼」 2001년 16호:
　　　54~91.

신광영. (1990). 스웨덴 사회민주주의와 경제정책.「사회비평」. 제4호.

신정완. (2000). 글로벌라이제이션 시대의 스웨덴 사민주의.「스칸디나비아 연구」.
　　　창간호.

＿＿＿ (2004). 스웨덴 사회민주주의 운동의 경험이 한국 사회민주주의 운동에 주
　　　는 함의.「스칸디나비아연구」. 제5호.

심상민. (2004). 창작과 놀이가 곧 생업이 되는 미래 문화산업: 지식기반산업으로
　　　서 문화산업의 전망.「계간사상」. 봄호.

싱가포르 경제기획원・상공부. (1994). 싱가포르의 전략적 경제계획.「규제완화」.
　　　가을호: 190~202.

안병영. (1990). 사회민주주의의 변화와 미래조망.「계간사상」. 겨울호: 190~235.

＿＿＿ (1998). 세계화를 다시 생각하는 이유: 세계화의 신화와 극복.「계간사상」.
　　　겨울호.

＿＿＿ (1999). 세계화와 국가역할의 변화.「계간사상」. 가을호.

＿＿＿ (2000). 21세기 국가역할의 변화와 국정관리.「계간사상」. 봄호.

양재진. (2004). 발전이후 발전주의론: 한국 발전국가의 성장, 위기, 그리고 미래.
　　　한국행정학회 춘계학술대회 발표논문.

양창삼. (2002). 문명충돌과 빈부충돌.「현상과 인식」. 제26권 제3호.

양형일. (1997). 영국 노동당 정부의 이념과 정책적 진로.「한국행정학보」. 31(2):

141~155.

염동용. (2002). 21세기 동북아 국제질서와 전망. 「계간 사상」. 겨울호.

염재호. (1994). 국가정책과 신제도주의. 「사회비평」. 11: 10~33.

_____ (2000). 구조개혁과 단정된 균형: IMF시대 행정개혁의 제도적 분석. Post−IMF Governance 하계학술대회. 한국정치학회.

염홍철. (1988). 유고슬라비아의 자치관리사회주의와 당·국가기구의 역할 변화. 「세계지역연구논총」. 1: 81~102.

오승구. (2003). 유럽식 경제모델의 성과와 과제. 「삼성경제연구소」. CEO Information 408호.

오정근. (1997). 한국경제의 위기와 대응. 「계간 사상」. 봄호.

우천식. (2003). 국가경쟁력 국제비교와 한국. 「심포지움: 한국의 국가경쟁력, 이대로 괜찮은가」 주최: 서울대 국가경쟁력 연구센터·한국개발연구원·삼성경제연구소. 장소: 은행연합회관.

원구환. (2003). 로컬 거버넌스의 등장과 발전. 이은구 외, 「로컬 거버넌스」. 서울: 법문사.

유재원. (1993). 공공정책과 정부간 관계: 레이건 행정부의 신연방주의 효과. 한국행정학회 월례발표회 발표논문.

윤상우. (1997). 사회발전론의 저발전?: 맑스주의 발전이론의 위기와 전망. 「경제와 사회」. 여름호.

윤영관. (1996). 세계화: 민족주의의 새로운 지평을 위하여. 김경원·임현진 공편, 「세계화의 도전과 한국의 대응」. 서울: 나남출판.

윤형근. (2003). 죽임의 개발, 살림의 밥상: 반생명현상이 보편화된 한국사회에 한 살림운동등 여성적 원리 필요. 「계간 사상」. 겨울호.

이경태·박기홍·박진수. (1996). 국가경쟁력 지표개발과 국가별 비교. 「한국의 선진화지표」. 서울: 나남출판.

이내영. (1996). 세계화와 정치개혁. 김경원·임현진 공편, 「세계화의 도전과 한국의 대응」. 서울: 나남출판.

이달곤. (1993). 한국의 미래상: 국력요소와 삶의 질을 중심으로. 「21세기 논단」. 봄호.

이덕승. (2002). 녹색소비운동. 이병철 외 지음, 환경과 생명 엮음, 「녹색운동의 길찾기」. 서울: 환경과 생명.

이도형. (1992). 한국 국가−사회관계의 변화에 따른 국가기능 재정립방향. 「한국

행정학보」. 26(2).

이도형. (1993a). 도시공동체 형성의 필요성과 그 조건 및 전략: 도시생활서비스 공급을 위한 복지다원주의적 접근을 중심으로. 「연세대 도시문제연구소 연구총서」. 93~01.

_____ (1993b). 스웨덴 행정제도의 민주성과 그 정치적 함의. 「한국행정학보」. 27(3).

_____ (1997). 세계화시대의 국가발전논리: 국부, 국질, 국격. 「충주대학교 논문집」. 32.

_____ (1998a). IMF시대 실업위기에 대한 재인식과 제도적 대응책들. 「현대사회와 행정」. 7.

_____ (1998b). 자치시대 지역사회개발의 현대적 유형, 도시복지공동체. 「지방자치」. 3월호.

_____ (2002a). 발전행정론의 재구성: 현대발전이론의 이론적 시사점과 발전전략적 함의를 중심으로. 「한국행정학보」. 36(4).

_____ (2002b). 싱가포르의 세계화와 사회정책의 향방. 「지역발전연구」. 창간호. 충주대학교 지역개발연구소.

_____ (2004). 로컬 복지 거버넌스 전략: 자활사업을 중심으로. 「한국행정학보」. 38(3).

_____ (2008). "스웨덴의 정치체제와 거버넌스." 김윤권 편저, 「스웨덴의 행정과 공공정책」. 서울: 법문사.

이병기·서준석. (1996). 과학기술개발. 「국가경쟁력 강화를 위한 기본구상」. 서울: 한국경제연구원.

이병천. (2003). 개발국가론 딛고 넘어서기. 「경제와 사회」. 봄호.

이병철. (2002). 귀농운동. 이병철 외 지음. 환경과 생명 엮음, 「녹색운동의 길찾기」. 서울: 환경과 생명.

이병화. (1996). 지방시대 삶의 질과 지역불균형 문제. 부산여대 사회과학연구소 편. 「삶의 질과 지역 불균형」. 세종출판사.

이삼열. (1999). 세계화의 불안과 세계시민적 이성. 「철학과 현실」. 겨울호.

이상헌. (2003). 세계화, 한국사회 그리고 새로운 환경문제의 등장. 「계간 사상」. 겨울호.

이선향. (2000). 한국과 말레이시아의 경제위기 대응방안에 대한 비교연구. 김유남 외 공저, 「21세기 비교정치학」. 서울: 삼영사.

이송호. (2000). 비교 및 발전행정 분야 교과서 분석과 향후 과제. 「한국행정학보」. 34(4): 365~374.

이승종. (1997). 민주주의와 작은정부. 김호진 외, 「한국의 도전과 선택: 21세기 국가경영론」. 나남출판.

이시재. (1992). 1990년대 한국사회와 사회운동의 방향. 한국정치학회·한국사회학회 편, 「한국의 국가와 시민사회」. 서울: 한울.

_____ (1998). 한국의 시민사회와 환경운동. 임희섭·양종회 공편, 「한국의 시민사회와 신사회운동」. 서울: 나남출판.

이언오. (2003). 기업경쟁력 현황과 제고방안. 「심포지움: 한국의 국가경쟁력 이대로 좋은가」. 주최: 서울대 국가경쟁력연구소·한국개발원·삼성경제연구소. 장소: 은행연합회관.

이연호. (1998). 경제적 자유화에 있어서의 국가의 역할: 경제규제의 정치학. 「한국정치학회보」. 32(3): 77~94.

이영조. (1998). 신자유주의적 경제개혁과 신생민주주의의 공고화. 「계간 사상」. 여름호.

이영희. (2002). 과학기술운동. 이병철 외 지음. 환경과 생명 엮음, 「녹색운동의 길 찾기」. 서울: 환경과 생명.

이옥순. (2003). 오리엔탈리즘과 그 이후: 지식계의 새 물결(6). 「중앙일보」. 2003. 10. 6자.

이원규. (2002). 지역통화운동. 이병철 외 지음. 환경과 생명 엮음, 「녹색운동의 길 찾기」. 서울: 환경과 생명.

이원덕. (2003). 좋은 일자리 많이 만드는 정부. 「정책포럼」. 봄호.

이은영. (2003). 국가경쟁력과 부패방지. 황성돈 외, 「행정개혁과 국가경쟁력」. 서울: 나남출판.

이일영. (2012). 경제민주화는 발전모델 혁신의 쐐기돌이다. 「창비주간논평」. 2012. 07. 18자.

이자성. (2004). 일본 정치과정의 변화와 참여: 정보공개제도를 중심으로. 한국행정학회 추계학술대회 발표논문.

이재열. (1998). 민주주의, 사회적 신뢰, 사회적 자본. 「계간사상」. 여름호.

이종범. (2003). 행정이론 토착화의 재음미: <국민과 정부관료제>에 대한 비판적 성찰. 「한국사회와 행정연구」. 14(2): 1~22.

이종수. (1994). 영국에서의 행정개혁과 최근의 쟁점: 대처정부의 행정개혁과 그에 대한 평가를 중심으로. 「한국행정연구」. 3(1): 27~46.

이종찬. (2002). 21세기 한국의 비전을 찾기 위한 아일랜드, 네덜란드, 영국 현지 르포. 「월간조선」. 9월호.

이종회. (1998). 신자유주의의 공세와 민주화운동의 전망. 김성구·김세균 외, 「자본의 세계화와 신자유주의」. 서울: 문화과학사.

이한구. (1995). 한국경제의 선진화를 위한 경제, 사회적 조건. 「국가전략」 1(1).

이홍섭. (2000). 소연방의 경제개혁과 체제변동: 흐루시초프, 브레즈네프, 고르바초프 개혁의 비교. 「국제정치논총」. 40(1): 141~160.

이환식. (1997). 세계화의 최종단계로서의 지구화. 「이론」. 여름호.

임경훈. (1999). 경제개혁과 정치개혁. 「계간 사상」. 여름호.

임도빈. (1993). 정치와 중앙정부조직: 프랑스의 경우를 중심으로. 「한국행정연구」. 2(3).

_____ (1995). 프랑스식 행정엘리트 양성: 국립행정학교(ENA)의 신화와 실제. 「한국행정학보」. 29(1).

_____ (1998). 프랑스와 한국의 행정개혁 비교: 개혁범위와 방법상의 차이를 중심으로. 「한국행정학보」. 32(4).

_____ (2000). 신공공관리론과 베버 관료제 이론의 비교. 「행정논총」. 38(1).

임석준. (1997). 한국과 대만의 산업질서. 한국정치학회 연례학술대회 발표논문.

임승빈. (2003). 일본의 국가기구 형성에 관한 비판적 고찰. 「한국행정학보」. 37(4): 1~18.

임의영. (2003). 공공성의 개념, 위기, 활성화 조건. 「정부학연구」. 9(1).

임학순. (2004). 문화산업 육성을 위한 정부정책의 이념. 「계간사상」. 봄호.

임혁백 외. (2000). 새천년의 국가비전: 세계일류 한국. 임혁백·안석교 외, 「새천년의 한국과 세계: 국가비전과 전략」. 서울: 나남출판.

임혁백. (1996). 세계화와 민주화: 타고난 동반자인가, 사귀기 힘든 친구인가?. 김경원·임현진 공편, 「세계화의 도전과 한국의 대응」. 서울: 나남출판.

임혁백. (1999). 세계 일류 한국을 향한 혁신. 「정책포럼」. 가을호.

임현진. (1997). 사회과학에서의 근대성 논의: 근대화 프로젝트를 중심으로. 「열린지성」. 여름호.

_____ (1998a). 근대화를 통해 본 동아시아의 발전: 신화와 현실. 「정신문화연구」. 21(1).

장경섭. (1998). 복합 위험사회의 안전권. 임현진·이세용·장경섭 공편, 「한국인의 삶의 질: 신체적, 심리적 안전」. 서울: 서울대학교 출판부.

장하원. (2000). 국가의 경제적 역할의 재정립. 김태동·김경수 외, 「새 천년의 한 국경제: 개혁과 발전」. 서울: 나남출판.

장현준. (1996). 정부에 의한 개혁의 한계. 「이코노미스트」. 329호. 중앙일보사.

전상인. (1995). 긴장, 절충, 비판: 최근 국내 세계화 논의에 대한 검토. 「동향과 전망」, 여름호.

정광조. (1996). 국가경쟁력 제고를 위한 정부의 역할. 「한국행정논집」. 8(1).

정규호. (2002). 생태공동체운동. 이병철 외 지음. 환경과 생명 엮음. 「녹색운동의 길찾기」. 서울: 환경과 생명.

_____ (2003). 한국 환경문제의 기원과 전개과정 및 특성. 「계간사상」. 겨울호.

정무권·한상일. (2003). 「한국 공공부문의 규모, 특징 그리고 국제비교」. 한국행정 학회 연례학술대회 발표논문.

정상호. (2003). 한국과 일본의 정부 위원회 제도의 역할과 기능에 대한 비교 연구. 「한국정치학회보」. 37(5): 289~310.

정수복. (1996). 한국인의 모임과 미시적 동원맥락. 「경제와 사회」. 봄호.

_____ (1997). 생명가치를 지향하는 사회과학의 새로운 패러다임. 「동향과 전망」. 가을호.

정영헌. (1997). 선진국의 납세자 권리보호 현황과 시사점. 자유기업센터. 「납세자 의 권리를 찾아서」. 서울: 자유기업센터.

정용덕. (2003). 미국의 국가이념과 행정개혁. 「행정논총」. 41(4): 1~22.

정일준. (1998). 미제국의 제3세계 통치와 근대화 이론: 군산학복합체와 근대화이 론의 탄생. 「경제와 사회」. 봄호.

정재서. (2000). 세계화의 문화적 저항과 수용. 드러커 외 지음. 「다시 그리는 세 계지도」. 서울: 도서출판 해냄.

정재희. (2003). 국민 삶의 안전을 보장하는 정부. 「정책포럼」. 봄호.

정진영. (1998). 세계금융과 민주주의: 공존이 가능한가? 「계간 사상」. 여름호.

정진호. (1996). 발전전략과 경제운용의 틀. 「국가경쟁력 강화를 위한 기본구상」. 서울: 한국경제연구원.

정창영. (2003). 개방형 선진경제의 비전. 「정책포럼」, 봄호.

정충식. (2003). 국가경쟁력 제고를 위한 전자정부 구현전략. 황성돈 외, 「행정개
　　　혁과 국가경쟁력」. 서울: 나남출판.

조명래. (2003). 개발주의 정부의 반 녹색성. 「계간 사상」. 겨울호.

조영제·손동빈·조영달. (1997). 사회공동체의 변화와 시민사회·시민성. 조영달 편,
　　　「한국 시민사회의 전개와 공동체 시민의식」. 서울: 교육과학사.

조우현. (2000). 시장경제와 생산적 복지. 김태동·김경수 외, 「새 천년의 한국경
　　　제: 개혁과 발전」. 서울: 나남출판.

조현대. (2003). 아일랜드의 성공사례와 시사점. 「과학기술정책」. SEP·OCT.

조흥식. (2018). "내년 복지 예산 적절한가?" 「국민일보」. 2018.10.2자,

중앙일보 일본경제센터. (2003). 일본리포트. http://www.joins.com.

지건수. (1996). 연방제 유지될 것인가. 「미국 초강국의 빛과 그늘」. 신동아. 1996
　　　년 1월호 부록.

진창수. (1996). 일본 경제정책 결정과정과 행정제도. 「한국정치학회보」. 30(3):
　　　441~460.

채　욱. (2000). 새천년 세계무역환경의 변화와 한국기업의 과제. 김태동·김경수
　　　외, 「새 천년의 한국경제: 개혁과 발전」. 서울: 나남출판.

채창균. (1996). 국제비교를 통해 본 한국사회 '삶의 질'. 「동향과 전망」. 여름호.

최병두. (2003). 동아시아의 경제, 환경문제와 초국경적 대응. 「계간 사상」. 겨울호.

최상용. (1998). 한국인의 서양수용: 그 방향과 선택. 「계간 사상」. 봄호.

최영출. (2000). 최근 영국 공무원의 분류체계의 동향과 시사점. 「한국토지행정학
　　　회보」. 7.

최장집. (1998). 한국 정치경제의 의기와 대안모색: 민주적 시장경제를 중심으로.
　　　「계간 사상」. 여름호.

하연섭. (2002). 신제도주의의 최근경향. 「한국행정학보」. 36(4).

하태수. (2001). 영국의 기업거버넌스와 정부개입. 「한국사회와 행정연구」. 12(4):
　　　43~58.

하혜수. (1996). 지역경쟁력 제고를 위한 지방정부 역할. 「현대사회」. 여름호.

한승준. (2001). 복지개혁을 통한 프랑스 복지모형의 수정에 관한 연구. 한국행정
　　　학회 동계학술대회 발표논문.

한인섭·김정렬. (2004). 영국 행정의 본질과 혁신. 「정부학연구」. 10(2).

할스테드, 코브. (2001). 성장의 새로운 척도 마련해야 하는 이유. 제리 맨더·에드 워드 골드스미스 편저, 윤길순·김승욱 역. 「위대한 전환: 다시 세계화에서 지역화로」. 동아일보사.

홍경준. (1987). 한국의 공공복지는 왜 낙후되어 있나?: 제도의 제약과 행위자의 선택을 찾아서. 「한국사회복지학」. 33.

홍득표. (1997). 세계화를 위한 싱가포르 교육정책. 「국제정치논집」. 36(3): 605~628.

홍성걸. (1993). 발전적 조합주의: 반도체산업에서의 국가−산업의 관계. 「한국행 정학보」. 27(3): 721~736.

_____ (2003). 정보화시대에서의 국가역할과 경제발전: 아일랜드와 한국 발전국 가의 비교. 「한국정치학회보」. 37(3): 357~380.

홍윤기. (1999). 밀레니엄 기획특집: 이성은 계속 흔들릴 것인가. 「중앙일보」 1999. 1. 12자.

홍지승. (2002). 독일의 중소기업 기술지원 정책과 시사점. 산업연구원.

홍진이. (2002). 일본의 행정개혁과 고령사회. 한국행정학회 동계학술대회 발표논문.

황병덕. (1995). 사회민주주의의 위기와 신자유주의의 세계화. 「한국과 국제정치」. 11(1): 245−270.

황성돈. (2003). 국가경쟁력 제고를 위한 행정개혁과 추진전략. 황성돈 외, 「행정 개혁과 국가경쟁력」. 서울: 나남출판.

정부 간행물

교육부. (2015). 「교육기본통계」.

규제개혁위원회. (1998). 「규제개혁 백서」.

대한민국 정부. (2014). 「정책정보지 공감」.

대외경제정책연구원. (1997). 「싱가포르 편람 1997」.

대한민국 전자정부. (2003). 「전자정부로 달라진 우리생활」.

통계청. (1998). 「도표로 보는 통계」.

_____ (1998). 「한국의 사회지표」.

_____ (1999). 「한국통계월보」. 1월호.

_____ (2002). 「통계로 본 세계 속의 한국」.

_____ (2003). 「세계 및 한국 인구현황」.

_____ (2017). 「2017년 한국의 사회지표」.

_____ (2018). 「2018 고령자 통계.

한국무역협회. (2002). 「202개 경제, 무역, 사회지표로 본 대한민국」.

한국무역협회 국제무역연구원. (2016). 「2016년 세계 속의 대한민국」.

한국보건사회연구원. (2017). 「청년빈곤의 다차원적 특성과 정책대응 방안」.

한국자동차공업협회. (1999). 「한국의 자동차산업」.

한국전자공업진흥회. (1989). 「전자공업30년사」.

외국 저서

Allen, Kieran. (2000). The Celtic Tiger: The Myth of Social Partnership in Ireland. Manchester University Press.

Almond, G. & Powell, B. Jr. (1966). Comparative Politics: A Development Approach. Boston: Little Brown.

Amsden, Alice. (1989). Asia's Next Giant: South Korea and Late Industrialization. New York: Oxford University Press.

Andrain, C. F. (1985). Social Policy in Western Industrial Societies. Berkeley: University Press of California.

Athukorala, Prema−Chandra & Manning, Chris. (1999). Structural Change and International Migration in East Asia: Adjusting to Labor Scarcity. Oxford University Press.

Audretsch, David B. (1989). The Market and the State: Government Policy Towards Business in Europe, Japan and the United States. New York: Harvester Wheatsheaf.

Beck, Ulrich. (1995). Ecological Enlightenment: Essays on the Politics of the Risk Society(trans. by Mark Ritter). N. Y.: Humanities.

Beck, Ulrich. (1998). Democracy without Enemies.(trans. by Mark Ritter).

Cambridge: Polity Press.

Beetham, David. (1987). Bureaucracy. Minneapolis: University of Minnesota Press.

Better Regulation Unit. (1998). The Better Regulation Guide and Regulatory Impact Assessment. (http://www.open.gov.uk/co/bru/bruhome.htm).

Bhaskar, V. & Andrew Glyn(eds.). (1995). The North−The South and The Environment: Ecological Constraints and the Global Economy. N. Y.: St. Martin's Press.

Brohman, John. (1996). Popular Development: Rethinking the Theory and Practice of Development. Cambridge, Mass.: Blackwell.

Butler, E. Asher, M. & Borden, K. (1996). Singapore versus Chile: Competing Models for Welfare Reform. Adam Smith Institute: The Wealth of Nations, Book II (http://www.adamsmith/org.uk/policy/publications/pdf−files/singapore vs. chile).

Calder, K. (1989). Crisis and Compromise. Princeton, N.J.: Princeton University.

Calder, Kent E. (1993). Strategic Capitalism: Private Business and Public Purpose in Japanese Industrial Finance. Princeton University Press.

Caporaso, James A & Levine David P. (1992). The Theories of Political Economy. Cambridge University Press.

Chatterjee, Pranab. (1997). Approaches to the Welfare State. NASW Press.

Choi, Young−Chool. (1999). The Dynamics of Public Service Contracting: The British Experience. London: The Policy Press.

Chua, Beng−Huat. (1995). Communitarian Ideology and Democracy in Singapore. London: Routledge.

Colin, Pilkinton. (1999). The Civil Service in Britain Today. Manchester University Press. Manchester and New York.

Cox, Robert Henry. (2001), The Social Construction of an Imperative: Why Welfare Reform Happened in Denmark and the Netherlands but Not in Germany, World Politics. 53: 463~498.

Dahl, R. A. (1961). Who Governs?. New Haven: Yale University Press.

Denhardt, Robert B. (1991). Public Administration: An Action Orientation. Calif.:

Brooks/Cole Pub.

Deyo, Frederic C. (1989). Beneath the Miracle: Labor Subordination in the New Asian Industrialization. California: California University Press.

Diesing, Paul. (1962). Reason in Society. University of Illinois Press.

Driver, Stephen & Luke Martell. (1998). New Labour: Politics after Thatcherism. London: The Polity Press.

Easton, David. (1953). The Political System. New York: Alfred A. Knopf.

Esping−Andersen, Gosta. (1990). The Three Worlds of Welfare Capitalism. Princeton. N. J.: Princeton University Press.

Frank, Andre Gunder. (1969). Latin America: Underdevelopment or Revolution. New York: Monthly Review Press.

Ghosh, B. N. (2001). Dependency Theory Revisited. Aldershot: Ashgate Pub.

Ginsburg, Helen. (1983). Full Employment and Public Policy: The U.S.A. & Sweden. Lexinton. Mass.: Lexinton Books.

Golembiewski, Robert T. (1995). Managing Diversity in Organizations. Tuscaloosa and London: University of Alabama Press.

Gore, Al. (1993). Creating A Government That Works Better and Costs Less: The Report of the National Performance Review. Foreword by Tom Peters, September 7, Revised September 10, U.S.A.

Hall, Peter. (1986). Governing the Economy: The Politics of State Intervention in Britain and France. New York: Oxford University Press.

Haque, M. Shamsul. (1999). Restructuring Development Theories and Policies: A Critical Study. Albany: State University of New York Press.

Heady, Ferrel. (2001). Public Administration: A Comparative Perspective. New York: Marcel Dekker.

Henderson, Hazel. (1995). Paradigm in Progress: Life Beyond Economics. San Francisco: Berrett−Koehler Pub.

Hettne, Bjorn. (1990). Development Theory and the Three Worlds. Essex: Longman Scientific & Technical.

Hitchner, Dell G. & Caroll Levine. (1981). Comparative Government and Politics, 2nd ed. N. Y.: Harper & Row, Pub.

Hobday, Michael. (1995). Innovation in East Asia: The Challenge to Japan. Aldershot: Edward Elgar, Pub.

Hunter, F. (1953). Community Power Structure. University of North Carolina Press.

Johnson, Charlmers. (1982). MITI and the Japanese Miracle: The Growth of Industrial Policy. Stanford: Stanford University Press.

Kahl, J. (1976). Modernization, Exploitation and Dependency in Latin America. New Brunswick, N. J.: Transaction Books.

Katzenstein, P. J. (1985). Small States in World Markets: Industrial Policy in Europe. Cornell University Press.

Kettl, Donald F. (2000). The Global Public Management Revolution: A Report on the Transformation of Governance. Brookings Institution Press. Washington D.C.

Kingdom, John. (1994). Government and Politics in Britain. Polity Press. Cambridge.

Lane, Jan Eric. (1997). Public Sector Reform. Sage Publication.

Lewellen, T. C. (1995). Dependency and Development: An Introduction to the Third World. Bergin & Garvey.

Mahoney, James & Rueschemeyer, Dietrich. (2003). Comparative Historical Analysis in the Social Science. Cambridge: Cambridge University Press.

Mathews, John. (2000). Singapore's Manufacturing Miracle. (http://www.ceda.com. au/CedaBulletin/MenuOld.htm.)

Michel, M. (1993). The World Competitiveness Scoreboard. IMD/WEF: National Competitiveness Profile.

Midgley, James. (1995). Social Development: The Developmental Perspective in Social Welfare. London: Sage Pub. Ltd.

Ministry of Information & the Arts. (1996). Singapore 1996.

Norberg－Hodge, Helena. (1991). Ancient Futures: Learning from Ladakh. San Francisco: Sierra Club Books.

O'Donnel, G & Schmitter, P. (1986). Transition from Authoritarian Rule. Baltimore: The Johns Hopkins University Press.

OECD. (1997). Managing Across Levels of Government. Paris: France.

Okimoto, Daniel I. (1989). Between MITI and Market. Stanford: Stanford University Press.

Osborne, David & Gaebler, Ted. (1992). Reinventing Government: How the Entrepreneurial Spirit is Transforming the Public Sector. New York: Addison-Wesley.

Parsons, Talcott. (1960). Structure and Process in Modern Society. New York: The Free Press.

Pempel, T. J. (1984). Policy and Politics in Japanese Politics. Philadelphia: Temple University Press.

Pempel, T. J. (1999). The Politics of the Asian Economic Crisis. Ithaca: Cornell University Press.

Perry, Martin, Kong, Lily & Yeoh, Brenda. (1997). Singapore: A Developmental City State. N. Y.: John Wiley and Sons.

Peters, B. Guy. (1996). American Public Policy: Promise and Performance. New Jersey. Chatham House Publisher, Inc.

Pfeffer, Jeffrey. (1994). Competitive Advantage Through People. Harvard Business School Press.

Pierre, Jon.(ed.). (2000). Debating Governance. Oxford University Press.

Pierre, Jon(ed.). (1995). Bureaucracy in the Modern State: An Introduction to Comparative Public Administration. Vermont: Edward Elgar.

Pollitt, Christopher & Bouckaert, Geert. (2000). Public Management Reform: a Comparative Analysis, Oxford University Press.

Polsby, N. W. (1963). Community Power and Political Theory Structure. New Haven: Yale University Press.

Preston, P. W. (1996). Development theory: An Introduction. Oxford: Blakwell Pub.

Pyper, Robert. (1995). The British Civil Service System. Harvester Wheatsheaf. Hemel Hempstead.

Richardson, B. S. & Falnagan. S. (1983). Politics in Japan. Boston: Little, Brown & Company.

Riggs, F. W. (1966). The Idea of Development Administration: A Theoretical Essay. Comparative Administration Group.

Rodrik, Dani. (1997). Has Globalization Gone Too Far? Washington, D. C.: Institute for International Economics.

Ronnby, Alf. (1995). Mobilizing Local Communities. Aldershot: Avebury Pub.

Samuels, Richard. (1987). The Business of the Japanese State. Cornell University Press.

Sandler, Todd. (1997). Global Challenges: An Approach to Environmental, Political and Economic Problems. Cambridge University Press.

Schachter, Hindy Lauer. (1995). Reinventing Government or Reinventing Ourselves: The Role of Citizen Owners in Making a Better Government. Albany: State University of New York Press.

Schick, Allen. (1996). The Spirit of Reform: Managing the New Zealand State Sector in a Time of Change. Wellington: New Zealand State Services Commission.

Schmidtz, D. (1991). The Limits of Government: An Essay on the Public Goods Argument. Boulder: Westview Press.

Scholte, Jan Aart. (2000). Globalization: A Critical Introduction. N. Y.: St. Martin's Press.

Schultz, David A. & Maranto, Robert. (1998). The Politics of Civil Service Reform. New York: Peter Lang Publishing.

Senge, P. M. (1990). The Fifth Discipline: The Art and Practice of the Learning Organization. New York: Doubleday.

Stevens, Anne. (1996). The Government and Politics of France. MacMillan Press.

Strange, Susan. (1996). The Retreat of the State. Cambridge: Cambridge University Press.

Suleiman, Ezra. (1974). Politics, Power, and Bureaucracy in France. Princeton Univ Press.

Tang, Kwong−Leung. (2000). Social Welfare Development in East Asia. Hampshire: Palgrave Pub.

The Swedish Institute. (1986). Sweden in Brief. Stockholm: The Swedish Institute.

Visser, Jelle. & Hemerijck, Anton. (1997). A Dutch Miracle: Job Growth, Welfare

Reform and Corporatism in the Netherlands. Amsterdam University Press.

Wade, Robert. (1990). Governing The Market: Economic Theory and The Role of Government in East Asian Industrialization. Princeton: Princeton University Press.

Woo, Jung－En. (1991). Race to the Shift: State and Finance in Korea Industrialization. New York: Columbia University Press.

World Bank. (1993). The East Asian Miracle: Economic Growth and Public Policy. New York: Oxford University Press.

Yamamura, Kozo & Streeck, Wolfgang. (2003). The End of Diversity?: Prospects for German and Japanese Capitalism. Cornell University Press.

외국 논문

Adams, W. M. (1995). Green Development Theory?: Environmentalism and Sustainable Development, in J. Crush(ed.). Power of Development. N. Y.: Routledge.

Adshead, Maura. & Brid Quinn. (1998). The Move From Government To Governance: Irish development policy's paradigm shift. Policy & Politics. 26(2): 209~225.

Alavi, Hamza. (1972). The State in Post－Colonial Societies: Pakistan & Bangladesh. New Left Review. 74(July－August): 59~82.

Alestalo, Matti & Stein Kuhnle. (1987). The Scandinavian Route: Economic, Social and Political Developments in Denmark, Filand, Norway and Sweden. in R. Erikson, E. Hasen, S. Ringen & H. Uusitalo(eds.). The Scandinavian Model: Welfare States and Welfare Research. N. Y.: M. E. Sharpe, Inc.

Battle, John M. (1988). Uskorenie, Glasnost and Perestroika: The Pattern of Reform Under Gorbachev. Soviet Studies. 40(3).

Benington, John. & Geddes, Mike. (2001). Introduction: Social Exclusion, Partnership and Local Governance: New Problems, New Policy Disclosures in the European Union. in Mike Geddes and John Benington(eds.). Local Partnership and Social Exclusion in the European Union: New Forms of Local Social Governance? London: Routledge.

Bennett, R. J. (1990). Decentralization, Intergovernmental Relations and Markets: Towards a Post−Welfare Agenda?. in R. J. Bennett(ed.). Decentralization, Local Government and Markets: Towards A Post−Welfare Agenda. Oxford: Clarendon Press.

Bergsten, C. Fred. (1998). American Trade Leadership and the Global Economic System. in Bruce Stokes(eds.). Future Visions for U. S. Trade Policy. N. Y.: Council on Foreign Relations.

Block, Fred. (1987). Social Policy and Accumulation: A Critique of the New Consensus. in M. Rein, G. Esping−Anderson, L. Rainwater(eds.). Stagnation and Renewal in Social Policy: The Rise and Fall of Policy Regimes. N. Y.: M. E. Sharpe, Inc.

Blunt, P. (1995). Cultural Relativism, Good Governance and Sustainable Human Development. Public Administration and Development. 15.

Booth, David. (1994). Rethinking Social Development. in David Booth(ed.). Rethinking Social Development: Theory, Research & Practice. Longman Group Ltd.

Brohman, J. (1995). Universalism, Eurocentrism and Ideological Bias in Development Studies: From Modernisation to Neoliberalism. Third World Quarterly. 16(1).

Buttel, Frederick H. & McMichael, Philip. (1994). Reconsidering the Explanandum and Scope of Development Studies: Towards a Comparative Sociology of State−Economy Relations. in David Booth(ed.). Rethinking Social Development: Theory, Research & Practice. Longman Group Ltd.

Caiden, G. E. (1999). Administrative Reform: Proceed With Caution. International of Public Administration. 22(6).

Caldwell, Lynton K. (1965). Conjectures on Comparative Public Administration. in Martin, Roscoe C.(ed.). Public Administration and Democracy. Syracuse University Press.

Callahan, Kathe. (1994). Rethinking Governmental Change: New Ideas, New Partnerships. Public Productivity & Management Review. XVII(3).

Campbell, John L. (1997). Recent Trends in Institutional Political Economy. International Journal of Sociology and Social Policy. 17(7/8): 15~56.

Cavanaugh, H. A. (1994). Re-engineering: Buzz Word, or Powerful New Business Tool? Electrical World. April.

Chang, Ha-Joon. (1993). The Political Economy of Industrial Policy in Korea. Cambridge Journal of Economics. 17: 131~157.

Chenery, Hollis B. (1971). Targets for Development. in B. Ward(eds.). The Widening Gap. N. Y.: Columbia University Press.

Cheng, Yuk-Shing, Wong, Marn-Heong, & Findlay, Christoper. (1998). Singapore and Hong Kong. in Ross H. McLeod & Ross Garnaut(eds.). East Asia in Crisis: From being a Miracle to Needling One?. N. Y.: John Wiley and Sons.

Cherhabil, Hocine. (2000). Civil Service Training Institutions in the Face of Change: The Example of the Ecole Nationale d'Administration in Algiers. International Review of Administrative Sciences. 66.

Chevallier, J. (1996). Public Administration in Statist France. Public Administration Review. 56(1).

Clements, Laurie. (1994). Privatization American Style: The Grand Illusion. in Thomas Clarke(ed.). International Privatization Strategies and Practices. Walter de Gruyter & Co.

Cochrance, Allan. (1998). Globalization, Fragmentation & Local Welfare Citizenship. in John Carter(ed.). Post-modernity and the Fragmentation of Welfare. London: Routledge.

Cowen, Michael & Robert Shenton. (1995). The Invention of Development. in Jonathan Crush(ed.). Power of Development. N. Y.: Routledge.

D'Anieri, P. Ernst, C. & Kier, E. (1990). New Social Movements in Historical Perspective. Comparative Politics. 22(3).

Deyo, Frederic C. (1992). The Political Economy of Social Policy Formation: East Asia's Newly Industrialized Countries. in Richard P. Appelbaum &

Jeffrey Henderson(eds.). States and Development in the Asian—Pacific Rim. London: Sage, Pub.

DiMaggio, P. & W. W. Powell. (1983). The Iron Cage Revisited: Institutional Isomorphism and Collective Rationality in Organizational Fields. American Sociological Review. 48: 147~160

Doner, Richard F. (1992). Limits of State Strength: Toward an Institutionalist View of Economic Development. World Politics. 44(April): 398~431.

Downs, C. & Solimano, G. (1988). Alternative Social Policies from the Grassroots: Implications of Recent NGO Experience in Chile. Community Development Journal. 23(2).

Dwivedi, O. P. & Nef, J. (1982). Crises and Continuities in Development Theory and Administration: First and Third World Perspectives. Public Administration and Development. 2.

Er, Lam Peng. (1999). Singapore: Rich State, Illiberal Regime. in James W. Morley(ed.). Driven by Growth: Political Change in the Asia—Pacific Region. revised version, N. Y.: M. E. Sharpe.

Escobar, Arturo. (1995). Imagining A Post—Development Era. in Jonathan Crush(ed.). Power of Development. N. Y.: Routledge.

Esping—Anderson, G. (1992). Social Security Policies and the Swedish Model. Welfare State: Present and Future. International Conference on Social Welfare, KOEX Auditorium, 1992. 9.25~26.

Evans, B. Mitchell & Shields, John. (2001). The Poverty of Comparative Public Administration in a Neo—liberal Era: a Commentary on Subramaniam. IRAS. 67(2): 329~334.

Evans, Peter. (1997). State Structures, Government—Business Relations and Economic Transformation. in Sylvia Maxfield & Ben Ross Schneider(eds.). Business and the State in Developing Countries. Ithaca: Cornell University Press.

Ewalt, Jo Ann G. (2002). Alternative Governance Structures for Welfare Provider Networks: What Works Best? Prepared for the Research Workshop on Governance and Public Management, Feb, 21~23. College Station, Texas.

Farazmand, Ali. (1994). The New World Worder and Global Public Administration. in Jean—Claude Garcia—Zamor & Renu Khator(eds.). Public Administration in the Global Village. 61~81.

Farazmand, Ali. (1996). Development and Comparative Public Administration: Past, Present, and Future. Public Administration Quarterly. 20(3): 343~364.

Finnemore, Martha. (1996). Norms, Culture, and World Politics: Insights from Sociology's Institutionalism. International Organization. 50(2): 325~347.

Fong, Glenn R. (1990). State Strength, Industry Structure, and Industrial Policy: American and Japanese Experiences in Microelectronics. Comparative Politics. 22(3): 272~299.

Fong, Pang Eng. (1988). The Distinctive Features of Hong Kong and Singapore's Development. in Peter L. Berger & Hsin—Huang Michael Hsiao(eds.). in Search of an East Asian Development Model. New Brunswick: Transaction Books.

Fong, Pang Eng. (1997). Singapore's Globalization Strategy. 국제경제법연구. 4: 120~133.

Frederickson, H. George. (1996). Comparing the Reinventing Government with the New Public Administration. Public Administration Review. 56(3).

Fry, Geoffrey K. (2000). The British Civil Service System. in Hans A.M.G and Frits M. van der Meer(eds.). Civil Service System in Western Europe. Edward Elgar.

Garnett, James L. (1985). Organizing and Reorganizing State and Local Government. in Jack Rabin & Don Dodd(eds.). State and Local Government Administration. New York: Marcel Dekker.

Ghosh, B. N. (2001). Development in Development Economics. in B. N. Ghosh(ed.). Contemporary Issues in Development Economics. London: Routledge.

Gilbert, Neil. (2000). Welfare Pluralism and Social Policy. in James Midgley, Martin B. Tracy and Michelle Livermore(eds.). The Handbook of Social Policy. London: Sage Pub. Inc.

Goldsmith, Mike. (1992). Local Government. Urban Studies. 29(3): 393~410.

Goldsmith, Mike. (1995). Autonomy and City Limits. in D. Judge, G. Stoker, and H. Wolman(eds.). Theories of Urban Politics. London: Sage.

Goulet, Denis. (1997). Development Ethics: a New Discipline. International Journal of Social Economics. 24(11).

Goulet, Denis. (2002). What is a Just Economy in a Globalized World?. International Journal of Social Economics. 29(1/2).

Grendstad, Gunnar. (2001). Nordic Cultural Baselines: Accounting for Domestic Convergence and Foreign Policy Divergence. Journal of Comparative Policy Analysis. 3(1): 5~29.

Haggard, Stephan. (1986). The Newly Industrializing Countries in the International System. World Politics. 38(January): 343~370.

Hall, Peter A. (1992). The Movement from Keynesianism to Monetarism: Institutional Analysis and British Economic Policy in the 1970s. in Steinmo, Sven, Thelen, Kathleen & Longstreth, Frank(eds). Structuring Politics: Historical Institutionalism in Comparative Analysis. Cambridge: Cambridge University Press.

Haque, M. Shamsul. (1996). The Contextless Nature of Public Administration in Third World Countries. International Review of Administrative Science. 62: 315~329.

Haque, M. Shamsul. (1999). The Changing Nature of Administrative Reform: Case in Malaysia and Singapore. in Hoi-Kwok Wong(ed.). Handbook of Comparative Public Administration in the Asia-Pacific Basin. N. Y.: Marcel Dekker, Inc.

Haque, M. Shamsul. (1996). The Intellectual Crisis in Public Administration in The Current Epoch of Privatization. Administration and Society. 27(4).

Hardin, Garrett. (1968). The Tragedy of the Commons. Science. 162: 1243~1248.

Harding, A. (1990). Urban Economic Development Policys. in D. King & J. Pierce(eds). Challenges to Local Government. London: Sage.

Harrow, J. & Willcocks, L. (1990). Public Service Management: Activities, Initiatives and Limits to Learning. Journal of Management Studies. 27.

Heady, Ferrel. (1998). Issues in Comparative and International Administration. in

Ferrel Heady. Handbook of Public Administration 2nd Ed. New York: Marcel Dekker.

Hesse, J. J. (1997). Rebuilding the State: Public Sector Reform in Central and Eastern Europe. in J. E. Lane(ed.). Public Sector Reform: Rationale, Trends and Problems. London: Sage.

Hoggett, Paul and Thompson, Simon. (1998). The Delivery of Welfare: the Associationist Vision. in John Carter(ed.). Post—Modernity and the Fragmentation of Welfare. London: Routledge.

Hoggett, Paul. (1996). New Modes of Control in the Public Service. Public Administration. 74(Spring).

Holmgren, K. (1988). Sweden. in D. Rowat(ed.). Public Administration in Developed Democracies: A Comparative Study. N. Y.: Marcel Dekker, Inc, 147~156.

Hood, Christopher. (1995). 'Deprivileging' the UK Civil Service in the 1980s: Dream or Reality?. in Jon Pierre(ed.). Bureaucracy in the Modern State. USA: Edward Elgar Publishing Company.

Hood, Christopher. Oliver James, George Jones, Colin Scott and Tony Travers. (2000). Bureaucratic Gamekeeping: Regulation of UK Public Administration, 1976~96. in R.A.W. Rhodes. (2000). Transforming British Government: Changing Institutions. New York: St. Martin's Press.

Ikenberry, G. John.(1986). The Irony of State Strength: Comparative Responses to the Oil Shocks in the 1970s. International Organization. 40(1): 105~137.

Immergut, Ellen M. (1992). The Rules of the Game: The Logic of Health Policy—Making in France, Swizerland, and Sweden. in Steinmo, Sven, Thelen, Kathleen & Longstrth, Frank(eds.). Structuring Politics: Historical Institutionalism in Comparative Analysis. Cambridge: Cambridge Uiniversity Press.

Jessop, Bob. (2000). Government Failure. in G. Stoker(ed.). The New Politics of British Local Governance. London: Macmillan Press Ltd.

Jones, David S. (1999). Public Administration in Singapore: Continuity and Reform. in Hoi—Kwok Wong(ed.). Handbook of Comparative Public Administration in the Asia−Pacific Basin. N. Y.: Marcel Dekker, Inc.

Jones, Garth N. (1976). Frontersman in Search for the 'Lost Horizon': The State of Development Administration in the 1960's. Public Administration Review. 36(1): 101~105.

Jordan, Grant & Schubert, Klaus. (1992). A Preliminary Ordering of Policy Network Labels. European Journal of Political Research. 21: 7~27.

Jreisat, Jamil E. (1991). The Organization Perspective in Comparative and Development Administration. in Ali Farazmand(ed.). Handbook of Comparative and Development Administration. Marcel Decker.

Jun, Jong S. (2000). Transcending the Limits of Comparative Administration. Administrative Theory and Praxis. 22(2).

Jun, Jong. S. (1976). Renewing the Study of Comparative Administration: Some Reflections of the Current Possibilities. Public Administration Review. 36(6): 641~647.

Katzenstein, Peter J. (1976). International Relations and Domestic Structures: Foreign Economic Policies of Advanced Industrial States. International Organization 30(1): 1~45.

Kaul, Mohan. & Collins, P. (1995). Governments in Transition: Towards a New Public Administration. Public Administration and Development. 15.

Kaul, Mohan. (1997). The New Public Administration: Management Innovations in Government. Public Administration & Development. 17.

Kelman, Steven. (1984). Bureaucracy and the Regulation of Health and Safety at Work: A Comparision of the U.S. & Sweden. in F. Fischer & C. Sirianni(eds.). Organization and Bureaucracy. Phil: Temple University Press. 356~374.

Kickert, Walter J. M. (1997). Anglo−Saxon Public Management and European Governance: The Case of Dutch Administrative Reforms. in J.E. Lane(ed.). Public Sector Reform: Rationale, Trends and Problems. London: Sage.

Kitschelt, Herbert. & Streeck, Wolfgang. (2003). From Stability to Stagnation: Germany at Beginning of the Twenty−First Century. West European Politics. 26(4): 1~34.

Kliksberg, Bernado. (2000). Rebuilding the State for Social Development:

Towards Smart Government. International Review of Administrative Sciences. 66.

Korten, D. & Carner, G. (1984). Planning for People—Centered Development. in D. Korten & R. Klauss(eds.). People—Centered Development: Contributions Toward Theory and Planning Frameworks. West Harford, Conn: Kumarian Press.

Kotze, D. (1987). Contradictions and Assumptions in Community Development. Community Development Journal. 22(1).

Krasner, Stephen D. (1988). Sovereignty: An Institutional Perspective. Comparative Political Studies. 21(1): 66~94.

Krugman, Paul. (1995). The Myth of Asia's Miracle. Foreign Affairs. November/ December: 62~78.

Kwon, Huck—Ju. (1998). Democracy and the Politics of Social Welfare: A Comparative Analysis of Welfare Systems in East Asia. in R. Goodman, G. White & Huck—ju, Kwon(eds). The East Asian Welfare Model: Welfare Orientalism and the State, London: Routledge.

Lam, Newman M. K. (2000). Government Intervention in the Economy: A Comparative Analysis of Singapore and Hong Kong. Public Administration & Development. 20: 397~421.

Langhelle, Oluf. (1999). Sustainable Development: Exploring the Ethics of Our Common Future. International Political Science Review. 20(2).

Langley, Winston E. Socio—Cultural Rights and Development. Journal of Third World Studies. xiv(2).

Lee, Chung. H. (1992). The Government Financial System and Large Private Enterprises in the Economic Development of South Korea. World Development. 20(2): 187~197.

Lee, Hahn—Been. (1991). Systematization of Knowledge on Public Administration: The Perspective of Development Administration. in G. E. Caiden & Bun—Woong Kim (eds.). A Dragon's Progress: Development Administration in Korea. Conn: Kumarian Press, Inc.

Lim, Y. C. Linda. (1989). Social Welfare. in Kernial Singh Sandhu & Paul

Wheatley(eds.). Management of Success: The Moulding of Modern Singapore. Boulder, London: Westview Press.

Lingle, Christoper & Wickman, Kurt. (1999). Political Economy. in Michael Hass(ed.). The Singapore Puzzle. Westport. CT: Praeger Pub.

Locke, Richard, & Katheleen Thelen. (1995). Apples and Oranges Revisited: Contextualized Comparisons and the Study of Comparative Labor Politics. Politics & Society. 23(3): 337~367.

Loveman, Brian. (1976). The Comparative Administration Group, Development Administration and Anti−development. Public Administration Review. 36(6): 616~620.

Lowndes, Viven. (1996). Varieties of New Institutionalism: A Critical Appraisal. Public Administration. 74(2): 181~198.

Lundquist, Lennart. (1988). A Comparative Overview. in D. C. Rowat(ed.). Public Administration in Developed Democracies: A Comparative Study. N. Y.: Marcel Dekker, Inc., 157~168.

Lynn, Laurence E. (2001). The Myth of the Bureaucratic Paradigm: What Traditional Public Administration Really Stood For. Public Administration Review. (61)2.

MacGregor, J. S. Peterson & C. Schuftan. (1998). Downsizing the Civil Service in Developing Countries: the Golden Handshake Option Revisited. Public Administration and Development. 18.

Marlowe, H. Nyhan, R. Arrington, L. & Pammer, W. (1994). The Re−ing of Local Government: Understanding and Shaping Governmental Change. Public Productivity & Management Review. XVII(3).

Mathews, David. (1984). The Public in Practice and Theory. Public Administration Review. 44(special issue).

Meyer, John & Brian Rowan. (1977). Institutionalized Organizations: Fomal Structure as Myth and Ceremony. American Journal of Sociology. 83: 340~63.

Millar, Michelle. & David McKevitt. (2000). The Irish Civil Service System. in Bekke, Hans A.G.M. & van der Meer, Frits M. Civil Service System in

Western Europe. Edward Elgar.

Mircev, Dimitar. (1991). Public Administration in Self—Management Society: Development and Controversies in Yugoslavia. in Ali Farazmand(ed.). Handbook of Comparative and Development Administration. Marcel Decker.

Moe, Ronald C. (1987). Exploring the Limits of Privatization. Public Administration Review. November/December.

Moe, Ronald C. (1994). The 'Reinventing Government' Exercise: Misinterpreting the Problem, Misjudging the Consequences. Public Administration Review. 54(2).

Mouzelis, Nicos. (1994). The State in Late Development: Historical and Comparative Perspectives. in David Booth(ed.). Rethinking Social Development: Theory, Research & Practice. Longman Group Ltd.

Munck, Ronaldo. & O'Hearn, D. (1999). Introduction. in Ronald Munck & Denis O'Hearn(eds.). Critical Development Theory: Contribution to a New Paradigm. London: Zed Books.

Munck, Ronaldo. (1999). De—Constructuring Development Discourse: Impasses, Alternatives and Politics. in Ronald Munck & Denis O'Hearn(eds.). Critical Development Theory: Contribution to a New Paradigm. London: Zed Books.

Nathan, Richard P. (1995). Deregulating State and Local Government: What Can Leaders Do?. in John P. Dilulio, Jr.(ed.). Deregulating the Public Service: Can Government Be Improved?. Washington, D. C.: The Brookings Institution.

Neher, Clark D. (1999). The Case for Singapore. in Michael Hass(ed.). The Singapore Puzzle Westport, CT.: Praeger Pub.

Okimoto, Daniel. (1988). Political Inclusivity: The Domestic Structure of Trade. in Takash Inoguchi and Daniel I. Okimoto(eds.). The Political Economy of Japan. Stanford University Press.

Önis, Ziya. (1991). The Logic of the Developmental State. Comparative Politics. (October): 109~126.

Parpart, Jane L. (1995). Post—Modernism, Gender and Development. in J.

Crush(ed.). Power of Development. N. Y.: Routledge.

Pempel, T. J. & Tsunekawa, Keiichi. (1979). Corporatism Without Labor?: The Japanese Anomaly. in Philippe C. Schmiter & Lehmbruch, Gerhard(eds.). Trends Toward Corporatist Intermediation. London: Sage Publications.

Perters, B. Guy. & Hennessey, Timothy M. (1975). Political Development and Public Policy in Sweden: 1865~1967. in C. Liske, W. Loehr & J. McCamant(eds.). Comparative Public Policy: Issues, Theories and Methods. N. J.: John Wiley & Son, 127~151.

Peters, B. Guy & Donald J. Savoie. (1994). Civil Service Reform: Misdiagnosing the Patient. Public Administration Review. 54(5).

Peters, B. Guy. (1991). Government Reform and Reorganization in an Era of Retrench and Conviction Politics in Ali Farazmand(ed). Handbook of Comparative and Development Public Administration. Marcel Dekker.

Peters, B. Guy. (1995). Bureaucracy in a Divided Regime: the United States. in Jon Pierre(ed.). Bureaucracy in the Modern State. USA: Edward Elgar Publishing Company.

Petracca, M. (1991). The Rational Choice Approach to Politics: A Challenge to Democratic Theory. The Review of Politics. Spring.

Pierre, Jon. (1995). Conclusions: A Framework of Comparative Public Administration. in Jon Pierre(ed). Bureaucracy in the Modern State. Edward Elger Publishing Company.

Pierson, Paul. (1996). The New Politics of the Welfare State. World Politics. 48: 143~179.

Quah, J. S. (1995). Sustaining Quality in the Singapore Civil Service. Public Administration and Development. 15.

Rainey, Hal G. & Bozeman, Barry. (2002). Comparing Public and Private Organizations: Empirical Research and the Power of the a Priori. A Manuscript Prepared for the Tenth Anniversary Edition of Journal of Public Administration Research and Theory.

Ratnayake, Ravi. (1997). New Zealand Labour Reforms in Comparison with South Korea's Recent Labour Laws. A Manuscript Prepared for the Korea

University.

Rhodes, R.A.W. (1996). The New Governance: Governing without Government. Political Studies. 44(4): 652~667.

Rhodes, R.A.W. and David Marsh. (1992). New Directions in The Study of Policy Networks. European Journal of Political Research. 21(1,2): 181~205.

Riggs, Fred W. (1969). The Structure of Government and Administrative Reform. Ralph Braibanti(ed.). Political and Administrative Development. Durham, N. C.: Duke University Press.

Riggs, Fred W. (1970). The Comparison of Whole Political Systems. in Robert T. Holt and John E. Turner(eds.). Methodology of Comparative Research. New York: The Free Press.

Riggs, Fred W. (2001). Comments on V. Subramaniam Comparative Public Administraton. IRAS. 67(2): 323~328.

Rosenbloom, David H. Kravchuk, Robert S. Rosenbloom, Deborah. G. (2001). Public Administration: Understanding Management, Politics & Law in the Public Sector. McGraw－Hill Humanities.

Rouban, Luc. (1995). Public Administration at the Crossroads: the End of the French Specificity. in Jon Pierre(ed.). Bureaucracy in the Modern State. Edward Elger Publishing Company.

Ruin, Olof. (1990). Duality of the Swedish Central Administration: Ministries and Central Agencies. in A. Farazmand(ed.). Handbook of Comparative & Development Public Administration. N. Y.: Marcel Dekker, 67~79.

Sadar, Ziauddin. (1999). Development and the Locations of Eurocentrism. in Ronald Munck & Denis O'Hearn(eds.). Critical Development Theory: Contribution to a New Paradigm. London: Zed Books.

Sakamoto, Masaru. (1991). Public Administration in Japan: Past & Present in the Higher Civil Service. in Ali Farazmand(ed.). Handbook of Comparative and Development Administration. Marcel Decker.

Sandhu, Kernial Singh & Wheatley, Paul. (1989). Challenges of Success. in Kernial Singh Sandhu & Paul Wheatley(eds.). Management of Success: The Moulding of Modern Singapore. Boulder, London: Westview Press.

Schachter, Hindy L. (1995). Reinventing Government or Reinventing Ourselves: Two Models for Improving Government Performance. Public Administration Review. 55(6).

Schuurman, F. J. (1993). Introduction: Development Theory in the 1990s. in F. J. Schuurman(ed.). Beyond the Impasse: New Directions in Development Theory. Zed Books.

Scott, James C., Atul Kohli, Peter Evans, Peter J. Katzenstein, Adam Przeworski, Susanne Hober Rudolph, and Theda Skocpol. (1995). The Role of Theory in Comparative Politics. World Politics. 48(October).

Shepsle, Kenneth A. (1989). Studying Institutions: Some Lessons from the Rational Choice Approach. Journal of Theoretical Politics. 1(2): 131~147.

Siffin, William J. (1991). The Problem of Development Administration. in Ali Farazmand(ed.). Handbook of Comparative and Development Administration. Marcel Decker.

Silverman, C. (1986). Neighboring and Urbanism: Commonality vs. Friendship. Urban Affairs Quarterly. 22(2).

Soon, Teck—Wong. (1991). Singapore: An East Asian Welfare State?. in Kim Dalchoong, Jung Ku—Hyun, & Jeong Kap—Young(eds.). The Role of Market and State: Economic and Social Reforms in East Asia and East—Central Europe.

Sorensen, Eva. (2000). Democratic Governance and the Changing Role of Users of Public Services. Administrative Theory and Praxis. 22(1).

Steinmo, Sven. (1989). Political Institutions and Tax Policy in the United States, Sweden, and Britain. World Politics. 41: 500~535.

Stoker, Gerry. (1998). Public—Private Partnerships and Urban Governance. in J. Pierre(ed.). Partnerships in Urban Governance. London: Macmillan Press Ltd.

Strumpel, Burkhard. (1977). The Changing Face of Advanced Industrial Economics: A Post—Keynesian View. Comparative Political Studies. 10(3).

Subramaniam, Venkateswara. (2001). Comparative Public Administration: the Prismatic Approach versus the Political Economy Approach. IRAS. 67(2): 335~342.

Sutcliffe, Bob. (1999). The Place of Development in Theories of Imperialism and Globalization. in Ronald Munck & Denis O'Hearn(eds.). Critical Development Theory: Contribution to a New Paradigm. London: Zed Books.

Tan, Ern Ser. (2002). Balancing Market Economy and Inclusive Community: Singapore's Welfare Approach. Korean Political Science Association Conference. Sep. 27~28, 2002.

Tan, Kong Yam. (1999). Public Policies in the Singapore Economy. in F. Gerald & William E. James(eds.). Public Policies in East Asian Developments: Facing New Challenges. Westport, CT.: Praeger Pub.

Taylor, Peter J. (2000). Ization of the World: Americanization, Modernaization, and Globalization. in Colin Hay & David Marsh(eds.). Demystifying Globalization. Polis, UK.: University of Birmingham.

Teisman, Geert R. & Erik−Hans. Klijn. (2002). Partnership Arrangements: Governmental Rhetoric or Governance Scheme?. Public Administration Review. 62(2).

Thelen, Kathleen. (2003). How Institutions Evolve: Insights from Comparative Historical Analysis. in James Mahoney & Dietrich Rueschemeyer(eds.). (2003). Comparative Historical Analysis in the Social Science. Cambridge: Cambridge University Press.

Therborn, Goran. (1989). 'Pillarization' and 'Popular Movements' Two Variants of Welfare State Capitalism: The Netherlands and Sweden. in F. Castles(ed.). The Comparative History of Public Policy. N. Y.: Oxford University Press, 192~242.

Thynne, Ian. (2000). The State and Governace: Issues and Challenges in Perspective. International Review of Administrative Sciences. 66.

Trainer, Ted. (2000). Two Common Mistakes about Globalization. International Journal of Sociology and Social Policy. 20(11~12).

Tucker, Vincent. (1999). The Myth of Development: A Critique of a Eurocentric Discourse. in Ronald Munck & Denis O'Hearn(eds.). Critical Development Theory: Contribution to a New Paradigm. London: Zed Books.

Tung−Wen, Sun & Gargan J. (1993). Determinants of Administrative Capacity:

The Case of Taiwan. International Review of Administrative Sciences. 59.

Van der Meer, Frits M. & Dijkstra, Gerrit S. A. (2000). The Development and Current Features of the Dutch Civil Service System. in Hans A.G.M. Bekke & van der Meer, Frits M(eds.). Civil Service System in Western Europe. Edward Elgar.

Vrinkerhoff, Jennifer M. (2002). Global Public Policy, Partnership and the case of the World Commission on Dams. Public Administration Review. 62(3).

Waarden, F. van. (1992). Dimensions and Types of Policy Networks. European Journal of Political Research. 21: 29~52.

Waldo, Dwight(ed). (1976). Symposium: Comparative and Deveolpment Administration. Public Administration Review. 36(6): 615~654.

Wang, Xu. (1999). Mutual Empowerment of State and Society: It's Nature, Conditions, Mechanisms and Limits. Comparative Politics. Jan.

Waterman, Peter. (1996). Beyond Globalism and Developmentalism: Other Voices in World Politics. Development and Change. 27.

Watts, Michael. (1995). A New Deal in Emotions: Theory and Practice and the Crisis of Development. in J. Crush(ed.). Power of Development. N. Y.: Routledge.

Weingast, Barry R. (2002). Rational−Choice Institutionalism. in Ira Katznelson and Helen V. Milner(eds.). Political Science: The State of the Discipline. New York: W. W. Norton & Co.

Westpart, Conn., Praeger, Pub. Geddes, Mike and Benington, John. (2001). Social Exclusion and Partnership in the European Union. in M. Geddes and J. Benington(eds.). Local Partnership and Social Exclusion in European Union: New Forms of Local Social Governance?. London: Routledge.

Wilsfofd, David. (1991). Running the Bureaucratic State: The Administration in France. in Ali Farazmand(eds). Handbook of Comparative and Development Administration. Marcel Decker.

Wise, Lois R. & Jonzon, B. (1990). The Swedish Civil Service: An Instrument for Achieving Social Equality. in A. Farazmand(eds.). Handbook of

Comparative & Development Public Administration. N. Y.: Marcel Dekker Inc., 625~637.

Yue, Chia Siow. (1989). The Character and Progress of Industrialization. in Kernial Singh Sandhu & Paul Wheatley(eds.). Management of Success: The Moulding of Modern Singapore. Boulder, London: Westview Press.

Zetterberg, Hans L. (1982). The Political Values of the 1980s. in Bengt Ryden & V. Bergstrom(eds.). Sweden: Choices for Economic & Social Policy in the 1980s. London: George Allen & Unwin, 36~50.

인명색인

A

Almond 74

Amsden 229

Arendt 293

B

Bello 330

Bergsten 340

Bernstein 27

Brohman 91

C

Cardoso 84

D

Dahl 124

DiMaggio&Powell 67

E

Easton 57

Er 209

Evans 84

F

Feldstein 318

Finer 14

Frank 81

G

Giddens 304, 392

H

Hall 66

Heady 14, 62

Harris 84

Huntington 304

I

Ikenberry 66

J

Johnson 229

Jones 27

K

Krasner 66

L

Lowndes 67

Lummis 93

Loveman 13

M

Meyer & Rowan 67

Moe 289

Mouzelis   338

O

Okimoto   196

P

Parsons   12, 58, 64
Polsbly   124
Preston   27

R

Riggs   4, 10, 12, 59, 64
Rodrik   340
Rostow   76
Ryan   14

S

Shepsle   67

U

Uphoff   28

V

Vrinkerhoff   296

W

Wade   230
Wallerstein   27
Weber   14
Weingast   67
Wilkinson   322

ㄱ

고르바초프   245
김명수   339

ㄷ

대처   14, 145
덩샤오핑(鄧小平)   249

ㄹ

레이건   14
룰라   280

ㅁ

마오쩌둥(毛澤東)   249
만모한 싱   255
메넴   272
미셸 푸코   70
밀턴 프리드만   15

ㅂ

벡(Ulrich Beck)   97
보리스 옐친   247
브란트   160
비트겐슈타인   70

ㅅ

사르코지   23
셀렌(Kathleen Thelen)   16
쉐보르스키   322
스테인모(Sven Steinmo)   16
쑨원(孫文)   248

ㅇ

아마르티아 센　23

알라비(H. Alavi)　261

압둘 칼람　255

앤드류 잭슨(Andrew Jackson)　117

이머굿(Ellen M. Immergut)　16

이스턴(D. Easton)　56

일리히(Ivan Ilich)　95

임현진　27

ㅈ

장제스(蔣介石)　248

쟈크 데리다　70

전종섭　16, 64

조셉 스티글리츠　23

제퍼슨　115

ㅊ

차베스　279

ㅋ

칸트　70

콕스(Robert Henry Cox)　16

ㅌ

토니 블레어　153

ㅍ

페럴 헤디(Ferrel Heady)　64

페레스트로이카　246

페론　271

푸틴(Vladimir V. Putin)　247

프랑크푸르트학파　70

피에르(Jon Pierre)　16

ㅎ

하버마스(Habermas)　293

하이데거　70

하이예크　15

해밀턴　117

헤디(Heady)　12

홀(Peter A. Hall)　16

후진타오(胡錦濤)　250

후쿠야마(F. Hukuyama)　263

사항색인

ㄱ

가치지향적 13
개발(Development) 24
개혁 26
거버넌스 105
거시 제도주의 230
거시경제정책 125
경제성장 단계론 76
계획합리성 229
골디락스 161
공공여론 109
관료망국론 46
관리혁명 150
구성주의 70
구조기능주의(structural－functionalism)
  58, 102
국가구조 106
국가발전단계론 74
국제경영개발원(IMD) 48
국제관계 107
국제화(Internationalization) 304
근대화(Modernization) 26
근대화론 8
글라스노스트 246
기관형성(Institution Building) 25
기초욕구 충족적 접근 91

ㄴ

남순강화(南巡講話) 249
농업사회(agraria) 59

ㄷ

다원론(이슈네트워크) 124
다원주의 196
대안경제학 23
대표성 108
대항발전 93
독점국가 141

ㄹ

라운드(Round) 309

ㅁ

마르크시즘 70
맥락비교 71
명예혁명 141
민간위탁 147
민중 중심적 발전 91

ㅂ

반(反)발전 92
반주변부 85
발전적 개입주의 205
발전적 협력주의 207

발전행정 4
발전행정론(Development Administration) 7
방어적 연대성 173
보수주의 15
부르킹스 연구소 128
분화사회(refracted society) 60
비교연구 방법론 55
비교행정론 7
비교행정연구회(Comparative Administration Group: CAG) 9

ㅅ

사랑방 60
사랑방(sala) 25
사민주의 169
사유화 147
사회경제적 맥락 107
사회발전론 76
사회투자국가(社會投資國家) 392
사회학적 제도주의 67
산업사회(industria) 59
삶의 질 23
생태경제학 23
생태론적 접근방법 59
생태적 발전 91
생태주의 17
서구화(Westernization) 25
성장(Growth) 22
세계체제론 263
세계화 304
쇄신 26
시장질서 15

신공공관리(New Public Management) 14
신자유주의(신보수주의) 14
신제도주의 66, 102
신조합주의 170
실적주의 121, 142

ㅇ

양초점성(Bifocalism) 267
어용 12
역사적 제도주의 66
유교적 발전정치 이념 205
융합사회(fused society) 60
인간발전 17
인문지리적 요인 107
인사체계 108
인식론 70
일반체제론 57
일본주식회사 이론 196

ㅈ

자력 갱생적 발전 91
자유무역주의 125
자주적 발전 88
작은 정부 15
재귀(再歸)적 근대화 97
재발전 담론 95
적극적 복지 392
전이사회(transitia) 59
정부-기업 관계 108
정부-시민사회 관계 108
정부간 관계 108
정치성 108
정치적 중립성 106

정치체제 107
제도론적 접근방법 62
조직체계 107
종속이론 80, 263
주변부 82
중범위 제도주의 232
중범위이론(middle range theory) 19
중심부 82
지배체제 유형(regime types) 62
진정한(authentic) 발전 17

ㅊ
초국민적 국가 99

ㅋ
코코요크 선언 79

ㅌ
탈발전 95
투입-산출모델 56

ㅍ
펜들톤법(Pendleton Act) 121
포드재단(Ford Foundation) 9
포스트 모더니즘적 발전 90
프리덤 하우스 43
프리즘 모델 12, 59
프리즘적 사회(prismatic society) 60

ㅎ
하위정치 98
합리적 선택 제도주의 67
해석학 70
해치법(Hatch Act) 121
행복지수 23
행정문화 107
행정부의 위상 106
행태주의 104
헤리티지 재단 43, 128
현상학 65
협조적 연방체제 123
환경요인 107
환경지속성 지수(environmental
  sustainability index: ESI) 40

기타
CAG(비교행정연구회) 10
Cato 연구소 43
CPI 지수(Corruption Perception Index:
  부패인지지수) 45
Fulton보고서 145
GDP 22
Genuine Progress Indicator: GPI 23
GNP 22
GNS(Gross National Satisfaction) 29
GPI(genuine progress indicator) 23
IMF(International Monetary Fund;
  국제통화기금) 316
Redefining Progress 23

저자약력

이도형

연세대학교 행정학 박사
한국행정학회 등 여러 학회의 편집위원 역임
미국 플로리다 주립대학교 및 오레곤 대학교 방문교수
「행정철학」, 「정부의 전략적 인적 자원관리」, 「행정학의 샘물」,
「지방자치의 하부구조」, 「생태주의 행정철학」 등 저서 외 논문 다수
현재 한국교통대학교 행정학과 교수
연락처: ledoh@hanmail.net

김정렬

고려대학교 행정학 박사
지방공기업평가원 책임전문위원
행정고시, 7급, 9급 출제와 선정 및 채점위원
미국 플로리다 주립대학교 방문교수
「정부기업관계론」, 「행정개혁론」, 「공공파이만들기」 등 저서 외 논문 다수
현재 대구대학교 행정대학 도시행정학과 교수
연락처: jykim@daegu.ac.kr

제4판
비교발전행정론

초판발행	2005년 1월 15일
개정판발행	2007년 9월 15일
제3판발행	2013년 2월 20일
제4판발행	2019년 2월 20일

지은이	이도형·김정렬
펴낸이	안종만

편 집	전채린
마케팅	장규식
표지디자인	권효진
제 작	우인도·고철민

펴낸곳	(주) **박영사**
	서울특별시 종로구 새문안로3길 36, 1601
	등록 1959. 3. 11. 제300-1959-1호(倫)
전 화	02)733-6771
f a x	02)736-4818
e-mail	pys@pybook.co.kr
homepage	www.pybook.co.kr
ISBN	979-11-303-0717-6 93350

copyright©이도형·김정렬, 2019, Printed in Korea

정 가   32,000원